NCS기반

지역농협·지역축협·품목농협·품목축협 채용시험

지역농협 기출문제집 6급

인적성 및 직무능력평가

미디어정훈
www.정훈에듀.com

PREFACE
머리말

    농협은 농업인의 경제적, 사회적, 문화적 지위 향상과 농업 경쟁력 강화를 통해 농업인의 삶의 질을 향상시키고 국민 경제의 균형적 발전을 목적으로 하는 기관이다. 이를 위해 생산이 이루어지는 농촌과 소비가 이루어지는 대도시 간 생산물 유통의 가교를 하는 기본적 역할 외에 교육, 경제, 금융 부분에 걸쳐 다양한 사업을 추진하고 있으며, 특히 최근에는 글로벌 사업과 핀테크 강화에 집중, 신성장 동력으로 삼고 있다. 이러한 추세에 따라 농협의 각 기관에서는 경제적 소양을 갖추고 미래지향적인 진취적 인재를 채용하고 있는 바이다.

    본서는 지역 농·축협을 지원하는 수험생들이 이러한 지역농협의 최근 채용 동향을 기출문제를 통해 파악하고 효율적인 시험 준비를 할 수 있도록 만들어진 책이다. 2022년도부터 2019년도까지 4개년동안 치러진 지역농협 6급 필기시험을 복원하여 구성, 최근 시험들에서 어떠한 형태로 유형이 변화하고 있는지를 파악할 수 있을 것이다. 특히 최근 시험에서는 PSAT형 및 NCS모듈형 문제가 반영되고 있어 그러한 흐름을 파악할 수 있다면 다가오는 시험에서도 좋은 결과를 거둘 수 있을 것이다. 이 책으로 채용을 준비하는 수험생 여러분들이 자신이 원하는 바를 성취하기를 기원한다.

– JH적성검사연구소

이 책의 특징

2019년도 부터 2022년까지 4년간 치러진 10회의 지역농협 6급 채용필기 시험을 유형별 9회 시험으로 복원 및 수록하였다.

이 책의 구성과 특징

STEP 01

2022~2019년도 기출문제 복원수록

4개년도 5회차에 걸쳐 시행된 필기시험 출제 문제를 수집하여 각 유형별로 10회분의 기출복원문제를 구성하여 수록하였다.

상세하고 자세한 해설

각 문항에는 꼼꼼하고 오답도 놓치지 않는 해설을 함께 수록하여 확실한 학습이 되도록 하였다.

STEP 02
필기시험 안내

지역 농협 채용절차

- 1차 : 서류접수, 온라인 인·적성 평가 및 자기소개서 심사
- 2차 : 필기시험(인·적성 및 직무능력평가) ⇒ 1차 합격자에 한함
    - 필기시험 수험표 출력
      수험표는 지원서를 접수한 인터넷 홈페이지에서 본인이 직접 출력하여 소지하고 2차 필기시험에 응시
    - 2차 필기시험(인·적성 및 직무능력평가) :
      필기시험 장소 및 시작시간은 수험표 출력 시 안내
    - 2차 필기시험 합격자 발표 :
      지원서를 접수한 인터넷 홈페이지에서 발표하며, 개인 메일로도 개별 통지
- 3차 : 면접시험 및 신체검사 ⇒ 2차 합격자에 한함
    - 신체검사
    - 신체검사 의료기관은 개별 통지(2차 필기시험 합격자에 한함)
    - 3차 면접시험
      시간 및 장소는 개별 통지(2차 필기시험 합격자에 한함)
      면접 시 농·축협 입사지원 관련서류 제출
- 최종합격자 발표

2023년 상반기 자기소개서 항목

1. 본인이 평소 꾸준하게 자기개발을 위해 노력하고 있는 것을 제시하고, 이러한 노력이 다른 사람에 비하여 두각을 나타내어 큰 성과를 얻었던 경험을 기술하시오(공백제외 500자내외)

2. 본인과 다른 성향을 가진 구성원들과 공동의 성과를 달성하기 위해 활동한 경험에 대해 어떤 부분에서 어려움을 겪었으며, 이를 극복하고자 어떤 노력을 하였는지 기술하시오. (공백제외 500자내외)

3. 본인이 속한 집단에서 현재 상황을 개선하기 위해 주도적으로 새로운 변화를 시도하여 좋은 성과를 얻은 경험을 기술하고 이를 통해 얻은 교훈은 무엇인지 기술하시오 (공백제외 500자내외)

4. 농협에 입사하는 것이 본인 개인한테 어떤 의미가 있으며, 입사 후 농협의 비전과 개인의 비전을 상생할 수 있는 실천계획을 기술하시오.(공백제외 500자내외)

5. 농협이 농업·농촌과 동반 성장하기 위해 가장 중요한 역할은 무엇이며, 이러한 역할에서 본인의 어떠한 역량을 통하여 기여할 수 있는지 구체적으로 기술하시오. (공백제외 500자내외)

농협 소개

STEP 03

농협 개요

농업협동조합은 대한민국에서 1961년 8월 15일 설립된 농업 관련 협동조합으로 농민을 지원하기 위해 조직되었다. 전국의 농업협동조합을 하나로 묶기 위해 농업협동조합중앙회가 조직되어 있다. 농업협동조합법 제4조에 의하여 중앙회와 각 농·축협은 별도의 법인이다. 현재 대한민국의 최대 금융기관이며, 원래는 농업을 중심으로 운영되었으나 2000년 7월 옛 축산업협동조합, 인삼협동조합과 합병하면서 축산업 등도 겸하고 있다. 정식명칭은 농업협동조합중앙회 또는 농업협동조합이며 줄여서 농협이라고 많이들 부른다.

지역농협 채용 특징

① 현재 농협 관련 채용은 크게 농협계열사 공채, NH농협은행 공채, 지역농협 공채로 나뉜다. NH농협은행은 금융과 신용사업을 주로 하는 제1금융권 농협 계열사이며, 지역농협은 지역별 단위조합에 속하는 기관으로 제2금융권에 속한다.
② 지역농협은 지역별로 농업인의 출자를 근간으로 만들어진 개별 법인체로 유통, 가공, 신용사업 등 농업인을 위한 업무를 한다.
③ 지역농협의 채용일정과 절차는 통일해서 진행하나, 실제 채용은 각 지역별로 따로 진행하기 때문에 채용전형은 지역마다 상이할 수 있다.

농협의 CI

심볼마크

[V]꼴은 [농]자의 [ㄴ]을 변형한 것으로 싹과 벼를 의미하여 농협의 무한한 발전을, [V]꼴을 제외한 아랫부분은 [업]자의 [ㅇ]을 변형한 것으로 원만과 돈을 의미하며 협동 단결을 상징한다.
또한, 마크 전체는 [협]자의 [ㅎ]을 변형한 것으로 [ㄴ+ㅎ]은 농협을 나타내고 항아리에 쌀이 가득 담겨 있는 형상을 표시하여 농가 경제의 융성한 발전을 상징한다.

농협 캐릭터 '아리'

NH(커뮤니케이션 브랜드)

NH는 고객과의 커뮤니케이션을 위해 농협의 이름과는 별도로 사용되는 영문브랜드로 미래지향적이고 글로벌한 농협의 이미지를 표현하고 있다. 농협의 영문자(Nong Hyup)의 머리글자이면서 Nature&Human, New Hope, New Happiness 등 자연과 인간의 조화, 새로운 희망과 행복을 상징적으로 표현한 로고이다.

농협의 인재상

행복의 파트너
프로다운 서비스 정신을 바탕으로 농업인과 고객을 가족처럼 여기고 최상의 행복 가치를 위해 최선을 다하는 인재

시너지 창출가
항상 열린 마음으로 계통 간, 구성원 간에 상호 존경과 협력을 다하여 조직 전체의 성과가 극대화될 수 있도록 시너지 제고를 위해 노력하는 인재

정직과 도덕성을 갖춘 인재
매사에 혁신적인 자세로 모든 업무를 투명하고 정직하게 처리하여 농업인과 고객, 임직원 등 모든 이해관계자로부터 믿음과 신뢰를 받는 인재

최고의 전문가
꾸준한 자기계발을 통해 자아를 성장시키고, 유통·금융 등 맡은 분야에서 최고의 전문가가 되기 위해 지속적으로 노력하는 인재

진취적 도전가
미래지향적 도전의식과 창의성을 바탕으로 새로운 사업과 성장동력을 찾기 위해 끊임없이 변화와 혁신을 추구하는 역동적이고 열정적인 인재

농협이 하는 일

교육지원부문	농업인의 권익을 대변하고 농업 발전과 농가소득 증대를 통해 농업인 삶의 질 향상에 도움을 준다. 도시민과 농업인이 동반자 관계로 성장, 발전하는 방향에 기여하여 농촌에 활력을 불어넣는다. - 교육지원사업(농/축협 육성 및 발전 지도, 농업인 복지 증진, 농정활동 및 교육사업, 사회공헌 등)
경제부문	농업인이 영농활동에 전념할 수 있도록 생산/유통/가공/소비에 이르는 다양한 경제사업(농축산물 판로 확대, 농축산물 유통구조 개선 등)을 지원, 농가소득 증대와 영농비용 절감을 지원한다. - 농업경제사업(영농자재 공급, 산지유통, 도매사업, 소비자유통 활성화, 농식품 공급 및 판매) - 축산경제사업(축산물 생산/도축/가공/유통/판매 사업, 축산 지도 지원 및 개량, 사료 등 축산 기자재 공급/판매)
금융부문	농협의 금융사업은 각종 사업에 필요한 자금과 수익을 확보, 이를 농업금융서비스 형태로 제공한다. 시중 은행의 업무 외에 카드, 보험, 환전 등 다양한 서비스를 제공한다. - 상호금융사업(농촌지역 농업금융서비스 및 조합원 편익 제공) - 농협금융지주(은행, 보험, 증권, 선물 등 종합금융그룹)

농협의 미션

농업인의 경제적·사회적·문화적 지위를 향상시키고, 농업의 경쟁력 강화를 통하여 농업인의 삶의 질을 높이며, 국민경제의 균형 있는 발전에 이바지함. (농협법 제1조)

농협의 비전 2025

농업이 대우받고 농촌이 희망이며 농업인이 존경받는 함께하는 100년 농협
- 농업인과 국민, 농촌과 도시, 농축협과 중앙회, 그리고 임직원 모두 협력하여 농토피아 (農+utopia)를 구현
- 60년을 넘어 새로운 100년을 향한 위대한 농협으로 도약

농협의 5대 핵심가치

농업인과 소비자가 함께 웃는 유통 대변화	소비자에게 합리적인 가격으로 더 안전한 먹거리를, 농업인에게 더 많은 소득을 제공하는 유통개혁 실현
미래 성장동력을 창출하는 디지털 혁신	4차 산업혁명 시대에 부응하는 디지털 혁신으로 농업·농촌·농협의 미래 성장동력 창출
경쟁력 있는 농업, 잘사는 농업인	농업인 영농지원 강화 등을 통한 농업경쟁력 제고로 농업인 소득 증대 및 삶의 질 향상
지역과 함께 만드는 살고 싶은 농촌	지역 사회의 구심체로서 지역사회와 협력하여 살고 싶은 농촌 구현 및 지역경제 활성화에 기여
정체성이 살아 있는 든든한 농협	농협의 정체성 확립과 농업인 실익 지원 역량 확충을 통해 농업인과 국민에게 신뢰받는 농협 구현

STEP 04
차 례

2022년 최신기출문제
- 상반기 기출문제 ··· 002
- 하반기 기출문제 ··· 046

2021년 최신기출문제
- 기출문제 ··· 002

2020년 기출문제
- 기출문제 60문제형(I) ··· 002
- 기출문제 60문제형(II) ··· 054
- 기출문제 70문제형 ··· 105

2019년 하반기 기출문제
- 기출문제 70문제형 ··· 002
- 기출문제 100문제형 ··· 048

2019년 상반기 기출문제
- 기출문제 70문제형 ··· 128
- 기출문제 100문제형 ··· 172

최신기출문제

2022년

2022년 상반기 기출복원문제

01 다음 빈 칸에 들어갈 단어로 가장 적절하지 않은 것은?

> 시간은 아직 ☐(이)라 해도 뜨지 않고 어둑어둑했지만 현장은 대낮처럼 분주했다.

① 새벽 ② 상오(上午) ③ 잔야(殘夜) ④ 효천(曉天)

해설
② 상오(上午)는 밤 열두 시부터 낮 열두 시 까지를 가리킨다.
①,③,④ 모두 동틀 무렵을 의미하는 단어이다.

정답 ②

02 다음 글의 상황에 가장 어울리는 한자성어는?

> ○○농협에서는 취약계층에 대한 사랑 나눔의 일환으로 임직원의 성금을 모아 지난 10일 지역 노인복지관을 방문하여 식사를 제공하고 500만 원 상당의 쌀을 전달하였다.

① 음덕양보(陰德陽報)
② 재승덕박(才勝德薄)
③ 현인군자(賢人君子)
④ 해의추식(解衣推食)

해설
④ 해의추식(解衣推食) : 자신의 옷을 벗어서 남에게 입히고 자신의 음식을 남에게 먹게 한다는 것으로 타인에게 은혜를 베푼다는 의미이다.
① 음덕양보(陰德陽報) : 남이 모르게 덕행을 쌓은 사람은 그 뒤에 보답을 받게 됨을 뜻한다.
② 재승덕박(才勝德薄) : 재주는 뛰어나지만 덕이 적음을 의미한다.
③ 현인군자(賢人君子) : 현인과 군자를 아울러 이르는 말로 어진 사람을 뜻한다.

정답 ④

2022년 상반기 기출복원문제

03 다음 밑줄 친 단어 중에서 맞춤법에 맞지 않는 것의 개수는?

> 새벽부터 일찍 일어나 ㉠ 해돋이를 보고 있었더니 ㉡ 문뜩 어제의 일이 생각났다. 상황이 어떻게 되었을 지 걱정되어 한 시도 가만히 있지 못하고 있던 나를 보고 형님은 이미 결정된 일에 대해서 걱정해봐야 아무 소용이 없다면서 ㉢ 체신머리없이 그러지 말고 어디 멀리 떠나서 머릿속을 비우라 했다. 밝아오는 동쪽 하늘과 같이 내 머리 속도 맑아지는 것이 느껴졌다. 형님의 조언은 언제나처럼 이번에도 ㉣ 족집게 처방이었다.

① 0개   ② 1개   ③ 2개   ④ 3개

㉢ 체신머리는 채신머리의 잘못으로 채신머리는 처신을 속되게 이르는 말이다.

정답 ②

04 다음 밑줄 친 단어 중에서 맞춤법에 맞지 않는 것의 개수는?

> 방에 돌아왔더니 고양이가 온 집안의 물건을 ㉠ 뜨더귀해놓았다. 한숨이 나왔지만 어쩔 수 없이 ㉡ 쓰래기 봉지를 가져와서 흩어진 ㉢ 조각들을 치우고 ㉣ 걸레로 오물들을 닦아 내었다.

① 0개   ② 1개   ③ 2개   ④ 3개

㉠ 뜨더귀 : 조각조각으로 뜯어내거나 가리가리 찢어내는 짓 또는 그 조각
㉡ 쓰레기의 잘못
㉣ 걸레의 잘못

정답 ③

05 다음 ㉠~㉣ 중에서 맞춤법이 잘못된 것은?

> 나는 그에게 매번 보던 카페에서 만나자고 했다. ① 으레 승낙할 것이라는 예상과 달리 그는 왠지 모르게 망설이는 눈치였다. 평소와 다른 분위기에 무슨 일이 있는지 물어보았지만 ② 어물쩡 넘어가려고만 해서 더 이상 ③ 캐묻지 못하고 그냥 ④ 대수롭지 않게 넘겼다. 하지만 다음 날 그는 카페에 나타나지 않았다. 혼자 음료를 주문하고 전부 마실 때까지도 오지 않았다.

어물쩡은 '말이나 행동을 일부러 분명하게 하지 아니하고 적당히 살짝 넘기는 모양'의 뜻을 가진 어물쩍의 경남방언이다.

정답 ②

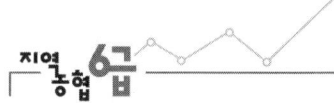

06 아래의 기사의 내용과 부합하는 설명을 고르면?

> A시는 지난 10일 B시와 로컬푸드 활성화 및 관리 강화에 대한 공동추진 업무협약을 체결했다고 밝혔다. 이번 협약으로 각 지역에서 생산되지 않거나 부족한 농산물을 안정적으로 공급하고 농가의 판로를 지원하는데 상호 협력하기로 했다. 다음해 1월 B시에서 신규 개장 예정인 로컬푸드 직매장을 통해 A시는 농산물의 판로가 확대될 것을, B시는 부족한 농산물의 안정적인 공급이 이루어질 것을 기대하고 있다.
>
> 한편, 최근 로컬푸드가 인기를 끌면서 운영방식을 본뜬 민간업체가 등장하여 로컬푸드 명칭을 사용하고 지자체 로고를 무단으로 사용하는 등 소비자들에게 혼란을 줄 여지가 발생하고 있다. 어느 민간업체는 지역농산물 사업설명회에서 지자체 로고를 사용하며 기존 로컬푸드 직매장과 유사하다고 발표하였다. 그러나 이러한 유사 매장에서는 농산물에 대한 인증이 제대로 이루어질 것이라고 기대하기 어려우며, 실제로 타 지역에서 생산된 농산물 가공품을 판매하고 있는 업체도 확인된 바 있다.
>
> 이에 A시와 B시는 이번 협약에서 세부 인증지표를 도입한 인증제를 마련하고 이에 대해 적극 홍보하여 소비자들이 혼동을 겪지 않게끔 할 예정이다. 유사 매장의 난립이 로컬푸드 사업의 본래 취지를 훼손하고 소비자들의 외면으로 시장이 공멸할 수 있다는 우려가 나타났기 때문이라고 밝혔다.

① 로컬푸드 시장은 민간업체를 축으로 확대되고 있다.
② 농산물에 대한 인증을 민간으로 이관하여 인증제에 대한 신뢰성을 확보해야 한다.
③ A시와 B시는 로컬푸드에 대해 공신력을 확보하고자 한다.
④ 가공품은 로컬푸드로 인정받을 수 없다.

해설
로컬푸드 유사 매장은 지자체 로고 및 로컬푸드 명칭 등을 등을 무단으로 도용하고 있어 로컬푸드의 공신성을 훼손할 수 있으므로 로컬푸트 유사 매장의 난립을 막기 위한 인증제 마련 및 홍보는 로컬푸드의 공신력을 확보하고자 하는 노력이라고 볼 수 있다.

정답 ③

07 다음 글을 읽고 ( )안에 들어가기에 가장 적합한 내용을 고르면?

인간의 운명이란 정해져있는 것인가? 오늘 날 대부분의 사람들은 운명이란 스스로 개척하는 것이라 답하겠지만 근대까지는 이에 대한 담론에서 운명이 결정되어 있다는 주장이 더 지지받았다. 인과, 또는 결정론이라고 말하는 이 사상은 과거에 발생한 일로 인해 미래의 사건이 결정되고, 모든 사건은 특정한 시간, 특정한 지점에서 반드시 발생한다는 것이다. 이러한 시각은 아리스토텔레스부터 뉴턴에 이르기까지 구체적으로 발전해오다가 18세기 많은 사람들에게 용인되었으며 이 때 라플라스에 의해 체계화된 이론으로 정리된다.

라플라스가 생각한 이론은 주로 '라플라스의 악마'라는 존재를 통해 설명된다. '라플라스의 악마'란 전지적인 존재로, 현재에 대해 모든 것을 알고 있다. 이 악마가 알고 있는 현재에 관한 모든 것에는 모든 물질, 원자들의 현재 위치와 속도, 즉 운동량이 포함되어 있다. 어떤 물체의 위치와 운동량, 그리고 뉴턴 법칙을 알고 있다면 이 물체가 이후 어떻게 움직이게 될지 계산할 수 있을 것이다. 그렇다면 이 악마는 현재에 대한 모든 것을 통해 현재 직후에 발생할 모든 상황을 계산해낼 수 있을 것이고, 그 직후를 바탕으로 그 다음을 계산할 수 있을 것이다. 이를 무한히 반복한다면 이 악마는 아직 일어나지 않은 머나먼 미래에 대한 모든 것 또한 계산해 낼 수 있다.

이 이론은 전지하고 신적인 존재를 가정하는 것에서 초기에 비판을 받았지만 여기서 중요한 점은 이 악마의 존재 여부 따위가 아니다. 악마의 존재와 무관하게 미래에 일어날 사건에 대한 수학적인 정답이 존재한다는 점이 이 이론의 가장 중요한 점이다. 이는 모든 미래가 현재에, 아니 우주가 탄생하던 그 시점에, 혹은 그것보다도 더 이전에 이미 결정되었다는 의미이다. 이는 기독교에서 말하는 예정설과도 같은 궤에 있었으며 예정설은 수 세기 전 종교개혁을 일으킨 마르틴 루터에 의해 확대된 사상이었기에 결정론은 빠르게 유럽 사상계에 퍼져나가게 된다.

그러나 앞서 말한 것처럼 많은 현대인들은 결정론의 신봉자가 아니다. 20세기 초에 결정론에 대한 결정적인 반박이 등장했기 때문이다. 하이젠베르크에 의해 발표된 불확정성의 원리가 그것으로, 간단하게 말해 위치를 측정할 때에는 운동량을 제대로 알 수 없고 운동량을 측정할 때에는 위치를 제대로 알 수 없다는 것이다. 그렇다면 라플라스의 악마라는 전지하고 신적인 존재는 ( )

① 미래를 예측할 수 없다.
② 계산을 틀릴 수 있다.
③ 존재하지 않는다.
④ 신뢰할 수 없다.

해설
두 번째 문단에서 라플라스의 악마가 미래를 예측하기 위해서 물체의 위치와 운동량이 필요하다는 서술을 하였고 네 번째 문단의 괄호 앞부분에서는 정확한 위치와 운동량을 동시에 알 수 없다고 하였으므로 미래를 예측할 수 없다는 내용이 가장 적절하다.

정답 ①

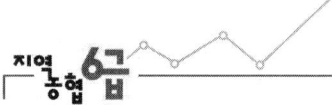

08 다음 사전적 의미가 나타내는 어휘가 다른 것은?

① 대상을 두루 생각하는 일
② 어떤 일을 이루기 위하여 대책과 방법을 세움
③ 남의 몸이나 가방을 슬쩍 뒤져 금품을 훔치는 짓
④ 복숭아의 털

①은 '사유(思惟)'의 의미이다.
②, ③, ④는 동음(同音)인 '도모'가 갖고 있는 뜻이다.

정답 ①

09 다음 밑줄 친 간격을 대체하기 가장 어려운 단어는?

> 공동주택의 일조권 적용기준은 채광을 위한 창문이 있는 벽면에서 직각 방향으로 인접대지 경계선까지의 수평거리를 기준으로 한다. 즉 채광창이 있는 모든 벽면에서 일조권 적용을 받는다는 것이며 이에 새로운 건축물을 건설할 때에는 건축물 상호 간에 드리우는 그림자를 고려하여 건물의 <u>간격</u>을 유지해야 한다.

① 간가
② 간극
③ 극간
④ 거리

밑줄 친 간격은 건물 사이의 물리적인 거리를 의미하는 것으로, 간극은 '사물 사이의 틈', '시간 사이의 틈', '두 가지 사건 사이의 틈' 등의 의미가 있고, 극간 또한 '사물 사이의 틈'을 의미하며 거리는 '두 사물의 공간적으로 떨어진 정도'를 의미하므로 간격을 대체할 수 있다.
간가는 '집의 칸살의 얽이'라는 의미이다.

정답 ①

10 다음에 쓰인 '오르다'와 가장 비슷한 의미로 쓰인 것은?

> 안색을 바르게 하고 벼슬길에 오르다.

① 7전 8기 끝에 결승에 올랐다.
② 내일부터 6개월의 여정에 오른다.
③ 12년간 와신상담한 끝에 권좌에 올랐다.
④ 기차에 오른 뒤부터 계속 머리가 아프다.

> 해설
> ① 어떤 정도에 달하다.
> ② 길을 떠나다.
> ③ 지위나 신분 따위를 얻게 된다는 의미로 보기의 내용과 같다.
> ④ 탈것에 타다.
>
> 정답 ③

11 다음 글을 읽고 내린 결론으로 적절하지 않은 것은?

> 1990년, 우주왕복선 디스커버리호는 길이 13m의 인공위성을 상공 540km에 띄웠다. 이 인공위성은 허블 우주 망원경으로 현재에 이르기까지 30년이 넘도록 우주 깊은 곳을 관측하고 있다. 아무리 최신의 지상 망원경이라도 대기권의 빛 산란이 존재하는 한 허블 우주 망원경보다 선명한 사진을 찍을 수는 없었고, 때문에 우리가 알고 있는 대부분의 우주 사진은 허블 우주 망원경에 의해 촬영된 것이다. 허블 우주 망원경은 지난 30년간 수차례 개수 및 유지보수를 진행해왔으나 그럼에도 관측할 수 있는 영역에는 한계가 있을 수 밖에 없었다.
> 이에 천문학계는 허블 우주 망원경보다 더 큰 우주 망원경에 대한 필요성을 주장했고, NASA에서는 2002년부터 차세대 우주 망원경의 개발에 착수한다. 그 결과, 2021년의 성탄절에 발사된 차세대 우주 망원경이 바로 제임스 웹 우주 망원경이다.
> 허블 우주 망원경의 반사경 직경은 2.4m였지만 제임스 웹 우주 망원경의 반사경 직경은 6.5m이다. 사실 그렇게 커다란 직경의 거울을 우주로 운반할 수 없기 때문에 여러 장의 육각형 반사경을 제작하여 발사 후 이를 펼쳐서 사용한다. 개선된 반사경은 허블에 비해 무게도 가벼울 뿐 아니라 넓은 시야를 갖고 수차가 없으며, 더 넓은 적외선 스펙트럼 영역을 관측할 수 있다. 다만 이러한 효과를 얻기 위한 반대급부로 궤도가 상공 540km에 불과했던 허블 우주 망원경에 비해 지구로부터 거리가 150만km로 달보다 더 멀리 떨어져 있어 사실상 유지보수는 불가능하다.
> 제임스 웹 우주 망원경이 본격적으로 임무에 착수하면 빅뱅 직후 약 1억 년의 우주를 관측하고 자료를 수집하게 될 것이다. 이는 초기의 우주가, 은하가, 그리고 항성이 어떻게 발생하였는지 기존의 이론을 증명하고 강화하는 데 핵심적인 역할을 하게 될 것이다. 그 뿐 아니라 저 먼 행성의 대기를 관측하는 것으로 성분을 분석하여 외계생명체의 탐색에도 이용될 것이다.

① 제임스 웹 우주 망원경의 발사로 우주의 탄생의 비밀을 밝혀낼 근거를 찾아낼 수 있게 되었다.
② 허블 우주 망원경의 성과가 부족하여 제임스 웹 우주 망원경이 개발되었다.
③ 생물이 없는 행성과 생물이 있는 행성의 대기 조성은 다를 것이다.
④ 지상의 천문대로 관측할 수 없는 영역을 허블 우주 망원경으로 관측할 수 있다.

> 허블 우주 망원경이 지상 망원경보다 높은 성과를 거두었으므로 후속 우주 망원경에 대한 필요성이 나타난 것이다.
>
> 정답 ②

12 다음 한글 맞춤법 규정의 내용에 어긋나는 것은?

> 한글 맞춤법 제42항 : 의존 명사는 띄어 쓴다.
> 의존 명사는 그 앞에 반드시 꾸며 주는 말이 있어야 쓸 수 있는 의존적인 말이지만, 자립 명사와 같은 명사 기능을 하므로 단어로 취급된다. 따라서 앞말과 띄어 쓴다.

① 옆집이 이사 온지 얼마나 됐지요?
② 여러분이 뜻한 바는 잘 알겠습니다.
③ 이렇게까지 해도 회복하는 데에는 쉽지 않다.
④ 비도 오는데 라면 한 그릇이나 끓여 먹을까?

① '이사 온지'에서 '지'는 어떤 일이 일어난 때부터 지금까지의 동안을 나타내는 의존 명사로 앞말과 띄어 써야 한다.
② ~바는 의존명사로 띄어 쓴다
③ ~데는 의존명사로 띄어 쓴다.
④ '한 그릇'에서 그릇은 단위성 의존 명사로 자립 명사로 쓰이는 경우이며, 앞말과 띄어 쓴다.   **정답** ①

13 다음 글을 교정한 것으로 적절하지 않은 것은?

> 의학의 발전은 근원적으로 영생에 대한 갈망을 추진력으로 발전했다고 볼 수도 있다. 현대인은 과거에 비해 수명이 늘어나고 노화가 늦춰졌지만 그런데도 근본적인 영생에는 한계가 있을 수밖에 없다. 따라서 영생을 갈망하는 사람들은 새로운 방향에서 그 답을 찾으려 하는데 그중 하나가 인조인간이다.
> 가령 사망하기 직전 사람의 두뇌 정보를 추출하여 인조인간에 부여한다고 하자. 그렇다면 그 인조인간은 사망하기 직전의 기억을 모두 가진 채로 본래의 삶을 지속할 수 있을 것이다. 두뇌 정보란 것은 사실상 그 사람의 자아를 구성하는 것이며 그 두뇌 정보를 이식받았다면 본래의 사람과 동일한 것이라는 이야기이다.
> 그러나 그 두뇌 정보를 두 명의 인조인간에 동시에 이식한다고 가정할 수도 있다. 앞선 논리에 따르면 두 인조인간 모두 본래의 인간과 동일인이다. 따라서 두 인조인간도 동일인이다. 그럼 두뇌 정보가 복사된 '나'는 두명이 된 것인가? 그 때문에 혹자는 두뇌 정보를 둘 이상에게 이식하지 않는다는 조건을 붙인다고 한다. 그러한 조건이 지켜진다면 유일한 존재로 영생을 누릴 수 있다는 것이다. 그런 인위적인 조건을 부여한다는 것으로 두뇌 정보를 이식받은 존재를 온전한 본인이라고 할 수 있을까?
> 결국 이 논쟁은 본래의 인간을 규정하는 것은 무엇인가에 대한 것이다. 기억만으로 누군가의 자아를 정의할 수 있는가? 육체와 기억이 모두 온전해야 본인이라고 할 수 있는가? 그렇다면 장기를 이식받거나 수혈을 받으면 내가 아니게 되는가? 오래된 세포가 죽고 새로운 세포가 이를 대체하면 이전에 나와는 다른 존재가 되는가? 이 때 많이 인용되는 것이 '테세우스의 배'에 관한 이야기이다.

① '늦쳐졌지만'은 맞춤법에 맞지 않으므로 '늦춰졌지만'으로 고쳐야 한다.
② 앞 문단의 내용을 이어받는 것으로 '그러나' 대신 '그러므로'가 적합하다.
③ '두명'에서 '명'은 의존명사로 띄어서 써야 한다.
④ '이 때'는 '이때'로 붙여서 쓰는 것이 옳다.

세 번째 문단의 내용은 두 번째 문단에서 간과한 내용에 대한 것으로 '그러나'와 같이 상반되는 문장을 이어 주는 접속사를 사용해야 한다.

정답 ②

14 다음 글의 필자가 전달하고자 하는 내용으로 가장 적절한 것은?

> 식량자급률이란 한 나라의 전체 식량소비량 가운데 자국산 식량의 비율이 얼마나 되는지를 나타내는 것이다. 우리나라의 경우 산업화가 진행되고 경제개방이 이루어지면서 점차 식량자급률이 떨어졌으며, 식단이 서구화됨에 따라 소비가 늘어난 품목 중 수입품이 차지하는 비율이 높아져 식량자급률이 점차 하락했다. 극단적인 경우, 서구화 식단의 식재료 중 대표라 할 수 있는 밀의 자급률은 1%가 채 되지 않는다.
> 결국 농지부족, 기후, 높은 인구밀도, 낮은 농촌 선호도 등 여러 가지 문제로 우리나라가 식량자급률 100%를 유지하는 것은 불가능하다. 그렇다면 '어차피 이렇게 되었으니 해외에서 식량을 수입하는 것이 경제적으로 옳다.'라는 주장에 대해서는 어떻게 받아들여야 할까? 농촌진흥청에서 조사하는 농업에 대한 인식 중 '농업의 가치'에 대한 응답은 점차 긍정적 응답이 낮아지고 있는 추세이니 상기한 의견이 적다고 볼 수도 없다.
> 일견 논리적으로 보이는 의견이다. 우리나라의 주산업은 반도체나 자동차, 석유화학 등이며 농촌에 투자할 국가적 역량을 모두 이쪽으로 옮긴다면 전 국민의 먹거리를 모두 수입으로 대체하고도 충분한 마진이 남을 것이다.
> 그렇다면 왜 그렇게 하지 않는 것일까? 그것은 농업의 부가가치 때문이다. 농업은 단지 식량을 생산할 뿐만이 아니라 환경, 전통문화 보전과 매우 밀접한 관계가 있고, 안전한 먹거리를 보장한다. 또한 도시민들이 직접 접근 가능한 농촌의 존재는 도시 외 휴양공간으로서의 역할을 하기도 하며 수도권의 인구를 분산하기도 한다. 뿐만 아니라 즉각적으로 생산량을 끌어올리기 위해 더 많은 노동력을 투입하는 등의 조치가 가능한 다른 산업과 달리, 농업은 파종부터 수확에 이르기까지 긴 시간이 소요되기에 당장의 산출을 조절하기 위해서 할 수 있는 일이 많지 않다.

① 다른 산업에 투자 중인 역량을 농촌에 투입해야 한다.
② 농촌은 부가적 가치로 인해 유지되어야 할 필요성이 있다.
③ 식량자급률을 올리기 위한 적극적인 정책이 필요하다.
④ 농업의 부가가치를 부양하기 위해서 귀농을 장려해야 한다.

농업이 다른 주산업에 비하여 경제적인 산업은 아니나 다양한 부가가치를 창출하기 때문에 이를 유지해야 한다는 의견을 내고 있다.

정답 ②

15 다음 지문을 적절한 순서로 배치한 것은?

> (가) 비교적 온난한 기후를 보이는 지방이 많은 일본에서는 겨울철보다는 여름철의 온도와 습도를 조절하는 것에 주택의 중점을 두었던 것이다. 또한 환태평양 조산대에 위치하고 있어 지진이 자주 발생하고, 국토의 대부분이 산림지대라 목재가 풍부한 환경적 조건은 과거부터 현대까지 일본의 건축공법에 큰 영향을 미쳤다.
>
> (나) 1995년 고베대지진 때는 6천명에 가까운 사망자 중 목조건물의 화재로 인한 인명피해가 절반 이상을 차지했다. 또한 대학가의 오래된 목조아파트에서는 이웃 간의 소음으로 인한 피해와 그로 인한 마찰이 자주 일어난다. 옆집의 텔레비전 소리는 물론이고 심한 경우에는 전화로 대화하는 소리까지 들릴 정도이다.
>
> (다) 주택의 가장 근본적인 기능은 혹독한 기후조건과 외부의 위협으로부터 사람들을 보호하는 은신처로서의 역할이다. 이는 기후가 주택형태를 결정한다는 의미이다. 한국의 전통가옥은 겨울과 여름을 나기위해 온돌과 마루를 갖고 있고, 중동에서는 지면의 열기를 견딜 수 있도록 천장을 높게 지었으며, 이누이트 족의 이글루는 보온에 강점을 갖고 있다. 반대로 한 나라의 주택문화를 이해하기 위해서는 그 나라의 기후조건과 환경을 이해해야 한다.
>
> (라) 그 결과 일본에서는 낮은 높이의 목조건물을 많이 지었다. 우선 목조건물은 통기성이 우수하고, 건물을 낮게 지을수록 안정적이며 콘크리트보다는 목조건물이 중량당 인장강도, 압축강도, 유연성, 충격흡수 등에서 우수하기 때문에 지진으로 인한 흔들림에 훨씬 강하기 때문이다. 현재도 고층맨션을 제외한 일반주택은 대부분 목재를 사용해 짓는다. 그래서 일본의 많은 주택은 화재에 약하고, 공동주택의 경우는 방음이라는 측면에서 몹시 취약하다는 단점을 가지고 있다.

① (가) - (나) - (다) - (라) ② (가) - (라) - (나) - (다)
③ (다) - (가) - (라) - (나) ④ (다) - (라) - (나) - (가)

(다)에서는 주택과 기후, 환경과의 관계를 연관 짓고, (가)에서는 그 중 일본의 경우에 대해서 전개하며 일본의 기후 조건과 환경을 언급, (라)에서는 그러한 기후 환경으로 인해 짓게 된 결과물이 저층 목조주택이고 그 이유에 대해 서술하며 (나)에서는 언급한 목조주택의 단점에 대해 정리하고 있다.

정답 ③

16 a와 b 두 숫자는 소수이고 두 수의 합은 96, 최소공배수는 1,079이다. 두 수의 차는 얼마인가?

① 70   ② 76   ③ 81   ④ 90

$a+b = 96$
$ab = 1,079$
$(a-b)^2 = (a+b)^2 - 4ab = 9,216 - 4,316 = 4,900$
$a-b = 70$
96^2는 $(100-4)^2$으로 계산하는 편이 빠르다.

정답 ①

17 원기둥 모양 수조를 수리하면서 65cm였던 수조의 바닥반지름이 13cm만큼, 64cm였던 수조의 높이가 19cm만큼 감소하였다. 어떤 물통으로 이 수조에 물을 채울 때, 18통으로 물을 정확히 가득 채울 수 있었다면 본래 수조를 가득 채우기 위해서는 몇 통이 필요한가?

① 34통　　② 36통　　③ 40통　　④ 42통

기존 수조의 용량, 즉 본래 원기둥의 부피는 $(65cm)^2 \times \pi \times 64cm$이고, 수리 후의 용량은 $(52cm)^2 \times \pi \times 45cm$이다. 이때, $52 = 0.8 \times 65$, $45 = \frac{45}{64} \times 64$를 수리 후 용량에 대입,

$$(52cm)^2 \times \pi \times 45cm = 0.64 \times (65cm)^2 \times \pi \times \frac{45}{64} \times 64cm$$
$$= 0.45 \times (65cm)^2 \times \pi \times 64cm$$

따라서 수리한 수조의 용량은 기존 수조의 0.45배이다.
그러므로 기존 수조는 $18 \div 0.45 = 40$(통)으로 가득 채울 수 있다.

정답 ③

18 ○○여행사에서는 한 건물을 빌려 숙소로 이용하기로 하였으며, 참가자들에게 숙소비로 1인당 5만 원씩을 거두었다. 그런데 숙박 계획이 변경되어 숙박인원이 10명 늘어났다. 이에 ○○여행사가 숙소비를 다시 정산하여 기존 참가자들에게 4천 원씩 돌려주었다면 기존 참가자는 몇 명이었는가?(단, 인원 변경으로 인해 건물 대여 비용이 변경되지는 않는다.)

① 85명
② 96명
③ 115명
④ 138명

참가자 수를 n이라 하면 숙소비용은 50,000원×n이다. 10명이 늘어났을 때, 4천 원을 돌려받았으므로 1인당 비용은 46,000원이 된다. 따라서 다음과 같은 식이 성립한다.
50,000n=46,000(n+10)
4,000n=460,000
n=115명

정답 ③

19 a, b, c는 연속된 세 자연수이다. 2a×3b−4c의 결과가 740이라면 a, b, c의 합은?

① 33 ② 36 ③ 39 ④ 42

해설
a를 n−1, b를 n, c를 n+1이라고 하면
2a×3b−4c = (2n−2)×3n−4n−4
= $6n^2$−10n−4 = 740
$3n^2$−5n−372 = 0
(3n+31)(n−12) = 0
n = 12
a+b+c = 3n = 36

정답 ②

20 어떤 프로그램에 두 개의 자연수를 넣으면 다음과 같이 다른 수를 내보낸다. 이 프로그램에 두 개의 자연수를 입력하였고 그 결과를 얻었으나 입력했던 수 중 하나가 무엇이었는지 기억이 나질 않았다고 할 때, 그 수를 구하면?

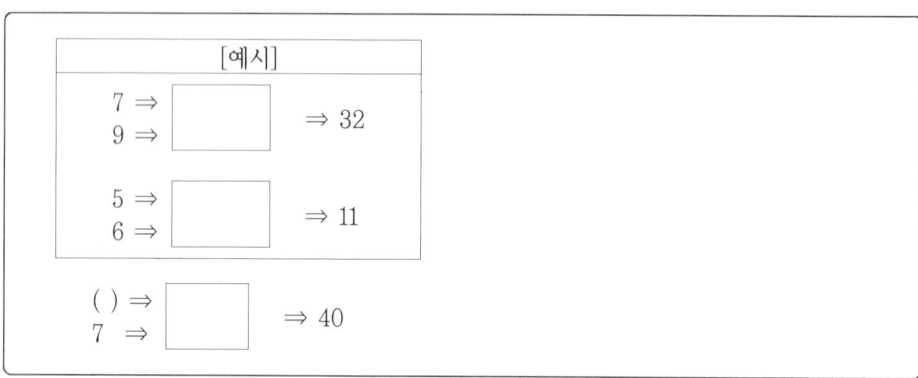

① 1 ② 3
③ 5 ④ 7

해설
6과 5를 넣었을 때 11이 나왔으므로 6+5=11과 관계있는 연산임을 예측할 수 있다.
7+9는 16이므로 32와 비교하면 2배수이다. 7과 9의 차가 2이고 6과 5의 차가 1이므로 이 프로그램은 합과 차를 곱하는 연산을 실행함을 알 수 있다.
빈 칸의 수를 a라 하면, a가 7보다 큰 수인 경우에는
(a+7)×(a−7) = 40,
a^2− 89 = 0
a가 7보다 작은 수인 경우에는
또는 (a+7)×(−a+7) = 40
a^2 − 9 = 0
a는 자연수이므로 a = 3

정답 ②

21 11에서 99까지의 자연수를 다음과 같은 방법으로 정리하려고 한다. 임의의 수 A가 정리가 끝났을 때까지 남았다면, 다음 중 A가 될 수 없는 수는?

> 1) 소수를 제거한다.
> 2) 5의 배수를 제거한다.
> 3) 1의 자리 수와 10의 자리 수의 합이 11을 초과하는 수를 제거한다.
> 4) 3으로 나누어 나머지가 1이 되는 수를 제거한다.
> 5) 1의 자리 수와 10의 자리 수가 같거나 서로소가 아닌 수를 제거한다.

① 21
② 34
③ 56
④ 92

34는 3으로 나누었을 때의 나머지가 1이므로 4) 조건에 의해 제거된다.

정답 ②

22 A는 문제당 배점이 2점이고 출제 문항 수가 50문제인 시험을 치렀다. 이 시험을 합격하려면 83점 이상을 기록해야하고, 답안을 완벽하게 적지 않아도 부분점수로 문항 당 1.5점씩을 주는 규정이 있다. 출제된 문제는 A가 모두 알고 있는 내용이라 모든 문항을 작성하였으며 그 결과 합격하였다면 A가 완벽하게 작성한 문항은 최소 몇 개인가?

① 12개
② 16개
③ 18개
④ 22개

완벽하게 작성한 문항을 a, 부분점수를 받은 문항을 50−a라 하면,
$2 \times a + 1.5 \times (50-a) \geq 83$
$0.5a + 75 \geq 83$
$a \geq 16$

정답 ②

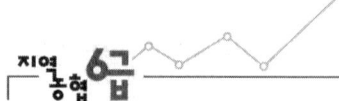

23 다음은 같은 규칙을 갖고 있는 문자열 3줄을 나열한 것이다. 사각형 안에 들어갈 단어로 옳은 것은?

```
        C ( ) J O
    L M O R V A G
      I N ( ) A
```

① D A Y ② E A R
③ F A T ④ G A S

우선 2열은 중간에 빈 내용이 없으므로 규칙을 조사할 수 있다. 각 문자를 숫자로 치환하면,
L M O R V A G = 12 13 15 18 22 27 33 → 12 (+1) 13 (+2) 15 (+3) 18 (+4) 22 (+5)
　　　　　　　　　　　　　　　　　　　　　　　　　　　　　　　　　　　27 (+6) 33
따라서 1열과 3열은,
C ( ) J O = 3 ( ) 10 15 → 3 (+3) 6 (+4) 10 (+5) 15
6 = F
I N ( ) A = 9 14 ( ) 1(=27) → 9 (+5) 14 (+6) 20 (+7) 27
20 = T

정답 ③

24 다음은 같은 규칙을 갖고 있는 문자열 4줄을 나열한 것이다. 사각형 안에 들어갈 단어로 옳은 것은?

```
    B Y ( ) X
    P T  O  U
    M  ( ) L T
    U  T  V S
```

① B O A T ② C O S T
③ P O R T ④ S O F T

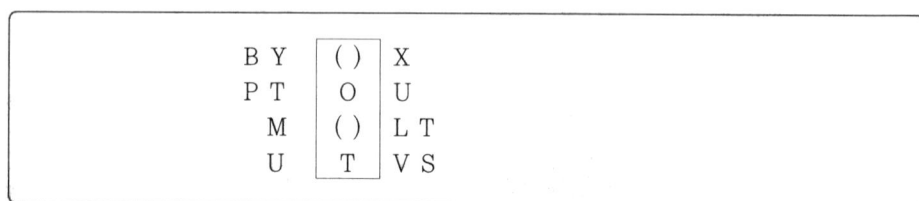

우선 2열과 4열은 중간에 빈 내용이 없으므로 규칙을 조사할 수 있다. 각 문자를 숫자로 치환하면,
P T O U = 16 20 15 21 → 16 (+4) 20 (−5) 15 (+6) 21
U T V S = 21 20 22 19 → 21 (−1) 20 (+2) 22 (−3) 19
또한 첫 번째, 세 번째에 ±1의 차이가 발생하면 두 번째, 네 번째 사이에는 ∓1의 차이가 발생한다는 것도 확인할 수 있으므로 이를 통해 답 ②를 더 빠르게 알아낼 수도 있다.
B Y ( ) X = 2 25(=−1) ( ) 23(=−2) → 2 (−3) −1 (+4) 3 (−5) −2
3 = C
※ 25(=−1)의 의미: Y는 25이지만 B에서 뒤로 3칸(−3)이므로 2−3 = −1로 표시될 수 있다는 의미임
M ( ) L T = 13 ( ) 12 20 → 13 (+6) 19 (−7) 12 (+8) 20
19 = S

정답 ②

25 앞면과 뒷면이 구분되는 동전 3개에 A, B, C라고 표시하고 3회 던졌다. A와 C가 3회 모두 같은 면이 나올 확률은?

① $\frac{1}{8}$ ② $\frac{3}{8}$

③ $\frac{1}{16}$ ④ $\frac{3}{16}$

해설

1회의 시행에서 모든 경우의 수는 다음과 같다.

A	B	C	비고
앞	앞	앞	A = C
앞	앞	뒤	
앞	뒤	앞	A = C
앞	뒤	뒤	
뒤	앞	앞	
뒤	앞	뒤	A = C
뒤	뒤	앞	
뒤	뒤	뒤	A = C

즉 1회의 시행에서 A와 C가 같은 면이 나올 확률은 $\frac{1}{2}$이다. 따라서 3회 연속 $\frac{1}{2}$이 나올 확률은 $(\frac{1}{2})^3 = \frac{1}{8}$이다.

정답 ①

26 어떤 규칙에 따라 다음과 같이 수를 배열하다가 중간에 실수를 하여 잘못된 수를 넣었다. 다음 수의 배열을 보고 잘못된 수가 들어간 부분을 찾으면?

> 1 2 5 8 34 89

① 2   ② 5
③ 8   ④ 34

해설

문제의 규칙은 피보나치 수열에서 한 칸씩 건너뛴 형태이다.
1 1 2 3 5 8 13 21 34 55 89
5에서 13으로 한 칸을 건너뛰었어야 하지만 다음 수인 8이 삽입되었다.

정답 ③

27 1인분에 8,000원짜리 메뉴를 판매하고 있는 A식당은 50명 이상이 단체예약을 하면 음식값을 10%할인해준다. 어느 날 500인분을 판매하고 나서 매출을 계산해보니 단체예약 없이 466인분을 판매한 날과 매출이 같았다. 단체예약 손님에게 판매한 인분 수는 얼마인가?

① 280인분 ② 315인분
③ 340인분 ④ 382인분

개인 손님에게는 8,000원, 단체 손님에게는 7,200원의 매출이 발생하므로 단체 손님에게 판매한 양을 n이라 하면 다음과 같다.
7,200n+8,000(500-n)=8,000×466
800n=272,000
n=340(인분)

정답 ③

28 다음 빈칸에 들어갈 숫자로 옳은 것은?

$$5 \quad 13 \quad 25 \quad (\quad) \quad 61$$

① 38 ② 41 ③ 45 ④ 49

$1^2 \times 2^2 = 5$
$2^2 \times 3^2 = 13$
$3^2 \times 4^2 = 25$
$4^2 \times 5^2 = 41$
$5^2 \times 6^2 = 61$

정답 ②

29 폭 480cm, 높이 320cm인 벽면에 방음판을 붙이려고 한다. 구매할 수 있는 방음판은 16장에 4만 5천원인 A사 제품과 24장에 6만 5천원인 B사 제품이 있으며, 두 방음판 모두 규격은 40cm×40cm이다. 방음판을 선택하는 기준이 가격뿐이라고 하였을 때, 구매할 제품사와 비용은 얼마인가?

① A사, 27만 원 ② A사, 26만 원
③ B사, 27만 원 ④ B사, 26만 원

해설

방음판의 판당 가격은

A사 : $\frac{4.5}{16}$만 원, B사 : $\frac{6.5}{24}$만 원

분모를 통일해 비교하면

A사 : $\frac{13.5}{48}$만 원, B사 : $\frac{13}{48}$만 원

따라서 B사 방음판을 구매한다. 벽면을 채우는데 필요한 방음판의 수는

$\frac{480 \times 320}{40 \times 40} = 96$(장)

필요한 구매 비용은 $\frac{13}{48} \times 96 = 26$(만 원)

정답 ④

---

30 A씨는 보물찾기 행사에서 제공할 상품을 마련하기 위한 예산을 계산하고 있다. 행사에 관한 사항이 다음과 같을 시 모든 참가자에게 상품을 제공하기 위해 필요한 최소한의 예산은?

> 보물찾기 행사 참가자 수 : 50명
> 보물 교환권 개수 : 1등 1장, 2등 3장, 3등 5장, 4등 10장, 5등 30장, 6등 50장
>
> | 교환 상품 : | 1등 25만 원 상당 공기청정기
2등 10만 원 상당 백화점 상품권
3등 5만 원 상당 토종꿀
4등 3만 원 상당 과일 세트
5등 1만 원 상당 모바일 도서상품권
6등 5천 원 상당 모바일 커피 교환권 |
>
> ※ 참가자는 행사 종료 시 갖고 있는 보물 교환권 중 1장만을 상품으로 교환할 수 있습니다.

① 140만 5천 원 ② 143만 5천 원
③ 147만 원 ④ 150만 원

해설

참가자들은 가능한 높은 등수의 교환권을 교환하고자 할 것이므로 높은 등수부터 50명을 계산하면,
1등 + 2등 + 3등 + 4등 + 5등 = 49명
여기에 마지막 한 명을 6등으로 계산하면 필요한 예산은,
$(25 \times 1) + (10 \times 3) + (5 \times 5) + (3 \times 10) + (1 \times 30) + 0.5 = 140.5$(만 원) 이다.

정답 ①

31 다음 그림과 같이 성냥개비로 정삼각형을 만들어 층이 늘어날 때마다 가장 작은 정삼각형이 1개, 4개, 9개 순으로 늘어나도록 한다. 성냥개비로 12개층의 정삼각형을 만들었을 때, 사용된 성냥개비의 개수와 도형의 총 면적의 합은?(단, 성냥개비 3개로 만든 가장 작은 정삼각형의 넓이를 1이라 한다.)

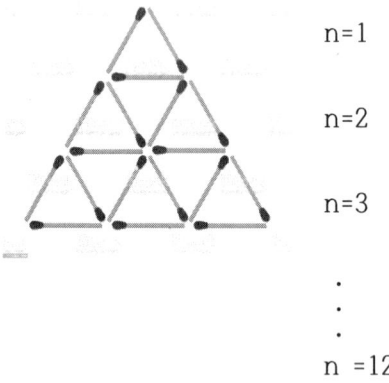

n=1

n=2

n=3

⋮

n =12

① 342
② 378
③ 442
④ 578

해설 각 층마다 사용된 성냥개비의 개수는 1번째 층에 3개, 2번째 층에 6개, 3번째 층에 9개, n번째 층에 3n개이다. 따라서 총 성냥개비의 개수는 $\sum_{n=1}^{12} 3n = 3 \times \frac{12(12+1)}{2} = 234$(개)이다.

도형의 넓이는 정삼각형의 개수와 같으므로 1번째 층일 때 1개, 2번째 층일 때 4개, 3번째 층일 때 총 9개, n번째 층일 때 총 n^2개이므로 12번째 층에서는 총 12^2=144개, 따라서 넓이는 144이다.

그러므로 답은 144 + 234 = 378이다.

〈참고〉

$$\sum_{n=1}^{m} kn = 1k + 2k + \cdots + (m-1)k + mk = k \times \frac{m(m+1)}{2}$$

정답 ②

32 ○○방송사에서는 토론회를 위해 5명의 전문가를 초빙하였다. 방송사 직원 K씨는 초빙된 전문가들의 전문분야들을 알고는 있지만 어느 전문가가 어느 분야의 전문가인지는 알지 못한다. K씨가 알고 있는 정보가 다음과 같을 때, K씨가 내릴 수 있는 결론으로 옳지 않은 것은?

> (가) 초빙된 전문가는 5명이며 전문분야는 각각 법학, 철학, 컴퓨터공학, 로봇공학, 신경과학이다.
> (나) 전문가 A, B, C는 남성, D, E는 여성이다.
> (다) K씨는 전문분야들을 전공으로 구분하였을 때 법학과 철학은 인문대학으로, 컴퓨터공학, 로봇공학, 신경과학은 공과대학으로 분류한다.
> (라) A와 E는 같은 분류의 전공을 갖고 있다.
> (마) C는 남성들 중 유일하게 다른 전공을 갖고 있다.
> (바) 컴퓨터공학 전문가는 법학 전문가와 다른 성별이다.
> (사) 신경공학 전문가는 여성이다.

① K씨가 전문분야를 확신할 수 없는 전문가는 3명이다.
② 철학 전문가는 로봇공학 전문가와 같은 성별이다.
③ C의 전문분야는 법학이 아니다.
④ A의 전문분야를 알 수 있다면 모든 전문가들의 전문분야를 알 수 있다.

해설

마) 조건에 따라 C가 남성 중 유일하게 다른 전공을 갖고 있으므로 A, B가 인문대학이라면 C는 공과대학, A, B가 공과대학이라면 C가 인문대학이어야 한다. 이때, (라)에 따라 A, B가 인문대학이면 E 또한 인문대학이어야 하는데 전공이 인문대학인 분야는 법학과 철학 둘 뿐이다. 따라서 A, B, E는 공과대학, C, D는 인문대학이 되며 (사)에 따라 E가 신경공학 전문가가 된다. 또한, (바)에 따라 A와 B 중 컴퓨터공학 전문가가 있으므로 D가 법학 전문가가 되며 C가 철학 전문가가 된다. 정리하면 다음과 같다.

A(남성)	B(남성)	C(남성)	D(여성)	E(여성)
컴퓨터공학 또는 로봇공학		철학	법학	신경공학

즉, K씨가 전문분야를 확신할 수 없는 전문가는 A와 B 두 명이다.

정답 ①

33 다음 상황을 바탕으로 판단한 내용으로 옳은 것은?

> 10월 31일 일요일 저녁, A씨는 다음 달 스케줄을 정리하는 중이다. 우선 11월 22일부터 26일까지는 연말 마감 기간이라 다른 일정을 채울 수 없다. 그리고 11월 10일 전까지 1박 2일 출장을 다녀와야 한다. 아마 아침 일찍 출발하여 다음날 늦은 시간에 돌아올 것이기에 다른 일은 할 여유는 없을 것이다. 얼마 전에 받은 수술의 경과를 확인하기 위해 병원을 세 번은 더 가야한다. 퇴근 후에 가야 하는데 야간 진료는 화, 수, 목에만 본다. 의사의 이야기로 같은 주에 두 번 이상 찾아올 필요는 없다고 했다. 그러고 보니 퇴근 후에 영어회화 레슨도 예정되어 있다. 주마다 한번씩 4번은 가야한다. 하필 레슨 선생님의 일정이 비는 날도 화, 수, 목이다. 레슨과 진료를 같이 받을 시간적 여유는 없고, 레슨은 주마다 같은 요일에만 받을 수 있으므로 날짜 조율이 필요할 것 같다. 토요일과 일요일에는 아무 일도 하지 않고 집에서 쉴 것이다.

① 월요일부터 화요일까지 출장을 다녀올 수 있다.
② 병원 방문이 가능한 요일은 수요일뿐이다.
③ 11월의 마지막 날에는 반드시 일정이 있다.
④ 출장이 가능한 일정이 두 가지는 있다.

해설

11월은 30일까지 있는 달이다. 10월 31일이 일요일이라 하였으므로 11월 1일은 월요일이다. 주말에는 일정을 잡지 않을 것이므로 주말을 제외한 달력에서 일정을 정리한다. 각 일정은 서로 겹칠 수 없다는 사실도 확인한다.

월	화	수	목	금
1	2	3	4	5
8	9	10	11	12
15	16	17	18	19
22	23	24	25	26
29	30			

22일에서 26일까지가 같은 주 월요일부터 금요일이므로 해당 주를 제외할 수 있다. 그렇게 되면 월요일과 화요일이 4번, 수요일부터 금요일은 3번 남는다. 따라서 4주가 필요한 레슨은 화요일에만 가능하다.

월	화	수	목	금
1	2	3	4	5
8	9	10	11	12
15	16	17	18	19
29	30			

 : 레슨

1박 2일의 출장이 가능한 기한은 3일부터 5일까지이다. 하지만 3일과 4일 중 한번은 병원을 방문해야 한다. 이를 정리하면 다음과 같다.

월	화	수	목	금
1	2	3	4	5
8	9	10	11	12
15	16	17	18	19
29	30			

: 레슨

: 병원

: 출장

남은 병원 방문은 10일과 11일 중 한번, 17일과 18일 중 한번 다녀오면 된다.
따라서 답은 ③이다.

정답 ③

34 ○○지점의 직원 세 명은 지난주 5일 동안 점심식사로 짜장면과 짬뽕만 먹었다. 그 내용이 다음과 같다고 했을 때, 세 명 중 계장만 짬뽕을 먹은 횟수는?

> • 세 사람의 직위는 차장, 과장, 계장이다.
> • 차장과 계장은 항상 다른 메뉴를 먹었다.
> • 세 사람 중 한 명만 짬뽕을 먹은 것은 3번이다.
> • 차장은 짬뽕을 3번 먹었다.
> • 과장과 계장이 같은 메뉴를 먹은 것은 3번이다.

① 4회
② 3회
③ 2회
④ 1회

해설

차장과 계장은 항상 다른 메뉴를 먹으므로 언제나 짜장면과 짬뽕을 최소 1명씩은 먹는다. 그러므로 세 사람 중 한 명만 짬뽕을 먹었다는 것은 과장이 짜장면을 먹었다는 의미이다. 짜장면 3회를 다음과 같이 표에 배치한다.

차장					
과장	짜장면	짜장면	짜장면	짬뽕	짬뽕
계장					

차장이 짬뽕을 먹은 날에 계장은 짜장면을 먹었다. 즉, 위 표에 3회의 짜장면과 2회의 짬뽕을 배치하되, 세 번은 같은 메뉴가 되도록 배치해야 한다.

차장	짜장면	짬뽕	짬뽕	짬뽕	짜장면
과장	짜장면	짜장면	짜장면	짬뽕	짬뽕
계장	짬뽕	짜장면	짜장면	짜장면	짬뽕

따라서 계장만 짬뽕을 먹은 날은 단 1회이다.

정답 ④

35 다음은 B씨의 샐러드 취향과 점심시간을 앞둔 대화이다. 이를 바탕으로 B씨가 주문할 샐러드로 가장 적절한 것을 고르면?

〈B씨의 샐러드 취향〉
아침을 거르고 출근한 경우에는 요거트를 넣는다.
커피와 함께 먹는 경우에는 요거트를 넣지 않는다.
우유와 함께 먹는 경우에는 치즈를 넣지 않는다.
고소한 맛을 원할 때에는 치즈나 견과류를 넣는다.
달콤한 것을 원하고 치즈를 넣었을 때에는 건과일을 추가한다.

A : 벌써 점심시간이네요. B씨는 점심 어떻게 할 거예요?
B : 요즘 다이어트를 하고 있어서요. 회사 앞에 샐러드 가게를 갈 생각이에요.
A : 어머, 오늘 아침도 굶었다면서 샐러드로 괜찮겠어요?
B : 생각보다 든든해요. 오늘따라 달콤하고 고소한 것이 당기네요.
A : 아참, 고소한 것이라고 하니 아침에 편의점에서 우유를 샀는데 1+1행사를 해서 하나가 남았어요. 드시겠어요?
B : 고마워요. 점심 먹으면서 마실게요.

① 기본 샐러드에 요거트를 추가
② 기본 샐러드에 요거트와 견과류를 추가
③ 기본 샐러드에 발사믹 드레싱을 두르고 치즈를 추가
④ 기본 샐러드에 요거트와 치즈, 건과일을 추가

B씨는 아침을 굶은 상태로 요거트를 추가할 것이다. 달콤하고 고소한 것을 원하므로 치즈와 건과일을 추가할 수 있으나 점심에 우유를 곁들일 계획이므로 치즈는 넣지 않는다. 따라서 치즈 대신 견과류만 추가하며 건과일은 넣지 않는다.

정답 ②

36 같은 지하철을 타고 퇴근하는 A, B, C, D, E, F는 서대문역에서 승차하여 공덕역부터 신길역까지 5개 역에서 모두 하차한다. 역과 하차하는 사람을 연결한 것으로 옳은 것은?

- A와 B는 같은 역에서 내리고 다른 사람들은 각 역마다 한 명씩 내린다.
- B보다 C와 D가 나중에 내린다.
- D보다 E가 두 정거장 뒤에 내린다.
- D보다 C가 한 정거장 뒤에 내린다.
- A가 내린 역과 F가 내린 역은 네 정거장 떨어져있다.

[서울 지하철 5호선 노선도]

① 공덕역 – F
② 마포역 – E
③ 여의나루역 – C
④ 여의도역 – B

해설

내리기 시작하는 첫 역 공덕역과 마지막 역 신길역 사이의 거리가 네 정거장이므로 A가 내린 역과 F가 내린 역은 공덕역과 신길역 중 하나이다. 이때 A와 B가 같은 역에서 내리고, B보다 C와 D가 나중에 내리므로 A와 B가 내리는 역은 공덕역, F가 내리는 역은 신길역이 된다.
남은 마포역, 여의나루역, 여의도역에서 D보다 C와 E가 각각 한 정거장, 두 정거장 뒤에 내리므로 D가 마포역, C가 여의나루역, E가 여의도역에서 하차한 것이 된다.

공덕역	마포역	여의나루역	여의도역	신길역
A, B	D	C	E	F

정답 ③

37 ○○식품에서 판매 중인 김치는 최근 판매량이 지속적으로 감소하고 있다. ○○식품에서 근무하는 A씨는 그 원인을 단계적으로 분석하여 보고할 계획이다. 다음 중 보고 주제의 인과관계를 옳게 나열한 것은?

(가) 유통비용의 비중이 크다.
(나) 수입 김치의 가격이 비교적 저렴하다.
(다) 시장은 커졌지만 수입 김치 판매가 주로 이루어지고 있다.
(라) 유통망 사이에 중개업자의 수가 너무 많다.

① (가)-(라)-(다)-(나)
② (나)-(다)-(라)-(가)
③ (다)-(나)-(가)-(라)
④ (라)-(가)-(나)-(다)

(1)에서 바로 (다)로 이어지는 것을 찾기는 다소 어려울 수 있지만 (다)가 (나)로 연결되는 것은 어렵지 않게 찾을 수 있다.
(나)는 가격에 대한 문제이므로 그 원인을 (가)에서 찾을 수 있으며 (가)는 유통에 대한 문제로 (라)에서 원인을 찾을 수 있다.

정답 ③

38 기획부의 안 차장과 손 차장은 각각 팀장 역할로 임시 특별팀을 꾸려 프로젝트를 진행해야 한다. 특별팀에 편성할 수 있는 인원과 편성 기준이 다음과 같다고 했을 때, 편성이 완료된 팀에 대해 설명한 것으로 항상 옳은 내용은?

〈편성 가능 인원〉
총무부 : 김 대리, 이 대리, 박 사원
구매부 : 정 대리, 최 사원,
영업부 : 강 대리, 조 사원, 윤 사원

〈편성 기준〉
• 각 팀에는 각 부서의 인원이 적어도 한 명씩은 편성되어야 한다.
• 팀장을 제외하고 각 팀 내 직급의 비율은 1:1이 되도록 해야 한다.
• 같은 부서, 같은 직급의 인원이 한 팀에 몰려서는 안 된다.
• 박 사원은 안 차장의 팀에 편성된다.

① 최 사원은 안 차장의 팀에 편성된다.
② 김 대리는 손 차장의 팀에 편성된다.
③ 이 대리와 정 대리는 다른 팀에 편성된다.
④ 강 대리와 최 사원은 같은 팀에 편성된다.

해설

첫 번째 조건에 따라 구매부의 두 명은 각 팀에 나뉘어서 편성되어야 한다. 아직 누가 어느 팀에 속한지는 알 수 없다.

?팀	?팀
최 사원	정 대리

세 번째 조건에 따라 총무부의 김 대리와 이 대리, 영업부의 조 사원과 윤 사원은 각기 다른 팀이 되어야 한다. 이들은 두 팀 중 어느 쪽에도 속할 수 있어 네 명이 편성되는 경우의 수는 네 가지가 발생한다.

?팀	?팀
최 사원	정 대리
김 대리 ↔ 이 대리	
조 사원 ↔ 윤 사원	

그러나 네 가지 경우 모두 각 팀의 직급 비율은 변하지 않는다. 때문에 박 사원과 강 대리가 편성될 팀은 확정적이며 박 사원의 위치를 통해 각 팀의 팀장도 알 수 있다.

손 차장 팀	안 차장 팀
최 사원	정 대리
김 대리 ↔ 이 대리	
조 사원 ↔ 윤 사원	
강 대리	박 사원

따라서 어느 경우에도 항상 옳은 선택지는 ④ 뿐이다.

정답 ④

39

맞춤 제작 옷을 판매하는 K씨는 직원을 추가고용하려고 한다. 각 지원자와 K씨의 상황이 다음과 같을 때 K씨가 이익을 극대화하기 위해 해야 할 선택으로 옳은 것은?

- 옷의 재료비용 : 3만 5천원
- 옷의 판매가격 : 10만 원
- 옷의 비용을 계산할 때 재료비와 인건비만을 고려한다.
- K씨는 지원자가 희망하는 월급을 모두 지불한다.
- 지원자 A : 한 달에 30벌의 옷을 만들 수 있다. 희망 월급은 200만 원이다.
- 지원자 B : 한 달에 50벌의 옷을 만들 수 있다. 그러나 30%의 확률로 팔 수 없는 불량품을 만든다. 희망 월급은 190만 원이다.

① A를 고용한다.
② B를 고용한다.
③ A와 B 둘 다 고용한다.
④ A와 B 둘 다 고용하지 않는다.

해설

옷 한 벌에서 얻을 수 있는 이익은 6.5만 원이다. A는 한 달 동안 30벌을 만들 수 있으므로 한 달에 A가 창출할 수 있는 이익은 6.5×30=195(만 원)이다. 따라서 200만 원을 주고 A를 고용하면 한 달에 5만원씩 손해가 된다.
B는 70%의 확률로 6.5만 원의 이익을, 30%의 확률로 3.5만 원의 손실을 발생시킨다. 50벌에 대한 식으로 정리하면,
6.5×50×0.7-3.5×50×0.3=175(만 원)
따라서 190만 원을 주고 B를 고용하면 한 달에 15만 원씩 손해가 된다. 그러므로 K씨는 두 사람 모두 고용하지 않을 것이다.

정답 ④

40 다음 보고서를 작성하면서 참조한 자료로 보기 가장 어려운 것은?

> 토마토의 재배면적은 과거 건강식품에 대한 소비자 인식 확대로 2007년까지 7,353ha까지 크게 증가한 바 있다. 그러나 이후에는 지속적인 감소세로 2020년에는 5,521ha까지 줄어들었다. 농가 인력의 부족과 경제성 있는 타 작물로의 재배 전환 등이 그 원인으로 꼽힌다.
> 토마토의 품종별 반입 비중을 보면 일반 토마토가 60%이상을 차지하고 나머지를 방울토마토가 차지하고 있다. 10년 전에는 원형방울토마토가 주로 재배, 소비되었으나 현재로서는 대추형이 방울토마토 시장에서 주력 품종으로 자리잡고 있는 추세이다. 일반 토마토는 크게 도색계와 적색계로 구분되며 도색계 토마토의 반입 비중은 2014년 43%에서 2020년 19%까지 낮아진 반면, 적색계는 동기간 81%까지 늘어났다. 이는 도색계가 적색계에 비해 단위면적당 수확량이 적고, 사용 용도가 생식용으로 국한되기 때문이다. 게다가 온실이나 수경재배 등 시설이 현대화되고 기상변동이 심해지는 것도 장기 재배에 유리한 적색계 품종의 재배를 늘이는 원인이 되고 있다.
> 적색계 토마토는 선명한 붉은색이고 단단하여 조리와 보관에 용이, 식자재로 주로 쓰인다. 반면 도색계는 겉에 푸른색이 돌고 당도가 높으며 과피가 얇다. 식생활이 서구화되면서 조리용 토마토를 구매하는 일반 소비자가 늘어나고는 있으나, 아직까지는 생과형태로 섭취하고 있다. 그러나 대부분의 소비자들은 적색계와 도색계의 구분없이 단일품종으로 일반 토마토를 구매하는 경향이 있으며 이로 인해 일반 토마토의 소비 부진을 초래할 수 있다.
> 일반 토마토의 소비 진작을 위해서는 일반 토마토의 품종에 대한 소비자의 정보 비대칭성을 해소할 필요가 있다. 일반 토마토가 품종별로 구분되어 판매된다면 소비자의 30%가 구입 목적에 따라 선택적으로 구분하겠다고 응답하였다. 따라서 소비자들이 용도에 맞게 토마토를 구매할 수 있도록 품종별 홍보 및 판매전략의 구축이 필요하다.

①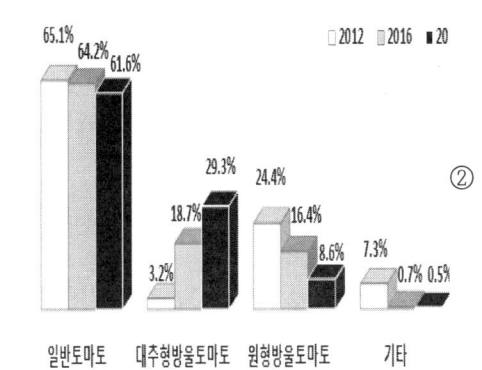
〈토마토 품종별 반입비중〉

②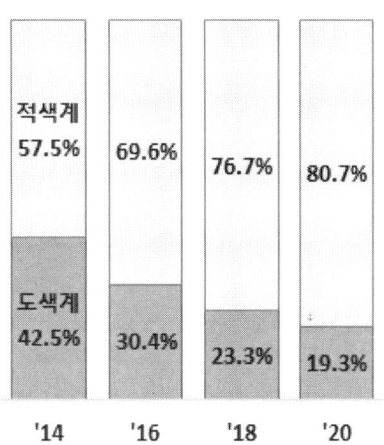
〈일반 토마토의 품종별 반입비중〉

③ 〈일반 토마토의 섭취 방법〉

구분	생식용 (생과, 주스 등)	조리 및 가공용 (요리 재료 등)
2010년 조사치	94.8%	5.2%
2017년 조사치	90.6%	9.4%
2018년 조사치	89.0%	11.0%
2019년 조사치	89.3%	10.7%

④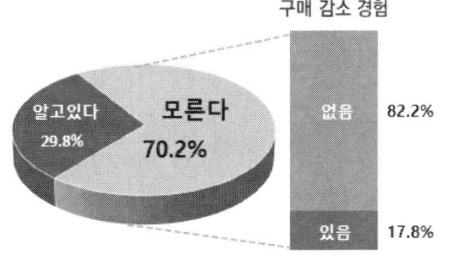
〈일반 토마토 품종 구분 및 구매 감소경험 여부〉

해설
소비자들이 적색계와 도색계 구분없이 단일품종으로 일반 토마토를 소비하는 경향과 소비부진에 대해서는 언급하고 있으나 그 소비자들이 품종을 구분하고 그로 인해 구매가 감소했는지 여부에 대해서는 정확하게 언급하고 있지 않다.

정답 ④

41 A씨는 초등학생들을 인솔하고 ○○군에 1일간 방문할 예정이다. 다음의 신문기사를 보고 계획을 세운다고 하였을 때, 실행할 수 있는 계획은?

> ○○군에서는 관광산업 활성화를 위해 이번 여름 수상레저체험 프로그램을 운영할 계획이다. 천혜의 환경으로 인지도가 높은 ○○군이지만 놀거리가 없다는 지적에 따라 ○○군청에서는 지자체에서 수상레저체험을 저렴한 가격으로 직접 운영하여 관광객의 만족도를 높이겠다는 계획이다.
> ○○군에서 운영을 발표한 프로그램은 바나나보트, 모터보트, 스노클링의 세 가지로 초등학생 이상부터 65세까지 이용할 수 있다. 바나나보트는 인당 6,000원의 요금으로 탑승할 수 있고 7월 30일부터 3일간의 정비 운휴를 제외하고 여름 행사 기간 내내 운영할 예정이다. 모터보트는 7월 20일부터 8월 10일까지 운영하며 인당 8,000원의 요금으로 이용할 수 있다. 스노클링 체험은 성인부는 7월 15일부터, 초등부는 8월 1일부터 운영하며 인당 10,000원의 이용료가 발생할 예정이다. 수상레저체험 프로그램 이용 시 이용요금의 절반은 지역화폐로 환급 받을 수 있어 실질적 이용료는 더욱 저렴해진다.
> 수상레저체험 외에도 장마당을 운영하여 지역상품으로 만든 기념품과 먹거리를 저렴하게 판매할 예정이다. 수상레저체험 안내소에서 판매하는 먹거리 바우처를 통해 4,000원으로 원하는 음식과 교환할 수 있으며 기념품은 일괄 10,000원에 판매한다. 그 외에 지역 숙소들과 연계하여 수상레저체험 이용자들은 안내소를 통해 숙박 예약 시 50% 할인을 적용받을 수 있다. 장마당 및 숙소는 프로그램에서 지급받은 지역화폐를 사용할 수 있어 방문객들의 경제적 부담은 더욱 줄어들 것으로 기대하고 있다.

① 7월 27일, 1인당 예산 18,000원, 바나나보트와 모터보트를 이용하고 기념품과 먹거리를 1종씩 구매한다.
② 7월 29일, 1인당 예산 20,000원, 모터보트와 스노클링을 이용하고 기념품을 1종 구매한다.
③ 8월 1일, 1인당 예산 17,000원 바나나보트와 스노클링을 이용하고 기념품을 1종 구매한다.
④ 8월 3일, 1인당 예산 24,000원, 프로그램 3종을 모두 이용하고 먹거리를 3종 구매한다.

① 바나나보트와 모터보트 이용요금 14,000원, 지역화폐 7,000원+잔여예산 4,000원의 11,000원으로는 기념품과 먹거리 1종씩을 구매할 수 없다.
② 7월 29일에는 초등부 스노클링이 운영되지 않는다.
③ 7월 30일, 31일, 8월 1일은 바나나보트의 운휴기간이다.
④ 8월 3일, 1인당 예산 24,000원, 프로그램 3종을 모두 이용하고, 요금 24,000원중 절반은 지역화폐로 환급 받을 수 있어, 환급받은 지역화폐로 먹거리3종 구매가 가능하다.

정답 ④

42 다음은 2021년 어느 지역의 양계농가의 수, 사육두수, 유통 경로 및 매출액에 대한 현황을 나타낸 자료이다. 이에 대한 설명으로 옳은 것을 모두 고르면?

〈○○도 양계 농가 현황〉
(단위 : 호, 마리, 만 원)

		2020년 4분기	2021년 1분기	2021년 2분기	2021년 3분기	2021년 4분기
양계농가		134	137	151	125	134
사육두수		7,449,942	7,464,847	8,206,305	6,470,975	7,685,874
매출액	A축산	60,534	88,533	73,629	88,812	78,228
	B유통	280,044	327,483	417,330	328,374	365,715
	C식품	1,216,890	1,164,834	1,064,871	1,179,351	1,143,972
	계	1,557,468	1,580,850	1,555,830	1,596,537	1,587,915

ㄱ. 조사 기간 중 농가 당 사육두수가 가장 적은 시기는 2021년 3분기이다.
ㄴ. 전체 매출액에서 A축산이 차지하는 비율은 분기별로 증가와 감소를 반복한다.
ㄷ. 사육두수의 증감에 영향을 주는 것은 전 분기의 매출액 증감이다.
ㄹ. 농가의 수가 전 분기 대비 가장 크게 변한 분기에 사육두수 또한 가장 크게 변동했다.

① ㄱ
② ㄱ, ㄴ
③ ㄴ, ㄷ, ㄹ
④ ㄱ, ㄴ, ㄷ, ㄹ

 해설

ㄱ. 2020년 4분기와 2021년 4분기를 비교하면 같은 양계농가 수에서 2020년 4분기의 사육두수가 더 적다. 따라서 2021년 4분기는 제외하고 비교한다. 2020년 4분기와 2021년 1분기를 직접 비교하면 55,596.5마리/호, 54,487.9마리/호이므로 2021년 1분기가 더 적다.
이때 1분기, 2분기, 3분기의 양계농가 수를 비교하면 2분기의 양계농가 수는 1분기보다 약 10% 증가한 것이고 3분기는 1분기보다 약 10%만 감소한 것이다. 그러나 사육두수는 1분기에서 2분기로는 대략 74만 마리가 증가해 10%정도 증가하여 양계농가 증가율과 거의 차이가 없지만 1분기에서 3분기로는 대략 100만 마리가 감소, 10%를 훨씬 상회하게 줄어들었다. 따라서 2021년 3분기의 농가 당 사육두수가 가장 적다.

ㄴ. 분기별 매출액 계의 변동폭과 A축산의 변동폭을 비교해보면 계의 변동폭은 약 2%내외에서 움직이나 A축산의 변동폭은 10%를 상회한다. 따라서 A축산 매출액의 증감이 비율의 증감과 같은 추세로 움직인다고 볼 수 있으며 상승-하락-상승-하락을 반복한다.

ㄷ.

기간	매출액		사육두수
2020년 4분기 ~ 2021년 1분기	증가	↘	·
2021년 1분기 ~ 2021년 2분기	감소	↘	증가
2021년 2분기 ~ 2021년 3분기	증가	↘	감소
2021년 3분기 ~ 2021년 4분기	·	↘	증가

ㄹ. 2021년 3분기가 전 분기 대비 농가의 수, 사육두수의 변동이 모두 제일 크다.

정답 ④

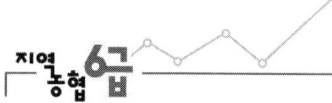

43 다음은 인구 구조와 향후 예상에 대해 나타낸 자료이다 이를 보고 옳은 설명을 고르면?

⟨추정 인구 구조⟩

(단위 : 천 명)

	1990	2000	2010	2020	2030	2040	2050
총 인구	42,869	47,008	49,554	51,836	51,119	50,193	47,359
0세 ~14세	15,416	13,754	11,408	8,824	6,609	5,668	5,743
15세~64세	25,259	29,860	32,780	34,860	31,534	27,281	22,612
65세 이상	2,195	3,395	5,366	8,152	13,056	17,245	19,004

* 노년부양비 = (65세 이상 인구 ÷ 15~64세 인구) × 100
** 노령화지수 = (65세 이상 인구 ÷ 14세 이하 인구) × 100

ㄱ. 노년부양비는 자료기간 전체에서 점차 증가한다.
ㄴ. 2010년대 중에서 노령화지수가 100%를 넘겼다.
ㄷ. 노령화지수 대비 노년부양비는 계속해서 감소한다.
ㄹ. 현재 추세대로라면 2050년 이후에도 인구는 계속해서 감소할 것이다.

① ㄱ, ㄴ
② ㄴ, ㄷ
③ ㄱ, ㄹ
④ ㄷ, ㄹ

해설

ㄱ. (65세 이상 인구 ÷ 15~64세 인구)에서 65세 이상 인구는 계속 증가하고 15~64세 인구는 계속 감소한다. 따라서 자료기간 전체에서 노년부양비는 계속 증가한다.
ㄴ. 2010년 조사 결과도 노령화지수가 100%에 도달하지는 못했고, 2030년에는 200%에 가깝게 도달하므로 2020년대에 노령화지수가 100%에 도달할 것이라 예측할 수 있다.
ㄷ. 노년부양비/노령화지수 = (14세 이하 인구 ÷ 15~64세 인구)와 같이 정리할 수 있다. 14세 이하 인구는 지속적으로 감소하고 2020년까지는 15~64세 인구가 증가하므로 감소하는 추세이나 그 후부터 15~64세 인구도 감소세로 돌아서고 2050년에서는 14세 이하 인구가 소폭 상승하므로 노년부양비/노령화지수의 값이 증가하는 것이 확실시 된다.
ㄹ. 총 인구의 증감은 2020년을 고점으로 계속해서 하락하고 있으며, 향후 전체 인구에서 가장 먼저 퇴장할 65세 이상 인구의 비율이 가장 높으므로 인구가 계속해서 감소할 것이라 예상할 수 있다. **정답** ③

44 편의점에서 수입맥주 4캔을 묶어서 판매하는 이벤트를 진행하고 있다. 이벤트를 진행하고 있는 각 맥주에 대한 선호 조건이 다음과 같을 때, 구매하게 될 기획 세트를 고르면?

- 맥주에 대한 선호는 맛, 향, 양으로 분류한다.
- 각 선호는 0점에서 10점까지 책정된다.
- 기획 세트의 가격은 모두 동일하며 가장 선호 점수의 합이 높은 세트를 구매한다.
- 세트의 각 선호 분야의 합이 20점을 초과하는 구간부터는 0.5배로 합산한다.(맛이 20점을 초과하면 초과분에 대해서는 1점을 0.5점으로 계산한다.)

	맛	향	양
'A' 맥주	7	6	3
'B' 맥주	4	7	5
'C' 맥주	3	3	10
'D' 맥주	6	4	6
'E' 맥주	10	2	4

1번 기획 : 'A' 1캔, 'B' 1캔, 'C'와 'D' 중 중복포함 택2
2번 기획 : 'B' 1캔, 'D' 2캔, 'C'와 'E' 중 택1
3번 기획 : 'C' 2캔, 'A'와 'B' 중 택2
4번 기획 : 'A'와 'E' 중 중복포함 택4

① 1번 기획   ② 2번 기획   ③ 3번 기획   ④ 4번 기획

해설

각 맥주의 점수 합은 모두 16점으로 동일, 4캔의 점수 합은 모두 64점이 된다. 각 분야의 점수를 20점씩 채우면 4점은 20점을 초과할 수밖에 없으므로 얻을 수 있는 최대 점수는 62점이다. 각 분야의 점수의 합을 구했을 때, 20점이 되지 않는 분야가 있다면 최대 점수보다 떨어지게 된다.

1번 기획

	맛	향	양
A+B	11	13	8
A+B+2C	17	19	28(24)
A+B+C+D	20	20	24(22)
A+B+2D	23(21.5)	21(20.5)	20

2번 기획

	맛	향	양
B+2D	16	15	17
B+2D+C	19	18	27(23.5)
B+2D+E	26(23)	17	21(20.5)

3번 기획

	맛	향	양
2C	6	6	20
2C+2A	20	18	26(23)
2C+A+B	17	19	28(24)
2C+2B	14	20	30

4번 기획
A와 E 모두 '양' 점수가 낮으며 4캔을 모두 E로 채워도 양 점수가 20점이 되지 못한다.
즉 최대 점수는 모든 점수의 합이 20점 이상을 기록한 1번 기획의 A+B+C+D, A+B+2D 조합이다. **정답**①

45 다음은 ○○전자의 애프터서비스 안내 사항이다. 해당 내용을 근거로 옳은 내용만을 고른 것은? (문제 사례들의 접수일은 2022년 1월 31일로 가정한다.)

[유무상 수리 기준]
1. 무상수리 대상
- 품질보증 기간 이내에 정상적인 사용 상태에서 발생한 성능, 기능상의 고장인 경우
- 엔지니어가 수리한 후 정상적으로 제품을 사용하는 과정에서 12개월 이내에 동일한 부품이 재고장 발생 시. 단, 무상수리 기간이 기본으로 연장 적용되는 핵심부품은 제외 (제품 구입 기준 핵심부품의 무상수리 기간 종료 시 유상수리 적용)
- 부품을 사용하지 않고 수리한 경우 수리한 날부터 2개월 이내에 정상적으로 제품을 사용하는 과정에서 종전과 동일한 고장이 재발한 경우

2. 유상수리 대상
- 보증이후 – 무상보증 기간이 경과된 제품
- 보증이내 – 제품 고장이 아닌 고객 요청에 의한 제품 점검(보증기간 내라도 유상 수리)
- 고객요청 – 제품의 점검(분해하지 않고 진행한 점검 포함) 및 조정 또는 사용 설명을 요청하는 경우, 제품 내부의 먼지 및 이물 제거(세척/청소)를 요청하는 경우
- 타사요인 – 제품 자체의 문제가 아니고 외부 환경(인터넷, 안테나, 유선 신호 등)에 의해 고장이 발생한 경우, 타사 제품(소프트웨어 포함)으로 인해 고장이 발생한 경우
- 고객 부주의 – 떨어뜨림 등 외부 충격에 의해 손상, 고장이 발생한 경우, 사용설명서에 명시된 올바른 제품 사용 주의사항을 지키지 않아 고장이 발생한 경우, 제품에 명시된 전기 용량을 틀리게 사용하여 고장이 발생한 경우, 공식 서비스센터(엔지니어) 외 임의로 수리/개조에 의해 고장이 발생한 경우
- 소모성 – 소모성 부품의 보증기간 및 수명이 다한 경우, 당사에서 지정하지 않은 소모품이나 옵션품을 사용하여 고장이 발생한 경우
- 천재지변 – 천재 지변(낙뢰, 화재, 지진, 풍수해, 해일 등)으로 인해 고장이 발생한 경우

3. 제품의 보증기간
- 제품 보증기간 – 제조사 또는 제품 판매자가 소비자에게 정상적인 상태에서 자연 발생한 품질, 성능, 기능 하자에 대하여 무료수리를 해주겠다고 약속한 기간
- 제품의 보증기간의 산정 – 제품 보증서(구입 영수증 포함)에 의한 구입일자를 기준으로 산정, 단, 보증서가 없는 경우는 동 제품의 생산 당시 회사가 발행한 보증서 내용에 준하여 보증 조건을 결정하며, 생산년월에 3개월 감안(유통기간 반영)하여 구입일자를 적용하여 보증기간을 산정
- 보증기간이 정상적인 경우의 절반(1/2)으로 단축 적용되는 경우 – 영업용도나 영업장에서 사용할 경우, 차량, 선박 등에 탑재하는 등 정상적인 사용환경이 아닌 곳에서 사용할 경우, 제품사용 빈도가 극히 많은 공공장소에 설치 사용할 경우, 기타 생산활동 등 가정용 이외의 용도로 사용될 경우
- 중고품(전파상구입, 모조품)구입의 보증기간은 적용되지 않으며, 수리불가의 경우는 피해보상의 책임을 지지 않음
- 당사와 별도 계약에 한하여 납품되는 제품의 보증은 그 계약 내용을 기준으로 함

- 품목별 보증기간

품목	보증기간	비고
계절성 제품	2년	에어컨(시스템에어컨 제외), 선풍기, 히터
스마트폰	2년	2021년 1월 1일 이전 구입 제품은 1년
일반 가전	1년	시스템에어컨을 포함

- 핵심부품 무상기간 - 3년

(가) 피시방을 운영하는 A씨는 2020년 7월 10일에 구입한 에어컨을 피시방에서 사용 중 냉방이 정상적으로 되지 않는 고장이 발생하여 무상수리를 받았다.
(나) B씨는 2021년 4월 25일에 구입한 전자레인지가 과전압으로 고장이 발생해 유상수리를 받았다.
(다) C씨는 2021년 1월 21일에 구입한 세탁기에서 누수가 발생하여 2021년 2월 20일 무상수리를 통해 고무패킹을 교체했으나 다시 고무패킹으로 인한 누수가 발생하여 무상수리를 받았다.
(라) D씨는 2021년 1월 5일에 구입한 ○○전자 스마트폰에 ○○전자 관리 어플리케이션을 설치하던 중 고장이 발생하여 무상수리를 받았다.

① (가), (나)
② (나), (다)
③ (다), (라)
④ (나), (다), (라)

해설

(가) 에어컨은 계절성 제품으로 2년간 보증이 되어 2020년 1월 31일 이후 구입한 경우에는 무상수리가 가능하나, A씨는 영업용도로 피시방에서 에어컨을 사용하고 있으므로 보증기간이 절반이 되어 2021년 1월 31일 이후 구입 시에만 무상수리를 받을 수 있다.
(나) 전자레인지는 일반가전으로 2021년 1월 31일 이후 구입품은 무상수리가 가능하나, 고장원인이 과전압으로 고객부주의에 해당하여 유상수리를 받아야 한다.
(다) 세탁기의 무상수리 기간은 2022년 1월 21일에 종료되었지만 2022년 2월 20일에 공식 무상수리를 받은 고무패킹이 재고장을 일으킨 것으로 2022년 2월 20일로부터 12개월 내이므로 무상수리 대상이다.
(라) 2021년 1월 1일 이후 구매한 스마트폰의 무상수리 기간은 2년이며 타사 소프트웨어가 아닌 ○○전자 자사 소프트웨어에 의한 고장이므로 무상수리를 받을 수 있다.

정답 ④

46 A는 다음과 같이 장을 볼 예정이다. A가 반드시 사게 될 것으로 옳은 것은?

- 파를 사면 마늘은 사지 않는다.
- 마늘을 사지 않으면 당근도 사지 않는다.
- 감자를 사지 않으면 당근을 산다.
- 파를 사지 않으면 고추를 사지 않는다.
- 고추를 사지 않으면 당근을 사지 않는다.

① 파　　　　　　　　② 마늘
③ 당근　　　　　　　④ 감자

 각 조건을 정리하면 다음과 같다. ('~'는 부정)
1) 파 → ~마늘, 마늘 → ~당근 (파 → ~당근)
2) ~감자 → 당근 (~당근 → 감자)
3) ~파 → ~고추, ~고추 → ~당근 (~파 → ~당근)
1)과 3)에서 파를 사는 경우에도, 사지 않는 경우에도 당근은 사지 않는다는 결론을 얻을 수 있다. 따라서 당근을 사지 않는다는 것은 확정적이며, 2)에 따라 감자를 구매하는 것이 확정된다.

정답 ④

47 농부 정씨는 새로 트랙터를 구매하기 리뷰 사이트를 살펴보고 있다. 최종적으로 A, B, C의 트랙터가 구매 후보가 되었으며, 리뷰 사이트의 평점은 다음과 같았다. 가중치를 고려했을 때, 정씨가 최종적으로 구매하게 될 트랙터는?

구분	연비	출력	진동/소음	편의기능	가격
A	80	85	90	85	65
B	85	85	90	70	80
C	75	80	85	90	70

구분	연비	출력	진동/소음	편의기능	가격
가중치	10%	-20%	10%	0%	20%

① A
② B
③ C
④ 어떤 트랙터를 구매해도 점수가 같다.

 가중치를 고려한 점수는 다음과 같다.

구분	연비	출력	진동/소음	편의기능	가격	총점
A	88	68	99	85	78	418
B	93.5	68	99	70	96	426.5
C	82.5	64	93.5	90	84	414

정답 ②

48 다음 주어진 상황에 대한 올바른 추론을 〈보기〉에서 모두 고른 것은?

- 신입사원 선발 시 어학, 필기시험, 학점, 전공적합성을 상, 중, 하로 평가하여 지원자 A~D 네 명 중 평점의 합이 높은 사람부터 2명을 선발하기로 한다.
- 업무 전달의 실수로 인사 담당자에게 지원자 D의 평가 결과가 알려지지 않았다.
- 지원자 D는 각 평가 항목에서 상, 중, 하의 평점을 모두 받았다.

지원자	어학능력	필기시험	학점	전공적합성
A	중	상	중	중
B	상	중	상	상
C	하	하	상	상
D(누락)	( )	( )	( )	( )

※(상 : 3점, 중 : 2점, 하 : 1점)

─ 보기 ─
㉠ 지원자 A와 지원자 B는 반드시 선발된다.
㉡ 동점자는 없다.
㉢ 지원자 D의 평점은 지원자 B의 선발에 영향을 주지 않는다.

① ㉠
② ㉡
③ ㉢
④ ㉠, ㉡

해설

각 지원자의 총점을 계산해 보면 다음과 같다.

지원자	어학능력	필기시험	학점	전공적합성	계
A	중	상	중	중	2 + 3 + 2 + 2 = 9
B	상	중	상	상	3 + 2 + 3 + 3 =11
C	하	하	상	상	1 + 1 + 3 + 3 = 8
D(누락)	( )	( )	( )	( )	1 + 2 + 3 + ?

지원자 D의 나머지 하나의 항목 점수가 '상'일 경우 총점은 9점이 되어 지원자 A가 반드시 선발된다고 말할 수 없다. 또한, 동점자가 생길 수 있으며, 지원자 D의 나머지 하나의 항목 점수가 무엇이든 지원자 B의 선발 여부에는 영향을 주지 않는다.
따라서 올바른 추론은 ㉢뿐임을 알 수 있다.

정답 ③

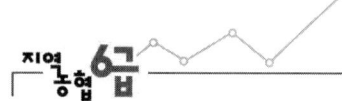

49 다음은 「귀농인 농업창업 자금 및 주택구입 자금지원」 안내문이다. 이것을 읽고 옳은 내용을 모두 고른 것은?

> 「귀농인 농업창업 자금 및 주택구입 자금지원」
> ▶ 귀농인 농업창업 자금 및 주택구입 자금지원 사업이란?
> 농협자금을 활용하여 사업대상자의 신용 및 담보대출을 저금리로 실행하고, 대출금리와 저금리와의 차이를 정부 예산으로 지원하는 이차보전사업입니다.
> ▶ 사업대상자
> 농촌 외의 지역에서 농업 외의 산업분야에 종사한 자(이하 '귀농인'이라 한다)또는 농촌지역에서 거주하면서 농업에 종사하지 않은 자(이하 '재촌 비농업인'이라 한다)가 농업을 전업으로 하거나, 농업에 종사하면서 이와 관련된 자가(自家) 생산 농산물의 부가가치 제고를 위한 농식품 가공·서비스업을 겸업하기 위해, '농촌'으로 이주하여(재촌 비농업인 제외) 농업에 종사하는(하려는) 자로, 사업신청연도 기준으로 만 65세 이하인 자로서 세대주인 자
> ▶ 지원조건
> 　귀농인은 이주기한, 거주기간, 교육이수 실적을 모두 충족해야 함.
> ① (이주기한) 농촌지역 전입일로부터 만 5년이 경과하지 않은 세대주로서 농촌에 실제 거주하면서 농업에 종사하고 있거나 하고자 하는 자
> - 주민등록등본 상 단독세대주도 가능(다만, 부부의 경우 1인만 지원 가능)
> ② (거주기간) 농촌지역 전입일을 기준으로 농촌지역 이주 직전에 1년 이상 지속적으로 농촌 외의 지역에서 거주한 자.
> - 주민등록등본상 동일 가족 내에서 독립세대를 구성해 농촌으로 이주한 경우, 이주 세대주가 농촌지역 이주 직전에 1년 이상 지속적으로 농촌 외의 지역에서 거주한 자
> - 다만, 농촌 외 지역에서 농촌지역으로 이주 후 다른 농촌으로 재이주한 경우, 최초 농촌지역 전입 시점으로부터 만 5년이 경과하지 않았으면 사업대상자로 신청 가능
> ③ (교육이수 실적) 농림축산식품부, 농촌진흥청, 산림청, 지자체가 주관 또는 위탁하는 귀농·영농 교육을 100시간 이상 이수한 자
> - 사이버교육, 농촌재능나눔, 농촌봉사활동, 농촌인력중개센터 참여시간의 50% 범위내에서 최대 40시간까지 교육시간으로 인정
> - 비대면 교육의 경우는 집합교육과 동일하게 참여시간의 100%를 교육시간으로 인정
> ④ (신청기한) 최초 신청일로부터 만 5년이 경과하지 않은 기간(신청일 기준)까지만 신청 가능
> ▶ 지원한도
> - 농업 창업 부문 세대당 3억 원 한도 이내
> - 주택 구입 부문 세대당 7,500만 원 한도 이내
> - 대출금리 2%, 5년거치 10년 분할상환

> ㄱ. 농촌 ○○읍으로 전입한 지 3년차인 A씨 부부는 농촌진흥청 교육을 100시간 이수한 뒤, A씨가 농업 창업 부문으로 2억 원을, A씨의 부인이 주택 구입 부문 3천만 원을 지원받을 수 있다.
> ㄴ. 인근 도시 △△시에서 7년간 거주하며 농촌 ○○읍으로 전입한 지 3년이 지난 B씨가 농업을 하고자 하는 목적으로 비대면 교육으로 100시간의 교육을 이수했다면 농업 창업 자금 2억 5천만 원을 지원받을 수 있다.
> ㄷ. 도시지역에 거주하는 만 64세의 C씨가 현재 농촌 ○○읍으로 전입하고 향후 2년간 ○○읍 이외 지역에서 거주하면 2년 후에는 주택관련 자금으로 6천만 원을 지원받을 수 있다.

① ㄱ
② ㄱ, ㄴ
③ ㄴ
④ ㄱ, ㄷ

해설
ㄱ. 지원조건 의 부칙에 따라 부부의 경우 1인만 지원을 받을 수 있다. (×)
ㄴ. 농촌 전입기간 만 5년 미만과 농촌외 거주기간, 교육이수를 모두 만족하고 있으므로 지원 받을 수 있다. (○)
ㄷ. 현재 만 64세로 2년 후에는 만 66세이므로 사업신청연도 기준 연령제한을 벗어난다. (×) **정답** ③

50 다음에서 설명하고 있는 K사의 개편된 조직구조에 대한 내용으로 옳은 것은?

> 주방용품을 생산하는 K사는 최근 조직구조를 개편하였다. 본래 냄비나 프라이팬, 식칼과 과도 생산을 생산부에서 전담했으나 신규 공장을 확장하면서 기존 공장에는 식칼, 과도 등 높은 수준의 연마 기술이 필요한 제품 생산라인과 이에 대한 판매, 연구개발 등의 부서를 남겨두었고, 신규 공장에는 프라이팬, 냄비 등 용기제품 생산라인을 구성하며 이에 관한 부서를 이전시켰다.

① 급변하는 환경에 효과적으로 대응할 수 있다.
② 작은 규모의 기업에 적합하다.
③ 내부 효율성이 중요한 조직에서 채택하는 구조이다.
④ 일상적인 기술을 다루는 기업이 선호한다.

해설
K사는 기능적 조직구조에서 사업별 조직구조로 조직구조를 개편하였다. ②, ③, ④는 기능적 조직구조에 대한 설명이다.
정답 ①

51 다음에서 설명하고 있는 경영전략은?

> 이미 포화된 것처럼 보이는 시장이라도 개척하지 못한 시장은 우리의 생각보다 굉장히 많이 남아있다. 그 시장들이 공략되지 않은 것은 단지 기업 입장에서 보았을 때 그 수익성이 매력적이지 못하기 때문이다. 만약 조직의 모든 역량을 그러한 시장에 맞추어 최적화한다면 그러한 시장에서도 충분한 수익을 거둘 수 있다. 규모가 더 큰 기업이라면 보다 큰 시장에 맞는 최적화가 훨씬 이득이기 때문에 이러한 전략은 중소규모의 기업에서 보다 자주 발견할 수 있다.

① 집중화 전략
② 차별화 전략
③ 원가우위 전략
④ 다각화 전략

해설
집중화 전략 특정 시장, 특정 소비자 집단, 일부 제품종류, 특정 지역 등을 집중적으로 공략하는 것을 의미한다. 원가우위 전략과 차별화 전략이 전체 시장을 대상으로 한 전략임에 반해 집중화 전략은 특정 시장에만 집중하는 전략이다.

정답 ①

52 다음 빈칸에 들어갈 경영전략의 추진과정으로 가장 알맞은 것은?

전략목표 설정 ▶ ( ) ▶ 경영전략 도출 ▶ 경영전략 실행 ▶ 평가 및 피드백

① 비전 설정
② 경영전략 달성
③ 경영전략 결과 평가
④ 환경 분석

해설
경영전략의 추진과정
1) 전략목표 설정 : 경영전략을 통해 비전을 규명
2) 환경 분석 : 최적의 대안을 수립하기 위해 조직의 내·외부 환경을 분석
3) 경영전략 도출 : 조직/사업/부문 전략을 수립
4) 경영전략 실행 : 수립된 경영전략을 실행하여 경영목적을 달성
5) 평가 및 피드백 : 경영전략 결과 평가 후 전략목표, 경영전략 재조정

정답 ④

53 박 계장은 다음과 같은 문제 상황에서 해결을 위해 분석적 사고를 적용하고 있다. 박 계장이 접근한 문제해결 방식으로 보았을 때, 문제의 성격은?

> 박 계장은 회사로부터 A지역에 새로운 지점을 설치할 시의 손익에 대해 조사하고 보고하라는 지시를 받았다. 박 계장은 평소 타 지역 지점의 성공사례를 바탕으로 A지역에 새로운 지점이 필요하다는 것을 회사에 수차례 건의한 바가 있었기에 A지역 신규 지점이 분명히 이익을 낼 수 있을 것이라 생각했다.
> 이를 증명하기 위해 박 계장은 지점 주변 상권 및 고객 분포, 지리적 조건, 기타 비용들을 종합하여 그 결정이 옳다고 판단하고 보고서를 작성하였다.

① 성과 지향의 문제
② 가설 지향의 문제
③ 사실 지향의 문제
④ 고객 지향의 문제

문제의 성격에 따른 분석적 사고
성과 지향의 문제 : 기대하는 결과를 명시하고 효과적으로 달성하는 방법을 사전에 구상하고 실행
가설 지향의 문제 : 현상 및 원인분석 전에 지식과 경험을 바탕으로 일의 과정이나 결과, 결론을 가정한 다음 검증 후 사실일 경우 다음 단계의 일로 진행
사실 지향의 문제 : 일상 업무에서 일어나는 상식, 편견을 타파하여 객관적 사실로부터 사고와 행동을 시작

정답 ②

54 다음은 창의적 사고에 대해서 나눈 이야기이다. 이 중 올바른 내용으로 짝지은 것은?

> A : 창의적인 사고를 할 수 있는 능력은 선천적으로 타고 나는 거야. 노력으로 어느 정도 수준을 따라갈 수는 있겠지만 창의적으로 태어난 사람을 따라잡을 수는 없어.
> B : 갖고 있는 지식의 수준도 중요해. 물론 어느 정도 전문적인 지식은 필요하겠지만 너무 많은 지식을 갖고 있으면 창의력에 방해요소로 작용할 수 있어.
> C : 그렇지만 똑똑한 사람들일수록 창의적이야. 또 예술가들이 그렇듯 창의적인 사람들은 내향적이고 외부활동에 적응을 잘 못할 수 있어.
> D : 문제의 원인을 분석할 수 있다면 문제를 창의적으로 해결할 수 있어.
> E : 만약 상대방이 창의적 발상을 하게 돕고 싶다면 신뢰를 주면 돼. 신뢰를 받을수록 그 사람은 창의적이 되지.

① A, B, D
② B, C, E
③ B, D, E
④ C, D, E

A : 창의적 사고는 선천적으로 타고나지 않아도 후천적 노력과 교육훈련을 통하여 개발할 수 있다.
C : 지능이 뛰어나거나 현실 적응력이 떨어지는 사람들이 일반인보다 창의적이라는 편견은 사실이 아니다.

정답 ③

55 다음 중 문제해결방법에 관한 설명으로 옳지 않은 것은?

① 소프트 어프로치에 의한 문제해결에서는 직접적인 표현을 자제하기 때문에 결론이 애매하게 끝나는 경우가 많다.
② 하드 어프로치에 의한 문제해결은 합리적이나 높은 만족감을 이끌어 내기 어렵다.
③ 퍼실리테이션은 깊이 있는 커뮤니케이션을 통해 구성원의 동기와 팀워크를 강화할 수 있으나 사전에 제 3자가 합의점을 준비해야 한다.
④ 문제해결을 잘 하기 위한 기본적 사고로 전략적 사고, 분석적 사고, 발상의 전환, 내외부자원의 활용이 있다.

퍼실리테이션(facilitation)은 구성원이 자율적으로 실행하는 것이며, 제3자가 합의점이나 줄거리를 준비해 놓고 예정대로 결론이 도출되어 가는 것이어서는 안 된다.
정답 ④

56 다음 대화의 의사표현 방법에 대해 평가한 것으로 잘못된 것은?

> A : 처음 뵙겠습니다, B과장님. 이번에 협력 프로젝트 관련하여 일을 같이 진행하게 된 A입니다.
> B : 네, 안녕하세요. 이렇게 잘생기신 분이 저희 프로젝트에 참여해 주시니 앞으로 승승장구 할 것 같네요.
> A : 감사합니다. 제가 찾아온 것은 다름이 아니라 프로젝트 예산 때문인데요. 현재 책정된 예산으로는 진행이 어렵고, 2배 정도 증액해야 합니다.
> B : 죄송합니다. 회사에서 진행되고 있는 다른 프로젝트도 있고 해서 2배를 증액하는 것은 어렵겠습니다.
> A : 그렇다면 50% 증액은 가능하신가요? 현재의 150%의 예산이라면 쉽진 않겠지만 어떻게든 진행할 수 있을 듯합니다.
> B : 알겠습니다. 그 정도라면 아마도 가능할 수도 있을 것 같네요. 내부 회의를 거쳐 답변을 드리도록 하겠습니다.

① 칭찬 : B가 한 칭찬은 현재 상황과 크게 관계가 없고 빈말이나 아부로 여겨질 가능성이 있다.
② 요구 : A는 예산 증액에 대한 요구를 하기 전 B가 요구를 들어줄 수 있는 상황인지 먼저 확인했어야 하며 부탁하는 청유식 표현을 하는 것이 더 좋다.
③ 거절 : B가 A의 요구를 거절했을 때, 그 이유를 설명한 것은 옳은 행동이지만 단호한 거절은 상대방의 감정을 해칠 수 있으므로 부드럽게 돌려 말할 필요가 있다.
④ 설득 : A는 최초에 100을 요구하여 거절을 유도한 뒤 좀 더 작은 요청인 50을 요구하는 얼굴 부딪히기 기법을 사용하였다.

거절은 모호한 태도보다는 단호하게 이루어져야 한다. 다만 정색하는 태도는 인간관계를 해할 수 있음을 주의해야 한다.
정답 ③

57 다음의 사례들 가운데 연결된 논리적 오류로 틀린 것은?

① 그 애는 요즘에도 계속 사고치고 다니니? – 결합·분할의 오류
② 술은 오래 묵힐수록 향이 진해지므로 같은 음료인 우유 역시 오래 묵혀서 마셔야 한다. – 잘못된 유비추론의 오류
③ 일처리가 이렇게 느려가지고서야 범죄나 다름이 없으니 벌금을 내도록 하게. – 은밀한 재정의의 오류
④ 아빠가 친구들이랑 밤늦게 다니지 말라고 하셨으니 형들이랑 밤늦게 다녀야겠다. – 강조의 오류

그 애는 요즘에도 계속 사고치고 다니니?'는 '아니요.'라고 답하면 과거에는 사고를 쳤지만 요즘에는 사고를 치지 않는다는 것이고, '예.'라고 답하면 과거와 요즘 모두 사고를 친다는 것으로 과거에 사고를 치고 다녔는지에 대한 질문이 감추어진 복합질문의 오류에 해당한다.
결합의 오류 : 부분들에 관하여서만 참인 것을, 부분들의 결합으로 이루어진 것에 대해서도 참이라고 하는 것이다. 예를 들어, "미향이는 용돈이 부족해 과자를 사지못한다. 민채도 용돈이 부족해 과자를 사지못한다. 미향이와 민채가 용돈을 합쳐도 이 과자를 사지 못한다." 라고 하면 이러한 오류를 범하는 것이다.
분할의 오류 : 어떤 기계 전체가 매우 무겁다고 해서 그 부품들이 모두 매우 무겁다고 결론짓는 오류
② 잘못된 유비추론의 오류 : 부당하게 적용된 유추에 의해 잘못된 결론을 이끌어내는 오류.
③ 범죄라는 사회적으로 공인된 어휘의 의미를 자의적으로 재정의하여 사용함으로써 생기는 오류
④ 아빠의 말 중 형들이라는 어휘를 강조함으로써 생기는 오류

정답 ①

58 다음 사례에서 A씨의 보고서 작성 과정 중 원칙에 어긋난 부분은?

신입 사원 A씨는 참여하게 된 프로젝트에 대한 보고서를 작성해야 한다. A씨는 보고서 작성 원칙을 떠올려 ① 보고서에 필요한 참고자료를 수집하고 그래프와 도표로 만들어 삽입하였다. 프로젝트 진전에 대한 내용은 ② 중요한 사항이므로 여러 번 강조하여 작성하였으며 ③ 완성한 보고서를 여러 번 검토하였다. 그리고 보고서를 검토하는 과정에서 ④ 예상 질문을 찾아내어 이에 대한 답변을 미리 준비하였다.

– 보고서 내용 작성 시 유의사항
• 업무 진행 과정에서 쓰는 보고서인 경우, 진행과정에 대한 핵심내용을 구체적으로 제시하도록 작성한다.
• 핵심사항만을 산뜻하고 간결하게 작성한다. (내용 중복을 피한다.)
• 복잡한 내용일 때에는 도표나 그림을 활용한다.
– 보고서 제출 시 유의사항
• 보고서는 개인의 능력을 평가하는 기본요인이므로, 제출하기 전에 반드시 최종점검을 한다.
• 참고자료는 정확하게 제시한다.
• 내용에 대한 예상 질문을 사전에 추출해 보고, 그에 대한 답을 미리 준비한다.

정답 ②

59 A씨는 사업 기획에 반영시키라는 지시와 함께 팀장으로부터 아래와 같은 3C분석 결과를 전달받았다. 다음 중 A씨가 향후 해결해야 할 회사의 전략 과제로 선택하기에 적절하지 않은 것은?

3C	상황분석
고객 (Customer)	대부분 내수산업으로 국내에서 생산되고 소비 주된 소비층은 20대 이상 성인 인구 경기 변동에 민감하게 반응하며 대체품 간 경쟁이 심함
경쟁사 (Competitor)	상위 5개사가 과점체제를 형성하고 있음 최근 해외 기업의 국내 시장 진입 시도 증가 경쟁사들의 마케팅 강화로 치열한 가격 경쟁 발생
자사 (Company)	국내 시장 점유율 3위 지역 시장에 대한 강력한 지배력을 갖췄으나 전국적 시장 지배력은 상대적으로 부족 R&D에 대한 지속적인 투자 생산 비용 중 높은 간접비 비율

① 상품 라인 축소, 단일 상품 집중으로 상품 판매력 강화
② 저비용 고효율 마케팅 방안을 고안하여 가격 경쟁력 강화
③ 기술 개발 능력을 바탕으로 제품 구색 확보
④ 간접비 절감을 통한 가격 경쟁력 강화

시장에 대체품이 많고 전국적인 지배력이 부족한 상황에서 상품 라인을 축소하는 것은 시장 점유율을 빼앗기는 원인이 될 수 있다.

정답 ①

60 다음 내용에서 준비하고 있는 창의적 사고의 개발방법은?

> 지난 분기 실적이 나온 것 확인들 했죠? 물론 여러 가지 힘들만한 이유가 있었다는 것은 알고 있습니다만 그렇다고 해도 매출의 낙폭이 너무 커요. 아직은 아슬아슬하게 버틸 수 있는 수준입니다만 다음 분기에도 이런 추세라면 정말 힘들어질 겁니다.
> 그래서 내일은 다음 분기 매출 확대를 위해서 무엇을 해야 할 것인가에 대해 논의해보도록 합시다. 특히 모그룹에서 최근 중동시장 진출에 관심을 크게 갖고 있으니 그쪽 방향을 중심으로 준비해오도록 하세요.

① 자유연상법 ② 브레인스토밍
③ 강제연상법 ④ 비교발상법

강제연상법은 힌트에서 강제로 연결 지어 발상하는 방법으로 문제에서는 '중동시장 진출'이라는 힌트를 통해 사고방향을 결정하고 있다.
① 자유연상법 : 개인의 마음속에 떠오르는 생각들을 유보하지 않고 모두 다 말하게 하여 심리상태나 콤플렉스등을 찾는 방법
② 브레인스토밍 : 구성원들이 모여 주어진 주제에 대해 최대한 많은 아이디어(질보다 양)를 제시하는 기법
④ 비교발상법(시네틱스) : 서로 관련이 없어 보이는 것들을 조합하여 새로운 것을 도출해 내는 방법
  ㉠ 직접유추법 : 우산 ➡ 낙하산을 고안
  ㉡ 의인유추법 : 잃어버린 반려견 ➡ 내가 반려견이라면 어디로 갔을까? 생각해보기
  ㉢ 상징유추법 : 대지는 어머니이다(풍요로운 대지를 어머니의 넓고 큰사랑으로 표현)
  ㉣ 환상유추법 : 새처럼 날고싶다 ➡ 비행기 발명

정답 ③

2022년 하반기 기출복원문제

01 다음 ( )안에 들어갈 수 있는 말로 옳지 않은 것은??

> 나는 ( )에 누워 이 상황을 어떻게 설명해야 할 지 밤새 고민했다.

① 침금(寢衾) ② 금구(衾具)
③ 피금(被衾) ④ 천금(天衾)

침금(寢衾), 금구(衾具), 피금(被衾)에는 모두 '이불과 요를 통틀어 이르는 말'이라는 의미가 있으며 천금(天衾)은 '송장을 관에 넣고서 덮는 이불'을 뜻한다. **정답** ④

02 다음 ( )안에 들어갈 수 있는 말로 옳지 않은 것은??

> 그동안 많은 분들의 ( )에 아무런 보답을 해드리지 못한 점 정말 죄송합니다.

① 고소(苦笑) ② 노고(勞苦)
③ 작고(作苦) ④ 공고(功苦)

노고(勞苦), 작고(作苦), 공고(功苦)에는 모두 '힘들여 수고하고 애씀'이라는 의미가 있으며 고소(苦笑)는 '어이가 없거나 마지못하여 짓는 웃음'을 의미한다. **정답** ①

03 다음 밑줄 친 단어와 바꾸어 사용할 수 있는 말로 가장 적절한 것은?

> 연구결과에 따르면 코로나19의 감염 초기증상은 <u>나이</u>에 따라 다르다고 한다.

① 연감(年鑑) ② 연래(年來)
③ 연경(年庚) ④ 연리(年利)

③ 연경(年庚) : 사람이나 동·식물 따위가 세상에 나서 살아온 햇수.
① 연감(年鑑) : 어떤 분야에 관하여 한 해 동안 일어난 경과, 사건, 통계 따위를 수록하여 일 년에 한 번씩 간행하는 정기 간행물.
② 연래(年來) : 지나간 몇 해. 또는 여러 해 전부터 지금까지 이르는 동안.
④ 연리(年利) : 일 년을 단위로 계산하는 이자. 또는 그런 이율. **정답** ③

04 다음 밑줄 친 단어와 바꾸어 사용할 수 있는 말로 가장 적절한 것은?

> 높은 자리에 오르는 사람일수록 자기 관리에 철저해야 함을 <u>명심</u>해야 한다.

① 단심(丹心) ② 각심(刻心)
③ 감심(甘心) ④ 지심(至心)

해설
② 각심(刻心) : 잊지 않도록 마음에 깊이 새겨 둠.
① 단심(丹心) : 속에서 우러나오는 정성스러운 마음.
③ 감심(甘心) : 괴로움이나 책망 따위를 기꺼이 받아들임. 또는 그런 마음.
④ 지심(至心) : 더없이 성실한 마음.

정답 ②

05 다음 중 '주었다'가 보기의 형태와 가장 가까운 의미로 사용된 것은?

> 상대 선수에게 너무 거칠어서 심판이 경고를 주었다.

① 그 사람에게는 이미 중요한 임무를 주었다.
② 오늘 중요한 발표가 있을 거라고 암시를 주었다.
③ 오랜만에 만난 조카에게 용돈을 주었다.
④ 합격의 소식은 나에게 큰 기쁨을 주었다.

해설
② 남에게 경고, 암시 따위를 하여 어떤 내용을 알 수 있게 하다.
① 남에게 어떤 역할 따위를 가지게 하다.
③ 물건 따위를 남에게 건네어 가지거나 누리게 하다.
④ 남에게 어떤 일이나 감정을 겪게 하거나 느끼게 하다.

정답 ②

06 다음 중 '정했다'가 보기의 형태와 가장 가까운 의미로 사용된 것은?

> 유학을 떠나는 친구의 송별회를 하기로 정했다.

① 오늘 농협 이력서를 내기로 정했다.
② 같이 사는 언니와 기숙사 규칙을 정했다.
③ 이번 주 금요일에 만나기로 약속을 정했다.
④ 그 식당에는 두 번 다시 가지 않기로 마음을 정했다.

해설
① '여럿 가운데 골라서 취하거나 결정하다.'라는 의미로 자동사이다.
②, ③ '규칙이나 법 따위의 적용 범위를 결정하다.'라는 의미로 타동사이다.
④ '뜻을 세워 굳히다.'라는 의미로 타동사이다.

정답 ③

07 다음 단어 중 맞춤법에 맞는 것은?
① 아구찜 ② 되물림
③ 궁시렁거리다 ④ 짓궂다

해설
① 아귀찜
② 대물림
③ 구시렁거리다

정답 ④

08 다음 중 맞춤법에 맞지 않는 문장은?
① 이는 인간 된 도리로 당연한 일이다.
② 나는 고소공포증이 있어 비행기를 못 탄다.
③ 고목의 둘레가 세아름 정도 된다.
④ 도둑이 제 발 저리다.

해설
'아름'은 둘레를 나타내는 단위로 수 관형사와는 띄어 써야 하므로 '세 아름'으로 띄어 쓴다

정답 ③

09 다음 중 맞춤법이 잘못된 단어만 고른 것은?

> ㉠해질녁이 되자 정규는 다른 인부들과 함께 화투판을 벌였다. 초반부터 기세가 좋아 하루 일당은 어느새 두 배로 불어나 있었다. 허나 첫 ㉡끝발이 개 ㉢끗발이었는지 시간이 지나자 정규의 주머니는 ㉣금세 비어버렸고 집에 가기 위해 ㉤되레 차비를 꿔야 하게 생겼다.

① ㉠, ㉡
② ㉠, ㉣
③ ㉢, ㉤
④ ㉣, ㉤

해질녁 → 해질녘, 끝발 → 끗발

정답 ①

10 다음 글에서 '정호'의 상황에 해당하는 고사성어는?

> 정호는 최근 고민이 있다. 회사를 창업한 친구가 자신에게 도와달라고 부탁하기에 친구의 회사에 취직했다. 하지만 회사에서 본 친구의 모습은 정호가 알던 모습과 전혀 딴판이었다. 아버지가 돌아가시고 성격이 변한 것일까? 회사의 이익을 위해 직원들에게 박봉을 주면서 각종 과중한 업무를 부여하고 쥐어 짜내는 모습에 정호는 놀란 마음을 감출 수 없었다. 그러나 친구는 정호에게만큼은 회사의 모든 비밀을 공개하고 이익을 공유하려 하고 있다. 정호는 회사의 이익이 자신의 이익이 된다는 생각에 친구의 행동을 말리지 못했다.

① 7전 8기 끝에 결승에 올랐다.
② 내일부터 6개월의 여정에 오른다.
③ 12년간 와신상담한 끝에 권좌에 올랐다.
④ 기차에 오른 뒤부터 계속 머리가 아프다.

① 어떤 정도에 달하다.
② 길을 떠나다.
③ 지위나 신분 따위를 얻게 된다는 의미로 보기의 내용과 같다.
④ 탈것에 타다

정답 ③

11 다음 기사 제목의 (   )에 들어갈 단어로 가장 적절한 것은?

> 「한국 농기계 산업을 이끄는 ○○기업의 (   )」
> 국내에서 농기계를 생산하는 ○○기업은 올해 3분기에 긍정적인 대내외 여건 속에서 호실적을 기록했다고 밝혔다. ○○기업은 3분기 매출로 1,864억 원을 기록하였고 영업이익 178억 원을 기록했다. 이는 전년 동기 대비 각각 13%, 536.4% 증가한 수치로, 3분기까지의 누적 매출액 또한 전년도를 훨씬 상회, 7,971억 원을 기록하였으며 4분기 전망 또한 밝아 올해 매출액은 1조 원에 달할 것으로 기대된다.
> 이 같은 매출 상승 배경에는 ○○기업의 북미 시장 개척이 큰 영향을 미친 것으로 분석된다. 국제 경제의 침체와 소비 심리 위축에 대한 우려에도 북미 시장에서 소형 트랙터 선호가 두드러지면서 수출 성장의 상승세를 이어갔다는 분석이다. 비용구조 개선으로 인한 원가절감 효과 또한 영업이익 증가에 큰 영향을 미쳤다. 게다가 최근 달러 강세로 인한 환율 상승에 따라 수출 실적이 크게 증폭되는 효과가 있었다.
> 한편 북미 현지 법인에서는 북미 시장에서 기존 유통되고 있던 트랙터 브랜드를 ○○기업과 통합하여 브랜드 인지도를 확대하는 데 성공하여 현지 경쟁력 강화를 노리고 있다. ○○기업은 각종 글로벌 박람회 참가 등 마케팅 전략을 통해 전 세계적으로 통합 브랜드로서 위상을 공표함으로써 현지 소비자의 이목을 집중시키고 있다. 특히 미국과 유럽 등지의 배출가스 규제 등급인 스테이지 5, 티어 4를 충족하는 엔진 탑재 친환경 농기계 제품을 선보임으로써 경쟁력 제고에 힘쓰고 있다. 고양시 킨텍스에서 진행될 '2022 탄소중립 EXPO'에서는 농기계 탄소중립을 선도하는 기술력을 통한 친환경 프로젝트의 과정 및 성과를 공유할 예정이다. 또한 '2022 프랑스 농업 및 농기계 박람회·농산물 목축 전문작물 전시회'에 참가해 각 분야 전반에 걸친 최신 농업 트렌드를 조명하고, 혁신적 제품 컬렉션을 소개하는 등 브랜드 마케팅과 제품 홍보를 활발하게 전개할 계획이다.
> ○○기업 측은 "올해 북미 시장에 소형 트랙터를 주력 수출한 데 이어 중대형 트랙터 공급 역시 순차적으로 확대할 예정이어서 실적은 더욱 가파르게 상승할 전망"이라며 "인력 자원 통합 및 효율적 배치 등을 통한 기업 체질 개선을 통해 업무 효율성을 대폭 향상시켜 미래 성장 동력을 확보해 나갈 것"이라고 말했다.

① 세계화
② 지속성
③ 성장세
④ 안정화

매출 성장이 주로 북미에서 발생하고 프랑스에서 개최되는 박람회에 참가하는 등 세계화적인 움직임에 대해 이야기하고 있으나 마지막 인터뷰의 내용에서 이러한 행보들의 궁극적인 목적이 미래 성장 동력임을 알 수 있으므로 기업의 성장세에 대한 기사로 보는 것이 더 적절하다.

정답 ③

12 다음 글을 읽고 글의 내용과 일치하지 않는 내용을 고르시오.

> 발전소나 산업단지에서는 장비의 과열을 식히기 위해 다량의 냉각수가 필요하다. 보통 이 냉각수는 해수를 이용하며 데워진 냉각수는 바다로 다시 배출된다. 온도가 높아진 이 물을 '온배수'라고 부른다.
>
> 해외 주요 선진국에서는 생태계에 미칠 영향을 고려해 온배수 배출을 법률로 규정하여 엄격히 관리하고 있지만 한국에는 온배수 관리에 대한 별도의 법률 규정이나 규제가 없다. 그러는 가운데 한국수력원자력과 발전 5개 사는 지난해에만 623억 7,000만 톤의 온배수를 해양에 배출한 것으로 나타났다.
>
> 전 세계 주요국은 온배수로 인한 수온 차가 인근 해양생태계에 영향을 미칠 수 있다는 판단으로 법률상으로 열오염의 정의를 규정하고 온배수 배출 기준 등을 명시하였다. 미국과 캐나다, 일본 등은 각각 1996년, 2002년, 2005년 온배수 배출 관련법을 제정했고, 중국과 유럽 등지도 이에 앞서 법을 시행하고 있다. 법률의 내용은 대체로 온배수가 열오염에 해당하므로 배출되는 온배수와 해수 사이의 온도 차를 일정 수준 이내로 유지해야 한다는 것이다. 이탈리아의 경우, 온배수 배출구로부터 1km 내 해양의 온도 상승치가 섭씨 3도 이하가 유지되도록 규정하고 있고, 중국도 온도 차가 평균 섭씨 4도를 초과하지 않도록 하고 있다.
>
> 하지만 우리나라에서는 배출 기준 및 규제를 위한 법령 제정은커녕 온배수가 해양생태계 및 인근 지역사회에 미치는 영향에 대한 연구 용역조차 제대로 이루어지지 않고 있다. 그러다 보니 무려 섭씨 14도 이상의 수온 차가 나는 온배수가 배출되는 등 발전소 주변 주민들과의 갈등이 계속되고 있다. 발전소 인근 지역 어민들은 온배수로 인한 해수온도 상승이 양식장 해산물과 어류 등의 수확량 감소 및 집단폐사로 이어지고 있다며 발전소에 손해배상을 청구하는 등의 집단 대응을 하고 있지만, 인과관계 증명 등의 어려움으로 인해 관련 피해 보상은 극히 일부만 이루어지고 있다.

① 온배수는 열오염으로 해양생태계에 영향을 미칠 수 있다.
② 우리나라에서는 온배수로 인한 피해에 대해 제대로 된 규제가 없고 적절한 보상이 이루어지지 않고 있다.
③ 중국에서는 섭씨 4도 이상의 온배수를 배출하지 않도록 규제하고 있다.
④ 이탈리아는 온배수 배출에 대해 관련 법률을 마련하고 있다.

해설

③ 섭씨 4도의 온배수가 아니라 해수와 온배수의 온도차가 섭씨 4도 이내가 되도록 하여 배출하도록 규제하고 있다.
② 우리나라는 피해 어민에 대해 극히 일부만 피해 보상이 이루어질 뿐 적절한 보상이 이루어지고 있다고 볼 수는 없다.

정답 ③

13 다음 글을 공문서 규정에 따라 수정한 것으로 옳지 않은 것은?

```
수신  홍길동 과장
(경유)
제목  신입사원 교육에 참고 바랍니다.                    ······ ①
─────────────────────────────────────────
(1) ○○과 공문서 작성 방법 교육                        ······ ②
    가) 외부 요청에 따른 ○○과 신입사원 공문서 작성 방법 교육 실행 필요  ······ ③
    나) 기존 인원 또한 예외 없이 교육 시행할 것
(2) 신입사원 공문서 작성 교육 완료 후 회신할 것.  끝
참고  공문서 작성 규정서 1부.  끝                      ······ ④
```

① 제목은 명사형으로 끝내 간결하고 명확하게 한다.
② 항목을 구분하는 숫자는 괄호대신 1. 2. 등으로 표기한다.
③ 앞쪽 항목 내용의 첫 글자에 맞추어 띄어 쓴다.
④ 첨부물은 '참고'가 아니라 '첨부'로 표시해야 한다.

첨부물을 붙일 때는 본문 뒤에 '붙임'이라고 표시한 뒤에 첨부물의 명칭과 수량을 써야 한다.
붙임∨∨1.∨○○○계획서 1부.
     2.∨○○○서류 1부.∨∨끝.

정답 ④

14 다음 글을 순서에 맞게 배열한 것으로 옳은 것은?

```
(가) 관광사업 운영으로 인한 일자리 창출은 단순히 농가소득 증진을 뛰어넘어 고령화
     된 농촌의 지속가능성을 높일 대안으로 농촌관광이 역할을 해낼 수 있는 이유다.
(나) 오늘날의 농촌관광은 대부분 체험 활동 운영과 숙박시설 제공 외에도 농산물 및
     가공식품 판매 등으로 연결돼 농가소득 증진에 크게 기여하는 특성이 있다
(다) 그러나 최근 이 마을은 코로나영향으로 관광산업이 위축되어 마을이 활력을 잃어
     가고 있어 대책이 필요하다.
(라) 서울에서 차로 한 시간반정도의 거리에 위치해 있는 강원도 △△마을은 해발고도
     700m위치한 '농촌체험휴향마을'로 주말에는 관광지로 인기가 높았다.
```

① (가)-(나)-(다)-(라)   ② (가)-(나)-(라)-(다)
③ (다)-(라)-(가)-(나)   ④ (나)-(가)-(라)-(다)

(나) 농촌관광의 특성 – (가) 농촌관광의 역할 –(라) 대표적 사례 –(다) 코로나로 침체

정답 ④

15 다음 (가)와 (나) 지문의 주제로 옳은 것은?

> (가) 논리적 언변은 대화를 이끌어가는 데 큰 힘이 된다. 그러나 이견이 있거나 논쟁이 붙었을 때 무조건 앞뒷말의 '논리적 개연성' 만 따지고 드는 자세는 사태 해결에 도움이 되지 않는다. 설사 논쟁에서 승리한다 해도 두 사람의 관계는 예전으로 돌아가기 어려울 것이다. 학문적, 사업적 토론에는 진지하게 임하되 인신공격성 발언은 피하고, 제압을 위한 논리가 아닌 합의를 위한 논리를 지향한다. 또 일단 논쟁이 일단락된 다음에는 반드시 서로의 감정을 다독이는 과정을 밟는다. 논쟁 자체가 큰 의미가 없는 것일 땐 감정에 호소하는 말로 사태를 수습하는 것도 나쁘지 않은 방법이다.
>
> (나) 가장 쉬운 방법은 상대편의 말을 그대로 반복하는 것이다. "요즘 사업하기 너무 힘들어요"라는 말을 들으면 곧 "정말 힘이 드시겠군요"하고 맞장구를 쳐준다. 사람은 자신의 희로애락에 공감하는 이들에게서 안정감과 친근감을 느낀다. '긍정의 기술' 도 필요하다. "얼굴이 왜 그렇게 안 좋아요?" 하는 것보다는 "요즘 바쁘신가봐요. 역시 능력 있는 분은 다르군요"라고 말해 주는 편이 훨씬 낫다. "당신도 이렇게 멋있어!" 하는 말보다 "당신 참 멋있어!"라고 담백하게 표현하는 쪽이 더 긍정적이다. 그때그때 적절한 감탄사, 맞장구와 조심스러운 의견 제시는 상대방으로 하여금 당신이 자신의 말을 경청하고 있다는 느낌을 갖게 한다.

	(가)	(나)
①	이성과 감성의 조화,	공감하고 긍정하라
②	이성과 감성의 조화,	좋은 청중이 되라
③	대화의 룰을 지켜라,	좋은 청중이 되라
④	대화의 룰을 지켜라,	공감하고 긍정하라

해설
(가)는 이성을 바탕으로 한 논리적 언변도 중요하지만, 대화후의 사태수습을 위해서는 감성과 조화시키는 것이 필요하다는 내용이다.
(나)의 첫 번째 문장은 공감하라는 문장이고, 두 번째 문장은 긍정하라는 문장이다.

정답 ①

16 $-5 < x < 2$ 일때 $-3x + y = 2$ 이다. 해가 $a < y < b$ 일때 $a-b$의 값으로 옳은 것은?

① -18 ② -19 ③ -20 ④ -21

해설

$y = 2+3x$ $\quad\quad$ $3x = y-2$ $\quad\quad$ $x = (y-2)/3$
$-5 < x < 2$ 이므로 $\quad$ $-5 < (y-2)/3 < 2$
$-15 < y-2 < 6$ $\quad\quad$ $-13 < y < 8$
$-13-8 = -21$

정답 ④

17 다음 보기의 ( )안에 들어갈 알맞은 숫자는 무엇인가?

$$-1 \quad 3 \quad 2 \quad 5 \quad 7 \quad 12 \quad (\ ) \quad 31 \quad 50$$

① 17 ② 19 ③ 21 ④ 23

해설
바로 앞 두수를 더하여 나오는 수이다.
-1+3=2, 2+3 = 5, 5+2=7, 7+5= 12, 12+7 =19 19+12= 31 31+19= 50

정답 ②

18 밑면이 정사각형인 사각기둥의 밑면 둘레는 원기둥 밑면 둘레와 같다. 사각기둥의 원래 부피가 3,000㎥라고 할 경우 원기둥의 높이만 20% 상승시키면 원기둥의 총 부피는 얼마나 되겠는가? (단, 사각기둥과 원기둥의 높이는 같고 π는 3으로 한다)

① 3,600㎥ ② 4,000㎥
③ 4,500㎥ ④ 4,800㎥

해설
4a(사각기둥 밑면둘레) = 2πr(원기둥 밑면둘레) = 6r (π가 3이므로)
정리하면 r = (2/3)a
사각기둥의 부피 : $a^2 \times h$ = 3,000㎥
원기둥의 부피 = $\pi r^2 h$= 3× $[(2/3)a]^2 \times$ h
원기둥의 높이를 20% 높일 경우 원기둥의 부피는
3× $[(2/3)a]^2 \times$ 1.2h = $1.6a^2 \times$ h = 1.6×3,000㎥ = 4,800㎥

정답 ③

19 연속된 세 자연수가 있다. 연속된 세 자연수를 곱하면 4,080이다. 연속된 세 자연수를 작은 수부터 순서대로 4, 3, 2를 각각 곱한 값을 a, b, c 라고 했을 때, a+b×c 값으로 알맞은 것은?

① 1,540 ② 1,692 ③ 2,240 ④ 3,150

해설
연속하는 세 자연수를
n-1, n, n+1이라고 하면
세 자연수의 곱은
$n^3 - n$ = 4080 $n^3 - n - 4,080 = 0$
삼차방정식의 인수분해공식을 이용하기 보다는
4,080= 2×2×2×2×5×51 (2,4,8,10,16,80....을 순차적으로 대입해 보면 16이 n임을 알 수 있다.

정답 ②

20. 다음 중 발산형 사고와 수렴형 사고에 대한 설명으로 옳지 않은 것은?

> 사고는 인간의 두뇌 활동의 결과로 발생하며, ⓐ 발산형 사고와 ⓑ 수렴형 사고라는 두 가지 주요 형태를 식별한다. 또한 인간의 정신활동의 형태로 판단, 추론, 개념을 제시한다.

① 발산형 사고는 아이디어를 내고 상상력을 자극시키며, 수렴형 사고는 특정 문제를 해결하기 위해 이전에 학습한 알고리즘을 사용하는 전략을 기반으로 한다.
② 발산형 사고는 기존의 것을 벗어나 창의성과 관련이 있고, 수렴형 사고는 기존의 것을 활용하고 정리한다.
③ 발산형 사고는 새로운 생각을 탐색한다는 의미에서 탐색적이라 할 수 있고, 수렴형 사고는 아이디어에 추가적으로 생각나는 아이디어를 재창조한다.
④ 발산형 사고는 미리 예측되지 않은 정해져 있지 않은 다양한 해결책이나 답을 모색하는 사고에 반해 수렴적 사고는 여러 가지 가능한 해결책이나 기존의 법규와 같은 답 가운데 가장 적합한 해결책을 찾는다.

아이디어에 추가적으로 생각나는 아이디어를 재창조하는 것은 발산형 사고에 해당하고, 수렴형사고는 생성된 아이디어를 심사,분류, 평가하여 최선의 것을 선택하는 것이다.

정답 ②

21. A, B, C, D, E, F 점수가 다음과 같을 때 옳은 설명은?

> - 점수가 동일한 사람은 없다.
> - C의 점수는 D보다 높다.
> - D보다 점수가 낮은 사람은 2명이다.
> - E의 점수는 A와 D사이이다.
> - A의 점수는 F보다 높고 F의 점수는 6등이 아니다.

① A의 점수가 가장 높다.
② A,E,F중 D보다 낮은 점수인 사람이 한 명있다.
③ B의 점수가 F보다 높다.
④ B의 점수보다 높은 사람은 세 명이다.

점수순위는 C,A,E,D,F,B 순이다.

정답 ②

22 다음 보기의 식을 이용하여 알맞은 답을 고른 것은? (단, 알파벳에서 숫자변화 또는 숫자에서 알파벳변화는 일어나지 않는 것으로 한다)

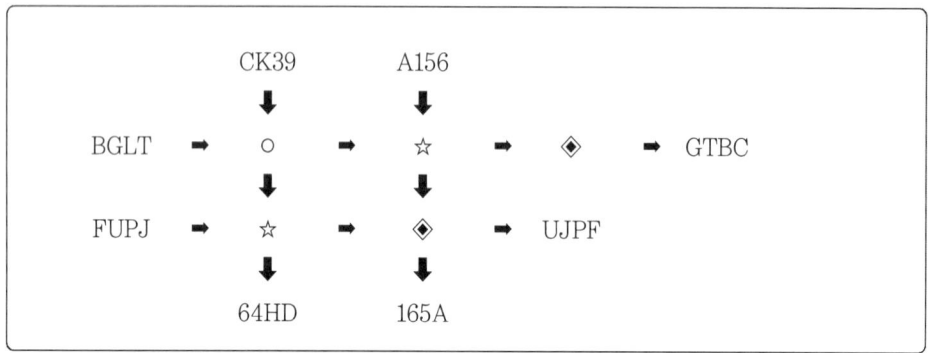

abcd ➡ ☆ ➡ ◈ ➡ ?

① cdba   ② bcad   ③ dcab   ④ bdca

각 기호가 문자변화기호인지 위치변화기호인지 파악해야 한다.
A156 ➡ ☆ ➡ ◈ ➡ 165A
☆와 ◈ 위치변화기호 (A156 에서 165A로 위치만 변화 했으므로)
CK39➡○➡☆➡64HD에서 문자가 변화하였는데
☆는 위치변화 기호이므로 ○ 문자변화기호
CK39➡○➡☆➡64HD에서 C에서 D로 +1만큼, K에서H으로 -3, 3에서 4로 +1만큼, 9에서 6로 -3만큼 문자변화했음을 추리할 수 있다. (대부분 가장 가까운 알파벳(C와 D)또는 숫자(3과 4)를 비교하여 규칙을 찾는다)
즉 도형○는 +1, -3, +1, -3 변화하는 기호이다.
CK39는 DH46로 문자변화되고 ☆에 의한 위치변화에 의해 64HD 되었으므로 ☆는 4321의 순서로 위치변화하는 기호임을 알 수 있다/
A156➡☆(4321의 순서에 의해 651A로 변화) ➡ ◈ (3124의 순서에 의해) ➡ 165A
BGLT➡○ (+1, -3, +1, -3 변화에 의해 CDMQ)➡☆(4321의 위치변화) ➡ QMDC➡◈(3124의 순서에 의해) ➡DQMC
FUPJ➡☆(4321의 위치변화 JPUF) ➡◈(3124의 순서에 의해 UJPF
abcd ➡☆(4321의 위치변화 dcba) ➡ ◈ (3124의 순서에 의해) ➡ bdca

정답 ④

23 회사에서 1인당 3만5천원씩 갹출해서 여행을 하기로 하였다. 도중에 10명이 불참을 통보하여 참가인원이 불참자의 비용 35만원을 분담하기로 하였으며 추가로 20만원이 더 필요하게 되어 총 55만원을 참가인원 1인당 5천원씩 더 부담하였다면 참가인원은 총 몇 명인가?

① 100명 ② 110명 ③ 120명 ④ 130명

참가인원×5,000원 = 550,000원   참가인원 110명

정답 ②

24 다음 보기의 ( )안에 들어갈 숫자로 옳은 것은?

| 82   65   50   (   )   26 |

① 36 ② 37 ③ 38 ④ 39

  82   65   50   (   )   26
   -17,   -15,   -13,   -11로 구성되는 수열이다.

정답 ②

25 다음 보기의 ( )안에 들어갈 숫자로 옳은 것은?

| 1 2 3 4 5 6 ( ) 12 15 20 30 60 |

① 8 ② 9 ③ 10 ④ 11

60의 약수를 나열한 수열이다

정답 ③

최신기출문제

2021년

2021년 기출문제

01 다음 빈 칸에 알맞은 사자성어는 어느 것인가?

> 카르타고의 장군 한니발 바르카의 일대기 중 가장 널리 알려진 것은 로마 원정일 것이다. 당시 카르타고는 로마에 비해 상대적 열세에 있었고, 따라서 한니발은 전면전에서의 승산은 적다고 인식했다. 그는 이를 극복하기 위해 알프스 산맥을 넘어 로마의 본토를 타격해야 한다고 판단하였다. 알프스 산맥은 험준할 뿐 아니라, 작전을 진행하던 시기마저 동계였기 때문에 병사들의 피로가 극심했다. 심지어 로마는 켈트족의 습격 때문에 알프스 방면을 항시 경계하고 있었다. 그야말로 ◯◯◯◯ 의 판단이었지만 훗날 한니발이 명장으로 칭해진 것은 그런 터무니없는 작전을 성공시켰기 때문일 것이다.

① 수주대토 ② 육지행선 ③ 철중쟁쟁
④ 마각노출 ⑤ 오합지졸

해설   정답 ②

육지행선(陸地行船)은 육지에서 노를 저어 배로 나아가려고 한다는 뜻으로 어리석거나 고집으로 인하여 되기 힘든 일을 억지로 하고자 한다는 의미이다.
① 수주대토(守株待兎) 그루터기에서 토끼를 기다림. 노력하지 않고 요행을 바람.
③ 철중쟁쟁(鐵中錚錚) 쇠는 좋은 것일수록 소리가 쟁쟁하게 울림. 같은 것 중 가장 뛰어남.
④ 마각노출(馬脚露出) (연극에서) 말의 다리가 드러남. 비밀이나 정체가 탄로남.
⑤ 오합지졸(烏合之卒) 어중이떠중이 까마귀 무리. 규율도 통일성도 없는 군중.

02 다음 문장 중 띄어쓰기가 올바르지 않은 문장은 어느 것인가?

① 진영이 한 말이 틀린 건 아니다.
② 정조는 스물다섯 살의 나이로 왕위에 올랐다.
③ 나중에 분명히 후회할텐데 담배를 끊지 못하는 걸까?
④ 그럴 때는 포기할 줄도 알아야 한다.
⑤ 지난 3년간 꿈꿔왔던 오늘이다.

해설   정답 ③

'텐데'는 의존 명사인 '터'가 쓰인 형태로 '후회할 텐데'와 같이 띄어 써야 한다.

03 다음 밑줄 친 단어의 쓰임과 가장 유사한 것은?

> 벼가 익을수록 고개를 숙이듯 사람은 지위가 높아질수록 겸손해야 한다.

① 터전 ② 군데 ③ 처지
④ 지점 ⑤ 자리

해설 정답 ⑤

문장에서의 쓰임은 개인의 사회적 신분에 따르는 위치, 자리를 의미한다.

04 다음 밑줄 친 단어와 의미가 유사한 것은?

> 그가 하는 말에는 추호의 거짓도 찾을 수 없었다.

① 일호 ② 어림 ③ 대판
④ 약소 ⑤ 미시

해설 정답 ①

추호는 가을철에 털갈이하여 새로 돋아난 짐승의 가는 털, 또는 매우 적거나 조금인 것을 비유적으로 이르는 말이다. 일호는 한 가닥의 털이라는 의미로 극히 작은 것을 의미한다.
② 대강 짐작으로 헤아림
③ 크게 벌어진 판
④ 약하고 작음
⑤ 작게 보임

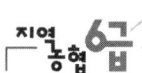

05 주어진 글을 문맥상 가장 자연스럽게 배열한 것은?

> (가) 섬유로 완제품을 만드는 패션업계의 경우 변화에 매우 민감하다. 수도 없이 많은 회사가 태어나고 문을 닫는다. 이들에게 사업에 대해 물었을 때, "그럭저럭" 정도의 표현을 쓰고 있다면 언제 문을 닫아도 이상하지 않다고 봐도 좋다. 반면에 정말 "그럭저럭"인 경우에는 온갖 미사여구로 장밋빛 미래를 이야기한다.
>
> (나) 대개 회사들은 투자자들에게 진실한 정보를 제공한다. 숨겨봤자 다음 분기 보고서에서 거짓이 드러날 것이고 건실한 회사라면 진실을 숨겨서 얻을 것이 거짓이 들통났을 때의 손해보다 크지 않기 때문이다. 따라서 당신이 회사 홍보부에 연락하여 얻을 수 있는 정보는 대부분 믿을 수 있는 것이다.
>
> (다) 그러나 회사의 분위기에 따라 그 정보를 표현하는 방식은 다를 수 있다. 성숙되고 오래된 산업을 다루는 회사들은 스스로를 엄청나게 보수적으로 평가하지만, 미성숙 단계에 있거나 변화가 큰 업종에 있는 회사들은 낙관적인 태도를 보일 때가 많다.
>
> (라) 예를 들어 섬유업은 길게는 산업혁명 때부터 이어져온 전통적 산업이다. 섬유회사에 연락하여 사업의 근황에 대해 물었을 때, "그저 그렇습니다.", "조금 나아지고 있네요." 같은 답변을 받았다면, 실제로는 엄청난 실적을 올리고 있을 확률이 높다.

① (가)-(다)-(라)-(나)
② (가)-(라)-(나)-(다)
③ (나)-(다)-(라)-(가)
④ (나)-(라)-(가)-(다)
⑤ (나)-(라)-(다)-(가)

해설　　　　　　　　　　　　　　　　　　　　　　　정답 ③

(나)는 회사들이 제공하는 정보들이 믿을 수 있는 것이라는 내용을 담고 있으며 (다)는 (나)에서 말한 정보들이 회사의 성격에 따라 표현하는 방식이 달라질 수 있음에 대해 이야기하고 있다. (라)와 (가)는 그 표현의 예시에 해당한다.

06 다음 글을 토대로 밑줄 친 내용에 대해 설명한 것으로 가장 적절한 것은?

> 1억 6천만 년 동안 지구를 지배해오던 공룡이 6천 5백만년 전 갑자기 지구에서 사라졌다. 왜 공룡들이 갑자기 사라졌을까. 이러한 미스터리는 1820년대 공룡 화석이 처음 발견된 후 지금까지 여전히 풀리지 않고 있다. 그 동안 공룡멸종의 원인을 밝혀보려는 노력은 수없이 많았지만, 여러 멸종 이론들 중 어느 것도 공룡이 왜 지구상에서 자취를 감추었는지 명쾌하게 설명하지 못했다. 하지만 대부분의 과학자들은 거대한 운석이 지구에 부딪친 사건을 공룡 멸종의 가장 큰 이유로 꼽고 있다.
> 과학자들은 멕시코의 유카탄 반도에서 지름이 180km나 되는 커다란 운석 구덩이의 연대를 측정했는데, 이 운석 구덩이의 생성 연대가 공룡이 멸종한 시기와 일치한다는 사실을 확인하였다. 하지만 운석이 지구와 충돌하면서 생긴 직접적 충격으로 인해 공룡을 비롯한 수많은 종이 갑자기 멸종된 것이라고 보기는 어려우며, 그 충돌 때문에 발생한 2차적 영향들이 있었을 것으로 짐작하고 있다. 그처럼 거대한 구덩이가 생길 정도의 파괴력이면 물리적 충격은 물론 <u>지구의 대기를 비롯한 생존 환경에 장기간 엄청난 영향을 주었을 것이고, 그로 인해 생명체들이 멸종될 수 있다는 결론을 내린</u> 것이다.
> 실제로 뉴질랜드 국립 지리 · 핵과학 연구소의 조사팀은, 운석과 충돌한 지점과 반대편에 있는 '사우스'섬의 서부해안에서 발견된 '탄화된 작은 꽃가루들'에 대해 연구하였다. 이 연구를 통해 환경의 변화가 운석과의 충돌 지점뿐만 아니라 전 지구적으로 진행되었음을 밝혔다. 또한 6500만 년 전의 지층인 K-T 퇴적층에서는 지구에는 없는 원소인 팔라듐이 다량 발견되었고, 운석에 많이 함유된 이리듐(Ir)의 함량이 지구의 어느 암석보다 높다는 사실도 밝혀졌는데 이것 역시 '운석에 의한 충돌설'을 뒷받침한다. 뿐만 아니라 공룡이 멸종됐던 백악기 말과 신생대 제3기 사이에 바다에 녹아있던 탄산칼슘의 용해 정도가 갑자기 증가한 것도 당시 지구에 급속한 기온의 변화가 있었다는 증거가 되고 있다.
> 이렇게 운석에 의한 공룡의 멸종설은 점점 설득력 있게 받아들여지고 있다. 문제는 그러한 상황에서도 살아남은 생물들이 있다는 데에 있다. 씨앗으로 동면할 수 있는 식물들과 비교적 조그만 동물들이, 대기권을 가득 메운 먼지로 인해 닥친 길고 긴 겨울의 추위를 견디고 생존하였다. 그것은 거대한 몸집의 공룡보다는 은신처와 먹잇감이 상대적으로 많았을 것이며, 생존에 필요한 기초 활동들이 공룡보다는 용이했을 것이기 때문이다.

① 운석과의 충돌은 반대쪽에도 엄청난 반사 충격파를 전달하여 전 지구적인 화산 활동을 초래하였다.
② 운석과의 충돌은 지구의 공전궤도에 변화를 주어, 밤낮의 길이나 계절이 바뀌는 등의 환경 변화가 일어났다.
③ 운석 충돌로 발생한 먼지가 지구 대기를 완전히 뒤덮어 햇빛이 차단되었고 따라서 기온이 급속히 내려갔다.
④ 운석과의 충돌은 엄청난 양의 유독 가스를 발생시켜, 생명체의 생존에 필요한 산소가 부족하게 되었다.
⑤ 운석 충돌의 충격으로 대륙의 형태가 변함에 따라, 다른 대륙에서 옮겨온 질병과 기생충이 기존의 생명체에 치명적으로 작용하게 되었다.

정답 ③

마지막 문단에 동면할 수 있는 식물들과 작은 생물들이 길고 긴 겨울의 추위를 견디고 생존했다고 하고 있으므로 기온의 급락에 대해 이야기 하고 있는 것으로 볼 수 있다.

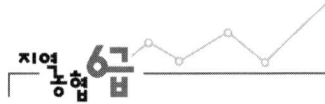

07 다음 글의 내용과 부합하지 않는 것은

> 컴퓨터 매체에 의존한 전자 심의가 민주정치의 발전을 가져올 수 있을까? 이 질문에 답하는데 도움이 될 만한 실험들이 있다. 한 실험에 따르면 전자 심의에서는 시각적 커뮤니케이션이 없었지만 토론이 지루해지지 않았고, 오히려 대면 심의에서는 드러나지 않았던 내밀한 내용들이 쉽게 표출되었다. 이것으로 미루어 보건대 인터넷은 소극적이고 내성적인 사람들이 자신의 의견을 적극 표출하도록 만들 수 있다는 장점이 있다. 하지만 다른 실험은 대면 심의 집단이 질적 판단을 요하는 복합적 문제를 다루는 경우 전자 심의 집단보다 우월하다는 결과를 보여주었다.
>
> 이런 관점에서 보면 전자 심의는 소극적인 시민들의 생활에 숨어 있는 다양한 의견들을 표출하기에 적합하며 대면 심의는 책임감을 요하는 정치적 영역의 심의에 더 적합하다고 볼 수 있다. 정치적 영역의 심의는 복합적 성격의 쟁점, 도덕적 갈등 상황, 그리고 최종 판단의 타당성 여부가 불확실한 문제들과 깊이 관련되어 있기 때문이다.
>
> 어려운 정치적 결정일수록 참여자들 사이에 타협과 협상을 필요로 하는데 그 타협은 일정 수준의 신뢰 등 '사회적 자본'이 확보되어 있을 때 용이해진다. 정치적 사안을 심의하려면 토론자들이 서로 간에 신뢰하고 있을 뿐 아니라 심의 결과에 대해 책임의식을 느끼고 있어야 하고, 이런 바탕 위에서만 이성적 심의나 분별력 있는 심의가 가능하다. 하지만 이것은 인터넷 공간에서는 확보되기 어려운 것으로 보인다.

① 인터넷을 통한 전자 심의는 내밀한 내용이 표출된다는 점에서 토론자들 간의 신뢰를 증진할 수 있다.
② 질적 판단을 요하는 복합적 문제를 다루는 데에는 대면 심의 집단이 우월한 경우가 있다.
③ 인터넷은 소극적이고 내성적인 사람들이 자신의 의견을 표출하도록 만들 수 있다는 장점이 있다.
④ 정치적 사안을 심의하려면 토론자들이 서로 신뢰하고 심의 결과에 대해 책임의식을 느껴야 한다.
⑤ 불확실성이 개입된 복합적 문제에 대한 정치적 결정에서는 참여자 사이에 타협과 협상이 필요하다.

해설 정답 ①

인터넷을 통한 전자 심의는 내밀한 내용을 표출하게 만드는 장점이 있으나 참여자 또는 토론자 사이의 신뢰를 증진하지는 못한다.

08 다음은 어떤 제품들의 사용 설명서 내용을 일부 발췌한 것이다. 이 내용을 고치고자 분석한 내용으로 적절하지 않은 것은?

> - 방학 ㉠기간 동안의 건강관리가 중요합니다. 본 제품은 각종 비타민, 칼슘 등 필수 영양소가 골고루 함유되어 있습니다.
> - 12시간이 지나면 보온 시간이 초과되었다는 ㉡표시 및 경보음이 울립니다.
> - 이 기구는 ㉢근육 강화에 있어 탁월한 효과가 있습니다.
> - 신호음을 그치게 하려면 덮개를 열고 ㉣아무 단추를 누르세요.
> - 통풍이 ㉤잘되도록 벽이나 물건에서 10~20cm 이상 떨어진 곳에 설치하세요.

① ㉠은 '동안'과 의미가 중복되니 삭제해야겠어.
② ㉡은 '및'으로 연결되는 단어들 간의 표현이 어색해. '표시가 나타나고 경보음이 울립니다.'로 고치는 것이 좋겠어.
③ ㉢의 '-에 있어'는 우리말답지 않은 표현이니 '근육 강화에'라고 고치는 것이 좋겠어.
④ ㉣은 여러 가지 중에서 어느 것을 선택해도 상관없음을 나타내는 경우이므로 조사 '-(이)나'를 써서 '아무 단추나'로 고쳐야 해.
⑤ ㉤은 문장의 의미 관계를 더욱 분명히 하도록 '잘될수록'으로 고쳐야 해.

해설 정답 ⑤

㉤이 포함된 문장에는 아무런 이상이 없으며, ⑤와 같이 고칠 경우 표현하는 의미가 달라져 어색해진다.

09 다음 문장의 밑줄 친 단어와 같은 사전적 의미로 사용된 것은?

> 아무리 혈연이라고 한들 이제는 마음을 독하게 먹고 거절할 수밖에 없다.

① 생각지도 못했던 뉴스에 충격을 먹은 듯 했다.
② 고생은 고생대로 하고 욕은 욕대로 먹고.
③ 설마 겁을 먹었냐는 소리 듣게 될까.
④ 그런 대우를 받으면 나라도 앙심을 먹을 것이다.
⑤ 예상은 했지만 이런 식으로 한 방 먹을 줄이야.

해설 정답 ④

보기에 사용된 문장의 '먹고'는 '어떤 마음이나 감정을 품다.'의 의미로 사용되었다.
①, ③ 겁이나 충격 따위를 느끼게 되다.
② 욕이나 핀잔 따위를 듣거나 당하다.
⑤ 매 따위를 맞다.

10 다음 밑줄 친 단어와 같은 사전적 의미로 사용된 것은?

> 인조 이래 정권은 오랫동안 서인의 손에 있었으므로 여기에 눌려 지내던 남인 일파는 매양 울분하여 기회를 <u>엿보고</u> 있었다. 마침 효종의 상에 모후 조대비의 복이 기년에 해당하다는 서인 송시열 등의 주장이 채납되자 남인 윤휴, 허목 등이 일어나 3년 복이 옳다고 맹렬히 서인을 공격하였다.

① 잠시 자리를 비운 틈을 엿봐 빠져나올 수 있었다.
② 결국 그는 오랫동안 엿보던 왕위를 빼앗고 말았다.
③ 내부 상황이 어떤지 엿보고 올게.
④ 단순해 보이는 그림이지만 그의 사상을 엿볼 수 있는 중요한 자료이다.
⑤ 몇 시간 째 문틈을 엿보고 있었더니 눈이 빠질 듯 했다.

해설   **정답 ①**

예문에 쓰인 내용은 '무엇을 이루기 위해 온 마음을 쏟아서 눈여겨보다.'라는 의미로 사용되었다.
② 음흉한 목적을 가지고 남의 것을 빼앗으려고 벼르다.
③ 남이 보이지 아니하는 곳에 숨거나 남이 알아차리지 못하게 하여 대상을 살펴보다.
④ 어떤 사실을 바탕으로 실상을 미루어 알다.
⑤ 잘 보이지 아니하는 대상을 좁은 틈 따위로 바라보다.

11 다음 밑줄 친 단어와 같은 사전적 의미로 사용된 것은?

> 국내의 부르주아민족운동은 항일운동의 구체적 방법과 근대화의 주체 및 노선을 어떻게 설정할 것인가를 둘러싸고 좌파와 우파로 분화하였다. 부르주아민족주의 우파는 주로 동아일보계열, 천도교 신파, 수양동우회 등으로서, 민족의 역량을 양성하려는 운동을 추진하였다. 그들은 실력양성론의 처지에서 문화운동을 전개하였다.
> 부르주아민족주의 우파 운동의 대표적 사례로서는 물산장려운동과 민립대학기성운동 등을 꼽을 수 있다. 그밖에도 교육의 보급, 언론을 통한 민족의식의 앙양, 한국사와 한국어 연구를 바탕으로 한 민족 고유문화의 수호, 민족기업의 육성 등을 전개하였다. 이 운동은 국내에서의 민중봉기론이 좌절된 이후, 한국민족의 즉시 독립이 불가능함을 깨닫고 장기적으로 민족의 실력을 <u>길러</u> 기회가 왔을 때 독립을 도모하자는 주의였다.

① 개를 다섯 마리나 기르는 집이니 청소도 보통 일이 아니다.
② 꾸준히 운동하는 습관을 기르는 것이 좋다.
③ 그가 길러낸 제자 중에 국가대표만 무려 셋이다.
④ 인재를 기르기 위한 목적과 다르지 않습니까?
⑤ 이런 훈련을 오래 했더니 자연스럽게 정신력이 길러지더라고.

해설   **정답 ⑤**

예문에 쓰인 내용은 '육체나 정신을 단련하여 더 강하게 만들다.'라는 의미로 사용되었다.
① 동식물을 보살펴 자라게 하다.   ② 습관 따위를 몸에 익게 하다.
③, ④ 사람을 가르쳐 키우다.

12 다음 빈 칸에 공통으로 들어갈 수 있는 단어는?

> (가) 큰 굿이 들었을 때는 구경꾼에게 어른아이 가리지않고 떡이나 알록달록한 색사탕 같은 걸 ☐☐☐☐ 해 줄 때도 있었다.
> (나) 나는 기쁜 마음으로 그의 유품을 공평하게 ☐☐☐☐을(를) 했다.

① 노박이 ② 노라리 ③ 노느매기
④ 농지거리 ⑤ 능갈

해설 　　　　　　　　　　　　　　　　　　정답 ③

여러 몫으로 갈라 나누는 일. 또는 그렇게 나누어진 몫.
① 한곳에 붙박이로 있는 사람을 뜻하는 충청 방언
② 건달처럼 건들건들 놀며 세월만 허비하는 짓.
　또는 그런 사람을 속되게 이르는 말.
④ 점잖지 아니하게 함부로 하는 장난이나 농담을 낮잡아 이르는 말.
⑤ 얄밉도록 몹시 능청을 떪.

13 다음 중 문서이해절차의 순서로 가장 적절한 것은

> ㉠ 문서의 목적 이해
> ㉡ 문서 수신자의 의도 파악 및 요구 분석
> ㉢ 행동계획 수립
> ㉣ 문서에 담겨진 정보 도출
> ㉤ 문서작성의 이유 파악
> ㉥ 요약 및 정리

① ㉠ → ㉡ → ㉢ → ㉣ → ㉤ → ㉥
② ㉠ → ㉢ → ㉡ → ㉤ → ㉣ → ㉥
③ ㉠ → ㉣ → ㉡ → ㉢ → ㉤ → ㉦
④ ㉠ → ㉤ → ㉣ → ㉡ → ㉢ → ㉥
⑤ ㉠ → ㉣ → ㉤ → ㉡ → ㉢ → ㉥

해설 　　　　　　　　　　　　　　　　　　정답 ④

문서이해절차
1. 문서의 목적을 이해하기
2. 문서 작성 배경과 주제 파악하기
3. 정보를 밝혀내고 제시된 현안문제를 파악하기
4. 상대의 의도 및 요구되는 내용을 분석하기
5. 이해한 목적을 달성하기 위한 행동을 생각, 결정하기
6. 상대의 의도를 도표, 그림으로 메모하여 정리하기

14 다음 수들이 일정한 규칙을 따른다고 할 때, 빈 칸에 들어갈 수는?

| | 124 | 92 | 32 | 60 | ( ) | |

① 34 ② 18 ③ 2
④ -14 ⑤ -28

124-92=32
92-32=60
32-60=(-28)

정답 ⑤

15 다음 수들이 일정한 규칙을 따른다고 할 때, 빈 칸에 들어갈 수는?

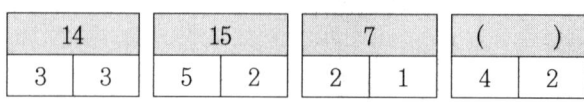

① 13 ② 16 ③ 17
④ 20 ⑤ 21

아래 두 수의 곱에 5를 더한 값이다.

정답 ①

16 다음 수들이 일정한 규칙을 따른다고 할 때, 빈 칸에 들어갈 수는?

| | 1 | $\frac{3}{4}$ | $\frac{2}{3}$ | $\frac{5}{8}$ | ( ) | |

① $\frac{7}{9}$ ② $\frac{2}{7}$ ③ $\frac{3}{5}$
④ $\frac{1}{3}$ ⑤ 2

해설

정답 ③

1과 $\frac{2}{3}$의 분모를 변형하여 다음 형태로 고친다.

$\frac{2}{2}$ $\frac{3}{4}$ $\frac{4}{6}$ $\frac{5}{8}$

분자는 1씩 증가하고 분모는 2씩 증가한다. 따라서 빈 칸에는 $\frac{6}{10}$, $\frac{3}{5}$이 들어간다.

17 어떤 직사각형의 가로 길이와 세로 길이의 합이 12cm라고 한다. 이 직사각형의 가로 길이와 세로 길이를 각각 2cm씩 줄였더니 넓이가 10cm²이 되었다면 길이를 줄이기 전 본래의 넓이는 얼마인가?

① 28   ② 30   ③ 32
④ 34   ⑤ 36

해설

정답 ②

줄인 후 직사각형의 가로의 길이를 x, 세로의 길이를 y라고 할 때 넓이는 $xy = 10$
가로길이와 세로길이의 합은 $(x+2)+(y+2)=12$, $x+y=8$의 식이 성립한다.
본래의 넓이는 $(x+2) \times (y+2) = xy + 2(x+y) + 4 = 10 + 2 \times 8 + 4 = 30$이다.

18 빨간 공과 파란 공이 2 : 3의 개수비로 최소 12개가 들어있는 상자가 있다. 상자에서 임의로 3개의 공을 빼냈을 때, 빼낸 공이 모두 빨간색인 경우, 그 비율이 될 수 없는 것은?

① 1 : 2   ② 1 : 3   ③ 1 : 4
④ 5 : 12   ⑤ 5 : 7

해설

정답 ③

빨간 공을 $2x$, 파란 공을 $3x$라고 하면 x는 2보다 큰 값이 되며, 공을 추출한 이후의 비율은 $2x-3 : 3x$가 된다. 이 비는 x가 작을수록 작고, x가 커질수록 커진다. 따라서 가장 작은 비는 x가 3일 때인 3 : 9 = 1 : 3으로 1 : 4는 나올 수 없다.
$x=6$일 때, 1 : 2
$x=4$일 때, 5 : 12
$x=9$일 때, 5 : 9

19 다음 곱셈식은 서로 다른 수를 기호로 변환하여 나타낸 것이다. ○=1, ◎=5, ☆=0, ◇=4라고 할 때, △와 □의 합은 얼마인가?

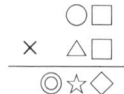

① 16　　　　　　　　② 13　　　　　　　　③ 10
④ 7　　　　　　　　⑤ 6

해설　　　　　　　　　　　　　　　　　　　　　　　　　　　정답 ③

$$\begin{array}{r} 1\square \\ \times\ \triangle\square \\ \hline 504 \end{array}$$

□×□에서 1의 자리 수가 4가 나올 수 있는 값은 2 또는 8
□가 2이면 12×2=24, 504−24=480=12×(△×10)
△=480÷120=4, 그러나 4는 ◇와 중복된다.
□가 8이면 18×8=144, 504−144=360=18×(△×10)
△=360÷180=2. 따라서 △+□=2+8=10

20 A사의 직원 중 안경을 낀 사람은 총 14명이다. 안경을 낀 여직원과 안경을 끼지 않은 여직원의 비는 1:9이며, 안경을 낀 남직원과 안경을 끼지 않은 남직원의 비는 1:2이다. 여직원과 남직원의 비가 5:9라면 안경을 낀 직원과 끼지 않은 직원의 비는?

① 1:3　　　　　　　　② 2:3　　　　　　　　③ 1:4
④ 1:5　　　　　　　　⑤ 2:5

해설　　　　　　　　　　　　　　　　　　　　　　　　　　　정답 ①

안경을 낀 여직원의 수가 a라고 한다면 총 여직원의 수는 a+9a=10a 이고, 안경을 낀 남직원의 수를 b라고 한다면 총 남직원 수는 b+2b=3b 이다. 10a:3b=5:9 이므로 6a=b이다. 안경을 낀 직원의 수가 14명이므로 a+b=7a=14, a=2이며 총 직원의 수는 10a+3b=10a+18a=28a=56(명)이다. 따라서 안경을 낀 직원과 끼지 않은 직원의 비는 14:56=1:3이다.

21 A는 3형제로 두 명의 동생이 있다. 장남인 A와 둘째는 2살 터울이고, 둘째와 셋째 또한 2살 터울이라고 한다. 세 명의 나이를 합하면 48보다는 크고 54보다는 작다고 할 때, A의 나이는 얼마인가?

① 22살　　　　　　　　② 21살　　　　　　　　③ 20살
④ 19살　　　　　　　　⑤ 18살

해설　　　　　　　　　　　　　　　　　　　　　　　　　　　정답 ④

둘째의 나이를 a라고 하면 A의 나이는 a+2, 셋째의 나이는 a−2가 된다. 따라서 세 명의 나이 합은 3a가 되며, 16<a<18이므로 a는 17이다. 따라서 A의 나이는 19살이다.

22 A사의 입사테스트에 a, b, c, d, e 다섯 명이 지원했다. 지원자들의 테스트 결과를 정리하였더니 다음과 같았다. 이 시험의 커트라인 점수는 얼마인가?

- c는 1등으로 합격하였다.
- a는 c보다 2점 낮은 점수로 합격하였다.
- a와 4점 차이가 나는 b는 커트라인보다 3점이 부족하여 불합격하였다.
- c와 d의 점수 차는 10점이다.
- e와 d의 점수 차는 a와 c의 차이보다는 크고, a와 b의 차이보다는 작다.
- e는 40점으로 최저점을 기록했다.

① 46점 ② 47점 ③ 48점
④ 49점 ⑤ 50점

정답 ⑤

a와 c의 점수 차가 2점, a와 b의 점수 차가 4점이므로 e와 d의 점수 차는 3점이다. e가 40점으로 최저점이므로 d는 43점이며 c와 10점차이가 나므로 c는 53점이다. a는 c보다 2점 낮아 51점, b는 a보다 4점 낮아 47점이 되며, b의 점수는 커트라인보다 3점 부족하므로 커트라인 점수는 50점이 된다.

23 어느 카페에서 작은 사이즈의 커피는 2,500원, 큰 사이즈의 커피는 4,000원에 판매하고 있다. 13잔의 커피를 주문했으며 50,000원을 내고 거스름돈을 받았다. 큰 사이즈 커피는 최대 몇 잔까지 살 수 있는가?

① 13잔 ② 12잔 ③ 11잔
④ 10잔 ⑤ 9잔

정답 ③

큰 사이즈 커피를 주문한 수를 x라고 하면 작은 사이즈 커피는 $13-x$만큼 주문한 것이 된다.
총 주문한 금액이 50,000원 미만이어야 하므로,
$4{,}000x + 2{,}500(13-x) < 50{,}000$
$1{,}500x + 32{,}500 < 50{,}000$
$15x < 175$
$x < 11.7$
따라서 x의 최댓값은 11이다.

24 어느 밭을 A가 혼자 갈기 위해선 12시간이, B가 혼자일하면 15시간이 걸린다. 전날 B가 6시간 동안 밭을 갈아두었다고 할 때, 오늘 A와 B가 밭을 함께 가는데 걸리는 시간은 얼마인가?

① 2시간　　　② 3시간　　　③ 4시간
④ 5시간　　　⑤ 6시간

정답 ③

A의 시간당 갈 수 있는 밭의 넓이 $\frac{1}{12}$

B의 시간당 갈 수 있는 밭의 넓이 $\frac{1}{15}$

전날 갈아둔 밭의 넓이 $\frac{6}{15} = \frac{2}{5}$

A와 B가 시간당 갈 수 있는 밭의 넓이 $\frac{1}{12} + \frac{1}{15} = \frac{3}{20}$

$\frac{3}{5}$를 가는데 걸리는 시간은 $\frac{3}{5} \div \frac{3}{20} = 4$(시간)

25 물류창고에서 A와 B가 물건을 채우고 있다. A혼자 창고를 채운다면 창고를 가득 채우는데 18시간, B혼자 창고를 채울 경우 12시간이 소요된다. 한편, C는 창고에 쌓인 물건을 외부에 전달하고 있다. C가 가득 찬 창고를 비우는데 9시간이 걸린다고 한다. A, B, C가 창고에서 동시에 일할 경우, 비어있는 창고가 가득 찰 때까지 걸리는 시간은 얼마인가?

① 27시간　　② 30시간　　③ 33시간
④ 36시간　　⑤ 39시간

정답 ④

A가 시간당 채우는 창고의 양은 $\frac{1}{18}$, B가 시간당 채우는 창고의 양은 $\frac{1}{12}$이다. C가 시간당 비우는 양은 $\frac{1}{9}$이므로 시간당 일의 진행도는 $\frac{1}{18} + \frac{1}{12} - \frac{1}{9} = \frac{2+3-4}{36} = \frac{1}{36}$ 따라서 36시간 후 창고가 가득 찬다.

26 두 개의 육면체 주사위를 굴려서 4또는 9가 나올 확률은?

① $\dfrac{1}{12}$ ② $\dfrac{5}{36}$ ③ $\dfrac{7}{36}$

④ $\dfrac{1}{3}$ ⑤ $\dfrac{1}{4}$

 정답 ③

총 경우의 수 36가지 중, 4가 나올 경우의 수 (1,3), (2,2), (3,1) 3가지, 9가 나올 경우의 수 (3,6), (4,5), (5,4), (6,3) 4가지가 있으므로, 따라서 $\dfrac{3+4}{36} = \dfrac{7}{36}$

27 트랙터를 생산하는 A사는 생산원가 2,500만 원짜리 트랙터를 40%의 이익률에 판매하고 있다. 최근 원자재 가격이 상승함에 따라 A사의 트랙터 생산 비용은 200만 원 늘어났다. A사는 정가가 크게 늘어나면 판매량에 타격이 있으리라는 판단 하에 이익률을 30%로 하향 조정했다. 정가의 상승폭은 얼마인가?

① 0원 ② 10만 원 ③ 30만 원
④ 50만 원 ⑤ 100만 원

 정답 ②

이전 정가 = 2,500×1.4 = 3,500(만 원)
증가한 정가 = 2,700×1.3 = 3,510(만 원)
10만 원 만큼 정가가 증가했다.

28 어떤 마을의 가축 사육 현황을 조사했더니 다음과 같았다. 이 마을에 사는 A씨가 돼지를 사육하고 있을 때, A씨가 사육 중인 가축으로 옳은 것은?

- 닭을 키우는 농가에서는 개를 키우지 않는다.
- 소를 키우지 않는 농가에서는 염소를 키운다.
- 돼지를 키우는 농가에서는 닭도 키운다.
- 염소를 키우지 않는 농가에서는 개를 키운다.

① 돼지, 소, 닭   ② 돼지, 개, 닭   ③ 돼지, 염소, 개
④ 돼지, 닭, 염소   ⑤ 돼지, 소, 염소

 정답 ④

돼지를 사육하는 농가에서는 닭을 사육하며(세 번째 명제), 닭을 사육하는 농가에서는 개는 키우지 않는다. (첫 번째 명제) 개를 키우지 않는 농가에서는 염소를 키우고(네 번째 명제의 대우) 소의 사육과는 정확한 연관관계를 확인할 수 없다. 따라서 A씨가 사육하는 가축은 돼지, 닭, 염소가 되며 개는 반드시 키우지 않고, 소의 사육 여부는 알 수 없다.

29 남학생 A, B와 여학생 C, D, E는 각각 아르바이트를 구하고 있다. 아르바이트 자리를 구한 것은 두 명이며, 이들 중 두 명은 거짓말을 하고 있다. 아르바이트를 구한 두 사람의 조합이 될 수 없는 것은?

A : E는 아직 아르바이트 못 구했어.
B : 여자들만 아르바이트 구했더라.
C : 내 상황은 A랑 같아.
D : A는 아르바이트 구했던데.
E : D야말로 아르바이트 다니잖아.

① A, C   ② A, D   ③ A, E
④ C, D   ⑤ D, E

 정답 ③

다양한 경우의 수가 나올 수 있기 때문에 보기의 선택지의 상황에서 몇 명이 거짓말을 하게 되는지를 확인한다.
③ D 참/A, B, C, E 거짓
② A, D, E 참/B, C 거짓
⑤ B, C, E 참/A, D 거짓
① A, C, D 참/B, E 거짓
④ A, B, E 참/C, D 거짓

30 A, B, C, D, E 다섯 명은 각각 순서와 상관없이 토마토, 고구마, 고추냉이, 감자, 고추 중 서로 다른 하나씩을 재배하고 있다. 다섯 명의 진술을 토대로 할 때, 다음 중 옳은 내용은?

> A : 저는 고추를 재배합니다.
> B : 저는 토마토나 고추를 키워본 적은 없어요.
> C : 올해 초에 토마토와 고추냉이 중에 고민하다 둘 중 하나를 골라 심었죠.
> D : 저는 토마토나 고구마는 안 심어요.
> E : 이번 수확물은 정말 매울 겁니다.

① B의 작물은 매운 맛이다.
② C는 수확철에 땅을 파게 될 것이다.
③ D는 감자를 재배한다.
④ C가 키우는 작물은 '고'로 시작한다.
⑤ E는 고추를 재배한다.

해설 정답 ③

진술 내용을 표로 정리하면 다음과 같다.

	토마토	고구마	고추냉이	감자	고추
A	×	×	×	×	○
B	×				×
C		×		×	×
D	×	×			×
E	×	×	×	×	×

고추는 A가 재배할 것이므로 E의 작물은 고추냉이가 된다. 따라서 C의 작물도 토마토로 결정되고, D의 작물도 감자가 된다. 최종적으로 다음과 같이 정리된다.

	토마토	고구마	고추냉이	감자	고추
A	×	×	×	×	○
B	×	○	×	×	×
C	○	×	×	×	×
D	×	×	×	○	×
E	×	×	○	×	×

31 다음 전제를 읽고 반드시 참인 결론을 고르면?

> • 축산이 발전하지 않으면 귀농인구가 늘어나지 않는다.
> • 농가의 소득을 증대시키면 귀농인구가 늘어난다.
> • 계획적 투자가 이루어지지 않으면 축산이 발전하지 않는다.

① 농가의 소득이 증대되지 않으면 축산이 발전하지 않는다.
② 축산의 발전은 농가의 소득을 증대시킨다.
③ 계획적 투자가 이루어지면 농가의 소득이 증대된다.
④ 계획적 투자가 이루어지면 귀농인구가 늘어난다.
⑤ 농가의 소득을 증대시키면 계획적 투자가 이루어진다.

해설 정답 ⑤

전제를 정리하면 다음과 같다.
~(축산의 발전) → ~(귀농인구 증가)
(농가 소득 증대) → (귀농인구 증가)
~(계획적 투자) → ~(축산의 발전)
(농가 소득 증대) → (귀농인구 증가) → (축산의 발전) → (계획적 투자)
이 조건을 만족하는 보기는 ⑤뿐이다.

32 어떤 생각에서 다른 생각을 계속해서 떠올리는 발산적 사고 방법을 통해 개발할 수 있는 문제해결능력으로 적절한 것은?

① 논리적 사고   ② 비판적 사고   ③ 균형적 사고
④ 창의적 사고   ⑤ 전략적 사고

해설 정답 ④

어떤 생각에서 다른 생각을 계속해서 떠올리는 발산적 사고 방법은 자유연상법으로 대표적인 예로 브레인스토밍이 있다. 자유연상법은 창의적 사고를 개발하기 위한 방법이며 그 외에 강제연상법, 비교발상법 등으로 개발할 수 있다.

33 다음 중 브레인스토밍에 대한 설명과 가장 거리가 먼 것은?

① 미국의 알렉스 오즈번이 고안한 그룹발산기법이다.
② 질보다 양을 추구하여 제안되는 아이디어는 많을수록 좋다.
③ 다른 사람의 아이디어를 결합, 수정, 모방하는 편승기법을 사용한다.
④ 문제와 관계없는 아이디어도 허용한다.
⑤ 각각 제안되는 아이디어에 대한 즉각적 평가가 진행되어야 한다.

> **해설**   정답 ⑤
> 브레인스토밍에서 즉각적 평가는 새로운 아이디어를 발표하는 것을 꺼리게 할 우려가 있으므로 제한해야 한다.

34 A는 '3C 분석'기법을 통하여 직면한 문제를 해결하려고 한다. 이에 대한 올바른 인식으로 볼 수 없는 것은

① 3C 분석은 궁극적으로 고객지향적인 경쟁우위를 실천할 수 있도록 해주는 분석기법이다.
② 경쟁자를 고려하지 않고 나 혼자 열심히 하는 것은 저성과를 유발할 수 있어 불리한 방법이라고 볼 수 있다.
③ 3C 분석은 Customer 분석, Competitor 분석, Company 분석으로 구성되어 있다.
④ 3C 분석은 미시환경분석에 이용된다.
⑤ 기업 간의 경쟁에서 rule을 결정하는 것은 대부분 기업들이라고 볼 수 있다.

> **해설**   정답 ⑤
> 기업 간의 경쟁에서 rule을 결정하는 것은 대부분 고객들이며 경쟁기업들의 경영전략들도 이에 영향을 준다고 볼 수 있다.

35 경영전략의 추진과정으로 옳은 것은?

① 전략목표설정 → 경영전략 도출 → 경영전략 실행 → 환경분석 → 평가 및 피드백
② 전략목표설정 → 경영전략 도출 → 환경분석 → 경영전략 실행 → 평가 및 피드백
③ 전략목표설정 → 경영전략 실행 → 환경분석 → 경영전략 도출 → 평가 및 피드백
④ 전략목표설정 → 환경분석 → 경영전략 도출 → 경영전략 실행 → 평가 및 피드백
⑤ 전략목표설정 → 환경분석 → 경영전략 실행 → 경영전략 도출 → 평가 및 피드백

정답 ④

경영전략의 추진과정은 전략목표를 설정하고, 내외부환경을 분석한 뒤, 경영전략을 도출하고 실행 및 평가하는 과정을 통해 이루어진다.

36 다음 중 경영참가제도의 문제점과 관련이 없는 것은?

① 경영능력이 부족한 근로자가 경영에 참여할 경우 의사결정이 늦어지고 비합리적인 의사결정이 일어날 수 있다.
② 경쟁자들이 소홀히 하는 한정된 시장을 원가우위나 차별화 전략으로 집중 공략하는 데 방해 요소가 될 수 있다.
③ 오히려 경영참가제도를 통해 분배문제를 해결함으로써 노동조합의 단체교섭 기능이 약화될 수 있다.
④ 경영자의 고유한 권리인 경영권을 약화시킬 수 있다.
⑤ 대표로 참여하는 근로자가 조합원들의 권익을 지속적으로 보장할 수 없는 상황이 발생할 수 있다.

정답 ②

경영참가제도의 문제점
• 경영능력이 부족한 근로자가 경영에 참여할 경우, 의사결정이 늦어지고 비합리적 선택이 발생할 수 있다.
• 대표로 참여하는 근로자가 조합원들의 권익을 지속적으로 보장할 수 있는지 불확실하다.
• 경영자의 고유 권리인 경영권이 약화될 수 있다.
• 경영참가를 통해 분배문제를 해결함으로써 노동조합의 단체교섭기능이 약화될 수도 있다.

37. 다음의 사례에서 사우스웨스트 항공이 취했을 경쟁 전략은 무엇인가?

> 미국의 사우스웨스트 항공은 비행기에서 타고 내리는 시간이 엄청나게 짧은 것으로 유명하다. 70년대에는 승객을 내리고 회항하는 데까지 걸리는 시간이 10분 정도에 불과했으며, 여러 안전규정이 늘어난 현재에도 25분 정도에 불과하다. 이는 사우스웨스트 항공의 서비스 형태가 업계 타 회사에 비해 단순화되어 있고, 때문에 직원들이 다양한 임무를 수행할 수 있기 때문이다. 회항시간의 단축은 회전률의 상승, 단순한 서비스는 비용의 감축으로 이어진다.

① 차별화 전략 ② 집중화 전략 ③ 원가우위 전략
④ 차별적 집중화 전략 ⑤ 틈새시장 전략

해설   **정답 ③**
사례에서 나타난 회전률 상승, 서비스 비용의 감축은 원가를 감축시킬 수 있는 요인이다. 따라서 경쟁사보다 낮은 비용에 서비스를 공급하는 원가 우위 전략을 취할 수 있다.

38. 다음 중 조직에서 업무가 배정되는 방법에 대한 설명으로 틀린 것은?

① 조직의 업무는 조직 전체의 목적을 달성하기 위해 배분된다.
② 업무를 배정할 때에는 일의 동일성, 유사성, 관련성에 따라 이루어진다.
③ 업무를 배정하면 조직을 가로로 구분하게 된다.
④ 직위는 조직의 업무체계 중에서 하나의 업무가 차지하는 위치이다.
⑤ 직위는 수행해야 할 업무가 할당되고 그 임무를 수행하는데 필요한 권한과 책임이 부여된 조직상의 위치이다.

해설   **정답 ③**
조직의 업무 배정 시 업무의 종류, 성격, 범위를 명확하게 구분하는 기준에 따라 세로로 분할해야 한다.

39 조직의 구조에 대한 다음 설명 중 올바른 것으로 연결한 것은?

> ㉠ 권한은 조직의 규정에 의해 그 정당성이 승인된 공식적이고 합법적 권리이다.
> ㉡ 책임은 작업자가 맡아서 해야 하는 임무 혹은 활동을 수행해야 하는 의무이다.
> ㉢ 네트워크 조직이란 기능별 조직과 프로젝트 조직이 결합된 형태를 말한다.
> ㉣ 제품별 부서화는 특정 시장 세크먼트의 욕구를 충족시키기 위한 활동을 기준으로 업무를 집단화 한 것이다.

① ㉠
② ㉠, ㉡
③ ㉡, ㉢
④ ㉢, ㉣
⑤ ㉠, ㉡, ㉢

정답 ②

㉢는 매트릭스 조직, ㉣은 고객별 부서화에 대한 내용이다.

40 다음은 조직 체계에 관련된 글이다. 기능구조와 사업구조를 잘못 이해한 것은

> 기능구조(Functional Structure)는 전 세계적으로 가장 널리 활용되는 조직구조이다. 이는 조직의 내부 효율성을 중요시하며 기업의 규모가 작을 때에는 적합하다. 또한, 기능구조는 기능별 전문성 확보를 추진할 때 적절하다고 볼 수 있다.
> 사업구조(Divisional Structure)는 필요한 대부분의 자원과 기능을 사업본부 또는 사업부 단위로 구조화하는 조직구조이다. 또한, 각 사업본부 또는 사업부는 사업본부장 또는 사업부장의 책임 하에 운영된다. 기업 CEO는 사업본부장들 또는 사업부장들과 위임전결규정 또는 업무재량규정을 통해 의사결정권을 체계적으로 분담하고 있다.

① 기능구조는 서로 다른 기능부서 간의 활발한 의사소통을 도모하는 데 유리하다.
② 기능구조는 기능별 전문성 확보에 기여할 수 있다.
③ 사업구조는 사업본부나 사업부 각각의 특성을 반영하는 데 도움이 된다.
④ 사업구조는 의사결정권이 분권화되어 있으며 후계자 양성에 유리한 조직구조이다.
⑤ 사업구조는 환경변화에 대한 조직의 대응속도를 높이는 데 도움이 된다.

정답 ①

기능구조는 서로 다른 기능부서 간의 활발한 의사소통을 도모하는 데 어려움을 겪을 수 있으므로 인사교류나 협업지표들의 활용 등을 통해 기능부서 간의 협업을 적극적으로 추진해야 한다.

최신기출문제

2020년

기출문제 60문제형

01 다음은 일정한 규칙을 따르는 숫자를 모은 집합이다. 이 집합에 포함될 수 있는 숫자는 어느 것인가?

> 7.35, 3.48, 9.33, 6.72, 2.76, 4.47, 5.64

① 8.34　　　　② 5.94　　　　③ 7.54
④ 3.94　　　　⑤ 5.75

해설　　　　　　　　　　　　　　　　　　　　　　　　　정답 ①
주어진 모든 숫자는 소수점과 관계없이 세 개의 숫자의 합이 15가 된다. 따라서 선택지 중 이 규칙에 맞는 숫자는 8.34(8+3+4=15)뿐인 것을 알 수 있다.

02 다음과 같은 두 규칙 1, 2에 따라 계산할 때, $[2,[3,1]△0]△1$의 값은 얼마인가?

> 1. $[X,Y]=X/Y-Y/X$　　　　2. $A△B=AB-BA+1$

① 1　　　　② 1/2　　　　③ 2/3
④ 0　　　　⑤ 2/5

해설　　　　　　　　　　　　　　　　　　　　　　　　　정답 ①
안쪽에 있는 문자부터 답을 구하면서 식을 줄여나가는 형식의 문제이나, 주어진 규칙을 자세히 보면, 두 번째 규칙은 AB와 BA가 같은 값이므로 1의 결괏값을 갖는다. 또한 문제의 식인 $[2,[3,1]△0]△1$은 $[2,[3,1]△0]$ 전체를 하나의 S로 치환하여 S△1로 나타낼 수 있으며, 이것은 결국 1의 값을 갖는다. 따라서 S의 값이 얼마이든 그와 관계없이 주어진 식은 1의 결괏값을 갖게 됨을 알 수 있다.

03 A사에는 연구직으로 30명, 생산직으로 50명의 직원이 근무 중이다. 근무 중인 연구직 중 40%가 여직원이고, 남직원 중 60%는 생산직에서 근무한다고 하면 이 회사에 근무하는 연구직 남직원과 생산직 여직원 수의 합은 몇 명인가?

① 38명　　　　② 39명　　　　③ 40명
④ 41명　　　　⑤ 42명

> **해설**
> 정답 ④
>
> 연구직 30명 중 40%인 12명이 여직원이며 나머지 18명이 남직원이다. 그런데 전체 남직원의 60%가 생산직에 근무한다고 하였으므로 나머지 40%의 남직원은 연구직에서 근무하는 것이 되어, 18명이 40%라는 의미가 된다. 따라서 전체 남직원(100%)은 $18 \div \frac{40}{100} \times 100 = 45$(명)이라는 것을 알 수 있다. 그러므로 생산직 남직원은 45-18=27(명), 생산직 여직원은 50-27=23(명)이 된다.
> 따라서 A사에 근무하는 연구직 남직원과 생산직 여직원 수의 합은 18+23=41(명)이다.

04 다음 문장의 빈칸에 들어갈 수 없는 어휘는 어느 것인가?

> 들고 보니 사정이 참 딱해서 내가 그에게 얼마간의 (   )를(을) 주겠다고 했다.

① 여유   ② 말미   ③ 틈
④ 알음   ⑤ 짬

> **해설**
> 정답 ④
>
> 주어진 문장에서는 '시간적인 여유나 틈'을 의미하는 어휘가 들어가야 하므로 여유, 말미, 틈, 짬 등의 어휘를 사용할 수 있다. 그러나 '알음'은 '사람끼리 서로 아는 일'의 의미이므로 주어진 문장의 의미와는 무관한 어휘가 된다.

05 다음 문장의 밑줄 친 말을 대체하여 사용할 수 있는 어휘는 어느 것인가?

> 문화란 <u>대저</u> 공동체의 구성원이 살아가는 모습의 총체적 반영이다.

① 자못   ② 노상   ③ 무릇
④ 비단   ⑤ 필경

> **해설**
> 정답 ③
>
> '대저'는 '대체로 보아서'의 의미를 갖는 부사어이다. 이와 유사한 의미를 갖는 어휘로는 '무릇', '대범', '대컨' 등이 있다.
>
> **오답풀이**
> ① '생각보다 훨씬'의 의미를 갖는 어휘이다.
> ② '언제나 변함이 없이'의 의미를 갖는 어휘이다.
> ④ '아니다' 따위의 부정하는 말 앞에 쓰여, '다만', '오직'의 의미를 갖는 어휘이다.
> ⑤ '끝장에 이르러'의 의미를 갖는 어휘이다.

06 다음 문장의 밑줄 친 말을 대체하여 사용할 수 있는 어휘는 어느 것인가?

> 녀석은 아주 순진한 얼굴을 하고서 <u>시망스럽게</u> 노는 데 일가견이 있었다.

① 짓궂게 ② 얄밉게 ③ 힘차게
④ 시원스럽게 ⑤ 조심스럽게

해설   정답 ①

'시망스럽게'는 형용사인 '시망스럽다'의 부사어 형태이며, '행동이나 태도 따위가 아주 짓궂은 데가 있다.'의 의미를 갖는 어휘이다.
따라서 '짓궂게'라는 어휘로 대체할 수 있으며, '얄밉게', '힘차게', '시원스럽게', '조심스럽게'는 모두 이와 다른 뜻을 갖는 말이다.

07 다음 문장의 빈칸에 들어갈 알맞은 말은 어느 것인가?

> 지난 마지막 모임이 벌써 1년이 넘었군. 그간 얼마나 친구들 사이가 (　　)했으면 오늘 모임에서 그토록 할 말들이 많았던 거냐?

① 원만 ② 서먹 ③ 적막
④ 지난 ⑤ 적조

해설   정답 ⑤

형용사로서 '적조하다'는 '(어떤 사람이 다른 사람과, 또는 둘 이상의 사람이) 오랫동안 서로 소식을 주고받지 못하다'의 의미를 갖는다.

오답풀이
② 서먹하다 : 익숙하지 않거나 껄끄러운 데가 있어 어색하다.
④ 지난하다 : 굉장히 어렵다.

08 다음에 주어진 사례1과 사례2에서 알 수 있는 SWOT 전략이 순서대로 올바르게 짝지어진 것은 어느 것인가?

> 사례 (1)
> K사와 다국적 제약회사 N사는 전략적 제휴를 하게 되었다. 다수의 개인 병원을 대상으로 한 강한 영업력을 바탕으로 고혈압 약품 부분에서 선두를 달리고 있던 K사는 고혈압과 관련된 약품 시장이 구약에서 신약으로 전환되는 시점에 신약을 보유하고 있지 않았다. 반면, N사는 새로운 ARB방식에 맞는 신약을 보유하고 있었지만 이를 전국적으로 확장할 수 있는 영업력을 갖추지 못했다. 결국 이 두 기업은 전략적 제휴를 체결하였고, N사는 K사의 강력한 영업력을 활용하여 자사의 신약에 대한 점유율을 높였으며, K사는 N사의 신약을 자사의 기술력과 결합하여 ARB방식의 신약을 출시했다.
>
> 사례 (2)
> A사는 10대를 위한 여드름 치유 화장품을 출시하고자 하였다. 하지만 당시 '약사법 및 화장품법'에 의하면 화장품을 의약제품처럼 광고하거나, 홍보하는 행위는 법적으로 금지되어 있었다. 이는 곧 여드름이 치유된다는 컨셉의 화장품 출시는 법에 위반되는 행위였다는 뜻이다. 이에 A사는 A대학교 의과대학 피부과와의 산학협력 관계를 이용하였다. 화장품 업체에서 개발한 것이 아니라 대학에서 여드름 화장품이 개발되었다는 홍보 방식을 사용했으며, 여드름을 직접적으로 표현하지 않고, '멍게'를 앞장세워 피부사춘기라는 단어로 여드름을 간접적으로 표현했다. 사춘기 여드름 해결을 위한 10년간의 노하우를 바탕으로 약사법 및 화장품법이라는 장애를 극복한 A사의 제품은 현재까지도 업계 대표 화장품으로 자리하고 있다.

① WO전략, ST전략
② SO전략, WT전략
③ ST전략, WO전략
④ WO전략, SO전략
⑤ ST전략, WO전략

해설   정답 ①

사례 (1)은 두 회사가 갖지 못한 단점을 전략적 제휴를 통하여 극복한 사례이다. 신약 미보유와 취약한 영업망이라는 환경은 각각 양사에게 내부 단점인 Weakness가 되며, 상대방의 신약 기술과 영업망을 서로 이용하여 이를 극복한 것은 외적 기회요인인 Opportunity를 활용한 것이 되어 전형적인 WO전략이라고 할 수 있다.
사례 (2)는 A사의 관점에서 자사의 우수한 화장품 제조 기술인 Strength를 부각시키기 위해 대학과 협력하여 제도적 규제라는 외부의 위협요인인 Threat를 극복한 사례이므로 ST전략에 해당된다고 할 수 있다.

09 다음 글의 빈칸에 들어갈 말과 유사한 의미를 가진 말이 아닌 것은 어느 것인가?

> 김 시장은 시청 대백제실에서 열린 업무계획보고회에서 "내년은 무령왕이 갱위강국을 선포한지 1500년, 무령왕릉 발굴 50주년이 되는 해이다. 다시 강한 공주시를 만들기 위해 한마음으로 힘쓰자는 의미에서 (   )을 내년의 시정화두로 정했다"고 말했다. 내년 역점 시정방향으로 시민을 위한 열린 행정 구현을 최우선 순위로 꼽은 김 시장은 시민의 뜻을 시정에 반영하는 자세를 강조했다. 임기 초부터 펼쳐왔던 소통행정을 새해에도 시민들이 만족하고 쉽게 체감할 수 있도록 보다 확대하겠다는 의지로 해석된다.
>
> 2021 대백제전 등을 내실 있게 준비해 1500년 역사문화도시 공주의 정체성을 확고히 하고 문화·관광 인프라를 확충해 중부권 문화수도로서의 위상을 한층 드높이겠다는 뜻도 내비쳤다.
>
> 또한, 어려운 계층의 삶에 힘이 되는 복지를 펼쳐 어르신, 장애인, 어린이, 다문화가정 등이 불편함 없이 살아갈 수 있는 복지서비스를 제공할 계획이라고 말했다.
>
> 도시재생 뉴딜사업을 차질 없이 추진해 노후화된 원도심 지역에 활기를 불어넣고, 농축산업 경쟁력을 강화해 활력 넘치는 농촌을 만들겠다고도 덧붙였다.
>
> 김 시장은 "코로나19 등으로 각자도생을 미덕인 것처럼 말들 하지만 다 같이 힘을 한데 모으지 않으면 새로운 미래를 꾀할 수 없다. 적어도 내년 상반기까지는 코로나19로 인한 어려움이 예상되는 만큼 모든 공주시민이 한 마음 한 뜻으로 뭉쳐 시민 행복지수를 높이는 한 해로 만들어 나가자는 의미에서 시정화두를 선정했다."고 말했다.

① 일덕일심 ② 일심합력 ③ 이심이덕
④ 정투의합 ⑤ 일심일덕

해설

정답 ③

빈칸에 들어갈 말은 '같은 마음과 같은 덕으로 같은 목표를 위해 다 같이 노력하는 것을 이르는 말인 '동심동덕'(同心同德)이다. 김 시장의 마지막 인용문의 '각자도생을 미덕인 것처럼 말들 하지만 다 같이 힘을 한데 모으지 않으면 새로운 미래를 꾀할 수 없다.'는 말에서 힌트를 얻을 수 있다. '동심동덕'은 '일덕일심', '일심합력', '정투의합', '일심일덕' 등과 유사한 의미를 갖는 말이며, '이심이덕'은 '마음과 덕이 이반하다.'의 의미로 '동심동덕'과는 반대의 뜻을 가진 말이 된다.

10 S은행의 정기 예금 상품은 3년 만기, 연리 3.2% 조건이다. 300만 원의 기초 자금으로 이 정기 예금 상품에 가입한다고 했을 때, 만기 시점에 받게 될 원리금을 단리와 복리로 계산한다면 각각의 원리금은 얼마인가? (반올림하여 원 단위까지 표시함)

	단리	복리
①	3,288,000원	3,297,314원
②	3,285,000원	3,293,233원
③	3,280,000원	3,287,050원
④	3,277,500원	3,282,244원
⑤	3,270,400원	3,278,002원

해설

정답 ①

단리는 원금에 대한 이자만 계산하는 방식이며, 복리는 추가된 이자까지 합하여 이자를 계산하는 방식이다. 따라서 다음과 같이 계산할 수 있다.

단리 : $3,000,000+(3,000,000 \times 0.032 \times 3) \rightarrow 3,288,000$원

복리 : 1년 후 $\rightarrow 3,000,000+(3,000,000 \times 0.032)=3,096,000$(원)
       2년 후 $\rightarrow 3,096,000+(3,096,000 \times 0.032)=3,195,072$(원)
       3년 후 $\rightarrow 3,195,072+(3,195,072 \times 0.032) \fallingdotseq 3,297,314$(원)

따라서 단리와 복리의 원리금은 각각 3,288,000원과 3,297,314원이 된다.

11 다음은 소득종류별 연도별 우리나라 농가의 소득구조를 나타낸 자료이다. 이에 대한 설명으로 올바르지 않은 것은 어느 것인가?

(단위 : 천 원, %)

구 분	2013	2014	2015	2016	구성비	2017	구성비
농가소득	34,524	34,950	37,215	37,197	100.0	38,239	100.0
농업소득	10,035	10,303	11,257	10,067	27.1	10,047	26.3
농업외소득	15,705	14,799	14,938	15,252	41.0	16,268	42.5
이전소득	5,844	6,819	7,906	8,783	23.6	8,902	23.3
비경상소득	2,940	3,029	3,114	3,095	8.3	3,022	7.9

① 2014년 농가소득의 증가에 가장 큰 영향을 미친 항목은 이전소득이다.
② 2013~2016년 기간 동안 비경상소득의 농가소득에 대한 구성비는 꾸준히 감소하였다.
③ 2017년 농가소득은 전년대비 농업소득과 비경상소득의 감소에도 불구하고 농업외소득의 큰 폭 증가로 인해 증가하였다.
④ 2016년의 농업외소득과 이전소득의 증가분은 농업소득 감소분으로 대부분 상쇄되었다.
⑤ 2015년에는 모든 종류의 소득이 전년보다 증가하여 농가소득이 증가하였다.

해설   **정답 ②**

2013~2016년 기간 동안 비경상소득의 농가소득에 대한 구성비는 8.5% → 8.7% → 8.4% → 8.3%로 꾸준히 감소한 것은 아니다.

오답풀이
① 농업외소득이 906천 원 감소하였음에도 이전소득이 975천 원 증가하여 총 농가소득 426천 원 증가에 이전소득이 가장 큰 영향을 미쳤음을 알 수 있다.
③ 2017년 농가소득은 전년대비 농업소득과 비경상소득이 각각 20천 원과 73천 원씩 감소하였으나, 농업외소득이 1,016천 원으로 크게 증가하여 1,000천 원 이상의 증가를 보였다.
④ 2016년의 농업외소득과 이전소득의 증가분은 각각 314천 원과 877천 원으로 총 1,191천 원이 되어 농업소득 감소분인 1,190천 원과 대부분 상쇄되었음을 알 수 있다.
⑤ 2015년 농가소득은 전년보다 2,265천 원 증가하였고, 이는 모든 종류 소득이 증가한 결과가 된다.

12 다음 공모전 안내문의 밑줄 친 ㉠~㉤ 중 공공문서 작성 원칙에 부합하는 것은 어느 것인가?

아름다운 농업·농촌 사랑 어린이 그림 공모전

어린이들에게 농업·농촌이 줄 수 있는 소중한 가치와 희망을 알리고 도농 간 교류 활성화를 위해 아래와 같이 본 공모전을 실시하오니 어린이 여러분의 많은 참여 바랍니다.

- ㉠응모주제 : 농업·농촌이 줄 수 있는 소중한 가치
- 공모기간 : ㉡20○○. 4. 25 ~ 5. 25
- 응모형식 : 도화지/자유로운 회화 도구(수채, 유채, 크레용, 색연필 등)
- 응모대상 : 전국 초등학교 재학생 및 동 연령대 어린이 약 100여 명
- 응모방법 : 우편접수, 택배
  ※ 우편접수는 5월 25일자 소인까지 유효, 작품 뒷면에 반드시 참가신청서 부착
- 발표일자 : 2018년 6월 초 ㉢홈피 고지 및 개별통보
- 시상식 일자 : 2018년 6월 중(㉣오후 13시 예정)
- 시상 내용
  - 대   상 : 2명(㉤농협중앙회회장 상장 및 도서상품권 50만 원)
  - 최우수상 : 2명(농협중앙회회장 상장 및 도서상품권 30만 원)
  - 우 수 상 : 6명(농협중앙회회장 상장 및 도서상품권 10만 원)

---

① ㉠   ② ㉡   ③ ㉢
④ ㉣   ⑤ ㉤

해설 정답 ①

쌍점은 앞말과 붙여 쓰고 뒷말과 띄어 써야 하므로 공공문서 작성 원칙에 부합한다.

오답풀이
② 연월일을 아라비아 숫자로 표기할 때에는 모든 숫자 뒤에 마침표를 쓴다. '20○○. 4. 25. ~ 5. 25.'가 올바른 표현이다.
③ 공공문서에 적절하지 않은 속어, 비어 표현으로 '홈페이지'가 올바른 표현이다.
④ 13시에 오후라는 의미가 포함되어 있으며 24시각제에 의한 표현으로 '13시'가 올바른 표현이다.
⑤ 직책이나 관직명인 경우 앞말과 띄어 쓰며, 중복되는 글자를 생략하여 사용할 수 있다. '농협중앙회 회장' 또는 '농협중앙회장'이 올바른 표현이다.

[13~14] 다음 글을 읽고 이어지는 물음에 답하시오.

(가) 미국 아이다호주 남파에서는 아이다봇이라 불리는 로봇이 과수원의 과실수 사이를 다니며 농장 일을 대신하는 것을 확인할 수 있다. 노스웨스트나사렛대학이 개발한 아이다봇은 무선주파수 식별기술을 이용해 전자태그가 달려있는 나무 하나하나를 파악하고 관리한다. 로봇이 과일 나무로부터 얻어진 이미지 색상을 분석해 '나무 1과 나무 8이 화학 요법이 필요하다'는 식의 처방을 내리는 것이다. 과거에는 농부가 일일이 과수원을 다니며 직접 눈으로 과일나무 상태를 파악했으며 필요한 조치 역시 수작업을 통해 이뤄졌다는 점에서 획기적인 진전이다. 과일 작물의 크기와 각 나무에 열릴 열매의 수를 추산해 수확량을 예측하는 부분까지 연구가 이뤄지고 있다.

(나) 비영리 로봇 연구기관인 미국 SRI인터내셔널에서 분사한 농업용 로봇 개발업체인 어번던트 로보틱스는 사과 따는 로봇 시제품을 선보여 주목받았다. 어번던트는 사과는 매년 생산량이 90만 파운드로 미국에서 두 번째로 많이 소비되는 과일이지만 사람의 노동에 의존한 수확방식은 지난 20년간 바뀌지 않았다는 점에 주목했다. 사과 수확로봇은 사과를 인지할 수 있는 비전시스템과 사과를 진공으로 잡아 딸 수 있는 기술을 이용해 초당 1개의 사과를 수확한다. 일본 사가현에 있는 사가대학교는 지난해 여름 농업에 최적화된 어그리드론을 개발했다. 어그리드론은 적외선과 열 카메라를 이용해 벌레와 해충이 모여 있는 구역을 찾아내고 이 구역에 살충제를 집중적으로 투하한다.

(다) 농업의 모습이 바뀌고 있다. 최근 6차 산업, 창농(創農), 스마트팜, 정밀 농업 등 농업의 혁신과 새로운 농업 시대를 의미하는 단어들이 등장하고 있는 가운데 로봇이 농업 혁신의 든든한 지원군으로 등장했다. 일부 기계화에도 불구하고 농부 등 사람의 노동력과 직관에만 의존해온 농업이 인공지능과 자율 로봇의 도움으로 훨씬 더 빠른 시간에 훨씬 더 효과적으로 훨씬 더 많은 작물을 수확하는 방향으로 나아가고 있다.

미국, 유럽, 일본 등 선진국들은 이미 농업 혁신을 이루기 위한 시도를 활발하게 벌이고 있다. 위 사례처럼 필요한 작물에만 농약을 살포하는 드론을 비롯해 잡초 뽑아주는 로봇, 자동 과일 수확기, 농작물 성장 관리를 돕는 로봇 등 기술과 농업의 결합, 이른바 '어그리테크(AgriTech)'가 메가트렌드로 부상하고 있는 것이다. 대부분 대학과 지역 카운티, 기술 기업 등이 협업해 이뤄지는 이 어그리테크 혁명의 중심에는 로봇과 인공지능이 자리 잡고 있다. 영국 컨설팅 업체 ID테크엑스리서치가 지난해 하반기 발간한 '농업 로봇과 드론 2016~2026 : 기술, 시장 그리고 플레이어' 보고서에 따르면 마니아층의 취미도구로만 여겨지던 드론은 농업 분야에서는 이미 2016년 30억 달러의 글로벌 시장을 형성했다. 2022년이면 이보다 3배 이상 늘어난 100억 달러 규모로 늘어나는 등 성장세가 가파르다. ID테크엑스가 거론한 어그리테크를 위한 로봇으로는 우유 짜는 로봇, 자율 트랙터, 농업용 드론, 잡초 뽑는 로봇, 과일 수확기 등이 꼽힌다.

(라) 미국에서는 대학이 매우 적극적이다. 일리노이대학과 코넬대학은 농작물 성장 및 관리와 생산 최적화를 가능하게 하는 로봇을 연구하고 있으며 2021년 상용화를 목표로 하고 있다. 이 로봇은 농지를 돌아다니며 농작물의 성장과 발달에 관한 실시간 데이터를 수집, 제공하는 역할을 한다. 과거의 농작물 관리는 농부가 일일이 육안으로 개별 농작물의 상태를 확인한 다음 조치를 취하는 '감각에 의존하는' 방식이었으나 인공지능과 로봇을 이용해 분석적인 접근이 가능하게 됐다.

로봇은 초분광(hyperspectral) 고해상도 열 카메라와 날씨 모니터 및 펄스 레이저 스캐너를 이용해 각 식물의 줄기 직경 높이, 잎 면적과 같은 표현형 정보를 수집하고 토양의 온도, 수분 함량과 같은 환경 조건을 평가해준다. 이를 통해 각 농지 및 전체 생산량을 파악할 수 있으며 경작자가 이 데이터를 이용해 수확량을 최대치로 끌어올리는 데 도움을 줄 수 있다는 것이다. 이 로봇의 가격은 5천~1만 달러가량으로 미국의 대규모 농장의 경우 농업 장비 한 대에 수십만 달러가 소요되는 점을 감안하면 가격경쟁력이 있다.

13 문맥의 흐름상 다음 글이 들어갈 가장 적절한 곳은 어디인가?

> 콩과 감자를 심은 농장에서 테스트한 결과 나방 등 농작물에 피해를 주는 50종의 해충을 찾아내 박멸한 것으로 알려진다. 전체 농장에 무차별적인 살포가 아니라 필요한 곳을 찾아 투하하는 방식이기 때문에 살충제 피해를 최소화하고 토양 보호에도 효과적이다.

① (가)의 뒷부분
② (나)의 뒷부분
③ (다)의 뒷부분
④ (라)의 뒷부분
⑤ 전체 글의 맨 앞부분

해설 정답 ②

해충을 찾아 박멸하고 전체 농장에 대한 살포가 아닌 필요한 곳을 찾아 투하하는 방식이라고 표현하고 있으므로 지문에 제시된 농업 방식 중 드론에 의한 살충제 투하를 설명하고 있는 글이다. 따라서 적외선과 열 카메라를 이용하여 살충제를 투하하는 어드리드론이 언급되어 있는 (나)의 뒷부분에 추가되는 것이 가장 적절하다고 볼 수 있다.

14 다음 중 농업과 로봇이 만나는 '어그리테크'에 대한 설명으로 올바르지 않은 것은 어느 것인가?

① 어그리테크는 로봇이 농부를 돕는 차원을 넘어 직접 농부를 대신하는 역할에까지 이르고 있다.
② 노동력과 직관에 의존해 오던 농업이 어그리테크의 도움으로 정확하고 효과적인 결과를 얻을 수 있게 되었다.
③ 어그리테크에 이용되는 로봇의 비싼 가격이 극복해야 할 문제로 남아 있다.
④ 사과 수확로봇은 사과를 진공으로 잡는 방식을 이용해 수확한다.
⑤ 미국에서는 대학을 중심으로 농업용 로봇 연구가 활발하게 전개되고 있다.

해설 정답 ③

주어진 글에서 언급된 초분광 고해상도 열 카메라와 날씨 모니터 및 펄스 레이저 스캐너를 이용한 로봇의 경우, 가격이 5천~1만 달러 가량으로 농업 장비 한 대에 수십만 달러가 소요되는 점을 감안하면 가격경쟁력이 있는 것으로 파악하고 있다. 따라서 가격이 극복해야 할 문제로 남아있다고 볼 수는 없다.

오답풀이
① 농작물을 수확하고 직접 살충제를 살포하는 등의 역할은 농부의 일을 대신하는 사례로 볼 수 있다.
② "과거의 농작물 관리는 농부가 일일이 육안으로 개별 농작물의 상태를 확인한 다음 조치를 취하는 '감각에 의존하는' 방식이었으나 인공지능과 로봇을 이용해 분석적인 접근이 가능하게 됐다."고 언급되어 있다.
④ 사과 수확로봇은 사과를 진공 상태로 잡아 딸 수 있는 기술을 이용하여 초당 1개의 사과를 수확한다.
⑤ 일리노이대학과 코넬대학 등 미국에서는 농업에 이용할 수 있는 로봇 개발에 대학이 매우 적극적인 연구를 진행하고 있다.

15 다음 글의 단락 (가)~(마)를 문맥에 맞는 순서로 배열한 것은 어느 것인가?

> 국내 농산물 소비시장 환경이 변화되고 있다.
> (가) 유통 행태를 살펴보면 직거래 농산물의 유통량이 대폭적으로 확대되고 있는 추세다. 인터넷, TV 홈쇼핑 등 온라인 판매가 큰 폭으로 증가하고 있고, 인지도가 높은 생산 농가는 도시 소비자와 직접 연계해 판매량을 늘리고 있다.
> (나) 농산물에 대한 소비자의 소비 행태가 빠르게 변화하고 있다. 맞벌이 부부와 편리한 삶을 추구하는 소비자 계층이 증가함에 따라 나타나는 가장 큰 특징은 소비의 편리성을 추구하고 시간을 절약하고자 하는 점이다.
> (다) 이는 개인의 정신적, 신체적 건강을 추구하는 웰빙이 사회 트렌드로 자리매김하면서 보다 안전하고 친환경적인 방법으로 생산된 농산물을 통해 건강과 삶의 질을 높이려는 소비 욕구가 반영된 결과라 할 수 있다.
> (라) 한편으로, 농산물의 품질에 있어서는 건강하고 안전한 농산물에 대한 수요가 급속하게 증가하는 추세다.
> (마) 또 가격과 품질 이외에도 브랜드, 디자인, 이미지 등을 함께 고려하고 상품 구매 시 서비스도 일종의 상품으로 생각하는 경향이 뚜렷하다.

① (나) - (다) - (가) - (라) - (마)
② (가) - (나) - (라) - (마) - (다)
③ (나) - (가) - (마) - (다) - (라)
④ (가) - (나) - (마) - (다) - (라)
⑤ (나) - (마) - (가) - (라) - (다)

정답 ⑤

해설

농산물 소비시장 환경의 변화를 소비 행태, 유통 행태, 농산물의 품질 등 3개 분야로 나누어 설명하고 있는 글이다.
첫 문장에서 농산물 소비시장의 환경이 변화한다는 화두를 던지고 있으며 주어진 짧은 단락에서는 그러한 변화상을 몇 가지 분야로 나누어 설명하고 있다. 따라서 분야별로 적절한 구분을 하는 것이 문제 해결의 관건이 된다고 볼 수 있다.
(가)는 유통 행태에 있어서의 변화를 언급하고 있으며, (나)는 소비 행태에서의 변화를 언급하고 있다. (다)의 첫 부분에서 가리키는 '이는'은, 마지막의 '소비 욕구가 반영된 결과'라는 점으로 미루어 볼 때, 글 전체에서 이야기하는 '소비시장 환경의 변화'를 지칭하는 것으로 유추할 수 있으므로 (다)는 결어의 의미를 강하게 내포한다고 볼 수 있다.
한편, (라)는 앞서 언급된 유통 행태, 소비 행태와는 또 다른 분야인 농산물의 품질에 있어서의 변화의 모습을 이야기하고 있다. (마)는 브랜드, 디자인, 이미지 등을 함께 고려한다고 설명하고 있으므로 이는 소비 행태에 있어서의 변화의 모습을 언급한 (나)에 이어져 (나)의 의미를 보완하는 역할을 하는 단락으로 볼 수 있다.
이렇게 볼 때, (나)와 (마)가 순서대로 연결되어야 할 것이며, (다)는 가장 마지막에 위치하고, (가)와 (라)는 각각 독립된 단락으로 (나)+(마)와 대등한 관계를 이룬다고 정리할 수 있다. 다만, (라)의 '한편으로'를 감안할 때, (라)가 가장 먼저 위치하기에는 부적절한 것도 알 수 있다. 따라서 이를 감안하여 선택지를 살펴보면, 선택지 ⑤와 같은 순서만이 적절한 배열이 되는 것을 확인할 수 있다.
또한, (나)+(마), (가), (라)는 (라)가 가장 먼저 위치하는 경우를 제외하고 서로 순서가 바뀌어도 문맥의 흐름을 유지할 수 있다.

16 다음은 농협이 필요로 하는 인재상을 나타낸 그림이다. 이를 참고할 때, 농협이 필요로 하는 인재의 모습을 설명한 것으로 적절하지 않은 것은 어느 것인가?

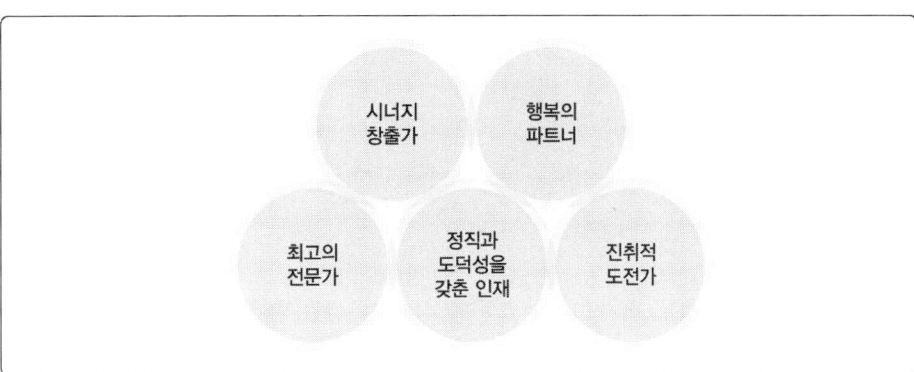

① 협동심을 바탕으로 무슨 일에서든 내가 먼저 희생할 수 있다는 희생정신을 갖추어 모든 동료들이 신뢰하는 인재
② 미래지향적 도전의식과 창의성을 바탕으로 새로운 사업과 성장동력을 찾기 위해 끊임없이 혁신을 추구하는 인재
③ 꾸준히 자기계발을 통해 자아를 성장시키고 최고의 전문가가 되기 위해 지속적으로 노력하는 인재
④ 항상 열린 마음으로 구성원들 간에 존경과 협력을 다하여 조직 전체의 성과가 극대화될 수 있도록 시너지 제고를 위해 노력하는 인재
⑤ 프로다운 서비스 정신을 바탕으로 농업인과 고객을 가족처럼 여기고 최상의 행복가치를 위해 최선을 다하는 인재

해설

정답 ①

선택지 ①과 같이 희생정신을 강조하는 모습은 주어진 농협의 인재상에서 찾아볼 수 없다.

오답풀이
② 진취적 도전가의 모습이다.
③ 최고의 전문가의 모습이다.
④ 시너지 창출가의 모습이다.
⑤ 행복의 파트너의 모습이다.

17 다음은 농협의 CI에 대한 설명이다. 밑줄 친 ⊙~⊚ 중 올바르지 않은 것은 어느 것인가?

『V』꼴은『농』자의『ㄴ』을 변형한 것으로 ⊙싹과 벼를 의미하여 농협의 무한한 발전을, 『V』꼴을 제외한 아랫부분은『업』자의『ㅇ』을 변형한 것으로 ⓒ원만과 돈을 의미하며 협동 단결을 상징합니다. 또한, ⓒ마크 전체는『협』자의『ㅎ』을 변형한 것으로『ㄴ+ㅎ』은 농협을 나타내고 ⓔ농지에 물이 가득 차 있는 형상을 표시하여 농가 경제의 융성한 발전을 상징합니다.

농협 시그니처 적용 시에는 ⓜ패턴의 가로폭에 맞춰서 사용합니다. 그 외 농협중앙회, 자회사, 회원조합 등의 글자 수의 변화가 있는 시그니처의 사용은 정해진 패턴 위에 중앙 정렬로 사용하고 그래픽 패턴의 가로폭을 넘어서 사용할 수 없습니다.

① ⊙　　② ⓒ　　③ ⓒ
④ ⓔ　　⑤ ⓜ

정답 ④

농협의 심볼마크는 '농'자와 '업'자를 조합하여 '협'자의 'ㅎ'을 나타내는 상징이며, 'ㄴ+ㅎ'은 '농협'을 나타내고 '항아리에 쌀이 가득 담겨 있는 형상'을 표시한다.

18 A, B, C 3대의 자동차가 목적지로 향하여 가고 있다. B는 C보다 5분 늦게 출발하여 25분 만에 C를 따라 잡았고, A는 B보다 10분 늦게 출발하여 45분 만에 C를 따라잡았다. 이 경우, A는 출발 후 몇 분 만에 B를 따라 잡을 수 있는가?

① 60분　　② 70분　　③ 80분
④ 90분　　⑤ 100분

정답 ④

A, B, C의 속력을 각각 a, b, c라고 하면
$25b = 30c$, $45z = 60c$가 성립한다.
따라서 $50b = 45a$가 되므로, $a = \frac{10}{9}b$가 된다.

A가 B를 따라 잡는 데까지 걸리는 시간을 t(분)라 하면, $(t+10)b = t \times \frac{10}{9}b$가 되므로, 이를 계산하면 $t + 10 = t \times \frac{10}{9}$가 되어, $t = 90$분이 되는 것을 알 수 있다.

19 다음 중 농협 조합원 가입 조건에 부합하는 사람을 ㉠~㉣에서 모두 고른 것은 어느 것인가? (언급되지 않은 사항은 가입 조건에 부합하지 않는 것으로 가정함)

◎ 농협 조합원 가입 조건
　농협 조합원은 아무나 가입할 수 없고 농협에서 정하는 다음 각 항목의 어느 하나에 해당하는 경우에만 자격이 주어집니다.
- 1,000㎡ 이상의 농지를 경영 또는 경작하는 자
- 1년 중 90일 이상을 농업에 종사하는 자
- 잠종 0.5 상자(2만립 기준 상자)분 이상의 누에를 사육하는 자
- 조합의 구역 안에 주소 또는 사업장이 있는 사람
- 아래 표 기준 이상의 가축을 사육하는 자

구 분	가축의 종류	사육 기준
대가축	소, 말, 당나귀, 노새	2마리 이상
중가축	돼지, 염소, 사슴, 개, 면양	5마리 이상(개는 20마리)
소가축	토끼	50마리 이상
가금류	닭, 오리, 거위, 칠면조	100마리 이상
기타	꿀벌	10군 이상
오소리		3마리 이상
메추리		30마리 이상
뉴트리아		20마리 이상
꿩		30마리 이상
타조		3마리 이상

- 농지에서 330㎡ 이상의 시설을 설치하고 원예작물을 재배하는 자
- 660㎡ 이상의 농지에서 채소, 과수 또는 화훼를 재배하는 자

㉠ 타조 2마리와 면양 4마리를 400㎡ 농지에서 사육하는 자
㉡ 600㎡의 농지에서 채소를 재배하며 메추리를 40마리 사육하는 자
㉢ 개 30마리와 뉴트리아 10마리를 사육하는 자
㉣ 1년 중 2개월만 농업에 종사하며 조합의 구역 안에 주소지가 있는 자

① ㉠, ㉡ ② ㉡, ㉢ ③ ㉢, ㉣
④ ㉠, ㉡, ㉢ ⑤ ㉡, ㉢, ㉣

해설　　　　　　　　　　　　　　　　　　　　　　　　　정답 ⑤
㉡ 600㎡의 농지에서는 채소, 과수 또는 화훼를 재배해도 가입 조건에 부합하지 않으나, 메추리를 30마리 이상 사육하므로 조합원 가입 조건에 부합한다.
㉢ 뉴트리아의 사육 수는 부족하나 개 30마리는 사육 기준을 충족하므로 조합원 가입 조건에 부합한다.
㉣ 조합의 구역 안에 주소지가 있으므로 조합원 가입 조건에 부합한다.

오답풀이
㉠ 400㎡ 규모의 농지에서는 원예작물을 재배해야 하며, 타조는 3마리 이상, 면양은 5마리 이상을 사육해야 하므로 조합원 가입 조건에 부합하지 않는다.

[20~21] 다음은 사내전화 사용법에 대한 설명이다. 이를 읽고 이어지는 물음에 답하시오.

1. 일반전화 걸기
   - 회사 외부로 전화를 거는 경우
   - 수화기를 들고 9번을 누른 후 전화번호를 눌러 통화한다.

2. 단축 다이얼
   - 자주 사용하는 전화번호는 기억시켜 두어 간단하게 전화하는 경우
   - 단축 다이얼 버튼을 누르고 화살표를 이용, 원하는 전화번호가 기억되어 있는 단축번호를 눌러 통화한다.

3. 재다이얼 기능
   - 재다이얼 버튼을 누르고 화살표를 이용, 상하버튼을 눌러 원하는 전화번호를 선택한 후, 발신버튼을 누른다.
   - 원하는 전화번호가 재다이얼 된다.

4. 전화 당겨 받기
   - 다른 전화기에 벨이 울리고 있을 때 내 자리의 전화기에서 대신 받고자 하는 경우
   - 다른 자리의 벨이 울릴 때, 수화기를 들고 * 버튼을 누른다.

5. 통화대기
   - 상대방이 통화중일 때, 통화가 끝날 때까지 대기하다가 통화가 끝난 즉시 통화하고자 하는 기능
   - 상대방이 통화중일 때 CAMP 버튼을 누르고 수화기를 내려놓은 채 통화가 끝날 때까지 기다린다.
   * 상대방은 통화 중에 주기적으로 신호음이 들리므로 누군가 통화대기 중임을 알 수 있다.

6. 내선예약
   - 통화중이거나 전화를 받지 않는 내선에 통화를 예약해 두면 통화가 끝나는 즉시 신호음이 울린다.
   - 상대방이 응답이 없거나 통화중일 때 CBK 버튼을 누르고 수화기를 내린다. 통화할 수 있는 상태가 되면 벨이 울린다.

7. 통화보류
   - 통화 도중에 상대방을 잠시 기다리게 할 경우
   - 통화 도중에 보류버튼을 누르고 수화기를 내린다. 다시 통화하고자 할 때 수화기를 들고 다시 보류버튼을 누른다.
   * 보류된 전화는 일정 시간이 경과하기 전에는 끊기지 않는다.

8. 통화전환
   - 밖에서 걸려 온 전화를 먼저 통화하다가 다른 사람에게로 전화를 돌려주고자 하는 경우
   - 통화 중에 * 버튼을 누르고 내선번호를 누르고 수화기를 내린다.

9. 착신전환
   - 내 자리로 걸려오는 전화를 지정하는 특정 내선으로 연결되도록 설정해 두는 경우
   - 지정 시, 6, 0 버튼을 누르고 ALL 버튼을 누르고 전화를 대신 받을 번호를 누른다.
   - 해제 시, 6, 0 버튼을 누르고 0을 누른다.

20 다음 중 사내전화 사용법을 숙지한 직원들의 의견으로 올바르지 않은 것은 어느 것인가?

① '내가 부재중일 경우라도 걸려 온 전화를 받을 수가 있구나.'
② '통화 중 잠시 급한 일을 보고 계속 통화를 하려면 CAMP 버튼을 쓰면 되네.'
③ '외부에서 두 명 이상의 사람과 순차적으로 통화를 원할 경우, 전화를 두 번 이상 걸 필요가 없군.'
④ '부장님이 안 계실 때, 부장님 자리로 걸려 온 전화를 받으러 뛰어갈 필요는 없군.'
⑤ '단축 다이얼이나 재다이얼 버튼을 누르면 숫자가 아닌 화살표가 활성화되는구나.'

해설 정답 ②

통화 중 잠시 급한 일을 보고 계속 통화를 하는 것은 통화 도중에 상대방을 잠시 기다리게 할 경우로서 통화대기가 아닌 통화보류에 해당한다. 따라서 CAMP 버튼이 아닌 보류버튼을 써야 한다.

오답풀이
① 착신전환 기능에 대한 설명이다.
③ 통화전환 기능에 대한 설명이다.
④ 전화 당겨 받기 기능에 대한 설명이다.
⑤ 단축 다이얼이나 재다이얼 버튼을 누르면 화살표가 활성화되어 원하는 번호로 이동하여 누를 수 있게 된다.

21 다음과 같은 상황에서 박 사원이 누른 전화기의 버튼이 순서대로 올바르게 나열된 것은 어느 것인가?

> 박 사원 : "어제 그 분과 통화는 잘 했어? 번호를 잘못 알았는지 팀장님 자리로 전화를 했더라고. 내 자리에서 받아서 용건을 간단히 들어보니 자네 담당 업무 관련이던데."
> 신 사원 : "아 그랬군. 중요한 전화였는데, 잘 바꿔줘서 고마워."
> 박 사원 : "헌데, 그 분과 통화하다가 책상에 물을 엎지르는 바람에 좀 기다리시게 했는데 언짢은 것 같지 않았어?"
> 신 사원 : "아니 전혀. 내 번호는 443이니 다음엔 그 번호로 걸어 달라고 부탁했어."

① 보류버튼 → * → 보류버튼 → * → 443
② * → 보류버튼 → * → 보류버튼 → 443
③ * → 보류버튼 → 보류버튼 → * → 443
④ 보류버튼 → * → 보류버튼 → 443 → *
⑤ * → 보류버튼 → 보류버튼 → 443 → *

해설 정답 ③

박 사원은 팀장 자리로 걸려 온 전화를 당겨 받았으며, 통화 중 상대방을 잠시 기다리게 하였고, 통화 후 다른 사람에게 전화를 연결시켜 주었다. 그러므로 '전화 당겨 받기', '통화보류', '통화전환' 기능을 사용한 것이 된다. 따라서 당겨 받기 위하여 * 버튼을, 통화보류를 위하여 보류버튼을, 다시 통화를 하기 위하여 다시 보류버튼을, 통화 후 신 사원에게 통화전환을 하기 위하여 *과 443 버튼을 누른 것이 된다.(* → 보류버튼 → 보류버튼 → * → 443)

22 축구공 120개를 만드는 데 A기계를 사용하면 2시간, B기계를 사용하면 3시간이 걸린다. A기계를 사용하여 70개를 만들고 난 후, 나머지 50개는 A기계와 B기계를 모두 사용하려고 한다. 이 때 축구공 120개를 모두 만드는 데 걸리는 시간은 얼마인가? (반올림하여 소수 첫째 자리로 함)

① 1시간 30분 ② 1시간 40분 ③ 2시간
④ 2시간 10분 ⑤ 2시간 30분

> **해설** 　　　　　　　　　　　　　　　　　　　　　　　　　　　　　　　　　　**정답 ②**
> A기계가 1시간 동안 만들 수 있는 축구공은 120개÷2시간=60개이며, B기계가 1시간 동안 만들 수 있는 축구공은 120개÷3시간=40개이다.
> A기계는 1시간에 60개, 즉 분당 1개의 축구공을 만들 수 있으므로 70개를 만드는 데 필요한 시간은 70분이다.
> 두 기계를 함께 사용하면 만들 수 있는 축구공의 수는 60개+40개=100개이므로 나머지 50개를 A, B 기계 함께 사용하여 만들기 위해 필요한 시간은 $\frac{50}{100}$=0.5시간, 즉 30분이다.
> 따라서 70분+30분=1시간 40분이 된다.

23 다음은 경작지 면적이 일정할 때 쌀 생산량의 증가에 따른 노동 비용을 지수화하여 나타낸 도표이다. 쌀 생산에는 경작지와 노동만 필요하며, 노동 비용은 노동 투입량에 임금을 곱한 값이다. 임금은 시장에서 일정하게 주어져 있다고 가정할 때, 올바른 설명은 어느 것인가?

쌀 생산량	1	2	3	4	5	6
노동비용	0.6	0.9	1.7	3.4	5.6	8.7

① 쌀 생산을 두 배로 늘리려면 노동 투입량을 두 배로 늘려야 한다.
② 노동 투입량을 늘림에 따라 경작지의 단위면적당 생산량이 점차 감소한다.
③ 쌀 생산량을 늘림에 따라 노동 투입 단위당 쌀 생산량이 증가한다.
④ 쌀 생산량을 늘림에 따라 쌀 1단위 생산에 드는 평균 노동 투입량이 감소한다.
⑤ 위와 같은 경작지가 여러 개인 경우, 경작지 당 쌀 생산량을 동일하게 유지하는 것이 효율적이다.

> **해설** 　　　　　　　　　　　　　　　　　　　　　　　　　　　　　　　　　　**정답 ⑤**
> 주어진 도표의 가장 핵심적인 사항은 생산량 증가에 따라 노동 비용이 급격히 증가하고 있다는 것이다. 따라서 이와 같은 경작지 여러 개에서 쌀을 생산할 경우, 각 경작지의 쌀 생산량을 동일하게 유지하는 것이 비용을 최소화할 수 있는 방법이 된다.
> **오답풀이**
> ① 생산량을 두 배로 늘리려면 노동 투입량을 두 배 이상 늘려야 한다.
> ② 경작지 면적은 일정하고 노동 투입량을 늘리면 생산량이 증가하므로 단위면적당 생산량은 점차 증가한다.
> ③ 노동 투입 단위당 쌀 생산량은 감소한다.
> ④ 쌀 1톤 생산에 드는 평균 노동 투입량은 증가한다.

24 다음은 '갑' 시의 기획업무 담당 부서에서 작성한 업무 방식 혁신 프로그램의 일부이다. 제시된 문제점을 참고할 때, 각 문제점에 대한 대응 방안이 올바르게 연결된 것은 어느 것인가?

〈문제점〉

(가) 우리나라 연간 1인당 노동시간은 2,069시간으로 OECD 회원국 중 멕시코 다음으로 많지만 노동생산성은 35개국 중 28위인 최하위권으로, 4차 산업혁명 시대를 맞아 효율적·생산적으로 일할 수 있는 근무여건이 국가 경쟁력을 좌우하는 시기가 도래하였다.

(나) 사회 변화에 따른 국민의 새로운 요구를 충족시키기 위해서는 형식적 회의·과도한 보고·문서 작업 등 불필요한 업무에 낭비되는 시간은 줄이고 ICT·데이터 기반의 업무프로세스, 소통을 통한 협업·지식행정, 사무 공간 혁신 등 일하는 방식 혁신을 통해 시민을 위한 가치를 창출하는 일에 몰입해야 할 필요가 있다.

〈대 안〉

(A) 전자결재 방식의 불편함을 지양하고 종이 문서 결재를 확대하여 신속·간단한 보고 우선 등 보고과정의 비효율을 개선한다.

(B) 데이터 분석을 통해 업무를 진단하고 ICT를 적극 활용하여 업무 프로세스 단축 및 효율화를 도모한다.

(C) 111회의(1일 전 자료공유, 1시간 이내 회의, 1일 이내 결과공유), 스탠딩 회의, 회의 종료시간 예고, 주말이나 평일 09:00 이전 회의 금지, 월요일 오전 회의 자제 등 스마트한 회의 방식을 확산한다.

	(가)	(나)		(가)	(나)
①	(C)	(A)	②	(A)	(C)
③	(B)	(C)	④	(C)	(B)
⑤	(B)	(A)			

해설 정답 ④

(가)의 문제점은 비효율적인 업무 시간을 축소하여 '일할 때 집중적으로 일하고, 쉴 때 제대로 쉬는' 업무문화가 필요함을 드러내는 것으로 볼 수 있다. 따라서 각종 회의 방식의 개선점을 제시하는 (C)는 (가)와 같은 문제에 대한 효과적인 대안이 될 수 있다.
(나)의 문제점은 업무 시간의 축소와 더불어 효율적인 업무 방식에 관한 내용으로, ICT를 활용하여 효율적 업무 수행을 이루고자 하는 (B)와 같은 대안이 적절하다고 볼 수 있다.
(A)에서는 종이 문서가 축소되고 전자결재 방식으로 바뀌고 있는 시대적인 흐름과 상반되는 내용으로 적절한 대안이 된다고 볼 수 없다.

25 다음은 농협의 역할에 대한 설명이다. 이를 참고할 때 빈칸 ㉠~㉥에 들어갈 말이 올바르게 연결된 것을 모두 고른 것은 어느 것인가?

구 분	농업의 역할	세부내용
교육지원사업	도농교류	농협은 도농상생(都濃相生)의 이념 아래 농촌을 지키고 소중히 하며 도시인과 농업인들의 삶의 질을 높이기 위해 농촌사랑운동을 추진하고 있습니다. 또한 1사1촌 자매결연을 추결하고, '또 하나의 마을 만들기' 교류를 통해 도시의 각 기관 대표들을 농촌마을의 명예이장으로 위촉하고 있습니다.
	㉠	농협은 지역사회의 문화·복지서비스 기능을 강화하여 다수가 혜택을 받을 수 있는 복지사업을 추진하여 농어촌 복지 증진을 도모하고 있으며 취약농가 외국인력 고용지원사업과 사회봉사대상자 농촌지원사업, 지자체 협력사업을 통해 농업인의 소득증대와 일자리 창출에 크게 기여하고 있습니다.
	㉡	농협은 농업인들의 권익대변을 위한 활동으로 DDA 농업협상·FTA협상 등의 각종 농정 현안의 정책대안 제시와 농업인 숙원사업 지원, 농업협상 대응·지원, 국제기구 및 해외 농업인 단체와 국제연대활동의 전개 등을 통해 농업인의 권익대변에 앞장서고 있습니다.
경제사업	㉢	농협은 비료, 농약, 농기계, 유류 등 영농에 필요한 농자재를 저렴하게 공급함으로써 영농비 절감을 통한 농업인 소득증대 및 생활안정에 최선을 다하고 있습니다.
	환경과 조화되는 지속가능한 축산	농협은 자연생태계에 부응하면서 면역력도 강한 건강한 축산으로 거듭나기 위해 축산농가의 분뇨가 농업의 밑거름이 되는 자연 순환 농업과 바이오 메스를 이용한 신재생에너지 생산 등 녹색성장의 중심산업이 될 수 있도록 친환경 축산으로 탈바꿈하고 있습니다.
	㉣	농협은 지속적인 연구개발로 다양한 축산사업을 진행하고 있는 가운데 농촌의 휴양과 체험 등 정신적 건강과 행복을 제공하는 새로운 시각의 부가가치를 창출하고 있습니다.
신용사업	순수 민족자본 은행	농협은 단 1%의 외국 자본 없이 100% 순수 국내자본으로 농업인과 지역주민이 출자한 국내 유일의 순수 민족자본은행으로서 우리나라 농업경쟁력 향상과 금융산업 발전을 경영의 최우선목표로 두고 농업인과 국민의 원활한 경제활동을 지원하는 국내 금융산업의 든든한 버팀목입니다.
	㉤	농협은 국내 유일의 농업전문금융기관으로서 농업인들의 안정적인 경제 활동을 위해 농업자금의 지원과 농축산업 재해와 관련한 보험사업을 운영하여 영농활동의 실질적인 부담을 줄이고 농업인들의 영농생활에 큰 보탬이 되고 있습니다.
	㉥	농협은 일부 주주와 기업을 위해 영리를 추구하는 상업적인 일반금융기관과 달리 금융업을 통해 조달된 자금과 수익으로 농업생산지도·농축산물유통 사업 지원, 저소득·저신용 서민금융 지원 등 사회적 책임금융을 수행함으로써 농업인과 도시 소비자 모두에게 혜택을 주는 공익금융기관입니다.

> ㉠ : 농업인 복지
> ㉡ : 농업인 권익대변
> ㉢ : 사회책임금융 실천은행
> ㉣ : 새로운 가치창출
> ㉤ : 편리한 지역금융
> ㉥ : 영농비 절감

① ㉠, ㉡, ㉣ ② ㉠, ㉡, ㉤ ③ ㉠, ㉡, ㉢, ㉣
④ ㉠, ㉡, ㉣, ㉥ ⑤ ㉡, ㉢, ㉣, ㉤

해설 정답 ①

각 역할의 세부내용을 참고할 때, 빈칸 ㉠~㉥에 들어갈 말은 다음과 같다.
㉠ 농업인의 문화와 복지서비스에 대한 내용이므로 '농업인 복지'가 소제목으로 적절하다.
㉡ 국제무역협상 등에서 농업인들의 목소리를 대변하는 활동을 소개하고 있으므로 '농업인의 권익대변'을 언급하는 글이다.
㉢ 영농비 절감을 통한 농업인 소득증대 및 생활안정을 확대하려는 노력이 담긴 활동으로 '영농비 절감'에 대한 내용이다.
㉣ 농촌의 휴양과 체험 등의 사업을 통해 기존 농업의 개념을 확장한 '새로운 가치창출'의 의지를 엿볼 수 있는 내용이다.
㉤ '농업 전문 금융기관'으로서의 농협의 역할을 언급하고 있다.
㉥ 공익금융기관으로서 '사회적 책임금융 실천은행'의 역할을 수행하는 농협의 모습을 보여주고 있다.
따라서 ㉠, ㉡, ㉣만 올바른 것을 알 수 있다.

[26~27] 다음은 농협경제지주사의 조직도이다. 이를 보고 이어지는 물음에 답하시오.

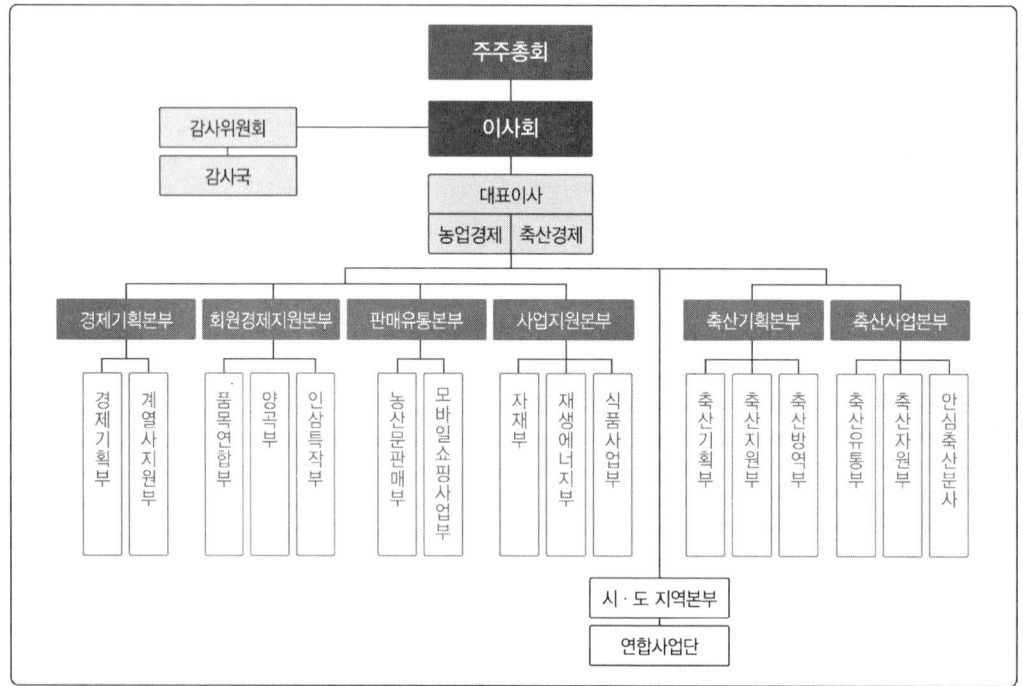

26 다음 중 위의 농협경제지주사 조직도에 대한 올바른 설명을 ㉠~㉣에서 모두 고른 것은 어느 것인가?

㉠ 6본부 16개 부서로 구성되어 있다.
㉡ 판매유통본부 산하 농산물 판매부에서는 축산물의 유통 업무도 담당한다.
㉢ 대표이사가 농업부문 경제와 축산부문 경제의 2개 파트로 나뉘어 있다.
㉣ 이사회 직속 산하조직으로 감사위원회를 두고 있다.

① ㉠
② ㉠, ㉡
③ ㉢, ㉣
④ ㉠, ㉢, ㉣
⑤ ㉡, ㉢, ㉣

해설   정답 ④

㉠ 농업경제 부문에 4개 본부와 축산경제 부문에 2개 본부로 총 6개 본부이며, 6개 본부 산하 부서는 모두 16개이다.
㉢ 대표이사가 2개의 파트로 구분되어 있다.
㉣ 감사위원회는 외부 감사위원으로 구성되며 이사회의 산하 조직으로 구성되어 있다.

오답풀이
㉡ 축산물의 유통을 담당하는 축산유통부가 축산업본부 산하에 구성되어 있다.

27 다음 기사문에서 소개된 활동 내역을 관할하는 농협경제지주사의 부서로 가장 적절한 곳은 어느 것인가?

> 농협 하나로유통은 17일 한화리조트(충남 대천)에서 전국 주요 하나로마트 점장 200명이 참석한 가운데 전국 하나로마트 점장협의회 정기총회를 개최했다. 이날 참석자들은 재배면적 증가로 수급안정이 필요한 양파와 마늘의 소비촉진 판촉행사와 조선업 불황 등으로 정부에서 지정한 고용위기 지역 대상 할인행사 추진 방안을 모색했다.
> 농협 하나로유통 대표이사는 "전국의 하나로마트가 한마음이 되어 국산 농산물 판매 확대에 힘써주길 바란다."면서 "농협 하나로유통이 전 국민에게 안전한 먹거리를 제공하기 위해 더욱 앞장서겠다."고 밝혔다.

① 품목연합부   ② 경제기획부   ③ 계열사지원부
④ 농산물판매부   ⑤ 축산자원부

해설 정답 ④

농협 하나로유통의 점장들이 모인 협의회에 대한 내용을 다룬 기사문이다. 농협 하나로마트는 농산물의 중요한 유통 경로를 제공하며, 판매와 공급에도 매우 중요한 역할을 담당하고 있다. 기사의 내용은 양파와 마늘 등의 국산 농산물 판매에 관한 내용이므로 판매유통본부 산하 농산물판매부에서 관할하는 업무 활동이다.

28 조 과장은 200만 원의 여윳돈을 PF상품, JR상품 중 JR상품에 투자하기로 결정하였다. 다음 조건을 고려할 때, 조 과장의 선택이 합리적이기 위한 JR상품 연간 예상 수익률의 최저 수준으로 가장 적절한 것은 어느 것인가? (단, 각 두 상품의 투자 기간은 1년으로 가정한다.)

- PF상품은 200만 원의 투자 자금이 소요되고, 연 9.0%의 수익률이 예상된다.
- JR상품은 400만 원의 투자 자금이 소요되고, 부족한 돈은 연 5.0%의 금리로 대출받을 수 있다.

① 8.1%   ② 7.1%   ③ 6.1%
④ 5.1%   ⑤ 4.1%

정답 ②

PF상품 : 200만 원 투자, 수익률 9%로 1년 후 18만 원의 수익이 발생한다.
JR상품 : 400만 원 투자(그 중 200만 원은 연리 5%로 대출받음. 따라서 10만 원의 비용이 발생한다.)
따라서 JR상품을 선택하려면, 적어도 28만 원보다 많은 수익이 발생하여야 한다. 400만 원을 투자하였을 때 수익이 28만 원보다 많으려면, 수익률이 적어도 7%보다 높아야 하며 이에 따라 보기 중 7.1%를 연간 예상 수익률의 최저 수준으로 볼 수 있다.

29 총무팀 박 과장은 A물품 200개와 B물품 150개를 구매할 예정이며, 다음 두 업체로부터 견적을 받아 총 물품 구매 금액을 비교 중이다. 견적 내용에 대한 올바른 설명을 〈보기〉에서 모두 고른 것은 어느 것인가?

구 분	대한 무역	한국 물산
A물품	13,000원/개, 30개 세트 판매	15,000원/개, 개별 판매
B물품	22,000원/개, 20개 세트 판매	25,000원/개, 개별 판매
기타사항	총 구매 금액 600만 원 이상 시 총액의 3% 할인	총 구매 금액 600만 원 이상 시 총액의 10% 할인

* 필요 물품의 수량 이상은 반드시 두 업체 중 한 군데에서 모두 구매한다.

〈보기〉
(가) 박 과장은 대한 무역에서 구매하는 것이 더 비경제적이다.
(나) 두 업체에서 구매할 경우의 구매 금액 차이는 2만 원 이상이다.
(다) 두 업체 중 어느 곳이든 할인율을 0.5%만 조정하면 박 과장이 경제적인 선택을 하게 될 업체가 바뀐다.
(라) 할인이 적용되기 전에는 두 업체로부터의 구매 금액이 50만 원 차이난다.

① (가), (다)   ② (나), (다)   ③ (가), (라)
④ (나), (라)   ⑤ (다), (라)

해설

정답 ⑤

대한 무역의 경우, 세트 판매를 감안할 때 A물품을 210개, B물품을 160개 구매하여야 한다. A물품이 13,000원, B물품 22,000원이므로 할인 전 금액은 (13,000×210)+(22,000×160)=2,730,000+3,520,000=6,250,000원이 되며, 3%의 할인을 적용하면 6,062,500원이 최종 금액이 된다.

한국 물산의 경우, 개별 구매가 가능하므로 정해진 수량을 구매할 경우 A물품이 15,000원, B물품이 25,000원이므로 할인 전 금액은 (15,000×200)+(25,000×150)=3,000,000+ 3,750,000=6,750,000원이 되며, 10%의 할인을 적용하면 6,075,000원이 최종 금액이 된다.

따라서 (다)와 (라)만이 올바른 설명이 된다.

30 다음은 카드 상품에 따른 혜택과 그에 필요한 실적을 정리한 것이다. A~C는 각각 이 카드 중 두 개를 사용하고 있다. 다음의 조건을 통해 A가 사용하고 있는 카드를 고르면?

카드 상품	실적 충족 시 혜택	필요 실적 금액
스마트 카드	통신요금 1% 캐시백	30만 원
에브리데이 카드	○○카페 이용 시 할인	20만 원
스카이패스 카드	항공 마일리지 추가 적립	50만 원
글로벌 카드	해외결제 수수료 면제	40만 원

A : 저번 달에 카드로 총 60만 원을 사용하였더니 이번 달에는 카드 혜택 중 한 가지를 받을 수 없게 되었다.
B : 이번 달에 카드 혜택을 모두 받기 위해서 저번 달 카드 실적을 80만 원에 정확히 맞췄다. A와 사용하는 카드가 한 장 겹친다.
C : A와 사용하는 카드가 하나도 겹치지 않는다. 해외직구 상품을 자주 구입해서 이에 알맞은 카드를 이용하고 있다.

① 스마트 카드, 에브리데이 카드
② 에브리데이 카드, 스카이패스 카드
③ 스마트 카드, 스카이패스 카드
④ 에브리데이 카드, 글로벌 카드
⑤ 스카이패스 카드, 글로벌 카드

해설

정답 ②

A가 60만 원의 실적으로 혜택을 모두 받지 못했으므로 스마트 카드+에브리데이 카드(50만 원) 또는 에브리데이 카드+글로벌 카드(60만 원)의 조합은 될 수 없다. B는 혜택을 받기 위해 실적을 80만 원에 정확히 맞췄으므로 실적금액의 합이 80만 원이 되는 유일한 조합인 스마트 카드+스카이 패스 카드를 이용하고 있다고 확인할 수 있다. C는 해외직구를 주로 이용하기 때문에 글로벌 카드를 이용할 것이며 조건에 따라 A는 글로벌 카드를 이용할 수 없다.
이 조건을 통해 판단하면,
스마트 카드+에브리 데이 카드 : 실적금액 미달
스마트 카드+스카이패스 카드 : B와 두 장 모두 겹침
에브리데이 카드+스카이패스 카드 : 조건 충족
따라서 A는 에브리데이 카드와 스카이패스 카드를 이용하고 있다.

[31~32] A공사의 출장 및 여비에 관한 다음 규정을 참고하여 이어지는 물음에 답하시오.

제2장 국내출장

제12조(국내출장신청) 국내출장 시에는 출장신청서를 작성하여 출장승인권자의 승인을 얻은 후 부득이한 경우를 제외하고는 출발 24시간 전까지 출장담당부서에 제출하여야 한다.

제13조(국내여비) ① 철도여행에는 철도운임, 수로여행에는 선박운임, 항로여행에는 항공운임, 철도 이외의 육로여행에는 자동차운임을 지급하며, 운임의 지급은 별도 책정된 기준에 의한다. 다만, 전철구간에 있어서 철도운임 외에 전철요금이 따로 책정되어 있는 때에는 철도운임에 갈음하여 전철요금을 지급한다.
② 회사 소유의 교통수단을 이용하거나 요금지불이 필요 없는 경우에는 교통비를 지급하지 아니한다. 이 경우 유류대, 도로사용료, 주차료 등은 귀임 후 정산할 수 있다.
③ 직원의 항공여행은 일정 등을 고려하여 필요하다고 인정되는 경우로 부득이 항공편을 이용하여야 할 경우에는 출장신청 시 항공여행 사유를 명시하고 출장결과 보고서에 영수증을 첨부하여야 하며, 출장신청 후 출발 전 기상악화 등으로 항공편 이용이 불가한 경우 사후 그 사유를 명시하여야 한다.
④ 국내출장자의 일비 및 식비는 〈별표1〉에서 정하는 바에 따라 출발일과 도착일을 포함한 일수를 기준으로 정액 지급하고 숙박비는 상한액 범위 내에서 사후 실비로 정산한다. 다만, 업무형편, 그 밖에 부득이한 사유로 인하여 숙박비를 초과하여 지출한 때에는 숙박비 상한액의 10분의 3을 넘지 아니하는 범위에서 추가로 지급할 수 있다.
⑤ 일비는 출장일수에 따라 지급하되, 공용차량 또는 공용차량에 준하는 별도의 차량을 이용하거나 차량을 임차하여 사용하는 경우에는 일비의 2분의 1을 지급한다.
⑥ 친지 집 등에 숙박하거나 2인 이상이 공동으로 숙박하는 경우 출장자가 출장 이행 후 숙박비에 대한 정산을 신청하면 회계담당자는 숙박비를 지출하지 않은 인원에 대해 1일 숙박당 20,000원을 지급 할 수 있다. 단, 출장자의 출장에 대한 증빙은 첨부하여야 한다.

제14조(장기체재) ① 동일지역에 장기간 체재하는 경우에 일비는 도착 다음날로부터 기산하여 15일 초과 시는 그 초과일수에 대하여 1할을, 30일 초과 시는 그 초과 일수에 대하여 2할을, 60일 이상 초과 시는 그 초과일수에 대하여 3할을 각각 감액한다.
② 제1항의 경우에 장기체재기간 중 일시 다른 지역에 업무상 출장하는 경우에는 장기체재 계획서에 출장 내역을 포함시켜야 하며, 그 출장기간을 장기체재기간에서 공제하고 잔여 체재기간을 계산한다.

제15조(국내파견자의 여비) 업무수행을 목적으로 회사 및 회사 사무소 외 지역 또는 유관기관에 파견근무를 하는 직원의 여비는 파견승인 시 승인권자의 결재를 받아 지급할 수 있다. 다만, 파견지에서 여비조로 실비를 지급하거나 숙박시설을 제공하는 경우에는 이에 상당하는 금액을 차감 지급한다.

〈별표1〉

구 분	일비/일	식비/일	숙박비 상한액/박
임원	50,000원	30,000원	60,000원
부장~차장	40,000원	25,000원	50,000원
과장~사원	35,000원	25,000원	40,000원

31 다음 중 위의 규정에 대한 설명으로 올바르지 않은 것은 어느 것인가?

① 출장지까지의 철도요금이 25,000원일 경우, 전철요금이 18,000원으로 책정되어 있다면 철도운임 25,000원의 여비를 신청해야 한다.
② 출장자가 친지, 친구 등의 집에 머무르게 되어 숙박비를 지불하지 않은 경우에도 일정 금액은 숙박비로 지급될 수 있다.
③ 출장지 도착 다음날부터 한 곳에서만 35일 간 장기 출장을 하게 될 L차장은 총 130만 원의 일비를 지급받게 된다.
④ T과장의 출장 시 부득이한 사유로 숙소 예약에 차질이 생겨 하루 숙박비가 60,000원인 숙소를 이용하게 될 경우, A과장은 1박당 8,000원의 숙박비를 자비로 부담하게 된다.
⑤ 회사 차량을 이용하여 국내 출장을 1박 2일로 다녀오게 될 경우, 별도의 교통비는 지급받지 않으나, 출장지에서 발생한 주차비는 회사에 청구하여 지급받을 수 있다.

> **해설** 　　　　　　　　　　　　　　　　　　　　　　　　　　　　**정답 ①**
>
> 철도운임이 적용되는 구간에 전철요금이 따로 책정되어 있는 때에는 철도운임에 갈음하여 전철요금을 지급한다는 규정에 의해 18,000원을 신청하여야 한다.
>
> **오답풀이**
> ② 숙박비를 지출하지 않은 인원에 대해 1일 숙박당 20,000원을 지급 할 수 있다는 규정에 따라 출장자가 숙박비를 지불하지 않은 경우에도 일정 금액은 숙박비로 지급될 수 있다.
> ③ 도착 다음날부터 15일까지는 40,000원의 일비가 적용되며, 16~30일까지는 36,000원, 31~35일까지는 32,000원의 일비가 적용된다. 따라서 총 일비는
> (40,000×15)+(36,000×15)+(32,000×5)=600,000+ 540,000+160,000=1,300,000원이 된다.
> ④ 과장인 경우 숙박비 상한액이 40,000원이며, 부득이한 사유로 이를 초과할 경우 최대 상한액의 10분의 3을 추가로 지급받을 수 있으므로 12,000원을 추가 지급받을 경우 60,000-52,000=8,000원의 자비 부담액이 발생하게 된다.
> ⑤ 회사 차량을 이용할 경우, 교통비가 지급되지 않으나 도로사용료와 유류대, 주차료도 귀임 후 정산 받을 수 있다고 규정되어 있다.

32 다음과 같은 출장의 경우, 출장자들에게 지급되는 일비의 총액은 얼마인가?

- 출장 인원 : A본부장, B부장, C대리
- 출장 기간 : 2박 3일
- 출장지 지사 차량으로 전 일정 이동함

① 180,000원　　② 185,000원　　③ 187,500원
④ 188,000원　　⑤ 189,500원

> **해설** 　　　　　　　　　　　　　　　　　　　　　　　　　　　　**정답 ③**
>
> 2박 3일의 일정이므로 세 명에게 지급될 일비는 3일분이 되며, 지사에서 차량이 지원되므로 세 명 모두에게 일비의 2분의 1만 지급하면 된다. 따라서 일비의 총 지급액은 다음과 같다.
> A본부장 : 50,000×3×0.5=75,000원
> B부장 : 40,000×3×0.5=60,000원
> C대리 : 35,000×3×0.5=52,500원
> 합계 : 187,500원

33 다음 명제들이 모두 참일 때 금요일에 농협에 가는 것이 확실한 고객은 누구인가?

- J는 금요일에 농협에 간다.
- Y는 화요일과 목요일에 농협에 간다.
- K가 농협에 가지 않으면 S가 농협에 간다.
- S가 농협에 가면 M도 농협에 간다.
- Y가 농협에 가지 않으면 J는 농협에 간다.
- J가 농협에 가면 K는 농협에 가지 않는다.

① J, S ② Y, K ③ J, S, M
④ J, Y, M ⑤ S, K, M

해설 정답 ③

'K가 농협에 간다.'를 k, 'S가 농협에 간다.'를 s, 'M이 농협에 간다.'를 m, 'Y가 농협에 간다.'를 y, 'J가 농협에 간다.'를 j라고 하면, 세 번째부터 여섯 번째까지의 명제를 정리했을 때, '~y → j → ~k → s → m'가 성립한다. 첫 번째 조건에서 J가 금요일에 농협을 간다는 것이 확정되었으므로 S와 M도 농협에 간다. 따라서 금요일 농협에 가는 것이 확실한 고객은 J, S, M이다.

34 다음 〈보기〉의 A, B 두 상황에 대한 설명으로 올바르지 않은 것은 어느 것인가?

〈보기〉
A. 이번 제품개발 프로젝트의 성공 여부에 회사의 운명이 걸려 있는 만큼 반드시 성공을 이루어내기 위하여 개발팀장은 처음부터 충분하고 여유 있는 개발비용을 책정하였다. 개발팀장은 실제 예상되는 비용보다 과하게 책정된 점을 모르지 않았지만, 프로젝트 성공을 위해서 비용 투입이 장애가 되어서는 안 된다는 확고한 생각을 가지고 있었다.
B. 개발팀장은 계획 단계부터 제품개발 프로젝트에 책정될 개발비용이 실제 지출되어야 할 비용보다 낮게 책정되어 있다는 것을 깨달았다. 이로 인해 제품개발이 완료된 시점에서 판매가격 또한 원래의 계획에 맞춰 낮게 책정되었기 때문에 제품의 판매량이 증가함에 따라 손실액도 커지게 되는 악순환이 반복될 수밖에 없었다.

① A의 경우, 과다한 개발 비용 책정으로 인해 제품의 경쟁력이 약화될 수 있다.
② A와 같이 개발 책정 비용이 많게 되면, 예산 운용이 자칫 방만해질 수가 있다.
③ B의 경우, 낮은 비용 책정이 적자 발생으로 이어질 수 있다.
④ B의 경우, 장기적으로는 손실이 발생하지만 개발 자체로는 이익이 된다고 볼 수 있다.
⑤ 개발 책정 비용과 실제 발생하게 될 비용이 비슷하게 유지되도록 하는 것이 바람직하다.

해설 정답 ④

기업에서 제품을 개발한다고 할 때, 개발 책정 비용을 실제보다 높게 책정하면 비용이 제품에 반영되어 가격경쟁력을 잃어버리게 되고, 반대로 낮게 책정하면 개발 자체가 이익을 주는 것이 아니라 제품의 단가를 낮추는 결과를 가져와 오히려 적자가 나는 경우가 발생할 수 있다. 따라서 책정 비용과 실제 비용의 차이를 줄이고 비슷한 상태가 가장 이상적인 상태라고 할 수 있다.

35 다음 가)~바)는 업무 중 발생하는 문제를 해결하는 능력에 필요한 창의적 사고, 논리적 사고, 비판적 사고의 특징을 설명한 것이다. 동일한 사고력에 대한 설명끼리 올바르게 짝지어진 것은 어느 것인가?

> 가) 왜, 언제, 누가, 어디서, 어떻게, 무엇을 등에 관한 질문을 제기한다.
> 나) 발산적(확산적) 사고로서, 아이디어가 많고, 다양하고, 독특한 것을 의미한다.
> 다) 늘 생각하는 습관을 들이는 것이다.
> 라) 기존의 정보(지식, 상상, 개념 등)들을 특정한 요구조건에 맞거나 유용하도록 새롭게 조합시킨 것이다.
> 마) 비록 어떤 진술이 우리가 바라는 신념과 대치되는 것이라 할지라도 충분한 증거가 있으면 그것을 진실로 받아들인다.
> 바) 상대가 말하는 것을 잘 알 수 없을 때에는 구체적으로 생각해 보아야 한다.

	창의적 사고	논리적 사고	비판적 사고
①	가), 나)	다), 라)	마), 바)
②	나), 라)	다), 마)	가), 바)
③	가), 다)	나), 라)	마), 바)
④	나), 라)	다), 바)	가), 마)
⑤	다), 라)	가), 바)	나), 마)

해설   정답 ④

각각의 사고에 대한 특징은 다음과 같다.
〈창의적인 사고〉
- 발산적(확산적) 사고로서, 아이디어가 많고, 다양하고, 독특한 것을 의미한다.
- 새롭고 유용한 아이디어를 생산해 내는 정신적인 과정이다.
- 통상적인 것이 아니라 기발하거나, 신기하며 독창적인 것이다.
- 유용하고 적절하며, 가치가 있어야 한다.
- 기존의 정보(지식, 상상, 개념 등)들을 특정한 요구조건에 맞거나 유용하도록 새롭게 조합시킨 것이다.

〈논리적인 사고〉
- 생각하는 습관, 상대 논리의 구조화, 구체적인 생각, 타인에 대한 이해

〈비판적인 사고〉
- 지적 호기심, 객관성, 개방성, 융통성
- 지적 회의성, 지적 정직성
- 체계성, 지속성, 결단성
- 다른 관점에 대한 존중

[36~37] 다음 자료를 보고 이어지는 물음에 답하시오.

〈콘텐츠산업 지역별 사업체 수〉

(단위 : 개소)

구 분		만 화				
		2015	2016	2017	2018	2019
서울		2,848	2,220	2,098	2,137	1,866
6개 시	부산	764	742	649	632	629
	대구	458	408	400	386	382
	인천	546	425	399	392	380
	광주	291	330	322	312	308
	대전	389	317	306	296	289
	울산	173	187	196	193	185
	소계	2,621	2,409	2,272	2,211	2,173
9개 도	경기도	1,891	1,678	1,674	1,626	1,567
	강원도	202	210	229	226	216
	충청북도	168	233	236	230	224
	충청남도	154	226	233	229	222
	전라북도	166	327	311	295	287
	전라남도	157	245	242	242	242
	경상북도	244	356	356	343	330
	경상남도	373	508	508	491	489
	제주도	32	108	115	115	110
	소계	3,387	3,891	3,904	3,797	3,687
합계		8,856	8,520	8,274	8,145	7,726

(단위 : 개소)

구 분		게 임				
		2015	2016	2017	2018	2019
서울		4,417	3,476	3,252	2,966	2,681
6개 시	부산	1,265	1,046	981	919	792
	대구	702	645	644	709	637
	인천	753	756	692	660	555
	광주	611	559	593	577	538
	대전	372	485	449	428	386
	울산	241	370	361	368	324
	소계	3,944	3,861	3,720	3,661	3,232

9개 도	경기도	3,667	3,093	3,005	2,929	2,554
	강원도	412	606	578	504	483
	충청북도	345	484	453	399	381
	충청남도	546	598	591	580	512
	전라북도	538	607	562	556	492
	전라남도	462	516	524	482	434
	경상북도	726	700	693	702	632
	경상남도	963	904	854	860	779
	제주도	169	233	208	205	183
	소계	7,828	7,741	7,468	7,217	6,450
합계		16,189	15,078	14,440	13,844	12,363

36 다음 중 위의 자료에 대한 설명으로 올바르지 않은 것은 어느 것인가?

① 주어진 기간 동안 만화와 게임 관련 사업체 수가 서울보다 많은 시와 도는 없다.
② 6개 시의 만화와 게임 관련 사업체 수는 매년 감소하였다.
③ 만화와 게임 모두 전체 사업체 수 중 서울 소재 사업체 비중은 매년 감소하였다.
④ 9개 도 중 매년 만화와 게임 관련 사업체 수가 감소한 곳은 경기도가 유일하다.
⑤ 6개 시 중 2018년 대비 2019년의 만화와 게임을 합한 사업체 수 변동이 가장 큰 지역은 부산이다.

해설 정답 ③

서울 소재 사업체의 비중은 만화의 경우 32.2%, 26.1%, 25.4%, 26.2%, 24.2%로 변동되어 2018년에 증가하였으며, 게임의 경우 27.3%, 23.1%, 22.5%, 21.4%, 21.7%로 2019년에 증가하였다. 2018년 서울의 만화 사업체 수가 전년도 대비 늘어난 반면, 합계는 계속해서 줄어들고 있음을 통해 반례를 찾을 수 있다.

오답풀이
① 두 사업 분야에서 모두 매 시기 서울의 사업체 수가 가장 많은 것을 확인할 수 있다.
② 두 사업 분야에서 모두 6개 시의 사업체 수는 매년 지속적으로 감소하였다.
④ 경기도만 매년 두 사업 분야 사업체 수가 모두 감소하였으며, 나머지 지역은 증가와 감소를 반복하였다.
⑤ 부산은 만화와 게임을 합한 사업체 수가 2018년 632+919=1,551개소에서 2019년 629+792=1,421개소로 변동되어 130개의 감소를 보이고 있다. 이것은 6개 시 중 가장 큰 변동을 보인 것이 된다.

37 다음 중 위의 자료를 통해 작성할 수 있는 하위 자료로 적절하지 않은 것은 어느 것인가?

① 〈2019년 6개 시의 만화와 게임 관련 사업체 수〉

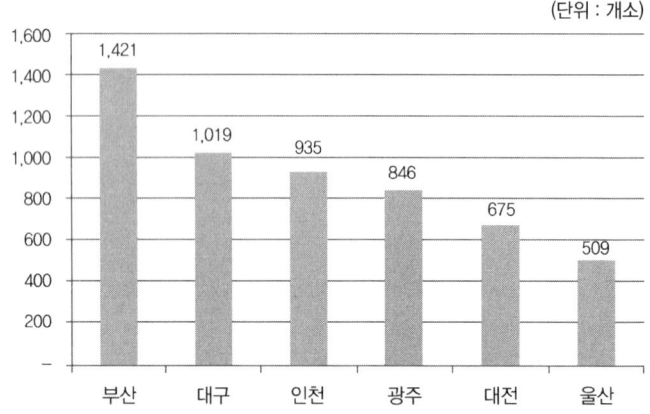

② 〈전년대비 2019년의 게임 관련 사업체 수 감소율 상위 3개 도〉

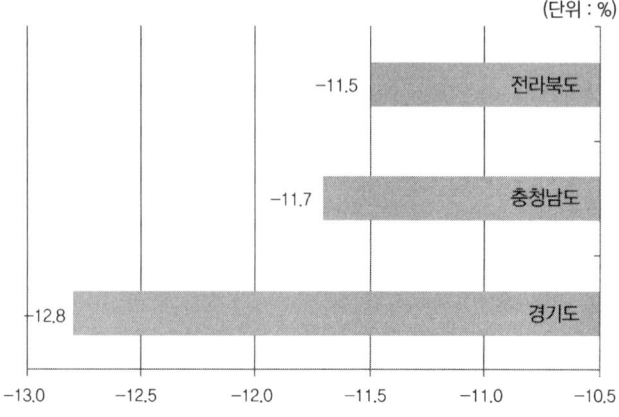

③ 〈6개 시의 연도별 만화와 게임을 합한 사업체 수 변동 추이〉

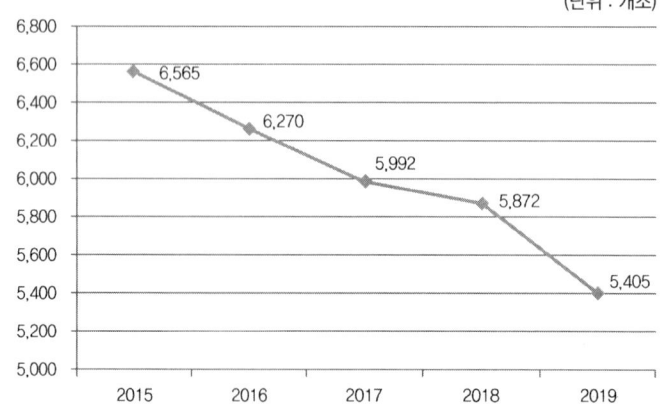

④ 〈5개년의 부산, 대구, 인천의 연도별 평균 만화 관련 사업체 수〉
(단위 : 개소)

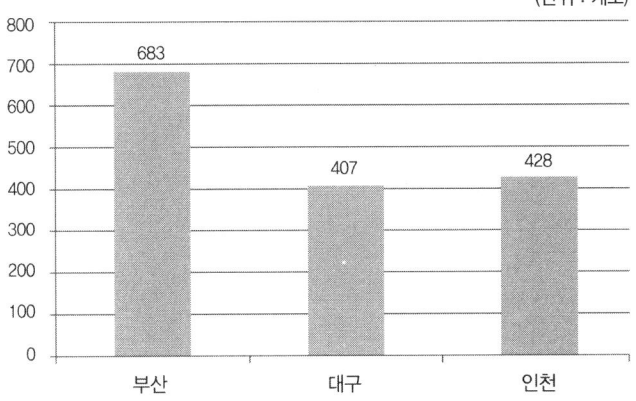

⑤ 〈9개 도 중 경기도 게임 관련 사업체 수의 연도별 비중 변동〉
(단위 : %)

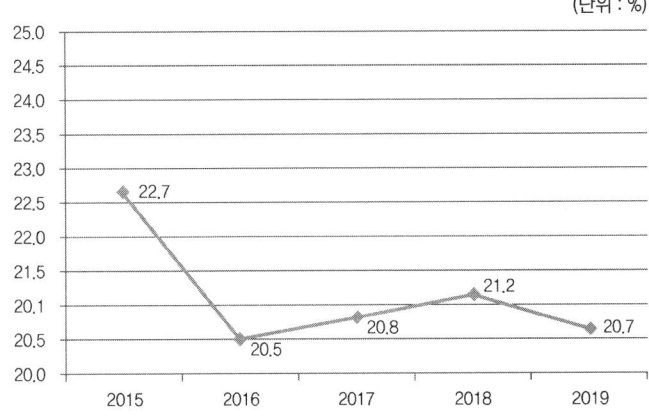

해설

정답 ⑤

선택지에 제시된 자료는 경기도 사업체 수가 9개 도에서 차지하는 비중이 아닌, 전체 합계에서 차지하는 비중을 나타낸 그래프이므로 올바르지 않다. 올바른 그래프는 다음과 같다.

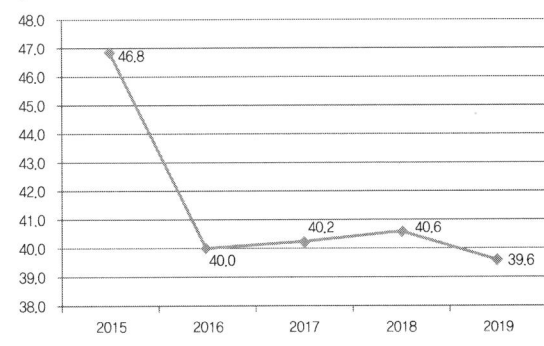

[38~39] 다음은 일반 도매시장의 연도별 거래실적과 도매시장별 거래 제품을 나타낸 자료이다. 이를 보고 이어지는 물음에 답하시오.

〈연도별 거래실적〉 (단위: 천 톤, 억 원)

구분	청과		수산		축산		양곡		약용		합계	
	물량	금액	물량	금액	물량	금액	물량	금액	물량	금액	물량	금액
2017	50	772	96	3,710	63	1,632	38	666	0.2	26	247	6,804
2018	49	809	90	3,528	65	1,671	29	529	0.2	28	233	6,565
2019	47	783	75	3,155	66	1,497	29	525	0.2	25	217	5,985

〈도매시장별 제품별 거래 금액〉 (단위: 억 원)

구분	목포시장	김천시장	여수시장	포항시장	노량진시장	대구시장
청과						
2017	125	94	180	135	170	68
2018	105	156	90	147	210	101
2019	70	135	252	196	60	70
수산						
2017	520	490	660	395	850	795
2018	660	375	390	1,100	640	363
2019	495	520	305	795	500	540
축산						
2017	240	230	310	285	330	237
2018	280	220	285	220	366	300
2019	185	140	320	280	300	272
양곡						
2017	90	85	135	115	120	121
2018	86	59	135	120	65	64
2019	70	75	85	110	105	80
약용						
2017	4	5	5	3	6	3
2018	6	6	4	3	5	4
2019	2	3	6	5	4	5

38 2019년의 양곡 거래실적 29천 톤의 단위 무게 당 단가가 모두 동일하다고 가정할 경우, 포항시장에서 거래된 양곡의 총 무게는 몇 톤인가?

① 약 5.5천 톤 ② 약 5.8천 톤 ③ 약 6.1천 톤
④ 약 6.4천 톤 ⑤ 약 6.8천 톤

> **해설** 정답 ③
>
> 2019년 양곡의 거래 실적은 총 29천 톤, 525억 원 어치이다. 단위 무게 당 단가가 동일하다면, 이 중 110억 원 어치가 포항 S시장에서 거래된 것이므로 비율에 맞게 계산해 보면 거래량도 알 수 있다.
> 따라서 포항 S시장에서의 양곡 거래량을 x라 하면, $29:525=x:110$이 되어 이를 풀면, $29 \times 110 \div 525 = x$가 되어 x=약 6.1천 톤이 됨을 알 수 있다.

39 다음 중 위의 자료의 내용과 일치하지 않는 설명은 어느 것인가?

① 포항시장은 2017년~2019년 동안 다른 도매시장에 비해 약용 제품의 거래 금액이 가장 저조하였지만, 노량진시장과 함께 수산 제품의 거래가 가장 활발했던 도매시장이다.
② 2017년~2019년 동안 연도별 거래 물량이 꾸준히 증가하지 않은 제품은 청과 제품과 수산 제품이다.
③ 2017년~2019년 동안 다섯 가지 제품군의 총 도매시장 거래 금액이 지속적으로 감소한 데에는 수산 제품, 양곡 제품, 약용 제품 등의 거래 실적이 원인으로 작용하였다.
④ 전년대비 거래 금액이 2배 이상 증가한 제품은 2019년 여수시장의 청과 제품과 2018년 포항시장의 수산 제품이 유일하다.
⑤ 5개 제품의 합계 단위물량 당 거래금액은 2018년이 가장 크다.

> **해설** 정답 ②
>
> 2017년~2019년 동안 연도별 거래 물량이 꾸준히 증가하지 않은 제품은 청과 제품과 수산 제품뿐 아니라 양곡과 약용 제품도 감소하거나 동일하게 유지되는 등 증가하지 않고 있음을 알 수 있다.
>
> **오답풀이**
> ① 포항시장은 2017년~2019년 동안 약용 제품의 거래 금액이 11억 원으로 가장 저조하며, 동 기간 수산 제품의 거래 금액은 2,290억 원으로 1,990억 원을 기록한 노량진시장과 함께 가장 활발한 수산 제품의 거래 실적을 보인다.
> ③ 2017년~2019년 동안 거래 금액은 수산 제품, 양곡 제품, 약용 제품이 지속 감소한 결과 총 거래량의 감소로 이어졌다고 볼 수 있으며, 청과 제품과 축산 제품은 2018년의 거래 금액이 오히려 증가한 바 있어 총 거래 금액 변동의 원인으로 작용하였다고 할 수 없다.
> ④ 2019년 여수시장의 청과 제품은 전년대비 90억 원에서 252억 원으로, 2018년 포항시장의 수산 제품은 395억 원에서 1,100억 원으로 각각 2배 이상 증가하였다.
> ⑤ 합계 단위물량 당 거래금액이므로 첫 번째 자료 '합계'란의 톤 당 거래금액을 계산하면 된다. 따라서 2018년이 6,565÷233=28.2(억 원/천 톤)으로 가장 큰 것을 알 수 있다.

[40~41] 정부에서는 귀농인에게 영농 기술 등 단계별 실습교육(체험) 등을 통하여 안정적인 정착이 가능하도록 다음과 같은 귀농인 현장실습 지원 사업을 벌이고 있다. 이를 읽고 이어지는 물음에 답하시오.

구 분	농촌진흥청	고용노동부
대상	귀농인 현장실습 지원 사업 희망자	농산업분야 창직·창업 희망자
지원자격 및 요건	• 연수지원 대상자 - 최근 5년 이내 주민등록상으로 해당 지역에 이주한 귀농인, 40세 미만 청장년층 • 선도농가(선도실습장) 자격요건 - 농업기술센터 등 소장이 추천한 관내 신지식 농업인·전업농 및 창업농업경영인·성공한 귀농인 등	• 연수 시행자 - 신지식인 농업인, 전업농, 창업농업 경영인 및 농업법인 등 5년 이상의 영농 경력과 전문적 기술을 갖춘 경영주 • 인턴 희망자 - 15세 이상 44세 이하의 농산업 분야 창직·창업희망자로서 미취업자 또는 농업계고등학교(3학년) 및 농업계 대학에 휴학하거나 마지막 학기 재학 중인 자, 방송·통신·사이버·야간 학교 재학생
지원형태	• 국비 50%, 지방비 50%	• 국비 100%
지원내용	• 연수생 : 월 80만 원, 3~7개월 * 단, 매월 10일 또는 80시간 이상 연수 시에만 연수비 지급 • 선도농장 : 월 40만 원, 3~7개월	• 연수시행자 : 인턴 훈련 6개월간 약정임금의 50%(월 최대80만 원 한도) 지원 • 인턴희망자 : 연수기간동안 약정임금 지급
연수기간	• 3~7개월 원칙	• 6개월간(전일제)
실습인원	• 시·군별 예산배정에 의함	• 원예작물 및 축산물 250명(전국)
구비서류	• 귀농인 선도 농가 실습장 연수 신청서 • 귀농인 대상 선도농가 실습장 지정신청서 • 귀농인 대상 선도농가 실습장 운영계획서	• 인턴신청서 • 창직·창업계획서 • 개인정보 이용 동의서 • 신분증 사본
문의	• 농촌진흥청 1544-0000 • 각 시·군 농업기술센터	• ○○대학 산학협력단 000-000-0000(5504)

40 다음 중 위의 지원 사업에 대한 올바른 설명을 ㉠~㉣에서 모두 고른 것은 어느 것인가?

㉠ 농촌진흥청은 지원금의 절반을 국비로 부담한다.
㉡ 농촌진흥청은 농촌에 거주하는 귀농인을 대상으로 하나, 고용노동부는 농업에 관한 전문 기술 보유자를 대상으로 한다.
㉢ 농촌진흥청과 고용노동부 모두 현장실습 시행자에 대한 지원 내용이 포함되어 있다.
㉣ 농촌진흥청 지원 사업은 지원 예산 규모가 정확하게 확정되지 않았다.

① ㉠, ㉡, ㉢
② ㉠, ㉡, ㉣
③ ㉠, ㉢, ㉣
④ ㉡, ㉢, ㉣
⑤ ㉠, ㉡, ㉢, ㉣

해설 정답 ③

㉠ 농촌진흥청은 지원금은 국비와 지방비로 각각 50%씩 나누어진다.
㉢ 농촌진흥청은 선도농가, 고용노동부는 연수 시행자에 대한 지원내용이 있으므로 모두 현장실습 시행자에게 지원한다고 할 수 있다.
㉣ 고용노동부는 실습인원 및 인원 당 지원 금액이 정해져 있는 반면, 농촌진흥청은 실습인원을 시·군별 예산배정에 의한다고 하였으므로 정확한 지원 금액이 확정되지 않았다.

오답풀이
㉡ 농촌진흥청은 농촌에 거주하는 귀농인을 대상으로 하나, 고용노동부는 농산업분야 창직·창업 희망자를 대상으로 한다. 농업에 관한 전문 기술 보유자는 지원대상자가 아닌 연수 시행자이다.

41 귀농연수생에 대한 1일 지원금 지급액이 8시간/일 기준 4만 원인 경우, 다음 A, B, C 세 명의 연수생에게 지급되는 4월 분 지원금이 각각 올바르게 나열된 것은 어느 것인가?

A : 4월 한 달 동안 15일 연수
B : 4월 한 달 동안 20일 연수
C : 4월 한 달 동안 10일(75시간) 연수

	A	B	C
①	60만 원	60만 원	0원
②	60만 원	80만 원	0원
③	60만 원	60만 원	60만 원
④	80만 원	80만 원	60만 원
⑤	80만 원	60만 원	60만 원

해설 정답 ②

각각 다음과 같이 계산된다.
A : 1일 4만 원×15일=60(만 원)(월 120시간으로 요건 충족)
B : 1일 4만 원×20일=80(만 원)(월 160시간으로 요건 충족)
C : 월 연수 일자는 충족되나 연수 시간 80시간의 요건에 미달하므로 연수비가 지급되지 않는다.

42 다음 설명을 참고할 때, 적재함의 가로, 세로, 높이에 각각 쌓을 수 있는 적재수량을 순서대로 올바르게 나열한 것은 어느 것인가?

> A택배회사에 근무하는 길동 씨의 택배 차량 적재함은 직육면체 모양으로 크기가 다음과 같다.
> 가로 112cm, 세로 168cm, 높이 140cm
> 명절을 맞아 택배 물량이 많은 오늘 길동 씨는 한 면이 40cm보다 작은 몇 종류의 동일한 크기의 정육면체 선물 박스 중 가장 크기가 큰 종류로 적재함을 모두 채워 남는 공간이 없게 하고자 한다.

① 2개, 3개, 4개 ② 2개, 4개, 5개 ③ 3개, 4개, 5개
④ 4개, 6개, 5개 ⑤ 4개, 5개, 6개

해설　　　　　　　　　　　　　　　　　　　　　　　　　　　정답 ④

물품 박스가 정육면체이므로 먼저 112, 168, 140의 최대공약수를 구하여야 한다. 2×2×7=28이므로 최대공약수는 28이 되어 가장 큰 박스는 한 변의 길이가 28cm인 정육면체가 된다.
따라서 가로는 112÷28=4(개), 세로는 168÷28=6(개), 높이는 140÷28=5(개)가 되어, 가로, 세로, 높이에 각각 4개, 6개, 5개의 박스를 쌓을 수 있다.

43 다음 중 밑줄 친 (가)와 (나)에 대한 설명으로 적절하지 않은 것은 어느 것인가?

> 조직 내에서는 (가) <u>개인이 단독으로 의사결정을 내리는 경우</u>도 있지만 집단이 의사결정을 하기도 한다. 조직에서 여러 문제가 발생하면 직업인은 의사결정과정에 참여하게 된다. 이때 조직의 의사결정은 (나) <u>집단적으로 이루어지는 경우</u>가 많으며, 여러 가지 제약요건이 존재하기 때문에 조직의 의사결정에 적합한 과정을 거쳐야 한다. 조직의 의사결정은 개인의 의사결정에 비해 복잡하고 불확실하다. 따라서 대부분 기존의 결정을 조금씩 수정해나가는 방향으로 이루어진다.

① (나)가 보다 효과적인 결정을 내릴 확률이 높다.
② (나)는 결정된 사항에 대하여 의사결정에 참여한 사람들이 해결책을 수월하게 수용한다.
③ (가)는 의사결정을 신속히 내릴 수 있다.
④ (나)는 다양한 시각과 견해를 가지고 의사결정에 접근할 수 있다.
⑤ (가)는 특정 구성원에 의해 의사결정이 독점될 가능성이 있다.

| 해설 | | | | | 정답 ⑤ |

집단의사결정은 한 사람이 가진 지식보다 집단이 가지고 있는 지식과 정보가 더 많아 효과적인 결정을 할 수 있다. 또한 다양한 집단구성원이 갖고 있는 능력은 각기 다르므로 각자 다른 시각으로 문제를 바라봄에 따라 다양한 견해를 가지고 접근할 수 있다. 집단의사결정을 할 경우 결정된 사항에 대하여 의사결정에 참여한 사람들이 해결책을 수월하게 수용하고, 의사소통의 기회도 향상되는 장점이 있다. 반면에 의견이 불일치하는 경우 의사결정을 내리는 데 시간이 많이 소요되며, 특정 구성원에 의해 의사결정이 독점될 가능성이 있다.

44 다음과 같은 전결사항에 관한 사내 규정을 보고 내린 판단으로 적절하지 않은 것은 어느 것인가?

〈전결규정〉

업무내용	결재권자			
	사 장	부사장	본부장	팀 장
주간업무보고				○
팀장급 인수인계		○		
백만 불 이상 예산집행	○			
백만 불 이하 예산집행			○	
이사회 위원 위촉	○			
임직원 해외 출장	○(임원)		○(직원)	
임직원 휴가	○(임원)		○(직원)	
노조관련 협의사항		○		

☞ 결재권자가 출장, 휴가 등 사유로 부재중일 경우에는 결재권자의 차상급 직위자의 전결사항으로 하되, 반드시 결재권자의 업무 복귀 후 후결로 보완한다.

① 팀장의 휴가는 본부장의 결재를 얻어야 한다.
② 강 대리는 계약 관련 해외 출장을 위하여 본부장의 결재를 얻어야 한다.
③ 최 이사와 노 과장의 동반 출장 보고서는 본부장이 최종 결재권자이다.
④ 예산집행 결재는 금액에 따라 결재권자가 달라진다.
⑤ 부사장이 출장 시 이루어진 팀장의 업무 인수인계는 부사장 업무 복귀 시 결재를 얻어야 한다.

| 해설 | | | | | 정답 ③ |

최 이사와 노 과장의 동반 출장 보고서는 최 이사가 임원이므로 사장이 최종 결재권자가 되어야 하는 보고서가 된다.

오답풀이
① 직원의 휴가는 본부장이 최종 결재권자이다.
② 직원의 해외 출장은 본부장이 최종 결재권이다.
④ 백만 불을 기준으로 결재권자가 달라진다.
⑤ 팀장급의 업무 인수인계는 부사장의 전결 사항이며, 사후 결재가 보완되어야 한다.

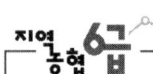

[45~46] 다음은 K문화센터에서 운영하고 있는 문화강좌 프로그램에 대한 수강료 반환기준이다. 이를 읽고 이어지는 물음에 답하시오.

구 분		반환사유 발생일	반환금액
수강료 징수기간	수강료 징수기간이 1개월 이내인 경우	수강 시작 전	이미 낸 수강료 전액
		총 수강시간의 1/3 경과 전	이미 낸 수강료의 2/3 해당액
		총 수강시간의 1/2 경과 전	이미 낸 수강료의 1/2 해당액
		총 수강시간의 1/2 경과 후	반환하지 아니함
	수강료 징수기간이 1개월을 초과하는 경우	수강 시작 전	이미 낸 수강료 전액
		수강 시작 후	반환사유가 발생한 당해 월의 반환대상 수강료(수강 징수기간이 1개월 이내인 경우에 준하여 산출된 수강료를 말한다)와 나머지 월의 수강료 전액을 합산한 금액
센터의 귀책사유로 수강을 중단할 경우		중단일 이후	잔여기간에 대한 수강료 환급 (사유발생일로부터 5일 이내에 환급)
비고		총 수강시간은 수강료 징수기간 중의 총 수강시간을 말하며, 반환금액의 산정은 반환사유가 발생한 날까지 경과된 수강시간을 기준으로 한다.	

45 위의 수강료 반환신청에 대한 올바른 설명을 〈보기〉에서 모두 고른 것은 어느 것인가?

─ 보기 ─
(가) 수강료 징수기간에 관계없이 수강 시작 전에는 이미 낸 수강료 전액을 환급받게 된다.
(나) 수강료 징수기간이 1개월 이내인 경우에 수강시간의 절반을 넘겨 16일 만큼의 수강을 하였다면 환급액이 없으나, 수강료 징수기간이 3개월인 경우 수강시간의 절반을 넘겨 1개월 16일 만큼의 수강을 하였다면 마지막 달 1개월 치의 수강료는 환급된다.
(다) 센터의 사유로 인해 수강이 중단된 경우에는 전체 수강료를 환급받게 된다.
(라) 매주 수요일 주 1회의 강좌를 7월 5일 수요일부터 수강하였으나 12일 2회 수강 이후 수강료 반환을 요구하게 된다면, 15일 이전이므로 1/2이 경과하지 않은 것으로 간주된다.

① (가), (나) ② (가), (다) ③ (나), (다)
④ (나), (라) ⑤ (다), (라)

정답 ①

(가) 수강 시작 전에는 전액 환급이 된다.
(나) 수강료 징수기간이 3개월이고 1개월 16일을 수강하였다면 첫째, 둘째 달에 대한 수강료는 환급이 안 되며, 마지막 달의 수강료가 환급된다.

오답풀이
(다) 센터의 사유로 인해 수강이 중단된 경우에는 중단일 이후 잔여기간에 대한 수강료가 환급된다.
(라) 주 4회 강좌를 2회 수강한 것이므로 잔여일수 기준이 아닌 '반환사유가 발생한 날까지 경과된 수강시간을 기준'으로 한다는 규정에 의해 1/2이 경과한 것으로 간주된다.

46 다음 중 반환되어야 할 수강료의 금액이 가장 큰 경우는 어느 것인가? (각 강좌의 수강료는 전 수강기간 동안 매월 동일함)

① 5개월 코스의 A강좌, 총 25만 원 납부, 4개월 완료 후 환급 요청
② 3개월 코스의 B강좌, 총 20만 원 납부, 2개월 완료 후 환급 요청
③ 3개월 코스의 C강좌, 총 27만 원 납부, 3개월 첫 주 이후 환급 요청
④ 4개월 코스의 D강좌 총 32만 원 납부, 2개월 2주 완료 후 환급 요청(주 1회 강좌)
⑤ 1개월 코스의 E강좌 21만 원 납부, 1주 수강 후 환급 요청

해설

정답 ④

규정에 의해 다음과 같이 계산할 수 있다.
① 수강료 징수기간이 1개월을 초과하는 경우이므로 마지막 달의 수강료 5만 원이 환급된다.
② 수강료 징수기간이 1개월을 초과하는 경우이므로 마지막 달의 수강료 약 7만 원 가까이가 환급된다.
③ 첫째와 둘째 달의 수강료는 환급이 안 되며, 셋째 달은 총 수강시간의 1/3 경과 전이므로 월 금액의 2/3가 환급된다. 따라서 월 평균금액인 9만 원의 2/3인 6만 원이 환급된다.
④ 월 평균금액이 8만 원이며 둘째 달의 1/2을 수강한 것이 된다. 따라서 둘째 달까지 수강을 완료한 것으로 간주되며, 나머지 두 달의 수강료인 16만 원이 환급된다.
⑤ 총 수강시간의 1/3 경과 전이므로 수강료의 2/3인 14만 원이 환급된다.
따라서 선택지 ④의 경우가 가장 많은 수강료를 환급받게 된다.

47 다음 글을 통해 추론한 것으로 적절한 것은 어느 것인가?

> 일반 아파트와 달리 재개발과 재건축은 건물의 가치가 노후화되면서 감가상각이 적용되어 가치 평가의 의미가 없어지고 각 물건별로 소유한 토지의 가치 즉 대지지분 수준에 따라 감정평가가 달라지는 것이 일반적이다. 아파트의 대지지분은 아파트 단지 전체 면적이 클수록, 단지 내 가구 수가 적을수록 커지게 된다. 이 때, 대지지분이 많게 되면 용적률에 따른 건축물의 면적을 더 많이 활용할 수 있어 더 많은 아파트를 신축할 수 있다.
> 대개 아파트가 준공되고 수년이 경과하면 새 아파트의 프리미엄은 사라지기 때문에 건물의 가치가 떨어지게 되는데, 리모델링을 통해 아파트의 가치를 바꿔도 시간이 지나면 또 가치가 하락한다. 이 같은 상황이 반복되다 보면 건물의 가치는 거의 사라지고 땅의 가치만 남게 되기 때문에 대지지분이 중요한 것이다. 그래서 일반적인 평당 가격보다는 대지지분당 가격을 확인 하는 것이 객관적인 아파트의 가치를 평가할 수 있는 기준이 되기도 한다.
> 즉, 재개발과 재건축은 건물을 보는 것이 아니라 등기부등본에 있는 대지지분 비율을 꼼꼼하게 따져보고 투자하는 것이 중요하다. 이러한 대지지분은 등기부등본을 열람하면 표제부에 있는 대지권 비율에서 확인이 가능하다. 아파트 투자에 있어 대지지분을 간과하고 있었다면 이제부터는 대지지분을 반드시 확인하여야 한다.

① 용적률은 '건축물의 연면적÷건축물의 면적'의 산식으로 산출할 것이다.
② 리모델링을 적게 한 아파트일수록 대지지분의 가치가 더 커지게 된다.
③ 대지지분은 '아파트 단지 전체의 대지 면적÷단지 내 가구 수'의 산식으로 산출할 것이다.
④ 신축 공사가 완료되어 입주를 시작한 아파트의 매매가격은 대지지분에 의해 결정될 것이다.
⑤ 단지 면적이 큰 아파트는 단지 내 가구 수에 관계없이 대지지분이 높게 책정될 것이다.

해설   정답 ③

주어진 글에서는, 대지지분은 아파트 단지 전체 면적이 클수록, 단지 내 가구 수가 적을수록 커지게 된다고 하였으므로, 대지지분은 '아파트 전체 단지의 대지 면적÷단지 내 가구 수'와 비례할 것이다. 따라서 대지지분을 구하는 산식이 주어져있지 않아도 '아파트 전체 단지의 대지 면적÷단지 내 가구 수'가 포함될 것이라 예상할 수 있다.

오답풀이
① 대지지분이 많아야 동일 용적률에 대하여 더 많은 면적을 활용할 수 있다는 설명에서 용적률이 '건축물의 연면적÷대지의 면적'에 비례한다는 사실을 알아낼 수 있다.
② 대지지분은 가구의 수와 단지 전체의 면적에 의해 결정되는 것이므로 리모델링 횟수와는 관계없다.
④ 대지지분은 재개발, 재건축 시 가치 평가를 하는 기준으로 작용한다고 하였으므로 신규 입주 아파트의 매매가격이 대지지분에 의해 결정되는 것은 아니다.
⑤ 단지 면적이 커도 가구 수가 많을 경우 대지지분이 높아지지 않는다.

48 다음은 B기관에서 작성한 보고서의 일부 내용이다. 다음과 같은 내용이 포함된 보고서의 소제목으로 가장 적절한 것은 어느 것인가?

- 對일본 농축산물 최대 수출품목(중분류 기준)은 주류이고, 그 다음은 기타 조제 농산품, 채소류, 연초류, 과자류 등임.
  - 2013~2017년 연평균 수출액이 2008~2012년 연평균 대비 큰 폭으로 증가한 품목은 기타 조제 농산품, 연초류, 박류이며, 동 기간 각각 25.4%, 1,352.9%, 171.6% 증가함.
- 對아세안 농축산물 최대 수출품목은 기타 조제 농산품이고, 그다음은 연초류, 기타 임산물, 커피류, 음료, 면류 등임.
  - FTA 중기('12~'17) 연평균 수출액이 FTA 초기('07~'11) 연평균 대비 큰 폭으로 증가한 품목은 연초류, 기타 임산물, 음료, 면류이며, 동 기간 각각 4.2배, 4.3배, 11.5배, 2.7배 증가함.
- 對중국 농축산물 최대 수출품목은 기타 조제 농산품이고, 그다음은 면류, 낙농품, 당류, 과실류, 과자류 등임.
  - FTA 발효 후('16~'17) 평균 수출액이 발효 전('11~'15) 연평균 대비 큰 폭으로 증가한 품목은 면류, 낙농품, 과실류이며, 동 기간 각각 134.1%, 44.1%, 75.7% 증가함.
- 對미국 농축산물 최대 수출품목은 기타 조제 농산품이고, 그다음은 연초류, 면류, 과자류, 음료, 소오스류 등임.
  - FTA 발효 후('12~'17) 평균 수출액이 발효 전('07~'11) 연평균 대비 큰 폭으로 증가한 품목은 연초류, 면류, 과자류, 음료, 소오스류이며, 동 기간 각각 149.5%, 39.3%, 62.3%, 163.5%, 59.7% 증가함.

① 시기별 주요 농축산물 수출 동향
② FTA 체결국별 수출 특혜관세 활용률
③ 주요 수출상대국의 농축산물 수출 기여도
④ 주요 수출상대국별 수출 상위 품목 및 수출 급증 품목
⑤ 농축산물 주요 수출상대국 비중 변화

해설 정답 ④

주어진 4개의 항목에서는 일본, 아세안, 중국, 미국별로 우리나라의 수출 상위품목을 설명하였으며, 각 항목의 하위 항목에서는 FTA 발효시기를 전후하여 수출이 급증한 품목을 동일하게 설명하고 있음을 알 수 있다. 따라서 전체 내용의 가장 적절한 소제목으로는 선택지 ④에서와 같이 '주요 수출상대국별 수출 상위 품목 및 수출 급증 품목'이 되어야 할 것이다.

오답풀이
① 시기별 비교를 나타낸 자료가 아니며, 따라서 수출 동향을 의미한다고 보기 어렵다.
②, ③ 특혜관세나 수출 기여도 등이 언급되지는 않았다.
⑤ 농축산물 주요 수출상대국 비중 변화는 하위 항목에 국한된 것으로 국별 수출 상위 품목 자체에 대한 내용을 포함하지 않아 적절한 소제목으로 보기 어렵다.

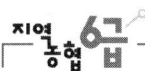

49 업무 상 발생하는 비용을 크게 직접비와 간접비로 구분할 수 있으며, 각 비용은 다음과 같은 의미를 갖는다. 이처럼 직접비와 간접비를 구분하는 기준으로 가장 적절한 것은 어느 것인가?

> 인건비 : 해당 프로젝트에 투입된 총 인원수 및 지급 총액을 정확히 알 수 있으므로 직접비이다.
> 출장비 : 출장에 투입된 금액을 해당 오더 건별로 구분할 수 있으므로 직접비이다.
> 보험료 : 자사의 모든 수출 물품에 대한 해상보험을 연 단위 일괄적으로 가입했으므로 간접비이다.
> 재료비 : 매 건별로 소요 자재를 산출하여 그에 맞는 양을 구입하였으므로 직접비이다.
> 광고료 : 경영상 결과물과 자사 이미지 제고 등 전반적인 경영활동을 위한 것이므로 간접비이다.
> 건물관리비 : 건물을 사용하는 모든 직원과 눈에 보이지 않는 회사 업무 자체를 위한 비용이므로 간접비이다.

① 생산물과 밀접한 관련성이 있느냐의 여부
② 생산물의 생산 완료 전 또는 후에 투입되었는지의 여부
③ 생산물의 가치에 차지하는 비중이 일정 기준을 넘느냐의 여부
④ 생산물의 생산에 필수적인 비용이냐의 여부
⑤ 생산물의 생산 과정에 기여한 몫으로 추정이 가능한 것이냐의 여부

해설 정답 ⑤

인건비, 출장비, 재료비 등은 비용 총액을 특정 제품이나 서비스의 생산에 기여한 몫만큼 배분하여 계산할 수 있기 때문에 해당 제품이나 서비스의 직접비용으로 간주할 수 있는 것이다. 반면, 보험료, 광고료, 건물 관리비 등 공통적인 비용으로 계산될 수밖에 없는 비용들은 간접비로 분류한다. 제시된 내용들은 모두 이러한 비용들의 기여도별 분배가 가능한 것인지의 여부에 따라 구분되고 있다고 볼 수 있다.

50 다음 중 문제 구조 파악을 위해 Logic tree를 작성하면서 주의해야 할 사항으로 잘못된 것은 무엇인가?

① 분해해가는 가지의 수준을 맞춰야 한다.
② 누락되는 원인이 없어야 한다.
③ 각각의 합이 전체를 포함해야 한다.
④ 중복되는 원인 각각을 모두 포함해야 한다.
⑤ 전체 과제를 명확히 해야 한다.

해설 정답 ④

Logic Tree 방법은 문제의 원인을 깊이 파고든다든지 해결책을 구체화할 때 제한된 시간 속에 넓이와 깊이를 추구하는 데 도움이 되는 기술로, 주요 과제를 나무모양으로 분해, 정리하는 기술이다. Logic Tree를 작성할 때에는 전체 과제를 명확히 해야 하고, 분해해가는 가지의 수준을 맞춰야 하며, 원인이 중복되거나 누락되지 않고 각각의 합이 전체를 포함해야 한다.

51 다음은 일반적인 직장 내 조직의 업무 내용을 나타낸 표이다. 다음을 참고할 때, 업무 내용과 해당 조직의 연결이 올바른 것은 어느 것인가?

부서	업무 내용
총무부	주주총회 및 이사회개최 관련 업무, 의전 및 비서업무, 집기비품 및 소모품의 구입과 관리, 사무실 임차 및 관리, 차량 및 통신시설의 운영, 국내외 출장 업무 협조, 복리후생 업무, 법률자문과 소송관리, 사내외 홍보 광고업무
인사부	조직기구의 개편 및 조정, 업무분장 및 조정, 인력수급계획 및 관리, 직무 및 정원의 조정 종합, 노사관리, 평가관리, 상벌관리, 인사발령, 교육체계 수립 및 관리, 임금제도, 복리후생제도 및 지원업무, 복무관리, 퇴직관리
기획부	경영계획 및 전략 수립, 전사기획업무 종합 및 조정, 중장기 사업계획의 종합 및 조정, 경영정보 조사 및 기획보고, 경영진단업무, 종합예산수립 및 실적관리, 단기사업계획 종합 및 조정, 사업계획, 손익추정, 실적관리 및 분석
회계부	회계제도의 유지 및 관리, 재무상태 및 경영실적 보고, 결산 관련 업무, 재무제표 분석 및 보고, 법인세, 부가가치세, 국세·지방세 업무자문 및 지원, 보험가입 및 보상업무, 고정자산 관련 업무
영업부	판매 계획, 판매예산의 편성, 시장조사, 광고 선전, 견적 및 계약, 제조지시서의 발행, 외상매출금의 청구 및 회수, 제품의 재고 조절, 거래처로부터의 불만처리, 제품의 애프터서비스, 판매원가 및 판매가격의 조사 검토

① 퇴직자의 퇴직금 정산에 문제가 생겨 기획부에 퇴직자 근무 당시 자료를 요청하였다.
② 총무부에서는 노조와의 갈등을 해결하기 위하여 총무부장이 노조대표와의 협상을 준비하고 있다.
③ 바이어로부터 선적 물품에 대한 대금이 수취되어 입금 내역과 근거 자료를 회계부에 제출하였다.
④ 회계부에서는 복리후생제도 개선을 위한 회의를 진행하기로 하였다.
⑤ 제품의 시장 경쟁력이 갈수록 약해지고 있어 기획부 직원들은 매출 제고를 위한 대책을 수립하였다.

해설 정답 ③

물품에 대한 대금이 수취되면 회계부에 내역을 통보하여 회사 전체의 회계에 반영토록 하여야 한다.

오답풀이
① 퇴직금과 관련된 업무는 인사부 소관이다.
② 노사관리는 인사부 소관 업무이다.
④ 복리후생제도 역시 인사부 소관 업무이다.
⑤ 제품의 시장 경쟁력이 약해져 매출 제고를 위한 대책을 수립하는 것은 영업팀 고유의 업무이다.

52 한 줄로 서 있는 A, B, C, D, E, F 6명의 위치에 대한 다음 설명을 참고할 때, 올바르지 않은 설명은 어느 것인가?

> ─ 보기 ─
> • A는 맨 뒤에서 두 번째에 서 있다.
> • C와 D는 연이어 서 있다.
> • B와 E의 사이에 1명이 서 있다.
> • F는 맨 앞에도, 맨 뒤에도 서 있지 않다.

① A와 F의 사이에는 항상 1명이 서 있다.
② F의 위치는 어느 경우에도 동일하다.
③ B는 항상 A와 연이어 서 있다.
④ C가 맨 앞에 서 있다면 E가 맨 뒤에 서 있게 된다.
⑤ 맨 앞에는 C 또는 D가 서 있다.

해설 정답 ④

왼쪽을 앞쪽이라고 하고 다음과 같이 내용을 정리한다.
F - ( ) - ( ) - ( ) - A - F
이 상황에서 C와 D가 연이어 서 있는 경우는 첫 번째+두 번째, 두 번째+세 번째, 세 번째+네 번째 3가지 경우가 있다. 그러나 두 번째+세 번째일 경우, B와 E가 A의 앞뒤에 서야 하므로 의해 F가 맨 앞에 서게 되며, 세 번째+네 번째일 경우 B와 E가 위치할 수 있는 곳이 없다. 따라서 C와 D는 첫 번째와 두 번째 자리에 고정된다. 이를 다시 정리하면 나타날 수 있는 경우는 다음과 같다.
1) C - D - F - B/E - A - E/B
2) D - C - F - B/E - A - E/B
따라서 C가 맨 앞에 서 있다면 E 또는 B가 맨 뒤에 서 있게 된다.

오답풀이
① A와 F의 사이에는 항상 B 또는 E 1명이 서 있게 된다.
② F의 위치는 어느 경우에도 세 번째로 동일하다.
③ B는 항상 A의 뒤 또는 앞에 연이어 서 있게 된다.
⑤ 맨 앞에는 C 또는 D가 서 있게 된다.

53 하나의 안건에 대해 A, B, C, D, E, F, G 7명이 다음과 같은 조건으로 각각 찬성과 반대 중 하나의 의견을 제시하였다. 같은 의견을 제시한 사람의 조합이 될 수 없는 것은 어느 것인가?

> • 찬성이 반대보다 1명 더 많으며 B는 찬성을 제시하였다.
> • C와 E는 서로 다른 의견을 제시하였다.
> • A와 D는 서로 같은 의견을 제시하였다.
> • E와 G는 서로 같은 의견을 제시하였다.

① A와 B   ② A와 F   ③ B와 F
④ F와 G   ⑤ E와 F

> **해설**
> 정답 ②
>
> 주어진 조건에 의해 E, G가 같은 의견, A, D가 같은 의견이며, C는 E, G와 다른 의견임을 알 수 있다. 그런데 만일 A, D와 E, G가 모두 같은 의견이라면 네 명이 찬성이라는 의미가 되어 B까지 모두 5명이 되므로 모순이 된다. 따라서 A, D와 E, G가 서로 다른 의견임을 알 수 있다. C는 E, G와 다른 의견이므로 A, C, D가 같은 의견, E, G가 같은 의견이 된다.
> 따라서 확정된 두 개의 그룹 중 찬성이 어느 쪽이냐에 따라 B와 나머지 F의 의견이 달라질 수 있다. 만일 A, B, C, D가 찬성이라면, E, F, G가 반대가 되며, B, E, G가 찬성이라면 나머지 F까지 합하여 B, E, F, G가 찬성, A, C, D가 반대가 된다.
> 따라서 두 경우 모두 A와 F는 같은 의견을 제시한 사람의 조합이 될 수 없다.

54 다음의 글 속 빈칸에 공통으로 들어갈 윤리 덕목으로 적절한 것은 어느 것인가?

> (   )(이)란 사전적인 의미로는 새로운 기업을 만들어 경제활동을 하는 사람들이 지니고 있는 것이라고 할 수 있다. 이는 경제적인 이윤을 얻기 위해 위험을 무릅쓰고 창업을 하는 사람들이 지니고 있는 가치 지향이나 태도라는 의미이다.
> 오스트리아 출신 미국 경제학자 조셉 슘페터는 새로운 가치를 창출하여 사회와 경제에 기여하려는 사람들이 지니고 있는 혁신적 사고와 태도를 (   )(이)라고 정의하였으며, 이것이 건강한 자본주의 경제의 핵심이라고 보았다. 경쟁적 시장경제에서는 진입 장벽이 낮아서 개인이 혁신적인 사고만 가지고도 새로운 기회를 만들어서 기업으로 발전시킨 사례가 많이 나타난다. 이러한 혁신적 사고와 도전 정신 속에서 경제는 활력이 넘치고, 시민들은 그 활력에 따른 성장의 혜택을 누리게 된다.

① 창의성 ② 지속 가능성 ③ 창업 의지
④ 기업가 정신 ⑤ 사명감

> **해설**
> 정답 ④
>
> 대표적인 예로서, 마이크로소프트의 빌 게이츠나 애플의 스티브 잡스와 같은 창업자들이 보여준 새로운 혁신과 도전의 정신이 있다. 기업가 정신은 경제적 이익 추구와 더불어 국민 전체의 이익을 증진시키며, 기업가 정신이 부족한 기업이 많아질수록 경제는 활력을 잃고, 국민의 삶은 나아지지 않는다. 그러므로 기업가 정신은 건강한 경제와 경제성장의 핵심이라고 할 수 있다.

55 다음은 '삶의 만족도'를 지수화하여 나타낸 자료이다. 이에 대한 설명으로 올바른 것은 어느 것인가?

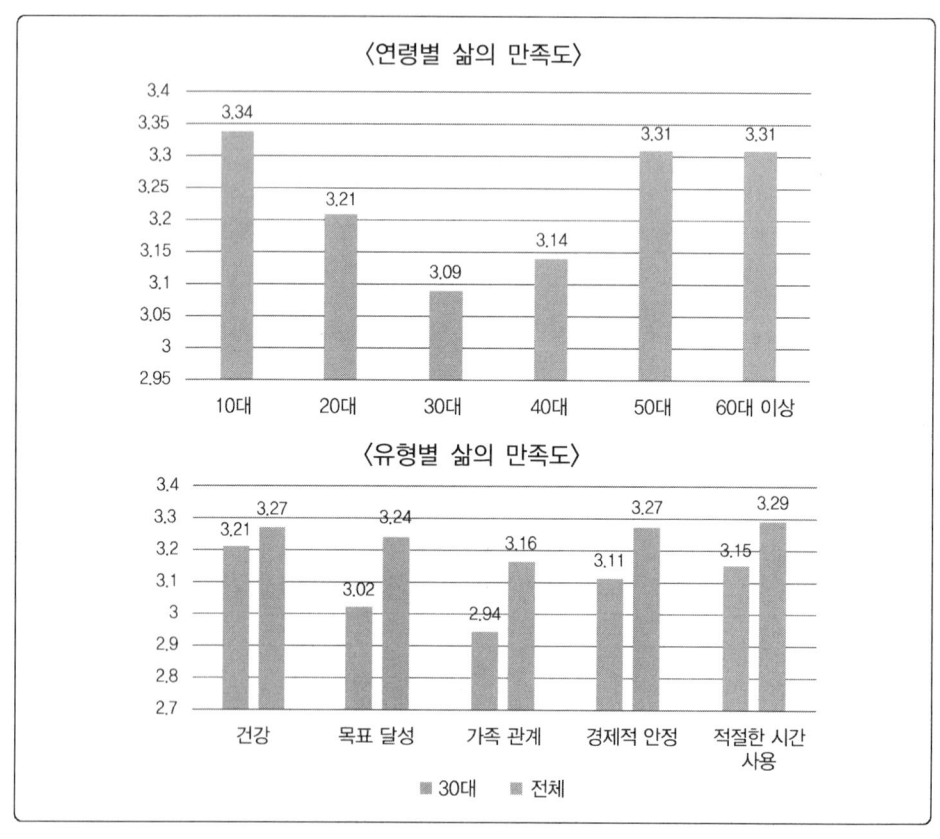

① 40대는 30대보다 가족 관계에 있어서의 만족도가 더 높다.
② 30대는 모든 유형의 삶의 만족도에 있어서 20대보다 더 낮은 지수를 보인다.
③ 30대의 삶의 만족도는 모든 유형에서 전체 연령대 평균보다 낮다.
④ 50대와 60대는 건강 면에서 동일한 만족도를 나타낸다.
⑤ 연령과 삶의 만족도는 반비례 관계를 보이고 있다.

해설　　　　　　　　　　　　　　　　　　　　　　　　　　　　**정답 ③**

두 번째 주어진 그래프를 통해 30대의 삶의 만족도는 5가지 모든 유형에 있어 전체 평균보다 더 낮은 지수를 보이는 것을 알 수 있다.

오답풀이
① 40대는 30대보다 전반적인 삶의 만족도가 높다고 할 수 있으나, 각 유형별로는 두 연령대의 비교를 할 수 없다.
② 선택지 ①과 같은 이유로 유형별 연령대별 비교에 대한 확인을 할 수 없다.
④ 50대와 60대는 전체 삶의 만족도에 동일한 만족도를 나타내는 것이며, '건강' 유형에서의 만족도를 알 수는 없다.
⑤ 30대 이후부터는 연령대가 높아질수록 삶의 만족도도 높아지는 경향을 보이고 있으므로 반비례 관계가 형성되지 않는다.

56 남녀고용평등과 일·가정 양립 지원에 관한 법률에 의하면 직장 내 성희롱은 다음과 같이 정의된다. 다음 보기 중, '직장 내 성희롱'에 해당되는 사례는 어느 것인가?

> '사업주·상급자 또는 근로자가 직장 내의 지위를 이용하거나 업무와 관련하여 다른 근로자에게 성적 언동 등으로 성적 굴욕감 또는 혐오감을 느끼게 하거나 성적 언동 또는 그 밖의 요구 등에 따르지 아니하였다는 이유로 고용에서 불이익을 주는 것.'

① 회사 앞 건널목 앞에서 자신의 신체를 흘깃거리며 웃고 있는 식당 주인의 모습을 발견하였다.
② 나 대리는 그다지 친분이 많지 않은 총무팀 철규 씨로부터 주말에 영화 관람과 식사를 겸한 데이트를 요청 받고 유쾌하지 않은 기분이 들었다.
③ 거래처 방문 시 현지의 생산라인 직공들로부터 저급한 농담을 듣고 매우 불쾌함을 느꼈다.
④ 나 대리는 이전에 근무하던 부서의 최 대리로부터 "나 대리님, 오늘 신은 구두가 아주 잘 어울리시는 것 같아요!"라는 말을 들었다.
⑤ 송년회 자리에 참석한 나 대리는 팀장으로부터 "올 해도 수고했어요, 나 대리. 한 잔 비우고 내 잔도 한 번 채워줘야지?"라는 말을 듣고 불쾌함을 느꼈다.

해설   정답 ⑤

상급자가 회식 자리에서 지위를 이용해 하급자에게 불쾌한 언동으로 음주를 강요하는 전형적인 직장 내 성희롱에 해당한다.

오답풀이
①, ③ 업무와 연관이 없고, 성희롱의 주체가 상급자도 아닌 경우이다.
② 상급자가 업무상 지위를 이용한 경우가 아니다.
④ 성적 굴욕감이나 혐오감 등을 느끼게 하는 언사로 보기 어려우며, 지위를 이용한 행위라고도 볼 수 없다.

[57~58] 다음은 축산물 유통에 관한 자료이다. 이를 보고 이어지는 물음에 답하시오.

축산물 유통이란?
축산물이 생산자로부터 소비자에게 이르기까지 전 과정을 말함. 축산물은 가축으로부터 얻어진 식육, 포장육, 원유, 식용란, 식육가공품, 유가공품, 알가공품을 말함.(축산물위생관리법)

※ 식육이란 식용을 목적으로 하는 가축의 지육·정육·내장 기타 부분을 말함
※ 포장육이란 판매(불특정 다수인에게 무료로 제공하는 것도 포함)를 목적으로 식육을 절단하여 포장한 상태로 냉장 또는 냉동한 것으로서 화학적 합성품 등 첨가물 또는 식품을 첨가하지 아니한 것을 말함

◼ 유통활동
  ○ 상적유통 : 상품의 소유권 이전
  ○ 물적유통 : 수송·보관·하역·포장·가공 등 물류 흐름
  ○ 정보유통 : 생산자·소비자간 정보 흐름

◼ 유통기관
  ○ 생산과 소비 사이에 존재하는 공간·거리의 조정기능을 하는 사회적 조직이라고 할 수 있음
  ○ 분류
    - 직접유통기관 : 직접 거래에 참여하는 유통기관
    - 유통조성기관 : 거래에 직접 참여하지는 않지만 수송, 보관, 하역, 금융 등을 전문적으로 수행하는 기관
    ▷ 유통마진 : 유통과정에서 발생하는 모든 유통비용이 포함된 개념
      * 유통마진은 유통비용과 상인이윤으로 구성되어 있으나, 유통마진을 이윤으로만 생각하는 일반적인 오해가 있어, 넓은 의미로 유통 비용 개념을 도입
    ▷ 유통비용 : 직접비, 간접비, 이윤으로 구성
      * 직접비 : 작업비, 운송비, 포장재비, 상·하차비, 수수료, 감모비 등
      * 간접비 : 점포유지관리비, 인건비, 제세공과금, 감가상각비 등
      * 이윤 : 총수입에서 임대, 지대, 이자, 감가상각비 따위를 빼고 남는 순이익

57 다음 중 위의 자료에 대한 설명으로 올바른 것은 어느 것인가?

① 축산물 유통은 축산 가공품에는 적용되지 않는 개념이다.
② 식육을 절단해 냉장한 것으로, 첨가물이나 식품 등을 넣게 되면 포장육이 아니다.
③ 물품을 수송하거나 운반하는 것을 유통이라 하며 포장은 유통의 범위에 포함되지 않는다.
④ 유통 관련 금융서비스를 제공하는 곳은 직접유통기관에 포함된다.
⑤ 유통마진은 유통 과정에서 발생하는 이윤을 의미한다.

정답 ②

포장육은 식육을 절단하여 포장한 상태로 냉장 또는 냉동한 것으로서 화학적 합성품 등 첨가물 또는 식품을 첨가하지 아니한 것을 말하므로 첨가물이나 식품 등을 넣게 되면 포장육이 아닌 것이 된다.

오답풀이
① 축산물 유통은 식육가공품, 유가공품, 알가공품 등의 가공품에도 적용된다.
③ 물적유통은 수송·보관·하역·포장·가공 등 물류 흐름 전체가 포함된다.
④ 거래에 직접 참여하지는 않지만 수송, 보관, 하역, 금융 등을 전문적으로 수행하는 기관을 유통조성기관이라고 분류한다.
⑤ 유통마진은 유통 과정에서 발생하는 이윤과 유통비용 모두를 합한 개념을 의미한다.

58 새롭게 도입된 개념의 '유통마진'을 참고할 때, 다음과 같은 경우에 대한 총 유통마진은 얼마인가?

- 사료비 : 37만 원
- 사육 및 관리비 : 125만 원
- 포장육 가공비 : 35만 원
- 운반비 : 79만 원
- 상가유지관리비 및 인건비 : 130만 원
- 순이익 : 65만 원

① 295만 원 ② 300만 원 ③ 304만 원
④ 309만 원 ⑤ 315만 원

정답 ④

유통마진은 유통 단계에서 발생한 유통비용과 이익을 포함한 개념이 되어야 하므로 유통 단계 이전에 발생한 비용은 포함하지 않는다. 따라서 사료비와 사육 및 관리비 등 제품이 출하되어 유통 단계에 이르지 않은 것은 유통마진으로 볼 수 없다.
총 유통마진은 35+79+130+65=309(만 원)이 된다.

[59~60] 다음 자료를 보고 이어지는 물음에 답하시오.

〈연도별 논벼 수익성 비교〉

(단위 : 원, %, %p)

구 분	2018년	2019년	전년대비 증 감	전년대비 증감률
총 수 입	856,165	974,553	118,388	13.8
생 산 비	674,340	691,374	17,033	2.5
경 영 비	426,619	433,103	6,484	1.5
순 수 익	181,825	283,179	101,355	55.7
소 득	429,546	541,450	111,904	26.1

* 순수익률=(순수익/총수입)×100, 소득률=(소득/총수입)×100

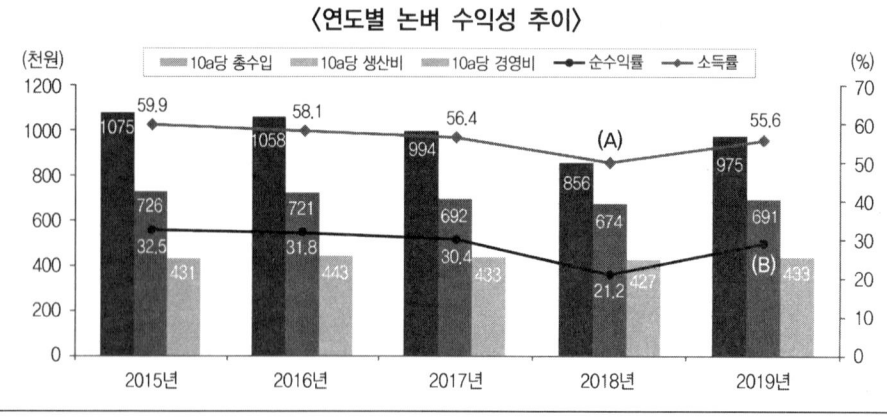

〈연도별 논벼 수익성 추이〉

59 다음 중 위 자료의 빈칸 (A), (B)에 들어갈 수치가 올바르게 짝지어진 것은 어느 것인가?

   (A) (B)
① 29.1 50.2
② 34.5 46.7
③ 50.2 29.1
④ 46.7 34.5
⑤ 46.7 50.2

해설   정답 ③

(A)는 2018년의 소득률이므로 $\frac{429,546}{856,165} \times 100 ≒ 50.2(\%)$이며,

(B)는 2019년의 순수익률이므로 $\frac{283,179}{974,553} \times 100 ≒ 29.1(\%)$가 된다.

60 다음 중 위의 자료에 대한 설명으로 올바르지 않은 것은 어느 것인가?

① 순수익은 총수입에서 생산비를 제외한 것을 의미한다.
② 2016년의 10a당 순수익은 2015년의 10a당 순수익보다 적다.
③ 2015년부터 10a당 경영비와 생산비의 합은 지속적으로 줄어들었다.
④ 소득은 총수입에서 경영비를 제외한 것을 의미한다.
⑤ 10a당 생산비와 10a당 총수입은 연도별 증감 추이가 동일하다.

해설 정답 ③

2016년의 10a당 경영비와 생산비의 합은 1,164천 원으로 2015년의 1,157천 원보다 더 증가하였다.

오답풀이
① '순수익=총수입-생산비'이다.
② 2016년 10a당 순수익은 1,058-721=337천 원이며, 2015년 10a당 순수익은 1,075-726=349천 원이므로 2016년의 순수익은 2015년의 순수익보다 적다.
④ 2018년, 2019년 자료를 통해 '소득=총수입-경영비'를 확인할 수 있다.
⑤ 10a당 생산비와 10a당 총수입은 모두 2015년~2018년까지 지속적으로 감소하다가 2019년에 증가하여 연도별 증감 추이가 동일하다.

기출문제 60문제형

01 다음 숫자와 문자가 일정한 규칙에 따라 변화한다고 했을 때, 빈칸에 들어갈 수로 알맞은 것은 어느 것인가?

13J	F04
17P	B21

→

5	10
15	( )

① 5 ② 10 ③ 15
④ 20 ⑤ 25

정답 ①

J는 알파벳 중 10번째 글자, F는 6번째 글자, P는 16번째 글자, B는 2번째 글자로 이를 수로 치환하면 다음과 같다.

1310	0604
1716	0221

이 수의 각 자리를 모두 더하면 오른쪽 표의 수가 된다.
1+3+1+0=5
0+6+0+4=10
1+7+1+6=15
따라서 0+2+2+1=5이다.

02 연속하는 세 홀수의 합이 22보다 크고 32보다 작을 때, 세 홀수 중 가장 작은 수는 얼마인가?

① 3 ② 5 ③ 7
④ 9 ⑤ 11

정답 ③

연속하는 세 홀수는 $x-2$, x, $x+2$라고 생각할 수 있다.
따라서 $22<(x-2)+x+(x+2)<32$가 성립한다.
이를 풀면 $22<3x<32$ → $7.***<x<10.***$가 되어 7보다 크고 10보다 작은 홀수가 x가 되므로 x는 9임을 알 수 있다. 따라서 세 홀수는 7, 9, 11이 된다.

03 갑과 을은 책상 위에 놓여 있는 모든 직원의 인사 관련 서류를 정리하여야 한다. 갑이 30%의 서류를, 을이 70%의 서류를 정리하게 되며 두 사람의 서류 작업 시 누락된 사항이 발생할 확률이 각각 1%와 2%라고 가정할 경우, 완료된 서류 중 임의의 한 건을 확인하여 누락 사항이 발견되었다면, 이것이 갑이 처리한 서류일 확률은 얼마인가?

① $\dfrac{2}{5}$ ② $\dfrac{1}{7}$ ③ $\dfrac{3}{10}$

④ $\dfrac{3}{17}$ ⑤ $\dfrac{5}{7}$

해설　　　　　　　　　　　　　　　　　　　　　정답 ④

조건부 확률을 구하는 문제이다. 이 경우, 누락된 사항이 있는 서류가 발견되는 일이 일어날 때 그것이 특정한 조건 하의 서류일 확률을 구하는 문제로 간단한 수량을 대입하여 계산하는 것이 편리하다.

두 사람의 전체 서류 정리 건수가 100건이라고 가정하면, 갑은 30건, 을은 70건을 정리한다. 이때 주어진 확률에 따라 서류누락이 발생하는 기댓값은 갑이 0.3건, 을이 1.4건이다. 따라서 전체 누락 사항 건 중 갑의 누락 사항이 발견될 확률은 $\dfrac{0.3}{0.3+1.4} = \dfrac{3}{17}$ 이다.

04 다음 문장의 빈칸에 들어갈 가장 적절한 단어는 어느 것인가?

> 네가 말한 그 분야에 대해서는 내가 좀 (　　)해서 그런지 잘 이해가 되지 않는데, 다시 한 번 설명해 주겠니?

① 뜨악　　② 변변　　③ 과문
④ 미천　　⑤ 소홀

해설　　　　　　　　　　　　　　　　　　　　　정답 ③

형용사로서 '과문(寡聞)하다'는 '(사람이) 보고 들은 것이 적다'의 의미로 다음과 같이 사용된다.
1) 제가 과문해서 지금 하신 얘기를 이해하기 어렵습니다.
2) 과문한 저에게 그런 중임을 맡겨 주시니 감사할 따름입니다.

오답풀이
① 뜨악하다 : 선뜻 끌리지 않아 언짢고 싫어서 꺼림칙하다.

05 다음 문장의 밑줄 친 말과 가장 유사한 의미로 사용된 말은 어느 것인가?

> 내일 논밭에 나가 일을 하려면 낫이니 호미니 여러 장비들을 챙겨서 미리 <u>갈아</u> 두어야 하지 않겠느냐.

① 동생이 이를 심하게 <u>가는</u> 바람에 잠을 자기가 힘들었다.
② 맷돌에 밀을 <u>갈자</u> 뽀얀 밀가루가 생겨나고 있었다.
③ 렌즈의 표면을 <u>갈아</u> 곡률을 조정한다.
④ 땅을 깊게 <u>가는</u> 것은 작물에 영양분을 공급하는 방법이다.
⑤ 이 방법은 효과가 짧아 6시간마다 하루 4회 복막액을 <u>갈아</u> 주어야 한다.

해설　　　　　　　　　　　　　　　　　　　　　　　　　　　　　　　　　　　정답 ③

주어진 문장에 쓰인 '갈다'는 '(사람이 칼이나 낫 따위의 연장을) 날이 서도록 날카롭게 하거나 매끄럽게 하기 위해 다른 것에 대고 문지르다.'의 의미를 갖는다. 렌즈의 표면을 가는 것 역시 날카롭거나 매끄럽게 하기 위해 문지르는 것을 의미한다.

오답풀이
① (사람이 윗니와 아랫니를) 맞대고 소리가 나도록 서로 문지르다.
② (사람이 단단한 물건에 콩이나 무 따위를) 부수거나 으깨기 위해 넣거나 대고 문지르다.
④ 쟁기나 트랙터 따위의 농기구나 농기계로 땅을 파서 뒤집다.
⑤ 이미 있는 사물을 다른 것으로 바꾸다.

06 다음 중 밑줄 친 단어를 바꾸어 쓴 것으로 적절하지 않은 것은 어느 것인가?

① 어머니의 병세가 <u>그토록</u> 악화된 건 나의 불찰이다. → 그다지
② 잘 이해가 안 되는데 <u>자세히</u> 좀 알려다오. → 상세히
③ 오늘 오후부터 <u>점차</u> 하늘이 흐려지기 시작하였다. → 차츰
④ 넌 왜 그렇게 <u>요새</u> 밥을 안 먹고 다니니? → 최근
⑤ 어제 그 서류는 오전에 <u>대강</u> 훑어보았다. → 대략

해설　　　　　　　　　　　　　　　　　　　　　　　　　　　　　　　　　　　정답 ①

'그토록'은 '그러한 정도로까지'의 의미를 갖는 부사어이며, '그다지' 역시 동일한 의미를 갖는 부사어로 쓰일 수 있다.
그러나 '그다지'는 주로 부정의 의미를 나타내는 '않다', '모르다', '없다' 등과 함께 부정문에 쓰여 '별로 그렇게까지'의 의미를 나타내며, 놀라움과 감탄을 나타내는 감탄문이나 의문문 등에서 '그러한 정도로까지'의 의미를 나타내는 경우가 대부분이다.
따라서 선택지 ①에서 '그다지'는 '별로 악화되지 않은'의 의미를 나타내는 것으로 해석될 수 있어 적절하게 바꾸어 쓴 것이 될 수 없다.

07 주어진 두 쌍의 단어가 각각 같은 의미 관계를 나타낼 경우, 빈칸에 들어갈 가장 적절한 말은 어느 것인가?

> 자동차 : 바퀴 = (　　　) : 방아쇠

① 전쟁　　　② 군인　　　③ 총
④ 적군　　　⑤ 전투기

해설　　　　　　　　　　　　　　　　　　　　　　　　　　정답 ③
자동차와 바퀴는 앞 단어의 일부분에 속하는 말이 뒤 단어인 관계를 나타낸다.
바퀴가 자동차의 일부분인 것처럼 방아쇠는 총의 일부를 구성한다. 나머지 선택지의 단어들을 구성하는 데 '방아쇠'가 필요하진 않다.

08 다음에 제시된 사례를 참고하여 문제의 해결 절차에 따른 각 요소들을 설명한 것으로 적절하지 않은 것은 어느 것인가?

> 하버드대에 입학을 한 휴그 무어는 발명과는 무관한 평범한 학생이었고 한 살 위의 발명가 형인 로렌스 엘랜은 생수를 판매하는 자동판매기를 발명하여 명성을 떨치고 있었다. 그러나 형의 발명품인 생수 자동판매기는 자기로 된 컵을 이용하여 사용하였기에 컵이 자주 깨지기 쉬웠고 그로 인해서 자기 컵 사용의 문제가 발생하였다. 이후 점차 생수 자동판매기의 인기도 시들해지기 시작하였다. 그것을 계기로 휴그 무어는 '깨지지 않는 종이컵을 만들면 되지 않을까?' 하는 발상을 하게 되었고, 여러 시도 끝에 물에 잘 젖지 않는 태블릿 종이를 사용하여 컵을 만들었다. 종이컵의 발명 이후 휴그 무어는 대학을 그만두고 생수공급회사를 설립하였고, 자본가인 그래함의 제안으로 종이컵 회사설립을 하게 되었다. 그 결과로 휴그 무어의 종이컵은 '건강 컵'이라는 이름으로 본격 생산되었고, 소비자들의 관심과 1회용 컵 사용을 권장하는 당대의 분위기로 인해 종이컵의 엄청난 수요가 일기 시작하였고 결국 휴그 무어는 경제적으로도 성공을 이루게 되었다.

① 생수 자동판매기 사용상의 문제가 발생한 것은 '문제 인식'을 의미한다.
② 생수 자동판매기의 인기가 떨어진 것은 '문제 도출'을 의미한다.
③ 자기 컵이 깨지기 쉬웠던 것은 '원인 분석'에 해당한다.
④ 물에 잘 젖지 않는 종이컵을 개발한 것은 '해결안 개발'에 해당한다.
⑤ 종이컵을 적용하여 큰 성공을 이루게 된 사실은 '실행 및 평가'에 해당한다.

해설　　　　　　　　　　　　　　　　　　　　　　　　　　정답 ②
문제해결은 문제 인식→문제 도출→원인 분석→해결안 개발→실행 및 평가의 단계를 거쳐 이루어지게 된다.
주어진 상황에서 인식된 근본 문제는 자판기의 문제점이 발생하였다는 것이며, 이를 통하여 해결 과제로서 도출된 문제는 '자동판매기 사용에 문제가 없게 하기 위해서는 무엇을 해야 하는가'가 되어야 할 것이다.
생수 자동판매기의 인기가 떨어진 것은 사용상의 문제가 발생한 것과 함께 '문제 인식'의 단계에 포함되어야 할 내용이다.

09 다음 글의 ㉠, ㉡에 들어갈 말이 올바르게 짝지어진 것은 어느 것인가?

> 수명이 계속 늘어나면서 앞으로 노후자금이 얼마나 필요할지 가늠하기 어려워진 상황이다. 쓰고 남는 게 있으면 자녀에게 물려주겠지만, 미리 줬다가 모자라면 다시 돌려받아야 할 형편이다. 그래서 자녀에게 재산을 물려주더라도 그 시기와 방법을 어떻게 해야 할지 고민하지 않을 수 없다.
> 일찌감치 재산을 물려주자니 자녀가 부모를 소홀히 대할까 걱정이고, 차일피일 증여를 미루면 자녀와 갈등이 커질까 염려된다. 이럴 때는 '효도계약서'를 작성하는 방법도 생각해 볼 수 있다. 자녀에게 '부모를 충실히 부양한다.'는 각서를 받고 재산을 증여하는 것이다. 효도계약은 증여의 한 형태이기는 하지만, 일반적인 증여와는 다르다. 증여는 (㉠)이다. 증여하는 사람이 이행하기만 하면 되지, 증여를 받는 사람이 반대급부로 이에 상응하는 행동을 할 필요가 없다. 반면, 효도계약은 (㉡)이다. 증여를 하는 부모뿐 아니라 받는 자녀도 약속한 의무를 이행해야 한다. 자녀가 계약서에 명기된 의무를 이행하지 않으면 부모는 증여한 자산을 다시 찾아올 수 있다.

	㉠	㉡
①	유상계약	무상계약
②	무상계약	유상계약
③	쌍무계약	편무계약
④	편무계약	쌍무계약
⑤	쌍무계약	위탁계약

해설 정답 ④

계약의 당사자 중 일방만이 채무를 부담하는 것이 편무계약이고, 쌍무계약은 계약당사자가 서로 대가적 의미를 가지는 급부를 하는 계약을 말한다. 예를 들면 매매계약에 있어서는 매도인이 상대방에게 상품을 급부할 의무를 부담하고, 매수인이 상대방에게 대금을 급부할 의무를 부담한다. 여기서 2개의 급부는 서로 대가 관계에 있다. 민법상 매매, 임대차, 교환, 도급, 조합, 화해, 고용 등은 쌍무계약이고, 증여, 소비대차, 사용대차, 무상의 위임, 무상의 임치는 편무계약이다.
따라서 증여를 의미하는 ㉠은 편무계약이며, 효도와 증여가 대가적인 관계를 갖는 ㉡은 쌍무계약이 쓰여야 한다.

10 다음 설명을 참고할 때, 송풍법, 살수법, 연소법의 단점을 ㉠~㉣에서 골라 올바르게 짝지은 것은 어느 것인가?

> 최저기온이 영하 2도 이하가 되면 서리 피해 주의보가 발령된다. 일반적으로 서리가 발생하기 쉬운 조건은 낮 기온이 낮고, 오후 6시 기온이 10도 이하, 오후 9시 기온이 4도 이하이고 하늘이 맑고 바람이 없으면 서리가 내릴 확률이 높다. 서리 피해를 예방하기 위해서는 송풍법, 살수법, 연소법 등으로 사전 대책을 세워야 한다.
> 송풍법은 기온이 내려갈 때 방상팬을 가동시켜 따뜻한 바람을 송풍시키는 방법이다. 작동온도는 3도 정도로 설정하고 여러 대가 동시에 가동되지 않도록 제어반에서 5~10초 간격을 둔다. 가동 정지온도는 설정온도보다 2도 높게 해야 야간의 저온으로 동결되어 있던 조직이 일출 이후 급상승한 온도에 의해 피해가 발생하는 것을 막을 수 있다.
> 살수법은 스프링클러 등을 이용해 물을 뿌려 물이 얼음으로 될 때 나오는 잠열을 이용하는 방법이다. 온도가 1~2도가 되면 살수시스템을 가동하고 일출 이후에 중단한다. 특히 물 공급에 신경을 써야 하는데, 물의 양이 부족하여 살수가 중단되면 오히려 나무의 온도가 기온 이하로 떨어질 수 있다.
> 연소법은 톱밥, 왕겨 등을 태워서 과원 내 기온을 높여 주는 방법이다. 기온이 영하 1도 정도가 될 때 10a당 점화통 20개 정도를 과원 주위에는 많이, 안쪽에는 드물게 배치해 온도가 고루 올라가도록 한다. 불을 이용하는 만큼 화재에 유의해야 하며 탄내가 날 수 있다.
> 피해가 난 과원에서는 피해 상황을 잘 확인하고 피해를 받지 않은 꽃을 선택해 철저한 인공수분을 해야 한다.

㉠ 산불이 발생되지 않도록 각별히 주의해야 한다.
㉡ 과정이 중단될 시, 아무런 조치를 취하지 않았을 때보다 피해가 커질 수 있다.
㉢ 일출 이후 온도가 급변할 수 있다.
㉣ 시간과 노력이 많이 소요되며 과원에 냄새가 남아있게 된다.

	송풍법	살수법	연소법
①	㉡	㉠, ㉣	㉢
②	㉠	㉡, ㉣	㉢
③	㉢, ㉣	㉠	㉡
④	㉡, ㉢	㉣	㉠
⑤	㉢	㉡	㉠, ㉣

정답 ⑤

해설
㉠ 톱밥, 왕겨 등을 태울 때 산불에 주의해야 하므로 연소법의 단점이다.
㉡ 살수법은 다음날 아침에 서리가 예상되면 땅에 물을 충분히 주어 땅 속의 열을 끌어올려 지면의 냉각을 완화함으로써 온도를 올리는 방법이다. 살수 중 물의 양 부족으로 중단되면 나무 온도가 기온보다 낮아 오히려 피해가 커질 수 있음에 유의해야 한다.
㉢ 송풍법은 방상팬이 돌아가는 온도를 발아 직전에는 2도 전후, 개화 이후에는 3도 정도에서 설정하고 가동 정지온도는 일출 이후 온도의 급격한 변화를 방지하기 위해 설정온도보다 2도 높게 해주어야 한다.
㉣ 연소법은 서리 피해 예방에 상당한 효과가 있으나, 준비하는 데 시간과 노력이 많이 소요되며 오랫동안 과원에 냄새가 남아있고 화재의 염려도 있다.

[11~12] B씨는 S은행의 예금 상품에 가입하고자 한다. 다음 정기예금 상품에 대한 안내사항을 보고 이어지는 물음에 답하시오.

구 분	내 용
가입금액	1백만 원 이상~1억 원 이하
가입기간	1년~5년
금리(연%)	☞ 계약기간별 기본금리 <table><tr><td>가입기간</td><td>10개월 이상</td><td>20개월 이상</td><td>30개월 이상</td></tr><tr><td>개인/법인</td><td>1.20</td><td>1.30</td><td>1.50</td></tr></table>
우대금리 (연%p)	☞ 개인 우대금리 기준 충족 시, 기본금리에 가산하여 만기해지 시 적용 - S은행 체크카드 월평균 15만 원 이상 이용 시 0.3%p ☞ 법인 우대금리 기준 충족 시, 기본금리에 가산하여 만기해지 시 적용 - S은행 체크카드 연 300만 원 이상 500만원 미만 이용 시 0.3%p * S은행 신용/체크 사용실적은 승인기준(현금서비스 제외, 매출취소 시 차감)

* 이자는 만기 시 일시지급하며, 월 이자 지급식은 적용금리에서 0.1%p를 차감한다.

11 S은행 체크카드를 연 200만 원 이용하는 B씨는 위의 정기예금 상품으로 2천5백만 원을 26개월 간 가입하려고 한다. 만기일시지급식 이자지급을 원할 경우, 만기 시점에서 받는 총 원리금은 얼마인가? (소수점 이하 절사 처리함)

① 25,855,533원 ② 25,866,666원 ③ 25,878,928원
④ 25,885,666원 ⑤ 25,897,027원

해설 정답 ②

원금은 25,000,000원이며, 기간은 26개월이므로 연리 1.30%가 된다. 또한 S은행 체크카드 실적에 의해 우대금리 0.3%p가 가산되어 최종 적용 연리는 1.6%가 된다. 24개월과 2개월을 구분하여 계산하면 다음과 같다.

24개월 분 이자 : 25,000,000×0.016×2=800,000(원)

2개월 분 이자 : 25,000,000×0.016×$\frac{2}{12}$=66,666(원)

따라서 총 원리금은 25,000,000+800,000+66,666=25,866,666(원)이 된다.

12 위 상품에 가입한 H법인은 7천만 원의 원금을 36개월 후 만기에 지급받으려 한다. 월 이자 지급식을 선택한 H법인은 S은행 체크카드 연 결제 실적이 320만 원이다. 이 경우, 36개월 간 H법인이 지급받은 총 원리금은 얼마인가?

① 73,050,400원 ② 73,188,000원 ③ 73,200,400원
④ 73,445,500원 ⑤ 73,570,000원

해설 정답 ⑤

원금 70,000,000원에 가입 기간은 36개월이므로 연리 1.50%가 된다. 또한 S은행 체크카드 실적에 의해 우대금리 0.3%p가 가산되며, 다시 월 이자 지급식 적용금리 0.1%p 차감에 의해 최종 적용 연리는 1.70%p가 된다.
36개월간의 이자는 70,000,000×0.017×3=3,570,000(원)이므로
총 원리금은 70,000,000+3,570,000=73,570,000(원)이 된다.

13 가설은 사실에 따라 강화되거나 약화될 수 있다. 다음 사실 중 아래의 내용에서 A의 생각을 강화 또는 약화하는 양상이 다른 하나를 고르면?

> 피부 질환을 앓고 있는 A는 자신의 동생인 B가 재작년, ○○병원에서 피부염 치료를 받고 완치했던 기억을 떠올렸다. 따라서 A는 ○○병원이 자신의 피부 질환을 완치시켜 줄 것이라고 생각한다.

① A가 앓고 있는 피부 질환은 B가 앓은 것과 유사한 피부염이다.
② A의 지인인 C는 ○○병원에서 건선치료를 받아 증상이 크게 나아졌다.
③ ○○병원은 인터넷 등지에서 아토피성 피부염 치료로 크게 알려져 있다.
④ ○○병원은 올해 초부터 새로운 전문의가 피부과 진료를 시작했다.
⑤ A가 ○○병원에서 받은 진단이 B가 받은 것과 같았다.

해설 정답 ④

B가 진료를 받은 것은 재작년이므로 올해 초부터 진료를 시작한 새로운 전문의는 B의 경험과는 무관하며, 오히려 B와 같은 진료를 받을 수 없다는 것이므로 그 내용을 약화한다.

오답풀이

①, ⑤ B가 겪은 사례와 유사하므로 결과가 유사할 것이라고 기대할 수 있다. 따라서 A의 생각이 강화된다.
②, ③ A의 질환과는 다르지만 ○○병원의 진료 기술이 전반적으로 뛰어날 것이라 기대할 수 있으므로 A의 생각이 강화된다.

14 다음 설명을 참고할 때, 빈칸 ㉠~㉣에 들어갈 사업의 모델로 가장 적절하게 연결된 것은?

> BCG 매트릭스란 기업 수준에서 각 사업단위가 속해 있는 시장의 성장률과 각 사업단위가 그 시장 내에서 차지하는 상대적 시장점유율을 기준으로 사업 포트폴리오를 평가하는 분석 기법이며, 아래 그림과 같은 모형으로 설명할 수 있다.
>
>
>
> (㉠) : 수익성과 성장성이 모두 높지만 계속적인 투자는 여전히 필요하다. 시간이 갈수록 규모가 커지기 때문에 성장률을 유지하기는 힘들다. 사업을 계속 키울지, 현 상황을 유지할지를 선택해야 한다.
>
> (㉡) : 나쁜 것을 보고 개라고 칭하는 것은 동양과 서양을 막론한다. 성장성과 수익성이 없는 사양산업이자 산업 군의 매력도가 낮다. 자금이 줄줄 새기 때문에 혁신적인 변화가 적용되지 않는다면 철수해야 한다.
>
> (㉢) : 실질적으로 돈을 벌어다 주는 수익의 창출원이다. 기존의 투자로 인하여 자금의 투입은 작고, 수익은 많다. 돈을 벌어다 주므로 타 사업 군이 필요한 자금의 공급처라 할 수 있다.
>
> (㉣) : 낮은 시장점유율과 높은 시장성장성을 가진 사업으로 기업의 투자에 따라 미래의 변화 가능성이 열려 있다. 초반에 자금이 많이 투자될 수 있으나 투자하기로 결정했다면 상대적 시장점유율을 높이기 위해서 적극적인 투자가 필요하다.

① ㉠ 국내 석탄 채굴   ② ㉡ 반도체 생산   ③ ㉢ 제철·제강
④ ㉣ 자기디스크 생산   ⑤ ㉠ 전기자동차 개발

해설   정답 ③

㉠~㉣은 각각 star, dog, cash cow, question mark에 해당한다.
③ 강철은 산업에서 차지하는 위치가 독보적으로 그 산업의 규모가 줄어들 수는 없지만 초기 시설비용이 크게 들고, 그 성장성이 높다고 볼 수도 없으므로 cash cow로 분류할 수 있다.

오답풀이
① 국내 석탄 채굴은 현재에도 점점 그 생산이 줄어들고 있고, 이후에도 더욱 줄어들 것이다. 따라서 dog로 분류할 수 있다.
② 반도체 생산은 계속해서 전망이 밝지만 그 투자비용이 크다. 발전 속도에 따라 star에서 cash cow로 분류할 수 있다.
④ 자기디스크는 플래시메모리나 SSD 등 새로운 저장매체에 의해 점차 도태되고 있다. dog로 분류할 수 있다.
⑤ 전기자동차는 그 시장성장성은 분명하나 아직 시장에서 차지하는 절대적인 점유율은 높지 않다. 따라서 question mark로 분류할 수 있다.

15 다음 단락 (가)~(라)를 문맥에 맞게 재배열한 것은 어느 것인가?

> (가) 정부도 농업 투자 활성화를 위해 다양한 정책을 펼치고 있다. 각종 정책자금을 제공하여 농업 투자를 유지하고 있고, 농림수산업자 신용보증 제도를 운영하여 농업경영체가 금융기관을 통해 자금을 쉽게 조달할 수 있도록 돕고 있다.
> (나) 토지와 노동 투입이 감소하는 가운데 자본투입을 확대한 것에 힘입어 농업이 성장을 지속할 수 있었던 것처럼 한국농업의 발전에서 투자는 매우 중요한 역할을 차지했다.
> (다) 한국농업의 성장과정을 돌이켜 보면, 농업 노동력은 지속적으로 감소되었지만 농업 기계화 등 고정자산의 투자를 통해 농업은 지속적으로 성장해왔다.
> (라) 정부의 이러한 정책이 목적한 성과를 달성하고 있는지 진단하고 개선 방안을 마련한다면 농업 투자 활성화를 통한 농업의 지속가능한 성장에 기여할 수 있을 것이다.

① (다) - (나) - (라) - (가)   ② (나) - (다) - (가) - (라)
③ (다) - (가) - (나) - (라)   ④ (라) - (나) - (가) - (다)
⑤ (다) - (나) - (가) - (라)

정답 ⑤

이 글의 주제는 한국농업은 변천과정에서 열악한 환경에도 불구하고 자본투자에 힘입은 바가 크다는 것으로 요약할 수 있다. 따라서 이를 위한 단락의 순서를 파악해야 한다.
한국농업의 성장과정을 들여다보고자 하는 의도가 언급된 (다)가 가장 먼저 위치하여 화두를 던져야 할 것이며, 이를 간략하게 한 문장으로 평가한 (나)가 뒤를 이어야 한다. 이어서 이를 위한 정부의 구체적인 지원의 모습을 언급한 (가)가 적절한 흐름을 잇고, 이러한 지원의 개선 방안을 마련해야 한다는 전환점을 언급하며 글을 전개할 것임을 시사하는 (라)를 가장 마지막에 배치하는 것이 자연스럽다.

16 다음 중 농협이 하는 일에 대한 적절한 설명을 ㉠~㉣에서 모두 고른 것은 어느 것인가?

> ㉠ 금융부문사업을 통하여 일반 시중은행의 업무를 배제하고 농촌지역 농업금융 서비스 및 조합원의 편익을 위한 서민금융 활성화 사업을 수행한다.
> ㉡ 교육지원사업을 통하여 농·축협 육성 발전지도 및 농정활동과 교육사업을 추진하고 사회공헌 및 국제 협력 활동 등을 수행한다.
> ㉢ 농업경제사업을 통하여 영농자재 공급, 산지유통혁신, 도매 사업, 소비자 유통 활성화, 안전한 농식품 공급 및 판매 등의 사업을 수행한다.
> ㉣ 축산경제사업을 통하여 축산 지도(컨설팅 등), 지원 및 개량 사업, 축산 기자재 공급 및 판매 등의 사업을 수행한다.

① ㉠   ② ㉠, ㉡   ③ ㉢, ㉣
④ ㉠, ㉢, ㉣   ⑤ ㉡, ㉢, ㉣

정답 ⑤

㉡ 교육지원사업은 농업인의 권익을 대변하고 농업발전과 농가 소득 증대를 통해 농업인 삶의 질 향상에 도움을 주고자 함을 목적으로 하는 사업이다.
㉢, ㉣ 농업인이 영농활동에 안정적으로 전념할 수 있도록 생산, 유통, 가공, 소비에 이르기까지 다양한 농업 및 축산 경제사업을 지원하고 있다.

17 농협은 농업인의 경제적, 사회적, 문화적 지위를 향상시키고 종업의 경쟁력 강화를 통하여 농업인의 삶의 질을 높이며 국민경제의 균형 있는 발전에 이바지하고자 하는 미션을 갖고 있다. 이를 실현하기 위한 핵심가치에 대한 것으로 다음 그림의 빈칸 (A)에 들어갈 내용이 순서대로 올바르게 짝지어진 것은 어느 것인가?

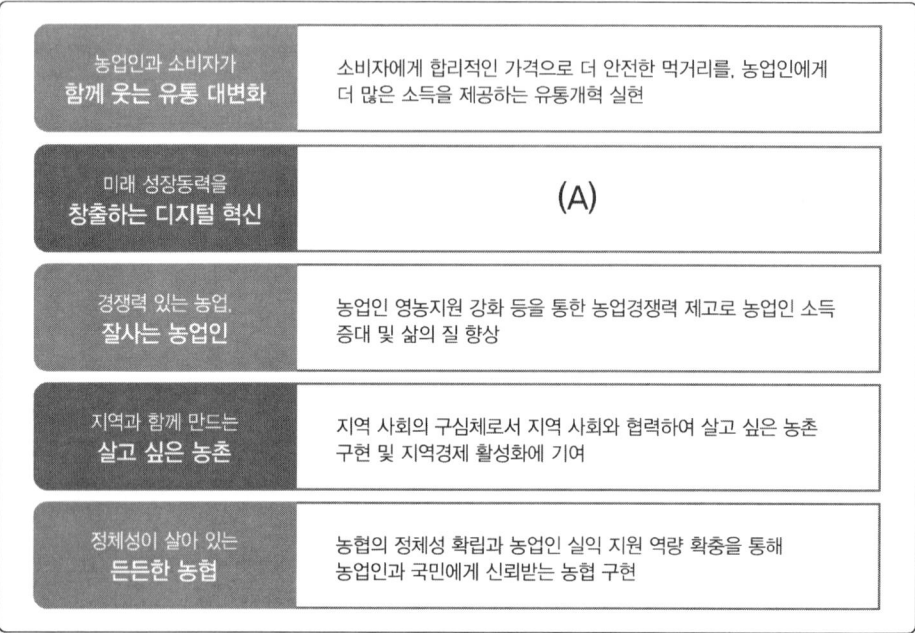

① 4차 산업혁명 시대에 부응하는 디지털 혁신으로 농업·농촌·농협의 미래 성장동력 창출
② 살고 싶은 농촌을 만들며 농업인에 대한 금융 지원으로 도농간의 격차 해소
③ 혁신하는 농협으로 지역사회 발전에 기여하고 나아가 국가의 근간이 되는 농촌을 지향
④ 시대에 적응하고 새로운 금융 산업 발전에 집중하여 금융기관으로서의 경쟁력을 제고
⑤ 소통하는 농협이 되어 모든 농업인들이 웃을 수 있는 100년을 준비

해설 　　　　　　　　　　　　　　　　　　　　　　　　　　　　　정답 ①

'미래 성장동력'과 '디지털 혁신'이라는 키워드에 가장 적절한 내용이라 할 수 있다.

18 다음은 연도별 도시-농촌 간 인구이동 추이를 나타낸 자료이다. 이에 대한 설명으로 올바르지 않은 것은 어느 것인가?

〈도시 – 농촌 간 인구이동 추이〉

(단위 : 명)

연 도	농촌 → 도시	도시 → 농촌	농촌으로의 인구 순유입		
			수도권	지방 대도시	중소도시
2006	458,524	442,086	-12,041	-831	-3,566
2007	462,431	472,048	1,967	9,108	-1,458
2017	333,773	375,073	21,589	19,334	377

① 2007년에는 중소도시만 '농촌 → 도시'의 인구가 '도시 → 농촌'의 인구수보다 더 적었다.
② 농촌으로 순유입 된 인구의 총수는 2006년＜2007년＜2017년 순이다.
③ 수도권, 지방 대도시, 중소도시 모두 갈수록 도시를 떠나 농촌으로 향하는 사람이 늘고 있다.
④ 농촌 인구의 순유출은 2006년에만 일어났다.
⑤ 2007년 대비 2017년의 이동 인구 감소율은 '농촌 → 도시'가 '도시 → 농촌'보다 더 크다.

해설

정답 ①

2007년에는 중소도시만 농촌으로의 인구 순유입이 '-'이므로 이것은 중소도시에서 '농촌 → 도시'의 인구가 '도시 → 농촌'의 인구수보다 더 많았다는 것을 의미한다.

오답풀이

② 농촌으로 순유입된 인구의 총수는 다음과 같다.
2006년 : -12,041-831-3,566=-16,438(명)
2007년 : 1,967+9,108-1,458=9,617(명)
2017년 : 21,589+19,334+377=41,300(명)
따라서 2006년＜2007년＜2017년 순이 된다.
③ 각 지역에서 시간이 지날수록 농촌으로의 순유입 인구가 늘어나고 있음을 알 수 있다.
④ 2006년에만 442,086-458,524=-16,438(명)으로 순유출이 일어났다.
⑤ '농촌 → 도시'의 감소율은 $\frac{333,773-462,431}{462,431} \times 100 ≒ -27.8(\%)$이며,

'도시 → 농촌'의 감소율은 $\frac{375,073-472,048}{472,048} \times 100 ≒ -20.5(\%)$가 되므로 '농촌 → 도시'가 '도시 → 농촌'보다 더 크다.

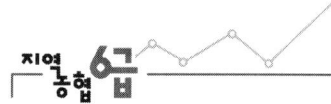

[19~20] 다음은 S농협 민원실의 상담원 다섯 명에 대한 고객 설문조사 결과를 표로 나타낸 것이다. S농협에서는 이를 근거로 최우수 상담원을 선정하여 포상을 하려 한다. 이를 보고 이어지는 물음에 답하시오.

〈상담원별 고객부여 득점 결과표〉

(단위 : 점)

구 분	대 면		비대면		
	응대친절	의사소통	신속처리	전문성	사후 피드백
상담원A	75	80	83	92	88
상담원B	92	94	82	82	90
상담원C	80	82	85	94	96
상담원D	84	90	95	90	82
상담원E	93	88	78	86	94

〈최우수 상담원 선정 방법〉

- 각 항목별 득점에 다음 구간 기준을 적용하여 점수를 부여한다.

96점 이상	90~95점	85~89점	80~84점	79점 이하
5점	4점	3점	2점	1점

- 점수가 동일한 경우 왼쪽 항목부터 얻은 점수가 높은 상담원을 우선순위로 선정한다.

19 다음 중 위의 기준에 의해 최우수 상담원으로 선정될 사람은 누구인가?

① 상담원A ② 상담원B ③ 상담원C
④ 상담원D ⑤ 상담원E

정답 ②

기준에 따라 각 상담원의 점수를 계산해 보면 다음과 같다.

(단위 : 점)

구 분	응대친절	의사소통	신속처리	전문성	사후 피드백	합 계
상담원A	1	2	2	4	3	12
상담원B	4	4	2	2	4	16
상담원C	2	2	3	4	5	16
상담원D	2	4	3	3	4	16
상담원E	4	3	1	3	4	15

따라서 동일한 점수를 얻은 상담원B, C, D 중 응대친절 항목에서 높은 점수를 얻은 상담원B가 최우수 상담원이 된다.

20 다음 중 위와 같은 평가 방식과 결과에 대한 의견으로 올바르지 않은 것은 어느 것인가?

① 대면 상담에서는 상담원E가 상담원D보다 더 우수한 평점을 받았네.
② 이 평가방식은 대면 상담을 비대면 상담보다 더 중요하게 여기는구나.
③ 고객에게 친절하게 응대하는 것을 가장 중요시하는 평가 기준이군.
④ 비대면 상담을 위주로 평가했다면 상담원D가 최우수 상담원이 되었겠어.
⑤ 고객이 부여한 득점 결과가 1위인 항목은 상담원C가 가장 많네.

해설 정답 ④

비대면 상담을 위주로 평가한다면 상담원C가 신속처리에서 공동 1위, 전문성과 사후 피드백에서 단독 1위로 D보다 더 좋은 평가를 받게 될 것이다.

오답풀이
① 대면 상담에서는 상담원D가 7.8점, 상담원E가 9.1점을 받았다.
② 대면 상담 항목의 가중치가 비대면 상담 항목의 가중치보다 높으므로 대면 상담 항목을 더 중요하게 여긴다고 볼 수 있다.
③ 가중치와 동일 점수 시의 기준으로 볼 때 고객에게 친절하게 응대하는 것을 가장 중요시하는 평가 기준이라고 볼 수 있다.
⑤ 고객이 부여한 득점 결과가 1위인 항목은 상담원C가 전문성과 사후 피드백 2개로 가장 많다.

21 다음은 연도별 봄 감자 재배면적 현황을 나타내는 자료이다. 봄 감자의 전체 생산량이 가장 적은 해의 생산량을 올바르게 나타낸 것은 어느 것인가?

구 분	2014	2015	2016	2017	2018	2019
재배면적(ha)	15,596	14,545	15,259	14,943	15,819	18,150
10a당 생산량(kg)	2,772	2,526	2,580	2,152	2,435	2,567

① 3,215,733톤 ② 32,157kg ③ 32,157톤
④ 321,573kg ⑤ 321,573톤

해설 정답 ⑤

1ha(헥타아르)는 100a(아르)가 된다는 것과 1톤은 1,000kg이라는 점을 알고 있으면 어렵지 않게 해결할 수 있다. 정확한 값을 계산할 필요 없이 단위와 자릿수만 구하면 답을 고를 수 있다.
따라서 전체 생산량은 '10a당 생산량×10×재배면적'의 산식에 의해 구할 수 있으며, 계산된 수치를 다시 1,000으로 나누어 톤으로 환산한 생산량을 구할 수 있다.
이에 따라 2017년의 생산량이 2,152×10×14,943÷1,000≒321,573(톤)으로 가장 적은 해의 생산량이 된다.

22 다음은 H공사의 연차휴가에 관한 규정이다. 다음 규정을 참고할 때, 올바른 설명은 어느 것인가?

> 제12조(연차휴가) ① 1년간 8할 이상 출근한 직원에게 15일의 연차휴가를 준다.
> ② 계속근로연수가 1년 미만인 직원에게 1월간 개근 시 1일의 연차휴가를 준다.
> ③ 직원의 최초 1년간의 근로에 대하여 연차휴가를 주는 경우에는 제2항의 규정에 의한 휴가를 이미 사용한 경우에는 그 사용한 휴가일수를 15일에서 공제한다.
> ④ 3년 이상 계속근무한 직원에 대하여는 제1항의 규정에 의한 휴가에 최초 1년을 초과하는 계속근로연수 매 2년에 대하여 1일을 가산한 휴가를 주어야 한다. 이 경우 가산휴가를 포함한 총 휴가 일수는 25일을 한도로 한다.
> ⑤ 직원이 업무상의 부상 또는 질병으로 인하여 병가 또는 휴직한 기간과 산전·산후의 직원이 휴직한 기간은 연차휴가기간을 정함에 있어서 출근한 것으로 본다.
> ⑥ 연차휴가는 14시를 전후하여 4시간씩 반일 단위로 허가할 수 있으며, 반일 연차휴가 2회는 연차휴가 1일로 계산한다.
> ⑦ 직원의 연차 유급휴가를 연 2회(3/1, 9/1)기준으로 부여한다.
>
> 제12조의2(연차휴가의 사용촉진) ① 회사가 제12조 제1항·제3항 및 제4항의 규정에 의한 연차휴가의 사용을 촉진하기 위하여 다음과 같이 조치를 하였음에도 불구하고 직원이 1년간 휴가를 사용하지 아니하여 소멸된 경우에는 회사는 그 미사용 휴가에 대하여 연차수당을 지급하지 않는다.
>   1. 휴가 소멸기간이 끝나기 6개월 전을 기준으로 10일 이내에 직원의 직근 상위자가 직원별로 그 미사용 휴가일수를 알려주고, 직원이 그 사용 시기를 정하여 직근 상위자에게 통보하도록 서면으로 촉구할 것
>   2. 제1호의 규정에 의한 촉구에도 불구하고 직원이 촉구를 받은 때부터 10일 이내에 미사용 휴가의 전부 또는 일부의 사용 시기를 정하여 직근 상위자에게 통보하지 아니한 경우에는 휴가 소멸기간이 끝나기 2개월 전까지 직근 상위자가 미사용 휴가의 사용 시기를 정하여 직원에게 서면으로 통보할 것

① 입사한 첫 해에 연차휴가를 3일 사용한 직원(8할 이상 출근)에게는 2년 차에 연차휴가를 15일 주게 된다.
② 계속근로연수가 8년인 직원은 19일의 연차휴가를 주게 된다.
③ 직근 상위자로부터 잔여 휴가일수에 대한 서면 통보를 받지 못한 경우에는 연차수당을 지급받을 수 없다.
④ 계속근로연수 3년인 직원이 3년 차에 반일 연차를 6회 사용하였다면 남은 연차휴가 일수는 13일이 된다.
⑤ 계속근로연수가 5년인 직원이 5년 차에 직근 상위자에 의한 서면 통보를 받았음에도 불구하고 질병으로 인한 병가만 3일 사용하였다면, 소멸되는 연차휴가 일수는 14일이다.

해설

정답 ④

계속근로연수 3년인 직원이므로 16일의 연차휴가가 발생되며, 반일 연차 6회 사용은 3일 연차 사용이 되므로 13일의 잔여 휴가 일수가 발생하게 된다.

오답풀이
① 계속근로연수가 1년 미만인 직원이 3일의 연차를 사용하였으므로 1년 후 받게 되는 15일 연차휴가에서 3일만큼을 공제하게 되어 12일의 연차휴가가 발생한다.
② 3년이 지난 후부터 최초 1년을 초과하는 매 2년마다 1일씩 추가되어 3년 후 16일, 5년 후 17일, 7년 후 18일의 연차휴가 일수가 발생한다. 8년 후에는 여전히 18일이 된다.
③ 서면 통보를 받은 잔여 휴가를 사용하지 않을 경우 연차수당이 지급되지 않으며, 1년이 지나면 소멸되므로 만일 서면 통보를 받지 못하였다면 소멸된 휴가에 대하여 연차수당을 받을 수 있는 것으로 판단할 수 있다.
⑤ 질병으로 인한 병가는 계속 출근한 것으로 인정되어 5년 차 17일 휴가가 소멸된다.

23 다음은 1997~1999년 우리나라의 주요 경제지표를 요약한 표이다. 이 표로부터 추론할 수 있는 내용으로 거리가 먼 것은 어느 것인가? (명목 기준 자료임)

구 분	1997	1998	1999
GDP(억 달러)	4,766	3,177	4,058
실업률(%)	2.6	6.8	6.3
소비자물가(%)	6.6	4.0	1.4
임금상승률(%)	7.0	-2.5	12.1
경상수지(억 달러)	-81.7	403.6	244.8
연평균 환율(원/달러)	951	1,399	1,190

① 1998년에는 달러화로 표시된 경제성장률이 마이너스(-)를 기록했다.
② 실업률과 임금상승률 간에는 반비례(역)의 관계가 성립한다.
③ GDP가 증가하면 실업률은 감소한다.
④ 환율이 상승하면 경상수지가 개선된다.
⑤ 1999년에는 실질임금이 하락했다.

해설

정답 ⑤

실질임금은 명목임금과 달리, 단순 임금상승률이 아닌 물가상승률과 연동된 실질적인 임금의 증감을 의미하는 지표이다. 따라서 1999년의 물가상승률은 1.4%이며 임금상승률은 12.1%로 나타나고 있다는 것은, 물가의 상승에도 불구하고 물가상승률을 상회하는 임금상승률에 의해 실질임금이 상승하였음을 의미한다고 볼 수 있다.

오답풀이
① 경제성장률은 GDP 성장률을 의미한다. 따라서 4,766 → 3,177로 변동된 수치는 경제성장률의 감소를 의미한다.
② 도표에서 확인할 수 있듯이 실업률과 임금상승률은 증가와 감소가 반비례 관계를 유지하고 있다.
③, ④ 도표를 통하여 합리적으로 추론이 가능하다.

24 다음은 농협중앙회 임직원 행동강령의 일부이다. 주어진 내용에 부합하지 않는 설명은 어느 것인가?

> **제5조【이해관계직무의 회피】** ① 임직원은 자신이 수행하는 직무가 다음 각 호의 어느 하나에 해당하는 경우에는 그 직무의 회피 여부 등에 관하여 지역행동강령책임관 또는 행동강령책임관과 상담한 후 처리하여야 한다. 다만, 사무소장이 공정한 직무수행에 영향을 받지 아니한다고 판단하여 정하는 단순 민원업무의 경우에는 그러하지 아니한다.
> 1. 자신, 자신의 직계 존속·비속, 배우자 및 배우자의 직계 존속·비속의 금전적 이해와 직접적인 관련이 있는 경우
> 2. 4촌 이내의 친족(「민법」제767조에 따른 친족을 말한다. 이하 같다.)이 직무관련자인 경우
> 3. 자신이 2년 이내에 재직하였던 단체 또는 그 단체의 대리인이 직무관련자이거나 혈연, 학연, 지연, 종교 등으로 지속적인 친분관계에 있어 공정한 직무수행이 어렵다고 판단되는 자가 직무관련자인 경우
> 4. 그 밖에 행동강령책임관이 공정한 직무수행이 어려운 관계에 있다고 정한 자가 직무관련자인 경우
>
> ② 제1항에 따라 상담요청을 받은 지역행동강령책임관은 해당 임직원이 그 직무를 계속 수행하는 것이 적절하지 아니하다고 판단되면 행동강령책임관에게 보고하여야 한다. 다만, 지역행동강령책임관이 그 권한의 범위에서 그 임직원의 직무를 일시적으로 재배정할 수 있는 경우에는 그 직무를 재배정하고 행동강령책임관에게 보고하지 아니할 수 있다.
>
> ③ 제2항에 따라 보고를 받은 행동강령책임관은 직무가 공정하게 처리될 수 있도록 인력을 재배치하는 등 필요한 조치를 하여야 한다.
>
> **제6조【특혜의 배제】** 임직원은 직무를 수행함에 있어 지연·혈연·학연·종교 등을 이유로 특정인에게 특혜를 주거나 특정인을 차별하여서는 아니 된다.
>
> **제6조의2【직무관련자와의 사적인 접촉 제한】** ① 임직원은 소관업무와 관련하여 우월적 지위에 있는 경우 그 상대방인 직무관련자(직무관련자인 퇴직자를 포함한다)와 당해 직무 개시시점부터 종결시점까지 사적인 접촉을 하여서는 아니 된다. 다만, 부득이한 사유로 접촉할 경우에는 사전에 소속 사무소장에게 보고(부재 시 등 사후보고)하여야 하고, 이 경우에도 중앙회 내부정보 누설 등의 행위를 하여서는 아니 된다.
>
> ② 제1항의 "사적인 접촉"이란 다음 각 호의 어느 하나에 해당하는 것을 말한다.
> 1. 직무관련자와 사적으로 여행을 함께하는 경우
> 2. 직무관련자와 함께 사행성 오락(마작, 화투, 카드 등)을 하는 경우
>
> ③ 제1항의 "부득이한 사유"는 다음 각 호의 어느 하나에 해당하는 경우를 말한다.(제2항 제2호 제외)
> 1. 직무관련자인 친족과 가족 모임을 함께하는 경우
> 2. 동창회 등 친목단체에 직무관련자가 있어 부득이하게 함께하는 경우
> 3. 범농협 사업추진을 위한 협의 등을 사유로 계열사 임직원과 함께하는 경우
> 4. 사전에 직무관련자가 참석한 사실을 알지 못한 상태에서 그가 참석한 행사 등에서 접촉한 경우

① 임직원은 이해관계에 관련된 업무 수행에 있어 스스로 회피 여부를 상담 요청해야 한다.
② 이전 직장의 퇴직이 2년이 경과하지 않은 시점에서 이전 직장의 이해관계와 연관 있는 업무는 회피하여야 한다.
③ 이해관계 직무를 회피하기 위해 임직원의 업무가 재배정된 경우 이것이 반드시 행동강령책임관에게 보고되는 것은 아니다.
④ 임직원이 직무 관련 우월적 지위에 있는 경우, 소속 사무소장에게 보고하지 않는(사후보고 제외) 직무 상대방과의 '사적인 접촉'은 어떠한 경우에도 허용되지 않는다.
⑤ 행동강령책임관은 공정한 직무수행이 가능한 직무관련자인지의 여부를 본인의 판단으로 결정할 수 없다.

해설

정답 ⑤

임직원행동강령에서는 '그 밖에 행동강령책임관이 공정한 직무수행이 어려운 관계에 있다고 정한 자가 직무관련자인 경우'를 규정하고 있으므로 행동강령책임관의 판단으로 결정할 수 있다.

오답풀이
① 이해관련업무의 회피는 적발되기에 앞서 우선적으로 본인이 회피 여부와 관련한 상담을 신청하여야 한다.
② 이전 직장 퇴직 후 2년이 경과하지 않으면 직무관련성이 남아 있는 것으로 간주한다.
③ '지역행동강령책임관이 그 권한의 범위에서 그 임직원의 직무를 일시적으로 재배정할 수 있는 경우에는 그 직무를 재배정하고 행동강령책임관에게 보고하지 아니할 수 있다.'고 규정하고 있다.
④ 규정되어 있는 '사적인 접촉'은 어떠한 경우에도 사전에 보고되어야 하며, 보고받는 자의 부재 시에는 사후에 반드시 보고하도록 규정하고 있다.

25 조직의 유형은 공식화 정도에 따라 공식 조직과 비공식 조직, 영리성을 기준으로 영리조직과 비영리조직, 규모에 따라 소규모 조직과 대규모 조직으로 구분할 수 있다. 다음 중 조직의 형태를 구분한 내용이 옳은 것은?

① 공식 조직 – 공기업 / 비공식 조직 – 프랜차이즈 매장
② 영리 조직 – 대학교 / 비영리 조직 – 병원
③ 소규모 조직 – 지역 농가 / 대규모 조직 – 글로벌 기업
④ 공식 조직 – 조기 축구회 / 비공식 조직 – 친목계
⑤ 영리 조직 – 정부 / 비영리 조직 – 취미 동아리

해설

정답 ③

① 프랜차이즈 매장은 본사의 지침에 의한 조직의 구조나 기능, 규정이 정해져 있으므로 공식 조직이다.
② 대학교는 비영리 조직으로 구분한다.
④ 조기 축구회는 개인들의 상호작용에 따라 자발적으로 형성된 비공식 조직이다.
⑤ 정부는 비영리 조직으로 구분한다.

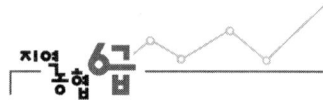

26 다음 글을 참고할 때, 농협 하나로마트에 대하여 올바르게 이해하지 못한 의견은 어느 것인가?

〈농협 하나로마트의 의의〉

농협 하나로마트는 농산물의 유통 효율화를 위하여 설치·운영되는 소매조직입니다. '90년대 대도시를 중심으로 일반 대형 유통업체가 급속히 늘어나고, 외국의 신유통 업태가 유통시장의 개방과 함께 물밀듯이 밀어닥치고 있는 데 반해 농산물의 소매단계 유통형태는 아직도 전근대적이고 영세성을 면치 못하고 있습니다. 따라서 소비지 유통을 강화하기 위한 일환으로 도시지역에 농산물 위주의 대형 하나로마트 증설을 서두르고 있고, 농산물의 소매 유통형태도 소량, 소포장된 신선농산물을 산지와 직거래될 수 있도록 추진하고 있습니다.

〈농협 하나로마트의 사업목적〉

산지와의 직거래를 통해 유통비용을 절감시켜 생산농가에 수취가격을 높여주고 소비자에게는 저렴한 신선한 농산물을 공급하며, 농산물에 대한 소비자의 기호도와 구매동향을 파악하여 산지에 소비자 정보를 제공함으로써 사업영농을 가능하게 합니다. 또한 농협의 판매사업을 능률적으로 처리하고, 농산물 물류센터의 기반 조직으로 농산물 직거래 확대를 가능케 함으로써 물류센터의 조기 정착화를 도모하고 있습니다.

① '소비자들도 하나로마트를 통해 값싼 농산물을 구매할 수 있는 거구나.'
② '하나로마트에서 판매하는 농산물은 신선도가 훨씬 좋을 것 같다.'
③ '하나로마트는 외국의 대형 마트들과 경쟁을 하게 되겠군.'
④ '하나로마트가 활성화되면 농산물 물류센터의 기능은 자연적으로 축소되겠군.'
⑤ '하나로마트는 농가의 수익성 제고에도 기여를 하겠네.'

해설

정답 ④

하나로마트는 농산물 물류센터의 기반 조직으로, 물류센터의 조기 정착화를 도모하는 것이 사업목적이며, 이를 통해 외국의 유통 업체에 시장을 빼앗기고 있는 토종 농산물에 대한 판로를 개척한다는 의의가 있다. 따라서 하나로마트가 활성화되면 농산물 물류센터의 기능이 더욱 강화될 것으로 판단할 수 있다.

오답풀이
① 산지와의 직거래 유통이므로 소비자에게 저렴한 농산물을 공급하게 된다.
② 유통단계가 축소되어 신선도 높은 농산물의 공급이 가능하게 된다.
③ 외국 유통업체들에게 잃고 있는 시장을 유지하는 것이 하나로마트의 사업 의의이므로 경쟁이 예상될 수 있다.
⑤ 유통비용 절감에 따른 생산농가의 수익성 증대에 기여하게 된다.

27 D사는 해외에서 제품 생산 공장을 가동하고 있다. D사가 직면한 다음과 같은 문제들에 대한 설명으로 적절하지 않은 것은 어느 것인가?

> (가) 현지의 큰 명절을 맞아 고향을 찾았던 근로자들이 명절 후 대거 업무에 복귀하지 않아 공장 운영에 막대한 차질을 빚게 되었다.
> (나) 수출품에 대한 정기 불량품 검사에서 이번 달 불량률이 사상 최고치에 이르는 등 품질 관리에 심각한 문제가 발생하였다.
> (다) 외국 기업에 대한 현지의 부정적인 정책으로 인건비와 생산 여건이 날로 악화되고 있어 제3국으로의 생산 기지 이전을 고민해야 하는 문제에 직면하였다.

① (다)는 미래상황에 대응해야 하는 경영전략과 관계된 문제이다.
② (가)는 원인을 찾아 원상복귀를 시켜야 하는 문제이다.
③ (나)는 상황을 개선하고 효율을 높여야 하는 문제이다.
④ (다)와 같은 문제는 지금껏 경험한 노하우를 끌어내어 해결안을 찾아야 하는 문제이다.
⑤ (가)와 (나)는 원인 파악에 집중해야 하는 원인지향적인 문제이다.

해설 　　　　　　　　　　　　　　　　　　　　　　　　　　정답 ④

문제의 유형은 원인과 목표, 해결 방식에 따라 구분할 수 있으며, 다음과 같은 특징이 있다.
1) 발생형 문제
과거에 발생한 문제로, 원인을 파악하여 원상복귀를 시켜야 하는 문제이며 (가)와 같은 문제가 이에 해당한다.
2) 탐색형 문제
개선과 강화가 필요한 문제로, 원인을 파악하여 그것의 개선을 통해 문제를 해결해야 하는 유형으로 (나)와 같은 문제가 이에 해당한다.
3) 설정형 문제
발생한 문제에 대하여 미래 상황에 벌어질 상황을 예측하고 이에 대응해야 하는 문제로, 정해진 목표를 달성하거나 개발해야 하는 유형의 문제이다. (다)와 같은 유형이 이에 해당하며 미래 상황에 대응해야 하는 문제이므로 지금까지 경험한 바가 없기 때문에 해결을 위해서는 많은 창조적인 노력이 요구되기도 한다. 이러한 유형을 창조적 문제라고도 한다.

28 다음은 K시 공영주차장의 주차 요금 안내문이다. 이를 보고 판단한 의견으로 올바르지 않은 것은 어느 것인가? (특별히 언급되지 않은 경우, 경감 사항 없는 소형차인 것으로 가정함)

〈주차 요금표〉
(단위 : 원)

구 분	급 지	1회 주차요금		1일 주차권
		30분 기본요금	30분 초과 시 매 10분마다	
지상	1급지	800	300	5,000
	2급지	600	200	4,000
	3급지	400	100	3,000
지하	1급지	800	300	7,000
	2급지	600	200	6,000
	3급지	400	100	4,000

〈안내사항〉

- 다음 차량은 주차 요금을 경감하여 부과한다.(중복 시, 경감률이 큰 것을 적용)
  - 국가유공자로서 국가유공자 증서를 소지한 사람이 탑승한 차량(50% 경감)
  - 1~6급 장애인으로서 장애인 수첩을 소지한 사람이 탑승한 차량(50% 경감)
  - 배기량 1,000cc 미만인 경형자동차(40% 경감)
  - 저공해자동차 표지 부착 차량(30% 경감)
- 다음 차량은 주차 요금을 면제한다.
  - 성실납세증 스티커를 부착한 모범납세 표창자가 주차장 이용 시(표창일로부터 1년간)
- 승용자동차 및 승용자동차 외의 소형자동차에 대하여는 상기 주차 요금을 적용하고, 그 외의 자동차에 대하여는 다음과 같이 규모별 주차 요금을 구분하여 적용한다.
  - 중형자동차 : 기준 요금의 2배
  - 대형자동차 : 기준 요금의 3배

① '모범납세자가 가장 많은 혜택이 있구나.'
② '장애인은 경차를 주차하는 경우와 소형차를 주차하는 경우의 요금이 똑같군.'
③ '지상 1급지에 경차와 대형차가 똑같이 1시간을 주차하면 4,000원 이상의 요금 차이가 나는군.'
④ '3시간을 주차하게 되면 모든 요금이 1일 주차 요금보다 더 많아지네?'
⑤ '24시간 주차와 1일 주차권과의 차액은 지상 1급지가 가장 많군.'

해설

정답 ④

3시간 주차 시 1일 주차 요금보다 더 주차 요금이 많아지는 것은 지상 1급지뿐이다.
지상 1급지 3시간 주차 시 주차 요금은 800+900+(1,800×2)=5,300(원)으로 1일 주차권인 5,000원보다 더 많게 된다.

오답풀이

① 모범납세자는 면제혜택을 받아 장애인이나 국가유공자보다 더 혜택이 크다.
② 혜택 사항 중복 적용이 안 되므로 50% 경감 혜택이 주어지는 장애인의 경우 40%의 경감 혜택이 주어지는 경차는 의미가 없게 된다.
③ 경차의 경우 (800+900)×0.6=1,020(원)이며, 대형차의 경우 1,700×3=5,100(원)이 되어 차액이 4,080원이 된다.
⑤ 24시간 주차 시 지상 1급지는 800+900+(300×6×23)=43,100(원)으로 1일 주차권인 5,000원과 38,100원의 차액이 발생한다. 이는 6가지 주차 요금 중 가장 큰 차액이 된다.

구 분	지 상			지 하		
	1급지	2급지	3급지	1급지	2급지	3급지
24시간 주차금액	43,100	28,800	14,500	43,100	28,800	14,500
1일권과의 차액	38,100	24,800	11,500	36,100	22,800	10,500

29 A사에서는 통근 버스를 다음과 같이 운영하고 있다. 매일 1대당 통근버스 이용 인원을 20명에서 24명으로 늘리고 전체 통근 버스 운행 횟수를 줄여 경비를 줄이고자 한다면 A사가 얻을 수 있는 월 운행 절감액은 얼마인가? (모든 운행 시의 이용 직원 수는 동일하다고 가정)

- 운행 중인 통근버스 대수 : 4대
- 월 운행일수 : 25일
- 1대당 출퇴근 및 업무상 직원 수송용도 평균 1일 운행횟수 : 3회
- 1대당 1회 운행 시의 운행비용 : 12,000원

① 500,000원 ② 540,000원 ③ 580,000원
④ 600,000원 ⑤ 620,000원

해설

정답 ④

기존 통근버스는 하루에 12회 운행하였으며 이용 인원이 12×20=240(명)이다. 1회당 이용 인원을 24명으로 늘리면 240명을 총 10회 운행으로 충당할 수 있게 된다.
따라서 현재의 운행 시의 월 운행비용은 25일×12회×12,000원=3,600,000(원)이 되며, 변경된 월 운행비용은 25일×10회×12,000원=3,000,000(원)이 된다.
따라서 절감액은 600,000원이 된다.

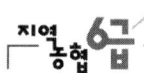

30 R사 총무팀에서는 체육 행사에 쓰일 물품을 구매하기 위하여 다음과 같이 공급업체로부터 견적을 받아 보았다. 다음 중 견적 내용에 대한 올바른 설명이 아닌 것은 어느 것인가?

> 총무팀 담당자인 고 대리는 체육 행사 참여 인원 300명에게 제공할 응원도구 1세트와 생수 2병을 구매하려고 한다. 두 가지 물품은 1개 공급업체로부터 공급받을 계획이며, 다음과 같은 3개 업체로부터 견적서를 받아 검토하고 있다. 두 물품 모두 부족하지 않은 한도 내에서 최소 수량을 구매하려 하며, 3개 업체의 물품 가격 이외의 사항은 구매 기준으로 고려하지 않는다.

공급업체	물품	가격	비 고
한일상사	응원도구	2,500원	총 구매금액 100만 원 이상 시, 총 구매금액의 10% 할인
	생수	700원/개	
대한물산	응원도구	2,000원	응원도구 120개 묶음 판매, 생수 160개 묶음 판매
	생수	700원/개	
한국소품	응원도구	2,600원	총 구매금액 100만 원 이상 시, 총 구매금액에서 10만 원 할인
	생수	650원/개	

① 고 대리는 한일상사에서 물품을 구매하여야 한다.
② 견적 금액이 가장 비싼 곳은 대한물산이다.
③ 견적 금액이 가장 비싼 곳과 가장 싼 곳의 총 금액 차이는 10만 원을 넘는다.
④ 할인 정책이 없다면 한일상사와 한국소품의 견적 금액은 동일하다.
⑤ 생수 구매 비용이 가장 싼 업체의 총 견적금액이 가장 싸다.

해설 정답 ⑤

공급업체별 주어진 판매 조건을 계산하여 최종 견적 금액을 계산해 보면 다음과 같다.(응원도구는 300개, 생수는 600개를 각각 구매해야 한다.)

공급업체	견적금액
한일상사	응원도구 300개×2,500=750,000원, 생수 600개×700=420,000원 합계 1,170,000원 → 할인 후 1,053,000원
대한물산	응원도구 360개×2,000=720,000원, 생수 640개×700=448,000원 합계 1,168,000원
한국소품	응원도구 300개×2,600=780,000원, 생수 600개×650=390,000원 합계 1,170,000원 → 할인 후 1,070,000원

따라서 생수 구매 비용이 가장 싼 업체인 한국소품의 총 견적금액이 가장 싸지 않다.

오답풀이
① 가장 싼 견적금액을 제시한 공급업체는 한일상사이다.
② 대한물산의 견적금액이 1,168,000원으로 가장 비싸다.
③ 1,168,000−1,053,000=115,000원으로 10만 원을 넘는다.
④ 할인 전 금액은 한일상사와 한국소품의 견적금액이 모두 1,170,000원으로 동일하다.

31 다음 〈보기〉와 같은 당직근무의 규칙을 참고할 때, 올바른 의견을 제시한 사람은 누구인가?

> ─ 보기 ─
> - 영업팀과 생산팀은 각각 5명과 7명의 직원이 팀별 1명씩 2인 1조로 휴일을 포함하여 매일 당직근무를 선다.
> - 영업팀은 갑→을→병→정→무, 생산팀은 A→B→C→D→E→F→G가 순서대로 돌아가며 당직근무를 선다.
> - 3월 1일은 당직근무 첫날로 영업팀의 병과 생산팀의 D가 같은 조를 이루게 되었으며, 5월부터는 다른 2개의 팀에서 당직근무를 서게 된다.

① 무 : "나는 3월에는 A와 함께 근무를 서는 날이 없군."
② 갑 : "나는 생산팀의 동일 직원과 2번 근무를 서는 날이 4번이 있네."
③ B : "나는 영업팀의 동일 직원과 2번 근무를 서는 날이 2번 밖에 안 되네."
④ 병 : "나는 당직 첫 날도 마지막 날도 같은 사람과 근무를 서게 되었군."
⑤ F : "나는 3월과 4월에 각각 4번씩 모두 8번의 근무를 서겠군."

해설   정답 ①

순서대로 돌아가며 1명씩 당직근무를 서게 되므로 병과 D를 시작으로 표를 만들어 보면 다음과 같다.

구분	D	E	F	G	A	B	C
병	1(36)	16(51)	31	11(46)	26(61)	6(41)	21(56)
정	22(57)	2(37)	17(52)	32	12(47)	27	7(42)
무	8(43)	23(58)	3(38)	18(53)	33	13(48)	28
갑	29	9(44)	24(59)	4(39)	19(54)	34	14(49)
을	15(50)	30	10(45)	25(60)	5(40)	20(55)	35

위의 표를 살펴보면, 5와 7의 최소공배수인 35일이 지나면 다시 최초의 조합인 병과 D가 당직근무를 서게 됨을 알 수 있다. 따라서 3월 1일부터 4월 말일까지는 61일 번의 당직근무가 있게 되므로 3월에는 '무'가 A와 함께 근무를 서는 날이 없게 된다.
다른 방법으로 무가 다음 순번에 함께 당직을 설 근무자는 현재 근무자의 두 순번 전 근무자라는 규칙을 찾아낸다면 무와 당직을 설 근무자가 F→D→B→G→E→C→A→F의 순서로 순환한다는 사실을 알아낼 수 있다. 즉, A와 근무하게 되는 날은 F와 근무날인 3월 3일로부터 30일 후 이므로 4월이 됨을 알 수 있다.

오답풀이
② E, F, G, A, C와 2번씩 근무를 서게 된다.
③ '병', '무', '을'과 2번씩 근무를 서게 된다.
④ 첫 날은 D와 마지막 날은 A와 근무를 서게 된다.
⑤ 3월에 5번, 4월에 4번 근무를 서게 된다.

[32~33] 다음은 '농지법'의 일부 내용이다. 이를 읽고 이어지는 물음에 답하시오.

제6조(농지 소유 제한) ① 농지는 자기의 농업경영에 이용하거나 이용할 자가 아니면 소유하지 못한다.
② 다음 각 호의 어느 하나에 해당하는 경우에는 제1항에도 불구하고 자기의 농업경영에 이용하지 아니할지라도 농지를 소유할 수 있다.
  1. 국가나 지방자치단체가 농지를 소유하는 경우
  2. 「초·중등교육법」 및 「고등교육법」에 따른 학교, 농림축산식품부령으로 정하는 공공단체·농업연구기관·농업생산자단체 또는 종묘나 그 밖의 농업 기자재 생산자가 그 목적사업을 수행하기 위하여 필요한 시험지·연구지·실습지·종묘생산지 또는 과수 인공수분용 꽃가루 생산지로 쓰기 위하여 농림축산식품부령으로 정하는 바에 따라 농지를 취득하여 소유하는 경우
  3. 주말·체험영농(농업인이 아닌 개인이 주말 등을 이용하여 취미생활이나 여가활동으로 농작물을 경작하거나 다년생식물을 재배하는 것을 말한다.)을 하려고 농지를 소유하는 경우
  4. 상속으로 농지를 취득하여 소유하는 경우
  5. 대통령령으로 정하는 기간 이상 농업경영을 하던 자가 이농(離農)한 후에도 이농 당시 소유하고 있던 농지를 계속 소유하는 경우
  6. 담보농지를 취득하여 소유하는 경우
  7. 농지전용허가를 받거나 농지전용신고를 한 자가 그 농지를 소유하는 경우
  8. 농지전용협의를 마친 농지를 소유하는 경우
  9. 농지의 개발사업지구에 있는 농지로서 대통령령으로 정하는 1천500제곱미터 미만의 농지나 「농어촌정비법」에 따른 농지를 취득하여 소유하는 경우
  9의2. 농업진흥지역 밖의 농지 중 최상단부부터 최하단부까지의 평균경사율이 15퍼센트 이상인 농지로서 대통령령으로 정하는 농지를 소유하는 경우
  10. 다음 각 목의 어느 하나에 해당하는 경우
    가. 한국농어촌공사가 농지를 취득하여 소유하는 경우
    나. 매립농지를 취득하여 소유하는 경우
    라. 토지수용으로 농지를 취득하여 소유하는 경우
③ 농지를 임대하거나 사용대(使用貸)하는 경우에는 제1항에도 불구하고 자기의 농업경영에 이용하지 아니할지라도 그 기간 중에는 농지를 계속 소유할 수 있다.
제7조(농지 소유 상한) ① 상속으로 농지를 취득한 자로서 농업경영을 하지 아니하는 자는 그 상속 농지 중에서 총 1만 제곱미터까지만 소유할 수 있다.
② 대통령령으로 정하는 기간 이상 농업경영을 한 후 이농한 자는 이농 당시 소유 농지 중에서 총 1만 제곱미터까지만 소유할 수 있다.
③ 주말·체험영농을 하려는 자는 총 1천 제곱미터 미만의 농지를 소유할 수 있다. 이 경우 면적 계산은 그 세대원 전부가 소유하는 총 면적으로 한다.
④ 농지를 임대하거나 사용대(使用貸)하는 경우에는 제1항 또는 제2항에도 불구하고 소유 상한(上限)을 초과할지라도 그 기간에는 그 농지를 계속 소유할 수 있다.

32 다음 중 윗글의 내용을 올바르게 이해한 설명은 어느 것인가?

① 주말농장을 위한 농지 소유 시에는 소유 면적에 제한이 없다.
② 농지를 임대한 경우에도 농업활동 없이 소유할 수 있는 제한 면적이 있다.
③ 상속에 의하여 취득한 농지인 경우에는 소유할 수 있는 제한 면적이 없다.
④ 매립농지를 소유하는 경우에는 소유할 수 있는 제한 면적이 없다.
⑤ '개인'의 농지 소유를 특별히 엄격히 규정하고 있다.

해설   정답 ④

소유 면적의 제한에 대해서는 제7조에서 규정하고 있으나, 매립농지를 소유하는 경우에 대한 소유 제한 면적 규정은 언급되어 있지 않다.

오답풀이
① 제7조제3항에는 총 1천 제곱미터 미만 규정이 있다.
② 제7조제4항에 의하면 해당 경우에는 소유 제한 면적이 없다.
③ 제7조제1항에는 총 1만 제곱미터 미만 규정이 있다.
⑤ 국가나 지방단체의 경우 농업활동 없이 농지를 소유할 있다고 규정하고 있으므로, 개인뿐 아니라 기업이나 일반 단체 등에 대한 규정 역시 개인과 동일하게 적용된다고 할 수 있다. 따라서 이것은 개인에게만 엄격한 규정이라고 할 수 없다.

33 다음 중 위 규정의 제정 취지를 올바르게 이해하지 못한 설명은 어느 것인가?

① 연구 목적으로 하는 경우에는 농지를 소유할 수 있도록 규정하고 있다.
② 농업 활동에 부적절한 농지는 소유할 수 있도록 하고 있다.
③ 농업 외의 다른 용도 사용 허가를 받았거나 허가 진행 중인 농지는 농업 활동 여부와 관계없이 소유할 수 있도록 규정하고 있다.
④ 이농을 할 경우, 소유하던 농지의 지속 소유를 엄격하게 금하고 있다.
⑤ 농업과 농촌의 진흥과 관련 있는 이유에 의한 농지 소유는 가급적 허가하고 있다.

해설   정답 ④

이농을 할 경우에도 기존 소유 농지의 일정 면적(총 1만 제곱미터)을 지속 소유할 수 있도록 규정하고 있으며, 이것은 일정 기간 이상 농업 경영을 수행한 경우에만 해당된다. 따라서 이농자에게 농지 소유를 엄격히 금지하는 것을 농지법의 제정 취지라고 해석하는 것은 과도하다고 볼 수 있다.

오답풀이
① 제6조제2항제2호의 내용으로 보아, 연구 목적으로 한 경우 농지 소유를 허용하는 취지를 엿볼 수 있다.
② '농업진흥지역 밖의 농지 중 최상단부부터 최하단부까지의 평균경사율이 15퍼센트 이상인 농지'는 농업 활동에 부적절한 농지일 것이므로 적절한 판단이라고 볼 수 있다.
③ 제6조제2항제7호와 8호의 내용에서 짐작할 수 있는 취지이다.
⑤ 제6조제2항제2호와 제3호의 내용에서 짐작할 수 있는 취지이다.

[34~35] 다음은 우리나라의 연도별 신용카드 실적과 관련된 자료이다. 이를 보고 이어지는 물음에 답하시오.

<현금 이외의 지급수단별 결제금액(일 평균)>

(단위 : 조 원)

	2017	2018 상반기	2018 하반기	2019 상반기
지급카드	2.1	2.2	2.2	2.3
(신용카드)	1.7	1.7	1.7	1.8
(체크카드)	0.4	0.5	0.5	0.5
어음·수표	21.6	20.6	20.6	20.6
계좌이체	52.6	53.3	54.8	58.5
합 계	76.3	76.1	77.6	81.4

<지급카드 이용실적(일 평균)>

(단위 : 십억 원)

	2017	2018 상반기	2018 하반기	2019 상반기
신용카드	1,677	1,762	1,757	1,827
개인	1,207	1,302	1,358	1,410
법인	471	461	399	417
체크카드	424	458	474	491
선불카드	2.2	2	2	2
기 타	0.9	1	1	1
합 계	2,104	2,224	2,235	2,321

<지급카드별 이용실적 비중>

(단위 : %)

	2014	2015	2016	2017	2018	2019.상
신용카드	83.6	81.6	79.5	79.6	78.9	78.7
체크카드	16.1	18.0	20.0	20.1	20.9	21.1
기 타	0.3	0.4	0.5	0.3	0.2	0.2
합 계	100.0	100.0	100.0	100.0	100.0	100.0

34 다음 중 위의 자료에 대한 올바른 설명을 〈보기〉에서 모두 고른 것은 어느 것인가?

> **보기**
> (가) 2017년 대비 2019년 상반기 기간의 법인 카드 사용액은 감소했지만, 계좌이체 금액은 증가했다.
> (나) 2019년 상반기에는 현금 이외의 결제수단을 사용하는 금액이 전반기 대비 일평균 약 3조8천억 원 증가했다.
> (다) 2017년 대비 2019년 상반기 기간의 법인 신용카드 사용액은 감소했지만 개인 신용카드 사용액이 증가하여 전체 신용카드 사용액은 해마다 증가하고 있다.

① (가) ② (가), (나) ③ (가), (다)
④ (나), (다) ⑤ (가), (나), (다)

해설 정답 ⑤

(가) 법인 카드의 사용액은 471십억 원→417십억 원으로 감소한 반면, 계좌이체 금액은 52.6→58.5조 원으로 증가하였다. 2017년과 2019년 상반기만을 비교하므로 2018의 변화는 관련이 없다.
(나) 2018년 하반기가 77.6조 원이며, 2019년 상반기는 81.4조 원이므로 약 3조8천억 원 증가했다.
(다) 법인 카드의 사용액은 471십억 원→417십억 원으로 감소한 반면, 개인 신용카드 사용액은 1,207십억 원→1,410십억 원으로 증가하여 전체 신용카드 사용액이 1,677십억 원→1,827십억 원으로 증가하였다.

35 2017년도의 체크카드 일 평균 사용액이 전년 대비 6% 상승하였을 경우, 2016년의 신용카드 일 평균 사용액은 얼마인가?

① 1,550십억 원 ② 1,575십억 원 ③ 1,590십억 원
④ 1,615십억 원 ⑤ 1,630십억 원

해설 정답 ③

2017년도의 체크카드 일 평균 사용액은 424십억 원이며 이것이 6% 상승한 것이라면 2016년도의 체크카드 사용액은 $\frac{424}{1.06}$ = 400십억 원이 된다. 지급카드별 이용실적 비중에 따라 400십억 원은 2016년 이용실적 가운데 20.0%의 비중이므로, 신용카드 이용실적 79.5%은 20:79.5=400:x, x=79.5×400÷20=1,590(십억 원)이다.

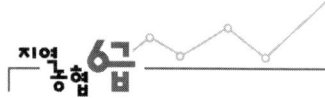

36 '분석적인 사고'는 문제해결에 있어 매우 중요하면서 유용한 사고력이다. 다음 중 이러한 분석적인 사고의 방법을 사용한 경우라고 볼 수 없는 것은 어느 것인가?

① 오랜 경험과 직관을 통하여 남보다 빠른 해결의 방향을 찾아내 문제해결 방법을 모색한다.
② 문제에 내재된 원인을 찾기 위하여 밝혀진 핵심 문제를 이슈와 데이터에 의해 깊게 파악해 본다.
③ 문제의 구조를 파악하기 위해 logic tree 방법을 사용해 문제들을 분류해 본다.
④ 나와 우리 회사가 처한 환경의 특징을 알아내기 위하여 SWOT 기법을 활용해 본다.
⑤ 기대하는 결과를 명시하고 효과적으로 달성하는 방법을 사전에 구상하고 실행에 옮겨본다.

해설

정답 ①

분석적 사고는 전체를 각각의 요소로 나누어 그 요소의 의미를 도출한 다음 우선순위를 부여하고 구체적인 문제해결방법을 실행하는 것을 의미한다.
선택지 ①은 문제 해결의 방해 요인으로 흔히 발생하는 것으로 문제를 철저하게 분석하지 않고 직관에 의해 성급하게 판단하게 되는 경우이다.

오답풀이
② 문제해결절차 중 3단계인 '원인 분석' 단계에서 필요한 분석적 사고의 방법이다.
③ logic tree 방법은 문제해결절차 중 2단계인 '문제 도출' 단계에서 문제의 구조를 분석해 내기 위한 방법이다.
④ SWOT 기법은 문제를 제대로 인식하기 위하여 환경을 분석해 보는 방법이다.
⑤ 성과 지향의 문제를 해결하기 위해 필요한 분석적 방법이다.

37 유연근무제에 대한 다음 설명을 보고 나눈 대화 중 빈칸에 들어갈 가장 적절한 말은 어느 것인가?

구 분	유 형	개 념
근무형태	시간제근무	Full-time보다 짧은 시간 근무
근무시간	시차출퇴근제	1일 8시간 근무하되 출퇴근 시간 자율조정
	근무시간선택제	주 40시간 근무하되 1일 근무시간 자율조정
	집약근무제	주 40시간 근무하되 5일 미만 근무
	재량근무제	출퇴근 없이 프로젝트 수행으로 주 40시간 인정
근무장소	재택근무제	사무실이 아닌 집에서 근무
	원격근무제	거주지 인근 스마트워크센터 등 별도 사무실 근무

갑 : "유연근무제가 아주 유용한 것 같은데, 뭘 선택할까 고민이네."
을 : "원하는 생활 패턴이 어떻기에 그리 고민을 해?"
갑 : "난 주당 근무하는 시간을 줄이고 싶은 생각은 별로 없어. 다만, 매주 평일에 하루 정도 쉬는 날이 있으면 좋겠고, 쉬는 날엔 음악활동을 하고 싶거든."
을 : "그럼 출퇴근을 하는 게 싫다는 얘긴가?"
갑 : "아니지, 출근을 안 하면 어디서 일을 하겠어? 출근은 하지만 그저 하루 정도 여유 시간을 갖고 싶은 것뿐이지."
을 : "그럼 고민할 게 뭐 있나. (   )를 선택하면 되겠네."

① 시간제근무   ② 근무시간선택제   ③ 집약근무제
④ 재량근무제   ⑤ 원격근무제

정답 ③

집약근무제는 주 5일 미만 근무를 할 수 있는 형태로 하루를 쉴 수 있으며, 부족한 근무 시간을 다른 날 추가하여 보충할 수 있다.

오답풀이
① 근무 시간이 짧아지는 것이며, 근무 일수가 줄어든다는 조건은 없다.
② 1일의 근무시간을 조절하는 것이므로, 역시 근무 일수가 바뀌지는 않는다.
④ 출퇴근이 없는 것을 원하지 않으므로 적절한 선택이 아니다.
⑤ 업무 공간이 바뀌는 것이며, 근무 일수와는 관계없는 형태이다.

[38~39] 다음은 '갑'지역의 농가 현황 관련 자료이다. 이를 보고 이어지는 물음에 답하시오.

〈자산규모별 농업투자 규모〉

(단위: 농가 수, %)

구 분		자산규모				
		1억 원 미만	1억~3억 원	3억~7억 원	7억 원 이상	전 체
농업투자규모	5천만 원 미만	11(64.7)	16(44.4)	21(38.2)	12(20.3)	60(36.0)
	5천만~1억 원	2(11.8)	9(25.0)	17(31.0)	13(22.0)	41(24.5)
	1억~3억 원	3(17.6)	10(27.8)	15(27.2)	16(27.2)	44(26.3)
	3억 원 이상	1(5.9)	1(2.8)	2(3.6)	18(30.5)	22(13.2)
	전체	17(100)	36(100)	55(100)	59(100)	167(100)

〈농업매출별 농업투자 규모〉

(단위: 농가 수, %)

구 분		농업 매출규모					
		3천만 원 미만	3천만~5천만 원	5천만~1억 원	1억~3억 원	3억 원 이상	전 체
농업투자규모	5천만 원 미만	14(60.9)	18(66.7)	16(37.2)	10(17.2)	2(12.5)	60(36.0)
	5천만~1억 원	4(17.4)	5(18.5)	11(25.6)	20(34.5)	1(6.3)	41(24.5)
	1억~3억 원	4(17.4)	3(11.1)	12(27.9)	21(36.2)	4(25)	44(26.3)
	3억 원 이상	1(4.3)	1(3.7)	4(9.3)	7(12.1)	9(56.2)	22(13.2)
	전체	23(100)	27(100)	43(100)	58(100)	16(100)	167(100)

〈농가 부채규모별 농업투자 규모〉

(단위: 농가 수, %)

구 분		농가 부채규모				
		5천만 원 미만	5천만~1억 원	1억~3억 원	3억 원 이상	전 체
농업투자규모	5천만 원 미만	30(58.8)	14(37.8)	14(28.6)	2(6.6)	60(36)
	5천만~1억 원	12(23.5)	14(37.8)	10(20.5)	5(16.7)	41(24.5)
	1억~3억 원	6(11.8)	8(21.6)	18(36.8)	12(40)	44(26.3)
	3억 원 이상	3(5.9)	1(2.8)	7(14.3)	11(36.7)	22(13.2)
	전체	51(100)	37(100)	49(100)	30(100)	167(100)

38 다음 중 위의 자료에 대한 설명으로 올바르지 않은 것은 어느 것인가?

① 자산규모가 작은 농가일수록 소규모 농업투자규모 농가의 비중이 더 크다.
② 1억 원 이하의 농업투자규모로 1억~3억 원의 농가 부채를 가지고 있는 농가는 전체 1억~3억 원의 농가 부채를 가진 농가의 50%가 넘는다.
③ 대규모 농업투자 농가일수록 농업 매출규모가 작은 농가의 비중이 더 작다.
④ 농업투자규모가 3억 원 이상인 농가에서는 부채규모가 3억 원 이상인 농가의 비중이 가장 크다.
⑤ 부채규모와 투자규모가 모두 5천만 원 미만인 농가는 전체 농가의 20%에 못 미친다.

해설   정답 ②

1억 원 이하의 농업투자규모로 1억~3억 원의 농가 부채를 가지고 있는 농가의 수는 5천만 원 미만이 28.6%, 5천만~1억 원이 20.5%로 전체의 50%를 넘지 않는다.

오답풀이
① 자산규모가 가장 작은 1억 원 미만 농가에서 5천만 원 미만의 소규모 농업투자규모를 가진 농가의 비중이 64.8%이므로 적절한 이해라고 볼 수 있다.
③ 대규모 농업투자 농가일수록 소규모 매출 농가의 비중은 점점 줄어들고 있음을 알 수 있다.
④ 11가구로 전체 22가구의 절반이 3억 원 이상의 부채규모를 가진 농가임을 확인할 수 있다.
⑤ 세 번째 자료에서 부채규모와 투자규모가 모두 5천만 원 미만인 농가는 30농가로, 이는 전체 167농가의 30÷167×100=18(%)가 되어 20%에 못 미친다.

39 다음 중 위의 자료를 통한 올바른 추론을 ㉠~㉢에서 모두 고른 것은 어느 것인가?

㉠ 농가의 자산 규모가 늘어날수록 농업에 투자하는 규모는 비례하여 증가한다.
㉡ 농가의 농업 매출이 늘어날수록 농업에 투자하는 규모는 비례하여 증가한다.
㉢ 농가는 부채가 증가하면 농업에 대한 투자를 축소하는 경향을 보인다.

① ㉠   ② ㉠, ㉡   ③ ㉠, ㉢
④ ㉡, ㉢   ⑤ ㉠, ㉡, ㉢

해설   정답 ②

㉠ 자산 규모와 투자 규모가 거의 비례하여 나타나고 있으며 대략 자산 규모의 절반 정도 규모의 투자를 하고 있는 것으로 볼 수 있다.
㉡ 전반적으로 나타난 지표로 볼 때, 농업 매출이 많을수록 농업 투자도 비슷한 규모로 증가하고 있다고 볼 수 있다.

오답풀이
㉢ 부채규모가 증가해도 농업투자규모는 부채규모에 비례하여 증가하는 추세를 보인다.

40 다음은 A의 인사평가에 대한 내용 중 일부이다. 이 내용을 바탕으로 A의 대인관계 유형에 가장 가까운 것을 찾는다면 어느 것인가?

> A는 주변 사람들의 감정이나 생각에 대해 크게 관심이 없는 편이다. 동료들이 거론하기 힘든 이야기를 종종 꺼내 상처를 입히는 편이며, 때문에 그와 오래 사귀고 있는 동료가 몇 없다. 반대로 그러한 성격으로 인하여 외부 업체와 거래할 경우에는 실리를 확실하게 따지며 사업과 무관한 요소는 거래에 끼어들지 못하도록 하기 때문에 중요한 역할을 자주 맡게 된다.

① 지배형　　② 실리형　　③ 냉담형
④ 고립형　　⑤ 복종형

해설　　　　　　　　　　　　　　　　　　　　　　　정답 ③
냉담형은 이성적이고 냉철하며 의지가 강하지만 타인의 감정 상태에 무관심하여 따뜻하고 긍정적인 감정을 잘 표현하지 못한다.

41 집단에서 의사결정 시 사용하는 방법 중 브레인스토밍은 하나의 문제를 두고 여러 명이 아이디어를 비판 없이 제시하여 최선책을 찾아내는 방법이다. 다음 중 브레인스토밍을 시행할 때 준수해야 할 내용과 가장 먼 것은 어느 것인가?

① 아이디어는 가능한 많이 나올 수 있도록 한다.
② 문제에 대한 제안은 자유롭게 이루어진다.
③ 다른 사람이 아이디어를 제시할 때에는 비판하지 않는다.
④ 시간이 약간 부족하게 느껴질 정도로 제한하여 아이디어 산출을 가속한다.
⑤ 모든 아이디어가 제안되고 나면 이를 결합하여 해결책을 마련한다.

해설　　　　　　　　　　　　　　　　　　　　　　　정답 ④
브레인스토밍은 상대적으로 넉넉한 시간을 부여하여야 창의적인 아이디어를 충분히 설명하고 이해할 수 있다. 시간이 부족할 시에는 가치 있는 아이디어들이 사장될 수 있다.

42. K농협 홍보팀에 근무하는 조 대리는 농협 홍보 행사를 위해 관련 준비를 진행하고 있다. 행사장 관련 자료와 추가 물품 설치 목록이 다음과 같을 때, 추가 물품 설치에 필요한 비용은 모두 얼마인가?

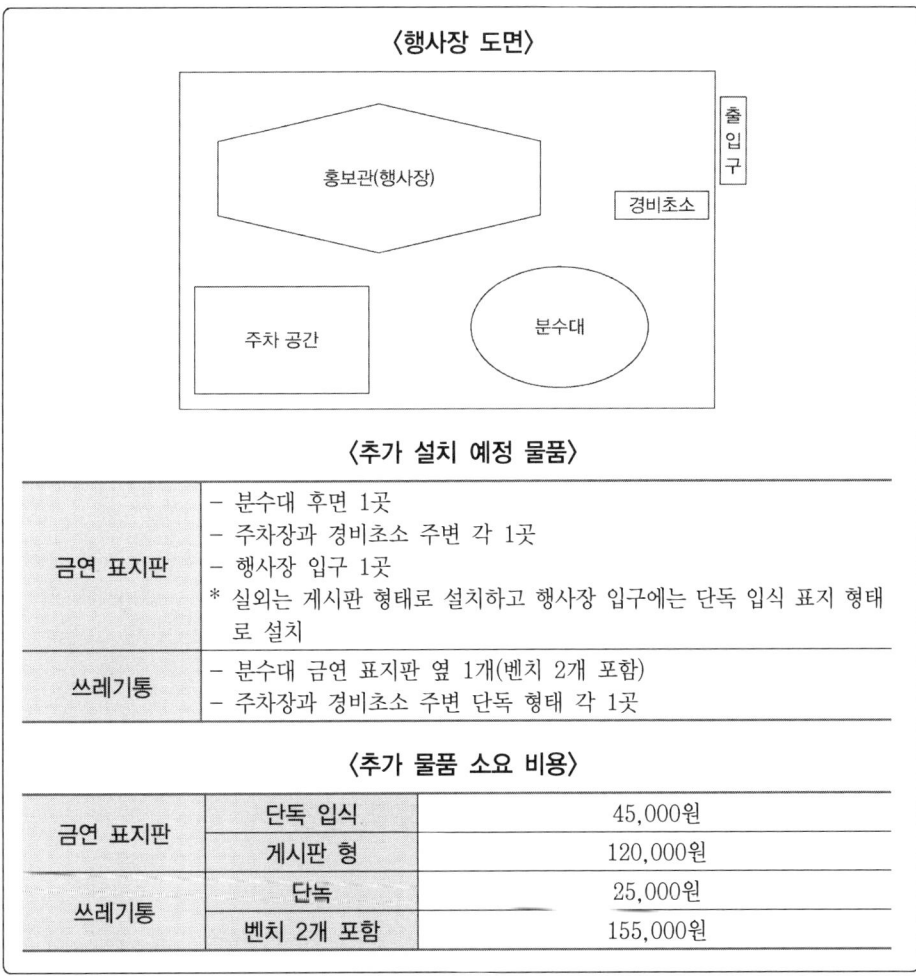

① 52만 원 ② 55만 원 ③ 58만 원
④ 61만 원 ⑤ 64만 원

해설

정답 ④

장소별로 비용을 계산해 보면 다음과 같다.
- 금연표지판
  분수대 후면 1곳(게시판) - 120,000원
  주차장과 경비초소 주변 각 1곳(게시판) - 120,000원×2=240,000(원)
  행사장 입구 1곳(단독 입식) - 45,000원
- 쓰레기통
  분수대 금연 표지판 옆 1개(벤치 2개+쓰레기통 1개) - 155,000원
  주차장과 경비초소 주변(단독) - 25,000×2=50,000(원)
따라서 총 610,000원의 경비가 소요된다.

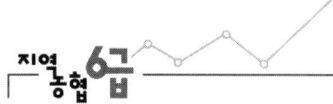

43 다음은 K농협의 내부 결재규정이다. 이를 참고할 때, 다음 주 해외 출장을 계획하고 있는 박 과장이 출장 허가를 얻기 위해 최초로 작성해야 할 서류의 양식으로 올바른 것은 어느 것인가?

〈결재규정〉

- 결재를 받으려면 업무에 대해서는 최고결정권자(조합장)을 포함한 이하 직책자의 결재를 받아야 한다.
- 전결이라 함은 조합의 경영활동이나 관리활동을 수행함에 있어 의사결정이나 판단을 요하는 일에 대하여 최고결재권자의 결재를 생략하고, 자신의 책임 하에 최종적으로 의사결정이나, 판단을 하는 행위를 말한다.
- 전결사항에 대해서도 취임 받은 자를 포함한 이하 직책자의 결재를 받아야 한다.
- 표시내용 : 결재를 올리는 자는 최고결재권자로부터 전결사항을 위임 받은 자가 있는 경우 전결이라고 표시하고 최종 결재권자에 위임 받은 자를 표시한다. 다만, 결재가 불필요한 직책자의 결재란은 상향대각선으로 표시한다.
- 최고 결재권자의 결재사항 및 최고결재권자로부터 위임된 전결사항은 다음의 표에 따른다.

구 분	내 용	금액기준	결재서류	팀 장	전무이사	조합장
접대비	거래처 식대, 경조사비	40만 원 이하	접대비지출품의서 지출신청서	○ ◇		
		50만 원 이하			○ ◇	
		50만 원 초과				○ ◇
교통비	국내 출장비	50만 원 이하	출장계획서, 출장비신청서	○ ◇		
		70만 원 이하		○	◇	
		70만 원 초과		○		◇
	해외출장비			○		◇
소모품비	사무용품비		지출결의서	◇		
	문서, 전산소모품					◇
	기타 소모품	30만 원 이하		◇		
		40만 원 이하			◇	
		40만 원 초과				◇
영업카드	법인카드 사용	50만 원 이하	법인카드 사용신청서	◇		
		100만 원 이하			◇	
		100만 원 초과				◇

○ : 기안서, 출장계획서, 접대비지출품의서
◇ : 세금계산서, 발행요청서, 각종신청서

①
출장계획서				
결재	담당	팀장	전무이사	조합장
	박 과장	전결		팀장

②
출장계획서				
결재	담당	팀장	전무이사	조합장
	박 과장	전결	전결	팀장

③
출장비신청서				
결재	담당	팀장	전무이사	조합장
	박 과장	전결		팀장

④
출장계획서				
결재	담당	팀장	전무이사	조합장
	박 과장			팀장

⑤
출장비신청서				
결재	담당	팀장	전무이사	조합장
	박 과장			

해설 정답 ①

해외출장의 출장계획서는 팀장, 출장비신청서는 조합장 전결사항이다. 보기의 출장비신청서 중 조합장 결재가 신청된 것은 없으므로 출장비신청서는 답이 될 수 없다. 출장계획서는 팀장 결재란에 '전결', 최종결재자인 조합장 란에 '팀장'을 표기하고 전무이사는 결재가 필요 없으므로 상향대각선을 긋는다.

[44~45] 창립기념일을 맞이한 A사는 한국센터 공연장에서 사내 음악회를 열고자 한다. 다음은 음악회 진행 담당자인 기획팀 이 과장이 한국센터로부터 받은 공연장의 시설 사용료 규정이다. 이를 보고 이어지는 물음에 답하시오.

〈시설 사용료〉

시설명	사용목적	사용기준	사용료(원)	
			대공연장	아트 홀
공연장	일반 행사 포함 대중음악	오전 1회(09:00-12:00)	800,000	120,000
		오후 1회(13:00-17:00)	900,000	170,000
		야간 1회(18:00-22:00)	950,000	190,000
	연주회, 연극 등	오전 1회(09:00-12:00)	750,000	90,000
		오후 1회(13:00-17:00)	800,000	140,000
		야간 1회(18:00-22:00)	850,000	160,000
Hall	전시(1, 2층)	1일(10:00-18:00)	150,000	

〈안내 사항〉
1. 토요일 및 공휴일은 30% 가산
2. 미리 공연을 위한 무대 설치 후 본 공연(행사)까지 시설사용을 하지 않을 경우, 2시간 기준 기본 사용료의 30% 징수
3. 1회당 시간 초과 시 시간당 대공연장 100,000원, 아트 홀 30,000원 징수
4. Hall은 1일 8시간 기준(전기, 수도료 포함)이며, 시간 초과 시 공연장과 동일 규정 적용

44 이 과장이 시설 사용료를 검토하고 판단한 내용으로 올바른 것을 〈보기〉에서 모두 고른 것은 어느 것인가?

―보기―
(가) '공연을 늦은 시간에 할수록 사용료가 좀 비싸고, 전시는 오후 6시까지 가능하군.'
(나) '음악회와는 별도로 전시계획이 토요일에 예정되어 있으니, 하루 8시간에 사용료가 195,000원이 되겠어.'
(다) '영업팀 사내 밴드 연주회는 목요일 오후에 아트 홀에서 3시간 정도로 배정되었으니, 사용료는 140,000원이 되겠군.'
(라) '수요일 오후에 대공연장에서 열릴 창립기념행사는 아침 9시부터 2시간 동안 준비를 해야 할 테니 사용료는 900,000원이 되겠구나.'

① (가), (나), (다)　　② (가), (나), (라)　　③ (가), (다), (라)
④ (나), (다), (라)　　⑤ (가), (나), (다), (라)

해설

정답 ①

(가) 사용료는 오전보다 오후, 오후보다 야간의 사용료가 더 비싸며, 전시 시간은 10:00~18:00까지로 명시되어 있다.
(나) 토요일은 30% 가산되므로 150,000×1.3=195,000(원)이 된다.
(다) 연주회의 평일 오후 3시간 공연장(아트 홀) 사용료는 140,000원이다.

오답풀이

(라) 오전 9시부터 2시간 무대 준비를 하고 나면, 본 행사까지 2시간 동안 시설 사용 없이 대기하여야 하므로 시설 사용료의 30%가 추가 징수된다. 따라서 900,000원에 아침 9시부터 12시까지의 사용료 800,000원의 30%인 240,000원이 추가되어야 한다.

---

45 다음과 같은 기획팀장의 지시를 받은 이 과장이 판단한 내용으로 적절하지 않은 것은 어느 것인가?

> "이번 행사는 이틀 간 진행되며 금요일은 임직원들 위주, 토요일은 가족들과 외부 인사들이 많이 방문할 겁니다. 금요일엔 창립기념행사가 오후에 있을 거고, 저녁엔 사내 밴드 연주회 공연이 있을 거고요. 밴드 연주회는 조그만 장소에서 진행해도 될 겁니다. 창립기념행사 후에 사장님 말씀이 길어질 수도 있으니 예정보다 1시간 정도 예약시간을 더 확보해 두세요. 토요일은 임직원 가족들 사진전이 있을 테니 1개 층에서 전시가 될 수 있도록 준비해 주고, 생산팀 기타 연주회가 야간 시간으로 일정이 확정되었으니 그것도 조그만 홀로 미리 예약을 잡아주세요."

① '전시를 1개 층만 사용하면 혹시 전시실 사용료가 감액되는지 물어봐야겠군.'
② '음, 총 시설 사용료가 200만 원을 훌쩍 넘겠군.'
③ '토요일엔 아이들도 많이 올 텐데 전기수도료를 따로 받지 않으니 그건 좀 낫군.'
④ '사진전 시설 사용료가 밴드 연주회 시설 사용료보다 조금 더 비싸군.'
⑤ '토요일 사진전도 시간이 초과되면 공연장과 같은 추가요금이 발생하는군.'

해설

정답 ②

행사별 총 사용료를 계산해 보면 다음과 같다.
금요일 - 창립기념식(대공연장, 오후, 일반 행사, 1시간 연장) 90+10=100(만 원)
　　　　밴드 연주회(아트 홀, 야간) 16만 원
토요일 - 사진전(전시실, 토요일 30% 가산) 19.5만 원
　　　　기타 연주회(아트 홀, 야간, 토요일 30% 가산) 20.8만 원
총 합계 : 100+16+19.5+20.8=156.3(만 원)이 된다.

오답풀이

① 전시를 1개 층에서만 한다고 했으므로 적절한 의문 사항이라고 볼 수 있다.
③ 전시실 사용료에는 전기수도료가 포함되어 있다고 명시되어 있다.
④ 사진전은 가산금 포함하여 19.5만 원, 밴드 연주회는 16만 원의 시설 사용료가 발생한다.
⑤ 시간 초과 시 공연장과 동일 규정이 적용된다고 언급되어 있다.

46 정 사원은 다음과 같이 직장 상사의 지시사항을 전달받았다. 이를 순서대로 모두 수행하기 위하여 업무 협조가 필요한 조직의 명칭이 순서대로 올바르게 나열된 것은 어느 것인가?

> "정 사원, 내가 내일 하루 종일 외근을 해야 하는데 몇 가지 업무 처리를 좀 도와줘야겠습니다. 이 서류는 팀장님 결재가 끝난 거니까 내일 아침 출근과 동시에 바로 유관부서로 넘겨서 비용 집행이 이루어질 수 있도록 해 주세요. 그리고 지난 번 퇴사한 우리 팀 오 부장님 퇴직금 정산이 좀 잘못 되었나 봅니다. 오 부장님이 관계 서류를 나한테 보내주신 게 있는데 그것도 확인 좀 해 주고 결재를 다시 요청해 줘야할 것 같고요. 다음 주 거래처 손님들 방문 일정표 다시 한 번 확인해 보고 누락된 사항 있으면 잘 준비 좀 해 주세요. 특히 공항 픽업 관련 배차 결재 서류 올린 건 처리가 되었는지 반드시 재점검 해 주길 바랍니다. 지난번에 차량 배차에 문제가 생겨서 애 먹은 건 정 사원도 잘 알고 있겠죠? 부탁 좀 하겠습니다."

① 회계팀, 인사팀, 총무팀
② 인사팀, 홍보팀, 회계팀
③ 인사팀, 총무팀, 마케팅팀
④ 총무팀, 회계팀, 마케팅팀
⑤ 회계팀, 총무팀, 인사팀

해설 정답 ①

비용이 집행되기 위해서는 비용을 쓰게 될 조직의 내부 결재를 거쳐 회사의 비용이 실제로 집행될 수 있는 회계팀(자금팀 등 비용 담당 조직)의 결재를 거쳐야 할 것이다. 퇴직금의 정산과 관련한 인사 문제는 인사팀에서 담당한다. 또한, 회사의 차량을 사용하기 위한 배차 관련 업무는 일반적으로 총무팀이나 업무지원팀, 관리팀 등의 조직에서 담당하는 업무이다.
따라서 회계팀, 인사팀, 총무팀의 순으로 업무 협조를 구해야 한다.

47 다음 글의 핵심 내용을 정리한 요약문으로 가장 적절한 것은 어느 것인가?

> 현재 우리 농업·농촌은 지속 가능성이 불가능할 정도로 농가의 고령화가 심각하게 진행된 수준이다. 40세 미만 청년 농가는 2000년대 약 9만 1천 명이었으나 2010년에는 약 3만 2천여 명, 그리고 2015년에는 1만 4천여 명으로 감소하여 지난 15년간 연간 11.6% 감소하였다. 이에 비해 60세 이상 고령 농가는 2000년에 전체 농가의 50%를 넘고, 2015년에는 68.3%에 이르렀다. 따라서 현재 청년 농가는 네 마을당 한 농가가 있고 청년 농가 하나가 100호 이상의 고령 농가를 책임지는 구조가 되었다. 이러한 고령화에 대비해 우리나라는 1970년대부터 농업계 학교 육성, 1980년대부터 후계농업경영인 육성, 1990년대에 한국농수산대학 설립 및 운영, 그리고 2000년대 후반부터 귀농·귀촌 지원사업 등을 펼쳐왔으나 여전히 청년 농업인의 부족 문제는 해결이 요원한 상황이다.
>
> 프랑스, 일본과 같은 농업 선진국은 농업 인력구조 개선을 위한 선제 대응으로 농가 고령화에 성공적으로 대처하고 있다. 프랑스는 EU 공동농업정책 차원의 청년 농업직불금(Young Farmers Direct Payment) 외에 신규 청년농(40세 미만, 영농경력 5년 이하)들에 원화로 약 2,000여만 원의 기본 수당을 지급하는 등의 적극적인 유입 정책을 1970년대부터 실시하여, 10%대의 청년농 비율을 현재 20% 수준까지 끌어올렸다. 일본은 농업 종사자의 고령화가 심각하여 청년농의 비중이 과거 우리나라의 수준보다 낮았다. 그러나 프랑스의 제도를 벤치마킹하여 2012년부터 청년취농급부금(45세 미만 청년농에게 최장 7년간 기초생활비 지급, 우리 돈으로 연간 1,200만 원 정도) 제도를 추진하여 제도 시행 5년 정도가 지난 현재, 전체 농가에서 차지하는 청년농의 비중이 우리의 수준을 넘어섰다. 이들 국가 사례는 농가의 고령화 문제는 어쩔 수 없는 대세가 아니라 국가가 어떠한 정책적 노력을 하느냐에 따라 충분히 달라질 수 있음을 보여준다.

① 농촌의 고령화를 극복하기 위한 대책이 제시되어야 한다.
② 청년 창업농의 성공적 정착을 위한 유인책이 필요하다.
③ 농가에 대한 금융 지원을 확대하여야 한다.
④ 농촌부흥에 대한 해외의 성공 사례를 벤치마킹하여야 한다.
⑤ 농촌의 고령 인구를 감소시킬 수 있는 대책 마련이 시급하다.

해설 정답 ②

제시된 글은 우리나라 농촌의 현실과 해외 사례 소개의 두 단락으로 이루어져 있다. 앞 단락에서는 청년 농업인이 부족하다는 현실을 구체적으로 지적하고 있으며, 뒤의 단락에서는 이러한 문제를 해결한 해외의 사례를 소개하고 있다. 즉, 위 글은 농촌 고령화 문제에 대해 청년농의 정착을 통한 해결을 주장하며 그 방법에 대해 이야기하고 있다.

오답풀이
① 고령화가 현실적인 문제 상황이기는 하나, 필자의 논점은 고령화 자체보다 청년 창업농의 유인책인 것이며, 뒤에 이어지는 청년농에 대한 지원 사례를 통해서도 논점의 방향을 엿볼 수 있다.
③ 금융 지원은 하나의 수단이 될 수 있을 것이며, 반드시 금융 지원이라는 방법을 특정하여 이야기하는 것으로 보긴 어렵다.
④ 해외의 성공사례에 대한 벤치마킹 자체에 방점이 찍혀 있는 글은 아니다.
⑤ 고령 인구 감소가 문제의 핵심은 아니며, 청년 창업농의 유입을 통해서 고령화의 문제는 자연스럽게 해소될 수 있으므로 청년 창업농의 유인책을 제시하는 것이 본질적인 문제 해결책이라고 할 수 있다.

48 다음 사례에 대해 SWOT분석을 시행한 결과로 적절한 것은 어느 것인가?

> A씨는 젊은 나이에 귀농을 결심했다. 작년까지 프로그래머로 활동하던 그는 모아둔 저축과 퇴직금을 융통하여 최근 시세가 떨어진 농가와 밭을 매입할 예정이다. 그가 준비하고 있는 것은 프로그래머 경력을 이용한 자동화 온실 농업으로 귀농을 결심한 뒤로부터 짬짬이 시스템을 준비해두었기에 그는 이를 곧바로 적용할 수 있을 것이라 생각하고 있다. 온실 자재비가 크게 상승했지만 최근 발표된 청장년 농업인을 대상으로 하는 지원금을 타낼 수 있을 것이라 생각하고 있어 크게 걱정하지 않는 중이다. 다만 그의 지인들은 A씨가 이전에 농업을 경험한 일이 전혀 없어 A씨의 자신감에 대해 회의적인 반응을 보였다.

① 청장년 농업인을 대상으로 하는 지원금이 발표된 것은 강점에 해당한다.
② A씨가 농업 경험이 없는 것은 약점에 해당한다.
③ A씨가 프로그래머 경력을 이용하여 스스로 시스템을 구축한 것은 기회에 해당한다.
④ 농가와 밭의 시세가 떨어진 것은 강점에 해당한다.
⑤ 온실 자재비가 상승한 것은 약점에 해당한다.

해설 정답 ②
① 지원금은 A씨 스스로의 장점이 아니라 외부적으로 얻어낸 것으로 기회에 해당한다.
③ A씨의 프로그래머 경력은 스스로의 강점에 해당한다.
④ 농가와 밭의 시세는 외부적인 요인으로 기회에 해당한다.
⑤ 온실 자재비가 상승한 것은 외부적인 요인으로 위협에 해당한다.

49 업무를 수행할 때는 업무지침과 활용자원을 확인하여 구체적인 업무수행 계획을 수립하게 된다. 이러한 업무수행을 계획하는 다음과 같은 형식의 자료를 지칭하는 것은?

업 무	6월	7월	8월	9월
설계				
- 자료수집	▨			
- 기본설계		▨		
- 타당성 조사 및 실시설계			▨	
시공				
- 시공			▨	
- 결과 보고				▨

① 워크 플로 시트   ② 간트 차트   ③ 체크리스트
④ 대차대조표   ⑤ 타당성 조사표

해설 정답 ②
간트 차트는 미국의 간트(Henry Laurence Gantt)가 1919년에 창안한 작업진도 도표로, 단계별로 업무를 시작해서 끝나는 데 걸리는 시간을 바(bar) 형식으로 표시할 것이다. 이는 전체 일정을 한 눈에 볼 수 있고, 단계별로 소요되는 시간과 각 업무활동 사이의 관계를 보여줄 수 있다.

50 다음 자료를 통한 직접비와 간접비의 설명으로 올바르지 않은 것은 어느 것인가?

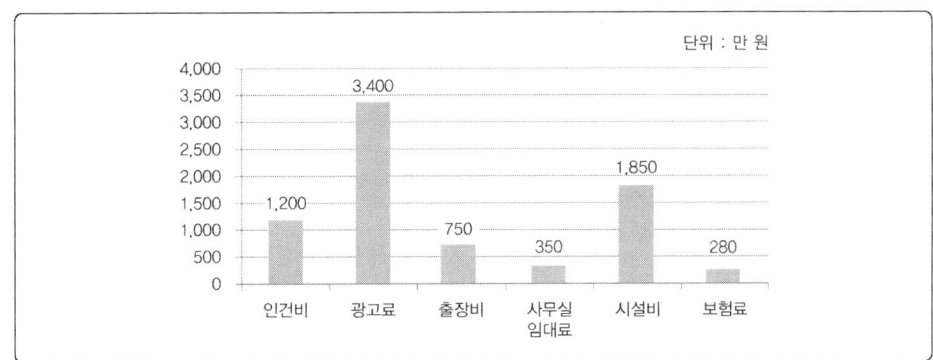

① 직접비보다 간접비를 더 많이 사용하였다.
② 시설비는 직접비 전체의 절반에 조금 못 미친다.
③ 직접비 항목과 간접비 항목에서 각각 가장 큰 비용의 차액은 1,500만 원보다 적다.
④ 출장비가 1,000만 원이었다면 직접비가 간접비보다 더 많았을 것이다.
⑤ 광고료는 전체 간접비의 80% 이상을 차지한다.

해설
정답 ③

인건비, 출장비, 시설비는 직접비이고 광고료, 사무실 임대료, 보험료는 간접비이다. 직접비 항목과 간접비 항목에서 각각 가장 큰 비용은 시설비와 광고료이므로 두 비용의 차액은 1,550만 원이다.

오답풀이
① 직접비 총액은 1,200+750+1,850=3,800(만 원)이며, 간접비 총액은 3,400+350+280 =4,030(만 원)이다.
② 시설비는 1,850만 원이므로 직접비 전체 금액인 3,800만 원의 절반인 1,900만 원에 조금 못 미친다.
④ 출장비가 1,000만 원이 되면 직접비가 250만 원 증가하므로 3,800+250=4,050(만 원)이 되어 직접비가 간접비보다 많아지게 된다.
⑤ 광고료는 3,400만 원이므로 전체 간접비인 4,030만 원의 약 84.4%를 차지한다.

51 다음 조건을 만족하는 상황에 대한 올바른 설명은 어느 것인가?

- 갑, 을, 병, 정, 무는 운동화, 슬리퍼, 구두, 샌들을 신고 있으며, 운동화를 신은 사람은 2명이다.
- 운동화를 신은 각각 2명은 반바지와 레깅스를 입었으며, 반바지를 입은 사람은 2명이고 나머지 3명은 모두 다른 바지를 입었다.
- 갑은 운동화를 신었으며, 병은 청바지를, 정은 반바지를 입었다.
- 무는 레깅스를 입었다.
- 슬리퍼를 신은 사람은 운동복을 입었다.

① 병과 무는 같은 종류의 신발을 신었다.
② 슬리퍼를 신은 사람은 무이다.
③ 을은 운동화와 운동복을 입었다.
④ 갑은 반바지를 입지 않았다.
⑤ 병은 운동화를 신지 않았다.

해설   정답 ⑤

주어진 조건을 참고로 확정된 조건을 표시하면 다음과 같다.

갑	을	병	정	무
운동화				
		청바지	반바지	레깅스

그런데 반바지를 입은 사람이 2명이며, 나머지는 모두 다른 바지를 입었고, 운동화를 신은 2명이 반바지와 레깅스를 입었다고 했으므로, 무의 신발은 운동화가 될 수밖에 없다. 그리고 운동화를 신은 사람은 2명이므로 정은 운동화를 신을 수 없고, 갑은 반바지를 입은 것이 된다.

갑	을	병	정	무
운동화				운동화
반바지		청바지	반바지	레깅스

또한, 슬리퍼를 신은 사람은 운동복을 입었다는 조건에 따라 을의 조건을 확실히 할 수 있어 병과 정의 신발을 제외한 모든 상황이 밝혀지게 된다.

갑	을	병	정	무
운동화	슬리퍼	운동화 ×	운동화 ×	운동화
반바지	운동복	청바지	반바지	레깅스

따라서 올바른 설명은 선택지 ⑤의 '병은 운동화를 신지 않았다.'가 된다.

52 서점에서 A, B, C, D, E의 다섯 권의 책 중 두 권을 구매하려고 한다. 다음 조건에 따라 책을 고를 때, 구매할 수 있는 책의 조합을 옳게 고른 것은?

- A는 B의 해설서로 B를 구매하지 않으면 A를 살 필요가 없다.
- C는 B의 후속작이기 때문에 B를 구매하면 C도 구매할 것이다.
- A와 D는 세트처리가 되어 있어 함께 사거나 사지 말아야 한다.
- E를 사지 않는다면 D와 C도 구매하지 않을 것이다.

① A, B ② B, C ③ B, E
④ C, E ⑤ C, D

해설 정답 ④

①, ⑤ A와 D는 세트처리가 되어있으므로 다른 책과 함께 구매할 수 없다.
② E를 구매하지 않았으므로 C를 구매할 수 없다.
③ B를 구매했으므로 C를 구매했어야 한다.
조건에 위배되지 않는 조합은 ④뿐이다.

53 다음 중 업무상 봉착하게 될 문제점을 해결하기 위한 기본적인 사고방식으로 적절한 지적이 아닌 것은 어느 것인가?

① 어려운 해결책을 찾으려 하지 말고 우리가 알고 있는 단순한 정보라도 이용해서 실마리를 풀어가야 한다.
② 문제 전체에 매달리기보다 문제를 각각의 요소로 나누어 그 요소의 의미를 도출하고 우선순위를 부여하는 방법이 좋다.
③ 고정관념을 버리고 새로운 시각에서 문제를 바라볼 수 있어야 한다.
④ 나에게 필요한 자원을 확보할 계획을 짜서 그것들을 효과적으로 활용할 수 있어야 한다.
⑤ 문제 자체보다 그 문제가 다른 문제나 연관 시스템과 어떻게 연결되어 있는지를 파악하는 것이 중요하다.

해설 정답 ①

문제에 봉착했을 경우, 차분하고 계획적인 접근이 필요하다. 자칫 우리가 흔히 알고 있는 단순한 정보들에 의존하게 되면 문제를 해결하지 못하거나 오류를 범할 수 있다.

오답풀이
문제 해결을 위해 필요한 4가지 기본적 사고로는 다음과 같은 것들이 있다.
- 전략적 사고를 해야 한다(⑤)
- 분석적 사고를 해야 한다(②)
- 발상의 전환을 하라(③)
- 내·외부 자원을 효과적으로 활용하라(④)

54 출장소를 열기 위해 상가 임대를 하고자 한다. 임대할 상가를 조사한 결과가 다음과 같을 때, 우선순위가 높은 순으로 바르게 나열한 것은?

〈임대상가 평가 점수〉

구 분	임대료	접근성	편의성	유동인구
A빌딩	4	1	1	6
B빌딩	1	4	3	4
C빌딩	3	4	2	3

※ 평가점수 합이 동률이 되어 다음과 같은 비율로 점수를 조정하여 최종결정한다.
　임대료 : 1.5　접근성 : 1　편의성 : 1　유동인구 : 0.5

① A빌딩 - B빌딩 - C빌딩
② A빌딩 - C빌딩 - B빌딩
③ B빌딩 - C빌딩 - A빌딩
④ C빌딩 - A빌딩 - B빌딩
⑤ C빌딩 - B빌딩 - A빌딩

해설　　　　　　　　　　　　　　　　　　　　　　　　　정답 ④

조정점수를 적용하면 다음과 같다.
A빌딩 : $4 \times 1.5 + 1 + 1 + 6 \times 0.5 = 11$
B빌딩 : $1 \times 1.5 + 4 + 3 + 4 \times 0.5 = 10.5$
C빌딩 : $3 \times 1.5 + 4 + 2 + 3 \times 0.5 = 12$
따라서 C빌딩 - A빌딩 - B빌딩 순으로 점수가 높다.

55 다음은 '기업의 직업윤리'의 중요성을 다루는 세미나에서 제공된 발표 자료의 일부이다. 이에 대한 설명으로 적절하지 않은 것은 어느 것인가?

> 외국인 투자자들은 최근 한국 기업의 기업 윤리 행태에 대해 비판의 목소리를 높이고 있죠. 투자자의 신뢰를 배신한 한국 기업이라고 구체적으로 지칭하며, 이들에 대한 지분률을 낮추는 등 보유 주식을 대거 처분하고 있는 모습을 보이고 있습니다. 특히 가짜 백수오 사건으로 물의를 일으키는 N사가 대표적인데요. N사는 건강 기능성식품을 제조하면서 진짜 백수오가 아닌, 인체에 유해한 물질을 집어넣었죠. 이 같은 사실이 공개되기 직전에 내부 임원들이 수십억 원대의 보유 주식을 매각한 사실까지 드러나면서 엄청난 비난이 쏟아지기도 했습니다.
>
> 이러한 행태에 분노한 외국인들은 N사의 주식을 대규모로 매각했고, 주가는 한 달 만에 82% 이상 폭락했죠. 문제는 N사와 같은 행태가 한국 기업 내에 어렵지 않게 보인다는 것입니다. 국내 최대 자동차기업 중 하나인 Z사는 10조 원이 넘는 지출을 통해 부지를 매입했는데, 이것에 대해 외국인 투자자들은 비상식적인 경영 행위로 판단하고, 경영진에게 일침을 가하기도 했습니다.

① 투자자들은 기업의 경영 방침에 대해 지적하고 간섭할 권리가 있다.
② 한국 기업 경영진들은 종종 자신의 이득만을 위해 정보를 조작하는 등 투명하지 않은 모습을 보이기 때문에 비난의 대상이 되기도 한다.
③ 정보 통신의 발달로 인해 기업들의 정직하지 못한 행태가 쉽게 확인 가능하게 되면서, 기업의 공정에 대한 윤리의식이 기업의 성과에 매우 중요한 요인이 되고 있다.
④ 기업들은 브랜드 이미지를 관리하기 위해 SNS 모니터링, 홍보단 등을 구성하고 운영할 필요가 있다.
⑤ 경영진은 절대 사익을 추구해서는 안 된다는 것이 아니며, 최소한 상식적인 운영을 통해 주주의 이익을 저버리는 행동을 해서는 안 된다.

해설   정답 ④

브랜드 이미지를 관리하기 위한 조치로 적절한 것은 사실이지만, 제공된 자료에 의하면 브랜드 이미지에 대한 오해를 해소하거나 홍보를 위한 행동이 필요한 것이 아니라, 신뢰를 저버린 것이 크게 문제가 된다는 점을 알 수 있다.

오답풀이
① 기업은 투자자에게 투명한 정보를 제공하고, 투자자의 이윤 성취에 힘써야 할 의무가 있다. 따라서 투자자를 설득시킬 수 있는 경영 방침을 시행하는 것이 중요하다.
② 주어진 글을 통해 확인할 수 있는 내용이다.
③ 정보 통신의 발달이 공정성의 강조를 촉진시키고 있다는 내용뿐만 아니라, 주어진 글을 통해 주가가 폭락하는 등의 모습이 보여 성과와의 연관성을 설명하고 있다.
⑤ Z사의 비상식적인 경영 행태를 비판하는 모습에서 확인할 수 있다.

[56~57] 다음 글을 읽고 이어지는 물음에 답하시오.

> '농촌형 교통모델 발굴사업'은 읍면 중심지와 배후마을 간 접근성을 높이고 농촌 주민 삶의 질을 향상하기 위해 농촌에 적합한 대안적 교통서비스 사업모델을 발굴하여 확산하려는 것이다. 농림축산식품부는 전국 시·군을 대상으로 사업계획을 공모하여 4월에 13개 사업(12개 시, 군)을 선정하였다. 선정된 시, 군에는 이듬해까지 2년간 예산을 지원한다. 버스형 서비스는 차량 구매, 운영비, 인건비 등을 지원하며 택시형 서비스는 주민 부담금을 제외한 택시요금 차액을 지원한다. 교통수단별로 승합차, 소형버스 등을 이용하는 버스형이 6개, 택시형이 7개가 선정되었다.
> 서비스 유형별로 마을에서 가까운 거리에 있는 버스 환승 정류장 또는 읍·면 소재지까지 이동을 돕는 환승 거점 연계형이 9개, 농산물 직거래·농촌관광 등 지역 주민 수익과 연계된 경제활동 지원형이 2개, 보건소, 목욕탕, 병원, 우체국 등 거점 복지시설과의 접근성을 높이는 복지서비스 접근형 2개 사업이 선정되었다.
> 각 지자체는 교통수요, 서비스 공급 여건, 대중교통과의 연계성 등을 고려하여 맞춤형 교통서비스 운영계획을 수립했다.
> 버스형 서비스는 주로 통학, 로컬푸드 매장, 복지시설 이용 등 이동수요가 일정한 지역에 적용되었으며, 한정면허 등을 취득한 사업자가 운영하고 운행요금은 기존 버스요금에 준하여 책정되었다. 택시형 서비스는 버스가 운행할 수 없는 도로 여건을 가진 마을과 수요가 적고 이동패턴이 비정기적인 경우에 적합하다. 금액은 버스 요금과 비슷하게 책정하여 운영하고 있다. 농림축산식품부는 향후 8개 사업을 추가로 선정하여 총 21개 사업을 지원할 계획이다.

56 정부에서는 위와 같은 '농촌형 교통모델 발굴사업'을 추진하였다. 이러한 사업을 추진하게 된 배경을 추론한 것으로 적절하지 않은 것은 어느 것인가?

① 농촌 지역 고령자의 교통 불편이 가중되었을 것이다.
② 주변 지역 간 갈등 심화로 청년층 귀농 인구가 편중됨에 따라 농촌 내부의 양극화가 심화되고 있었을 것이다.
③ 마을의 중심지인 읍면 소재지에만 교육·문화·보건의료 등 공공서비스 시설이 집중적으로 형성되어 있었을 것이다.
④ 농촌의 인구 감소로 농촌 지역 대중교통 사업 수익이 감소하면서 농어촌 교통서비스의 질 또한 낮아졌을 것이다.
⑤ 취약한 교통서비스로 인해 보건의료, 교육, 문화 등 생활서비스에 대한 접근성이 떨어지게 되어 총체적인 주민 삶의 질 저하로 이어졌을 것이다.

해설

정답 ②

농촌의 불편한 교통 상황을 개선하기 위한 농촌형 교통모델 발굴사업은 농촌의 지역 간 갈등과 관계가 없으며, 농촌 지역의 갈등이나 양극화 등의 현상에 대해서도 글 속에 언급된 바는 없다.
늘어나는 고령자들의 교통 불편, 생활의 질 저하, 대중교통 사업의 수익성 악화 등은 농촌형 교통모델 발굴사업을 추진하게 된 배경으로 적절하며, 해당 사업의 필요성을 느낄 수 있게 해 주는 농촌의 상황이었을 것으로 추론해 볼 수 있다.

57 다음 중 '농촌형 교통모델 발굴사업'의 사례를 소개한 것으로 적절하지 않은 것은 어느 것인가?

① A시에서는 도로가 협소하여 버스를 운행하기 어려운 마을을 대상으로 선정해 버스업체와의 협의를 통해 '행복택시' 사업을 운영하게 되었다.
② B시에서는 시 당국의 지원 정책을 통하여 택시를 지선버스처럼 활용하며 주민들이 지역 간선버스로 갈아탈 수 있도록 운행 스케줄과 노선을 조정, 마을을 순회하게 함으로써 주민 편의를 극대화할 수 있도록 배려하였다.
③ C시에서는 마을의 대표단에 포함되어 도시 지역에서 벌이는 농촌홍보활동 행사에 참여할 농업인들을 위해 각 농업활동별 청년 수요 현황을 매주 전달해 주었다.
④ D시에서는 농업인들의 소득증대를 위한 목적으로 로컬푸드 매장에 농산물을 납품하러 오는 고령의 소농업인을 대상으로 운영하는 새로운 형태의 농촌형 교통모델을 제시하였다.
⑤ E시에서는 마을 단위로 운영되는 타 지역의 사업과 달리, 연령제한 없이 주민 1인을 기준으로 하루 1회 왕복 서비스를 제공하는 독특한 행복택시 사업을 운영하고 있다.

> **해설** 정답 ③
> 다른 지역의 활동은 모두 지역 거주 농업인들의 교통 편의를 제공하고 저조한 기동력을 개선시킬 수 있는 방향성을 갖는 사업이나, C시에서 행한 내용은 교통의 편의를 제공하고자 하는 목적과는 거리가 먼 행위라고 볼 수 있다.

[58~59] 다음은 홈쇼핑 판매와 관련한 정보이다. 이를 읽고 이어지는 물음에 답하시오.

> 홈쇼핑 업체에서는 매출 실적을 파악하기 위한 지표로 '전환율'을 사용한다. TV를 통해 방송 중에 일어난 매출 총수량(주문 총수량) 중 일부는 방송 중이나 방송 후 또는 배송 전에 취소 발생으로 인한 '취소수량'으로 분류된다. 이 취소수량을 제외한 '순출고수량'을 출고량으로 집계하게 된다. 그런데 출고된 수량 중 일정 부분은 반품이 되어 되돌아오기도 한다. 이렇게 반품된 수량까지 제외하고 나면 '순주문'으로 집계되는 실제 매출액을 구할 수 있게 된다. 전환율이란 주문 총수량에서 차지하는 순주문량의 비율을 의미한다.
> 또한, 주문 총수량에서 차지하는 취소수량의 비율을 취소율이라 하며, 순출고수량에서 차지하는 반품된 수량의 비율을 반품률이라 한다. 따라서 전환율은 다시 말해, 순출고수량에서 반품 수량을 뺀 수량이 주문 총수량에서 차지하는 비율을 의미하는 것이다.

58 위의 자료를 참고로 한 홈쇼핑 매출 지표 관련 계산식으로 올바른 것을 〈보기〉에서 모두 고른 것은 어느 것인가?

― 보기 ―
(가) 취소율 = 취소수량 ÷ 주문 총수량 × 100
(나) 전환율 = (주문 총수량 – 반품 수량 – 취소수량) ÷ 주문 총수량 × 100
(다) 반품률 = 반품수량 ÷ 주문 총수량 × 100
(라) 순주문량 = 주문 총수량 – 반품 수량 – 취소수량

① (가), (나), (다)　　② (가), (나), (라)　　③ (가), (다), (라)
④ (나), (다), (라)　　⑤ (가), (나), (다), (라)

정답 ②

주어진 설명에서 빠른 시간 내에 올바른 산식을 이끌어 낼 줄 아는 능력을 요구하는 문제이다. 반품률은 주문 총수량이 아닌 순출고수량에 대한 반품수량의 비율이므로 '반품수량÷순출고수량×100'이 올바른 산식이다.

59 국내 홈쇼핑 업체인 K사의 작년과 올해 헤어 드라이기 매출 관련 지표가 다음과 같을 때, K사의 올해 헤어 드라이기의 전환율은 얼마인가? (반올림하여 소수 첫째 자리까지 표시함)

- 작년의 주문 총수량 1,100개, 반품수량 80개
- 올해의 주문 총수량 증감률 15%, 반품수량 증감률 -10%
- 올해의 순출고수량 1,050개

① 73.4% ② 74.2% ③ 75.2%
④ 76.6% ⑤ 77.3%

해설 정답 ⑤

앞 문제에서 확인한 산식을 이용하여 계산할 수 있다. 전환율을 알기 위해서는 주문 총수량, 반품 수량, 취소수량을 알아야 한다. 주문 총수량은 작년의 15% 증가이므로 1,100×1.15=1,265(개)가 된다. 올해의 순출고수량이 1,050개이므로 취소수량은 1,265-1,050=215(개)가 된다. 또한 반품수량은 작년 80개에서 10%가 감소한 72개가 됨을 알 수 있다. 따라서 전환율은 (1,265-215-72)÷1,265=77.3(%)가 된다.

60 다음 상황에서 빈칸에 들어갈 적절한 말은 어느 것인가?

> 경호는 얼마 전 H공사에 합격하여 출근 후 자신만의 명함을 갖게 되었다. 경호는 스승의 날이 가까워져 집 근처에 있는 은사님을 찾아가 인사를 드리게 되었고, 은사님에게 명함을 건넸다. 경호의 명함을 받은 은사님은 웃으며 "취직을 축하하네. 그런데 말이야, 다른 사람과 명함 교환을 할 때에는 (   )는 점을 잊지 말게."라고 말씀하셨다.

① 윗사람에게 명함을 건넬 때에는 손으로 건네지 말고, 책상 위에 올려 밀어주어야 한다.
② 명함을 받고, 빨리 명함 지갑에 집어넣는 모습을 보여야 한다.
③ 윗사람이 명함을 주기 전까지 명함을 먼저 꺼내지 않는다.
④ 상대방을 만나기 전에 미리 명함을 꺼내두고, 윗사람 앞에서는 명함 지갑을 보이지 않는다.
⑤ 명함에 추가 정보를 적는 것은 상대방의 앞에서 하지 않도록 한다.

해설   정답 ⑤

명함에 추가 정보를 적는 것 자체는 상대방에 대한 세부사항을 기억하기 위해 바람직한 방법이라고 할 수 있으나, 상대방이 건네 준 소중한 명함에 상대방의 면전에서 무언가 기재를 하는 것은 자칫 무례한 행동으로 보일 수 있어 유의해야 한다.

오답풀이
① 명함은 아랫사람이 먼저 꺼내고, 왼손으로 가볍게 받쳐 건넨다.
② 명함을 받으면 집어넣기 전에 내용을 살펴보고 명함에 관하여 한두 마디 건넨다.
③ 명함은 손아랫사람이 먼저 전달하는 것이 예의이다.
④ 명함을 미리 꺼내둘 필요는 없으며, 명함 지갑을 보이는 것 역시 예절에 어긋나는 행동이 아니다.

기출문제 70문제형

01 다음 조합의 숫자가 일정한 규칙에 의해 배열되었을 경우, 빈칸 (A)에 들어갈 알맞은 수는 어느 것인가?

11	17
6	23

15	23
8	31

7	11
4	(A)

① 15   ② 14   ③ 13
④ 12   ⑤ 11

> **해설**   정답 ①
> 사각형 안의 네 개의 숫자 중, 왼쪽 아래에 있는 숫자를 기준으로 시계 방향으로 돌아가며 ×2−1, ×3−1, ×4−1의 규칙이 적용되고 있다. 따라서 4×4−1=15가 정답이 된다.

02 다음 문자들이 일정한 규칙에 의해 변화하였을 때, 빈칸에 알맞은 것은 어느 것인가?

```
T5D4 → X8F5
GIK3 → KLM4
VROG → ZUQH
AFDL → (    )
```

① IJGL   ② DIEN   ③ EIFM
④ FJEL   ⑤ GHEO

> **해설**   정답 ③
> 규칙은 숫자 또는 알파벳의 순서를 앞자리부터 +4, +3, +2, +1하는 것이다.
> A의 다음 네 번째 문자는 E, F의 다음 세 번째 문자는 I, D의 다음 두 번째 문자는 E, L의 다음 문자는 M으로 EIFM이 된다.

03 다음은 소비자물가 총지수와 주요 품목별 소비자물가 상승률을 연도별로 나타낸 자료이다. 이에 대한 올바른 설명을 〈보기〉에서 모두 고른 것은 어느 것인가?

(단위 : %)

구 분	2011	2012	2013	2014	2015	2016	2017	2018	2019
소비자물가 총 지수 (2015년=100)	94.7	96.8	98.0	99.3	100.0	101.0	102.9	104.5	104.9
소비자물가 상승률	4.0	2.2	1.3	1.3	0.7	1.0	1.9	1.6	0.4
식료품	8.1	4.0	0.9	0.3	1.6	2.3	3.4	2.9	0.1
주류 및 담배	0.8	1.5	1.7	-0.1	50.1	0.7	1.5	0.3	0.6
의류 및 신발	3.3	4.8	2.9	4.0	1.3	1.8	1.1	1.1	0.2
주택/수도/전기/연료	4.5	4.6	3.5	2.9	-0.6	-0.8	1.5	0.7	1.2
교통	7.0	3.2	-0.5	-1.6	-7.8	-2.2	3.6	2.4	-1.8
교육	1.7	1.4	1.2	1.5	1.7	1.6	1.1	1.4	0.6

─〈보기〉─
(가) 2015년의 소비자물가 총 지수는 2011년 대비 약 5.6% 증가한 것으로, 기준년도의 소비자물가 총 지수를 의미한다.
(나) 2010년 대비 2017년의 소비자물가 지수가 가장 많이 상승한 세 가지 품목은 식료품, 주류 및 담배, 교육이다.
(다) 2017년의 담배 1갑이 4,500원이라면 2016년의 담배 1갑은 약 4,433원이다.
(라) 2014년의 '연료'의 평균 물가지수가 100이라면, 2017년의 '연료'의 평균 물가지수는 100보다 크지 않다.

① (가), (나) ② (가), (다) ③ (나), (다)
④ (나), (라) ⑤ (다), (라)

해설 정답 ②

(가) 94.7 → 100.0으로 증가한 것이므로, $\frac{100-94.7}{94.7} \times 100 = 5.6(\%)$의 증가율을 나타내며 지수를 100으로 한 기준년도가 된다.
(다) 2017년의 담배 1갑이 4,500원이면 2016년의 담배 1갑은 4,500÷1.015=4,433(원)이 된다.

오답풀이
(나) 소비자물가 지수 상승률을 통해 소비자물가 지수의 상승분을 계산할 수 있다. 실제로 2010년의 품목별 소비자물가 지수를 모두 100이라고 했을 때, 매년 상승률을 적용하여 계산해 보면 2017년의 식료품은 약 122.3, 주류 및 담배는 약 159.5이며, 의류 및 신발은 약 120.8이 되어 가장 많이 상승한 세 가지 품목이 된다. 이때, 교육은 약 112.9이다.
(라) 2014년 이후 -0.6%, -0.8%, 1.5%로 변동되었으므로 100 → 99.4 → 98.6 → 100.1이 되어 100보다 크다.

04 다음 자료에 대한 설명으로 올바른 것은 어느 것인가?

〈상위 기업별 무역액〉

(단위 : 십억 불)

구 분	수 출			수 입		
	2017	2018	2019	2017	2018	2019
전 체	525.7	494.3	572.6	431.4	399.8	473.1
상위 10대	187.5	167.6	207.3	116.2	99.7	134.1
상위 100대	350.4	320.1	381.0	237.1	206.8	256.4
상위 1,000대	440.1	409.4	481.5	329.0	295.9	358.3

① 상위 1,000대 기업에 속하지 않는 기업의 수출과 수입은 모두 매년 감소하였다.
② 상위 10대 기업은 매년 35% 이상의 수출액 비중을 보이고 있다.
③ 상위 100대 기업 중 상위 10대 기업의 수입액 비중은 매년 50%에 미치지 못한다.
④ 상위 101~1,000대 기업의 수출입액은 매년 1천억 불 이하이다.
⑤ 상위 1,000대 기업에 속하지 않는 기업의 수치가 상위 10대 기업의 수치보다 더 큰 것은 2016년의 수입이 유일하다.

해설

정답 ⑤

2018년 수입액의 경우, 상위 10대 기업은 99.7십억 불인 반면, 상위 1,000대 기업에 속하지 않는 기업은 399.8−295.9=103.9십억 불로 유일하게 더 큰 지표가 되는 것을 알 수 있다.

오답풀이

① 전체 수출입액에서 상위 1,000대 기업의 수출입액을 뺀 수치를 의미하므로 2018년의 수출액만 감소하였음을 알 수 있다
② 상위 10대 기업의 2018년 수출액 비중은 167.6÷494.3×100=33.9%로 35%보다 작다.
③ 2019년의 경우 134.1÷256.4×100=52.3%로 50%보다 크다.
④ 2019년의 수출입액은 각각 100.5십억 불과 101.9십억 불로 모두 1천억 불을 넘고 있다.

[5~6] 다음 글을 읽고 이어지는 물음에 답하시오.

> 농협이 추진하고 있는 '또 하나의 마을 만들기' 운동은 도시민과 농업인의 단순 교류 차원을 뛰어 넘어 쇠퇴해 가는 농촌마을을 기존과 차별화된 '특색 있는 마을'로 새롭게 변화시키자는 운동이다. '또 하나의 마을'이란, 도시민과 농업인이 실질적인 협동을 통해 활력을 잃은 농촌마을을 보다 살기 좋은 마을로 재탄생시키자는 의미로 마을의 인프라 확충과 같은 하드웨어적 접근이 아닌, 농촌마을의 특성을 고려한 다양한 분야 전문가의 역량이 융합되는 소프트웨어적 접근이 필요하다.
> 따라서 '또 하나의 마을'을 만들기 위해서는 그 마을이 내재한 유·무형의 자원과 특성을 잘 파악하여 실질적 도움을 줄 수 있는 조직이나 개인이 필요한데, 그 역할을 '명예이장'과 '명예주민' 형태로 추진하는 것이다. '명예이장'과 '명예주민'은 농촌마을과의 단순 교류자가 아닌, 마을주민과 협동하여 특색 있는 '또 하나의 마을'을 만드는 핵심주체여야 한다. 이 운동을 위해 농협은 기존 농촌마을과 도시민을 연계하고 '명예이장'을 통한 '특색 있는 마을' 만들기의 코디네이터 역할을 수행해야 한다. 즉, 농협은 이전 '1社1村 자매결연' 운동 차원의 역할인 단순 연계가 아닌, 체계적·효율적 운영을 위한 지원활동을 수행해야 한다. 농협과 함께 정부와 지자체도 민관협력을 실현하여, 행정적·재정적 지원으로 이 운동의 한 축을 담당하게 된다.
> 농촌주민과 함께 명예이장, 명예주민이 함께 참여하는 '또 하나의 마을 만들기' 운동은, 핵심 사업이라고 할 수 있는 '특색 있는 마을 만들기'를 통해 실현시킬 수 있다. '특색 있는 마을 만들기'를 통해 상호 실질적 편익 창출로 농가소득 증대와 농촌주민의 삶의 질 향상에 기여하고, 이를 통해 마을 공동체가 복원되고 농촌 지역 활성화에 기여하게 된다. 또한, 기업(단체)과 도시민도 운동을 통해 농업·농촌과 협동의 가치를 공유하고 '명예이장', '명예주민'으로 참여하여 사회공헌 확산 등의 효과를 창출할 수 있다.

05 다음 중 윗글에서 주장하는 '또 하나의 마을 만들기'를 위한 활동의 방향으로 가장 적절하지 않은 것은 어느 것인가?

① 농촌 마을의 고유한 특징과 장점을 살려 단순한 교류 활성화를 넘어 특색 있는 마을로 발전될 수 있도록 하여야 한다.
② 농촌에 도로, 수도, 복지 등 일반적인 인프라 확충보다 전문화되고 다양한 방법의 특색 있는 사업을 전개해 나가야 한다.
③ 정부와 해당 기관에서는 제도 행정이나 세제 혜택 등 각종 재정적 지원을 통해 민관이 함께 할 수 있는 방안을 추진하도록 촉구해야 한다.
④ 농촌 마을의 발전은 결국 마을 공동체 재건을 통한 지역 활성화를 이루어 낼 수 있는 방향으로 추진되어야 한다.
⑤ 명예이장은 과거보다 더욱 활발한 도농 교류를 성사시켜 농촌에 대한 도시민의 이해도를 제고시키는 것이 가장 중요한 임무이다.

해설 정답 ⑤

필자는 명예이장의 임무로, 도시와 농촌의 단순한 연결이 아닌 특색 있는 마을을 만드는 주체로서 주동적인 코디네이터의 역할을 수행할 것을 제시하고 있다. 즉, 단순 교류자가 아닌 실질적인 도움을 주는 개인이 되어야 한다고 강조한다. 따라서 도농 교류 성사를 통한 도시민의 관심과 이해도를 제고시키는 일은 매우 단순하고 하드웨어적인 일이라고 할 수 있다.

06 다음 중 윗글에서 언급된 '또 하나의 마을'의 사례로 적절하지 않은 것은 어느 것인가?

① 농촌과 관련된 문화 행사를 특화시킨 '문화 마을'을 만든다.
② 도시민의 심신을 정화하고 단련시킬 수 있는 '치유 마을'을 만든다.
③ 일손이 부족한 마을을 지정하여 '봉사활동 마을'을 만든다.
④ 전력 스마트 도시와 유사한 개념의 첨단 과학기술이 접목된 '스마트 마을'을 만든다.
⑤ 태양광, 풍력 등의 신재생에너지만으로 자가 발전을 이룩한 '에너지 마을'을 만든다.

해설 정답 ③

문화 마을, 치유 마을, 스마트 마을, 에너지 마을 등은 모두 '특색 있는 마을'로서 지역 활성화를 위한 매우 좋은 사례가 될 수 있다. 반면 봉사활동 마을은 지역의 자원과 특성을 살린 특색 있는 마을이라기보다는 봉사활동이 요구되는 마을로 지정됨으로써 부족한 일손을 채울 수 있는 기존의 농촌사랑 운동의 수준으로 보는 것이 타당하다.

07 해외 공연을 하기 위해 유럽으로 가야 하는 K씨는, 회비와는 별도로 개인 용도를 위해 100달러짜리 지폐 3장과 100유로짜리 지폐 3장을 바꾸어 두려고 한다. 출발일인 6월 2일의 환율과 도착일인 6월 9일의 환율이 다음과 같을 때, 출발일에 현지화를 사서 달러화의 30%, 유로화의 60%를 사용하고 남은 금액을 도착일에 모두 다시 원화로 바꾸었을 경우, 출발 전 1백만 원이었던 K씨의 개인 자금의 총 잔액은 얼마인가?

날 짜	통 화	현찰 살 때	현찰 팔 때
6월 2일	달러(U$)	1,080원	1,055원
	유로(€)	1,250원	1,180원
6월 9일	달러(U$)	1,070원	1,048원
	유로(€)	1,230원	1,150원

① 587,040원 ② 605,550원 ③ 655,020원
④ 659,080원 ⑤ 660,320원

해설 정답 ④

6월 2일 각각 300달러와 300유로를 사기 위해 필요한 원화는 1,080×300=324,000원과 1,250×300=375,000원이므로 324,000+375,000=699,000원이다. 따라서 개인 자금 중 원화 잔액은 301,000원이다.
달러를 30% 사용하고 유로화 60% 사용했다면, 6월 9일에 다시 원화로 환전할 금액은 각각 210달러와 120유로이다. 이를 원화로 계산하면 각각 1,048×210=220,080원과 1,150×120=138,000원이므로 원화 환전액은 모두 358,080원이다.
따라서 총 잔액은 최초 잔액인 301,000원과 358,080원을 합한 659,080원이다.

08 다음 문장의 빈칸에 들어갈 알맞은 말은 어느 것인가?

> 특히 정치권 일각에서 정치 자금이나 표를 의식해 표출될 가능성이 있는 재벌 구조 조정 완화론 등을 (   )하지 않겠다는 의지를 내비친 것으로도 받아들여진다.

① 납득　　　② 수긍　　　③ 타협
④ 이해　　　⑤ 용인

해설　　　　　　　　　　　　　　　　　　　　　　　　　　　　　　　정답 ⑤
타동사로서 '용인하다'는 '(사람이나 단체가 일이나 태도를) 너그럽게 받아들여 인정하다.'의 의미이며, '나는 너의 독단적인 행동을 용인할 수 없다.' 등과 같이 사용된다.
오답풀이
납득, 수긍, 이해, 타협 등은 모두 어떤 주장이나 언행 따위가 그러하다고 인정하고 이해하는 것을 의미하지만, '받아들인다.'는 의미가 결여되어 있어 주어진 문장에 삽입되기에는 적절하지 않다.

09 다음 문장의 밑줄 친 말과 가장 유사한 의미로 사용된 말은 어느 것인가?

> 저 <u>놀던</u> 물이 그래도 제일이라는 생각을 그들은 버릴 수가 없었다.

① 그가 <u>놀던</u> 곳은 일본이 아니라 메이저리그라는 생각을 쉽게 버리지 못했다.
② 돈 있는 사람들은 자기들끼리 <u>노는</u> 법이다.
③ 손이 곱아서 손가락이 제대로 <u>놀지</u> 않는다.
④ 남의 말에 <u>놀</u> 것이 아니라 언제나 제정신으로 살아야 한다.
⑤ 설날엔 윷을 <u>노는</u> 것이 제 맛이다.

해설　　　　　　　　　　　　　　　　　　　　　　　　　　　　　　　정답 ①
주어진 문장에 쓰인 '놀다'는 '일정한 장소를 중심으로 지내다.'의 의미이며, '그가 놀던 곳은~'에 쓰인 '놀다'와 같은 의미로 쓰였다.
오답풀이
② 비슷한 무리끼리 어울리다.
③ 신체 부위가 일정하게 움직이다.
④ 들떠서 주책없이 행동하거나 경솔한 태도를 가지다.
⑤ 어떤 놀이를 하여 이기고 짐을 겨루다.

10 H기관은 직원 100명을 대상으로 설문조사를 실시하여, 제주도, 설악산, 판문점을 가 본 직원이 각각 88명, 75명, 50명이라는 결과를 얻게 되었다. 이에 대한 올바른 설명을 〈보기〉에서 모두 고른 것은 어느 것인가?

> **보기**
> (가) 제주도, 설악산, 판문점을 모두 가 본 직원은 많아야 25명이다.
> (나) 제주도, 설악산, 판문점을 모두 가 보지 않은 직원은 많아야 12명이다.
> (다) 적어도 13명의 직원은 제주도, 설악산, 판문점을 모두 가 보았다.

① (나) ② (가), (다) ③ (가), (나)
④ (나), (다) ⑤ (가), (나), (다)

해설 정답 ④

제주도를 A, 설악산을 B, 판문점을 C, 전체를 U라고 할 때, 집합 기호를 이용하여 다음과 같이 확인해 볼 수 있다.
(나) n(A∪B∪C)의 최솟값은 A, B, C중 가장 큰 값인 88이다. 따라서 (나)의 최댓값은
 n(U)−n(A∪B∪C)=100−88=12명이다.
(다) 먼저 임의의 두 집합인 A, B의 최소 교집합을 다음과 같이 산출할 수 있다.
 n(A)+n(B)−n(U)=63 즉, n(A∩B)의 최솟값은 63이다.
 따라서 (다)의 최솟값은 n(A∩B∩C)=n(A∩B)+n(C)−n(U)=63+50−100=13명이 되므로 올바른 설명이 된다.

오답풀이
(가) n(A∩B∩C)가 최대인 경우이므로, C⊂B⊂A인 상황이다. 즉 C의 50명이 n(A∩B∩C)의 최댓값이다.

[11~12] 다음은 스마트 팜 최고 전문가 과정 교육 모집 안내문의 일부이다. 이를 읽고 이어지는 물음에 답하시오.

- **주요 교육내용 및 특징**
  - 품목별 국내 최고 전문가 연수 동행 및 전문지도
  - 교육생 교육과정 요구 사항 반영
  - 유럽 농업과 스마트 팜에 대한 이해
  - 딸기, 파프리카, 양돈 ICT(스마트 팜) 운영 관리 기술 및 선진 사례 견학
  - 교육생들의 자발적인 학습조직 운영을 통한 문제점 도출 및 해결방안 마련
- **교육대상**
  - 품목별 스마트 팜 운영 1년 이상인 농가
  - 딸기, 파프리카 ICT기술을 활용하고 있는 농가
  - 양돈 축사에 ICT기술을 활용하고 있는 농가
- **품목 및 인원** : 딸기, 파프리카, 양돈 / 총 90명, 품목별 30명(15명/1기수)
- **교육기간** : 20○○년 8월 ~ 11월 중
  - 해외연수 : 품목별 7박 10일, 사전·사후 교육 각 1일
  - 학습조직 운영 : 품목별 4일(당일교육, 4회)
- **교육일정 및 강사**(사후교육 4시간 별도 통보 예정)

구 분		사전교육 (6h)	국외연수 (7박 10일)	학습조직(연수 시에도 별도 진행)			
기 수	강 사			1차(6h)	2차(4h)	3차(6h)	4차(8h)
양돈 1	안△△	8/8	10/10~10/19	8/16	10/10	11/9	11/22
양돈 2	엄△△	8/8	10/10~10/19	8/16	10/10	11/16	11/29
딸기 1	홍△△	8/7	9/5~9/14	8/17	9/5	11/7	11/27
딸기 2	홍△△	8/7	9/13~9/22	8/17	9/13	11/21	11/28
파프 1	박△△	8/9	9/12~9/21	8/18	9/12	10/31	11/29
파프 2	이△△	8/9	10/25~11/3	8/18	9/22	10/25	11/24

- **교육비** : 자부담 2,076,334원(기타 비용 국비지원)
  ※ 본 교육은 교육생 서류 심사의 과정이 있으며, 교육비는 서류 심사 결과 최종 선정 안내 받은 후 납부(선정 결과 개별통보)
  ※ 납부계좌 지역아카데미 문의(반드시 본인 이름으로 송금)
- **접수기간** : 7.1.(토) ~ 7.31.(월)
- **접수 방법 및 접수처**
  - 접수 방법 : 교육신청서 작성하여 이메일 또는 팩스 제출
  - 접수처 : e-mail 000@epis.or.kr / fax 02.976.0000

11 다음 중 위의 안내문의 내용과 일치하지 않는 설명은 어느 것인가?

① 스마트 팜 운영에 대하여 일정 정도 지식과 경험을 쌓은 농업인만이 신청 가능하다.
② 총 교육시간은 7박 10일과 34시간이다.
③ 선발된 교육생들은 국외연수를 떠나기 전에 학습조직별 교육을 모두 이수하게 된다.
④ 교육자 선정은 서류 심사로만 진행하게 된다.
⑤ 국가에서 지원하는 비용을 제외한 본인 부담 교육비는 2백만 원 이상이다.

 정답 ③

학습조직별 교육을 다 이수하고 국외연수를 가는 것이 아니라 학습조직별 교육도 국외연수 교육 내용에 포함되어 있음을 알 수 있다.

오답풀이
① 교육대상이 품목별 스마트 팜 운영 1년 이상인 농가와 ICT기술을 활용하고 있는 농가를 대상으로 하고 있어, 일정 정도 지식과 경험을 쌓은 농업인만이 신청 가능하다고 볼 수 있다.
② 총 교육시간은 해외 7박 10일과 사전교육 6시간, 사후교육 4시간, 학습조직별 24시간으로 총 34시간이다.
④ 교육생 서류 심사과정으로 최종 선발한다고 명시되어 있으며, 별도의 심사에 대해서는 기재되어 있지 않다.
⑤ '자부담 2,076,334원(기타 비용 국비지원)'이라고 설명되어 있다.

12 다음 중 위 안내문을 읽은 교육 신청자의 문의사항에 대한 답변 내용이 올바르지 않은 것은 어느 것인가?

① 국외연수에 전문가 선생님도 함께 가시는 거죠?
  → 아니오, 전문 선생님은 국내에서 교육만 담당하시고 연수는 교육생들만 떠납니다.
② 교육비 자기 부담분은 언제 송금하면 되나요?
  → 최종 선정되신 후에 납부하시게 됩니다.
③ 저는 별다른 ICT기술이라기보다 그냥 스마트 팜으로 지정되어 2년 째 운영을 해오고 있는 사람인데요, 교육 신청이 가능한가요?
  → 그럼요, 스마트 팜 운영 경력이 1년 이상이시면 누구나 신청 가능합니다.
④ 시간이 없을 것 같아서 그러는데 교육신청서는 우편으로 보내드리면 되지요?
  → 아니오, 이메일이나 팩스로만 신청을 받게 되어 있습니다.
⑤ 저는 양돈을 하고 있는데요, 해외 연수 시에는 학습이 따로 없는 건가요?
  → 연수 시에도 별도 학습 진행이 되고요, 양돈이시라면 출발일에 4시간 학습이 계획되어 있습니다.

 정답 ①

품목별 국내 최고 전문가가 동행하는 것으로 계획되어 있다.

오답풀이
② 교육비 자기 부담분은 최종 선정자에 한해서 별도 통보를 받은 후 납부하면 된다.
③ 스마트 팜 운영 경력이 1년 이상이므로 신청 대상자에 해당된다.
④ '접수방법 및 접수처'란에 신청서 접수 방법은 이메일 또는 팩스로 명시되어 있다.
⑤ 양돈의 국외연수는 10월 10일부터이며 같은 날 4시간의 학습이 계획되어 있다.

13 다음 자료에 대한 올바른 설명을 〈보기〉에서 모두 고른 것은 어느 것인가?

〈'갑'국의 공직자 위반 유형별 행동강령 위반자 현황〉
(단위 : 명)

구 분	2016년	2017년	2018년	2019년
금품, 향응 등 수수	283	381	760	651
예산의 목적 외 사용	346	464	424	555
알선, 청탁, 이권개입	17	70	63	80
공용물 사적사용	21	60	49	79
외부강의 등의 신고의무	72	65	50	52
기타	25	49	90	89
계	764	1,089	1,436	1,506

〈'갑'국의 공직자 행동강령 위반자 처분 유형별 현황〉
(단위 : 명)

구 분		2016년	2017년	2018년	2019년
징계처분	파면	56	92	130	112
	해임	63	48	74	54
	강등	–	–	4	7
	정직	55	79	150	119
	감봉	60	67	178	125
	견책	70	91	198	163
미징계처분		460	712	702	926
계		764	1,089	1,436	1,506

〈보기〉
(가) 징계처분을 받은 행동강령 위반 공직자 수는 매년 증가하였다.
(나) 미징계처분을 받은 행동강령 위반 공직자 중 '기타' 유형의 행동강령을 위반한 공직자 비중은 매년 15% 미만이다.
(다) 2018년 금품, 향응 등 수수 공직자 중 적어도 58명 이상은 징계처분을 받았다.
(라) 2016년~2019년 기간 동안 가장 많은 유형의 행동강령 위반자 징계처분은 견책, 감봉, 정직의 순이다.

① (나), (다), (라) ② (가), (다), (라) ③ (가), (나), (라)
④ (가), (나), (다) ⑤ (가), (나), (다), (라)

해설   정답 ①

(나) 미징계처분을 받은 행동강령 위반 공직자 중 '기타' 유형의 행동강령을 위반한 공직자가 모두 포함되어 있다고 가정해도 매년 5.4%, 6.9%, 12.8%, 9.6%로 최대 비중은 매년 15% 미만이 된다.
(다) 2018년 징계처분을 받은 공직자는 모두 734명이다. 또한 2018년 금품, 향응 등 수수 이외의 위반 행위를 한 공직자는 모두 1,436-760=676명이다. 따라서 676명이 모두 징계처분을 받았다고 가정해도 나머지 58명은 금품, 향응 등 수수 이외의 위반 행위를 한 공직자가 되어야 한다. 따라서 2018년 징계처분을 받은 734명 중 금품, 향응 등 수수 공직자가 적어도 58명 이상은 포함되어 있다는 것을 알 수 있다.
(라) 견책, 감봉, 정직은 각각 522명, 430명, 403명의 순으로 가장 많은 유형의 징계처분 세 가지가 된다.

오답풀이
(가) 징계처분을 받은 행동강령 위반 공직자 수는 304명 → 377명 → 734명 → 580명으로 2019년에는 전년보다 감소하였다.

14 어떤 것을 평가하는 경우에 일부분의 특성에 주목하여 전체 평가에 영향을 주는 심리적 경향을 후광 효과라 한다. 다음 중 이러한 후광 효과의 사례로 적절하지 않은 것은 어느 것인가?

① 어떤 사람의 외모에 호감을 가지면 그 사람의 지능이나 성격까지 좋게 평가한다.
② 입사 면접 시 다리지 않은 양복을 입고 면도도 하지 않고 나타난 피면접자에 대하여 면접관이 그의 언어능력이나 영업능력이 형편없을 것이라고 판단한다.
③ 값비싼 명품 브랜드나 인기 상품은 다른 상품들에 비해 품질이나 디자인이 우수할 것이라고 생각한다.
④ 지방 함유량이 1%라고 광고하는 제품보다 무지방 99%라고 광고하는 제품의 매출이 더 좋은 것으로 나타났다.
⑤ 많은 기업들은 대중에게 인기와 평판이 좋은 연예인이나 스포츠 스타를 자시 제품 홍보 모델로 선호하는 경향이 있다.

해설   정답 ④

'지방'이라는 단어에는 이미 부정적인 의미가 내포되어 있어, 1이 작은 숫자라 해도 민감한 고객에게 불편함을 주게 된다. 반면, '무지방'이라는 단어에는 이미 긍정적인 메시지가 포함되어 있어 더 높은 소비자의 호응을 얻을 수 있는 것이다. 이처럼 같은 문제라도 사용자에게 어떤 방식으로 질문하느냐에 따라 사용자의 판단과 선택이 달라지는 현상을 프레이밍 효과라 한다.

오답풀이
주어진 나머지 사례들은 모두 후광 효과의 적절한 사례가 된다.

15 다음 중 아래 문장들의 빈칸 어디에도 들어갈 수 없는 단어는 것은 어느 것인가?

- 공군은 항공기의 종류를 (　)할 수 있는 기계를 갖고 있다.
- 그 자매는 너무 닮아서 잘 (　)되지 않는다.
- 서정시와 서사시의 (　)은(는) 상대적일 뿐이다.
- 어떤 사람의 솜씨였는지는 눈을 똑바로 뜨고 보아도 (　)이(가) 되지 않는다.

① 구분　　　　　② 구별　　　　　③ 평가
④ 식별　　　　　⑤ 판별

정답 ③

주어진 문장에 가장 적절한 단어는 다음과 같다.
- 공군은 항공기의 종류를 식별할 수 있는 기계를 갖고 있다.
- 그 자매는 너무 닮아서 잘 구별되지 않는다.
- 서정시와 서사시의 구분은 상대적일 뿐이다.
- 구체적인 기준이 없어 어떤 작품이 좋은 작품인지 판별이 어렵다.

오답풀이
'평가'는 판단하는 대상이나 범위가 주어져 있지 않은 상태에서 관찰자가 임의의 가치판단을 내리는 것을 의미하므로, 항공기의 종류, 자매, 서정시와 서사시, 어떤 사람 등의 판단 범위가 주어져 있는 경우에는 적절한 단어가 되지 않는다.

16 다음과 같이 갑, 을, 병 세 명이 각기 다른 주장을 하고 있으며, 각자 2개의 진술 중 1개만이 진실일 경우, 물건을 훔친 사람은 누구인가?

- 갑 : "나는 물건을 훔치지 않았다. 을도 물건을 훔치지 않았다."
- 을 : "나는 물건을 훔치지 않았다. 병도 물건을 훔치지 않았다."
- 병 : "나는 물건을 훔치지 않았다. 누가 훔쳤는지 모른다."

① 갑　　　　　② 을　　　　　③ 병
④ 갑과 을　　　⑤ 을과 병

정답 ②

주어진 진술을 하나씩 확인해 보며 해결해야 하며, 어느 것을 먼저 확인하느냐에 따라 풀이 시간이 달라질 수 있다. 진술의 유형이 나머지 두 사람과 다른 병의 진술을 먼저 살펴보면, 만일 "나는 물건을 훔치지 않았다."가 거짓이라면, 물건을 훔친 것이 됨과 동시에 뒤에 말한 "누가 훔쳤는지 모른다."는 말이 진실이 되어야 한다. 따라서 이 둘은 모순이 되므로 병의 "나는 물건을 훔치지 않았다."는 말은 진실이 됨을 알 수 있다.
이 경우, "병도 물건을 훔치지 않았다."고 말한 을의 뒷말이 진실이 되므로 병의 앞말은 거짓이 되어야 한다. 따라서 물건을 훔친 사람은 을이 된다.
갑의 진술을 확인해 보면, "을도 물건을 훔치지 않았다."가 거짓이어야 하므로 앞말인 "나는 물건을 훔치지 않았다."는 진술은 진실이 되어 모순이 없게 된다.

17 문제를 해결함에 있어 '원인 분석'을 수행하기 위해서는 적절한 과정과 방법을 거쳐야만 한다. 다음 중 '원인 분석'을 위한 올바른 과정과 방법이 아닌 것은 어느 것인가?

① 눈에 보이지 않는 원인을 찾기 위해서 가설을 설정해 볼 수 있다.
② 문제와 원인 사이에는 인과관계가 있어야 한다.
③ 원인을 찾기 위해 데이터를 수집하고 해석하여 무엇이, 어떻게, 왜 문제였는지를 규명해 본다.
④ 문제와 원인이 규명되어도 그 사이에 항상 명확하고 분명한 인과관계만 있는 것은 아니다.
⑤ 세부 실행내용의 난이도를 고려하여 계획서를 구체적으로 작성한다.

해설 　　　　　　　　　　　　　　　　　　　　　　　　　　　　　　　　　정답 ⑤

문제에 대한 해결안이 나온 이후의 실행 계획에 관한 내용이다.

오답풀이
① 가설을 설정하고 가설검증계획에 의거하여 분석결과를 미리 이미지화해보는 이슈 분석의 방법이다.
② 문제와 원인 사이에 인과관계가 없다면 제대로 된 원인이라고 볼 수 없다.
③ 원인 분석을 위한 데이터 수집 과정으로, 데이터 수집 계획, 가공, 해석 등의 세부 단계를 거친다.
④ 인과관계는 원인과 결과가 쉽게 구분되는 단순한 인과관계, 원인과 결과의 구분이 어려운 닭과 계란의 인과관계, 경영상의 과제 등과 같은 복잡한 인과관계 등으로 구분될 수 있다.

[18~19] 다음 자료를 보고 이어지는 물음에 답하시오.

〈농가의 자산 및 부채〉

(단위 : 천 원)

구 분	2013	2014	2015	2016	2017
농가자산	400,581	431,823	453,580	474,310	505,880
- 고정자산	330,123	349,894	358,793	368,226	386,714
- 유동자산	70,458	81,929	94,787	106,084	119,166
농가부채	27,362	27,879	27,214	26,730	26,376
- 농업용	11,715	11,778	11,917	11,924	10,618
- 가계용	7,729	7,539	7,754	7,756	8,588
- 겸업·기타용	7,918	8,562	7,543	7,050	7,170

〈2017년 주·부업별 농가수지〉

(단위 : 천 원)

구 분		농가소득		가계지출	자 산	부 채
		2016	2017			
평균		37,197	38,239	30,640	505,880	26,376
주업 농가	전문농가	47,390	50,483	35,331	645,121	42,502
	일반농가	20,701	20,380	19,543	372,183	10,666
부업농가		45,262	47,806	38,348	552,361	31,560
자급농가		35,246	32,201	28,671	421,560	17,761

18 다음 중 위의 자료에 대한 설명으로 올바르지 않은 것은 어느 것인가?

① 고정자산과 유동자산은 매년 꾸준히 증가하였다.
② 농가부채를 구성하는 요소들의 연도별 증감 추이는 모두 다르다.
③ 2017년 일반농가의 자산 대비 부채 비율은 평균 자산 대비 부채 비율보다 더 크다.
④ 전문농가는 일반농가보다 가계지출과 부채가 더 많으나, 소득도 더 많다.
⑤ 농가소득은 평균적으로 증가하였으나 그 중 비주업농가는 감소하였다.

해설

정답 ③

2017년 일반농가의 자산 대비 부채 비율은 10,666÷372,183×100=2.9(%)로, 평균 자산 대비 부채 비율인 26,376÷505,880×100=5.2(%)보다 더 작다.

오답풀이

② '농업용'은 지속 증가 후 2017년에만 감소하였고, '가계용'은 2014년 감소 후 지속 증가하는 패턴이며, '겸업·기타용'은 2014년과 2017년에 증가, 나머지 해에는 감소하였다.
④ 가계지출과 부채, 농가소득에서 모두 전문농가가 일반농가보다 더 높은 수치를 보이고 있다.
⑤ 평균 농가소득은 37,197(천 원)에서 38,239(천 원)로 증가하였으나, 비주업농가는 45,262+35,246=80,508(천 원) → 47,806+32,201=80,007(천 원)로 감소하였다.

19 다음 중 각 지표의 대소 관계가 올바른 것은 어느 것인가?

① 농가자산에서 차지하는 고정자산의 비중 : 2016년 〈 2017년
② 농가부채에서 차지하는 '가계용'의 비중 : 2016년 〉 2017년
③ 전년 대비 2017년의 증감률 : 고정자산 〉 유동자산
④ 전년 대비 2017년의 농가소득 증감률 : 전문농가 〉 부업농가
⑤ 자산 대비 부채 비율 : 전문농가 〈 일반농가

해설 정답 ④

각 지표들을 계산해 보면 다음과 같다.

① $\frac{368,226}{474,310} \times 100 = 77.6(\%) > \frac{386,714}{505,880} \times 100 = 76.4(\%)$

② $\frac{7,756}{26,730} \times 100 = 29.0(\%) < \frac{8,588}{26,376} \times 100 = 32.6(\%)$

③ $\frac{386,714 - 368,226}{368,226} \times 100 = 5.0(\%) < \frac{119,166 - 106,084}{106,084} \times 100 = 12.3(\%)$

④ $\frac{50,483 - 47,390}{47,390} \times 100 = 6.5(\%) > \frac{47,806 - 45,262}{45,262} \times 100 = 5.6(\%)$

⑤ $\frac{42,502}{645,121} \times 100 = 6.6(\%) > \frac{31,560}{552,361} \times 100 = 5.7(\%)$

따라서 선택지 ④의 대소 관계가 올바른 것을 알 수 있다.

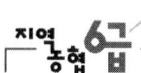

[20~21] 다음 자료를 보고 이어지는 물음에 답하시오.

〈청소년이 부모와 함께하는 활동〉

(단위 : %)

구 분		거의 안 함	월1~3회	주1~3회	주4~5회	매 일
나의 고민에 대한 대화	2015년	34.7	31.5	18.7	5.5	9.6
	2018년	25.9	38.7	24.2	5.9	5.3
학교생활에 대한 대화	2015년	15.6	28.8	27.0	8.8	19.8
	2018년	16.8	33.8	31.1	9.2	9.1
책, TV, 영화에 대한 대화	2015년	29.8	30.4	24.4	6.8	8.6
	2018년	27.0	36.4	24.8	6.8	5.0
정치, 사회적 주제에 대한 대화	2015년	59.8	24.7	9.7	2.4	3.4
	2018년	62.1	25.0	9.3	2.1	1.5
여가활동	2015년	19.4	39.1	24.8	9.2	7.5
	2018년	19.2	41.4	26.5	7.9	5.0
저녁식사	2015년	9.7	15.4	21.9	15.2	37.8
	2018년	4.5	11.6	32.9	24.0	27.0

20 다음 중 위의 자료에 대한 설명으로 올바르지 않은 것은 어느 것인가?

① 정치, 사회적 주제에 대한 대화를 제외하면, 2018년 청소년들은 모든 활동에서 부모와 함께 하는 빈도는 월1~3회가 가장 많다.
② 100명의 청소년 중 부모와 함께 활동하는 빈도가 '매일'이라고 응답한 사람의 수가 3년 전의 수치보다 가장 크게 감소한 활동은 '저녁식사'이다.
③ 2018년의 경우, 빈도가 높아질수록 부모와 함께 한다고 응답한 청소년의 비중이 감소하는 활동은 '정치, 사회적 주제에 대한 대화'가 유일하다.
④ 2015년과 2018년의 빈도 수 순위가 동일한 활동은 '여가활동'이 유일하다.
⑤ 2018년의 청소년들은 부모와 '거의 안 함'이라고 응답한 활동은 '정치, 사회적 주제에 대한 대화'가 가장 많으며, '매일'이라고 응답한 활동은 '저녁식사'가 가장 많다.

해설

정답 ①

'저녁식사'에서는 '월1~3회'의 빈도가 '거의 안함' 다음으로 낮게 나타나고 있으므로 모든 활동에서 부모와 함께 하는 빈도는 월1~3회가 가장 많은 것이 아니다.

오답풀이

② '저녁식사'는 37.8-27.0=10.8(%p)이므로 100명의 청소년 중 10.8명의 응답자가 감소한 것이 되어 가장 감소가 많은 활동이 된다.
③ '정치, 사회적 주제에 대한 대화'는 '거의 안 함'으로부터 '매일'로 빈도가 많아질수록 응답자의 비중이 반비례하여 낮아지고 있으며, 다른 활동에서는 이러한 반비례 관계가 모든 빈도에서 나타나고 있지는 않다.
④ '여가활동'은 두 시기 모두에서 빈도가 높은 것부터 '월1~3회', '주1~3회', '거의 안함', '주4~5회', '매일'의 순으로 동일한 유일한 활동이다.
⑤ '거의 안 함'이라고 응답한 활동은 '정치, 사회적 주제에 대한 대화'가 62.1%로 가장 많으며, '매일'이라고 응답한 활동은 27.0%인 '저녁식사'가 가장 많다.

21 다음 중 부모와 함께하는 활동이 월 3회보다 적다고 응답한 비율이 2015년 대비 2018년에 감소한 활동으로 짝지어진 것은 어느 것인가?

① 나의 고민에 대한 대화, 학교생활에 대한 대화
② 학교생활에 대한 대화, 여가활동
③ 정치, 사회적 주제에 대한 대화, 저녁식사
④ 나의 고민에 대한 대화, 저녁식사
⑤ 학교생활에 대한 대화, 정치, 사회적 주제에 대한 대화

> **해설**   정답 ④
> 월 3회보다 적다는 것은 '거의 안 함'과 '월1~3회'를 합한 수치가 되어야 한다. 자료 중 '나의 고민에 대한 대화'가 66.2%에서 64.6%로 감소하였고, '저녁식사' 역시 25.1%에서 16.1%로 감소하였다. 나머지 활동들은 모두 2015년보다 2018년에 더 수치가 증가하였다.

22 다음 중 농협이 수행하는 업무 분야가 나머지와 다른 한 가지는 것은 어느 것인가?

① 고향주부모임은 여성의 자주·자립·협동정신을 고취시켜 가정과 사회에서 여성들의 권익을 신장을 통한 여성복지 및 지역사회의 균형 발전에 기여함을 목적으로 하며, 여성복지 증진, 지역사회 봉사, 건전소비생활운동 등이 주요활동 내역이 되고 있다.
② 농축산물 유통구조 변화와 금융기관 간 경쟁심화 등 농·축협을 둘러싼 경영변화에 대응하기 위한 경영 지도를 한층 강화해 나가고 있으며, 사업성과가 우수한 농·축협에 대해서는 평가 및 시상을 통해 역량 극대화의 계기를 마련하고 있다.
③ 법률지식이 부족하고 시간적 제약과 과다한 소송비용으로 권익을 찾기 힘든 농업인들이 일상생활에서 겪는 법률문제 해결을 지원하기 위해 1995년부터 법률구조기금 총 172억 원을 출연하여 대한법률구조공단과 함께 사업을 전개하고 있다.
④ 수도권, 영남권, 호남권, 강원권, 제주권 등 전국 5개 권역에 농산물과 공산품, 농업용 자재 등을 함께 취급하는 복합물류센터를 건립하여 농산물 물류 인프라를 구축할 예정이다.
⑤ 어린이들에게 농작물이 먹거리가 되는 과정을 직접 체험하게 함으로써 자연과 생명의 소중함과 농업·농촌의 가치를 알리는 목적으로 식사랑 농사랑 어린이 서포터즈를 운영하고 있다.

> **해설**   정답 ④
> 각 선택지의 사업 내용은 다음과 같이 설명될 수 있다.
> ① 고향주부모임은 농가주부모임, 팜스테이 사업 등과 함께 영농 및 회원 육성, 지도를 위한 교육지원사업의 일환이다.
> ② 농·축협 육성, 발전지도를 위한 교육지원사업의 일환이다.
> ③ 법률구조 및 소비자 보호사업으로 농업인 복지증진을 위한 교육지원사업의 일환이다.
> ④ 전국 단위 농산물 물류체계를 구축하고자 하는 사업으로 물류비가 절감되어 농업인은 물론 일반 소비자들에게도 그 혜택이 돌아갈 수 있도록 하는 경제사업이다.
> ⑤ 어린이 서포터즈 육성 사업으로 다양한 프로그램을 통한 농촌 교육지원사업의 일환이다.

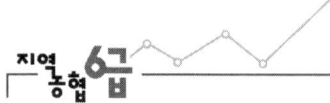

[23~24] 다음 자료를 보고 이어지는 물음에 답하시오.

〈우리나라의 임금수준별 임금근로자 비중〉

(단위 : %)

■ 100만 원 미만　■ 100~200만 원 미만　■ 200~300만 원 미만　■ 300~400만 원 미만　■ 400만 원 이상

직업분류	100만 원 미만	100~200만 원 미만	200~300만 원 미만	300~400만 원 미만	400만 원 이상
관리자	0.5	8.3	13.6		77.6
전문가 및 관련종사자	4.1	19.5	28.2	19.3	28.9
사무 종사자	2.5	20.9	30.6	21.2	24.8
서비스 종사자		24.9	41.7	21.0	6.7 / 5.7
판매 종사자		13.9	36.7	29.6	11.9 / 7.8
농림어업 숙련 종사자	7.3	37.0	36.6	13.4	5.7
기능원 및 관련 기능종사자	2.4	22.1	41.7	22.8	11.0
장치·기계조작 및 조립종사자	1.8	21.9	41.9	22.0	12.4
단순노무 종사자		27.2	49.9	19.3	3.3 / 0.3

* 100만 원 미만 관리자의 비중은 0%임.

〈전체 근로자 중 직업분류별 임금근로자 비중〉

직업분류	비중
전체 근로자	20,043천 명
관리자	1.6%
전문가 및 관련종사자	22.3%
사무 종사자	21.7%
서비스 종사자	9.9%
판매 종사자	8.3%
농림어업 숙련 종사자	0.3%
기능원 및 관련기능종사자	8.5%
장치·기계조작 및 조립종사자	11.5%
단순노무 종사자	15.9%

23 다음 중 위의 자료에 대한 올바른 설명을 〈보기〉에서 모두 고른 것은 어느 것인가?

보기
- (가) 임금수준이 높아질수록 임금근로자 비중도 높아진 직업은 모두 2가지이다.
- (나) 200~300만 원 미만 임금수준의 임금근로자 비중이 가장 많은 직업은 모두 3가지이다.
- (다) 200만 원 미만 임금수준의 임금근로자 비중이 절반 이상인 직업은 모두 3가지이다.
- (라) 관리자를 제외하고, 최저 임금수준 임금근로자와 최고 임금수준 임금근로자의 비중 차이가 가장 큰 직업은 장치·기계조작 및 조립종사자이다.

① (가), (나) ② (가), (다) ③ (나), (다)
④ (나), (라) ⑤ (다), (라)

해설 정답 ③

(나) 사무 종사자, 기능원 및 관련기능종사자, 장치·기계조작 및 조립종사자 3가지이다.
(다) 서비스 종사자, 판매 종사자, 단순노무 종사자 3가지이다.

오답풀이

(가) 임금수준이 높아질수록 임금근로자 비중도 높아진 직업은 관리자 1가지이다.
(라) 최저 임금수준 임금근로자와 최고 임금수준 임금근로자의 비중 차이는 100만 원 미만과 400만 원 이상 임금수준 임금근로자의 비중 차이를 의미하므로, 27.2−0.3=26.9(%p)의 차이를 나타내는 단순노무 종사자가 가장 큰 차이를 보이고 있다.

24 다음에 제시된 항목의 종사자 수가 가장 많은 것은 어느 것인가?

① 400만 원 이상 임금수준의 관리자
② 100~200만 원 미만 임금수준의 전문가 및 관련종사자
③ 100~200만 원 미만 임금수준의 서비스종사자
④ 200~300만 원 미만 임금수준의 장치·기계조작 및 조립종사자
⑤ 100만 원 미만 임금수준의 단순노무 종사자

해설 정답 ④

전체 근로자가 제시되어 있으므로 이를 통해 주어진 항목에 대한 종사자 수를 다음 표와 같이 산출할 수 있다.

직업분류	직업별 총 근로자 수(천 명)	해당 근로자 수(천 명)
관리자	20,043×0.016=321	321×0.776=249
전문가 및 관련종사자	20,043×0.223=4,470	4,470×0.195=872
서비스 종사자	20,043×0.099=1,984	1,984×0.417=827
장치·기계조작 및 조립종사자	20,043×0.115=2,305	2,305×0.419=966
단순노무 종사자	20,043×0.159=3,187	3,187×0.272=867

따라서 주어진 항목의 종사자 수 중, 200~300만 원 미만 임금수준의 장치·기계조작 및 조립종사자 수가 966천 명으로 가장 많은 것을 알 수 있다.

25 다음 글에서 언급된 다섯 가지 유형의 농업경영상 위험 중 빈칸 ㉠, ㉡에 들어갈 가장 적절한 위험의 유형이 올바르게 짝지어진 것은 어느 것인가?

> 일반적으로 농가는 크게 다섯 가지 유형의 농업경영상 위험(Risk in Agriculture)에 직면하고 있다. 첫째 생산위험이다. 이것은 농축산물 생산과정에서 기후나 병해충 등으로 인해 발생하는 생산량과 품질의 불확실성에 따른 위험이다. 둘째, 가격위험이다. 농가가 생산한 최종 상품의 가격 혹은 농업생산을 위해 사용되는 농업투입재의 가격변동에 따른 위험이다. 셋째, (㉠)이다. 이것은 농업대출관련 이자율, 농업자금 접근성 등 농업경영을 위해 필수적인 재무관련 상황변동에 따른 위험이다. 넷째, (㉡)이다. 이것은 세금, 가격 및 소득지지, 환경규제, 식품안전, 노동 및 토지규제 등 정부정책과 제도 등의 변동에 따른 농업경영상 위험이다. 마지막으로 인적위험이다. 농가 구성원의 사고, 질병, 사망, 이혼, 인간관계 등의 변화와 불확실성에 따른 농업경영상 위험이 이에 해당된다.
>
> 물론 농업생산자들은 이러한 소득 및 경영상의 다양한 위험에 직면하여 영농다각화, 계약 구매 및 판매, 선물 및 옵션시장 활용, 효율적 재무관리, 농외소득 창출 등의 자구적 노력을 하고 있다.
>
> 그런데 농업은 다른 산업에 비해 기후와 병해충 등 인간이 통제하기 어려운 다양한 변수들에 의해 많은 영향을 받을 뿐 아니라 수급 특성상 가격 불확실성이 매우 크기 때문에 개별 농업생산자가 소득 및 경영위험을 관리하기는 매우 어렵다. 따라서 어느 국가에서나 농가 소득 및 경영 위험관리를 위한 정책수단을 마련하는 것은 필수적이다.
>
> 이런 측면에서 미국은 어느 국가보다도 빨리 농업위험관리 정책의 중요성을 인식하여, 1930년대 초반부터 주요 품목별 가격 및 수입보전지원제도(Commodity Program), 농업보험제도(Insurance), 그리고 농업재해지원제도(Disaster Payment) 등 세 가지 정책기둥을 동시에 발전시켜왔다. 품목별 가격 및 수입보상 직불제도는 1933년 농업법에서 처음 도입되었고, 농업보험제도는 1938년, 그리고 농업보험제도와는 별도로 농업재해지원제도가 1973년부터 본격화되었다. 특히 미국은 높은 농산물 가격과 상대적으로 호전된 농가경제 여건에도 불구하고, 2014년에 개정된 농업법은 농가소득 및 경영위험 안전망 장치를 더욱 강화하였다. 미국의 농정여건의 변화에 따라 주기적으로 일부 차이와 변화를 보이고 있지만 아직도 농가의 소득 및 경영 위험을 흡수하는 안전망 장치가 미국의 주요한 핵심 농정수단으로 자리매김하고 있는 것이다.

	㉠	㉡
①	재정위험	제도위험
②	제도위험	재정위험
③	재정위험	사회위험
④	사회위험	환경위험
⑤	제도위험	사회위험

해설 정답 ①

재무상황 변동에 따른 위험은 재정위험, 정부정책의 제도 등의 변경에 의한 위험은 제도위험이다.

26
다음 기사문을 참고할 때, 주어진 그림의 빈칸 (A)~(C)에 들어갈 말이 순서대로 올바르게 짝지어진 것은 어느 것인가?

농협은 농업인 무료법률구조사업의 활성화를 위해 9월 26일 오전 농협 본관 접견실에서 농업인 무료법률구조금 출연식을 갖고 대한법률구조공단에 농업인 무료법률구조금 13억 원과 이동법률상담버스를 전달한다.

이로써 농협의 무료법률구조금 출연액은 1996년 이후 올해까지 총 185억 원(정부출연 20억 원 포함)에 이르게 되었다.

이 무료법률구조금은 농협과 대한법률구조공단이 법률문제에서 어려움을 겪고 있는 농업인에게 무료로 소송을 대행해 주기 위한 것으로, 농업인의 소송 시 필요한 인지대, 송달료, 감정료, 변호사 수임료 및 농촌지역 다문화 가정의 성·본 창설 개명 지원으로 사용된다. 법률구조는 필요한 농업인의 신청을 통해 진행되며 농협에 신청 시, 농협이 대한법률구조공단에 소송을 의뢰하여 소송과정을 대행하게 된다.

농업인 무료법률구조사업은 1996년 농협과 대한법률구조공단이 협약을 체결해 시행한 후 각종 농업관련 피해뿐 아니라, 일상생활에서 발생하는 법률피해 등에서 10만 명 이상의 농업인이 혜택을 받았고, 금액으로는 1조 1천억 원 이상의 경제적 실익을 제공하였다. 또한, 농협과 대한법률구조공단은 농촌현장을 찾아가는 이동상담실을 올해 120회 실시하는 등 농업인 피해예방에 힘쓰고 있다.

농협중앙회 김○○ 농촌지원부장은 "이번 법률구조기금과 특히 이동법률상담버스 출연으로 전국 농업인들에게 더욱 더 편리한 법률상담 서비스 제공으로 피해구제 혜택이 확대될 것으로 기대된다."라고 밝혔다.

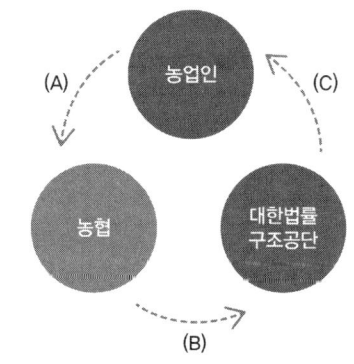

① 구조신청, 소송대행, 소송의뢰
② 구조신청, 소송의뢰, 소송대행
③ 소송의뢰, 구조신청, 소송대행
④ 소송의뢰, 소송대행, 구조신청
⑤ 소송대행, 구조신청, 소송의뢰

해설 정답 ②

기사문의 내용에 따르면, 농업인에게 법률문제가 발생할 경우 이를 농협에 이야기하여 도움 요청을 할 수 있도록 '구조신청'의 방법이 있다는 것을 알 수 있다. 농업인으로부터 구조신청을 받은 농협은 이를 다시 무료법률구조사업 협약이 체결된 대한법률구조공단에 정식 '소송의뢰'를 하게 된다. 따라서 이는 대한법률구조공단이 농업의 법률문제에 대하여 '소송대행'을 수행하게 되는 것이다.

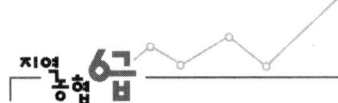

27 다음 중 시간자원이 가진 특성으로 올바른 것은 어느 것인가?

① 가변성   ② 대체성   ③ 동질성
④ 유한성   ⑤ 주관성

정답 ④

시간은 누구에게나 매일 주어지지만 그것을 활용하는 측면에 있어 항상 사용할 수 있는 양이 정해져 있어 유한성이라는 특성을 갖게 된다. 이밖에도 시간이 갖는 특성은 다음과 같은 것이 있다.
- 시간은 매일 주어진다.
- 시간은 똑같은 속도로 흐른다.
- 시간의 흐름은 멈추게 할 수 없다.
- 시간은 빌리거나 저축할 수 없다.
- 시간은 어떻게 사용하느냐에 따라 가치가 달라진다.

28 다음 명제를 토대로 얻을 수 있는 결론으로 항상 올바른 것은 어느 것인가?

- 오이를 좋아하는 사람은 토마토도 좋아한다.
- 콩을 좋아하지 않는 사람은 밤도 좋아하지 않는다.
- 토마토를 좋아하지 않는 사람은 콩도 좋아하지 않는다.

① 토마토를 좋아하지 않는 사람은 밤도 좋아하지 않는다.
② 오이를 좋아하는 사람은 밤을 좋아하지 않는다.
③ 밤을 좋아하는 사람은 오이를 좋아하지 않는다.
④ 콩을 좋아하는 사람은 오이도 좋아한다.
⑤ 콩을 좋아하지 않는 사람은 토마토도 좋아하지 않는다.

정답 ①

두 번째와 세 번째 명제를 삼단논법으로 연결할 수 있다. 이를 통해 토마토를 좋아하지 않는 사람은 콩도 좋아하지 않으며, 콩을 좋아하지 않는 사람은 밤도 좋아하지 않는다는 논리가 성립되어, 결국 토마토를 좋아하지 않는 사람은 밤도 좋아하지 않는다는 결론을 얻을 수 있다. 이를 도식화하면 다음과 같다.
~토마토 → ~콩
~콩 → ~밤
따라서 '~토마토 → ~밤'이 된다.

오답풀이
②, ③, ④ 오이를 좋아하는 사람과 밤 또는 콩을 좋아하는 사람과의 논리관계는 대우명제를 통한 연결이 될 수 없어, 명제를 명확히 확인할 수 없다.
⑤ 세 번째 명제의 역 명제이므로 항상 올바른 것은 아니다.

29 농지를 개간하는 A씨는 매일 전날 개간한 면적의 두 배를 개간하고 있다. A씨가 어느 농지를 개간하는 데 10일이 걸렸다면, 농지 전체 면적의 8분의 1을 개간하기까지 걸린 기간은 며칠인가?

① 5일   ② 6일   ③ 7일
④ 8일   ⑤ 9일

해설   정답 ③

전체 면적을 1이라 했을 때, 개간한 면적과 개간한 기간 n 사이에는 다음과 같은 규칙이 성립한다.

개간한 면적 = $\dfrac{1}{2^{10-n}}$

따라서 8분의 1, $\dfrac{1}{2^3}$ 만큼의 면적을 개간하기 위하 필요한 기간은 7일이다.

30 A식당에서는 요일별로 메뉴를 달리하여 판매하고 있다. 다음은 구내식당의 메뉴와 메뉴당 평균 일일 매출액이다. 가장 많은 매출이 기대되는 요일과 일일 매출액은?

메 뉴	판매 요일	매출액(만 원)
돈가스 정식	월 화 수	100
순두부찌개	화 수	150
김치찌개	수 목	200
갈비정식	금	400
제육덮밥	수 목 금	150

① 화요일 250만 원   ② 수요일 500만 원   ③ 수요일 600만 원
④ 금요일 550만 원   ⑤ 금요일 650만 원

해설   정답 ③

각 요일의 매출은 다음과 같다.
월요일 : 100(만 원)
화요일 : 100+150=250(만 원)
수요일 : 100+150+200+150=600(만 원)
목요일 : 200+150=350(만 원)
금요일 : 400+150=550(만 원)

31 다음 글의 내용과 일치하지 않는 설명은 어느 것인가?

> 니체(F. Nietzsche)에게 있어 행복은 탁월성을 강조한다는 점에서는 소크라테스, 플라톤, 아리스토텔레스와 같은 고대철학자들의 행복론과 맥을 같이 하지만, 고통을 긍정하고 사회적 규범이나 윤리와 분리된 행복관을 제시한다는 점에서 주지주의적 관점과는 크게 동떨어져 있기도 하다.
> 니체는 행복한 삶은 '창조적인 삶'으로 간주한다. 니체가 말하는 행복한 삶이자 '창조적인 삶'이란 일련의 '창조적 활동'들을 주된 구성 요소로 삼는 삶이다. 다시 말해 그것은 독창적이고도 새로운 것-예를 들어 예술작품, 철학적 거대 담론, 과학적 패러다임, 사회제도 등-을 적극적으로 만들어 나가는 것이다. 그런데 이러한 삶을 위해서는 인간이 탁월성을 갖추어야 한다. 이 때의 탁월성은 지적인 것뿐만 아니라, 생명력과, 풍부한 욕구와 정서, 용기, 고독 등과 같은 감성적인 것들도 포함된다.
> 한편, 니체에게 있어 행복한 삶의 요체는 고통이 수반된다는 것이다. 니체는 행복을 고통과 분리할 수 없다고 본다. 다시 말해서 고통은 즐거움을 경험하는 데 있어 불가피한 것이며, 고통 속에서 행복의 필요조건들-예를 들어 창조적 과제의 추구 활동, 앎을 위한 노력과 수행 등-이 생성되는 것이다. 흔히들 고통이 인간을 강하게 만든다고 하는데, 니체 역시도 고통을 극복하는 과정에서 창조적인 삶이 시작된다는 점에서 고통을 행복으로 가기 위해 거쳐야 할 하나의 관문으로 인식하는 것이다. 더 나아가 니체는 창조적인 삶을 살아가는 과정에는 고통이 따르게 되는데, 이를 극복하기 위해서는 현재의 삶을 긍정하는 태도가 필요하다고 본다. 그런데 이 때의 긍정은 디오니소스적(Dionysus)인 긍정이다. 즉, 사회적 규범이나 도덕적 잣대에 따라 자신의 삶을 판단하고 평가하는 방식이 아닌, 자신의 기준에 따라 자신의 전체 삶을 있는 그대로 포용하는 태도가 필요하다는 것이다. 또한 자신의 과거의 삶, 특히 삶의 고통스러운 삶의 부분을 잊어버리는 것이 필요하다고 본다. 과거의 기억 속에서 침울하게 있는 것이 아니라, 유쾌한 마음으로 '창조적인 일'에 도전하기 위해 반드시 필요한 것이 '망각'이라는 것이다. 이런 점에서 니체의 망각은 '능동적인 망각'이기도 하다.

① 주지주의적 관점에서의 행복은 사회적 규범이나 윤리와 결부된 것이다.
② 니체는 탁월성에 기반한 창조적인 활동이야말로 행복한 삶을 영위하는 것이라고 생각한다.
③ 니체는 고통 자체가 행복의 일부분이며 고통을 즐기는 것이 진정한 행복이라고 생각한다.
④ 니체에 의하면 현재의 삶을 긍정하는 기준은 사회적, 도덕적 잣대가 아닌 자신의 기준에 의한 긍정이어야 한다.
⑤ 니체는 고통 극복의 방법 중 하나로 '망각'을 제시한다.

해설

정답 ③

니체는 고통 자체를 행복으로 여긴다고 볼 수 없다. 고통은 행복을 누리기 위해 거쳐야 하는 불가피한 것이며, 하나의 관문으로 인식되어야 하기 때문에 고통은 극복의 대상이며 고통이 극복되었을 때 창조적인 삶이 시작된다는 것이 니체가 말하는 행복의 요지라고 할 수 있다.

오답풀이

① 니체의 행복론은 고통을 긍정하고 사회적 규범이나 윤리와 분리된 행복관을 제시한다는 점에서 주지주의적 관점과는 크게 동떨어져 있다고 하고 있다. 즉, 주지주의적 관점은 니체의 행복론과 달리 사회적 규범이나 윤리와 결부되어 있다고 판단할 수 있다.
② 니체는 창조적 활동을 영위하는 것이 행복이며 그것을 실행하기 위해서는 인간의 탁월성이 강조되어야 함을 주장한다.
④ 니체는 디오니소스적인 긍정을 이야기 했으며 그것은 '사회적 규범이나 도덕적 잣대에 따라 자신의 삶을 판단하고 평가하는 방식이 아닌, 자신의 기준에 따라 자신의 전체 삶을 있는 그대로 포용하는 태도'라고 언급하고 있다.
⑤ 유쾌한 마음으로 창조적인 일에 도전하기 위한 하나의 방법으로 '망각'을 제시하였으며 이것을 통하여 고통스런 삶을 잊어버릴 수 있다고 하였다.

32 A사에서는 판매 중인 제품의 시장 반응을 확인하고자 설문조사를 하였다. 그 조사 결과가 다음과 같을 때, 조사에 응한 사람 중 남자는 몇 명인가?

- 100명을 대상으로 조사하였다.
- A사 제품을 사용해본 적이 있는 남자는 17명, 여자는 13명이었다.
- 조사한 100명 중 임의로 지정한 사람이 A사 제품을 사용해보지 않은 사람이라면, 이 사람이 남자일 확률은 30%이다.

① 27명 ② 31명 ③ 38명
④ 41명 ⑤ 46명

해설

정답 ③

제품을 사용해본 적이 있는 사람은 17명+13명=30명이다. 제품을 사용해본 적이 없는 사람 70명의 남녀성비가 3 : 7이라는 것은 조건에서 확인할 수 있으므로 21명의 남자가 제품을 사용해본 적이 없다고 응답하였다. 즉 17명+21명=38명이 답이 된다.

33. 다음은 '갑'시에 위치한 전시관 관람료 안내문의 일부이다. 전시관 관람료 총액이 가장 적은 경우는 어느 것인가? (신분증과 필요한 증명서는 모두 지참한 것으로 가정함)

〈관람료 안내〉

구 분		금 액		비 고
		개인	단체(20인 이상)	
어린이		2,000원	1,600원	5~12세
청소년, 군인		3,000원	2,400원	13~18세, 하사 이하 군인
어른		6,000원	4,800원	19~64세
영유아, 노인		무료	무료	4세 이하 및 65세 이상
장애인		무료	무료	복지카드 소지 장애인
'갑'시 시민	어린이	500원	할인 없음	위 기준과 같음
	청소년, 군인	1,000원	할인 없음	위 기준과 같음
	어른	1,500원	할인 없음	위 기준과 같음

① '갑'시 시민으로 15세, 16세인 두 자녀와 함께 온 성인 부부
② '갑'시 시민이 아닌 군인과 '갑'시 시민인 21세 여자친구
③ '갑'시 시민이 아닌 장애인 2명과 동행한 어른 1명
④ '갑'시 시민이 아닌 30대 성인 부부와 3세 아이
⑤ '갑'시 시민이 아닌 단체 관람객에 속한 성인 1명

해설   정답 ②

각 선택지의 관람료를 계산해 보면 다음과 같다.
① 모두 '갑'시 시민이므로 1,000+1,000+1,500+1,500=5,000원
② 일반 군인 1명과 '갑'시 시민인 성인 1명이므로 3,000+1,500=4,500원
③ 모두 '갑'시 시민이 아니며 장애인은 무료이므로 일반 성인 1명 가격인 6,000원
④ '갑'시 시민이 아니며 4세 이하 무료이므로 일반 성인 2명 가격인 12,000원
⑤ 단체 요금 적용하여 4,800원
따라서 선택지 ②가 정답이 된다.

34 다음은 N국의 연도별, 교육수준별 범죄자의 현황을 나타낸 자료이다. 이에 대한 설명으로 올바른 것은 어느 것인가?

(단위 : %, 명)

구분 연도	교육수준별 범죄자 비율					범죄자 수
	무학	초등학교	중학교	고등학교	대학 이상	
1970	12.4	44.3	18.7	18.2	6.4	252,229
1975	8.5	41.5	22.4	21.1	6.5	355,416
1980	5.2	39.5	24.4	24.8	6.1	491,699
1985	4.2	27.6	24.4	34.3	9.5	462,199
1990	3.0	18.9	23.8	42.5	11.8	472,129
1995	1.7	11.4	16.9	38.4	31.6	796,726
2000	1.7	11.0	16.3	41.5	29.5	1,036,280

① 중학교 졸업자와 고등학교 졸업자인 범죄자 수는 매 시기 전체 범죄자 수의 절반에 미치지 못하고 있다.
② 1970~1980년 기간 동안 초등학교 졸업자인 범죄자의 수는 계속 감소하였다.
③ 1990년과 1995년의 대학 이상 졸업자인 범죄자의 수는 약 3배가 조금 못 되게 증가하였다.
④ 매 시기 가장 많은 비중을 차지하는 범죄자들의 학력은 최소한 유지되거나 높아지고 있다.
⑤ 무학인 범죄자의 수는 매 시기 꾸준히 감소하였다.

해설

정답 ④

1980년까지는 초등학교 졸업자인 범죄자의 비중이 가장 컸으나 이후부터는 고등학교 졸업자인 범죄자의 비중이 가장 크게 나타나고 있음을 알 수 있다.

오답풀이
① 1985년 이후부터는 중학교 졸업자와 고등학교 졸업자인 범죄자 비중이 매 시기 50%를 넘고 있다.
② 해당 시기의 전체 범죄자의 수가 증가하여, 초등학교 졸업자인 범죄자의 비중은 낮아졌으나 그 수는 지속 증가하였다.
③ 해당 시기의 전체 범죄자의 수가 증가하여, 비중은 약 3배가 조금 못 되게 증가하였으나 그 수는 55,711명에서 251,765명으로 약 4.5배 이상 증가하였다.
⑤ 2000년에는 이전 시기보다 4천 명 이상 증가하였다.

[35~36] 다음은 C기관의 급여 지급 규정이다. 이를 보고 이어지는 물음에 답하시오.

〈급여의 지급 및 산정〉

제○○조(지급일) ① 임원 및 직원의 급여는 월 단위로 매월 21일에 지급한다. 다만, 지급일이 공휴일 또는 토요일일 때에는 그 전일에 지급한다.
② 면직 또는 급여가 지급되지 아니하는 휴직의 경우에는 제1항에 불구하고 면직 또는 휴직일에 급여를 지급할 수 있다.

제○○조(산정방법) ① 급여를 계산함에 있어 원 미만의 액수는 절사한다.
② 급여는 신규채용, 승진, 전직, 전보, 승급 또는 감봉, 기타 어떠한 경우에 있어서도 모두 발령일을 기준으로 그 월액을 일할 계산하여 지급한다.
③ 퇴직 및 계약기간이 만료된 자로서 업무 필요상 계속근무할 때에는 그 기간에 해당하는 급여를 일할 계산하여 지급한다.
④ 퇴직 또는 계약기간이 만료되었을 때에는 당해 월의 제급여는 일할 계산한다.
⑤ 직원이 겸직하는 경우에는 본직과 겸직의 두 직위 중 급여가 많은 직위의 급여만을 지급한다.
⑥ 1년 이상 해외에 파견되거나 기타 불가피한 사유로 인하여 급여의 선급을 요할 때에는 3개월 범위 내에서 급여를 선급할 수 있다.
⑦ 복무규정에 규정된 연가일수를 초과할 경우에는 초과일수 1일에 대하여 급여일액의 2분의 1을 감하여 지급한다.

제○○조(휴직자의 급여) 개인 사유에 의한 경우를 포함하여 복무규정에 규정된 휴직자의 급여는 다음 각 호와 같다. 다만, 특별연수자 및 업무상 부상 또는 질병으로 휴직한 경우에는 그 기간 중 급여의 전액을 지급한다.
1. 휴직자에 대하여 해당 기간의 급여(연봉급여기준) 20%를 감한다.
2. 복무규정에 규정되지 않은 사유로 인한 휴직자에 대하여는 휴직기간에 대한 급여를 지급하지 아니한다.

제○○조(직위 해제기간 중의 급여) ① 직위 해제된 자에 대하여는 급여(연봉급여기준)의 10%를 감한다. 다만, 직위 해제된 자가 직위 해제일로부터 3개월이 경과하여도 직위를 부여받지 못할 때에는 그 3개월이 경과한 이후의 기간 중에는 급여(연봉급여기준)의 20%를 감한다.

35 다음 중 위의 급여 지급 규정에 대한 올바른 설명은 어느 것인가?

① 17일~22일까지가 휴일인 경우 C기관의 급여 지급일은 23일이 된다.
② 유급휴직자의 휴직일이 15일인 경우, 해당 월의 급여는 일할 계산하여 15일에 지급된다.
③ 11일에 200만 원의 급여(월급) 계약으로 신규채용 발령이 난 직원은 21일에 첫 급여 200만 원을 지급받는다.
④ 주어진 연가를 모두 소진한 직원이 추가 연가를 사용할 경우, 급여의 일정 금액이 차감된다.
⑤ 퇴직 후 필요에 의해 동일 업무를 1주일 간 더 수행한 자에게는 해당 월 1개월 치의 급여가 지급된다.

> **해설**
> 정답 ④
>
> 연가일수를 초과할 경우에는 초과일수 1일에 대하여 급여일액의 2분의 1을 감하여 지급한다는 규정에 따라 일정 금액이 차감되게 된다.
>
> > **오답풀이**
> > ① 21일이 급여일이며 공휴일인 경우 그 전일에 지급한다고 규정하고 있으므로 급여 지급일은 휴일 전일인 16일이 되어야 한다.
> > ② 휴직일에 급여가 지급되는 것은 '급여가 지급되지 아니하는 휴직의 경우'에 해당하는 것이므로 유급휴직자는 21일에 급여가 지급된다.
> > ③ 신규채용을 비롯하여 승진, 전직, 전보 등 어떠한 경우에 있어서도 '발령일을 기준으로 그 월액을 일할 계산하여 지급'한다고 규정되어 있으므로 21일에 200만 원 전액이 아닌, 11일~21일 기간에 해당하는 일할 계산된 급여를 지급받게 된다.
> > ⑤ 해당 업무를 수행한 기간에 대하여 일할 계산된 급여가 지급된다.

36 위의 급여 지급 규정을 참고할 때, 다음 〈상황〉에 대한 올바른 판단을 〈보기〉에서 모두 고른 것은 어느 것인가?

> **상황**
> 연봉급여가 3,600만 원인 C기관의 조 과장은 특별연수를 위해 2개월의 휴직을 하게 되었으며, 4월 15일에 업무에 복귀를 할 계획이었다. 그러나 개인 사정으로 인해 복무규정에 규정되어 있는 3일 간의 휴가를 더 사용하고 18일에 업무에 복귀하게 되었다.

> **보기**
> (가) 조 과장은 4월에 295만 원 이하의 급여를 지급받는다.
> (나) 조 과장의 2월 급여는 2월 15일에 지급되었다.
> (다) 조 과장의 4월 급여액은 270만 원이다.

① (가)　　　　② (가), (나)　　　　③ (가), (다)
④ (나), (다)　　⑤ (가), (나), (다)

> **해설**
> 정답 ①
>
> (가) 4월에는 개인 사정에 의한 휴직이 3일 있으므로 3일에 대한 급여의 20%를 감하게 된다. 연봉급여가 3,600만 원이므로 월급여가 300만 원이며, 3일에 대한 급여는 30만 원이다. 따라서 30만 원의 20%인 6만 원이 감액되어, 4월에 지급받는 급여액은 300-6=294(만 원)이 된다.
>
> > **오답풀이**
> > (나) 2월 15일부터 특별연수 휴직이 시작되었으나, 급여 전액이 지급되는 유급휴가이므로 2월 급여는 2월 21일에 정상 지급되었다.
> > (다) 개인 사정에 의한 3일의 휴가는 복무규정에 규정된 휴가이므로 급여가 지급된다. 따라서 조 과장의 4월 급여액은 3일간을 감액한 270만 원이 아닌 294만 원이 된다.

37 다음 글에 대한 설명으로 올바르지 않은 것은 어느 것인가?

> 농작물을 재배하고, 아파트를 건설하고, 음악을 연주하는 생산 활동은 우리가 원하는 상품을 새로 만드는 것이기 때문에 가치 있는 일로 여겨지고 있다. 이러한 생산 활동에 비해서 교환활동은 어떤 것을 새로 만들어 내는 일이 아니기 때문에 가치 있는 일로 인정받지 못하는 경향이 있다. 그러나 교환도 생산 못지않게 우리에게 필요한 가치를 만들어 낸다.
>
> 어떤 것을 다른 것과 바꾸는 교환활동은 새로운 상품을 만들어 내지 않기 때문에 교환 당사자들 중에 어느 한 사람이 이익을 보면 다른 쪽이 손실을 보는 것으로 흔히 생각하기 쉽다. 그러나 사람들이 교환활동을 자발적으로 하고 있다는 것만 생각해 보아도 이러한 생각이 잘못된 것이라는 것을 금방 알 수 있다. 즉, 상품을 사는 사람이나 파는 사람 어느 한쪽이라도 교환을 통해서 이익이 될 것이라고 생각하지 않는다면 자발적인 교환이 성립하지 않을 것이기 때문이다.
>
> 교환이 이렇게 교환 당사자에게 모두 이익이 되는 데에는 여러 가지 이유가 있다. 교환은 생산된 재화나 서비스를 해당 상품의 가치를 가장 높게 평가하는 사람에게로 이동시켜 주는 매우 중요한 역할을 한다. 예를 들어 스포츠 분야에서는 일찍부터 이러한 교환의 이익을 얻기 위해 종종 선수를 맞교환하여 왔다. 야구에서 타력이 좋지만 투수력이 약한 팀은 자기들 팀의 타자들을 내어 놓고, 반대로 능력 있는 타자가 부족하지만 투수가 풍부한 팀은 투수를 내어 놓아 서로 선수를 맞교환하여 양 팀 모두의 전력을 상승시키는 것이다.

① 물품의 교환을 통해서도 필요한 가치를 얻을 수 있다.
② 교환을 통해 얻는 가치는 생산을 통해 얻는 가치보다 작다.
③ 자발적인 교환은 서로의 이익이 맞아 떨어질 경우 이루어진다.
④ 재화의 가치는 모든 사람들에 있어 다 다르게 나타난다.
⑤ 동일한 재화를 평가하는 기준은 사람마다 다양하게 나타나게 된다.

해설   정답 ②

큰 가치가 없던 물건도 교환을 통하여 새로운 주인에게 새로운 가치를 부여하게 되므로 물품의 교환을 통해서도 필요한 가치를 얻을 수 있게 된다. 또한 이러한 교환은 서로의 이익이 맞아 떨어질 경우에 상호 자발적으로 이루어질 수 있다.
이러한 물품은 소유하는 사람의 상황에 따라 그 가치가 다 달라지므로 교환을 통해 얻는 가치가 생산을 통해 얻는 가치보다 작다고 말할 수는 없다.

38 다음 A와 B 두 개의 명제를 근거로 할 때, 빈칸에 들어갈 알맞은 참인 명제는 어느 것인가?

> A : 아무리 늦어도 6시 반에 전철에 탑승하지 못하면 지각이 불가피하다.
> B : 지각을 하게 되면 조찬모임에 참석할 수 없다.
> C : 그러므로, (   )

① 6시 반에 전철에 탑승하지 못하면 조찬모임에 참석하지 못한다.
② 다른 교통편을 이용하면 조찬모임에 참석할 수 있다.
③ 6시 반 이전에 전철에 탑승하면 항상 조찬모임에 참석할 수 있다.
④ 6시 반 이후에 전철에 탑승해도 조찬모임에 참석할 수 있다.
⑤ 조찬모임에 참석하지 못한 것은 6시 반에 전철에 탑승하지 못하였기 때문이다.

해설 정답 ①

주어진 명제를 통해 명확한 근거를 확보한 결론만을 참인 것으로 간주하여야 한다.
선택지 ①의 설명은 A, B 두 명제를 삼단논법으로 연결하여 도출한 결론으로 논리적인 근거를 가진 타당한 결론이 된다.

오답풀이
②, ④ 설명을 뒷받침하는 타당한 근거가 없다.
③ 삼단논법으로 연결한 A, B 두 명제의 '이' 명제에 해당하므로 항상 참일 수는 없다.
⑤ 삼단논법으로 연결한 A, B 두 명제의 '역' 명제에 해당하므로 항상 참일 수는 없다.

39 M사에서는 내년부터 노조의 요구 사항을 받아들여 경영참가제도를 도입하기로 하였다. 새로운 제도의 도입에 따른 영향을 예의주시하고 있는 M사 경영진에서 경영참가제도의 단점에 대하여 우려하는 다음 내용 중 적절하지 않은 것은 어느 것인가?

① 노사 양측의 공동 참여로 인해 신속하시만 부실한 의사결정 우려
② 근로자의 경영능력 부족에 따른 부작용
③ 노조의 고유 기능인 단체 교섭력 약화 우려
④ 제도에 참여하는 근로자가 모든 근로자의 권익을 효과적으로 대변할 수 있는지 여부
⑤ 경영자 고유 권한인 경영권 약화 우려

해설 정답 ①

경영참가제도의 문제점으로는 다음과 같은 점들을 꼽을 수 있다.
- 경영능력이 부족한 근로자가 경영에 참여할 경우 의사결정이 늦어지고 합리적으로 일어날 수 없다.
- 대표로 참여하는 근로자가 조합원들의 권익을 지속적으로 보장할 수 있는가의 문제
- 경영자의 고유한 권리인 경영권 약화
- 경영참가제도를 통해 분배문제를 해결함으로써 노동조합의 단체교섭 기능이 약화

40 다음 글의 내용과 일치하지 않는 설명은 어느 것인가?

중국의 위치를 근거로 편찬한 후한서에 의하면 삼한에는 수많은 소국들이 분포해 있었다고 한다. 가장 큰 마한에 54개 부족국가가 산재했고 진한 12개, 변한 역시 12개의 부족국가를 거느리고 있었는데, 그 영역과 인구는 낙랑이나 대방 등 한나라 군현의 1개 현 정도에 불과하였다. 따라서 가장 큰 부족국가가 대략 1만여 정도 되는 가구를 갖고 있었고 작은 곳은 수천 호(戶)밖에 안 되었으며 삼한의 총 가구 역시 10여만 호를 넘지 않았다고 한다.

이와 같이 삼한의 78개 소국들은 작은 부족국가의 연합체로 각 지역의 족장들이 통솔하였는데, 백성들의 대다수는 농업에 종사하였다. 삼한의 농사기술은 주변국가에 비하면 상당한 수준에 달했던 것으로 나타나는데, 벼농사 외에 양잠과 길쌈 등에도 매우 능했다고 한다. 특히 평야가 많은 지역에 자리 잡고 있는 만큼 일찍부터 벼농사가 성행했으며 저수지나 보와 같은 수리시설도 다양하게 축조하였다. 김제의 벽골제와 밀양의 수산제, 상주의 공검지, 제천의 의림지 등과 같은 저수지 역시 삼한시대에 축조된 것으로 추정된다.

삼한에서는 벼농사와 함께 목축에도 많은 노력을 기울였다. 또 해안지대에서는 어업도 성행하였다. 이와 함께 철광석이 많았던 진한과 변한에서는 철을 많이 생산하여 농기구나 무기 등의 재료로 사용하였다. 진한과 변한에서 생산된 철은 물물교환의 수단으로 화폐처럼 사용하기도 했고, 멀리 낙랑이나 대방, 일본 같은 곳으로 수출까지 하였다. 그러나 삼한의 주요 산업은 농업이 근간이었기 때문에 농업을 가장 중요시 여겼다. 이에 따라 전해지는 민속 역시 농업과 관련된 것들이 많다.

주로 씨를 뿌리는 봄과 추수하는 가을에 계절적인 행사를 많이 가졌던 것으로 알려지고 있는데, 씨를 뿌리고 난 5월에는 부락 전체의 군중이 모여 신에게 제사를 지냈으며 가무와 음주를 즐겼다고 한다. 추수가 끝난 10월에도 마을 단위로 제사를 지내고 큰 축제를 열었다. 한편 삼한의 백성들은 대개 평지에서는 토굴과 같은 움집을 짓고 살았으며 산지에서는 귀틀집을 짓고 살았다. 의복은 삼베, 모시, 명주 등으로 만들어 입었으며 남자는 도포처럼 된 웃옷을 입고 상투를 틀었다고 한다. 가죽신이나 짚신을 신었으며, 구슬을 보물처럼 소중하게 여겨 옷에 장식으로 달았고 귀걸이와 목걸이도 사용하였다. 당시로서는 획기적인 농기구의 하나였던 지게를 만들어 사용하기도 했다.

삼한 사람들은 예의범절에 밝아 길 가던 사람들이 서로 길을 양보하였으며 혼인 등 예절에는 남녀의 구별이 있었고 법과 형벌은 일반적으로 엄하였다고 한다. 자연환경은 온화하고 곡식이 풍부하여 사람들이 대체적으로 명랑 쾌활한 성격을 지니고 있었으며, 이에 따라 노래, 춤, 음주가 성행하였다. 변한과 마한지역에는 비파(琵琶)와 같은 악기도 있었다고 한다.

① 한나라 군현의 1개 현은 약 1만여 가구가 살고 있었다.
② 삼한의 발달된 농업기술은 지리적인 여건에 기인한 바 크다.
③ 삼한 시대에는 엄격한 법률과 다양한 음악에 의해 군중들의 생활이 이루어졌다.
④ 삼한 시대에는 신을 섬기며, 추수감사의 행위를 갖는 의식도 존재하였다.
⑤ 삼한 시대는 주변국과의 무역을 통한 거래가 시작되기 이전의 시기였다.

| 해설 | 정답 ⑤ |

진한과 변한에서는 철을 낙랑, 대방, 일본 등으로 수출하여 물물교환의 수단으로 삼았다는 설명을 통해 주변국과의 무역 거래가 이미 시작되고 있었음을 알 수 있다.

오답풀이
① 삼한의 영역과 인구가 한나라 1개 군현 규모와 비슷하였다고 언급하며 이러한 부족국가의 규모를 1만여 정도 가구로 추정하고 있으므로 한나라 1개 군현의 규모가 이 정도인 것으로 판단할 수 있다.
② 평야가 많은 지역에 자리하고 있었던 것이 농업기술 발달의 한 원인이라고 언급하고 있다.
③ 엄격한 법과 형벌, 변한과 마한지역에서의 비파의 존재 등을 통해 짐작할 수 있는 내용이다.
④ 제사를 지내고 추수가 끝난 10월에 축제도 열었다는 설명을 통해 짐작할 수 있는 내용이다.

41 주말을 맞아 회사에서 실시한 등반대회에서 A, B, C, D, E, F, G, H 8명의 직원은 다음과 같은 순서로 정상에 도착하였다. 다음 중 각 직원들의 도착 순위에 대한 설명이 올바른 것은 어느 것인가?

- F와 A는 각각 E와 B보다 먼저 도착하였다.
- H와 G는 각각 B와 C보다 먼저 도착하였다.
- A보다 먼저 도착한 사람은 3명이며, C는 E보다 늦게 도착하였다.

① 1위를 할 수 있는 사람은 D와 H 두 사람뿐이다.
② 어떠한 경우에도 F는 A보다 먼저 도착하였다.
③ H가 6위라면 G는 3위 이내에 도착하였다.
④ 어떠한 경우에도 C는 B보다 늦게 도착하였다.
⑤ A보다 늦게 도착한 사람은 F, E, B C이다.

| 해설 | 정답 ③ |

주어진 조건으로 확정할 수 있는 순위는 다음과 같다.
A보다 먼저 도착한 사람은 3명이라 했으므로 A는 4위가 되며, 따라서 A의 뒤로는 4명이 있다는 것이 된다. 또한 이 4명 중 확실한 사람은 E, B, C가 된다.
따라서 H가 6위라면 A보다 먼저 들어온 3명은 D, F, G가 되어 G는 항상 3위 이내가 된다.

오답풀이
① 1위를 할 수 있는 사람은 D, F, G, H 4명이 된다.
② D, F, G, H 중 3명만 A보다 먼저 도착하였고 A보다 늦게 도착한 1명은 F가 될 수도 있다.
④ C는 E보다 늦게 도착하였을 뿐, B와의 순위는 확정되지 않았다.
⑤ A보다 늦게 도착한 사람은 E, B, C 3명과 D, F, G, H 중 1명이 되므로 반드시 F, E, B, C인 것은 아니다.

42 ○○시에서는 농업인을 대상으로 농기계 대여 서비스를 하고 있다. 추수철을 맞아 콤바인을 대여하려고 하는데 보유하고 있는 논에서 추수를 완료하기 위해서는 A사 콤바인으로는 20시간, B사 콤바인으로는 30시간이 걸린다. 첫째 날, A사 콤바인을 대여하여 5시간 동안 추수를 하였다. 둘째 날에는 B사 콤바인을 대여하여 5시간 동안 추수를 하였다. 셋째 날에 두 대를 모두 대여하여 추수를 마무리했다면 셋째 날 추수를 한 시간은 얼마인가?

① 4시간　　　② 5시간　　　③ 6시간
④ 7시간　　　⑤ 8시간

정답 ④

A사 콤바인이 시간 당 추수하는 양은 전체의 $\frac{1}{20}$, B사 콤바인이 시간 당 추수하는 양은 전체의 $\frac{1}{30}$이다. 첫째 날 $\frac{5}{20}=\frac{1}{4}$만큼의 추수를 진행하였고 둘째 날에는 $\frac{5}{30}=\frac{1}{6}$만큼의 추수를 진행하였으므로 남은 양은 $\frac{14}{24}$만큼이다. 두 대가 동시에 진행하면 시간 당 추수하는 양은 $\frac{1}{12}$가 되므로 7시간이 필요하다.

43 다음에 해당하는 논리적 오류는 무엇인가?

> • 우리 회사의 상급자들은 안경을 쓰고 있다.
> • 나는 안경을 쓰고 있다.
> • 그러므로 나는 승진할 것이다.

① 연언착오　　　② 매개념 부주연의 오류
③ 자가당착의 오류　　　④ 선언지 긍정의 오류
⑤ 사개명사의 오류

정답 ②

매개념 주부연의 오류는 매개념이 주연이 아니기 때문에 발생하는 오류로, 문제에서는 안경을 쓴 사람이라는 매개념이 모든 상급자에 대해 성립하는 것이 아니기 때문에 주연이 되지 못한다.

44   다음 글에서 언급된 '스마트팜(Smart Farm)'에서 이루어질 수 있는 농업 행위에 대한 사례로 적절하지 않은 것은 어느 것인가?

> 111년 만의 기록적인 폭염으로 농업 현장에도 비상이 걸렸다. 포도, 사과, 복숭아 등 나무에 달린 과일의 상당수가 뜨거운 햇볕에 껍질 부분이 짓무르는 일소(日燒) 피해를 당하고, 고추처럼 시들어 말라가는 농작물도 많다. 피해를 최소화하기 위해서는 수시로 물을 뿌려 주변 온도를 낮춰야 하는데, 농가를 지키는 이들이 대부분 온열질환에 취약한 고령자들이라 이마저도 쉽지 않은 상황이다.
> 이런 가운데 현장에 가지 않고도 스마트폰으로 물을 줄 수 있는 화성시의 포도 농가들이 8월 말 첫 수확을 앞두고 있어 주목을 끈다. 한국생산기술연구원의 연구팀이 개발한 스마트폰 기반의 스마트팜 기술 덕분이다.
> 이 기술을 적용한 포도 농가들은 농장에 설치된 환경계측장비의 사물인터넷(IoT) 센서를 통해 주변의 온도 및 습도, 광량, 이산화탄소 농도 등 8가지 생육정보를 실시간으로 파악할 수 있다. 작업자는 이 정보를 스마트폰으로 보면서 현장에 가지 않고도 물을 주거나 온실 창문을 개폐하는 등 날씨 변화에 맞춰 원격 제어할 수 있다.
> 또한 이렇게 수집된 정보는 빅데이터로 저장·관리돼 품질 좋은 포도를 생산할 수 있는 최적의 생육조건을 제공하게 된다. 이 기술은 인터넷망 없이도 스마트폰 사용이 가능한 곳이면 어디든 활용할 수 있고, 구축비용도 기존 스마트팜보다 20~30% 정도 저렴한 것이 특징이다.
> 해당 연구팀은 국가과학기술연구회가 발족한 SFS(Smart Farm Solution) 융합연구단에 참여한 지 2년 만에 이 같은 성과를 냈다. 스마트팜 상용화를 위한 통합 솔루션을 개발하기 위해 결성된 SFS 융합연구단에는 한국과학기술연구원(KIST)을 비롯해 한국전자통신연구원, 한국생산기술연구원, 한국에너지연구원, 한국식품연구원 등 5개 기관이 참여하고 있다.

① 지역의 대대적인 지원 정책을 통해 청년농의 비율을 압도적으로 높이는 행위
② 드론을 통해 농약을 살포하는 행위
③ 온도센서에 의해 자동 창문 개폐 장치를 부착하는 행위
④ 열 감지 센서에 의해 병충해 피해가 있는 과실에 약제를 집중 투여하는 행위
⑤ 물고기의 질소 노폐물을 식물 재배에 이용하고, 식물이 공급하는 산소를 물고기에게 공급하는 행위

해설   정답 ①

스마트팜이란 말 그대로 첨단기술을 적용해 농업 생산성을 높일 수 있는 똑똑한 농장을 의미한다. 여기에는 4차 산업혁명의 대표적 기술인 IoT, 드론, 빅데이터, 로봇, 인공지능, 나노기술, 3D 프린팅 등이 총망라된다. 스마트팜의 가장 큰 장점은 일반 농장에 비해 수확량은 많고 노동력 및 운영비는 적게 든다는 점이다. 따라서 청년농의 비율이 높아진다는 것은 생산성 향상에 도움이 되는 모습일 수는 있으나, 이것을 스마트팜의 형태로 보는 것은 스마트팜의 정의에 부합하지 않는다.

오답풀이
⑤ 에너지를 절약할 수 있는 도심 농장 시스템의 사례로 스마트팜의 모습을 보여준다고 볼 수 있다.

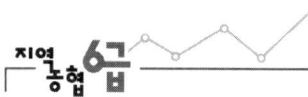

[45~46] 다음은 A공공기관의 부가급여 지급 기준표이다. 이를 보고 이어지는 물음에 답하시오.

구 분	지급률 및 지급액	비 고
연장근무 수당	통상임금×1.5/200×시간	정규근로시간을 초과하여 근무한 직원에게 지급
야간근무 수당	통상임금×0.5/200×시간	야간 근무자 중(22:00~06:00) 탄력적 근무시간 적용을 받지 않는 직원에게 지급
휴일근무 수당	통상임금×1.5/200×8 ×휴일근무일수	규정에서 정한 휴일에 근무한 직원에게 지급. 단, 교대휴일을 지정하여 대체한 경우 또는 교대근무자의 경우 지급할 수 없다.
연차휴가 수당	통상임금/209×8×미사용일수	복무규정에서 정한 소정의 연차 휴가를 사용하지 않은 직원에게 지급

가족수당
(매월 지급)
	- 배우자 40,000원
	- 배우자 및 자녀를 제외한 부양가족 1명당 20,000원
	- 첫째 자녀 20,000원
	  둘째 자녀 60,000원
	  셋째 이후 자녀 100,000원
	※ 자녀가 아닌 부양가족의 수는 4명 이내로 한다. 자녀의 수는 제한 없이 가족 수당을 지급한다.
		부양가족이 있는 직원에게 지급

직급수당 (매월 지급)	- 본부장 : 1,000,000원 - 부장 : 700,000원 - 차장 : 500,000원 - 과장 : 300,000원 - 대리 : 200,000원 - 사원 : 150,000원	본부장보다 상위 직급은 직급이 아닌 직책 기준 수당 지급

45 다음 중 위의 부가급여 지급 기준표에 대한 설명으로 올바르지 않은 것은 어느 것인가?

① 하루의 근무 시간은 8시간을 기준으로 적용한다.
② 연장근무는 정상근무보다 시간당 임금이 더 많으나, 야간근무는 정상근무보다 시간당 임금이 더 적다.
③ 규정에 따라 월요일 휴무를 위해 토요일에 대체 근무하였을 경우, 토요일 근무에 대한 시간당 임금은 1.5배만을 적용한다.
④ 자녀 2명, 배우자, 부모, 처남, 조카를 부양가족으로 둔 직원은 총 6명에 대한 가족수당을 지급받는다.
⑤ 부장이 본부장인 경우와 이사가 본부장인 경우 모두 직급수당은 동일하다.

해설   **정답 ③**

교대휴일을 지정하여 대체 근무를 한 경우이므로, 휴일에 근무를 해도 휴일근무 수당이 지급되지 않는다고 규정하고 있다.

오답풀이
① 휴일근무 수당과 연차휴가 수당은 모두 하루를 기준으로 하는 수당일 것이므로 지급률 산식에 8을 곱한 것을 통해 8시간을 기준으로 함을 알 수 있다.
② 연장근무는 정상근무의 1.5배, 야간근무는 정상근무의 0.5배를 적용하는 것을 알 수 있다.
④ 자녀 2명, 배우자, 부모, 처남, 조카는 모두 7명이나, 자녀를 제외한 부양가족의 수는 4명으로 제한하고 있으므로 총 6명에 대한 가족수당을 지급받는다.
⑤ 직급에 관계없이 본부장인 경우 모두 1백만 원의 동일한 직급수당을 지급받는다.

46 A공공기관에 근무하는 K과장의 상황이 다음과 같을 때, K과장에게 지급될 수당의 합계액은 얼마인가? (각 수당별 반올림하여 천 원 단위까지 표시한 후 합산함)

- 통상임금 : 3,500,000원
- 야간근무 5시간, 휴일근무 2일(탄력근무와 교대근무 해당 없음)
- 부양가족 : 부모, 배우자, 자녀 4명

① 986,000원   ② 992,000원   ③ 995,000원
④ 1,124,000원   ⑤ 1,182,000원

해설   **정답 ④**

통상임금이 3,500,000만 원이므로 이에 따라 각 수당을 다음과 같이 계산해 볼 수 있다.
- 야간근무 수당 : 3,500,000×0.5÷200×5=43,750원 → 44,000원
- 휴일근무 수당 : 3,500,000×1.5÷200×8×2=420,000원
- 가족수당 : 40,000(부모)+40,000(배우자)+20,000+60,000+200,000=360,000원
- 직급수당 : 300,000원

따라서 K과장은 총 1,124,000원의 수당을 지급받게 된다.

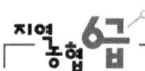

47 H사는 신입사원 채용 시험을 진행하기 위해 표기용 필기구를 준비했다. 50개가 들어 있는 박스로 몇 박스를 준비했는데 확인 결과 응시자가 1,200명과 1,300명 사이였고 필기구가 부족했다. 그래서 40개가 들어있는 박스를 처음에 준비했던 50개 들이 박스 개수의 1/3만큼 더 준비하여 한 개씩 응시자 전원에게 나누어 주었더니, 처음에 부족했던 수보다 많은 개수의 필기구가 남았다. 이 경우, 처음에 준비했던 50개 들이 박스의 수는 몇 개인가?

① 22개 ② 23개 ③ 24개
④ 25개 ⑤ 26개

해설 정답 ③

50개의 필기구가 들어 있는 상자를 x개, 응시자 수를 y명으로 하여 다음과 같은 연립방정식을 세울 수 있다.

$1,200 < y < 1,300 \rightarrow$ ㉠

$50x < y \rightarrow$ ㉡

$(50x + 40 \times \dfrac{x}{3}) - y > y - 50x \rightarrow$ ㉢

따라서 ㉡과 ㉢을 통해 $50x < y < \dfrac{170}{3}x \rightarrow$ ㉣을 얻을 수 있다.

또한 ㉠과 ㉣을 통해 $50x < 1,300$, $x < 26$과 $\dfrac{170}{3}x > 1,200$, $x > \dfrac{360}{17} = 21 + \dfrac{3}{17}$을 구할 수 있다.

그러므로 50개의 필기구가 들어 있는 상자의 수는 $21 + \dfrac{3}{17} < x < 26$의 범위가 되며, '50개 들이 박스 개수의 1/3만큼 더 준비'라는 말을 통해 x는 정수이면서 3의 배수가 되어야 하므로 이를 만족하는 x는 24뿐이다.

48 다음은 제주지역의 토지용도별 면적과 관련한 자료이다. 이에 대한 설명으로 올바르지 않은 것은 어느 것인가?

(단위 : km²)

구 분	전 국	제주도	제주시	서귀포시
전	7,611.0	358.7	206.1	152.6
과수원	598.6	161.8	58.3	103.5
목장용지	564.5	154.9	99.6	55.3
임야	63,834.4	869.9	443.2	426.7
대지	3,093.5	71.9	41.9	30.0
도로	3,251.4	87.8	49.2	38.6
기타	21,410.3	145.0	80.3	64.7
계	100,363.7	1,850.0	978.6	871.4

① 제주도에서 전국 대비 가장 큰 비중을 차지하는 토지용도는 목장용지이다.
② 제주도에서 차지하는 비중은 모든 토지용도에서 제주시가 서귀포시보다 더 높다.
③ 서귀포시의 모든 종류의 토지용도가 제주도에서 차지하는 비중은 30% 이상이다.
④ 제주시의 임야는 전국의 임야 대비 1% 이하이다.
⑤ 토지용도별 제주도 대비 비중을 살펴보면, 제주시는 목장용지, 서귀포시는 과수원의 비중이 각각 가장 높다.

해설

정답 ②

절반 이상 또는 이하인 수치를 찾는 것이므로 계산하지 않고도 과수원 용도의 토지는 서귀포시의 비중이 더 높다는 것을 알 수 있다.

오답풀이
① 목장용지는 154.9÷564.5×100=27.4(%)로 전국 대비 가장 큰 비중을 나타낸다.
③ 서귀포시에서 제주도 대비 가장 낮은 비중을 차지하는 토지용도는 35.7%인 목장용지이므로 모든 종류의 토지용도가 30% 이상이 된다.
④ 약 0.7%에 해당한다.
⑤ 제주시는 99.6÷154.9×100=64.3(%)인 목장용지가, 서귀포시는 103.5÷161.8×100=64.0(%)인 과수원의 비중이 가장 큰 것을 알 수 있다.

[49~50] 다음은 A시의 '공무원 승급의 제한'과 관련한 규정의 일부이다. 이를 보고 이어지는 물음에 답하시오.

〈승급이 제한되어 승급시킬 수 없는 기간〉

○ 징계처분기간・직위해제기간・휴직기간(군 입대 휴직 포함) 중인 기간
  * 공무상 질병 또는 부상으로 인한 휴직은 승급제한 대상이 아니므로, 공무상 질병 또는 부상 휴직자는 재직자와 같이 정기 승급일에 승급할 수 있다.
○ 징계처분의 집행이 종료된 날로부터 다음의 '승급제한기간'이 경과할 때까지
  – 강등・정직(18월), 감봉(12월), 견책(6월)
  * 단, 「지방공무원법」 제69조의2 제1항 각 호의 어느 하나에 해당하는 경우 또는 성폭력, 성희롱 및 성매매로 인한 징계처분의 경우에는 각 처분별 승급제한기간에 6월을 가산한다.
○ 법령의 규정에 의한 근무성적 평정점이 최하등급에 해당하는 자(근무성적 평정에 관한 규정의 적용을 받지 아니하는 자는 상급감독자가 근무성적이 불량하다고 인정하는 자) : 최초정기승급예정일로부터 6월이 경과할 때까지

징계에 의한 승급제한기간	호봉 재획정 시기
징계처분기간+승급제한기간 • 강등, 정직 : 징계처분기간+18월 • 감봉 : 징계처분기간+12월 • 견책 : 6월	징계처분+승급제한기간의 집행이 종료된 날로부터 다음의 기간이 경과한 날이 속하는 달의 다음달 1일에 호봉 재획정 • 강등 : 9년 • 정직 : 7년 • 감봉 : 5년 • 견책 : 3년

49 2008년 3월 7일 정직 1월 처분을 받은 자의 호봉 재획정 시기는 언제인가?

① 2009년 10월 7일
② 2010년 10월 7일
③ 2015년 11월 1일
④ 2016년 10월 7일
⑤ 2016년 11월 1일

해설 정답 ⑤

승급제한 기간은 정직 1월과 18월의 승급제한기간을 합하여 총 19월이 된다. 정직 처분이 종료된 2008년 4월 7일에 18월을 더하면 2009년 10월 7일이며, 이때부터 기산하여 7년이 경과한 날(2016년 10월 7일)이 속하는 달의 다음 달 즉, 2016년 11월 1일이 호봉 재획정 시기가 된다.

50. 다음 중 위의 규정을 올바르게 이해한 설명을 〈보기〉에서 모두 고른 것은 어느 것인가?

> **보기**
> (가) 공무상 질병으로 휴직 중인 자가 휴직 기간 중 견책 처분을 받게 되면, 견책 기간은 승급제한기간에 산입되지 않는다.
> (나) 감봉 12월 처분을 받은 자는 감봉 처분 개시일로부터 2년 간 승급할 수 없으며, 호봉 재획정은 감봉 처분 개시일로부터 7년 후 이루어진다.
> (다) 징계 처분을 받지 않아도 근무성적 평정에 따라 승급에 제한이 있을 수 있다.
> (라) 군복무 중인 자는 일정 기간을 감산한 군복무 기간 동안 승급이 제한된다.

① (가), (나) ② (가), (라) ③ (나), (다)
④ (나), (라) ⑤ (다), (라)

해설 　　　　　　　　　　　　　　　　　　　　　　　　　　　　　정답 ③

(나) 감봉 징계 처분기간 12월+승급제한기간 12월+호봉 재획정 시기 5년=7년 후가 된다.
(다) 근무성적 평정점이 최하등급에 해당하는 자는 승급제한 대상자가 된다.

오답풀이
(가) 공무상 질병 휴직인 경우는 승급에 제한이 없으나, 특정 기간에 따라 징계처분의 적용이 상이하다는 규정이 없으므로 견책에 의한 징계처분은 휴직 여부에 관계없이 승급제한기간에 산입된다.
(라) 군복무 기간에 대해서 별도 사항이 없으므로 규정된 바와 같이 전 기간 승급제한이 되는 휴직기간인 것으로 판단하여야 한다.

51. 다음 사례에서 볼 수 있는 A사의 협상전략 형태는 무엇인가?

> B사는 A사의 하청업체이다. B사는 최근 원자재 가격이 상승하여 납품하는 부품의 단가를 높이고 싶다는 의사를 전달했으나 A사는 B사가 A사의 하청을 받지 못하면 경영에 큰 문제가 발생할 수 있다는 점을 이용하여 납품 단가를 동결하였다.

① 협력전략 ② 유화전략 ③ 회피전략
④ 강압전략 ⑤ 제로섬전략

해설 　　　　　　　　　　　　　　　　　　　　　　　　　　　　　정답 ④

A사는 갖고 있는 권한과 힘을 이용하여 B사의 주장을 무시하고 자신의 입장을 일방적으로 강요한 것이 된다. 이러한 협상전략을 강압전략이라고 한다.

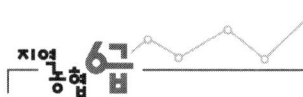

[52~53] 홍보팀 신 대리는 회사인 A지점을 출발하여 B~F 5군데 거래처를 모두 방문하려 한다. 다음 각 지점 간의 거리와 비용 관련 자료를 보고 이어지는 물음에 답하시오.

〈각 지점 간 거리〉
(단위 : km)

구 분	B지점	C지점	D지점	E지점	F지점
회사(A지점)	7.5	10		10	6.5
B지점		8			4
C지점			3		11
D지점				6	

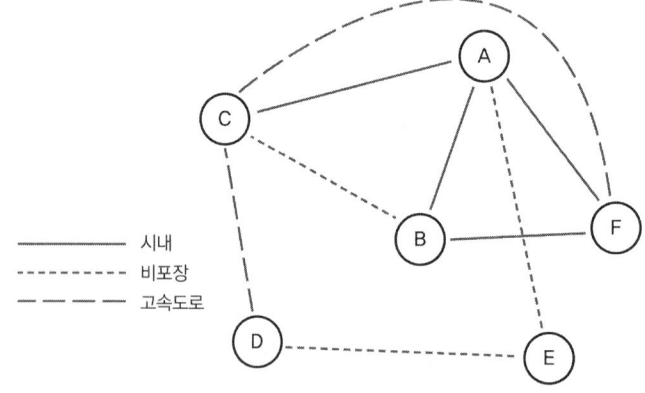

시내
비포장
고속도로

구 분	시 내	비포장	고속도로
연 비	10.5km/L	12km/L	15km/L

*휘발유 가격 1,500원/L

52 신 대리는 회사에서 출발하여 5군데 거래처를 모두 방문하고 다시 회사로 복귀하였다. 신 대리가 최단거리로 이동하였을 경우, 다시 회사로 돌아오기까지 이동한 총 거리는 몇 km인가?

① 37.5km　　② 39km　　③ 41km
④ 43.5km　　⑤ 46.5km

> **해설**　　　　　　　　　　　　　　　　　　　　　　　　　　　　정답 ①
> 동일한 경로의 역순을 제외하면, 신 대리가 이동할 수 있는 경우의 수와 그에 따른 이동 거리는 다음과 같다.
> 첫째, 회사 - E지점 - D지점 - C지점 - B지점 - F지점 - 회사
> → 10+6+3+8+4+6.5=37.5km
> 둘째, 회사 - B지점 - F지점 - C지점 - D지점 - E지점 - 회사
> → 7.5+4+11+3+6+12=43.5km
> 따라서 최단거리로 이동하였을 경우의 총 이동 거리는 39.5km가 된다.

53 위와 같이 최단거리를 통해 5군데를 방문하고 복귀한 신 대리가 사용한 총 연료비는 얼마인가?

① 5,750원　　② 5,330원　　③ 5,150원
④ 5,050원　　⑤ 4,800원

> **해설**　　　　　　　　　　　　　　　　　　　　　　　　　　　　정답 ⑤
> 최단거리 이동 경로인 '회사 - E지점 - D지점 - C지점 - B지점 - F지점 - 회사'에서 연비가 다른 구간을 구분하면 다음과 같다.
> • 비포장도로 : 회사 - E지점 - D지점(10+6=16km), C지점 - B지점(8km) → 총 24km
> • 고속도로 : D지점 - C지점 → 총 3km
> • 시내 : B지점 - F지점 - 회사 → 총 4+6.5=10.5km
> 연료비는 '이동 거리÷연비×리터 당 휘발유 가격'이 되므로 각 구간별 연료비를 다음과 같이 계산할 수 있다.
> • 비포장도로 : (16+8)÷12×1,500=3,000원
> • 고속도로 : 3÷15×1,500=300원
> • 시내 : 10.5÷10.5×1,500=1,500원
> 따라서 연료비의 합계는 3,000+300+1,500=4,800원이 된다.

54 다음 중 Logic Tree를 설명한 내용으로 옳은 것은?

① 사업 환경을 구성하고 있는 자사, 경쟁사, 고객에 대한 체계적 분석을 통해 환경 분석을 하는 기법이다.
② 조직 내부의 강점과 약점, 외부 환경의 기회와 위협을 분석, 평가하여 전략과 문제 해결 방안을 개발한다.
③ 전체 문제를 세부 문제로 쪼개어 문제의 구조를 파악한다.
④ 신규 진입의 위협, 공급자의 협상력, 구매자의 협상력, 대체재, 기존 사업자를 분석하여 위협요소를 파악한다.
⑤ 조직의 활동을 주 활동과 보조 활동으로 나누어 세부적으로 분류하고 경쟁 조직과의 우위, 열세를 파악한다.

정답 ③

① 3C분석에 대한 내용이다.
② SWOT분석에 대한 내용이다.
④ 5Force모델에 대한 내용이다.
⑤ 가치사슬 분석에 대한 내용이다.

55 다음 제시된 직장 내 예절교육의 항목 중 적절하지 않은 설명을 모두 고른 것은 어느 것인가?

> 가. 상대방에 따라 인사법을 달리한다.
> 나. 내가 속해 있는 회사의 관계자를 타 회사의 관계자에게 먼저 소개한다.
> 다. 처음 만나는 사람과 악수할 경우에는 가볍게 손끝만 잡는다.
> 라. 상대방에게서 명함을 받으면 받은 즉시 명함지갑에 넣지 않는다.
> 마. 이메일 메시지는 길고 자세한 것보다 명료하고 간략하게 만든다.
> 바. 정부 고관에서 퇴직한 사람을 소개할 경우에 이전 직급명의 사용을 금지한다.
> 사. 명함에 상대방에 대한 부가 정보는 상대방과의 만남이 끝난 후에 적는다.

① 나, 라, 마, 사 ② 가, 다, 라 ③ 나, 마, 바, 사
④ 나, 라, 마 ⑤ 가, 다, 바

정답 ⑤

가. 사람이나 기분에 따라 인사의 방법과 자세가 동일하도록 유지해야 한다.
다. 처음 만나는 사람과의 악수라도 손끝만을 잡는 행위는 상대방을 존중한다는 마음을 전달하지 못하는 행위이다.
바. 정부 고관을 지낸 사람을 소개할 경우 퇴직한 사람이라도 직급명은 그대로 사용해 주는 것이 일반적인 예절로 인식된다.

56 다음은 L사의 사내 전화번호부 사용법과 일부 직원들의 전화번호이다. 신입사원인 A씨가 다음 내용을 보고 판단한 것으로 적절하지 않은 것은 어느 것인가?

- 일반 전화걸기 : 회사 외부로 전화를 거는 경우 수화기를 들고 9번을 누른 후 지역번호부터 누른다.
- 타 직원에게 전화 돌려주기 : 수화기를 들고 # 버튼을 누른 후 원하는 직원의 내선번호를 누른다.
- 직원 간 내선통화 : 수화기를 들고 직원의 내선번호를 누른다.
- 전화 당겨 받기 : 수화기를 들고 * 버튼을 2번 누른다.
- 통화대기 : 통화 도중 통화대기 버튼을 누르고 수화기를 내린다. 다시 통화하려면 수화기를 들고 통화대기 버튼을 누른다.

부 서	이 름	내선번호	부 서	이 름	내선번호
기획팀	신 과장	410	총무팀	김 과장	704
	최 대리	413	영업1팀	신 대리	513
인사팀	김 사원	305		오 사원	515
	백 대리	307	영업2팀	이 대리	105
마케팅팀	이 부장	201		정 과장	103

① 내선번호에는 조직의 편제에 따른 구분이 감안되어 있다.
② 통화 중인 이 부장과의 통화를 위해 대기 중인 김 과장은 이 부장의 통화가 끝나면 수화기를 들고 201을 눌러야 한다.
③ 신 대리에게 걸려 온 전화를 오 사원이 당겨 받으려면 신 대리의 내선번호를 누르지 않아도 된다.
④ 최 대리가 이 대리에게 전화를 연결해 주려면 반드시 105번을 눌러야 한다.
⑤ 통화 중이던 백 대리가 # 버튼을 누르게 되면 상대방은 아직 통화가 끝나지 않은 것이다.

해설 　　　　　　　　　　　　　　　　　　　　　　　**정답 ②**

통화 대기를 한 경우이므로 이 부장 통화 후 수화기를 들고 이 부장의 내선번호가 아닌 통화대기 버튼을 눌러야 한다.(이 부장의 앞선 통화가 끝나게 되면 김 과장의 전화벨이 울리게 된다.)

오답풀이
① 세 자리 내선번호의 맨 앞자리는 부서 명칭을 의미하는 것임을 알 수 있다.
③ 당겨 받을 경우 * 버튼을 두 번 누르면 되므로 신 대리의 내선번호를 누를 필요는 없다.
④ 타 직원에게 전화를 돌려주는 경우이므로 # 버튼을 누른 후 이 대리의 내선번호인 105번을 반드시 눌러야 한다.
⑤ # 버튼을 누르는 것은 타 직원에게 전화를 돌려주는 것이므로 상대방의 통화가 아직 끝나지 않은 것이다.

57 다음은 S렌터카 업체에서 홍보하고 있는 5가지 차종에 대한 장기 렌트 가격을 비교한 자료이다. 30개월 장기 렌트 후 차량의 소유권이 사용자에게 주어질 경우, 총 렌터카 사용료가 차량 가격보다 더 싼 차종은 어느 것인가?

차 종	차량 가격(원)	초기 납입금 20%(원)	월 사용료(원)
A종	27,500,000	5,500,000	750,000
B종	20,400,000	4,080,000	537,000
C종	25,850,000	5,170,000	751,600
D종	15,750,000	3,150,000	480,300
E종	18,530,000	3,706,000	541,100

① A종　　② B종　　③ C종
④ D종　　⑤ E종

해설　　　　　　　　　　　　　　　　　　　　　　　　정답 ②

차량 가격에서 초기 납입금을 제외한 나머지 80% 금액과 30개월 사용료를 비교하여 80%의 금액이 더 큰 차종을 선택하면 된다. 따라서 다음 표와 같이 계산할 수 있다.

차 종	차량 가격(원)	초기 납입금 20%(원)	잔액(원)	총 사용료(원)
A종	27,500,000	5,500,000	22,000,000	750,000×30=22,500,000
B종	20,400,000	4,080,000	16,320,000	537,000×30=16,110,000
C종	25,850,000	5,170,000	20,680,000	751,600×30=22,548,000
D종	15,750,000	3,150,000	12,600,000	480,300×30=14,409,000
E종	18,530,000	3,706,000	14,824,000	541,100×30=16,233,000

따라서 B차종의 렌터카 사용료가 차량 가격보다 싸다.

58 직무만족에 대한 다음 글을 참고할 때, 직무만족의 중요성과 영향 요인에 대한 적절한 설명이 아닌 것은 어느 것인가?

> 기업성과의 한 지표로서 직무만족은 기업 운영의 관점에서 특히 중요하다. 직무만족이 기업의 원활한 운영에 주요기준이 될 수 있었던 것은 직무만족은 조직종업원의 측면에서 보면 사람의 가치관에 중요한 부분이고, 기업의 입장에서 본다면 직무만족이 기업성과를 유발하기 때문에 주요한 의미를 갖기 때문이다.
> 직무만족에 대한 정의는 매우 다양하다. 일반적으로 직무란 조직의 종업원에게 각각 구분된 직무의 기술적 단위 또는 직무의 총체이고, 만족이란 선택된 대체 안에 대해서 선택자의 신념과 어느 정도 맞는가에 대한 평가이다. 또한 직무만족은 직무의 다양한 측면에 대한 정서적 또는 감정적 반응이다. 이러한 정의는 직무만족이 동일한 개념이 아님을 말한다. 사람들은 업무의 한 측면에 대해서는 만족하면서도 다른 측면에 대해서는 불만족할 수 있다. 이러한 만족과 불만족은 종업원의 정서적 상태뿐 아니라 피로 등 신체적인 부분에도 영향을 미칠 수 있다.

① 가치 판단적인 면에서 중요성을 갖는다.
② 정신 건강적인 측면에서 파급효과를 갖는다.
③ 신체적 건강에도 밀접한 관계를 갖게 된다.
④ 개인의 경력을 개발하는 데에 효과적이다.
⑤ 업무 생산성 향상에 많은 도움이 된다.

해설 　　　　　　　　　　　　　　　　　　　　　　　정답 ④

직장인의 대부분은 대부분의 시간을 일터에서 보내므로 일터에서의 삶이 보다 쾌적하고 충족된 것이기를 바랄 것이다. 또한, 생활의 한 부분이 불만족스러우면 그것이 전이 효과를 가져와 그와 관련 없는 다른 생활도 불만족스럽게 보는 경향을 보이게 된다. 일에 만족을 느끼는 직장인은 불만과 스트레스로부터 해방될 수 있어 신체적 건강 유지에 도움을 받을 수 있으며, 직무만족감이야말로 업무 생산성을 향상시킬 수 있는 가장 중요한 요소일 것이다.
직무만족은 개인과 직장의 발전에 기여할 수 있는 중요한 요소이나, 개인의 경력을 개발하는 일은 직무만족과 다른 뉴제이나.

59 SWOT 분석에 대한 다음 설명을 참고할 때, 주어진 휴대폰 제조업체가 실시한 환경 분석결과에 대응하는 전략을 적절하게 분석한 것은 어느 것인가?

> SWOT이란, 강점(Strength), 약점(Weakness), 기회(Opportunity), 위험(Threat)의 머리말을 모아 만든 단어로 경영전략을 수립하기 위한 분석도구이다. SWOT 분석도구를 이용하는 조직은 도출된 조직의 외부/내부 환경을 분석한 자료를 이용하여 각각에 상황에 대응하는 경영전략을 수립하게 된다.
> SO 전략이란 기회를 활용하면서 강점을 더욱 강화하는 공격적인 전략이고, WO 전략이란 외부환경의 기회를 활용하면서 자신의 약점을 보완하는 전략으로 이를 통해 기업이 처한 국면의 전환을 가능하게 할 수 있다. ST 전략은 외부환경의 위험요소를 회피하면서 강점을 활용하는 전략이며, WT 전략이란 외부환경의 위협요인을 회피하고 자사의 약점을 보완하는 전략으로 방어적 성격을 갖는다.
>
> | 내/외부환경 구분 | 강점(Strength) | 약점(Weakness) |
> |---|---|---|
> | 기회(Opportunity) | ① SO 전략(강점, 기회전략) | ② WO 전략(약점, 기회전략) |
> | 위협(Threat) | ③ ST 전략(강점, 위협전략) | ④ WT 전략(약점, 위협전략) |

강점(Strength)	• 다양한 부가기능 탑재를 통한 성능 우위 • 기타 디지털기기 기능의 흡수를 통한 영역확대
약점(Weakness)	• 제품의 수익성 악화 • 제품 간 성능, 디자인의 평준화 • 국산 제품의 가격경쟁력 약화
기회(Opportunity)	• 신흥시장의 잠재적 수요 • 개인 휴대용기기의 대중화
위협(Threat)	• 전자제품의 사용기간 단축 • 중국 등에서 개발된 보급 기종과의 경쟁 심화

내/외부환경 구분	강점(Strength)	약점(Weakness)
기회(Opportunity)	① 기능의 다양화로 잠재 시장의 수요 창출	② 휴대기기의 대중화에 힘입어 보급 기종 라인 성능 강화
위협(Threat)	③ 다양한 기능을 추가한 판매 신장으로 이익 확대 ④ 개도국 수요를 창출하여 저가 제품 판매 확대	⑤ 휴대용 기기 보급 확대에 따라 디지털기기와 차별화된 제품 개발

> **해설**
>
> 정답 ①
>
> 기능의 다양화는 자사의 강점에 해당되며, 신흥시장의 잠재 수요를 기대할 수 있어 이를 연결한 전략으로 적절한 SO 전략이라고 할 수 있다.
>
> **오답풀이**
> ② 휴대기기의 대중화(O)에 힘입어 보급 기종의 성능 강화(T)
> ③ 다양한 기능을 추가(S)한 판매 신장으로 이익 확대(W)
> ④ 개도국 수요를 창출(O)하여 저가 제품 판매 확대(W)
> ⑤ 휴대용 기기 보급 확대(O)에 따라 디지털기기와 차별화된 제품 개발(T)

60 팀워크와 응집력은 비슷하지만 다른 성격을 띤다. 다음 중 응집력은 뛰어나지만 팀워크가 나쁜 집단은?

① 팀원들이 공동의 목표의식을 갖고 일을 추진한다.
② 팀의 성과는 떨어지지만 분위기가 좋기 때문에 발전 가능성이 높다.
③ 우수한 성과를 내는 팀이지만 곧잘 팀원이 바뀐다.
④ 팀 내에 두 개의 파벌이 형성되어 파벌 간 경쟁을 벌인다.
⑤ 팀의 성과는 우수한 편이나 팀의 사기가 높지는 않다.

> **해설**
>
> 정답 ②
>
> 응집력은 사람들이 집단의 구성원으로 계속 남아 있도록 하는 힘이다. 집단의 분위기만 좋은 것은 구성원들이 집단에 대한 애착이 있어 응집력이 강하다고 할 수 있으나 그 성과가 나쁜 것은 팀워크가 나쁜 것으로 볼 수 있다.

61 풀기 어려운 난제를 해결할 때에는 창의적 사고가 큰 힘을 발휘한다. 다음 중 창의적 사고의 특징으로 보기 어려운 것은?

① 정보와 정보를 조합하여 해답으로 조합한다.
② 사회와 개인에게 새로운 가치를 창출해낸다.
③ 통상적인 것이 아니고 기발하거나 독창적인 것이다.
④ 아이디어를 집중시키는 수렴적 사고이다.
⑤ 교육훈련을 통해 개발될 수 있다.

> **해설**
>
> 정답 ④
>
> 창의적 사고는 발산적, 확산적 사고로 아이디어의 형태가 다양하고 독특하다.

[62~63] 다음 위임전결규정을 보고 이어지는 물음에 답하시오.

⟨위임전결규정⟩

- 결재를 받으려는 업무에 대해서는 최고결재권자(대표이사)를 포함한 이하 직책자의 결재를 받아야 한다.
- '전결'이라 함은 회사의 경영활동이나 관리활동을 수행함에 있어 의사 결정이나 판단을 요하는 일에 대하여 최고결재권자의 결재를 생략하고, 자신의 책임 하에 최종적으로 의사 결정이나 판단을 하는 행위를 말한다.
- 전결사항에 대해서도 위임 받은 자를 포함한 이하 직책자의 결재를 받아야 한다.
- 표시내용 : 결재를 올리는 자는 최고결재권자로부터 전결 사항을 위임 받은 자가 있는 경우 결재란에 전결이라고 표시하고 최종 결재권자란에 위임 받은 자를 표시한다. 다만, 결재가 불필요한 직책자의 결재란은 상향대각선으로 표시한다.
- 최고결재권자의 결재사항 및 최고결재권자로부터 위임된 전결사항은 아래의 표에 따른다.
- 본 규정에서 정한 전결권자가 유고 또는 공석 시 그 직급의 직무 권한은 직상급직책자가 수행함을 원칙으로 하고 각 직급은 긴급을 요하는 업무처리에 있어서 상위 전결권자의 결재를 득할 수 없을 경우 차상위자의 전결로 처리하며, 사후 결재권자의 결재를 득해야 한다.

업무내용		결재권자			
		사 장	부사장	본부장	팀 장
주간업무보고					○
팀장급 인수인계			○		
일반예산 집행	잔업수당	○			
	회식비			○	
	업무활동비			○	
	교육비		○		
	해외연수비	○			
	시내교통비			○	
	출장비	○			
	도서인쇄비				○
	법인카드사용		○		
	소모품비				○
	접대비(식대)			○	
	접대비(기타)				○
이사회 위원 위촉		○			
임직원 해외 출장		○(임원)		○(직원)	
임직원 휴가		○(임원)		○(직원)	
노조관련 협의사항			○		

* 100만 원 이상의 일반예산 집행과 관련한 내역은 사전 사장 품의를 득해야 하며, 품의서에 경비 집행 내역을 포함하여 준비한다. 출장계획서는 품의서를 대체한다.
* 위의 업무내용에 필요한 결재서류는 다음과 같다.
품의서, 주간업무보고서, 인수인계서, 예산집행내역서, 위촉장, 출장보고서(계획서), 휴가신청서, 노조협의사항보고서

62 영업팀 김 대리는 부산으로 교육을 받으러 가기 위해 교육비용 신청을 위한 문서를 작성하고자 한다. 김 대리가 작성한 결재 양식으로 올바른 것은 어느 것인가?

①

	\multicolumn{5}{c}{출장내역서}
결재	담당	팀장	본부장	부사장	사장

②

	\multicolumn{5}{c}{교육비집행내역서}
결재	담당	팀장	본부장	부사장	전결
				/	부사장

③

	\multicolumn{5}{c}{교육비집행내역서}
결재	담당	팀장	본부장	부사장	사장
					/

④

	\multicolumn{5}{c}{업무활동비집행내역서}
결재	담당	팀장	본부장	부사장	전결
				/	부사장

⑤

	\multicolumn{5}{c}{교육비집행내역서}
결재	담당	팀장	본부장	부사장	전결
					/

해설   **정답 ②**

교육비용을 신청하고자 하므로 교육비를 지출해야 한다. 따라서 김 대리가 작성해야 할 결재 문서는 교육비집행내역서이다. 교육비집행내역서는 부사장 전결 사항이므로 부사장의 결재란이 맨 오른쪽 '전결'란에 위치하도록 하며, 원래의 부사장 란은 대각선 표시를 한다.

63 다음 중 위의 위임전결규정에 대한 설명으로 올바르지 않은 것은 어느 것인가?

① 전결권자 공석 시의 최종결재자는 차상위자가 될 수 있다.
② 전결권자 업무 복귀 시, 부재 중 결재 사항에 대하여 반드시 사후 결재를 받아두어야 한다.
③ 팀장이 새로 부임하면 부사장 전결의 인수인계서를 작성하게 된다.
④ 전결권자가 해외 출장으로 자리를 비웠을 경우에는 차상위자가 직무 권한을 위임 받는다.
⑤ 거래처에 식사 제공을 한 비용 처리는 본부장 전결로 결재를 득한다.

해설 정답 ④

전결권자가 자리를 비웠을 경우, '직무 권한'은 차상위자가 아닌 직상급직책자가 수행하게 되며, 차상위자가 전결권자가 되는 경우에도 '직무 권한' 자체의 위임이 되는 것은 아니다.

오답풀이
① 차상위자가 필요한 경우, 최종결재자(전결권자)가 될 수 있다.
② 부재 중 결재사항은 전결권자 업무 복귀 시 사후 결재를 받는 것으로 규정하고 있다.
③ 팀장의 업무 인수인계는 부사장의 전결 사항이다.
⑤ 식비를 접대비로 지출하는 경우에는 본부장의 전결로 이루어질 수 있다.

64 다음은 경영전략의 추진과정을 도식화하여 나타낸 표이다. 표의 빈칸 (가)~(다)에 대한 설명으로 적절하지 않은 것은 어느 것인가?

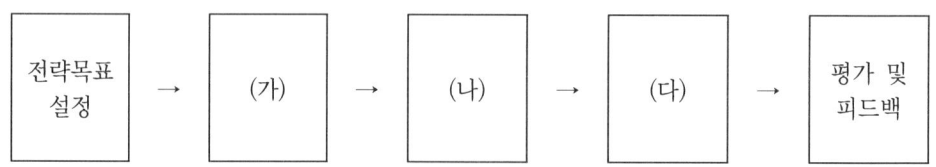

① (가)에서는 SWOT 분석을 통해 기업이 처한 환경을 분석해 본다.
② (나)에서는 조직과 사업부문의 전략을 수립한다.
③ (다)에서는 경영전략을 실행한다.
④ (나)에서는 경영전략을 도출하여 실행에 대한 모든 준비를 갖춘다.
⑤ (다)에서는 경영 목표와 전략을 재조정할 수 있는 기회를 갖는다.

해설 정답 ⑤

(가)는 환경분석 단계로 내부와 외부의 환경을 SWOT 분석 등을 통하여 파악해 본다.
(나)는 경영전략 도출 단계로 조직, 사업이나 부문 등의 전략을 수립한다.
(다)는 경영전략 실행 단계로 경영목적을 달성하는 단계이다.

65 다음은 '갑' 지역과 '갑' 지역 내 A지구의 세대 및 인구에 관한 자료이다. 이에 대한 올바른 설명을 〈보기〉에서 모두 고른 것은 어느 것인가?

구 분	세 대			인 구		
	전 체	A지구	기타지역	전 체	A지구	기타지역
2019년	278,203	198,454	79,749	678,772	492,401	186,371
2018년	266,972	192,353	74,619	661,190	483,325	177,865
2017년	256,928	185,874	71,054	641,355	470,778	170,577
2016년	246,516	179,090	67,426	621,550	458,325	163,225
2015년	238,465	173,370	65,095	604,670	445,457	159,213
2014년	232,141	168,658	63,483	592,449	435,413	157,036
2013년	227,873	165,494	62,379	583,284	427,593	155,691

─● 보기 ●─
(가) '갑' 지역은 매년 세대와 인구수 모두가 증가하였다.
(나) A지구의 세대 수와 인구수는 모두 2017년이 전년보다 가장 많이 증가한 해이다.
(다) 기타지역의 세대 당 평균 인구수는 2019년에 전년보다 조금 감소하였다.
(라) A지구의 2013년 대비 2019년의 세대 증가율은 인구 증가율보다 더 크다.

① (나), (다), (라) ② (가), (다), (라) ③ (가), (나), (라)
④ (가), (나), (다) ⑤ (가), (나), (다), (라)

해설   정답 ②

(가) 2013년부터 매년 꾸준히 증가했음을 확인할 수 있다.
(다) 2018년은 177,865÷74,619=2.38(명)이며, 2019년은 186,371÷79,749=2.34(명)으로 조금 감소하였다.
(라) 세대 증가율은 (198,454−165,494)÷165,494×100=19.9(%)이며,
   인구 증가율은 (492,401−427,593)÷427,593×100=15.2(%)가 된다.

오답풀이
(나) A지구의 세대 수는 2017년에 185,874−179,090=6,784(세대)로 가장 많이 증가하였으나, 인구수는 458,325−445,457=12,868(명)이 증가한 2016년이 가장 많이 증가한 해이다.

[66~67] 다음은 농가의 유형구조 변화에 대한 자료이다. 이를 보고 이어지는 물음에 답하시오.

- 농가유형구조 변화
  ○ [2010→2018] 청장년 중대농 수의 증가, 청장년 소농의 급격한 감소, 고령 중대농의 급격한 증가
    • 고령 중대농의 증가는 농업의 고령화에 따라 청장년 중대농의 고령농 이동과 청장년 소농의 영농규모 확대로 중규모 이상 전업농가로의 이동이 결합
    • 중대규모 농가 비중과 65세 이상 농가 비중이 '10년 대비 상승하여 우리 농업의 고령화, 규모화 추이를 나타냄
      - 중대규모 농가 비중 20.3%('10) → 33.1%('18)로 상승
      - 65세 농가 비중 '10년 대비 8%p 상승
  ○ 특히, 표준영농규모 2ha 미만 청장년 소농 그룹은 '10년 대비 크게 감소
    • 농업총조사 경지규모 분포의 변화를 보면 1~3ha 구간의 농가수가 감소하고 양극화 확대
      - 청장년 소농 비중: 32.5%('10) → 21.5%('18)로 감소

(단위 : 천 원, %)

구 분	비 중		평균 농가소득			평균 농업소득		
	2010	2018	2010	2018	증가율	2010	2018	증가율
청장년 중대농	12.5	15.7	58,500	69,800	19.3	30,300	36,600	20.8
청장년 소농	32.5	21.5	38,000	44,100	16.1	8,830	5,900	-33.2
고령 소농	47.2	45.5	22,100	24,700	11.8	5,690	5,160	-9.3
고령 중대농	7.8	17.4	35,500	37,500	5.6	14,800	16,900	14.2

66 다음 중 위의 자료를 토대로 각 농가 유형의 2010년 → 2018년의 변화 내용을 설명한 것으로 적절하지 않은 것은 어느 것인가?

① 전체적으로 청장년 층에서 중대농이 증가하고 소농이 감소함
② 청장년 중대농 : 비중 확대, 농가소득·농업소득의 높은 증가율로 농업을 선도하는 역할
③ 청장년 소농 : 농가소득 증가에도 이는 농외부분의 기여로 농업소득 비중은 매우 미미
④ 고령 소농 : 농업소득 감소가 농가 이전소득 감소로 이어져 농가소득이 동반 하락
⑤ 고령 중대농 : 농업소득 증가에도 평균농가소득 증가율은 가장 낮음

> **해설**
>
> **정답 ④**
>
> 고령소농의 경우, 농업소득 감소에도 농가소득이 보전되었으므로 이는 농가 이전소득이 증가한 것으로 판단할 수 있다.
>
> **오답풀이**
> ① 자료의 전반에 걸쳐 청장년 층에서는 중대농이 증가하고 소농이 감소하였음을 알 수 있다.
> ② 비중은 12.5 → 15.7로 확대되었으며, 농가소득, 농업소득이 모두 크게 증가하였다.
> ③ 농가소득 증가에도 불구하고 농업소득은 큰 폭으로 하락하였음을 알 수 있다.
> ⑤ 농업소득은 14.2% 증가했으나 농가소득 증가율이 네 개의 유형 중 가장 낮다.

67 위의 자료에 주어진 네 가지 농가 유형을 다음과 같이 구분할 경우, 빈칸 A~D에 들어갈 적절한 농가 유형의 명칭을 순서대로 알맞게 나열한 것은 어느 것인가?

A	• 평균연령 71세로 고령농이나 농업생산자원 측면에서 비중 높음 • 은퇴를 앞둔 농가로 영농후계 가능 농가와 그렇지 못한 농가 포함
B	• 우리농업의 과반 이상, 평균연령 74세, 50%는 75세 이상의 초고령농가 • 미래영농기반이 취약한 은퇴직전 계층
C	• 평균연령 56세, 4,50대 농가 비중 75% • 농업성장과 연계성이 높아 전문농가로 발전시켜야 할 농가
D	• 겸업형태 농가 다수, 신규진입농, 1·2종 겸업 등 다양한 형태의 소규모 농가 • 경제활동기회 확대가 중요

① 청장년 중대농 – 고령 소농 – 고령 중대농 – 청장년 소농
② 고령 중대농 – 고령 소농 – 청장년 중대농 – 청장년 소농
③ 고령 중대농 – 고령 소농 – 청장년 소농 – 청장년 중대농
④ 고령 소농 – 고령 중대농 – 청장년 중대농 – 청장년 소농
⑤ 청장년 중대농 – 고령 중대농 – 고령 소농 – 청장년 소농

> **해설**
>
> **정답 ②**
>
> 평균연령으로 보아 A와 B 유형이 고령농에 속한다. 그러나 A는 농업생산자원 측면이 비중이 여전히 높은 편이므로 중대농으로 볼 수 있으며, B는 최고령층인 고령 소농으로 구분할 수 있다.
> C와 D가 청장년농으로, 전문농가로의 발전 여지가 다분한 C가 청장년 중대농, 다른 생업과 겸업 형태의 농가로 소규모 농가가 주류인 D는 청장년 소농으로 구분할 수 있다.

[68~69] 다음 글을 읽고 이어지는 물음에 답하시오.

농촌인구의 감소와 고령화에 따라 농촌의 성장 동력은 점차 쇠퇴해져 가고 있다. 2019년 농가인구는 2015년 대비 16.1% 감소한 약 256만 9천명으로 나타났고, 농가인구 65세 이상 비중은 2015년 대비 6.7%p 증가한 38.4%로 전체인구(13.1%)에서의 비중보다 약 3배 정도 높게 나타났다. 도시와 비교하여 소득뿐만 아니라 복지, 문화, 교육, 주거, 의료 등 사회서비스망의 격차는 확대되고 있다. 도·농간 소득비는 2015년 95.7%에서 2019년 61.5%로 격차가 확대되었다.

급속한 농촌 인구 감소와 노령화 등 다양한 위험 요인은 농촌 마을의 과소화·공동화 문제를 발생시켜 지역단위 최소 공동체인 농촌 마을의 붕괴를 초래하고 있다. 또한 노령화에 따라 농촌지역 내 1인 독거노인 가구와 같은 취약계층도 급증하고 있다. 이런 농촌 마을 붕괴는 전통문화 손실뿐 아니라 농촌경관 훼손 등 농업·농촌이 가지는 다원적 가치의 손실로 이어져 공익에도 부정적 영향을 미친다.

이러한 농업·농촌의 현실에서 농업인과 도시민이 동반자 관계로 함께 성장·발전하는 사회적 계기 마련이 필요하다. 기존 일방적인 지원-수혜, 공급자-수요자 관계를 탈피하여 상호 대등한 관계에서 동반성장을 통한 새로운 가치 창출로 농촌지역 활성화를 도모해야 한다. 농업인과 도시민 모두 공급자이면서 수요자가 될 수 있도록 기존 농업·농촌운동을 뛰어넘어 도농협동운동의 다각적 추진전략 수립이 필요하다. 즉, 전 국민이 참여할 수 있는 지속가능한 新농촌운동으로 승화·발전시켜야 한다. 이는 일부 이해관계자만의 교류가 아닌 전 국민이 참여하는 범국민운동으로 추진되어야 하고, 일회성, 전시성이 아닌 협동과 상생의 인식과 신뢰를 바탕으로 지속되어야 한다는 것이다. 이를 통해 농촌 마을 공동체를 복원하고 침체된 농업·농촌에 새로운 활력을 부여해야 한다. 이를 실현하기 위해 올해 범농협 차원에서 전개하고 있는 도농협동 대표운동인 '또 하나의 마을 만들기'는 농업·농촌에 새로운 활력을 불어넣어 줄 것으로 기대되고 있다. 범농협과 기업(단체), 정부 및 지자체 등 다양한 분야의 관심과 참여로 전개되고 있는 '또 하나의 마을 만들기' 운동에서 인적·물적 자원의 투입도 중요하지만, 무엇보다도 이를 어떻게 활용해서 농가소득 증대와 농촌주민의 삶의 질 향상을 실현시킬 것인가에 대한 시스템적 접근도 중요하다.

68 다음 중 윗글에서 주장하는 바와 일치하지 않은 것은 어느 것인가?

① 도시와 농촌의 소득 격차는 2015년 대비 2019년에 30%p 이상 벌어졌다.
② 독거노인의 증가는 농촌의 붕괴를 가져와 공익에도 부정적으로 작용하게 된다.
③ 공급자, 수요자 관계를 더욱 명확히 하여 책임감 있는 지원이 이루어질 수 있어야 한다.
④ '또 하나의 마을 만들기' 운동은 농가소득 증대와 농촌주민의 삶의 질 향상으로 이어져야 성공이라고 할 수 있다.
⑤ 신농촌운동은 농업인뿐만 아니라 전 국민이 참여하는 계기로 발전되어야 한다.

해설   정답 ③

지원-수혜, 공급자-수요자 관계를 탈피하여 상호 대등한 관계에서 동반성장을 통한 새로운 가치 창출로 농촌지역 활성화를 도모해야 한다는 것이 필자의 주장이다.

오답풀이
① 2015년에 95.7%의 소득비로 4.3%의 작은 격차를 보이던 것이 2019년에는 61.5%의 소득비로 38.5% 만큼 벌어져 34.2%p만큼 소득격차가 증가했다.
② 노령화는 농촌 마을 붕괴에 따른 전통문화 손실뿐 아니라 농촌경관 훼손 등 농업·농촌이 가지는 다원적 가치의 손실로 이어져 공익에도 부정적 영향을 미친다고 언급하고 있다.
④ 필자는 '또 하나의 마을 만들기' 운동이 인적·물적 자원의 투입도 중요하지만, 이를 어떻게 활용해서 농가소득 증대와 농촌주민의 삶의 질 향상을 실현시킬 것인가에 대한 시스템적 접근도 중요하다고 언급하고 있다.
⑤ '전 국민이 참여할 수 있는 지속가능한 新농촌운동으로 승화·발전시켜야 한다.'는 말을 통해 알 수 있다.

69 윗글에서 언급된 '또 하나의 마을 만들기' 운동에 대한 필자의 주장을 참고할 때, 이 운동의 성공적 전개를 위해서 이후 지속적인 관심을 갖고 살펴보아야 할 사항으로 적절한 것을 모두 고른 것은 어느 것인가?

> ㉠ 기존 도농상생운동과의 차별성은 무엇인지 살펴본다.
> ㉡ 농촌 주민의 실질적인 삶의 향상으로 이어지고 있는지를 살펴본다.
> ㉢ 전 국민의 참여 운동으로 확산될 수 있는 방법은 무엇인지 연구해 본다.
> ㉣ 도시민의 농촌에 대한 헌신과 협조가 기대치를 충족시킬 수 있는지 살펴본다.

① ㉠, ㉡, ㉢   ② ㉠, ㉡, ㉣   ③ ㉠, ㉢, ㉣
④ ㉡, ㉢, ㉣   ⑤ ㉠, ㉡, ㉢, ㉣

해설   정답 ①

㉠ 지문에서 필자는 기존의 방식을 탈피하는 도농협동운동의 다각적 추진전략이 수립되어야 한다고 주장하고 있다. 따라서 기존의 도농상생운동과 '또 하나의 마을 만들기'의 차별성을 살펴보는 것은 타당한 후속 조치라고 볼 수 있다.
㉡ 농가의 소득증대, 실질적 삶의 질 향상은 이 운동의 가장 중요한 요소라는 내용을 찾을 수 있다.
㉢ 전 국민 참여 운동으로 발전하는 것 역시 이 운동에 대한 필자의 주장이다.

오답풀이
㉣ 필자가 의미를 둔 이 운동의 가치 중 하나는 '상호 대등한 관계에서 동반성장을 통한 새로운 가치 창출로 농촌지역 활성화를 도모해야 한다.'는 것이다. 따라서 도시민의 일방적인 헌신과 협조를 유인하기보다 상생의 운동, 예컨대 도시민은 농촌 체험이나 힐링 공간 확보 등의 유익한 점을 얻을 수 있어야 한다는 것이 필자의 의견으로 볼 수 있다.

70 다음은 농협의 그래픽 모티브 NH Wave에 대한 설명이다. 빈칸에 들어갈 말이 아닌 것은 어느 것인가?

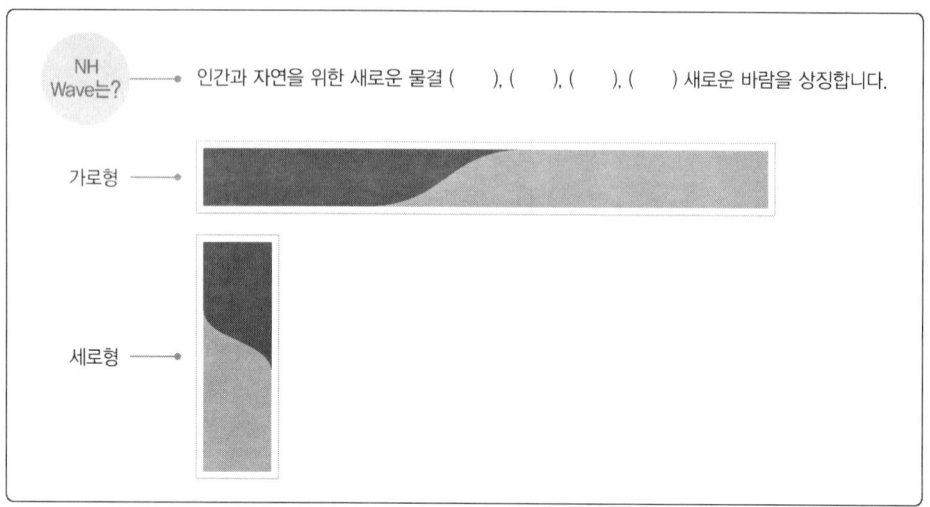

① 상생 ② 도전 ③ 화합
④ 조화+변화 ⑤ 혁신

해설 정답 ②

농협의 NH wave는 인간과 자연을 위한 새로운 물결을 나타내며 상생, 화합, 조화+변화, 혁신, 새로운 바람을 상징한다.

최신기출문제

2019년 하반기

기출문제 70문제형

01 다음 밑줄 친 어휘의 쓰임이 옳지 않은 것은?

① 프라이팬에 식용유를 <u>두루다</u>.
② 어머니가 빈대떡을 <u>부치고</u> 계신다.
③ 자전거가 트럭에 <u>부딪혔다</u>.
④ <u>걷잡을</u> 수 없는 사태가 벌어졌다.
⑤ 그가 나를 <u>믿으므로</u> 나도 그를 믿는다.

정답 ①

① '겉면에 기름을 고르게 바르거나 얹다.'의 어휘는 '두루다'가 아니라 '두르다'이다.

02 다음 중 유의어가 아닌 것은?

① 노회하다-노련하다
② 유숙하다-한뎃잠
③ 교교하다-지혜롭다
④ 교사하다-사주하다
⑤ 쇄도하다-답지하다

정답 ②

② '유숙하다'는 '남의 집에서 묵다'를 뜻하고, '한뎃잠'은 '한데에서 자는 잠'을 뜻하므로 유의어가 아니다.

오답풀이
① • 노회(老獪) : 경험이 많고 교활하다
  • 노련(老鍊)하다 : 많은 경험으로 익숙하고 능란하다.
③ • 교교하다 : 재주와 지혜가 있다.
  • 지혜롭다 : 사물의 이치를 빨리 깨닫고 사물을 정확하게 처리하는 정신적 능력이 있다.
④ • 교사하다 : 남을 꾀거나 부추겨서 나쁜 짓을 하게 하다.
  • 사주하다 : 남을 부추겨 좋지 않은 일을 시키다.
⑤ • 쇄도하다 : 어떤 곳을 향하여 세차게 달려들다.
  • 답지하다 : 한군데로 몰려들거나 몰려오다.

[3~5] 다음 중 단어 간 의미 관계가 다른 하나를 고르시오.

03
① 수정-개정
② 보존-보전
③ 추측-추산
④ 가결-부결
⑤ 변제-상환

정답 ④

④는 반의어이며, ①, ②, ③, ⑤는 모두 유의어이다.

04　① 곰살궂다-무뚝뚝하다　② 검역-검열　③ 논증-직관
　　④ 처분-관리　⑤ 만연-간결

> ②는 유의어이며, ①, ③, ④, ⑤는 모두 반의어이다.
>
> 정답 ②

05　① 책망-힐난　② 성토-규탄　③ 개척-개간
　　④ 경감-가중　⑤ 조류-사조

> ④는 반의어이며, ①, ②, ③, ⑤는 모두 유의어이다.
>
> 정답 ④

06　**다음 중 맞춤법에 맞게 쓰인 것을 고르면?**

- 차세대 에너지원 관련 논문을 국제 학술지에 ㉠ (게재/계재/계제)하며 국제적으로 연구력을 인정받고 있다.
- 상덕이 들어오는 걸 보더니 그는 ㉡ (기재/기제) 중이던 교무일지를 넘으면서 앉을 자리를 권했다.

① 게재, 기재　② 게재, 기제　③ 계제, 기재
④ 게재, 기제　⑤ 계재, 기재

> ㉠은 '논문 등을 국제 학술지에 실음'을 뜻하는 '게재'가, ㉡은 '교무일지 등을 기록'함을 뜻하는 '기재'가 적절하다.
> - 게재(揭載) : 글이나 그림 따위를 신문이나 잡지 따위에 실음
> - 기재(記載) : 문서 따위에 기록하여 올림
>
> 정답 ①

07 다음 빈칸에 들어갈 말로 알맞게 짝지어진 것은?

> • 정박해 있던 배가 세찬 파도에 ㉠(부딪쳤다/부딪혔다).
> • 그녀는 세운 무릎 위에 턱을 ㉡(받히며/받치며/바치며) 앉아 있었다.

① 부딪쳤다-받히며
② 부딪쳤다-받히며
③ 부딪쳤다-받치며
④ 부딪혔다-받치며
⑤ 부딪혔다-바치며

해설
정답 ④
- 부딪치다 : '부딪다'에 강조의 뜻을 더하는 접미사 '치'가 결합된 것으로, 능동의 의미를 가진다. 주체가 능동적으로 행위를 할 때 사용한다.
- 부딪히다 : '부딪다'에 피동 접미사 '히'가 결합된 것으로, 피동의 의미를 가진다. 주체가 행위를 당할 때 사용한다.
- 바치다 : 무엇을 위하여 모든 것을 아낌없이 내놓거나 쓰다.
- 받치다 : (사람이 물건의 밑이나 안에 다른 물건을) 넘어지거나 떨어지지 않도록 괴다 ; 어떤 일을 잘할 수 있도록 뒷받침해주다
- 받히다 : '받다(머리나 뿔 따위로 세차게 부딪치다)'의 피동사

08 다음 글의 밑줄 친 ㉠~㉤의 단어 중, 문맥상 또는 어법상의 의미로 보아 올바르게 쓰이지 않은 것은?

> 자유화의 초기에는 자유를 '속박으로부터의 해방'만으로 인식하는데 기존 질서의 파괴는 ㉠ 으레히 과도기적 혼란과 무질서를 불러온다. 자유화가 속박을 척결하면 개인 간 자유가 서로 충돌하기 시작하므로 사람들은 제각기 자신의 자유를 보호하고 ㉡ 관철해야 한다. 해방된 인류는 곧바로 속박에서 해방된 다른 사람들의 자유가 나의 자유에 대한 새로운 속박일 수 있다는 상충적 사실과 ㉢ 맞닥뜨렸다. 자유의 상충적 본질에 대한 이해가 미숙하면 '위해적 자유'에 대한 사회적 합의가 부진하다. 각자의 자유가 서로 침탈하는 혼란이 절충을 거쳐 사회적 합의에 이르는 길은 멀고도 험난하다. 무질서에 지친 대중은 단기적으로 자유화에 실망하고 이에 ㉣ 편승한 복고적 반동운동이 다시 권위주의 체제를 부활시킨다. 이처럼 자유화가 혼란에 빠지면서 다시 새로운 속박에 억눌리는 현상은 자유화가 스스로 자유를 망가뜨리는 역설이다. 현실적으로 실패를 거듭하는 자유화 현상의 동학을 '자유실패(freedom failure)'라고 불러도 ㉤ 무방할 것이다. 속박을 거부하는 데 성공한 자유화가 곧 다시 새로운 속박에 빠지는 자유실패는 지속가능한 자유의 지혜를 터득하는 일이 결코 쉽지 않음을 보여준다.

① ㉠
② ㉡
③ ㉢
④ ㉣
⑤ ㉤

해설

정답 ①

① '두말할 것 없이 당연히', '틀림없이 언제나' 등의 의미를 가진 단어는 '으레', '으레히', '으레이' 등을 사용할 수 있다. '으례히'는 어법상 존재하지 않는 표현이다.

오답풀이

② '관철'은 '어려움을 뚫고 나아가 목적을 기어이 이루다.'의 의미로 '자유를 관철한다.'는 표현은 문맥상 올바른 표현이다.
③ '맞닥뜨리다'는 어법상 올바른 표현이며, '맞닥드리다'로 잘못 표기하지 않도록 주의하여야 한다.
④ '편승'은 '남이 타고 가는 차편을 얻어 타다.'의 의미로 흔히 '세태나 남의 세력을 이용하여 자신의 이익을 거두다.'는 의미를 비유적으로 표현하는 말이다. 따라서 문맥상 올바른 표현이 된다.
⑤ '무방하다'는 '거리낄 것 없이 괜찮다, 관계없다'의 의미이므로 문맥상 올바른 표현이 된다.

09 다음 밑줄 친 단어와 같은 의미관계를 나타내는 단어의 조합이 아닌 것은?

> 영상저작물(映像著作物)은 적당한 감광성(感光性) 물질에 연속적으로 담아 '움직이는 영상으로 보여줄 수 있는, 대체로 소리를 수반한 일련의 영상'을 말한다. 가장 고전적인 형태로는 자막에 영사(映寫)할 수 있는 영화가 있다. 하지만 비디오테이프 같은 다른 종류의 시청각 저작물도 영화와 같은 것으로 규정하는 것이 <u>통례</u>이기 대문에 영상저작물이라는 광의(廣義)의 용어를 사용하고 있다. 물론 실연(實演)에 의해 영상으로 고정되기 이전의 시나리오는 어문저작물이 될 수 있으며, 감독과 배우를 포함한 실연자들은 저작인접권자로서 보호되고, 저작권법상 <u>특례</u>조항에 의해 영상저작물의 실질적인 저작권자는 대개의 경우 영상제작자가 된다.

① 이완 : 긴축
② 강림 : 상승
③ 소원 : 친밀
④ 고아 : 비속
⑤ 상극 : 상생

해설

정답 ②

② '통례(通例)'와 '특례(特例)'는 각각 '일반적으로 통하여 쓰는 전례', '특별한 예'의 뜻을 가진 반의 관계에 있는 단어의 조합이다. 따라서 '신불이 인간 세계에 내려옴'의 의미를 갖는 '강림(降臨)'과 '낮은 데서 위로 올라감'의 의미를 갖는 '상승(上昇)'은 반의 관계가 아니므로 ②가 정답이 된다.

오답풀이

① • 이완(弛緩) : 근육이나 긴장 따위가 풀려 느슨해짐
  • 긴축(緊縮) : 바짝 줄임
③ • 소원(疏遠) : 친하지 않다.
  • 친밀(親密) : 지내는 사이가 아주 가깝고 친하다.
④ • 고아(高雅) : 높고 우아하다.
  • 비속(卑俗) : 격이 낮고 속되다.
⑤ • 상극(相剋) : 둘 사이에 서로 마음이 맞지 않아 항상 충돌함
  • 상생(相生) : 두 가지 또는 여럿이 서로 공존하면서 살아감을 비유적으로 이르는 말

[10~12] 다음 나열된 단어에서 연상되는 것을 고르시오.

10

숙성, 곡물로 만든다, 취한다

① 와인 ② 막걸리 ③ 메주
④ 두부 ⑤ 간장

> **해설** 　　　　　　　　　　　　　　　　　　　　　　　**정답 ②**
> '숙성'에서 '와인, 막걸리, 메주, 두부, 간장' 모두 연상할 수 있으며, '곡물로 만든다'에서는 와인을 뺀 나머지를, '취한다'에서는 '와인, 막걸리'를 연상할 수 있으므로, 세 단어에서 공통적으로 연상되는 것은 ② 막걸리이다.

11

현악기, 오케스트라, 손

① 첼로 ② 하프 ③ 피아노
④ 콘트라베이스 ⑤ 클라리넷

> **해설** 　　　　　　　　　　　　　　　　　　　　　　　**정답 ②**
> '현악기'에서는 '첼로, 하프, 콘트라베이스'가 있으며, '오케스트라'에는 다섯 가지 악기 모두 포함되며, '손'으로 연주하는 악기로는 '하프, 피아노'가 있으므로, 세 단어에서 공통적으로 연상되는 것은 ② 하프이다.

12

빛나다, 깎는다, 고가(高價)

① 별 ② 이마 ③ 보석
④ 뼈 ⑤ 돈

> **해설** 　　　　　　　　　　　　　　　　　　　　　　　**정답 ③**
> '빛나다'에서 연상되는 것은 '별, 이마, 보석, 돈(동전)' 등이고, '깎는다'에서는 '보석, 뼈' 등을 연상할 수 있고, '고가(高價)'에서는 '보석, 돈' 등을 연상할 수 있으므로, '빛나다, 깎는다, 고가(高價)'에서 공통적으로 연상되는 것은 ③ 보석이다.

13 다음 나열된 단어에서 연상되는 것이 아닌 것은?

> 차갑다, 미끄러진다, 빠르다

① 스키 ② 인라인스케이트 ③ 스노보드
④ 봅슬레이 ⑤ 바이애슬론

 정답 ②

'차갑다. 미끄러진다. 빠르다.'에서 연상되는 것은 '스키, 스노보드, 봅슬레이, 바이애슬론' 등 동계올림픽 종목이다. '인라인스케이트'는 스케이트의 일종으로 빙판 위가 아닌 도로 위를 달리는 것이므로, 연상되는 것이 아닌 것은 ② 인라인스케이트이다.

14 다음 괄호 안에 들어갈 알맞은 것은?

> 할아버지-할머니의 관계는 ( )-( )와 같다.

① 학교-학생 ② 높다-크다 ③ 탄생-죽음
④ 무지개-빨강 ⑤ 모친-어머니

 정답 ③

제시된 '할아버지-할머니'는 상반되는 뜻을 지닌 반의 관계이며, 이와 같은 것은 ③ 탄생-죽음이다.

15 다음 제시된 단어의 관계가 같도록 할 때 빈칸에 들어갈 알맞은 것은?

> 한옥집 : 대들보 = 나무 : ( )

① 가지 ② 소나무 ③ 동물
④ 풀 ⑤ 원숭이

 정답 ①

한옥집을 구성하는 요소로는 '서까래, 대들보, 기둥 등'이 있으며, 나무의 구성요소로는 '뿌리, 줄기, 잎' 등이 있다.

16 다음 중 '오매불망'과 비슷한 뜻의 한자성어는?

① 역지사지 ② 전전반측 ③ 반면교사
④ 학수고대 ⑤ 수구초심

정답 ②

- 오매불망(寤寐不忘) : 자나 깨나 잊지 못하다는 뜻으로, 사랑하는 사람을 그리워하여 잠 못 들거나 근심 또는 생각이 많아 잠 못 드는 것을 비유하는 말
- ② 전전반측(輾轉反側) : 이리 뒤척 저리 뒤척한다는 뜻으로, 걱정거리로 마음이 괴로워 잠을 이루지 못함을 이르는 말

오답풀이
① 역지사지(易地思之) : 처지를 서로 바꾸어 생각함이란 뜻으로, 상대방의 처지에서 생각해봄
③ 반면교사(反面敎師) : 다른 사람이나 사물의 부정적인 측면에서 가르침을 얻음을 이르는 말
④ 학수고대(鶴首苦待) : 학처럼 목을 길게 빼고 기다린다는 뜻으로, 몹시 기다림을 이르는 말
⑤ 수구초심(首丘初心) : 여우는 죽을 때 구릉을 향(向)해 머리를 두고 초심으로 돌아간다는 뜻으로, 죽어서라도 고향(故鄕) 땅에 묻히고 싶어하는 마음

17 다음 한자성어 중 의미가 다른 하나는?

① 대기만성 ② 금의환향 ③ 입신양명
④ 입신출세 ⑤ 간담상조

정답 ⑤

⑤는 친한 친구 사이를 뜻하는 한자성어이고, 나머지는 성공을 뜻하는 한자성어이다.
⑤ 간담상조(肝膽相照) : 서로 속마음을 털어놓고 친하게 사귐

오답풀이
① 대기만성(大器晚成) : 큰 그릇을 만드는 데는 시간이 오래 걸린다는 뜻으로, 크게 될 사람은 늦게 이루어짐을 이르는 말
② 금의환향(錦衣還鄕) : 비단옷을 입고 고향에 돌아온다는 뜻으로, 출세를 하여 고향에 돌아가거나 돌아옴을 비유적으로 이르는 말
③ 입신양명(立身揚名) : 출세하여 이름을 세상에 떨침
④ 입신출세(立身出世) : 성공하여 세상에 이름을 떨침

18 다음 글의 밑줄 친 부분의 한자로 옳은 것은?

> 모든 사람은 텔레비전이나 신문, 잡지 등 매스 미디어와 많은 사람이 접할 수 있는 포스터 등의 정보에 있어서 성별에 따른 차별을 조장하는 표현을 사용하지 않도록 하자.

① 條章 ② 調査 ③ 調整
④ 助長 ⑤ 幇助

해설

정답 ④

④ 바람직하지 않은 일을 더 심해지도록 부추김을 뜻하는 한자는 ④ 조장(助長)이다.

오답풀이
① 조장(條章) : 여러 조목으로 나눈 규정
② 조사(調査) : 사물의 내용을 자세히 살펴 봄
③ 조정(調整) : 고르지 못한 것이나 과부족이 있는 것 따위를 알맞게 조잘하여 정상 상태가 되게 함
⑤ 방조(幇助) : 어떠한 일을 거들어서 도와 줌, 흔히 나쁜 일의 뒤를 돕는 경우에 씀

19 다음 지문을 읽고, B가 은행에 가서 할 일로 적절한 것을 고르면?

> A : Hey, where are you going?
> B : I need to go to bank now. It's almost 4 pm. We have to hurry!
> A : For what?
> B : To withdraw 300$. Look at that sign. I can get a 20% cash discount on that chair.
> A : You really want that one. Ok, let's go.

① 계좌 개설　　② 계좌 이체　　③ 입금
④ 출금　　⑤ 펀드 가입

정답 ④

B는 물품을 현금으로 구매하면 20% 할인을 받을 수 있다는 표지판을 보고, 현금을 인출(withdraw)하러 은행에 가야 한다고 말하고 있다.

해석
A : 너 어디 가?
B : 나 은행 가야 돼. 거의 4시 다 됐어. 서둘러!
A : 은행 왜 가는데?
B : 300$ 인출하러. 저 표지판 좀 봐. 현금으로 구매하면 저 의자 20% 할인받을 수 있대.
A : 너 진짜 저 의자 사고 싶구나. 그래, 가자.

[20~21] 다음 글을 읽고, 물음에 답하시오.

기업이 스스로 구조조정을 할 수도 있지만, 상황이 심각해지면 외부의 힘을 빌리기도 한다. 법적 방식을 통해 추진하는 경우와 법원의 판단 이전에 이해 관계자 간 사전 합의를 통해 진행하는 방식이 여기에 해당한다.

법에 따른 구조조정에서는 채권금융기관과 일반 상거래의 채권을 포함한 기업의 모든 채무가 동결된 뒤 채권자, 주주 등 다수 이해관계가 조정되면서 진행된다. 기업의 회생 가능성 여부를 사법적 판단에 맡기므로 파산법원 등 전문화된 법 시스템이 주도적인 역할을 한다. 법에서 정한 엄격한 절차에 따라 다수 관계자의 이해를 조정하면서 진행되므로 구조조정에 오랜 시간이 걸린다.

이해관계자의 사전 합의를 통한 방식은 기업재무구조개선(워크아웃)이 대표적이다. 이 제도는 외환위기 직후 기업 체질을 개선하고 위기 극복을 위한 기반을 마련하기 위해 도입됐다. 워크아웃은 채권금융기관이 주도해 외부로부터의 자금을 지원받지 않으면 대출금 상환이 어려운 부실징후 기업과 서로 협의하면서 시장 기능에 의해 상시적·자율적으로 구조조정을 진행하는 방식이다. 총대출금이 500억 원 이상인 대기업은 '기업구조조정촉진법'(기촉법)에 의해, 대출금이 500억 원 미만인 중소기업은 '채권은행협의회 운영협약'을 통해 워크아웃이 추진되고 있다.

기업의 신용위험등급이 C등급일 경우 그 기업에 자금을 가장 많이 빌려 준 주채권은행은 채권금융기관들의 모임인 채권금융기관협의회를 소집해 해당 기업에 대한 실사를 진행할 수 있다. 이 과정에서 해당 기업이 채권금융기관의 도움이 필요하다고 판단되면 채권금융기관 총대출금의 75% 이상 찬성으로 워크아웃 개시가 결정된다. 채권금융기관협의회는 워크아웃 기업과 경영정상화계획 이행 약정을 체결하고 보유 채권에 대해 상환기일 연장, 원리금 감면, 대출금의 출자전환 등의 방법으로 조정하거나 신규 대출을 결정할 수 있다. 만약 워크아웃 과정에서 채권금융기관 간 이해상충이 있을 경우 '채권금융기관 조정위원회'가 이를 조정하게 된다. 반면 채권금융기관협의회에서 해당 기업의 회생 가능성이 없다고 판단할 경우에는 통합도산법상 기업회생절차 또는 정리절차 등을 밟게 된다. 기업의 신용위험등급이 D등급인 경우다.

기업 구조조정 과정에서 핵심은 기업의 회생·파산 가능성 여부를 빨리 파악해 회생 가능 기업에 자금 지원을 결정하는 것이다. 이를 통해 기업 구조조정 과정에서 나타날 수 있는 이해관계자 간 손실 부담을 최소화하고 기업 가치를 극대화할 수 있기 때문이다. 이를 위해 채권자, 기업 경영자 등 이해관계자 간 이해상충을 미리 조정하는 역할이 채권금융기관에 필수적으로 요구된다.

20 다음 설명 중 윗글에서 언급한 내용에 부합하지 않는 것은 어느 것인가?

① 워크아웃은 기업 구조조정의 법적인 방식이 아니다.
② 워크아웃을 통한 구조조정을 하는 기업은 신용등급이 매우 중요한 요소가 된다.
③ 기업의 대출금 규모에 따라 외부 구조조정 진행의 근거 규정이 다르다.
④ 채권금융기관의 가장 중요한 역할은 워크아웃에 돌입한 기업에 대한 신속한 회생이다.
⑤ 워크아웃은 기업 내에서 법의 힘을 빌리지 않고 구조조정을 진행하는 방식이 아니다.

> **해설**
> 정답 ④
>
> ④ 채권금융기관의 가장 중요한 역할을 해당 기업의 신속한 회생이 아니라, 회생 또는 파산 여부를 빨리 파악하여 회생이 가능한 기업에 자금을 지원하는 것이다.
>
> **오답풀이**
> ① 워크아웃은 법적 방식을 동원하기 이전 이해관계자 사이에서 합의를 통해 해결하고자 하는 방식이다.
> ② 반드시 D등급은 파산 절차에 돌입하는 것이라고 언급하지는 않았으나, 회생 가능성 여부 판단의 중요한 기준이 된다고 볼 수 있다.
> ③ 500억 원 기준으로 대기업과 중소기업의 해당 근거 규정이 다르게 언급되어 있다.
> ⑤ 워크아웃은 이미 기업 스스로 구조조정을 수행할 능력이 없을 때, 법원의 판단 이전에 기업 외부의 힘을 통해 구조조정을 진행하는 것이다.

21 윗글의 내용을 참고할 때, 다음 〈보기〉와 같은 글의 빈칸에 들어갈 가장 적절한 말은 어느 것인가?

> **보기**
> 글로벌 금융위기 이후 저성장, 저금리가 계속돼 채권금융기관의 수익성이 떨어지고 있다. 이런 상황이 지속될 경우 채권금융기관 간 원활한 이견 조정이 제약될 수 있다. 채권금융기관 입장에서는 ( ) 때문이다.

① 대기업의 경우 채권금융기관이 많고 채권의 성격도 서로 다르기
② 기업에 대한 신용 위험평가를 정기 또는 수시로 실시해 기업을 A~D등급의 4단계로 분류하려 하기
③ 부실징후 기업의 경영진이 기업의 회생보다 자신의 경영권을 유지하면서 채무 재조정을 받으려 하기
④ 적극적으로 기업 구조조정에 나설 경우 수익성이 더 나빠질 것으로 우려되기
⑤ 기존 이해조정제도 등을 통해 이해관계자 간 책임을 적절히 분담시켜 도덕적 해이를 막아야 하기

> **해설**
> 정답 ④
>
> 기업의 구조조정 시, 채권금융기관 간 도덕적 해이로 해당 기업에 대한 책임 분담, 신규 지원 방식과 지원 규모 등에 대한 이견 조정이 실패할 수 있다. 이것은 〈보기〉 글의 첫 문장에서 언급한 채권금융기관의 수익성과 밀접한 관계가 있다고 볼 수 있으며, 제시글에서도 기업 구조조정의 핵심은 '회생 가능기업'에 자금을 지원하는 것이라고 설명하고 있다. 결국 금융기관은 자사의 수익성 악화가 우려될 경우, 적극적인 기업 구조조정에 나서기 어려워질 수밖에 없다. 따라서 채권금융기관은 기업구조조정에 따른 자산건전성 악화에 대비해 대손충당금 추가 적립, 자본 확충 등 충격 흡수 능력을 높여 나갈 필요가 있게 된다.
> 나머지 보기의 내용들은 채권금융기관 입장에서 기업 구조조정에 적극적이지 못하며 이견 조정이 어려워지는 원인이 된다고 볼 수 없다.

[22~23] 다음 글을 읽고, 물음에 답하시오.

흔히 시간이라 함은 인류의 시간적 경험이나 공간적 경험을 포괄하는 의미와 초·분·시의 수학적 계산으로 나타내는 시계적 시간으로 살펴볼 수 있다. 그러나 근대적 시간 개념은 단순히 여기서 머물지 않고 코스모폴리스적인 생활양식을 지향 또는 포함하고 있다. 표준시는 근대적 시간의 특징을 가장 명확하게 드러내는 생활양식이다. 이러한 표준시의 성격은 현대인에게 비교적 단순하면서도 명확하게 각인되었다. 현대인들은 자신도 모르게 표준시의 존재를 보편성으로 인정하고 순응하며 살아가야함을 학습 받았기 때문이다.

사실 표준시가 확립되고 보편화된 것은 산업혁명 이후 노동을 시간 단위로 분할시키면서였다. 종래의 농업공동체는 이른 새벽부터 저녁까지 노동을 해야 하는 자연적인 강제로 이루어져 있었지만 부과된 과업을 개인적으로 조절하여 완수하는 비교적 온건적 방식이었다. 그러나 자본가들의 시간에 예속된 노동, 즉 시간적 강제 노동이 규정되어 노동의 현장문화가 바뀌게 되었다. 엄격한 시간엄수는 신체 리듬과 상관없이 적용되었고 노동자들은 시간에 비례하는 임금을 보상받을 수 있었다. 산업에서의 시간관념이 달라지자 노동자들이 소속된 국가와 가정의 시간관념에도 큰 변화가 일어났다. 이로써 어디에서나 통용되는 표준화된 시간 제정이 필요하게 된 것이다.

서양의 표준시에 대한 관념은 일련의 과정을 거치며 오랜 기간에 걸쳐 형성되었다. 노동자들에게 표준시는 노동시간과 임금을 상징하였고 상공인들에게는 무역 시각과 이윤을 의미하였다. 나아가 국가에 있어서는 국민의 생활과 기업을 통괄하는 생활양식의 틀이었다. 반면에 한국에서는 상대적으로 짧은 기간에 아무런 담론 없이 수동적으로 받아들여졌다. 표준시는 시간과 공간의 질서를 확립하는 기준이므로 정치·경제·사회 체계·국민의 생활 등에 막대한 영향을 미쳤는데 그 관념이 자리 잡지 못해 혼선을 빚었다. 게다가 개화기 이후, 외세의 내정간섭이 심각하여 상당 기간 동안 표준시에 대한 주권을 갖고 있지 못했다. 한국의 국민으로 삶을 살아가는 데 있어 시간의 개념은 클지언정 그 시간의 표준에 관련된 사실에까지 심화되기란 쉽지 않았던 것 같다. 한국 내의 인문·사회·과학 등의 다방면의 분야에 있어 한국 표준시에 관련된 연구가 거의 이루어지지 않았기 때문이다. 이러한 경향은 역사학에서도 별반 다를 것 없이 적용된다. 그러나 다행스럽게도 한국 표준시에 관련된 사회적 논의가 1980년대 말부터 시작되었다. 한국은 1961년부터 동경 135도 자오선을 표준자오선으로 사용하고 있었는데 이것이 국민의 신체적 리듬과 맞지 않고 식민지의 잔재라고 주장하는 여론이 미미하게나마 일어났던 것이다.

이러한 흐름으로부터 한국 표준시 제도의 타당성에 대한 과학 분야의 연구물이 발표되었다. 일부 학자들은 한국의 표준시 제도를 세계 각국의 표준시 제도와 비교하여 동경 135도 자오선을 표준자오선으로 사용하는 것이 타당하다고 주장하였다. 세계 각국의 표준시 제도 채택 현황을 보면 그 지리적 위치가 태양시와 표준시가 일정 부분 일치되는 국가는 56%, 태양시보다 30분 정도 빠른 표준시를 사용하는 국가는 18%, 우리나라와 같이 한 시간 이상 빠른 표준시를 운용하고 있는 국가는 21% 정도이기 때문에 대부분의 국가에서 태양시와 표준시의 차이를 대체로 30분에서 한 시간 이상을 허용범위에 두고 있음을 근거로 한 것이다. 이들은 동경 127도 30분 자오선을 채택하여 일광절약시간제를 시행하는 경우보다 평소 30분 빠른 표준시를 사용함으로써 신체적 리듬의 보존과 시간 활용에 있어 더 긍정적인 효과를 기대할 수 있다고 판단하였다.

22 다음 중 윗글의 내용과 일치하지 않는 설명은?

① 산업혁명 이후 시간의 관리는 노동자와 기업가 모두에게 매우 중요한 관리 요소가 되었다.
② 동경 135도 자오선을 표준자오선으로 사용하는 것이 타당하다고 말한 학자들은 역사학적인 논점을 주장의 근거로 삼았다.
③ 역사적으로 산업혁명은 표준시의 확립과 보편화에 큰 역할을 하게 된 사건이다.
④ 표준시에 대한 개념은 한국보다 서양에서 더 밀도 있게 논의되며 형성되었다.
⑤ 1980년대 말부터 우리나라에서는 동경 135도 표준자오선의 부적절성에 대한 주장이 제기되었다.

해설   정답 ②

② 마지막 단락에서는 동경 135도 자오선을 표준자오선으로 사용해야 한다고 말한 학자들은 역사학적인 논점이 아닌 국민들의 신체적 리듬과 시간 활용이라는 실질적인 측면을 주장의 근거로 삼고 있다고 언급되어 있다.

오답풀이

① 노동시간과 임금, 무역 시각과 이윤 등으로 직결되는 시간은 산업혁명 이후 노동자와 기업가 모두에게 중요한 관리 요소가 되었음을 언급하고 있다.
③ 산업혁명 이후 노동을 시간 단위로 분할하게 된 것이 표준시 확립과 보편화에 기여하였다고 설명하고 있다.
④ 한국은 상대적으로 짧은 기간에 아무런 담론 없이 수동적으로 받아들여졌다고 했으므로 서양에서 더 밀도 있게 논의되며 형성되었다고 할 수 있다.
⑤ 1961년부터 사용되어 오던 동경 135도 표준자오선에 대한 사회적 논의가 일어난 시점이 1980년대 말부터라고 설명되어 있다.

23 다음 중 윗글에서 필자가 사용한 글의 전개 방식으로 적절하지 않은 것은?

① 상반되는 주장을 함께 제시하여 독자로 하여금 비교할 수 있도록 하였다.
② 역사적, 시간적인 관점을 통해 주장하는 바의 탄생 배경을 언급하였다.
③ 객관적인 사실을 제시함으로써 주장에 대한 신빙성을 더하였다.
④ 통계적인 자료를 인용하여 주장하는 바의 객관성을 부여하였다.
⑤ 글의 후반부로 갈수록 구체적인 내용을 언급하며 주제와 가까워지는 미괄식 형태의 전개이다.

해설   정답 ①

① 산업혁명 전과 후의 시간 개념, 한국에서의 표준시에 대한 시기적 논의 등을 언급하고 있으나, 이것이 상반되는 주장을 제시한 것으로 볼 수는 없다.

오답풀이

② 한국의 표준시의 변천과정을 설명하기 위해 서양의 시간 개념과 한국의 표준시 논의 등이 시작된 탄생 배경을 언급하였다.
③ 산업혁명 당시 노동자와 기업가에게 있어서의 시간의 개념과 역할 등을 객관적인 사실을 통해 제시하고 있다.
④ 세계 각국의 표준시 채택 현황에 대한 자료를 수치로 제시하며 언급하였다.
⑤ 한국의 표준시 변천과정을 설명하고자 하는 글이며, 시간의 개념으로부터 산업혁명을 거치며 구체화된 시간의 의미, 한국에서의 표준시에 관한 논의에 이르기까지 후반부로 갈수록 구체화된 설명이 전개되고 있음을 알 수 있다.

24 다음 글의 (가)~(라)를 문맥의 흐름에 맞게 재배열한 것은?

> (가) BIQ가 점차 유명해지자 함부르크시는 지역 내 관광명소로 이를 활용하고 있다. 함부르크 지역을 여행하는 관광객들의 필수 관광 코스로 BIQ를 널리 홍보하고 있는 것이다. 이처럼 미처 생각지 못한 BIQ의 인지도 상승에 함부르크시는 현재 바이오텍처 형태의 건축을 장려하기 위한 세금 혜택 등 다양한 인센티브 정책을 추진하고 있다. 실제로 아파트 에너지 종량제를 시행하는 등 미래형 주택의 확산을 위한 기반 구축에 힘쓰고 있다.
>
> (나) 이 같은 시스템에 대해 함부르크시 관계자는 "태양광과 이산화탄소가 결합되면 전기를 생산할 수 있는 충분한 바이오매스가 생산된다."라고 설명하며 "미세조류가 미처 다 사용하지 못한 태양광 에너지는 패널을 통해 전기로 변환한 다음, 온수와 난방에 사용된다."라고 밝혔다.
>
> (다) 대표적으로는 지난 2013년에 독일 함부르크시에 건축된 'BIQ(Bio-Intelligent Quotient)'를 들 수 있다. BIQ는 세계 최초로 미세조류를 활용한 건물로서, 신재생 에너지의 자체 생산이라는 목적을 달성하기 위해 세워졌다. 태양을 마주보도록 설계된 BIQ의 외벽에는 미세조류가 들어있는 투명 탱크가 설치되어 있다. 건물 형태는 정육면체이며, 내부는 4층짜리 패시브 하우스로 꾸며져 있어서 총 15가구 정도가 거주할 수 있다.
> 외벽에 설치된 투명 탱크는 일종의 광생물반응기(photobioreactor)다. 탱크 내에서 자라는 미세조류는 광합성 작용을 통해 바이오매스를 만들어내는데, 이때 발생한 열이 열 변환기를 통해 건물 곳곳으로 에너지를 전달한다.
>
> (라) 바이오텍처라는 용어는 신조어여서 사전적 의미는 없지만, 일반적으로 특정 목적을 위해 식물을 건축물에 접목한 것을 가리킨다. 예를 들면 외벽에 덩굴을 자라게 하여 냉·난방 효과를 좋게 만든 건물을 꼽을 수 있다. 하지만 최근 지어지는 바이오텍처들은 덩굴로 건물 외벽을 덮는 것 같은 전통적인 건물이 아니다. 미세조류나 곰팡이처럼 상상을 초월하는 유기체를 건물에 접목하는 새로운 형태의 바이오텍처가 탄생하고 있다.

① (라) - (나) - (다) - (가)
② (가) - (다) - (나) - (라)
③ (가) - (다) - (라) - (나)
④ (라) - (나) - (가) - (다)
⑤ (라) - (다) - (나) - (가)

해설

정답 ⑤

⑤ 전체 글의 내용에서 알 수 있듯이, 바이오텍처와 BIQ에 대한 개념 및 그에 대한 독일의 사례를 소개하고 있는 글이다. 따라서 바이오텍처의 의미를 언급하는 (라)가 가장 먼저 위치해야 하며, 대표적인 사례인 BIQ가 언급되는 (다)가 다음으로 위치해야 한다. 또한 (나)는 BIQ 자체에 대한 기능을 설명하고 있으며, (가)는 BIQ의 기능에 대한 사회적인 파급 효과에 대한 언급이므로 자연스러운 문맥의 순서는 (나) - (가)로 이어져야 한다고 볼 수 있다.

25 a+b+c=18이고, a는 b+c의 2배, c는 b의 3배일 때 a, b, c 중 가장 큰 수의 값은?

① 11 ② 12 ③ 13
④ 14 ⑤ 15

 정답 ②

$a = 2(b+c)$에 $c = 3b$를 대입하면 $a = 8b$, 이를 $a+b+c = 18$에 대입하면 $12b = 18$이므로 $b = 1.5$, 가장 큰 수인 a는 $8b$이므로 $a = 12$

26 0145로 네 자리 숫자를 작은 순서대로 만들 때 10번째 수는?

① 0415 ② 0541 ③ 1045
④ 1405 ⑤ 1450

 정답 ⑤

0145를 작은 순서의 네 자리 숫자로 만들면 다음과 같다.
0145 − 0154 − 0415 − 0451 − 0514 − 0541 − 1045 − 1054 − 1405 − 1450
10번째 수는 1450임을 알 수 있다.

[27~28] 다음 괄호에 들어갈 수를 고르시오.

27

2 − 3 − 6 − 18 − 108 − (   )

① 216 ② 432 ③ 648
④ 972 ⑤ 1944

 정답 ⑤

$2 \times 3 = 6$, $3 \times 6 = 18$, $6 \times 18 = 108$, $18 \times 108 = 1944$

2 3 6 18 108 (1944)

28

$$10 - 8 - 16 - 13 - 39 - 35 - (\quad)$$

① 70　　　　　② 105　　　　　③ 140
④ 210　　　　　⑤ 280

정답 ③

10　8　16　13　39　35　(140)
　−2　×2　−3　×3　−4　×4

29 현재의 길동이 나이는 엄마와 28살 차이가 난다. 2년 후 엄마의 나이는 길동이 나이의 세배가 된다고 할 때 현재 길동이 나이는?

① 10세　　　　　② 11세　　　　　③ 12세
④ 13세　　　　　⑤ 14세

정답 ③

현재 길동이의 나이를 x라 하면 엄마의 나이는 $x+28$이 된다.
2년 후 길동이의 나이는 $x+2$, 엄마의 나이는 $x+30$이 되며, 엄마의 나이는 길동이의 나이보다 세 배 많게 되므로 $x+30=3\times(x+2)$가 된다. 이를 풀면, $24=2x$가 되어 $x=12$임을 알 수 있다. 따라서 길동이는 12세, 엄마는 40세가 된다.

30 원가가 20,000원인 A제품을 15%의 이익이 남도록 판매가를 책정하였다. 일정 기간 후 물건의 20%가 재고로 남아 이를 할인해서 판매하고자 할 때, 최대한 원가의 몇 %까지 할인을 해야 적자가 나지 않고 물건을 판매할 수 있는가?

① 55%　　　　　② 60%　　　　　③ 65%
④ 70%　　　　　⑤ 74%

정답 ②

전체 물건의 개수를 n이라 하면, 일정 기간 후 팔린 물건의 개수는 $0.8n$이 되며 재고로 남은 물건의 개수는 $0.2n$이 된다. 또한 원가가 20,000원이므로 15%의 이익이 남는 판매가는
$20,000\times1.15=23,000$(원)이다.
재고 처분을 위해 책정할 할인 가격을 P원이라고 하면, 적자가 나지 않으려면 원가로 구매한 물건의 총 금액 이상의 판매대금이 발생해야 하므로 다음과 같은 공식이 성립된다.
$20,000n \leq 23,000\times0.8n+P\times0.2n$
이를 정리하면, $20,000n-18,400n\leq P\times0.2n \rightarrow 1,600n\leq P\times0.2n$
따라서 P는 8,000원 이상이어야 한다.
8,000원은 최초의 원가인 20,000원의 40%에 해당하므로 $(8,000\div20,000\times100)$, 적자가 나지 않을 최고 할인율은 60%가 된다.

31 ○○농협 임직원이 수련회에 가서 의자에 앉으려고 하는데 6명씩 앉았더니 5명이 앉지 못했고, 7명씩 앉았더니 빈 의자가 1개 있었다. 임직원 수의 최솟값은?

① 65명 ② 71명 ③ 77명
④ 83명 ⑤ 89명

해설 정답 ③

의자의 개수를 x라 하면
의자에 6명씩 앉을 때 5명이 앉지 못했으므로 임직원 수는 $6x+5$(명)이다.
또한, 7명씩 앉을 때 빈 의자가 1개 있었다는 것은 $x-2$개의 의자에는 7명씩 앉고, $x-1$번째 의자에는 적어도 1명 이상 7명 이하로 앉아 있는 경우를 뜻한다.
즉, 부등식으로 나타내면 $7(x-2)+1 \le 6x+5 \le 7(x-1)$이므로
$7x-13 \le 6x+5 \le 7x-7$
이 부등식을 풀면 $12 \le x < 18$
따라서 임직원 수의 최솟값은 $6 \times 12+5=77$(명)이다.

32 한 마리에 1,400원인 닭고기를 70만 원어치 샀다. 민규가 이 닭고기를 한 마리에 2,100원에 판다면 그 금액은?

① 98만 원 ② 102만 원 ③ 105만 원
④ 108만 원 ⑤ 119만 원

해설 정답 ③

한 마리에 1,400원인 닭고기를 70만 원어치 샀다면
$700,000 \div 1,400 = 500$(마리) 산 것이다.
따라서 한 마리에 2,100원으로 닭고기 500마리를 팔면
$2,100 \times 500 = 1,050,000$(원)이 된다.

33 네 군데의 거래처에 전단지를 돌리려고 한다. 첫 거래처에 절반을 주고, 그 다음부터는 남은 전단지의 절반에 1부씩 더 줬더니 1부가 남았다. 처음 전단지는 몇 장 있었는가?

① 42부 ② 44부 ③ 46부
④ 48부 ⑤ 50부

정답 ②

전단지가 x장 있다고 하면,

첫 번째 거래처에 준 전단지는 $\dfrac{x}{2}$장이고, 남은 전단지는 $x - \dfrac{1}{2}x = \dfrac{1}{2}x$(장)

두 번째 거래처에 준 전단지는 $\dfrac{1}{2}x \times \dfrac{1}{2} + 1 = \dfrac{1}{4}x + 1$(장),

남은 전단지는 $\dfrac{1}{2}x - \left(\dfrac{1}{4}x + 1\right) = \dfrac{1}{4}x - 1$(장),

세 번째 거래처에 준 전단지는 $\dfrac{1}{2} \times \left(\dfrac{1}{4}x - 1\right) + 1 = \dfrac{1}{8}x + \dfrac{1}{2}$(장),

남은 전단지는 $\dfrac{1}{4}x - 1 - \left(\dfrac{1}{8}x + \dfrac{1}{2}\right) = \dfrac{1}{8}x - \dfrac{3}{2}$(장)

네 번째 거래처에 준 전단지는 $\dfrac{1}{2} \times \left(\dfrac{1}{8}x - \dfrac{3}{2}\right) + 1 = \dfrac{1}{16}x + \dfrac{1}{4}$(장),

남은 전단지는 $\dfrac{1}{8}x - \dfrac{3}{2} - \left(\dfrac{1}{16}x + \dfrac{1}{4}\right) = \dfrac{1}{16}x - \dfrac{7}{4}$(장)이다.

네 군데의 거래처에 전단지를 모두 주고 1장이 남았으므로 처음 전단지 수는

$\dfrac{1}{16}x - \dfrac{7}{4} = 1$, $\dfrac{1}{16}x = \dfrac{11}{4}$ ∴ $x = 44$(장)

34 다음 자료를 참고할 때, A, B에 해당하는 증감률이 순서대로 올바르게 나열된 것은?

> 경제통계를 이용할 때는 명목(또는 경상가격) 기준 통계와 실질(또는 불변가격) 기준 통계를 구분하는 것이 중요하다. 명목기준 통계는 당해 연도 가격과 당해 연도 수량을 곱하여 산출하는 반면 실질기준 통계는 당해 연도 가격이 아닌 기준 연도 가격과 당해 연도 수량을 곱하여 산출한다. 따라서 명목기준 통계의 증감(률)은 기준 연도 대비 가격변동분과 수량변동분이 혼합되어 나타나게 된다. 그러나 실질기준 통계의 증감(률)은 기준 연도의 가격을 이용하므로 기준 연도 대비 수량변동만을 나타내 준다.

연 도	가격(원)	수량(개)	명목기준	실질기준
2017년	1,500	50	( )	( )
2018년	1,800	65	( )	( )
증감률	20%	30%	A	B

※ 2017년을 기준 연도로 함

① 30%, 56%   ② 56%, 30%   ③ 30%, 30%
④ 56%, 56%   ⑤ 20%, 30%

해설   정답 ②

주어진 자료에 의하면, 명목기준 생산액=당해 연도 가격×당해 연도 수량, 실질기준 생산액=기준 연도 가격×당해 연도 수량임을 알 수 있다. 따라서 2017년의 명목기준 생산액은 $1,500 \times 50 = 75,000$(원)이 되며, 2018년의 명목기준 생산액은 $1,800 \times 65 = 117,000$(원)이 된다. 2017년의 실질기준 생산액 역시 $1,500 \times 50 = 75,000$(원)이 되나, 2018년의 실질기준 생산액은 $1,500 \times 65 = 97,500$(원)이 되어야 한다.
따라서 $A = (117,000 - 75,000) \div 75,000 \times 100 = 56(\%)$가 되며,
$B = (97,500 - 75,000) \div 75,000 \times 100 = 30(\%)$가 된다.

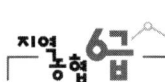

35 다음 표는 2018년 말 총자산, 부동산자산, 예금자산, 가구당 총자산의 항목별 상위 7개 동(洞) 자산규모를 나타낸 것이다. 다음 표를 보고 〈보기〉의 설명 중 옳지 않은 것을 모두 고르면?

〈항목별 상위 7개 동의 자산규모〉

순위	총자산 (조 원)		부동산자산 (조 원)		예금자산 (조 원)		가구당 총자산 (억 원)	
	동명	규모	동명	규모	동명	규모	동명	규모
1	여의도동	24.9	대치동	17.7	여의도동	9.6	을지로동	51.2
2	대치동	23.0	서초동	16.8	태평로동	7.0	여의도동	26.7
3	서초동	22.6	압구정동	14.3	을지로동	4.5	압구정동	12.8
4	반포동	15.6	목동	13.7	서초동	4.3	도곡동	9.2
5	목동	15.5	신정동	13.6	역삼동	3.9	잠원동	8.7
6	도곡동	15.0	반포동	12.5	대치동	3.1	이촌동	7.4
7	압구정동	14.4	도곡동	12.3	반포동	2.5	서초동	6.4

※ 총자산 = 부동산자산 + 예금자산 + 증권자산

― 보기 ―
ㄱ. 압구정동의 가구수는 여의도동의 가구수보다 많다.
ㄴ. 이촌동의 가구수는 2만 이상이다.
ㄷ. 대치동의 증권자산은 서초동의 증권자산보다 많다.
ㄹ. 여의도동의 증권자산은 최소 4조 원 이상이다.
ㅁ. 총자산 대비 부동산자산의 비율은 도곡동이 목동보다 높다.

① ㄱ, ㄴ   ② ㄱ, ㄷ   ③ ㄴ, ㅁ
④ ㄴ, ㄷ, ㄹ   ⑤ ㄴ, ㄹ, ㅁ

정답 ⑤

$\dfrac{\text{총자산}}{\text{가구당 총자산}}$ = 가구수이다.

총자산 순위대로 알기 쉽게 표로 다시 정리하면 다음과 같으며, 표에 없는 동의 가구수는 정확히 알 수 없다.

동명	총자산 (조 원)	가구당 총자산 (억 원)	가구수 (만 가구)
여의도동	24.9	26.7	0.93
대치동	23	모름	모름
서초동	22.6	6.4	3.53
반포동	15.6	모름	모름
목동	15.5	모름	모름
도곡동	15	9.2	1.63
압구정동	14.4	12.8	1.13

ㄴ. 이촌동의 총자산은 알 수 없는 상태이므로 x라 한다면 가구수는 $\frac{x}{7.4}$이다. 가구수가 2만 가구 이상이려면 x는 14.8 이상이어야 하나 7위인 압구정동이 14.4로 이보다 작기 때문에 2만 이상이 될 수 없다.

ㄹ. 여의도동의 부동산자산은 순위 밖이므로 여의도동의 증권자산을 x라고 하면, $24.9 - 9.6 - x < 12.3 \rightarrow 3 < x$

ㅁ. 도곡동의 총자산 대비 부동산자산의 비율 : $\frac{12.3}{15} = 0.82$

목동의 총자산 대비 부동산자산의 비율 : $\frac{13.7}{15.5} \fallingdotseq 0.88$

36

다음은 해당 시기의 특정 제품군에 대한 전체 온라인 쇼핑 거래액 중 모바일 쇼핑 거래액이 차지하는 비중을 나타낸 자료이다. 2018년 1월~2019년 1월까지 거래액의 시기별 증감 추이가 동일한 것끼리 짝지어진 것은?

(단위 : %)

구 분	2018년					2019년
	연간	1월	10월	11월	12월	1월
의복	58.4	56.8	60.7	59.8	62.4	60.6
신발	67.3	64.6	69.1	69.1	69.6	69.3
가방	74.1	71.8	75.5	75.4	75.7	76.3
패션용품 및 액세서리	66.1	65.1	67.1	67.7	67.9	69.4
스포츠 · 레저용품	57.3	53.6	58.9	59.0	59.2	59.8
화장품	56.0	56.4	55.2	56.1	59.5	64.0
아동 · 유아용품	74.0	74.2	74.9	74.6	75.9	75.4

① 의복, 가방
② 가방, 스포츠 · 레저용품
③ 스포츠 · 레저용품, 아동 · 유아용품
④ 가방, 아동 · 유아용품
⑤ 의복, 아동 · 유아용품

 정답 ⑤

⑤ 의복과 아동 · 유아용품은 2018년 1월 이후 증가와 감소가 월별 반복적으로 나타나는 추이를 보이고 있으며, 나머지 제시된 제품군은 모두 동일하지 않은 증감 추이를 보인다.(패션용품 및 액세서리와 스포츠 · 레저용품은 동일하게 지속 · 증가하는 추이를 보이고 있으나, 보기에 제시되어 있지 않다.)

37 다음은 출산 및 육아휴직 현황에 관한 자료이다. 이에 대한 설명으로 옳지 않은 것은?

〈출산 및 육아휴직 현황〉

(단위 : 명, 백만 원)

구 분		2008	2009	2010	2011	2012	2013	2014	2015
출산전후 휴가자 수		68,526	70,560	75,742	90,290	93,394	90,507	88,756	94,590
출산전후 휴가 지원금액		166,631	178,477	192,564	232,915	241,900	235,105	236,845	258,139
육아 휴직자 수	계	29,145	35,400	41,733	58,137	64,069	69,616	76,833	87,339
	여성 근로자	28,790	34,898	40,914	56,735	62,279	67,323	73,412	82,467
	남성 근로자	355	502	819	1,402	1,790	2,293	3,421	4,872
육아 휴직 지원 금액	계	98,431	139,724	178,121	276,261	357,797	420,248	500,663	619,663
	여성 근로자	97,449	138,221	175,582	270,500	348,644	408,557	482,743	592,238
	남성 근로자	982	1,503	2,539	5,761	9,153	11,691	17,920	27,425

① 출산전후 휴가 지원금액은 2008~2015년 사이에 단 한 차례 감소했다.
② 2015년 남성근로자의 육아휴직 지원금액의 비중은 약 4.4%이다.
③ 출산전후 휴가자 수는 2008~2015년까지 매년 증가했다.
④ 육아 휴직자 중 여성근로자 수가 가장 증가한 해는 2011년이다.
⑤ 2012년의 육아 휴직자 중 여성근로자 수의 비중은 95%가 넘는다.

해설

정답 ③

③ 출산전후 휴가자 수는 매년 증가하다가 2012년에서 2014년 사이에 감소했다.

오답풀이

① 출산전후 휴가 지원금액은 2012년에서 2013년 사이에 한 차례 감소했다.
② 2015년 남성근로자의 육아휴직 지원금액의 비중은 $\frac{27,425}{619,663} \times 100 ≒ 4.4(\%)$이다.
④ 육아 휴직자 중 여성근로자 수는 2011년에 $56,735 - 40,914 = 15,821$(명)으로 가장 크게 증가하였다.
⑤ 2012년의 육아 휴직자 중 여성근로자 수의 비중은 $\frac{62,279}{64,069} \times 100 ≒ 97.2(\%)$이다.

38. 다음은 1971년부터 2001년까지 10년 단위로 가구당 농가 소득과 농가와 비농가 소득을 나타낸 표이다. 알맞게 해석한 것은?

〈가구당 농가소득〉

(단위 : 백 달러)

구분	농가소득(A+B)	농업소득(A)	농업 외 소득(B)
1971	106	41	65
1981	244	64	180
1991	572	122	450
2001	881	163	718

〈농가와 비농가 소득〉

(단위 : 백 달러)

구분	가구당 소득		1인당 소득	
	농가	비농가	농가	비농가
1971	106	135	17	30
1981	244	319	44	70
1991	572	737	124	181
2001	881	1,136	224	321

① 농가와 비농가 사이의 가구당 소득 차이가 꾸준히 감소하고 있다.
② 농가소득 중 농업소득 비중이 계속 늘고 있다.
③ 2001년 농가의 가구당 인구수는 비농가의 가구당 인구수보다 적다.
④ 2001년 농가와 비농가의 1인당 소득차이가 1971년에 비해 8배 이상 늘었다.
⑤ 2001년 농가와 비농가의 가구당 소득차이가 1971년에 비해 8배 이상 늘었다.

해설

정답 ⑤

⑤ $\dfrac{1,136-881}{135-106} = \dfrac{255}{29} > 8$

오답풀이

① 계속 증가하고 있다.
② 농업소득액은 늘고 있지만 비중은 줄고 있다.
③ 가구당 인구수 = $\dfrac{\text{가구당 소득}}{\text{1인당 소득}}$ 이다.

따라서 농가 $\left(\dfrac{881}{224}\right)$ > 비농가 $\left(\dfrac{1,136}{321}\right)$

④ $\dfrac{321-224}{30-17} = \dfrac{97}{13} < 8$

[39~40] 다음은 K사의 2개년도 국가별 재무자료이다. 자료를 보고 물음에 답하시오.

⟨2018년 국가별 재무자료⟩ (단위 : 천 원)

구분	한국	중국	미국	일본
수익				
내부거래	150,419,669	50,232,272	66,691,000	2,062,103
외부수익	1,325,097,099	98,684,324	113,413,319	29,455,837
성과				
상각비	68,877,793	8,900,623	5,191,645	41,587
법인세	30,162,029	299,164	539,881	168,575
영업손익	91,887,590	−6,166,175	4,484,349	−1,176,009
부문별 자산·부채				
자산	2,152,648,330	385,038,268	129,943,638	10,340,723
부채	637,674,096	26,425,794	69,869,298	10,900,010

⟨2019년 국가별 재무자료⟩ (단위 : 천 원)

구분	한국	중국	미국	일본
수익				
내부거래	185,898,574	73,088,303	89,967,202	1,605,563
외부수익	1,755,635,592	109,408,154	140,803,223	26,661,302
성과				
상각비	67,254,022	8,466,506	5,230,331	35,520
법인세	32,487,512	472,771	−88,882	15,985
영업손익	71,600,257	−1,171,641	2,991,939	−1,709,941
부문별 자산·부채				
자산	2,140,272,745	548,345,024	130,800,925	9,258,345
부채	590,679,066	47,397,365	52,979,060	9,137,706

39 다음 중 옳지 않은 설명을 고르면?

① 한국의 외부 수익 대비 법인세 비율은 2019년에 비해 2018년이 더 낮다.
② 2018년과 2019년 두 해 모두 자산 규모가 큰 지역일수록 상각비도 크다.
③ 2018년에 비해 2019년 가장 큰 폭으로 영업손익이 감소한 지역은 한국이다.
④ 2018년과 2019년 모두 해당 지역의 외부수익 규모가 클수록 내부거래 규모도 크다.
⑤ 2018년에 비해 2019년 가장 큰 폭으로 영업손익이 증가한 지역은 중국이다.

해설

정답 ①

① 2018년 한국의 외부수익 대비 법인세 비율은

$$\frac{30,162,029}{1,325,097,099} = 2.3(\%)$$

2019년 한국의 외부수익 대비 법인세 비율은 $\frac{32,487,512}{1,755,635,592} = 1.9(\%)$

2018년과 2019년의 비율 비교이므로 $\frac{3}{132}$ 와 $\frac{3}{175}$ 의 결과를 비교하면 된다. 눈으로 계산하면 $\frac{3}{132}$ (2018년)보다 $\frac{3}{175}$ (2019년)가 더 낮은 값이 된다. 따라서 ①의 설명은 틀린 설명이다.

오답풀이

② 2개년도 자산이 가장 큰 한국의 경우 상각비도 가장 크다.
③ 영업손익을 계산해보면 $-20,287,333$으로 한국이 가장 낮다.

구 분	한국	중국	미국	일본
영업손익 감소액 2018년 대비 2019년	$71,600,257 - 91,887,590 = -20,287,333$	$-1,171,641 - (-6,166,175) = 4,994,534$	$2,991,939 - 4,484,349 = -1,492,410$	$-1,709,941 - (-1,176,009) = -533,932$

④ 표를 보면 외부수익 규모가 클수록 내부거래 규모도 크다.
⑤ 한국 : $-20,287,333$, 중국 : $4,994,534$,
   미국 : $-1,492,410$, 일본 : $-533,932$

40 자산 대비 부채의 비율을 부채비율이라고 할 때, 다음 중 2018년 부채비율이 높은 순서대로 바르게 나열한 것은?

① 일본 – 미국 – 한국 – 중국
② 일본 – 미국 – 중국 – 한국
③ 일본 – 한국 – 미국 – 중국
④ 일본 – 한국 – 중국 – 미국
⑤ 미국 – 일본 – 중국 – 한국

해설

정답 ①

〈2018년 지역별 재무자료〉

(단위 : 천 원)

구분	부채율	대략계산	순위
한국	$\frac{637,674,096}{2,152,648,330} = 0.3$	$\frac{6}{22}$	3
중국	$\frac{26,425,794}{385,038,269} = 0.07$	$\frac{3}{39}$	4
미국	$\frac{69,869,298}{129,943,638} = 0.54$	$\frac{7}{13}$	2
일본	$\frac{10,900,010}{10,340,723} = 1.05$	$\frac{11}{10}$	1

41. 다음은 국가별 남녀평등지수를 나타낸 표이다. 〈보기〉의 설명에 비추어 볼 때 A, B, C, D에 해당하는 국가를 바르게 나열한 것은?

국가	GDI 순위	평균수명 (세)		초·고등 취학률(%)		1인당 실질 GDP($)		HDI 순위	HDI 순위 - GDI 순위
		여	남	여	남	여	남		
호주	1	81.1	76.1	118	114	20,977	30,449	5	4
A	2	81.5	75.2	11	107	16,784	38,005	4	2
B	3	81.5	75.6	99	95	23,454	36,510	1	-2
스웨덴	4	82.2	77.2	107	95	19,690	28,961	2	-2
캐나다	5	81.5	76.0	98	96	21,456	34,349	3	-2
미국	6	79.9	74.1	99	91	26,259	42,246	6	0
C	7	81.5	76.8	91	86	16,361	39,758	7	0
핀란드	8	81.1	73.9	108	99	20,657	29,550	10	2
네덜란드	9	80.8	75.4	100	104	17,635	33,822	8	-1
영국	10	80.2	75.2	112	100	17,931	29,264	13	3
일본	11	84.4	77.4	81	83	16,601	37,345	9	-2
D	12	82.4	74.7	96	93	18,715	30,022	12	0
덴마크	13	78.7	73.8	101	94	22,835	32,518	14	1

※ 주 : GDI 순위는 146개국, HDI 순위는 175개국을 대상으로 하였기 때문에 HDI 순위와 GDI 순위의 차는 HDI 순위를 조정한 후 계산하였다.

─〈보기〉─
(가) 프랑스는 HDI와 GDI 순위가 같다.
(나) 벨기에와 아이슬란드는 여성의 평균수명이 같다.
(다) 여성과 남성의 1인당 실질 GDP의 금액 차이가 가장 큰 나라는 아이슬란드이다.
(라) 벨기에는 노르웨이보다 GDI 순위가 높다.

	A	B	C	D
①	프랑스	벨기에	아이슬란드	노르웨이
②	노르웨이	벨기에	프랑스	아이슬란드
③	벨기에	노르웨이	아이슬란드	프랑스
④	아이슬란드	벨기에	노르웨이	프랑스
⑤	벨기에	노르웨이	프랑스	아이슬란드

 정답 ③

- (가)에 의하면 HDI와 GDI 순서가 같은 국가는 C와 D이므로 프랑스는 C 또는 D이다.
- (나)에 의하면 A, B, C의 여성의 평균수명이 같으므로 벨기에와 아이슬란드는 A, B, C 중에 하나이다.
- (다)에 의하면 여성과 남성의 1인당 실질 GDP의 금액 차이는 A, B, C, D 각각 21,221, 13,056, 23,397, 11,307이므로 아이슬란드는 C이다. 그러므로 프랑스는 D이다.
- (라)에 의하면 GDI 순위가 높은 A는 벨기에이고, B는 노르웨이이다.

42 ○○농협 영업팀은 이번 달 280만 달러의 매출 실적을 거두었다. 갑, 을, 병, 정, 무의 매출 실적에 대한 다음 설명을 참고할 때, 올바른 판단은? (단, 각 직원의 매출액은 10만 달러 단위이고 동일한 매출액을 거둔 직원은 없으며, 제시된 5명은 모두 매출 실적에 기여를 한 것으로 가정한다.)

- 을은 80만 달러의 매출 실적을 거두었고 팀에서 두 번째로 많은 매출액이다.
- 100만 달러가 넘는 매출액을 거둔 직원은 정뿐이다.
- 매출액 순위 1위와 5위 직원의 매출액의 합은 130만 달러이다.
- 매출 실적 1위를 거둔 직원의 매출액은 팀 전체 매출의 절반을 넘지 않는다.
- 갑+병 매출액 < 병+무 매출액 < 갑+무 매출액의 관계가 성립한다.
- 갑+무 매출액은 을의 매출액보다 10만 달러 적다.

① 병의 매출액은 20만 달러 또는 30만 달러이다.
② 무의 매출액이 30만 달러라면 갑도 30만 달러이다.
③ 갑의 매출액은 10만 달러가 될 수 없다.
④ 갑과 병의 매출액은 어느 경우에도 10만 달러의 차이가 난다.
⑤ 어느 경우에도 을은 무의 매출액의 2배가 된다.

해설 정답 ③

각 직원의 매출액을 알아보기에 앞서 매출 실적을 거둔 순위를 다음과 같이 추론해 낼 수 있다.
두 번째 조건에 의해서 정이 1위가 된다. 다섯 번째 조건에 의하면 갑+병<병+무의 관계로부터 갑<무의 관계를, 병+무<갑+무의 관계로부터 병<갑의 관계를 알 수 있다. 따라서 병<갑<무의 관계를 추론할 수 있다. 결국 다섯 명의 매출액 순위는 병<갑<무<을<정이 된다.
한편, 정과 병의 매출액은 130만 달러이며, 정은 100만 달러를 넘되 팀 매출의 절반을 넘지 않고 팀원 모두가 매출 실적에 기여를 했다고 하였으므로 110만 달러 또는 120만 달러가 된다는 것을 알 수 있다. 따라서 병은 20만 달러 또는 10만 달러의 매출 실적을 거둔 것이 된다.
갑+무의 매출액이 을보다 10만 달러가 적은 70만 달러이며, 병이 10만 달러 또는 20만 달러인 경우는 갑, 병, 무의 매출 실적이 다음의 세 가지 경우밖에 없게 된다.
- 30만 달러, 20만 달러, 40만 달러
- 30만 달러, 10만 달러, 40만 달러
- 20만 달러, 10만 달러, 50만 달러

따라서 ③의 설명과 같이 갑의 매출액은 10만 달러가 될 수 없음을 알 수 있다.

오답풀이
① 병의 매출액은 30만 달러가 될 수 없다.
② 갑과 무는 매출액 순위가 다르며, 무의 매출액이 30만 달러일 수는 없다.
④ 20만 달러의 차이가 날 수도 있다.
⑤ 무가 50만 달러일 수도 있으므로 항상 2배의 차이가 나는 것은 아니다.

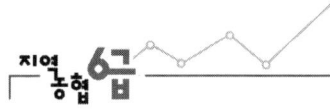

43 다음 A와 B 두 개의 명제를 근거로 할 때, 빈칸에 들어갈 알맞은 참인 명제는?

> A. 아무리 늦어도 6시 반에 전철에 탑승하지 못하면 지각이 불가피하다.
> B. 지각을 하게 되면 조찬모임에 참석할 수 없다.
> C. 그러므로, (   )

① 6시 반에 전철에 탑승하지 못하면 조찬모임에 참석하지 못한다.
② 다른 교통편을 이용하면 조찬모임에 참석할 수 있다.
③ 6시 반 이전에 전철에 탑승하면 항상 조찬모임에 참석할 수 있다.
④ 6시 반 이후에 전철에 탑승해도 조찬모임에 참석할 수 있다.
⑤ 조찬모임에 참석하지 못한 것은 6시 반에 전철에 탑승하지 못하였기 때문이다.

해설   정답 ①

주어진 명제를 통해 명확한 근거를 확보한 결론만을 참인 것으로 간주하여야 한다.
①의 설명은 A, B 두 명제를 삼단논법으로 연결하여 도출한 결론으로 논리적인 근거를 가진 타당한 결론이 된다.

오답풀이
②, ④ 설명을 뒷받침하는 타당한 근거가 없다.
③ 삼단논법으로 연결한 A, B 두 명제의 '이' 명제에 해당하므로 항상 참일 수는 없다.
⑤ 삼단논법으로 연결한 A, B 두 명제의 '역' 명제에 해당하므로 항상 참일 수는 없다.

44 다음 명제를 참고할 때, N은행 K동 지점 직원들 중 '내 집 없이 대출만 있는' 직원들의 수는 모두 몇 명인가?

- K동 지점의 전 직원 수는 50명이다.
- 내 집이 있거나 대출이 있는 직원들의 수는 42명이다.
- 내 집이 있는 직원의 수는 30명이고, 대출이 있는 직원의 수는 35명이다.

① 10명 ② 12명 ③ 14명
④ 15명 ⑤ 16명

해설

정답 ②

② 벤다이어그램을 통해 주어진 조건을 만족하는 그림을 그려 보면 다음과 같다.

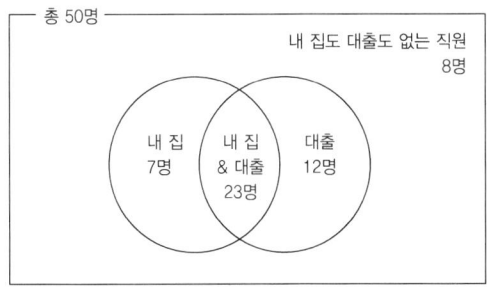

따라서 내 집 없이 대출만 있는 직원의 수는 12명이 됨을 알 수 있다.

45 ○기업의 신입사원 6명(A, B, C, D, E, F)을 선배직원 3명(갑, 을, 병)이 각각 2명씩 맡아 문서작성 및 결재 요령에 대하여 1주일간 교육을 실시하고 있다. 다음 조건을 만족할 때, 신입사원과 교육을 담당한 선배직원의 연결에 대한 설명이 올바른 것은 어느 것인가?

> 〈보기〉
> - B와 F는 같은 조이다.
> - 갑은 A에게 문서작성 요령을 가르쳐 주었다.
> - 을은 C와 F에게 문서작성 및 결재 요령에 대하여 가르쳐 주지 않았다.

① 병은 A를 교육한다.
② D는 을에게 교육을 받지 않는다.
③ C는 갑에게 교육을 받는다.
④ 을은 C를 교육한다.
⑤ 갑과 병 중에 E를 교육하는 사람이 있다.

해설

정답 ③

주어진 조건에서 확정 조건은 다음과 같다.

B, F	A, ( )	C, D, E 중 2명
( )	갑	( )

그런데 세 번째 조건에서 을은 C와 F에게 교육하지 않았다고 하였으므로 F가 있는 조와 이미 갑이 교육하는 조를 맡지 않은 것이 된다. 따라서 맨 오른쪽은 을이 되어야 하고 남는 한 조인 B, F조는 병이 될 수밖에 없다. 또한 이 경우, 을이 C를 교육하지 않았다고 하였으므로 을의 조는 D와 E가 남게 되며, C는 A와 한 조가 되어 결국 다음과 같이 정리될 수 있다.

B, F	A, C	D, E
병	갑	을

따라서 ③에서 설명된 'C는 갑에게 교육을 받는다.'가 정답이 된다.

46 K사 사옥의 주차장에는 다음과 같은 주차요금 규정이 마련되어 있다. A, B 두 명의 주차요금이 다음과 같을 때, 주차 기본요금은 얼마인가?

- A와 B의 주차시간과 총 주차요금은 각각 3시간/26,000원과 1시간 반/10,000원이다.
- 최초 1시간까지는 정해진 기본요금만 지불한다.
- 주차요금은 1~2시간은 15분당 일정 금액, 2~3시간은 15분당 일정금액의 1.5배이다.

① 5,000원 ② 5,500원 ③ 6,000원
④ 6,500원 ⑤ 7,000원

해설 정답 ③

기본요금을 x, 15분당 금액을 y라 하면,
A의 주차요금에서 $x + 4y + 4y \times 1.5 = 26,000$원이 됨을 알 수 있다.
B의 주차요금에서 $x + 2y = 10,000$원이 됨을 알 수 있다.
이것은 다시,
$x + 10y = 26,000$
$x + 2y = 10,000$
의 두 식이 성립하게 되므로 이를 풀면, $x = 6,000$원, $y = 2,000$원이 됨을 알 수 있다.
따라서 기본요금은 6,000원이 된다.

47 다음은 H사의 직원들 사이에서 뽑힌 5개의 제안 사항에 대하여 전 직원들에게 최우수 제안으로 선택하고 싶은 것이 무엇인지를 물은 결과표이다. 다음 중 올바른 설명이 아닌 것은?

(단위 : 명)

제안	영업부서			관리부서		
	남직원	여직원	소계	남직원	여직원	소계
A	13	20	33	9	4	13
B	7	10	17	5	9	14
C	5	7	12	5	6	11
D	15	12	27	7	5	12
E	18	14	32	3	6	9

① 영업부서와 관리부서는 가장 선호하는 제안이 다르다.
② 영업부서와 관리부서 모두 C안건에 대한 남녀 선호 인원의 차이가 가장 작다.
③ 남직원보다 여직원이 더 선호하는 제안은 A안건과 B안건뿐이다.
④ 영업부서와 관리부서 여직원들의 선호 안건 순위는 서로 다르다.
⑤ 남직원과 여직원이 각각 가장 적은 선호 인원수를 보이는 안건은 동일하다.

해설 정답 ③

③ 남직원보다 여직원이 더 선호하는 제안은 A안건, B안건, C안건이다. A는 남직원이 22명, 여직원이 24명, B는 남직원이 12명, 여직원이 19명, C는 남직원이 10명, 여직원이 13명이다.

오답풀이
① 영업부서는 A안건인 반면, 관리부서는 B안건이다.
② 영업부서는 2명, 관리부서는 1명의 차이를 보이고 있다.
④ 영업부서는 AEDBC의 순이며, 관리부서는 BCEDA 또는 BECDA의 순이다.
⑤ 남직원, 여직원 모두 C안건을 가장 덜 선호하고 있다.

48. 문제를 해결하는 능력에 필요한 사고로 창의적 사고, 논리적 사고, 비판적 사고가 있다. 다음에 제시된 사고력 배양 방법 중 비판적 사고를 키울 수 있는 방법을 알맞게 고른 것은?

> (가) 왜, 언제, 누가, 어디서, 어떻게, 무엇을 등에 관한 질문을 제기한다.
> (나) 발산적(확산적)사고로서, 아이디어가 많고, 다양하고, 독특한 것을 의미한다.
> (다) 늘 생각하는 습관을 들이는 것이다.
> (라) 기존의 정보(지식, 상상, 개념 등)들을 특정한 요구조건에 맞거나 유용하도록 새롭게 조합시킨 것이다.
> (마) 비록 어떤 진술이 우리가 바라는 신념과 대치되는 것이라 할지라도 충분한 증거가 있으면 그것을 진실로 받아들인다.
> (바) 상대가 말하는 것을 잘 알 수 없을 때에는 구체적으로 생각해 보아야 한다.

① (가), (마) ② (나), (라), (마) ③ (다), (바)
④ (가), (바), (마) ⑤ (나), (다)

해설 정답

비판적인 사고력을 키울 수 있는 방법은 여러 가지가 있으며, (가)와 같이 지적 호기심을 갖는 일과 (마)와 같이 지적 정직성을 갖는 자세가 이에 해당한다.

오답풀이
(나), (라)는 창의적 사고를, (다), (바)는 논리적 사고를 배양할 수 있는 방법이다.

49. 다음 글의 내용이 설명하는 것은?

> 해결안 개발을 통해 만들어진 실행계획을 실제 상황에 적용하는 활동으로 당초 장애가 되는 문제의 원인들을 해결안을 사용하여 제거하는 단계

① 문제 도출 ② 원인 분석 ③ 실행 및 평가
④ 해결안 개발 ⑤ 문제 인식

해설 정답

- 문제 인식 : 해결해야 할 전체 문제를 파악하여 우선순위를 정하고, 선정문제에 대한 목표를 명확히 하는 단계
- 문제 도출 : 선정된 문제를 분석하여 해결해야 할 것이 무엇인지를 명확히 하는 단계
- 원인 분석 : 파악된 핵심문제에 대한 분석을 통해 근본 원인을 도출하는 단계
- 해결안 개발 : 문제로부터 도출된 근본원인을 효과적으로 해결할 수 있는 최적의 해결방안을 수립하는 단계
- 실행 및 평가 : 해결안 개발을 통해 만들어진 실행계획을 실제 상황에 적용하는 활동으로 당초 장애가 되는 문제의 원인들을 해결안을 사용하여 제거하는 단계

50 다음 제시된 설명을 바탕으로 비판적 사고를 기르기 위해 필요한 것은?

> 어떤 사태에 처했을 때 감정 또는 편견에 사로잡히거나 권위에 맹종하지 않고 합리적이고 논리적으로 분석・평가・분류하는 사고과정. 즉, 객관적 증거에 비추어 사태를 비교・검토하고 인과관계를 명백히 하여 여기서 얻어진 판단에 따라 결론을 맺거나 행동하는 과정을 말한다.

① 문제의식과 고정관념 타파
② 구체적인 생각과 문제 인식
③ 생각하는 습관과 문제의식
④ 타인에 대한 이해, 설득
⑤ 독창성과 객관성

해설 정답 ①

비판적인 사고를 하기 위해서는 어떤 현상에 대해서 문제의식을 가지고, 고정관념을 버려야 한다. 문제의식은 주변에서 발생하는 사소한 일에서도 정보를 수집하고, 자신이 지니고 있는 문제를 정확하게 파악하는 능력이며, 고정관념 타파는 정보에 대한 개방성을 가지고 편견을 가지지 않는 것으로 비판적 사고를 위해 꼭 필요한 능력이다.

51 해외에 생산 공장을 운영하고 있는 A사는 최근 〈보기〉와 같은 문제들로 고민이 많다. 이러한 현상들이 속출하고 있는 점을 본 A사의 경영진들은 logic tree 분석법을 활용해 상위 문제점을 도출하고자 한다. 근본적인 문제점으로 지목될 수 있는 두 가지를 가장 적절하게 설명한 것은?

> 〈보기〉
> • 꾸준하던 오더 물량 감소
> • 완제품 불량률 증가
> • 바이어 내방 횟수 감소
> • 인근 경쟁업체 매출 증가
> • 입고 자재 수량 부족 현상
> • 생산라인 현장 직원 퇴직률 증가
> • 검품라인 직원들의 근무 태만

① 공장 인근 환경 취약, 교통시설 미비
② 내부 회계상 문제, 외자기업에 대한 규제 강화
③ 경쟁업체 난립, 잔업 과다에 따른 직원들의 피로 가중
④ 본사의 해외공장 방치, 기획능력 저조
⑤ 영업력 감소, 직원들 불만 증가

해설 정답 ⑤

⑤ 오더 물량 감소, 바이어 방문 감소, 경쟁업체 매출 증가 등의 현상은 영업력 강화가 필요하다는 신호로 볼 수 있으며, 제품 불량 증가, 자재 수량 부족, 직원들의 근무 태만 및 퇴직률 증가 등의 현상은 회사에 대한 직원들의 불만이 증가하였다는 신호로 볼 수 있다.

52 ○○농협 신입사원 숙소에 광용, 영화, 혜윤, 지은, 유리 5명이 신청하여 다음과 같이 배정을 받았다. 각자의 두 개의 진술 중 한 개만이 진실일 경우, 이들의 숙소 배정 상황에 대한 올바른 설명은 어느 것인가? (단, 1~5층까지 층당 1명씩 배정받았다고 가정한다.)

> • 광용 : "난 3층이고, 영화는 1층이야."
> • 영화 : "지은은 1층이고, 난 4층이야."
> • 혜윤 : "유리는 5층이고, 난 1층이야."
> • 지은 : "난 5층이고, 유리는 3층이야."
> • 유리 : "난 2층이고, 혜윤은 4층이야."

① 혜윤은 2층이다.　② 지은은 4층이다.　③ 유리는 5층이다.
④ 광용은 3층이다.　⑤ 영화는 1층이다.

해설　　　　　　　　　　　　　　　　　　　　　　　　　　　　　　　　　　정답 ④

④ 5명의 진술을 하나씩 검토해 보는 방법으로 문제를 해결할 수 있다. 이들의 진술 내용을 보면, 유리에 대한 진술이 가장 많이 엇갈리고 있으므로 유리에 대한 검토를 먼저 해볼 수 있다. 혜윤의 진술 중, 유리가 5층인 것이 진실일 경우 지은의 두 번째 진술은 거짓이 되므로 첫 번째 진술이 진실이어야 하는데 이것은 5층 배정 인원이 두 명이 되므로 모순된다.
또한, 지은의 두 번째 진술이 진실이라면 혜윤과 유리의 첫 번째 진술이 모두 거짓이 되어 혜윤과 유리의 두 번째 진술이 모두 참이어야 하므로 이 또한 모순된다.
따라서 유리의 첫 번째 진술이 진실이 된다는 것을 알 수 있다. 이를 검토해 보면, 유리가 2층이 되며, 혜윤의 두 번째 진술이 참이 되어 혜윤은 1층이 된다. 또한 지은의 첫 번째 진술이 진실이 되어 지은은 5층이 된다.
지은이 5층이 되면 영화의 두 번째 진술이 진실인 것이 되어 영화는 4층, 광용의 첫 번째 진술에 의해 광용이 3층이 되는 것을 알 수 있다.
이를 정리하면 1층부터 5층까지 혜윤 – 유리 – 광용 – 영화 – 지은의 순서가 된다.

53 상자 A, B, C에 금화 13개가 골고루 들어 있다. 금화는 상자 A에 가장 적게 있고, 상자 C에 가장 많이 있다. 각 상자에는 금화가 하나 이상 있으며, 개수는 서로 다르다. 이 사실을 알고 있는 갑, 을, 병이 아래와 같은 순서로 각 상자를 열어 본 후 말하였다. 이들의 말이 모두 참일 때 상자 A와 C에 있는 금화의 총 개수는?

> 갑이 상자 A를 열어 본 후 말하였다.
> "B와 C에 금화가 각각 몇 개 있는지 알 수 없어."
> 을은 갑의 말을 듣고 상자 C를 열어 본 후 말하였다.
> "A와 B에 금화가 각각 몇 개 있는지 알 수 없어."
> 병은 갑과 을의 말을 듣고 상자 B를 열어 본 후 말하였다.
> "A와 C에 금화가 각각 몇 개 있는지 알 수 없어."

① 10개 ② 9개 ③ 8개
④ 7개   ⑤ 6개

해설

정답 ②

글 상자의 지문을 제외한 문제의 조건에 맞게 상자 A, B, C에 금화가 들어 있는 경우의 수는 다음의 8가지이다.

경우	A	B	C
(1)	1	2	10
(2)	1	3	9
(3)	1	4	8
(4)	1	5	7
(5)	2	3	8
(6)	2	4	7
(7)	2	5	6
(8)	3	4	6

먼저 갑이 A를 열어본 후 B, C에 몇 개가 들어 있는지 알 수 없다고 했으므로, 위의 표에서 경우 (8)은 제외된다. A에 들어있는 금화의 수가 3이라면, 경우 (8)만 가능하므로 B, C에 들어있는 금화의 수도 알 수 있기 때문이다. 을이 C를 열어본 후 A, B에 몇 개가 들어 있는지 알 수 없다고 했으므로 경우 (1), (2), (7)이 제외된다.
병이 B를 열어본 후 A, C에 몇 개가 들어 있는지 알 수 없다고 했으므로, 경우 (4), (5)가 제외된다. 남는 것은 경우 (3)과 (6)이며, 두 경우 모두 A와 C에 들어있는 금화의 총 개수는 9개이다.

54 ○○공사의 주요 임원은 거래처 사장 마이클의 집으로 식사 초대를 받았다. 제시된 좌석배치 원칙에 따라 모두 착석하였을 때, 모임에 초대받은 거래처의 김 사장 부부, 박 전무 부부, 오 부장 부부, 남 과장 부부의 좌석 위치에 대한 적절한 설명이 아닌 것은 어느 것인가?

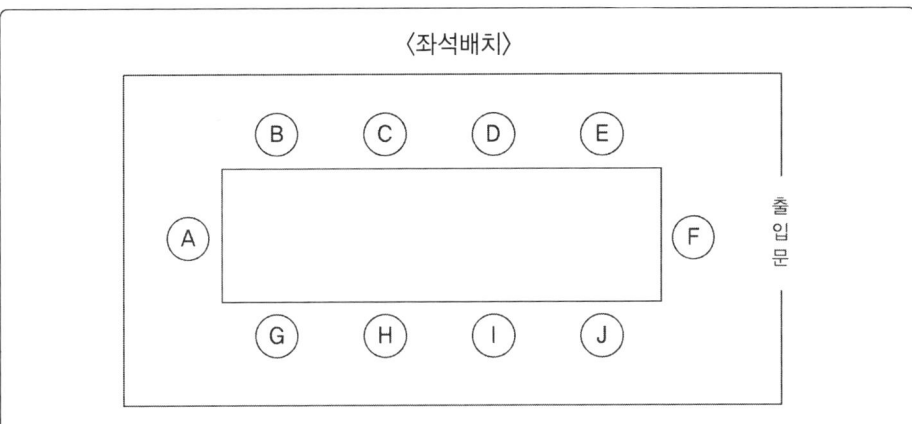

〈좌석배치 원칙〉
- 부부가 함께하는 모임일 경우 부부는 서로 마주보고 앉는 것이 원칙이다.
- 가장 상급자의 여자 주빈은 호스트의 오른쪽에 앉으며 초대된 손님들의 직위 순에 따라 주빈으로부터 점점 먼 곳에 앉는다.
- 출입구를 바라보고 앉는 곳에 호스트가 앉는다.
- 손님들의 좌우 옆자리에는 동성의 손님이 앉지 않는 것이 일반적이다.

① 김 사장 부인은 G에 앉게 된다.
② F는 빈자리로 놔두게 된다.
③ D와 H는 각각 오 부장과 박 전무가 앉게 된다.
④ H의 건너편에는 박 전무의 부인이 앉게 된다.
⑤ J에는 남 과장의 부인이 앉게 된다.

해설   정답 ⑤

주어진 좌석배치 원칙에 따라 좌석을 배치하면 다음과 같다.
A는 출입구를 바라보고 있는 자리이므로 호스트의 자리가 된다. 가장 상급자는 김 사장이며, 여자 주빈인 김 사장의 아내가 호스트의 오른쪽인 G에 앉게 된다. 이에 따라 직위 순, 옆자리 동성 금지 원칙을 적용하면 다음 그림과 같은 자리 배치가 완성된다.

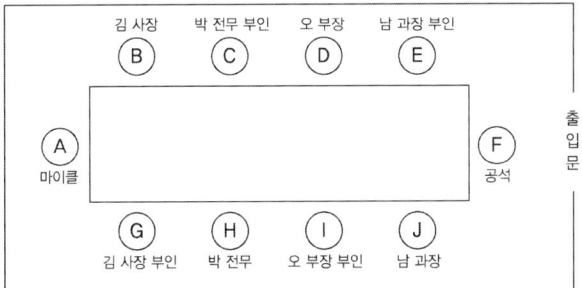

따라서 J에는 남 과장이 앉게 됨을 알 수 있으며, 나머지 손님들의 위치도 모두 확인할 수 있다.

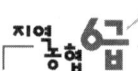

[55~56] 다음 자료를 보고 물음에 답하시오.

- 서울 → 부산행 KTX255열차 (단위 : 원)

특실			일반실			입석		
어른	어린이	경로	어른	어린이	경로	어른	어린이	경로
75,500	48,500	59,300	53,900	26,900	37,700	45,800	22,900	32,100

- 서울 → 대전행 KTX255열차 (단위 : 원)

특실			일반실			입석		
어른	어린이	경로	어른	어린이	경로	어른	어린이	경로
33,200	21,300	26,100	23,700	11,800	16,600	20,100	10,000	14,100

- 용산 → 포항행 KTX-산천469열차 (단위 : 원)

특실			일반실			입석		
어른	어린이	경로	어른	어린이	경로	어른	어린이	경로
74,600	47,900	58,600	53,300	26,600	37,300	45,300	22,600	31,700

※ 어린이는 만 4세~12세인 경우이고 경로는 만 65세 이상일 때 적용된다.
※ 할인은 운임에만 적용된다(특실 제외).

〈할인제도〉

① 인터넷특가
  - 할인대상 : 코레일멤버십 회원 누구나
  - 할인율 : KTX열차별 승차율에 따라 10~30%까지 할인
  - 회원쿠폰, 지연할인증 이외에 다른 할인과 중복 적용 없음
  - 이용방법 : 출발 1일 전까지 레츠코레일, 코레일톡으로 할인대상 열차 구매 시 할인 가능 할인이 적용된 승차권을 역 창구에서 변경 시 할인 취소

② 가족석 할인
  - 열차출발 1개월 전부터 구입할 수 있으며, 어른기준 운임(일반실 기준)에서 15%를 할인
  - KTX가족석 승차권은 어른 4인 이용을 기준으로 한 장의 승차권으로 판매합니다.
  - KTX가족석 승차권은 일반실, 특실, 자유석 등 일반승차권으로 변경되지 않으니 반환 후 다시 구입하시기 바랍니다.

③ 장애인 할인
  - 복지카드 소지자만 가능
  - 장애 1~3급 : 전 열차 50%(보호자 1인 동시 할인 가능)
  - 장애 4~6급 : KTX/ITX-새마을/새마을호 30%, 무궁화호 50%
  - 회원쿠폰, 지연할인증 이외에 다른 할인과 중복 적용 없음
  - 레츠코레일 홈페이지, 스마트폰, 자동발매기, 역 창구에서 구입가능

④ 단체 할인
  - 10명 이상 예매 시 적용 가능
  - 어른 운임(일반석 기준)에 대해서만 10% 할인
  - 레츠코레일 홈페이지, 역 창구에서 구입가능

⑤ 유공자 할인(독립유공자와 상이 1~2등급은 동반보호자 1명 포함) : 6회까지 무임으로 이용할 수 있으며, 6회 초과 시부터는 50%를 할인

55 다음 보기에 제시된 가족들을 가장 적은 기차 요금을 내는 가족부터 가장 많은 기차 요금을 내는 가족까지 순서대로 나열하면? (단, 다음 제시된 나이는 만 나이를 뜻한다.)

> **보기**
> - A가족 : 용산 → 포항, 어머니(43세), A(18세), A의 동생(15세), 할머니(61세), 인터넷 특가로 30%의 할인율을 적용받아서 모두 일반실을 예매함
> - B가족 : 용산 → 포항, 아버지(50세), B(15세), B의 동생(11세), 할아버지(75세), 할머니(70세), 고모(55세) 모두 일반실을 예매함. 할아버지께서 장애 2급의 복지카드 소지하심. 고모는 상이 3등급의 유공자(KTX이용은 올해 두 번째이다.)
> - C가족 : 서울 → 부산, 아버지(52세), 어머니(46세), C(20세), C의 동생(16세), 할아버지(68세), 할머니(64세), 할아버지·할머니의 좌석은 특실로, 나머지 좌석은 일반실 가족석으로 예매함

① A가족 − B가족 − C가족
② B가족 − A가족 − C가족
③ B가족 − C가족 − A가족
④ C가족 − A가족 − B가족
⑤ C가족 − B가족 − A가족

해설   **정답 ①**

B가족에서 고모는 상이 3등급의 유공자이므로 본인만 무임으로 이용할 수 있다. 또한, 할아버지는 장애 2등급이므로 보호자 1인 동시 할인 가능하다. 이때, B의 동생을 보호자로 하는 것보다 아버지 또는 B를 보호자로 놓고 할인받는 것이 더 유리하다.
C가족에서 할머니는 65세 미만이므로 어른 요금이 적용된다.
따라서 각 가족의 요금을 계산해 보면
- A가족 : $(53,300 \times 4 \times 0.7) = 149,240$(원)
- B가족 : $37,300 + (37,300 + 53,300) \times 0.5 + 53,300 + 26,600 = 162,500$(원)
- C가족 : $(53,900 \times 4) \times 0.85 + 59,300 + 75,500 = 318,060$(원)

56 Y대학교 경영학과에 재학 중인 L씨는 학과 동기들과 겨울을 맞아 용산에서 포항의 한 바닷가로 MT를 가려고 계획 중이다. 참가 인원은 현재 31명으로 조사된 상태이다. 일반실을 이용하는 것으로 학생회에 교통비를 신청한다면 얼마를 요청해야 하는가? (단, 2명은 장애 4급을 가진 동기이고 1명은 장애 1급을 가진 동기이며 1명은 상이 1등급이다. 상이 1등급 동기는 올해 4번째로 KTX를 이용할 예정이다.)

① 1,323,170원
② 1,324,170원
③ 1,325,170원
④ 1,326,170원
⑤ 1,327,170원

해설   **정답 ⑤**

31명 중 2명은 장애 4등급이고, 이들은 30%의 요금을 할인받는다. 또한 1명은 장애 1등급이므로 보호자 1인 동시 할인 가능하며, 상이 1등급은 보호자 1인 포함 무임이다. 나머지 인원은 단체 할인이 적용되므로 교통비는
$(25 \times 53,300 \times 0.9) + (53,300 \times 0.5 \times 2) + (53,300 \times 0.7 \times 2) = 1,327,170$(원)

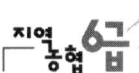

57 A, B, C, D 4개의 밭이 나란히 있다. 첫 해에 A에는 장미, B에는 진달래, C에는 튤립을 심었고, D에는 아무것도 심지 않았다. 그리고 2년차에는 C에 아무것도 심지 않기로 하였다. 이 경우 다음 〈조건〉에 따를 때 3년차에 가능한 것은?

> **조건**
> - 한 밭에는 한 가지 꽃만 심는다.
> - 심을 수 있는 꽃은 장미, 튤립, 진달래, 백합, 나팔꽃이다.
> - 한 가지 꽃을 두 군데 이상 심으면 안 된다.
> - 장미와 튤립을 인접해서 심으면 안 된다.
> - 작년에 장미를 심었던 밭에는 아무 것도 심지 않거나 진달래를 심고, 진달래를 심었던 밭에는 아무 것도 심지 않거나 장미를 심어야 한다. (단, 아무 것도 심지 않았던 밭에는 그 전 해에 장미를 심었으면 진달래를, 진달래를 심었으면 장미를 심어야 한다.)
> - 매년 한 군데 밭에만 아무것도 심지 않아야 한다.
> - 각각의 밭은 4년에 한 번만 아무것도 심지 않아야 한다.
> - 작년에 심지 않은 꽃 중 적어도 한 가지는 심어야 한다.
> - 튤립은 2년에 1번씩 심어야 한다.

	A	B	C	D
①	장미	진달래	튤립	심지 않음
②	심지 않음	진달래	나팔꽃	백합
③	장미	심지 않음	나팔꽃	튤립
④	심지 않음	진달래	백합	나팔꽃
⑤	장미	진달래	심지 않음	튤립

해설　　　　　　　　　　　　　　　　　　　　　　　　　　정답 ③

각각의 밭은 4년에 한 번만 아무것도 심지 않아야 하므로 C, D에 심지 않음이 표시되어 있는 ①, ⑤는 무조건 답에서 제외된다. 1년차에 나팔꽃과 백합을 심지 않았으므로 2년차에는 둘 중 하나는 무조건 D에 심어야 한다. 그러면 3년차에는 튤립과 나팔꽃/백합 중 2년차에 심지 않은 꽃을 무조건 심어야 한다. 그러므로 ②, ④는 답이 될 수 없다. ( )는 주어진 조건을 바탕으로 추론할 수 있는 내용이다.

구분	A	B	C	D
1년차	장미	진달래	튤립	X
2년차	(진달래)	(장미)	X	(나팔꽃/백합)
3년차				

58 효율적인 업무 수행을 위해 다음과 같이 일자별로 해야 할 일을 기재해 두는 표를 일컫는 용어는?

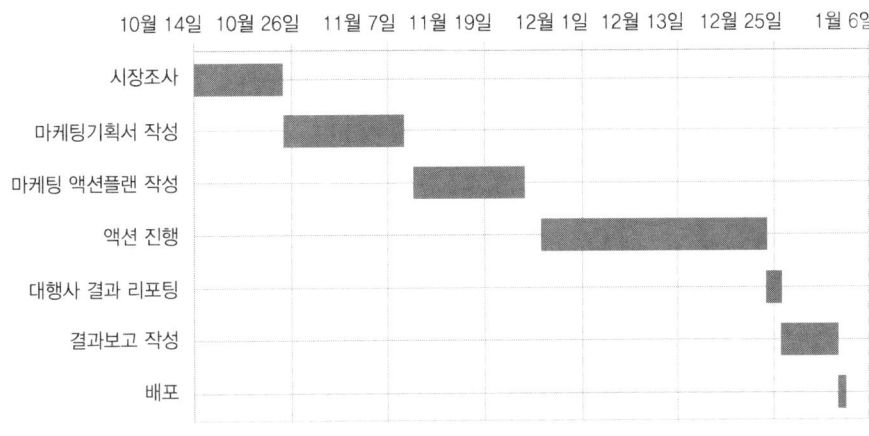

① PERT/CPM 차트　② 워크플로 시트　③ 체크리스트
④ 간트차트　⑤ 과업세부도

정답 ④

④ 간트 차트는 미국의 간트(Henry Laurence Gantt)가 1919년에 창안한 작업진도 도표로, 단계별로 업무를 시작해서 끝나는데 걸리는 시간을 바(bar) 형식으로 표시한 것이다. 이를 통해 전체 일정을 한눈에 볼 수 있고, 단계별로 소요되는 시간과 각 업무활동 사이의 관계를 보여줄 수 있다. 최근에는 마이크로소프트 오피스 엑셀 등의 프로그램으로 단계별 시작 일과 종료일을 기입하면 쉽게 간트 차트를 만들어 사용할 수 있다.

59 다음 중 자원관리에 대한 설명으로 옳지 않은 것은?

① 필요한 자원의 종류와 양은 구체적으로 확인해야 한다.
② 필요한 만큼의 자원만 확보하면 된다.
③ 자원 활용 계획을 세우는 데 우선순위를 고려한다.
④ 가능하면 계획대로 수행한다.
⑤ 수정해야 하는 경우는 전체 계획에 미칠 수 있는 영향을 고려한다.

정답 ②

② 자원을 확보할 때, 필요한 만큼의 자원만 확보하는 것보다 실제 수행 상에서의 차이 발생에 대비하여 여유 있게 확보하는 것이 효과적이다.

60 다음 기사문을 참고할 때, 〈보기〉의 내용은 밑줄 친 ㉠~㉤ 중 어느 분야에 해당하는가?

> 농협중앙회장이 29일 "낡은 것을 바꾸어 새 것으로 만든다."는 뜻의 '환부작신'을 새해의 경영 화두로 제시했다. 취임 초부터 개혁을 주장해온 농협중앙회장은 이날 "농협이 농업인과 국민에게 잃었던 신뢰를 회복하기 위해서는 오랫동안 조직에 뿌리내린 잘못된 관행을 바꾸어야 한다."며 성역 없는 개혁이 계속될 것임을 예고했다. 이를 통해 농업인 삶의 질 향상이라는 농업 본인의 역할에 더욱 집중하는 한편 한·미 FTA 재협상, 국내 농산물 소비 감소 등으로 어려움을 겪고 있는 농업·농촌 지원에 더욱 매진한다는 계획이다. 지난해 농협은 가뭄, AI 등으로 잦은 자연재해와 악화된 경영여건에도 농가소득 1조 9,000억 원 기여, 재해피해 농업인 지원, 쌀값 15만 원대 회복, 상시 방역시스템 구축, 농업의 공익적 가치 전파 등 많은 성과를 이루어냈다. 농협중앙회장은 "여러 어려움이 예상되지만 '농협인이 행복한 국민의 농협' 달성을 위한 노력은 중단이 없어야 한다."며 "환부작신의 각오로 농가소득 5,000만원 달성, ㉠ 계열사 경영 혁신, 농산물이 제 값 받는 유통시스템 구축, ㉡ 신사업 발굴·육성, ㉢ 농축협 경쟁력 강화, 쌀 산업 발전방안 강구, 신뢰받는 농협 구현, ㉣ 미래 농업인 육성 및 농촌 활력화, ㉤ 교육의 질 향상과 인사제도 개선, 신명나는 직장문화 조성에 힘써 나가겠다."고 말했다.

〈보기〉
> 정부의 청년 창업농 육성 종합대책에 맞추어, 농촌 지역에 청년 일자리를 창출할 수 있는 방안 마련에 심혈을 기울여 나가야 합니다. 농협대학교에 신설되는 창농 마이스터 과정을 차질 없이 실행하고, 농촌에 상주하기를 희망하는 학생들에 대한 장학금도 늘려가야 할 것입니다.

① ㉠　　② ㉡　　③ ㉢
④ ㉣　　⑤ ㉤

정답 ④

농촌의 청년 창업농 육성 및 지원 대책에 대한 정책을 강조하는 글이므로 '미래 농업인 육성 및 농촌 활력화' 방안의 일환으로 보는 것이 가장 타당하다.

61 시간을 효율적으로 사용하기 위한 계획을 세우는 일에 있어 몇 가지 명심해야 할 사항이 있다. 다음 중 그러한 사항으로 가장 적절하지 않은 것은?

① 일정 시간 내에 수행하기로 예정된 행동들을 모두 리스트화하여 관리한다.
② 발생된 시간의 손실은 미루지 말고 가능한 즉시 또는 빠른 시간 내에 보상하여야 한다.
③ 예정된 행동만을 계획할 것이 아니라 기대되는 성과나 행동의 목표도 기록해 둔다.
④ 유연한 계획은 나태해질 수 있으므로 가급적 타이트하고 경직된 계획이 바람직하다.
⑤ 자기의 일에 영향을 미칠 수 있는 다른 사람의 시간을 감안하여 계획을 수립한다.

해설 정답 ④
④ 시간 계획은 유연하게 수립해야 한다. 시간 계획은 계획 자체가 중요한 것이 아니고, 목표 달성을 위해 필요한 것이며, 예상 못한 방문객 접대, 전화 등으로 예정된 시간이 부족할 경우를 대비하여 여유 시간을 확보하는 지혜가 필요하다.

62 기업 비용을 직접비와 간접비로 구분할 수 있는데, 이는 개인의 가계 지출에도 적용될 수 있다. 다음과 같은 2019년 10월의 가계 지출 내역 중 간접비의 총액은?

〈2019년 10월의 가계 지출 내역〉
㉠ 의류 구매비 50만 원 ㉡ 외식비 70만 원
㉢ 전세보증금 지급액 2억 5천만 원 ㉣ 제반 공과금 75만 원
㉤ 병원 치료비 15만 원 ㉥ 자동차 보험료 15만 원
㉦ L사 보험료 25만 원

① 57만 원 ② 100만 원 ③ 95만 원
④ 105만 원 ⑤ 130만 원

해설 정답 ⑤
개인의 가계 지출 내역도 직접비와 간접비로 구분될 수 있다. 의식주에 직접적으로 필요한 비용은 직접비, 세금과 제반 공과금 및 병원 치료비, 자동차 보험료, 기타 보험료 등은 간접비에 해당한다. 즉, 간접비의 총액 = 75만 원 + 15만 원 + 15만 원 + 25만 원 = 130만 원이다.
• 직접비 : 의류 구매비 50만 원, 외식비 70만 원, 전세보증금 지급액 2억 5천만 원
• 간접비 : 제반 공과금 75만 원, 병원 치료비 15만 원, 자동차 보험료 15만 원, L사 보험료 25만 원

63 A국의 채권시장에서는 중앙정부가 발행한 국채와 지방 정부가 발행한 지방채만 거래되고 있으며, 채권 보유에 따른 수익에 대해 세금이 부과된다. 새로 들어선 정부는 국채 보유에 따른 수익에 이전과 같은 세금을 부과하는 반면, 지방채 보유에 따른 수익에는 세금을 면제할 계획이다. 이 경우 두 채권의 이자율 변화에 대하여 올바른 설명을 한 것은?

① 국채 이자율과 지방채 이자율 모두 상승할 것이다.
② 국채 이자율은 하락하고 지방채 이자율은 상승할 것이다.
③ 국채 이자율은 상승하고 지방채 이자율은 하락할 것이다.
④ 국채 이자율은 변화가 없으나 지방채 이자율은 하락할 것이다.
⑤ 국채 이자율은 변화가 없으나 지방채 이자율은 상승할 것이다.

정답 ③

③ 국채 보유에 따른 수익에 대해서는 세금이 계속 부과되는 반면 지방채 보유에 대한 세금은 면제되었으므로, 지방채에 대한 수요는 증가하고 국채에 대한 수요는 감소하게 된다. 따라서 다른 조건에 변화가 없다면 국채의 가격은 하락하고 지방채에 대한 가격은 상승한다. 이자율은 가격과 역의 관계가 있으므로 국채 이자율은 상승하고 지방채 이자율은 하락하게 된다.

64 다음 조직의 유형에 대한 설명 중 옳지 않은 것은?

① 조직이 발달해온 역사를 보면 공식조직에서 자유로운 비공식조직으로 발전해왔다.
② 공식조직 내에서 비공식조직들이 새롭게 생성되기도 한다.
③ 기업은 대표적인 영리조직이다.
④ 최근 다국적기업과 같은 대규모조직이 증가하고 있다.
⑤ 공익을 추구하는 병원이나 대학은 비영리조직이다.

정답 ①

① 조직의 유형은 공식화, 영리성, 조직의 규모에 따라 구분할 수 있으며, 공식화 정도에 따라 공식조직과 비공식조직으로 나뉜다. 조직이 발달해 온 역사를 보면 인간관계에 따라 형성된 비공식조직으로부터 공식화가 진행되어 조직화된 공식조직으로 발전해 왔다.

65 농협의 다양한 사업 중 농가에서 숙식하면서 농촌을 체험하는 농촌활동명은?

① 팜스테이　　② 팜촌　　③ 팜팜랜드
④ 팜하우스　　⑤ 팜캐슬

정답 ①

팜스테이는 농가에서 숙식하면서 농사, 생활, 문화체험과 마을 축제에 참여할 수 있는 '농촌·문화·관광'이 결합된 농촌체험활동이다.

66. 다음 중 농업협동조합에 대한 적절한 설명을 모두 고른 것은 어느 것인가?

(가) 농업협동조합은 조합원을 조합원과 준조합원으로 나누며, 농지를 가지고 농사를 짓고 있거나, 축사를 소유하고 축산업에 종사하고 있어야 조합원으로 출자금을 납입할 자격이 주어진다.
(나) 농업협동조합은 조합원의 권익을 향상하고 지역 사회에 공헌하는 사업조직이므로 일반인을 대상으로 금융 및 경제상품을 판매할 수 없다.
(다) 농협은행은 은행법이 적용되는 은행이므로 은행이라는 말을 직접 사용하며, 농축협의 경우 은행법이 적용되지 않고 상호저축은행 등과 같은 제2금융권으로 분류된다.

① (나)   ② (가), (나)   ③ (가), (다)
④ (나), (다)   ⑤ (가), (나), (다)

해설 정답 ③

(가)와 (다)만 올바른 설명이다.
농업협동조합은 일반인을 대상으로 한 금융거래 행위를 수행하고 있으며, 보호자의 동의 없는 미성년자의 단독거래만 제한된다.

67. 다음 설명의 빈칸에 들어갈 단어가 올바르게 짝지어진 것은?

은행의 기능 중 가장 기본이 되는 것으로, 은행이 고객에게 자금을 조달해 주는 기능을 은행 입장에서의 (㉠)기능이라고 하고, 은행이 고객으로부터 예금을 받는 업무를 은행 입장에서의 (㉡)기능이라고 한다.

	㉠	㉡		㉠	㉡
①	수신	대출	②	여신	수신
③	수신	여신	④	여신	대출
⑤	수신	위탁			

해설 정답 ②

'여신'과 '수신'은 사전적 의미로 믿음을 공여한다(제공한다)는 의미와 믿음을 받는다는 의미로 구분된다. A가 B에게 금전을 제공하는 경우 A는 B에게 여신 행위를 한 것이며 반대로 B는 A로부터 수신 행위를 한 것이 된다.
금융권에서는 일반적으로 금융권의 입장에서 여신기능이라는 용어를 사용할 경우 이는 대출이 가장 대표적이며, 수신기능이라는 용어는 고객이 은행에 자금을 예금 등으로 예치하는 경우를 의미하게 된다.

68 다음 중 조직에서 업무가 배정되는 방법에 대한 설명으로 올바르지 않은 것은?

① 조직의 업무는 조직 전체의 목적을 달성하기 위해 배분된다.
② 업무를 배정할 때에는 일의 동일성, 유사성, 관련성에 따라 이루어진다.
③ 업무를 배정하면 조직을 가로로 구분하게 된다.
④ 직위는 조직의 업무체계 중에서 하나의 업무가 차지하는 위치이다.
⑤ 직위는 수행해야 할 업무가 할당되고 그 업무를 수행하는 데 필요한 권한과 책임이 부여된 조직상의 위치이다.

해설 　　　　　　　　　　　　　　　　　　　　　　　　　　　　　　　　　**정답 ③**

③ 조직에서 업무를 배정하는 방식에는 크게 두 가지가 있다. 미국이나 유럽 등 서구 사회에서는 주로 조직의 업무를 가로로 구분하는 방식을, 우리나라의 경우에는 대부분 세로로 구분하는 방식을 따른다. 예를 들어, 특정 제품을 수출하는 기업이 해외의 갑, 을, 병 바이어와 거래 관계를 유지하고 있을 경우, A담당자는 갑 바이어를, B담당자는 을 바이어를 각각 담당하여 계약, 무역, 외환, 물류, 회계 등 해당 바이어와의 모든 거래 관련 업무를 담당자가 주도하는 것이 세로로 구분하는 방식이다. 반면, A담당자가 모든 바이어와의 계약 관련 업무를, B담당자가 모든 바이어와의 외환 업무를, 또 다른 C담당자가 모든 바이어와의 물류 업무를 담당하는 방식은 조직의 업무를 가로로 구분하는 방식이 된다. 따라서 업무 배정이 조직을 가로로 구분하게 된다는 것은 항상 올바른 설명은 아니다.

69 다음 중 국제 비즈니스상의 테이블 매너에 대한 적절하지 않은 설명을 모두 고른 것은?

㉠ 상석(上席)을 정함에 있어 나이는 많은데 직위가 낮으면 나이가 직위를 우선한다.
㉡ 최상석에 앉은 사람과 가까운 자리일수록 순차적으로 상석이 되며, 멀리 떨어진 자리가 말석이 된다.
㉢ 주빈(主賓)이 있는 남자만의 모임 시 주빈은 초청자의 맞은편에 앉는다.
㉣ 장갑, 부채와 같은 소형 휴대품은 테이블 위에 두어도 된다.
㉤ 식사 중에 냅킨을 테이블 위에 올려놓는 것은 금기다. 냅킨을 올려놓는 때는 커피를 마시고 난 다음이다.
㉥ 여성은 냅킨에 립스틱이 묻지 않도록 식전에 립스틱을 살짝 닦아낸 후 사용한다.
㉦ 메뉴판을 이해하기 어려울 때 웨이터에게 물어보는 것은 금기이며, 그날의 스페셜 요리를 주문하는 것이 좋다.
㉧ 옆 사람이 먹는 것을 손가락으로 가리키며 주문하지 않는다.

① ㉠, ㉣, ㉦　　　② ㉡, ㉢, ㉤　　　③ ㉢, ㉥, ㉧
④ ㉣, ㉤, ㉦　　　⑤ ㉤, ㉦, ㉧

해설 　　　　　　　　　　　　　　　　　　　　　　　　　　　　　　　　　**정답 ①**

㉠ 이러한 경우에는 나이보다 직위가 높은 사람이 상석에 앉게 된다.
㉣ 핸드백이나 기타 휴대품은 식탁 위에 올려놓는 것은 금물이다. 핸드백은 의자의 등받이와 자신의 등 사이에 놓는 것이 원칙이다. 장갑, 부채와 같은 소형 휴대품은 어떤 경우에도 테이블 위에 두어서는 안 되며, 귀중품이 들어 있지 않은 비교적 큰 핸드백 종류는 바닥에 내려놓아도 된다.
㉦ 메뉴판을 이해하기 어려울 때는 웨이터에게 물어보거나, 그날의 스페셜 요리를 주문하는 것이 좋다.

70 다음은 우리농촌이 직면하고 있는 농업인의 고령화와 관련한 미국의 사례를 소개하는 글이다. 이를 참고할 때, 농촌 지원을 위한 프로그램 구상으로 가장 거리가 먼 것은?

> 미국은 한국의 상황과 마찬가지로 농업인의 고령화가 심화되었고, 농업분야에 새롭게 진출하는 젊은 층의 농업인의 수도 감소하는 추세다. 미국은 이러한 상황에 대처하기 위해 2000년대 초반부터 신규농 육성사업을 추진했다. 미국 농업의 미래를 책임질 후계세대를 육성하고, 신규 농업인이 영농 기반을 갖추어 농업분야에 정착하도록 지원하기 위한 것이다.
> 미국의 신규농 육성사업은 미국 전역의 신규 농업인에게 실질적인 도움을 주었다. 특히 저소득 및 취약계층 대상의 프로젝트를 우선 선발하고 지원하여 도움이 더 절실히 필요한 사람들이 사업의 혜택을 받도록 했다. 다양한 조직이 협업하여 프로젝트를 운영하도록 하여 프로그램의 질적 수준을 높이기도 했다. 지역사회를 기반으로 하는 조직과 전문성을 갖춘 공공기관 등이 협업하여 각 지역의 농업인의 요구를 파악하고, 이들에게 필요한 양질의 교육, 서비스 등을 제공하였다. 또한 정기적으로 사업의 추진 과정과 성과를 점검하는 관리방식도 눈여겨 볼만하다. 이를 기반으로 사업을 개선하고 우수사례를 공유하면서 사업의 효과를 높이고 있다. 우리나라에서도 농업의 미래를 이끌 후계세대를 육성하고자 다양한 정책이 진행되고 있는데 미국의 신규농 육성사업과 같이 도움이 필요한 이들이 실질적인 혜택을 받을 수 있도록 사업을 설계해야 한다. 또한 사업의 추진과정과 성과를 점검하여 사업의 효과성을 높이고 프로그램의 질적 수준을 향상시킬 수 있는 방안을 지속적으로 모색해야 할 것이다.

① 농가소득지원과 농작물보험에 대한 예산을 증가시켜 실질적인 금융지원을 도모한다.
② 신규농 정착 과정을 모니터링 하는 전담 조직을 창설하여 현실적인 지원책을 마련한다.
③ 신규농 대상 사업을 저소득 계층으로 확대하여 지원의 효율성을 높인다.
④ 국제적인 농산물 무역 협상을 가속화하여 세계무대에서 자생력을 키울 수 있는 발판을 마련한다.
⑤ 신규 귀농인들의 조기 정착을 위한 교육지원사업을 강화해 나간다.

해설   정답 ④

④ 국제적인 농산물 무역 협상을 가속화하는 것은 농업의 불확실성을 더욱 키우는 결과를 초래하게 되므로, 미국의 사례에서 엿볼 수 있듯이 적극적이고 실질적인 국가적 보호 육성책을 제시해야 할 것이다.

오답풀이
① 실질적인 혜택을 받을 수 있도록 사업을 설계해야 한다는 점은 미국의 사례에서 힌트를 얻을 수 있다.
② 사업의 추진 과정과 성과를 점검하는 관리방식 또한 미국의 사례를 벤치마킹해볼 수 있는 방안이다.
③ 미국의 사례에서는 저소득 계층을 우선 지원하여 도움이 더 절실히 필요한 사람들이 사업의 혜택을 받도록 하였다고 언급되어 있다.
⑤ 교육지원사업은 농협중앙회에서 역점을 두고 진행하는 사업으로 농촌 발전을 위한 필수 사업이라고 할 수 있다.

기출문제 100문제형

의사소통능력

01 다음 밑줄 친 단어에 해당하는 한자로 알맞은 것은?

- 한국은 해방 이후 놀라운 경제 ㉠ 성장을 기록했다.
- 근대화와 산업화에 밀려 전통적인 수공업도 급격하게 ㉡ 쇠퇴되어 갔다.

	㉠	㉡		㉠	㉡
가.	城長	退潮	나.	城長	減退
다.	成長	減退	라.	成長	衰退

해설
정답 라
- 성장(成長) : 생물이 자라서 점점 커짐, 또는 성숙해짐, 사물의 규모나 세력 따위가 커짐
- 쇠퇴(衰退) : 기세나 상태가 쇠하여 전보다 못하여 감

02 다음 중 '동족방뇨'와 비슷한 속담은?

가. 병 주고 약 준다
나. 바늘구멍으로 하늘 보기
다. 밑 빠진 독에 물 붓기
라. 언 발에 오줌 누기

해설
정답 라
라. 언 발을 녹이려고 오줌을 누어 봤자 효력이 별로 없다는 뜻으로, 임시변통은 될지 모르나 그 효력이 오래가지 못할 뿐만 아니라 사태가 더 나빠짐을 비유적으로 이르는 말이다.

오답풀이
가. 병 주고 약 준다 : 해를 입힌 후에 어루만지거나 도와준다는 말
나. 바늘구멍으로 하늘 보기 : 조그만 바늘구멍으로 넓디넓은 하늘을 본다는 뜻으로, 전체를 포괄적으로 보지 못하는 매우 좁은 소견이나 관찰을 비꼬는 말
다. 밑 빠진 독에 물 붓기 : 밑 빠진 독은 아무리 물을 부어도 채울 수 없다는 뜻으로, 아무리 애를 써도 보람이 없는 일을 비유적으로 이르는 말

03. 다음 밑줄 친 부분의 띄어쓰기가 잘못된 것은?

가. 그는 <u>호랑이같은</u> 성격이다.
나. 비가 <u>올 것 같다</u>.
다. 정윤이는 <u>남자같이</u> 행동한다.
라. <u>마음 같으면</u> 모두 사 주고 싶다.

정답 가

가. '호랑이 같은 성격이다.'의 '같은'은 형용사이므로 띄어 써야 한다. 주로 '와/과'가 생략된 단독형으로 쓰이며 다른 것과 비교하여 그것과 다르지 않을 때 쓰는 표현이다.

04. 다음 대화에서 B가 원하는 것은?

A : Hello. Can I help you?
B : Yes, can I exchange dollar bills to Korean won?
A : Sure. Could you give me your passport first?
B : Yes, just a moment please. Here you are.

가. 출금
나. 송금
다. 환전
라. 여권 재발행

정답 다

다. B는 달러를 원화로 환전(exchange)하기 위해 은행에 방문했다.

해석
A : 안녕하세요. 무엇을 도와드릴까요?
B : 네, 달러를 원화로 환전하고 싶은데요.
A : 물론이죠. 여권 먼저 보여주시겠어요?
B : 네, 잠깐만요. 여기 있습니다.

05. 다음 중 '문서작성의 원칙'으로 옳지 않은 것은?

가. 문장을 짧고, 간결하게 작성하도록 한다.
나. 정확한 의미전달을 위해 한자어를 최대한 많이 사용한다.
다. 간단한 표제를 붙인다.
라. 문서의 주요한 내용을 먼저 쓰도록 한다.

정답 나

나. 문서의미의 전달에 그다지 중요하지 않은 경우에는 한자사용을 최대한 자제하도록 하며, 상용한자의 범위 내에서 사용하는 것이 상대방의 문서이해에 도움이 될 것이다.

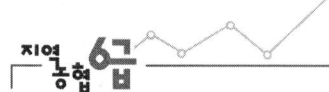

06 다음 글에서 필자가 주장하는 바를 가장 적절하게 요약한 것은?

농가경제조사에서 노동투입내역을 분석한 결과, 작물재배업에서 고용노동이 차지하는 비중은 18.2%로 가족노동시간의 1/4 수준으로 나타났다. 이것은 표본농가의 농가당 연평균 노동시간을 하루 8시간으로 환산 시 가족노동력 101일, 고용노동력 22일을 필요로 하는 수준이다. 고용노동력 투입 비중은 비교적 기계화가 진행된 미곡(7.3%)과 맥류/두류/잡곡류(7.0%)에 비해 화훼류(20.6%), 채소류(20.1%), 과실류(18.3%)가 높은 수준이었다. 연중 고용노동에 대한 수요는 품목에 따라 상이하나 정식기(4~6월)와 수확기(9~11월)에 대체로 집중되어 있었다. 연중 노동투입 형태를 가족노동과 고용노동으로 구분하여 살펴보면, 필요한 노동력을 우선 가족 노동력으로 최대한 해결하고 부족한 노동력을 단기 고용으로 보충하는 경향이 있는 것으로 나타났다.

이처럼 밭농업은 논농업에 비해 재배품목이 다양하고 소득이 높아 재배에서 차지하는 비중이 지속적으로 증가하고 있다. 이에 따라 전체 경지면적에서 밭이 차지하는 비중이 2000년 39.2%에서 2015년 45.9%까지 상승했다. 하지만 한·중 FTA 발효 등 시장 개방의 확대에 따라 우리나라 밭농업은 여러 가지 어려움에 직면해 있는 실정이다.

한국농촌경제연구원은 최근 '시장 개방 확대에 대응한 밭농업 경쟁력 제고 방안' 연구를 통해 노동력, 기계화, 기반정비, 조직화 등 밭농업 생산 측면의 경쟁력 제고 방안을 제시하였다. 특히, 밭농업의 가장 시급한 문제로 지적되고 있는 노동력 부족 문제를 해소하기 위해서는 외국인 노동자를 포함한 노동력 수급체계를 개별 농가 차원이 아니라 조직경영체 차원에서 접근하여 고용의 안정화를 꾀해야 한다고 주장했다.

나아가 효율적인 인력시장 형성을 위해 지자체, 전문기관, 지역의 조직경영체가 공동으로 지역의 밭작물 품목별, 월별 노동력 수요 자료를 생산하여 체계적인 노동력 확보 기반을 조성할 필요가 있을 것으로 보았다. 한편, 밭농업의 노동력 부족 문제에 보다 능동적으로 대처하기 위해서는 고용노동의 확대와 같은 단기 대책뿐만 아니라 기계화 촉진, 작부 전환 등 노동력을 절감할 수 있는 중장기 대책을 동시에 고려하는 것이 중요하다고 강조했다.

농기계 이용의 촉진은 부족한 노동력을 대체하는 차원에서 중요한 문제로 제기되었다. 농기계 이용의 효율화를 위해 작업반 등 조직단위의 공동 이용을 활성화하고 연중 활용 계획을 수립하여 체계적인 이용이 되도록 해야 한다고 주장했다. 또한 현장 농업인 의견 조사 결과, 밭농업에 종사하는 농업인 중 영세 고령농의 비중이 높은 만큼 저렴하고 손쉽게 사용이 가능한 소형 농기구의 개발이 중요한 것으로 나타났다.

밭농업의 생산성 증대를 위해 추진되고 있는 밭 기반 정비사업은 기존의 공급자 중심 사업 추진에서 벗어나 시설의 안정적 이용 및 관리 능력을 갖춘 지역을 중심으로 현장의 수요를 고려하여 추진해야 된다고 강조했다. 밭작물은 밭에서 생산되는 유형뿐만 아니라, 논에서 생산되는 밭작물 유형, 시설원예 집단화 지역 등 다양한 형태로 존재하므로 이를 고려한 지역별, 유형별 맞춤형 정비 방안을 모색할 필요가 있다고 지적하였다. 또한 기후 변화에 대응한 농업용수의 안정적 이용을 도모하기 위해 광역 관개체계의 도입을 확대 시행할 필요가 있다고 보았다.

농업경영체의 조직화는 유통비용을 절감하고 시장 교섭력을 제고하는 차원에서도 중요하지만, 생산 단계에서 농지, 농기계, 노동력 등 자원 이용의 효율성 제고를 위해서도 중요한 문제로 꼽았다. 이러한 차원에서 최근 정부가 농업경영체의 조직화를 논농업에서 밭농업으로 확대하고 주요 밭작물의 주산지 중심으로 밭작물 공동경영체 육성을 추진하고 있는 것을 고려해 품목별, 주산지별 특성에 따른 조직화 방안 모색도 제안했다. 농업경영체 조직화의 추진 방향은 기본적으로 가공·유통 분야에서의 조직적 역량을 제고시키되 이를 토대로 기반정비, 농기계 공동이용 등 생산단계의 조직적 성과 제고로 전환하는 전략의 필요성도 제기했다.

가. 밭농업을 살리기 위해서는 농기계 이용을 촉진하는 방안을 시급히 개선하여야 한다.
나. 외국인 노동자의 적극적인 활용을 통해 밭농업의 경쟁력을 갖추어야 한다.
다. 시장 개방 확대에 따라 우리나라의 논농업과 밭농업은 위기 상황에 직면해 있다.
라. 밭농업의 경쟁력 제고를 위해서는 지역별, 품목별 맞춤형 전략 수립이 필요하다.

해설   **정답 라**

제시문에서는 우리나라 밭농업의 현황을 언급하며, FTA 등 시장 개방 확대에 따른 위기 상황을 문제점으로 제기하였다. 이에 대한 방안으로 노동력 부족 문제 해결, 농기계 이용 촉진 등을 제시하며, 후반부에 지역별, 작물 유형별 맞춤형 정비 방안을 모색해야 한다고 강조하고 있다.
따라서 '라'와 같은 내용이 가장 적절한 요약문이라고 볼 수 있다.

오답풀이
외국인 노동자 활용, 농기계 촉진, 시장 개방에 따른 위기 상황 직면, 공동경영체 연계사업 등의 내용은 모두 '라'의 내용을 실현하기 위한 세부 내용으로, 전체 글을 요약하는 내용으로 보기는 어렵다.

---

07 다음 중 ( ) 안에 들어갈 한자가 순서대로 배열된 것은?

> 일부 학원이 미국 대학입학자격시험(SAT) 문제를 유출( )한 정황( )이 포착( )돼 국내 시험이 연속 취소되는 초유의 사태가 발생하자 서울시교육청이 문제 유출자를 사실상 '퇴출'하는 특단( )의 대책을 마련했다. 문제를 유출하고도 오히려 '족집게'로 소문나면서 인기 학원이 되거나 학원 간판만 바꿔달아 영업하는 고리를 끊어 불법행위자는 학원가에 발붙일 수 없게 할 방침( )이다.

가. 有出－政況－捕捉－特段－方針   나. 流出－程況－捕着－特端－方枕
다. 有出－政況－捕促－特但－方砧   라. 流出－情況－捕捉－特段－方針

해설   **정답 라**

- 流出(유출) : 밖으로 흘러 나가거나 흘려 내보냄
- 情況(정황) : 일의 사정과 상황 / 政況(정황) : 정치계의 상황
- 捕捉(포착) : 꼭 붙잡음
- 特段(특단) : 보통과 다른
- 方針(방침) : 앞으로 일을 치러 나갈 방향과 계획 / 方枕(방침) : 네모난 베개

08 다음 중 축산물 안전관리와 관련하여 글에서 제기된 가장 핵심적인 주장은?

조류인플루엔자(AI)가 휩쓸고 지나간 자리에 다시 살충제 달걀 및 닭고기 파동사태로 축산업은 위기상태에 직면하고 있다. 온 나라가 연일 축산물 안전문제를 지적하고 있다. 동물약품을 오남용하는 농가의 도덕적 해이 문제를 지적하기도 하고, 정부의 식품안전 관리능력이 미흡하다고 지적하기도 한다. 농가는 위험성을 모르고 소량을 사용했는데, 이런 사태가 발생하여 어찌할 줄을 모르고 있기도 하다.

소비자의 불안심리가 팽배하여 소비위축으로 판매가격이 급락하는 등 위기감마저 감돈다. 조류독감으로 살처분, 폐기처분하여 생산기반이 약화된 가운데 가격마저 급락하였기 때문이다. 축산 농가는 길고 어두운 터널에 갇혀있는 심정일 것이다. 이러다 양계산업 자체가 붕괴되는 것은 아닌가 하는 우려도 된다.

이번 사태는 가축방역과 축산물 안전관리가 얼마나 중요한 사회적 과제인가를 보여주고 있다. 정부도 이에 대한 대책의 하나로 축산방역 및 축산물 안전관리를 위한 조직을 강화하고자 조직체계를 정비하였다. 정부 내에서 축산업진흥 역할을 담당하는 조직과 방역관리를 담당하는 조직을 분리하였다. 축산농가의 입장에서 축산업 대책 마련의 일환으로 축산업의 장기발전을 위해 필요한 가축질병의 관리와 축산물 안전성 관리 기능을 강화하고자 한 것이다.

모든 언론에서 축산물 안전성에 대해 문제점을 지적하고 있는 가운데 한 가지 부족한 점이 있다. 동물약품의 처방과 판매, 사용방법의 전달, 그리고 적합한 가축사양관리가 이루어지고 있는지 등 수의·방역과 관련한 정보의 체계적인 관리와 분석이 부족하다. 수의사는 축산업에서 중요한 위치를 차지하고 있다. 특히 동물약품의 유통과 이용, 동물약품의 오남용 현황, 사양관리와 지도 등 위생·안전을 위한 수의와 방역의 역할을 담당한다. 수의사의 이런 정보 수집과 분석이 제대로 이루어지지 못하고 있다.

가축질병관리 및 축산물 안전관리는 현장에서 근무하고 있는 농가나 수의사만큼 잘 알고, 많이 알고 있는 주체는 없을 것이다. 수의사에 의한 체계적인 정보수집체계의 구축과 자율적인 정보관리와 공유인식의 제고로 사전방지대책을 마련하는 것이 필요해 보인다. 보다 조직적인 정보관리 체계구축을 위하여 수의방역당국이 지역별, 개별농장별 가축사양실태 정보, 진료기록, 처방기록을 공유할 수 있는 플랫폼을 만들어 관리함으로써, 사전에 문제를 감지하여 대응책을 마련할 수 있도록 하자는 것이다. 각종 농가정보, 사양관리 기록, 동물병원의 진료기록, 동물약국의 판매기록 등을 빅데이터화하여 분석함으로써 사전에 문제점을 발견하여 신속히 대응할 수 있도록 할 필요가 있다. 이를 위해서는 현장에서 활동하는 수의사의 적극적인 참여와 노력이 필요하다. 정부가 아닌 민간 수의사회가 스스로 대응책을 제시하는 것도 한 방안이다. 수의·방역 현장에서 어떤 정보를 수집하여 시스템을 구축하고, 어떻게 정보를 제공할 것인지 방안을 제시하는 것이다. 필요하면 이를 위한 정부지원 방안도 마련해야 할 것이다.

축산물안전관리에서 문제가 발생하였을 때 축산농가와 정부의 탓만으로 돌리는 것은 적합하지 않다. 정부의 대책만으로도 달성하기는 어렵다. 축산업에 관계되는 농가, 축산계열업체 및 유통업체, 수의업계 등 다양한 경제주체들의 보다 적극적인 정보 공유와 수집체계 구축이 필요하다. 다양한 주체들이 조금씩 안전관리에 노력을 기울이면 사회적 피해를 감축할 수 있을 것이다. 이는 정보를 공유하고 활용할 수 있는 수집체계를 정비하는 데서부터 출발해야 할 것이다.

가. 축산방역 및 축산물 안전관리를 위하여 정부 조직체계를 정비해야 한다.
나. 조류독감에 따른 축산물의 살처분과 폐기처분은 가격 급락이라는 심각한 결과를 초래한다.
다. 안전관리를 위한 수의사의 적극 참여를 유도하기 위해 정부의 지원이 필수적이다.
라. 축산물 안전관리를 위해서는 수의사의 정보공유와 수집체계 강화가 중요하다.

해설　　　　　　　　　　　　　　　　　　　　　　　　　　　　　　　**정답 라**

라. 제시문의 전반부에서는 일련의 축산물 안전에 관한 문제점을 사례로 소개하며, 가축방역과 축산물 안전관리가 얼마나 중요한 사회적 과제인가를 지적하고 있다. 이에 대한 대책으로 조직체계를 정비한 내용을 언급하였으나, 곧이어 부족한 점으로 수의·방역과 관련한 정보의 체계적인 관리와 분석이라는 문제를 제기하며 그 해결방안까지 함께 제시하였다. 따라서 필자가 주장하고자 하는 가장 핵심적인 내용은 '수의사의 정보공유와 수집체계 강화'에 관한 것이 되어야 한다.

09 다음 설명을 참고할 때, '출력한 민원문서'가 공문서로 인정되는 경우에 해당하지 않는 것은?

> 문서는 일반적으로 사람의 의사나 사물의 형태·관계 등을 문자·기호·숫자 등을 활용하여 종이 등 매체에 기록·표기한 것을 말하는데, 행정기관의 의사도 문서의 형태로 표시된다.
> 　행정상 공문서라 함은 행정기관 또는 공무원이 직무상 작성하고 처리한 문서 및 행정기관이 접수한 문서를 말한다.
> 　한편 「민원 처리에 관한 법률 시행령」 제30조 제1항에는 행정기관의 장이 출력매수의 제한조치, 위·변조방지조치, 출력한 문서의 진위확인조치 등을 취하여 민원인에게 통지한 전자문서를 민원인이 출력한 경우 이를 「행정 효율과 협업 촉진에 관한 규정」 제3조 제1호에 따른 공문서로 인정하고 있다.

가. 주민등록표등초본　　　　　　　나. 출입국사실증명서
다. 장애인증명서　　　　　　　　　라. 표준근로계약서

해설　　　　　　　　　　　　　　　　　　　　　　　　　　　　　　　**정답 라**

라. 표준근로계약서는 행정기관의 장이 발행한 문서가 아니므로 출력한 형태를 갖더라도 공문서가 아닌 사문서에 해당한다.
「행정 효율과 협업 촉진에 관한 규정」 제3조 제1호에는 "공문서란 행정기관에서 공무상 작성하거나 시행하는 문서(도면·사진·디스크·테이프·필름·슬라이드·전자문서 등의 특수매체기록을 포함한다)와 행정기관이 접수한 모든 문서를 말한다."라고 규정하고 있으며, 전자문서에 대해서는 영 제3조 제2호에서 "컴퓨터 등 정보처리 능력을 가진 장치에 의하여 전자적인 형태로 작성되거나, 송신·수신 또는 저장된 문서"로 규정하고 있다.

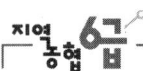

[10~11] 다음은 외국인 전용 보험제도와 관련된 내용이다. 다음 물음에 답하시오.

구 분	출국만기 보험신탁	귀국비용 보험신탁	임금체불 보증보험	상해보험
도입목적	중소기업의 퇴직금 일시 지급에 따른 부담 완화	외국인 근로자의 귀국 비용 충당	외국인 근로자에 대한 임금체불에 대비	업무상 재해 이외의 외국인 근로자 사망
가입 대상자	사용자	외국인 근로자	사용자	외국인 근로자
채용 사업장	• 상시 1인 이상 근로자 사용 사업장 • 1년 이상 취업활동 기간이 남은 외국인 근로자를 고용한 사용자	-	• 임금체불보장권이 적용되지 아니하는 사업장 • 상시 300인 미만 근로자 사용 사업장	-
적용 제외 사업장	외국인 근로자 고용 특례적용 건설업	-	외국인 근로자 고용 특례적용 건설업	-
가입 시기	근로계약 효력 발생일부터 15일 이내	근로계약 효력 발생일부터 80일 이내	근로계약 효력 발생일로부터 15일 이내	
미가입 시 벌칙 규정	500만 원 이하 벌금 (3회 이상 연체 시 과태료 80만 원)	과태료 80만 원	500만 원 이하 벌금	500만 원 이하 벌금
보험금 납부 방법 및 규모	매월 적립 및 통상임금의 8.3% (4인 이하 4.15%)	일시금 국가별 40~60만 원	일시금 1인/13,000원 2인/19,000원 3인/28,000원	일시금 1인/20,000원 (연령, 성별에 따라 다름)
보험금 지급사유	사업장 이탈 없이 1년 이상 근무한 외국인 근로자가 출국 또는 사업자 변경(일시 출국 제외)	외국인 근로자 출국 (일시 출국 제외, 자진 출국 또는 강제 퇴거의 경우도 해당)	사용자의 임금체불	외국인 근로자의 업무상 재해 이외의 사망 또는 유휴 장애 발생

10 다음은 대규모 과수원 운영을 통해 과일을 판매, 유통하는 A와 B가 외국인 근로자 고용에 관련된 위의 내용을 읽고 나눈 대화이다. ㉠~㉣ 중 위의 내용에 부합하지 않는 것은?

> A : 외국인 근로자를 고용하려고 하는데 ㉠ <u>저희가 의무 가입해야 하는 보험이 두 가지나 되네요.</u>
> B : 그러게 말이에요. ㉡ <u>출국만기 보험신탁 같은 경우는 5인 이상 규모 사업체는 월 통상 임금의 8.3%의 금액을 보험금으로 납부해야 한다는군요.</u>
> A : ㉢ <u>외국인 근로자들도 의무가입이 필요하니 근로계약 후 2주 내로 모든 가입을 신청하라고 전달해야겠어요.</u>
> B : 저도 그래야겠네요. 모두 외국인 근로자가 수혜자가 되는 보험이니 외국인 근로자들 입장에서도 좋을 것 같아요. ㉣ <u>어떤 보험은 외국인 근로자들의 사망 및 장애 발생시 모두 해당된다니 적극 권장하고 싶군요.</u>

가. ㉠
나. ㉡
다. ㉢
라. ㉣

해설

정답 다

다. 외국인 근로자가 가입해야 하는 보험은 귀국비용 보험신탁과 상해보험이며, 가입 시기는 귀국비용 보험신탁은 근로계약 효력 발생일로부터 80일 이내, 상해보험은 근로계약 효력 발생일로부터 15일 이내라고 명시되어 있다.

오답풀이
가. 사용자(A, B)는 출국만기 보험신탁과 임금체불 보증보험을 의무적으로 가입하여야 한다.
나. 출국만기 보험신탁은 5인 이상 사업체의 경우 통상임금의 8.3%의 보험금을 납부해야 한다.
라. 상해보험의 보험금 지급사유에는 사망과 유휴 장애 발생의 경우가 모두 명시되어 있다.

11 위의 자료를 참고할 때, 한국에 와서 근무를 시작하려고 하는 외국인 근로자에게 보험과 관련된 안내 사항을 문서로 전달하려고 할 때 안내문에 필수로 적어내야 할 내용이 아닌 것은?

가. 보험금 지급 사유
나. 보험 가입 시기
다. 미가입시 벌칙규정
라. 적용 제외 사업장

해설

정답 라

라. '적용 제외 사업장'은 외국인 근로자가 가입해야 할 보험의 종류에는 해당 사항이 없으며 사용자가 가입해야 할 보험에만 해당되는 사항이다. '채용 사업장'도 같은 기준으로 명시되어 있으나, 이것은 외국인 근로자가 본인의 사업장이 보험 가입 의무에 해당되는지의 여부를 안내문을 통해 알려주어야 할 필요가 있는 사항이라고 볼 수 있다.

[12~13] '업무상 재해'에 관한 다음 설명을 참고로 물음에 답하시오.

〈업무상 재해〉

'업무상 재해'란 업무상의 사유에 따른 근로자의 부상·질병·장해 또는 사망을 말합니다. 근로자가 업무상 사고 또는 업무상 질병에 해당하는 사유로 부상·질병 또는 장해가 발생하거나 사망하면 업무상 재해로 봅니다. 다만, 업무와 재해 사이에 상당인과관계가 없는 경우에는 업무상 재해로 보지 않습니다.

- 업무상 재해의 의의
  - '업무상 재해'란 업무상의 사유에 따른 근로자의 부상·질병·장해 또는 사망을 말합니다(「산업재해보상보험법」 제5조 제1호).
  - '업무'란 사업주의 지배관리 하에 근로계약을 기초로 형성되는 근로자가 본래 해야 할 담당업무와 근로자의 담당업무에 부수되는 행위 등을 말합니다.

- 업무상 재해 인정기준
  1. 업무상 사고 또는 업무상 질병으로 재해가 발생할 것
     - 근로자가 다음의 어느 하나에 해당하는 업무상 사고로 부상·질병 또는 장해가 발생하거나 사망하면 업무상 재해로 봅니다(「산업재해보상보험법」 제37조 제1항 본문).
       - 근로자가 근로계약에 따른 업무나 그에 따르는 행위를 하던 중 발생한 사고
       - 사업주가 제공한 시설물 등을 이용하던 중 그 시설물 등의 결함이나 관리소홀로 발생한 사고
       - 사업주가 제공한 교통수단이나 그에 준하는 교통수단을 이용하는 등 사업주의 지배관리 하에서 출퇴근 중 발생한 사고
       - 사업주가 주관하거나 사업주의 지시에 따라 참여한 행사나 행사준비 중에 발생한 사고
       - 휴게시간 중 사업주의 지배관리 하에 있다고 볼 수 있는 행위로 발생한 사고
       - 그 밖에 업무와 관련하여 발생한 사고
     - 근로자가 다음의 어느 하나에 해당하는 질병에 걸리거나 다음의 어느 하나에 해당하는 질병으로 장해가 발생하거나 사망하면 업무상 재해로 봅니다(「산업재해보상보험법」 제37조 제1항 본문).
       - 업무수행 과정에서 물리적 인자(因子), 화학물질, 분진, 병원체, 신체에 부담을 주는 업무 등 근로자의 건강에 장해를 일으킬 수 있는 요인을 취급하거나 그에 노출되어 발생한 질병
       - 업무상 부상이 원인이 되어 발생한 질병
       - 그 밖에 업무와 관련하여 발생한 질병
  2. 업무와 재해 사이에 상당인과관계가 있을 것
     - 업무상 사고 또는 업무상 질병으로 재해가 발생하더라도 업무와 재해 사이에 상당인과관계가 없는 경우에는 업무상 재해로 보지 않습니다.
     - 상당인과관계의 의의
       '상당인과관계'란 일반적인 경험과 지식에 비추어 그러한 사고가 있으면 그러한 재해가 발생할 것이라고 인정되는 범위에서 인과관계를 인정해야 한다는 것을 말합니다.
     - 인과관계의 입증책임
       인과관계의 존재에 대한 입증책임은 보험급여를 받으려는 자(근로자 또는 유족)가 부담합니다.

- 인과관계의 판단기준
  업무와 재해사이의 인과관계의 상당인과관계는 보통평균인이 아니라 해당 근로자의 건강과 신체조건을 기준으로 해서 판단해야 합니다.
- 인과관계의 입증 정도
  인과관계는 반드시 의학적, 과학적으로 명백하게 입증되어야 하는 것은 아니고, 근로자의 취업 당시의 건강상태, 발병 경위, 질병의 내용, 치료의 경과 등 제반 사정을 고려할 때 업무와 질병 사이에 상당인과관계가 있다고 추단되는 경우에도 인정됩니다.

3. 근로자의 고의·자해행위 또는 범죄행위로 인한 재해가 아닐 것
   - 근로자의 고의·자해행위나 범죄행위 또는 그것이 원인이 되어 발생한 재해(부상·질병·장해 또는 사망)는 업무상 재해로 보지 않습니다.
   - 다만, 그 재해(부상·질병·장해 또는 사망)가 정상적인 인식능력 등이 뚜렷하게 저하된 상태에서 한 행위로 발생한 경우로서 다음 어느 하나에 해당하는 사유가 있으면 업무상 재해로 봅니다.
     - 업무상의 사유로 발생한 정신질환으로 치료를 받았거나 받고 있는 사람이 정신적 이상 상태에서 자해행위를 한 경우
     - 업무상 재해로 요양 중인 사람이 그 업무상 재해로 인한 정신적 이상 상태에서 자해행위를 한 경우
     - 그 밖에 업무상의 사유로 인한 정신적 이상 상태에서 자해행위를 하였다는 것이 의학적으로 인정되는 경우

〈산재보험심사 청구 사례〉

(1) 건설일용근로자인 정 씨는 근로자들과 매일 가던 식당에서 점심식사 중 국물이 발목에 엎질러져 화상을 입게 되었다. 이에 사내 산재보험 심사 부서에서는, 사업주가 지정한 장소가 아닌 식당에서 발생된 재해로 사업주의 지배관리 하에서의 재해로 볼 수 없다고 판단하였다. 그러나 이러한 판단에 동의하지 못한 정 씨는 소송을 진행하였으며, 법정에서는 (A   )는 판단을 내리게 되었다.

(2) 시외를 운행하는 농어촌버스 기사 최 씨는 운행을 마치고 여관에서 저녁식사를 위해 이동하던 중 넘어져 다리가 부러지는 사고를 당하였다. 사내 산재보험 심사 부서에서는, 사고 숙소가 사용권 및 관리책임이 사업주에게 있지 않았다는 점을 이유로 산업재해에 해당하지 않는다고 판단하였고, 이를 불복한 최 씨는 소송을 진행하였으며, 법정에서는 (B   )는 판단을 내리게 되었다.

12 다음 중 위의 '업무상 재해' 규정을 참고할 때, 제시된 사례 (1)과 (2)의 (A)와 (B)에 들어갈 적절한 내용을 알맞게 고른 것은?

> ─• 보기 •─
> ㉠ 업무상 밀접한 연관성이 있었다는 점이 중요한 기준이 된다.
> ㉡ 개인의 자유의사에 따라 행동할 수 있었다는 점이 중요한 기준이 된다.
> ㉢ 사업주의 과실에 기인한 2차 위험요인이 있었다는 점이 중요한 기준이 된다.
> ㉣ 통상적이고 반복적인 행위에 의한 사고였다는 점이 중요한 기준이 된다.

	(A)	(B)		(A)	(B)
가.	㉠	㉢	나.	㉣	㉠
다.	㉢	㉡	라.	㉣	㉡

정답 라

사례 (1)의 경우는 사업장에서 별도로 지정한 식당은 아니지만, 다른 근로자들과 매일 가던 식당이었다는 점이 통상적이고 반복적인 행위가 된다고 판단할 수 있다. 따라서 ㉣과 같은 내용이 적절하다고 볼 수 있다.

사례 (2)의 경우는 업무상 밀접한 연관성이나 사업주의 과실, 통상적인 행위 등과는 거리가 먼 상황이며, 최 씨 개인의 의사에 따라 해당 행위가 발생하지 않을 수도 있었다고 볼 수 있으므로 ㉡의 의견이 가장 적절하다고 볼 수 있다.

13. B사에서 지난 몇 년간 발생했던 다음과 같은 '업무상 재해' 사고 건 중, 제시된 자료에 근거한 산업재해에 해당한다고 보기 어려운 것은?

가. 광덕 씨는 업무상 중요한 계약을 위해 내방한 바이어에게 식사 후 대접한 술자리가 끝나고 귀가하던 중 과음으로 인해 길에서 쓰러지는 사고를 겪게 되었다.

나. 나영 씨는 거래처를 방문하고 돌아오는 길에 잠시 하늘을 쳐다보며 걷다가 다가오던 차에 부딪혀 입원하는 사고를 겪게 되었다.

다. 태호 씨는 회사에서 출퇴근용으로 이용하도록 내어 준 차량으로 출근 중, 개인 사정으로 인하여 정상출근 경로를 벗어난 길에서 운전하다가 차량이 전복되는 사고를 겪게 되었다.

라. 기훈 씨는 전사 단합대회 차 산행을 하다가 다리를 다친 후, 충분한 휴식을 취하라는 의사의 권유를 무시하고 야근을 하다가 기민하지 못한 동작 때문에 쏟아지는 뜨거운 물을 미처 피하지 못해 화상을 입게 되었다.

해설

정답 다

산업재해의 인정 여부를 판단하는 기준이 되는 요인들은 의외로 많고, 정확한 정황을 파악하기도 쉽지 않은 경우가 많다. 그러나 선택지에서 언급된 내용만을 근거로 판단할 때 각각의 사례들은 다음과 같은 결론이 가능하다고 볼 수 있다.

다. 회사에서 제공한 차량을 이용하여 출퇴근하는 행위는 기본적으로 업무로 인정된다고 볼 수 있으나, 개인적인 사정으로 인하여 정상 경로를 이탈한 상태에서 일어난 사고에 대해서는 업무와의 필연적인 연관성을 입증하지 않는 한 산업재해로 인정되기 어렵다고 보아야 한다.

오답풀이

가. 업무와 직접적인 연관성이 있는 바이어 접대에 의한 사유이므로 산업재해에 해당한다.

나. 방문을 마친 후 회사로 복귀하는 과정은 업무의 연속이라는 점과 잠시 하늘을 쳐다보는 일이 지극히 비정상적이고 개인적인 행위로서 비업무적이라고 보기 어렵다는 점을 근거로 할 때, 산업재해에 해당된다고 볼 수 있다.

라. 업무의 연속으로 볼 수 있는 전사적인 산행으로 인하여 다리를 다친 일은 당연히 업무상 재해일 것이며, 그로 인해 뜨거운 물을 피하지 못했으므로 '업무상 부상이 원인이 되어 발생한 질병'으로 간주될 수 있어 산업재해 인정이 가능하다고 볼 수 있다.

[14~15] 다음은 축산물이력제의 추진 체계와 일부 단계에서의 신고와 관련한 규정이다. 다음을 읽고 물음에 답하시오.

<축산물이력제 추진 체계>

1. 사육단계
    - 출생 등 신고 및 귀표부착
        - 소의 소유자는 소가 출생하거나 거래(양도·양수·폐사·수출입 등)를 한 경우 지역의 위탁기관에 5일 이내 신고(공휴일과 토요일 제외)
            - '소의 출생 등 신고서'를 서면, 구술 등의 방법으로 제출
            - 전국 시·군별로 지역축협, 한우협회 등 축산 관련법인 중에서 지정, 업무 위탁 수행
        - 위탁기관은 소에 개체식별번호를 부여하고, 이력시스템에 입력
        - 신고한 농가를 위탁기관에서 방문하여 30일(육우는 7일) 이내 귀표 부착
            - 단, 제주특별자치도 본도를 제외한 도서지역 및 방목사육지는 90일(육우 포함)

2. 가축시장
    - 거래내역 신고
        - 가축시장개설자는 이력관리 대상가축을 가축시장에서 거래하는 경우 그 내역을 이력관리시스템에 신고
        - 가축시장개설자는 가축의 거래내역을 이력관리시스템을 통해 거래가 완료된 다음날(공휴일과 토요일은 제외한다)까지 신고하되, 전산장애 등으로 인한 경우 거래가 완료된 날부터 3일 이내에 서면 등으로 신고

3. 도축단계
    - 도축장에서 소의 개체식별번호를 도체에 표시
        - 도축업자는 귀표 부착여부와 이력시스템에 등록 여부를 확인한 후 도축, 위반 시 도축금지
            - 귀표 미부착 및 개체식별이 곤란할 경우 검사관과 축산물품질평가사에게 신고
        - 검사관은 위생검사 합격여부, 축산물품질평가사는 등급판정 결과 등 즉시 입력

4. 포장처리단계
    - 식육포장처리업소에서 해당 소고기에 이력번호를 표시
        - 일정 규모 이상의 식육포장처리업소는 포장처리 및 거래내역을 전산신고(5일 이내)
        - 식육포장처리업자는 부분육의 포장지에 소고기의 이력번호가 표시된 라벨을 부착
            - 거래실적을 5일 이내 이력시스템에 입력하거나 자체 장부에 기록·보관(2년)

5. 판매단계
    - 식육판매업소에서 해당 소고기에 이력번호를 표시
        - 식육판매업자는 정육 또는 식육판매표지판에 해당 소의 이력번호를 표시하고 판매
            - 부분육 등 판매 시 이력번호가 기재된 거래내역서 기록 보관

6. 소비단계
    - 소비자는 인터넷, 스마트폰 앱(안심장보기, 축산물이력제), 터치스크린 등을 통해 소고기의 이력정보 확인 가능
        - 사육자, 소의 종류, 출생일, 원산지, 등급 등 10여 개 정보 공개

〈포장처리 및 거래실적 전산 신고〉

가. 신고대상(국내산 소고기)
- 「축산물 위생관리법」 제21조 제1항에 따른 도축업 영업장의 시설과 분리되지 아니하고 일체를 이루는 시설이나 연접한 시설에서 영업을 하는 식육포장처리업자
- 영업장의 전년도 연간(1월 1일부터 12월 31일까지를 말한다) 평균(휴업 등의 이유로 전년도 연간 기준을 산정할 수 없는 경우에는 분기별 또는 월별 기준으로 산정하고, 신규허가의 경우에는 허가권자가 해당 작업장의 시설규모나 사업계획 물량 등을 고려한 연간 예상 평균으로 산정한다) 종업원이 5명 이상인 식육포장처리업자

나. 신고내용
- 포장처리업소 중 전산신고 대상인 업소가 소고기를 포장처리 하는 경우 이력관리대상축산물 포장처리 신고서를 제출
- 포장처리업소 간 거래 혹은 식육판매업소, 축산물유통전문판매업자, 식육접객업자, 집단급식소운영자, 통신판매업자 등에게 소고기를 판매 및 반출 혹은 도축장으로부터의 매입 및 반입(가공 후 다시 들여오는 경우)을 하는 경우 국내산 이력축산물의 거래신고서를 이력관리시스템을 통해 신고
- 포장처리업소 중 전산신고 대상이 아닌 포장처리업소에서 소고기를 포장처리 할 때에는 이력관리대상축산물 포장처리 신고서를 기록·관리하고, 거래하는 경우에는 이력관리대상축산물 판매·반출 실적을 이력관리시스템을 통해 신고
- 포장처리업소에서 육가공을 다른 포장처리업소 등에 의뢰하는 경우, 즉 반입의 경우 이력관리대상축산물 포장처리 신고서에 의뢰 업체명에 의뢰받은 업체의 상호, 사업자번호, 전화번호 등을 신고

14 다음 중 위의 내용과 일치하지 않는 설명은?

가. 방목사육지에서 소의 출생을 신고한 경우, 해당 소는 출생 후 최장 95일 이후까지는 귀표가 부착되어야 한다.
나. 전산신고 대상인 포장처리업소와 대상이 아닌 포장처리업소는 모두 이력관리대상축산물 포장처리 신고서를 작성해야 한다.
다. 갑이 자신의 가축을 A 가축시장을 통해 을에게 판매하였을 경우, 을은 가축의 거래 내역을 이력관리시스템에 신고하여야 한다.
라. 축산물이 '거래'되는 경우, 거래 내역은 항상 이력관리시스템에 등록된다.

해설 　　　　　　　　　　　　　　　　　　　　**정답 다**

다. 가축의 거래내역 신고에 해당하는 경우이며, '가축시장개설자는 이력관리 대상가축을 가축시장에서 거래하는 경우 그 내역을 이력관리시스템에 신고'해야 한다고 규정하고 있으므로, 제시된 상황에서는 을이 아닌 A 가축시장 측에서 이력관리시스템에 거래 내역을 신고해야 한다.

오답풀이

가. 출생 후 5일 이내에 출생 신고가 되어야 하며, 방목사육지의 경우 신고 후 90일 이내에 위탁기관에서 방문하여 귀표를 부착하게 되므로 출생 후 최장 95일 이후까지는 귀표가 부착된다.
나. 작성 자체는 전산신고 대상 업소 여부와 관계없이 의무 사항이며, 대상 업소는 신고서를 제출, 미대상 업소는 기록·관리해야 한다고 규정하고 있다.
라. 신고내용의 두 번째와 세 번째 조항에서는 이력축산물이 '거래'될 경우 항상 이력관리시스템을 통해 신고가 되어야 한다고 규정되어 있다.

15 포장처리를 하는 K업소에서 소고기 제품의 가공 및 포장 처리를 외부 업체인 H사에 의뢰할 경우에 K업소가 작성해야 하는 다음 문서의 명칭 (A)와 빈칸 ⑥에 들어가야 할 항목의 명칭 (B)가 올바르게 짝지어진 것은?

(A)										
※ 작성 시 아래 유의사항을 참고하시기 바랍니다.											
업체명				전화번호						
소재지									
① 포장 처리일	② 이력 (묶음)번호	③ 원료 또는 부위명	④ 무게(kg, t)	⑤ 매입·반입처			⑥ (B)		
				상호	사업자 또는 법인 등록번호	전화 번호	상호	사업자 또는 법인 등록번호	전화 번호

                (A)   (B)
가.   축산품질평가 신고서   의뢰 업체명
나.   이력관리시스템 이용 신청서   식육포장처리업자
다.   이력관리시스템 이용 신청서   의뢰 업체명
라. 이력관리대상축산물 포장처리 신고서 의뢰 업체명

정답 라

라. K업소에서는 소고기 제품의 가공 및 포장처리와 관련된 과정을 외부 업체에 의뢰하는 상황으로, 가공 및 포장처리 이후 이를 다시 반입하게 될 것이므로, 전산신고 대상 여부에 관계없이 이력관리대상축산물 포장처리 신고서를 작성해야 한다. 따라서 이는 (A)에 들어가야 할 문서의 명칭이 되며, 이 경우 의뢰 업체에 대한 세부내역을 기재하도록 규정하고 있으므로 (B)는 의뢰 업체명이 되어야 한다.

16 다음 글의 내용과 일치하지 않는 것은?

> 방송과 통신이 융합하고 유무선 인터넷이 발달하면서 새로운 미디어가 출현하고, 이는 콘텐츠의 형식과 내용에 있어서도 다양한 변화를 일으켰다. 이러한 변화는 미디어 환경과 콘텐츠의 제작기술이 디지털화하면서 더욱 가속화하는 양상을 보인다. 미디어와 콘텐츠의 디지털화는 기존 매스미디어의 일방적인 커뮤니케이션만이 아니라 콘텐츠 창작자 혹은 콘텐츠 제공자가 일반 대중과 쌍방향적으로 교류, 소통하게 하는 미디어 환경을 만들고, 이것은 새로운 형식의 콘텐츠들을 창조하고 발전시키는 기반이 되었다. 온라인게임, 디지털애니메이션, 캐릭터, 인터넷콘텐츠 등 새롭게 부각되고 있는 문화콘텐츠들이 이에 속하며, 기존의 영화, TV 방송물의 문화콘텐츠들도 대중의 즉각적이고 직접적인 반응과 평가에 의해 그 성패가 좌우되는 상황으로 바뀌고 있다. 이는 인터넷이 발달한 미디어 환경에서 대중이 직접적으로 창작자에게 의견을 개진하고 창작물에 대한 구체적인 평가를 내릴 수 있는 매체와 논의의 장이 무한히 확대되어 있기 때문이다. 한편에선 인터넷 등에서 인기를 얻은 일반 대중의 창작물들이 메이저 프로젝트로 발전하는 사례도 발생하고 있다.

가. 기존의 문화콘텐츠들은 대중의 관심에서 멀어져 갔다.
나. 미디어와 콘텐츠의 디지털화는 새로운 형식의 콘텐츠들을 만들어내는 데 기여하였다.
다. 온라인게임, 디지털애니메이션, 캐릭터 등은 새로운 형식의 콘텐츠들이다.
라. 방송과 통신이 융합하고 인터넷이 발달하면서 콘텐츠의 형식과 내용의 변화가 나타나게 되었다.

해설 **정답 가**

이 유형은 먼저, 선택지를 빠르게 훑어보면서 그러한 내용이 지문의 어느 곳에 있는지를 찾아 본문 내용과 비교하여 체크하는 것이 가장 빠르다. 이를 테면 ①은 본문 셋째 줄에서 찾을 수 있는데 그 뒤를 읽어보면 "일반 대중과 쌍방향적으로 교류, 소통하게 하는 미디어 환경을 만들고, 이것은 새로운 형식의 콘텐츠들을 창조하고 발전시키는 기반이 되었다."로 되어 있으므로 일치하지 않는다.

오답풀이
나. '가'를 파악한 곳에서 동시에 확인할 수 있다.
다. 일곱 번째 줄 이하에서 확인 가능하다.
라. 첫 문장에서 확인할 수 있다.

[17~18] 다음은 ○○농협이 공시한 계약재배 안내사항이다. 물음에 답하시오.

<2019년도 추곡수매 계약재배 안내 등>

1. 자체 추곡수매약정
    - 2019년 추곡수매 품종
        - 중생종(자라는 데 걸리는 시간이 중간 정도에 속함) : 진상(진상2 품종은 수매대상 아님)
        - 만생종(자라는 데 걸리는 시간이 120~125일 걸리는 성숙기가 늦은 품종) : 참드림
        ※ 상기 2가지 품종 외에는 수매 불가. 수매계약 후 제한수량 초과 시 일정 비율로 감축함

A

    - 수매량 배정
        - 수매약정 최고 한도 : 세대당 40kg 1,000가마 이내, 조합원 벼농사를 경작하는 재배면적을 기준으로 300평당 수매 벼(40kg/가마) 최고 16가마 생산량을 참고하여 희망 수매량을 신청
        - 약정 후 5월 말까지는 품종 변경이 가능(5월 말 이후 변경불가)

B

    - 재배지역 : 경기도 관내로 벼 수확 후 1일 이내에 수매가능 지역
        ※ 타도 지역은 원산지 표시 제한이므로 반입 절대 불가. 당해 조합원 제명(수라청 RPC 운영위원회 의결사항)

C

    - 수매가격
        - 기준 품종 : 추청(RPC 운영위원회에서 매년 결정)
        - 진상 : 추청 가격의 80%에 해당하는 가격

D

    - 수매 제한 농가
        - 품종혼입 및 하위품종 납품자
        - 계약 물량 한도 상당부분 (계약물량의 20% 이상) 초과 시 (1~3년간 수매제한 및 최대 조합원 제명)

17 다음 중 위 안내문의 내용과 다른 설명은?

가. 2019년 추곡수매 대상 품종은 2가지이다.
나. 세대당 벼농사 재배면적 기준 21,000평 면적의 경작지에서 수확한 대상 품종이 모두 수매 가능하다.
다. 계약물량 한도가 초과된 모든 농가의 수매가 제한되는 것은 아니다.
라. 수매가격을 결정하는 기준 품종은 '추청'이다.

정답 **나**

나. 세대당 40kg/가마 1,000가마 이내이며, 벼농사 재배면적 기준 300평당 수매 벼(40kg/가마) 최고 16가마 생산량이 수매약정 최고 한도가 된다고 명시되어 있으므로 21,000평의 경우 $70 \times 16 = 1,120$ 가마가 되어 한도를 벗어나게 된다.

오답풀이
가. 진상과 참드림 두 가지 품종이 추곡수매 대상 품종이다.
다. 계약물량의 20% 미만 초과의 경우에는 수매 제한 대상이 아니다.
라. 수매가격은 RPC 운영위원회에서 매년 결정하는 '추청'을 기준으로 한다.

18 다음 중 위 안내문의 A~D에 들어갈 말에 대한 옳은 설명을 모두 고른 것은?

㉠ A는 '조생종은 품종에 관계없음'이다.
㉡ B는 '극심한 자연재해로 인정되는 경우 변경 약정기간 별도 공지'이다.
㉢ C는 '볍씨 종자는 경기도 농업기술원 보급종 및 자가 채취인정'이다.
㉣ D는 '조생종과 참드림은 추청 가격 대비 각각 75%, 90%에 해당하는 가격'이다.

가. ㉠, ㉡, ㉢
나. ㉠, ㉡, ㉣
다. ㉠, ㉢, ㉣
라. ㉡, ㉢, ㉣

정답 **나**

㉠ 조생종의 품종에 관한 설명이 누락되어 있으므로 적절한 설명이다.
㉡ 자연재해로 극심한 흉작이 예상될 경우 5월 이후에도 변경이 가능하다는 조항이므로 적절한 설명이다.
㉣ 조생종과 만생종인 참드림의 수매가격에 관한 설명이 누락되어 있으므로 선택지의 내용은 적절한 설명이다.

오답풀이
㉢ 볍씨 종자와 관련된 사항은 재배지역과 무관한 내용이므로 재배지역 란에 기재되기에 적절하지 않다.

[19~20] 다음 글을 읽고 물음에 답하시오.

'보릿고개'란 양력 5~6월쯤이면 가을에 걷었던 식량은 바닥이 나고 여름 곡식인 보리는 미처 여물지 않아 굶주릴 수밖에 없었던 농촌의 어려운 사정을 표현하는 말이다. 1970년대 들어 그 말이 과거의 유산으로 사라지게 된 배경에는 적극적인 식량 증산의 노력이 있었다. 식량자급이야말로 가난 추방의 첫걸음이자 국가안보의 요체라고 여겨져 1960년대 중반 신품종 개발이 이루어졌다. 1971년, 농촌진흥청이 동남아 신품종을 개량해 내놓은 새로운 볍씨의 재배가 시작됐다. 정식 명칭 'IR667-98-1-2'인 이 벼를 사람들은 '통일벼'라 불렀다. 보통 벼는 이삭 하나에 낟알이 80~90개였지만 통일벼는 120~130개가 보통이었고 200~300개가 되기도 했다. 당시 농민들은 "못자리 때 싹이 안 터서 울었지만 엄청나게 벼를 쏟아내는 걸 보고 웃었다"고 말했다. 우리나라의 산업혁명은 통일벼로 시작되었다. 통일벼는 볍씨는 많이 열리나, 키가 작고 씨앗이 잘 떨어지며 밥맛이 월남 쌀처럼 푸석푸석했다. 하지만 그 통일벼를 시작으로 우리 역사 5천 년 동안 지긋지긋하게 지속하였던 굶주림에서 벗어나게 된 것이다.

통일벼는 점차 '한국 토양에 적합한 다수확 품종'으로서의 입지를 확고히 하게 됐고, 1972년 16%였던 보급률은 1977년에 55%까지 늘어 쌀 증산의 견인차가 됐다. 쌀 생산량은 1974년 3,000만 석을 돌파했으며, 1975년에는 마침내 쌀 자급(自給)이 달성됐다. 쌀 4,000만석을 돌파한 1977년에는 전국 벼 평균수량이 1,000㎡당 494kg으로 '단군 이래 최고 수량'을 기록했다. 이 무렵 동남아 국가들이 신품종을 개발해 식량을 증산한 녹색혁명(Green Revolution)을 대한민국도 이뤄내게 됐던 것이다. 통일벼는 그 후 밥맛이 떨어진다는 이유로 보급이 중단돼 후속 품종들에 임무를 넘겨줬다.

통일벼가 가져다준 쌀의 자급자족은 우리나라 식량문제를 일거에 해결해 경제발전을 추진하는 원동력이 되었다. 그러나 통일벼에 약점이 없었던 것은 아니었다. 열대에 잘 적응하는 인디카 품종의 유전자를 많이 가지고 있었기 때문에 저온에 약했고, 맛도 자포니카 품종만 못했다. 우리나라 육종학자들은 통일벼 품종의 약점을 개선하기 위한 연구를 지속적으로 추진했지만, 아직도 근본적인 해결책을 찾지는 못하고 있다. 1980년대부터 통일벼는 쌀의 과다생산에 대한 우려와 맛이 다소 떨어진다는 약점 때문에 재배면적이 줄어들게 되었다. 그러나 이러한 통일벼의 개발은 우리나라의 식량자급을 가져다준 직접적인 계기가 되었고, 작물육종 기술을 세계수준으로 격상시키는 데에 이바지했다. 또한, 실용적인 성과로 직결되어 나라의 안정과 발전에 이바지하기도 하였다.

19 다음 중 통일벼에 대한 설명으로 올바르지 않은 것은?

가. 통일벼는 우리나라의 쌀 생산량 향상에 기여하였다.

나. 통일벼의 인디카 유전자는 저온에 약한 특징을 보였다.

다. 통일벼의 유일한 약점은 맛이 떨어진다는 것이다.

라. 통일벼가 재배되기 시작한 지 10년도 지나지 않아 전국 벼 평균수량이 최고 수준에 이르렀다.

정답 다

다. 통일벼의 약점은 맛이 떨어진다는 것 외에도 저온에 약하다는 것이 언급되어 있다.

오답풀이
가. 통일벼의 개발에 힘입어 전국의 쌀 생산량은 크게 증가되었다.
나. 통일벼는 인디카 품종의 유전자를 많이 가지고 있었기 때문에 저온에 약했다고 소개되어 있다.
라. 통일벼 재배는 1971년부터 시작되었으며, 1977년 쌀 생산량이 4,000만석을 돌파하여 단군 이래 최고 수량을 기록하게 되었다.

20 다음 중 윗글을 통해 알 수 있는 내용이 아닌 것은?

가. 농업의 발전에 끼친 통일벼의 영향

나. 통일벼의 국제적 위상

다. 통일벼의 특징

라. 통일벼 보급에 따른 쌀 수확량 증가

정답 나

통일벼가 개발될 무렵, 동남아 국가들은 신품종을 개발하여 식량을 증산한 녹색혁명을 이루고 있었으며, 우리나라도 통일벼에 의해 녹색혁명을 이루었다는 언급이 있으나, 모든 동남아 국가들이 통일벼를 보급한 것은 아니므로, 이것이 통일벼가 국제적으로 가지고 있는 위상을 말해주는 것으로 볼 수는 없다.

수리능력

01 $a(a-b) = 23$을 만족하는 두 자연수 a, b에 대하여 $a^2 - b^2$의 값은?

가. 45
나. 48
다. 70
라. 75

> **해설** 　　　　　　　　　　　　　　　　　　　　　　　　　　　　**정답 가**
> a, b는 자연수이므로 a, $a-b$는 23의 약수이다. 23의 약수는 1, 23뿐이므로 $a = 23$, $b = 22$일 때만 $a(a-b) = 23$을 만족한다.
> 따라서 $a^2 - b^2 = (a+b)(a-b) = (23+22)(23-22) = 45$이다.

02 다음 중 계산 결과가 가장 큰 것은?

가. $563 - 483 - 27$
나. $402 - 317 - 31$
다. $159 + 436 - 536$
라. $371 - 278 - 46$

> **해설** 　　　　　　　　　　　　　　　　　　　　　　　　　　　　**정답 다**
> 다. $159 + 436 - 536 = 59$
> **오답풀이**
> 가. $563 - 483 - 27 = 53$
> 나. $402 - 317 - 31 = 54$
> 라. $371 - 278 - 46 = 47$

03 다음에 주어진 조건의 관계를 살펴보고 그 결론을 판단한 것은?

조 건	결 론
A≥B≥C≥D	A>D

가. 옳다.　　　　나. 옳지 않다.　　　　다. 알 수 없다.

> **해설** 　　　　　　　　　　　　　　　　　　　　　　　　　　　　**정답 다**
> 네 수 A, B, C, D에 대하여 A>B, B>C, C>D 중 하나라도 성립하면 A>D가 되어 옳다.
> 하지만 A=B=C=D이면 A=D이므로 A>D는 옳지 않다. 따라서 알 수 없다.

04 ○○농협의 적금 상품은 5년 만기, 연리 3.3% 조건이다. 500만 원의 예치금으로 이 적금 상품에 가입하였다면, 만기 시점에 받게 될 원리금을 단리와 복리로 계산하였을 경우 차액을 구하면? (단, 반올림하여 원 단위까지 표시하고, $1.033^5 = 1.176$으로 계산한다.)

가. 50,000원
나. 55,000원
다. 60,000원
라. 65,000원

해설
정답 나
- 단리 : $5,000,000 + (5,000,000 \times 0.033 \times 5) = 5,825,000$(원)
- 복리 : $5,000,000 \times 1.033^5 = 5,000,000 \times 1.176 = 5,880,000$(원)

따라서 단리와 복리의 원리금 차액은 $5,880,000 - 5,825,000 = 55,000$(원)이다.

05 정현이는 3년 만기 연 복리 10%의 예금상품에 가입하였다. 가입 시 100만 원을 저금하고 이후에는 별도로 입출금을 하지 않았다면, 만기 시 정현이가 받을 원금과 이자의 합계는? (단, 세금은 고려하지 않는다.)

가. 130만 7천 원
나. 131만 5천 원
다. 132만 3천 원
라. 133만 1천 원

해설
정답 라
$a(1+r)^n = 100 \times (1+0.1)^3 = 133.1$(만 원)

따라서 만기인 3년 후에 받을 원금과 이자의 합계는 133만 1천 원이다.

06 A씨가 소유하고 있는 주택은 분양가가 2억 원이며, 보증금 1,000만 원에 월 80만 원의 월세를 임대하였다. 대출금은 연리 3%짜리 7,000만 원이 있는 상황이라면, 다음을 참고할 때 A씨의 임대수익률은?

〈부동산 임대수익률〉
- 대출이 없는 경우 : (월 임대료×12개월)÷(매매가액−임대보증금)×100
- 대출이 있는 경우 : (연 임대료−연 대출이자)÷(매매가액−임대보증금−대출금액)×100

가. 5.58%
나. 6.02%
다. 6.14%
라. 6.25%

해설
정답 라
A씨는 대출이 있는 경우이므로 주어진 임대수익률 산식에 의해 다음과 같이 계산한다.
연 대출이자액은 $70,000,000 \times 0.03 = 2,100,000$(원)이 된다.
$\{(800,000 \times 12) - 2,100,000\} \div (200,000,000 - 10,000,000 - 70,000,000) \times 100$
$= 7,500,000 \div 120,000,000 \times 100 = 6.25$(%)가 된다.

07 다음은 A 농협의 특정 적금 상품 가입현황을 나타낸 표이다. 이를 그래프로 올바르게 작성한 것만을 모두 고른 것은?

성 별		연령대		신규금액		계약기간	
여성	71%	20대 이하	45%	5만 원 미만	24%	1년 미만	59%
		30대	37%	5~10만 원 미만	57%	1~2년 미만	20%
남성	29%	40대	12%	10~50만 원 미만	16%	2~3년 미만	14%
		50대 이상	6%	50만 원 이상	3%	3년 이상	7%

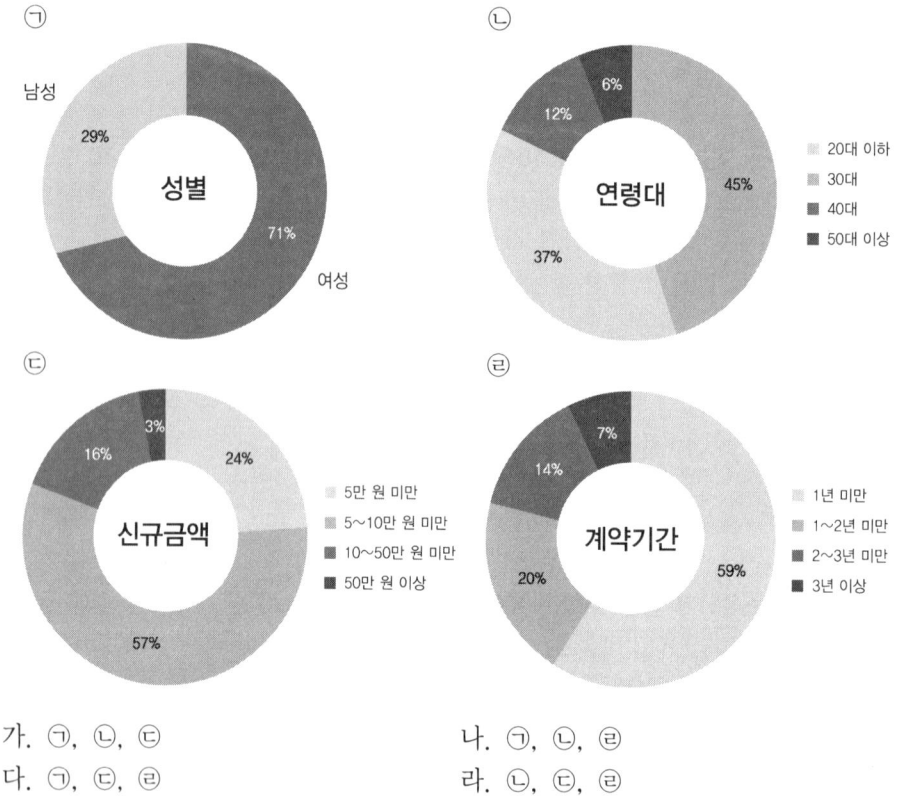

가. ㉠, ㉡, ㉢ 나. ㉠, ㉡, ㉣
다. ㉠, ㉢, ㉣ 라. ㉡, ㉢, ㉣

해설
정답 다

연령대별 표에서는 20대, 30대, 40대 순으로 많은 비중을 나타내고 있으나 그래프에서는 20대와 30대의 위치가 서로 뒤바뀌었다. 따라서 ㉡을 제외한 나머지 세 개의 그래프가 올바르게 작성되어 있다.

08 다음 자료에 대한 설명으로 올바르지 않은 것은?

〈연도별 재건축 추진현황 자료〉

(단위 : 천 호)

구 분		2013년	2014년	2015년	2016년	2017년
인가	합 계	13.2	8.8	9.9	15.4	32.8
	수도권	9.7	2.0	2.9	8.7	10.9
	지 방	3.5	6.8	7.0	6.8	21.9
준공	합 계	5.1	11.6	7.1	16.7	16.2
	수도권	1.1	3.4	0.7	10.2	5.9
	지 방	4.0	8.2	6.4	6.5	10.3

가. 2013~2017년 동안 수도권의 연평균 재건축 인가 호수는 준공 호수보다 많다.
나. 재건축 인가 호수가 가장 큰 폭으로 변동한 것은 2017년 지방의 경우이다.
다. 수도권이 지방보다 더 많은 재건축 인가 호수를 보인 해와 더 많은 재건축 준공 호수를 보인 해는 각각 2개 연도씩이다.
라. 전년 대비 재건축 준공 호수가 가장 크게 감소한 것은 2017년 수도권의 경우이다.

해설

정답 다

다. 수도권이 지방보다 더 많은 재건축 인가 호수를 보인 해는 2013년과 2016년이며, 수도권이 지방보다 더 많은 재건축 준공 호수를 보인 해는 2016년뿐이다.

오답풀이

가. 수도권의 연평균 재건축 인가 호수는 34.2÷5=6.84천 호로, 21.3÷5=4.26천 호인 준공 호수보다 많다.
나. 2017년 지방의 경우 전년 대비 인가 호수가 15.1천 호 변동(증가)으로 가장 큰 변동폭을 나타내고 있다.
라. 2017년 수도권의 경우 전년 대비 준공 호수가 4.3천 호 감소하여 가장 큰 감소를 나타내고 있다.

[09~10] 다음 표는 2014년부터 2018년까지 우리나라가 미국, 호주와 유럽에 투자한 금융자산과 환율을 나타낸 자료이다. 다음 물음에 답하시오.

〈표1〉 지역별 금융자산 투자규모

연도	미국(억 US$)	호주(억 AU$)	유럽(억 €)
2014	80	70	70
2015	100	65	75
2016	105	60	85
2017	115	80	90
2018	110	85	100

〈표2〉 외국통화에 대한 환율

연도	₩/US$	₩/AU$	₩/€
2014	1,000	900	800
2015	950	950	850
2016	900	1,000	900
2017	850	950	1,100
2018	900	1,000	1,000

09 원화로 환산한 대미 금융자산 투자규모가 가장 큰 연도는?

가. 2015년 　　　　　　　　　나. 2016년
다. 2017년 　　　　　　　　　라. 2018년

해설　　　　　　　　　　　　　　　　　　　　　　　　　　　정답 라

위의 자료를 원화로 환산하면 다음 표와 같다.

(단위 : 억 원)

연도	미국	호주	유럽
2014	80,000	63,000	56,000
2015	95,000	61,750	63,750
2016	94,500	60,000	76,500
2017	97,750	76,000	99,000
2018	99,000	85,000	100,000

그러므로 2018년도의 대미 금융자산 투자규모가 가장 크다.

10 2014년도에 투자한 금융자산을 2018년도에 회수한다면 원화로 환산한 경우 가장 큰 수익금액이 발생한 지역은? (단, 같은 기간 동안 각 지역에서의 금융자산의 수익률은 10%로 동일하다.)

가. 미국
나. 호주
다. 유럽
라. 세 지역 모두 수익금액이 동일하다.

해설 정답 다

$(1.1)^4 ≒ 1.5$로 계산하여 투자수익금액을 각각 구하면 다음과 같다.
- 미국 투자수익금액 : $1.5 × 80 × 900 - 80 × 1000 = 28,000$(억 원)
- 호주 투자수익금액 : $1.5 × 70 × 1000 - 70 × 900 = 42,000$(억 원)
- 유럽 투자수익금액 : $1.5 × 70 × 1000 - 70 × 800 = 49,000$(억 원)

그러므로 유럽의 투자수익금액이 가장 크다.

11 유진이는 1년 전 250만 원을 넣어 3년 만기, 연리 4%(단리)의 비과세 금융 상품에 가입해 있다. 2년 후 만기 시점에서 총 500,000원 이상의 이자 수익을 얻기 위하여 추가로 원금 300만 원, 2년 만기 복리 이자 비과세 상품에 가입하려고 한다. 유진이의 총 이자 수익이 500,000원 이상이 되려면 추가로 가입하는 상품의 연리는 최소 얼마여야 하는가? (단, 이자율(%)은 소수 첫째 자리까지 나타낸다.)

가. 3.2%
나. 3.3%
다. 3.4%
라. 3.5%

해설 정답 나

1년 전 가입한 상품의 2년 후 만기 시점에서 지급받게 되는 총 이자는 다음과 같다.
$2,500,000 × 0.04 × 3 = 300,000$원
따라서 500,000원의 이자를 얻기 위해서는 추가로 가입하는 상품의 이자가 최소 200,000원 이상이어야 한다.
$\frac{이자율(\%)}{100} = x$ 라 하면,
$3,000,000 × (1+x)^2 ≥ 3,200,000$이어야 한다.
주어진 선택지의 값 중 3.2%와 3.3%의 경우를 계산해 보면 각각 $3,000,000 × (1+0.032)^2 = 3,195,072$(원)과 $3,000,000 × (1+0.033)^2 = 3,201,267$(원)이 되어 추가로 가입하고자 하는 상품은 최소 연리 3.3% 이상이어야 이자 수익의 총합이 $300,000 + 201,267 = 501,267$(원)이 되어 500,000원 이상이 된다.

[12~13] 다음 자료를 보고, 물음에 답하시오.

〈귀농 가구주의 연령별 현황〉

(단위 : 명, %)

구 분	2018년			2017년			증감		
	계	남	여	계	남	여	계	남	여
가구주	12,630	8,477	4,153	12,875	8,730	4,145	−245	−253	8

〈귀농 가구주의 연령별 현황〉

(단위 : 명, 세)

구 분	합계	30대 이하	40대	50대	60대	70대 이상	평균연령
2018년	12,630	1,325	2,251	4,900	3,432	722	54.3
2017년	12,875	1,340	2,361	5,137	3,270	767	54.2

〈귀농 가구원수별 가구 현황〉

(단위 : 가구)

구 분	합 계	1인	2인	3인	4인 이상
2018년	12,630	8,240	2,792	878	720
2017년	12,875	8,276	2,809	999	791

12 다음 중 귀농 가구원수별 구성비의 증감률을 올바르게 나타낸 표는?

가.
구 분	1인	2인	3인	4인 이상
증감률(%)	65.24	22.11	6.95	5.70

나.
구 분	1인	2인	3인	4인 이상
증감률(%)	1.49	1.33	−10.44	−7.17

다.
구 분	1인	2인	3인	4인 이상
증감률(%)	64.28	21.82	7.76	6.14

라.
구 분	1인	2인	3인	4인 이상
증감률(%)	10.49	17.82	27.17	5.72

해설

정답 나

나. '구성비의 증감률'을 묻고 있으므로 먼저 연도별 구성비를 구해 보면 다음과 같다.
- 2018년 : 1인(65.24%), 2인(22.11%), 3인(6.95%), 4인 이상(5.70%)
- 2017년 : 1인(64.28%), 2인(21.82%), 3인(7.76%), 4인 이상(6.14%)

A→B로 변동된 수치의 증감률 공식인 $\frac{(B-A)}{A} \times 100$을 이용하여 각각의 증감률을 계산해 보면 순서대로 1.49%, 1.33%, −10.44%, −7.17%가 됨을 알 수 있다.

13 다음 중 위의 자료에 대한 올바른 해석은?

가. 귀농 가구주의 평균연령은 전체 귀농 가구 수를 30, 40, 50, 60, 70세 기준 해당 가구 수로 나누어 계산할 수 있다.

나. 2018년에는 2017년 대비 남성 귀농 가구주는 순증가한 반면, 여성 귀농 가구주는 순감소하였다.

다. 2018년의 2017년 대비 귀농 가구주 수의 증감률의 폭이 가장 큰 연령대는 60대이다.

라. 귀농 가구주의 평균연령이 전년 대비 증가한 것은 60대의 증가와 40대의 감소를 원인으로 볼 수 있다.

 해설

정답 라

라. 연평균연령은 54.2세에서 54.3세로 증가하였다. 이것은 평균연령보다 연령이 높은 계층의 수치가 더 증가하고, 평균연령보다 연령이 낮은 계층의 수치가 더 감소한 것을 그 원인으로 생각할 수 있다. 따라서 이를 직접적으로 반영하는 두 연령대가 보여주는 현상은 40대의 감소와 60대의 증가가 된다.

오답풀이

가. 제시된 평균연령은 모든 귀농 가구별 연령을 조사하여 계산한 자료로 보는 것이 타당할 것이며, 통계 자료에 의한 합리적 평균연령을 구하는 산식은 각 계급의 중앙값인 35세, 45세 등의 연령을 적용하는 편이 비교적 오차를 줄일 수 있다.

나. 증가(감소) 인원이 감소(증가) 인원보다 많을 경우, 순증가(순감소)하였다고 말한다. 2017년 대비 남성 귀농 가구주는 순감소했지만 여성 귀농 가구주는 순증가하였다.

다. '증감률의 폭'은 증가율과 감소율의 절대치를 의미하므로 증감폭이 큰 것은 절대치가 큰 것을 의미한다. 60대의 증가율은 $(3{,}432 - 3{,}270) \div 3{,}270 \times 100 \fallingdotseq 5.0(\%)$이지만 70대 이상의 감소율은 $(722 - 767) \div 767 \times 100 \fallingdotseq -5.9(\%)$이므로 증감폭이 가장 큰 연령은 70대 이상이다.

14 체질량 지수를 구하는 공식은 체질량 지수 $= \dfrac{\text{몸무게(kg)}}{[\text{키(m)}]^2}$이다. 다음의 경우에 영규의 2달 전 몸무게는? (단, 소수 첫째 자리까지 나타낸다.)

- 영규의 2달 전과 지금의 키는 170cm으로 동일하다.
- 체질량 지수는 2.25가 낮아져 30이 되었다.

가. 93.2kg
나. 93.6kg
다. 94.2kg
라. 94.5kg

해설

정답 가

2달 전의 체질량 지수는 $2.25 + 30 = 32.25$가 된다. 따라서 주어진 공식과 제시된 자료에 따라 2달 전의 몸무게를 다음과 같이 구할 수 있다.

$32.25 = \dfrac{\text{몸무게(kg)}}{1.7^2}$ ∴ 몸무게 $= 32.25 \times 1.7^2 \fallingdotseq 93.2(\text{kg})$

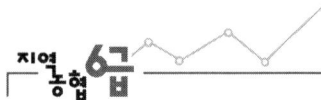

[15~16] 다음은 제주도의 연도별 관광객 추세를 나타낸 자료이다. 물음에 답하시오.

〈연도별 관광객 유치 현황〉

(단위 : 천 명)

구 분	2013년	2014년	2015년	2016년	2017년
계	10,851	12,274	13,664	15,853	14,753
내국인	8,517	8,946	11,040	12,250	13,523
외국인	2,334	3,328	2,624	3,603	1,230

〈외국인 국적별 내도 현황〉

(단위 : 천 명)

구 분	2013년	2014년	2015년	2016년	2017년
계	2,334	3,328	2,624	3,603	1,230
일본	129	97	59	48	55
미국	21	20	17	34	33
대만	39	32	18	38	29
중국	1,812	2,859	2,236	3,061	746
홍콩	40	28	23	45	49
싱가포르	57	46	30	51	34
말레이시아	75	64	40	66	50
기타	161	182	201	260	234

15 다음 중 제주도의 내국인 관광객 대비 중국 관광객의 비중이 가장 큰 해와 가장 작은 해는?

가. 2014년, 2017년 나. 2016년, 2017년
다. 2014년, 2015년 라. 2013년, 2015년

정답 가

'내국인 관광객 대비 중국 관광객의 비중'은 '$\frac{중국\ 관광객}{내국인\ 관광객} \times 100$'의 계산식으로 산출할 수 있다.

따라서 2013년부터 2017년까지 연도별 해당 비중은 각각 21.3%(2013), 32.0%(2014), 20.3%(2015), 25.0%(2016), 5.5%(2017)가 되어 비중이 가장 큰 해와 가장 작은 해는 각각 2014년과 2017년이 된다.

16 다음 중 위의 자료를 통해 알 수 있는 제주도의 관광객 현황으로 적절하지 않은 것은?

가. 전체 외국인 관광객 중 대만과 중국 관광객의 2013년 대비 2017년의 비중은 각각 감소하였다.
나. 전체 관광객 중 내국인 관광객의 비중이 가장 큰 시기는 2017년이다.
다. 2017년의 전년대비 감소한 외국인 관광객의 95% 이상은 중국 관광객이다.
라. 전체 외국인 관광객 중 기타 지역 외국인 관광객의 비중이 가장 크게 증가한 시기는 2017년이다.

해설

정답 가

가. 대만 관광객의 비중은 2013년의 $\frac{39}{2,334} \times 100 ≒ 1.7(\%)$에서 2017년의 $\frac{29}{1,230} \times 100 ≒ 2.4(\%)$로 증가하였으나, 중국 관광객의 비중은 2013년의 $\frac{1,812}{2,334} \times 100 ≒ 77.6(\%)$에서 2017년의 $\frac{746}{1,230} \times 100 ≒ 60.7(\%)$로 감소하였음을 확인할 수 있다.

오답풀이

나. 2017년의 내국인 관광객 비중은 91.7%로 가장 큰 시기이다.
다. 전체 감소한 외국인 관광객은 2,373천 명이고, 이중 중국 관광객은 2,315천 명이므로 $\frac{2,315}{2,373} \times 100 ≒ 97.6\%$의 비중을 보이고 있다.
라. 기타 지역 외국인 관광객의 비중은 연도별로 6.9%(2013), 5.5%(2014), 7.7%(2015), 7.2%(2016), 19.0%(2017)를 보이고 있으므로 증감폭(11.8%p)과 증감률(163.9%) 모두 2017년이 월등히 큰 것을 알 수 있다.

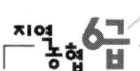

[17~18] 다음 자료를 보고 물음에 답하시오.

〈연령·경영규모별 농가 유형화〉

경영주 연령 65세와 표준영농규모 2ha를 기준으로 농가를 4가지 형태로 분류
- 65세 국민건강 수준 향상 및 기계화로 다수의 전업농의 65세까지는 전업적 경영을 유지하고 있는 여건을 고려하여 65세를 기준으로 함
- 표준영농규모, 자본집약적 농업의 증가량에 따라 유형자산을 영농규모에 반영하도록 경지로 환산한 규모·개념을 구분함

〈농가유형 구분(연령/표준영농규모)〉

그룹1 청장년 중대농	• 평균 연령은 56세. 40~50대 농가 비중 75% • 규모화 등 경쟁력 강화 정책 등으로 농업소득이 증가했으나 경영 위험도 증가(부채비율 13%로 고령 소농에 비해 4배 이상 높고 부채비율 20% 이상인 농가가 약 25%에 달함) • 평균 농가의 농업소득 비중보다 농업소득 의존도가 높아 농업 성장과 연계성 높음
그룹2 청장년 소농	• 겸업 농가 다수. 귀농에 의한 신규전업농, 1·2종 겸업 등 다양한 형태의 소규모 농가 • 전업(1종 겸업 포함) 농가의 감소로 농업소득 비중 커짐 (농외소득 비중은 2010년 58.5%에서 2015년 67.6%로 상승) • 영농 기반이 취약하여 경제활동 기회 확대가 중요
그룹3 고령 소농	• 농가의 과반 이상, 평균 연령이 74세, 40%는 75세 이상의 초고령 농가 • 미래 영농기반이 취약한 은퇴 직전 계층 • 농가소득 중 농업 외 보조금의 규모가 커, 정부의 복지지원 정책 확대 효과가 없는 것으로 보임(2015년 전체 농가 농업 외 보조금 556만 원, 고령 소농 690만 원) • 복지 강화안으로는 소득 증대에 한계가 있으므로 농업과 연계한 소득원 보강 필요
그룹4 고령 중대농	• 평균 연령 71세로 고령농이나 대규모의 농업생산자원 보유 • 은퇴 직전 75세 이상 농가의 50% 이상은 영농승계 가능 가구원 없음 • 농업생산자원 보유 비중이 높아 조직화 등으로 생산성을 높여 경영상 어려움을 해결할 필요 있음

〈농가유형 구조 변화〉

(단위 : 천 원, %)

구 분	인구 비중		평균 농가소득			평균 농업소득		
	2010	2015	2010	2015	증가율	2010	2015	증가율
그룹1	12.5	15.7	58,500	69,800	19.3	30,300	36,600	20.8
그룹2	32.5	21.5	38,000	44,100	16.1	8,830	5,900	-33.2
그룹3	47.2	45.5	22,100	24,700	11.8	5,690	5,160	-9.3
그룹4	7.8	17.4	35,500	37,500	5.6	14,800	16,900	14.2

17 주어진 자료를 올바르게 이해하지 못한 설명은?

가. 2010~2015년의 기간 동안 고령 중대농의 인구 비중은 급격히 증가했고, 청장년 중대농 인구 비중은 증가, 청장년 소농의 인구 비중은 급격히 감소했다.

나. 중대규모 농가의 인구 비중은 2010년 20.3%에서 2015년 33.1%로 약 1.6배 증가하였다.

다. 2015년 65세 이상 농가의 인구 비중은 2010년 대비 약 8%p 상승하여 우리 농업의 고령화 추이를 나타내고 있다.

라. 고령 소농 그룹의 경우 농업 외의 경제활동 또는 비경제적인 활동으로 얻은 소득 비중이 2010년 대비 감소했음을 알 수 있다.

해설

정답 라

라. 고령 소농 그룹의 평균 농가소득은 22,100천 원에서 24,700천 원으로 증가하였으나 평균 농업소득은 오히려 감소하였으므로 이것은 농업 외의 경제활동 또는 비경제적인 활동으로 얻은 소득 비중이 2010년 대비 증가하였음을 의미한다고 말할 수 있다.

오답풀이

가. 고령 중대농의 인구 비중은 7.8(%) → 17.4(%)로 급격히 증가했고, 청장년 중대농 인구 비중은 12.5(%) → 15.7(%)로 증가, 청장년 소농의 인구 비중은 32.5(%) → 21.5(%)로 급격히 감소했다.

나. 중대규모 농가의 인구 비중은 2010년 12.5+7.8=20.3(%) → 15.7+17.4=33.1(%)로 약 1.6배 증가하였다.

다. 2015년 65세 이상 농가의 비중은 2010년 대비 47.2+7.8=55(%) → 45.5+17.4=62.9(%)로 약 8%p 상승하였다.

18 다음 농가유형 구분에 대한 설명 중 주어진 자료와 일치하지 않는 것은?

가. 농가의 평균 연령이 가장 높은 유형은 고령 소농이다.

나. 소득 증가에도 불구하고 부채가 높은 유형은 청장년 중대농이다.

다. 고령 중대농 유형은 영농승계 가능 가구원과 농업생산자원 보유 비중이 모두 낮아 지속 영농이 불투명하다.

라. 부채로 인한 경영 위험의 문제가 있는 유형은 청장년 중대농 유형이다.

해설

정답 다

다. 고령 중대농 유형은 평균 연령 71세로 75세 이상 농가의 50% 이상은 영농승계 가능 가구원이 없으나, 농업생산자원의 비중은 높은 것으로 나타나고 있다.

오답풀이

가. 고령 소농의 평균 연령은 74세로 71세인 고령 중대농보다 높다.

나, 라 농업소득이 증가했음에도 부채비율 13%로 고령 소농에 비해 4배 이상 높고 부채비율 20% 이상인 농가가 약 25%에 달해 경영상의 위험이 있다고 언급되어 있다.

[19~20] 다음은 2011년부터 2019년 사이의 교통법규 위반 유형별 교통사고 발생건수 및 사망자 수를 나타낸 표이다. 다음 물음에 답하시오.

(단위 : 건, 명)

연도	전체		안전운전 불이행		중앙선 침범		신호위반		과속	
	발생건수	사망자 수	발생건수	사망자 수	발생건수	사망자 수	발생건수	사망자 수	발생건수	사망자 수
2011	255,303	12,325	162,744	6,960	12,380	1,498	7,024	191	2,484	459
2012	257,194	11,640	157,123	6,501	13,943	1,550	9,469	203	2,238	519
2013	266,107	10,087	148,561	5,006	17,806	1,594	13,556	257	1,917	426
2014	265,052	12,653	168,133	7,828	22,488	2,387	18,061	382	2,282	578
2015	246,452	11,603	158,959	7,410	19,377	2,036	16,790	334	1,948	512
2016	239,721	9,057	154,927	5,973	16,605	1,495	17,536	305	1,398	348
2017	275,938	9,353	175,772	6,333	17,725	1,387	22,145	363	1,205	283
2018	290,481	10,236	184,821	6,970	18,931	1,472	23,811	418	984	275
2019	260,579	8,097	166,104	5,609	16,147	966	20,598	334	781	208

19 2019년의 전년 대비 사망자 수 감소율은 약 얼마인가?

가. 21% 나. 23%
다. 25% 라. 27%

정답 가

2019년 전년 대비 사망자 수 감소율은 $\frac{8,097-10,236}{10,236} \times 100 ≒ -21(\%)$이다.

20 이 기간 동안 사망자 수가 대체적으로 증가한 사고 유형은?

가. 안전운전 불이행 나. 중앙선 침범
다. 신호위반 라. 과속

정답 다

신호위반은 2011년 191건에서 2019년 334건으로 대체로 증가했다.

문제해결능력

01 다음 중 문제를 해결하는 데 장애요인이 아닌 것은?

> ㉠ 문제를 철저하게 분석하지 않는 경우
> ㉡ 고정관념에 얽매이는 경우
> ㉢ 발상의 전환을 하는 경우
> ㉣ 너무 많은 정보를 수집하려고 노력하는 경우

가. ㉠ 나. ㉡
다. ㉢ 라. ㉣

 정답 다

다. 발상의 전환은 문제해결에 필요한 기본적 사고이다.

02 다음은 마을 주민과 행정 당국이 합심하여 한 마을을 부흥시킨 사례이다. 다음 글과 같은 사례에서 엿볼 수 있는 핵심적인 사고력 두 가지가 알맞게 짝지어진 것은?

> 고릿골이 가장 먼저 이룬 성과는 마을 내 추모공원에 대해 개인이 아닌 공동체로 대응한 점입니다. 추모공원의 경우 기존에는 공동묘지로 불리며 통상 혐오시설로 분류되던 곳입니다. 추모공원이 들어선 이후 주민들은 마을 이미지를 훼손시키는 것은 물론 불이익을 받고 있다는 불만이 컸고, 추모공원을 반대하는 집단시위와 무조건적인 반대급부 요구도 빈번했습니다. 하지만 개인이 아닌 공동체로 대응을 하면서부터 추모공원은 분쟁과 지탄의 대상에서 마을 수입의 원천으로 탈바꿈합니다. 주민 의견을 조정한 고릿골이 추모공원 내 사업에 정당하게 노동력을 제공하고 그 대가로 마을 발전 기금 마련과 주민소득 증대라는 두 가지 숙제를 해결하기로 한 것입니다. 그리고 시 조례에 따라 고릿골은 묘지와 시설관리, 조경 사업, 매점 운영 등 20여 건의 추모공원 사업을 수주하게 되었고, 연 600여 명의 고용 창출 효과를 거두고 있습니다. 영농 조합법인 고릿골의 지난해 매출 1억8천만 원 중 주요 매출은 추모공원 관련 사업으로 이 같은 성과는 '나'라는 개인이 아닌 '마을공동체'로 뭉쳐 함께 고민하고 행동한 결과입니다.

가. 논리적 사고, 비판적 사고 나. 창의적 사고, 비판적 사고
다. 전략적 사고, 창의적 사고 라. 논리적 사고, 창의적 사고

정답 라

빈번했던 마을 주민들의 추모공원을 반대하는 집단시위와 무조건적인 반대급부 요구에 대해서는 행정 당국에서 주민들을 설득하는 과정이 필요했을 것이며, 이것은 논리적인 사고력이 필요한 상황으로 볼 수 있다. 또한, 여러 가지 다양한 사업을 추진하여 추모공원을 지탄의 대상에서 마을 수입의 원천으로 탈바꿈시키게 된 데에는 창의적 사고력이 동원되었다고 볼 수 있다.

03 A, B, C, D, E 5명의 진술 중 3명이 참, 2명이 거짓일 때, 거짓이면서 참석하지 않은 사람은?

> A : 나는 참석했다
> B : A와 C 모두 참석했다.
> C : A는 참석하지 않았다.
> D : 총 3명이 참석했다.
> E : A와 C, 그리고 내가 참석했다.

가. A
나. C
다. D
라. E

해설   정답 **라**

A와 C는 서로 역인 명제를 말하므로 둘 다 참일 수는 없다.
2명이 거짓이므로 A, C를 제외한 사람 중 단 한 명만 거짓을 말해야 한다.
- A가 거짓이고 C가 참일 경우
  A가 참석하지 않았으므로 B, E가 거짓이 된다. (×)
- A가 참이고 C가 거짓인 경우
  B가 거짓이라고 가정 : A와 C 모두 참석한 것이 아니므로 E가 거짓이 된다. (×)
- D가 거짓이라고 가정 : E는 총 3명이 참석한 것을 주장하므로 E가 거짓이 된다. (×)
- E가 거짓이라고 가정 : B가 참이므로 A, C는 모두 참석했고 E는 참석하지 않았다.
따라서 C와 E가 거짓이고, 이 중 참석하지 않은 사람은 E이다.

04 8층에서 엘리베이터에 타게 된 A, B, C, D, E 5명은 5층부터 내리기 시작하여 마지막 다섯 번째 사람이 1층에서 내리게 되었다. 다음 조건을 만족할 때, 1층에서 내린 사람은 누구인가?

> - 2명이 함께 내린 층은 4층이며, 나머지는 모두 1명씩만 내렸다.
> - B가 내리기 직전 층에서는 아무도 내리지 않았다.
> - E는 D의 바로 다음 층에서 내렸다.
> - A와 B는 1층에서 내리지 않았다.

가. A
나. B
다. C
라. D

해설   정답 **다**

문제의 내용과 조건의 내용에서 알 수 있는 것은 다음과 같다.
- 5층과 1층에서는 적어도 1명이 내렸다.
- 4층에서는 2명이 내렸다.(2층 또는 3층 중 아무도 내리지 않은 층이 한 개 층이 있다.)

그런데 B가 1층에서 내리지 않았으므로 B의 직전 층에서 아무도 내리지 않았다는 것은 B가 2층에서 내렸고 3층에서 아무도 내리지 않았어야 한다. 또한, E가 D의 바로 다음 층에서 내렸다는 것은 D가 5층에서, E가 4층에서 내렸어야만 한다. A는 1층에서 내린 것이 아니므로 2명이 내린 4층에서 E와 함께 내린 것임을 알 수 있다. 이 경우 1층에서 내릴 수 있는 사람은 남은 C밖에 없게 된다.

05 은정, 광용, 혜연, 유진, 정윤, 유리 6명은 함께 영화를 보러 갔다. 6명이 다음 조건과 같이 일렬로 나란히 이어서 앉아 있을 경우 왼쪽부터 가능한 순서로 적절한 것은?

조건
- 은정과 혜연 사이에는 2명이 앉아 있다.
- 혜연의 바로 오른쪽에는 광용이 앉아 있다.
- 유진의 한쪽에는 은정이 앉아 있고, 나머지 한쪽에는 아무도 앉아 있지 않다.
- 은정과 광용 사이에는 3명이 앉아 있다.

가. 은정 – 유진 – 정윤 – 유리 – 혜연 – 광용
나. 유진 – 정윤 – 유리 – 은정 – 혜연 – 광용
다. 은정 – 정윤 – 혜연 – 광용 – 유진 – 유리
라. 유진 – 은정 – 유리 – 정윤 – 혜연 – 광용

해설

정답 라

가장 확실한 조건부터 참고해야 한다.
혜연의 바로 오른쪽에 광용이라는 조건에 의해 '혜연 – 광용'의 순서가 정해질 수 있으며, 은정과 혜연, 은정과 광용 사이의 인원수에 따라 다음과 같은 경우가 가능하다.

	은정			혜연	광용
은정			혜연	광용	

그러나 유진의 한쪽에 은정이 앉아 있으며, 나머지 한쪽에는 아무도 없다는 조건에 따라 유진의 위치는 가장 왼쪽이 될 수밖에 없다.
따라서 6명이 앉을 수 있는 순서는 '유진 – 은정 – 유리 – 정윤 – 혜연 – 광용' 또는 '유진 – 은정 – 정윤 – 유리 – 혜연 – 광용'의 두 가지가 된다.

06 ○○농협 직원 7명은 모두 3박 4일 간의 휴가를 다음의 조건에 따라 쓸 예정이다. 둘째 주부터 넷째 주의 금요일은 중요한 회의가 있어 전원 참석을 해야 하며, 셋째 주 월요일은 A부장의 부서장 회의가 계획되어 있다. 다음 중 C과장과 E대리가 함께 휴가를 쓸 수 있는 기간에 포함되는 날짜는 언제인가?

- 올해 안전관리실 직원 7명은 모두 7월 한 달에 휴가를 쓰는 것으로 협의하였다.
- A부장은 F사원보다 늦게, B과장보다 빠른 주에 휴가를 쓰기로 하였으며, B과장은 G사원과 같은 기간에 휴가를 사용한다.
- 7월 마지막 주에는 D대리 1명만 휴가를 쓰기로 하였다.
- 올 해의 7월 1일은 화요일이다.
- 세 명 이상의 휴가가 겹쳐서는 안 된다.

가. 4일
나. 10일
다. 18일
라. 22일

해설

정답 라

7월 달력을 그림으로 표시하면 다음과 같다.

일	월	화	수	목	금	토
		1	2	3	4	5
6	7	8	9	10	11	12
13	14	15	16	17	18	19
20	21	22	23	24	25	26
27	28 D대리	29	30	31		

14일에 A부장이 휴가를 쓸 수 없다는 조건을 만족해야 하므로 F사원-A부장-B과장&G사원의 순서에 의해 첫째 주에 F사원이, 둘째 주에 A부장이, 셋째 혹은 넷째 주에 B과장&G사원이 휴가를 쓰게 된다.
따라서 C과장과 E대리가 함께 휴가를 쓸 수 있는 시기는 셋째 주 혹은 넷째 주만 가능하므로 22일이 정답이 된다.

07 다음 주어진 상황에 대한 올바른 추론을 〈보기〉에서 모두 고른 것은?

- 신입사원 선발 시 어학, 필기시험, 학점, 전공적합성을 상, 중, 하로 평가하여 지원자 A~D 네 명 중 평점의 합이 높은 사람부터 2명을 선발하기로 한다.
- 업무 전달의 실수로 인사 담당자에게 지원자 D의 평가 결과가 알려지지 않았다.
- 지원자 D는 각 평가 항목에서 상, 중, 하의 평점을 모두 받았다.

지원자	어학능력	필기시험	학점	전공적합성
A	중	상	중	중
B	상	중	상	상
C	하	하	상	상
D(누락)	( )	( )	( )	( )

※(상 : 3점, 중 : 2점, 하 : 1점)

―보기―
㉠ 지원자 A와 지원자 B는 반드시 선발된다.
㉡ 동점자는 없다.
㉢ 지원자 D의 평점은 지원자 B의 선발에 영향을 주지 않는다.

가. ㉠
나. ㉡
다. ㉢
라. ㉠, ㉡

정답 다

각 지원자의 총점을 계산해 보면 다음과 같다.

지원자	어학능력	필기시험	학점	전공적합성	계
A	중	상	중	중	2+3+2+2=9
B	상	중	상	상	3+2+3+3=11
C	하	하	상	상	1+1+3+3=8
D(누락)	( )	( )	( )	( )	1+2+3+?

지원자 D의 나머지 하나의 항목 점수가 '상'일 경우 총점은 9점이 되어 지원자 A가 반드시 선발된다고 말할 수 없다. 또한, 동점자가 생길 수 있으며, 지원자 D의 나머지 하나의 항목 점수가 무엇이든 지원자 B의 선발 여부에는 영향을 주지 않는다.
따라서 올바른 추론은 ㉢뿐임을 알 수 있다.

08 ○○농협의 채용시험을 통해 4명의 합격자가 선발되었다. 합격자의 각 분야별 점수가 다음과 같을 때, 가중치 적용 환산점수가 가장 높은 2명의 합격자를 1위 영업팀, 2위 관리팀에 각각 한 명씩 배치하려고 한다. 영업팀과 관리팀에 배치될 인원을 알맞게 짝지은 것은?

구 분	이 름	각 분야별 점수			
		직무능력평가	컴퓨터활용능력	영어회화	면 접
1	유진	83	75	79	87
2	혜연	81	77	86	81
3	정윤	85	71	82	85
4	유리	79	87	92	90

* 분야별 가중치 가산 방법
 직무능력평가×1.45 / 컴퓨터 활용능력×1.25 / 영어회화×1.2 / 면접×1.1

	영업팀	관리팀		영업팀	관리팀
가.	유리	유진	나.	유리	혜연
다.	혜연	정윤	라.	정윤	유진

정답 나

가중치를 적용한 각 환산점수는 다음 표와 같다.

구 분	직무능력평가	컴퓨터활용능력	영어회화	면 접	계
유진	$83 \times 1.45 = 120.35$	$75 \times 1.25 = 93.75$	$79 \times 1.2 = 94.8$	$87 \times 1.1 = 95.7$	404.6
혜연	$81 \times 1.45 = 117.45$	$77 \times 1.25 = 96.25$	$86 \times 1.2 = 103.2$	$81 \times 1.1 = 89.1$	406
정윤	$85 \times 1.45 = 123.25$	$71 \times 1.25 = 88.75$	$82 \times 1.2 = 98.4$	$85 \times 1.1 = 93.5$	403.9
유리	$79 \times 1.45 = 114.55$	$87 \times 1.25 = 108.75$	$92 \times 1.2 = 110.4$	$90 \times 1.1 = 99$	432.7

따라서 환산점수 1위인 유리는 영업팀, 2위인 혜연은 관리팀으로 배치된다.

09 점심 식사 후 자리로 돌아온 팀장의 책상 위에 커피가 한 잔 놓여 있다. 유진 사원은 조 과장이, 유리 사원은 조 과장과 유진 사원이, 정윤 사원은 유리 사원과 혜연 사원이 각각 커피를 사왔다고 주장한다. 이에 대한 다음 진술을 참고로 할 때, 팀장에게 커피를 사 온 사람은? (단, 다음 진술자 세 명 중 1명은 참을, 2명은 거짓을 말하고 있다.)

- 유진 사원 : "유리 사원은 거짓말을 하고 있다."
- 유리 사원 : "유진 사원이야말로 거짓말을 하고 있어."
- 정윤 사원 : "유진 사원은 거짓말을 하지 않는 사람이야."

가. 조 과장, 유진 사원 나. 조 과장, 유리 사원
다. 조 과장, 정윤 사원 라. 유진 사원, 유리 사원

해설   **정답 가**

유리 사원부터 순차적으로 확인해 보면 정답을 구할 수 있다.
유리 사원은 거짓말을 하거나 참말을 하거나 둘 중 하나이다. 만약 유리 사원이 거짓말을 한다고 가정하면, 유리 사원이 말한 '유진 사원은 거짓말을 한다.'는 말이 거짓이 되므로 유진 사원은 정직한 사람이 된다. 유진 사원이 정직한 사람이라면 정윤 사원의 말은 참말이 된다. 따라서 정윤 사원 역시 정직한 사람이 된다. 이 경우는 정직한 사람이 1명이라는 전제에 모순이 생기게 되므로 처음 가정은 틀린 것이 된다.
유리 사원이 참말을 한다면, 유진 사원은 거짓말을 한 것이 되고, 정윤 사원 역시 거짓말을 한 것이 된다. 따라서 이 경우는 정직한 사람이 1명이고, 거짓말을 한 사람이 2명이라는 전제에 부합하게 되므로 결국 정직한 사람은 유리 사원이 되어 커피를 사 온 사람은 조 과장과 유진 사원이 된다.

10 갑, 을, 병, 정, 무, 기 6명의 달리기 대회 결과가 다음과 같다면 이 결과로부터 확실하게 알 수 있는 것은 어느 것인가?

- 갑은 3위이고 기는 갑보다 하위였다.
- 을과 기의 사이에는 세 사람이 있다.
- 정과 무의 사이에는 세 사람이 있고, 그 중 한 사람은 을이었다.
- 같은 순위의 사람은 없다.

가. 을은 1위이다. 나. 병은 4위이다.
다. 정은 5위이다. 라. 병은 을보다 상위이다.

해설   **정답 나**

확정 조건은 갑이 3위라는 것이다. 또한 사이에 세 사람이 있는 경우는 1위와 5위, 2위와 6위의 경우밖에 없다. 그런데 (다)에서 을은 정과 무 사이에 있다고 했으므로 1위가 될 수 없다. 따라서 '정 - ( ) - ( ) - ( ) - 무'가 1위~5위를 나타내고 '을 - ( ) - ( ) - ( ) - 기'가 2위~6위의 순위 관계를 나타내는 것임을 알 수 있다. 이것을 (가)와 함께 다시 정리하면 '정 - 을 - 갑 - ( ) - 무 - 기'가 되므로 4위는 병이 된다.

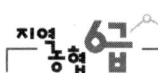

11 다음 〈지원계획〉과 〈연구모임 현황 및 평가결과〉를 근거로 판단할 때, 연구모임 A~E 중 두 번째로 많은 총지원금을 받는 모임은?

〈지원계획〉
- 지원을 받기 위해서는 한 모임당 6명 이상 9명 미만으로 구성되어야 한다.
- 기본지원금
  한 모임당 1,500만 원을 기본으로 지원한다. 단, 상품개발을 위한 모임의 경우는 2,000만 원을 지원한다.
- 추가지원금
  연구 계획 사전평가결과에 따라,
  '상' 등급을 받은 모임에는 구성원 1인당 120만 원을,
  '중' 등급을 받은 모임에는 구성원 1인당 100만 원을,
  '하' 등급을 받은 모임에는 구성원 1인당 70만 원을
  추가로 지원한다.
- 협업 장려를 위해 협업이 인정되는 모임에는 위의 두 지원금을 합한 금액의 30%를 별도로 지원한다.

〈연구모임 현황 및 평가결과〉

모임	상품개발 여부	구성원 수	연구계획 사전평가결과	협업 인정 여부
A	O	5	상	O
B	×	6	중	×
C	×	8	상	O
D	O	7	중	×
E	×	9	하	×

가. A
나. B
다. C
라. D

정답 라

한 모임당 6명 이상 9명 미만으로 구성되어야 하므로 A모임과 E모임은 지원에서 배제된다.
- B모임 : 1,500 + 100 × 6 = 2,100(만 원)
- C모임 : (1,500 + 120 × 8) × 1.3 = 3,198(만 원)
- D모임 : 2,000 + 100 × 7 = 2,700(만 원)

12 다음 글을 근거로 판단할 때, 〈보기〉에서 옳은 것을 모두 고르면?

- '보존'과 '페르미온'이라는 2개의 방이 있다.
- 각 방에는 1부터 20까지의 숫자가 하나씩 적혀 있는 공 20개가 들어있는 주머니가 있다.
- '페르미온'이라는 방에 들어가면 주머니에서 한번에 3개의 공을 뽑고, 이 3개의 공에 적혀 있는 숫자 각각의 제곱의 합을 우리에게 알려준다.
- '보존'이라는 방에 들어가면 주머니에서 공을 1개 뽑고, 다시 그 공을 넣어서 흔든 후 두 번째 공을 1개 뽑고, 다시 그 공을 넣어서 흔든 후 마지막 공을 1개 뽑은 다음 세 숫자의 각각의 제곱의 합을 우리에게 알려준다.
- A군은 둘 중 하나의 방에만 들어간다.

〈보기〉
ㄱ. 만약 A군이 어느 방에 들어갔다 나와서 알려준 숫자가 14보다 작은 수라면, A군은 틀림없이 '보존'방에 들어갔었다.
ㄴ. A군이 '보존'이라는 방에 들어갔다가 나와서 우리에게 108이라는 숫자를 알려주었다. 이 경우 A군이 뽑은 숫자들은 2, 2, 10 또는 6, 6, 6의 조합이다.
ㄷ. 만약 우리에게 알려준 숫자가 108이면, A군이 '페르미온'이라는 방에 들어갔다 나왔을 확률은 50%이다.
ㄹ. A군이 '보존'이라는 방에 들어갔다가 나와서 우리에게 108이라는 숫자를 알려주었다. 108이 나온 경우 중, A군이 첫 번째에 2를 뽑고 두 번째에 2를 뽑고 세 번째에 10을 뽑았을 확률은 25%이다.

가. ㄱ
나. ㄱ, ㄷ
다. ㄴ, ㄹ
라. ㄱ, ㄴ, ㄹ

해설 정답 라

ㄱ. A군이 '페르미온' 방에서 나와 알려줄 수 있는 최소 숫자는 $1^2 + 2^2 + 3^2 = 14$이므로, 14보다 작은 수를 알려주었다면 A군은 틀림없이 '보존' 방에 들어갔다.
ㄴ. 세 숫자 중 가능한 가장 큰 수는 10이고, 그 이하의 세 수를 구하면 된다. 그 조합은 (10, 2, 2), (6, 6, 6)만 가능하다.
ㄹ. 옳음. 108이 나온 경우 중, (10, 2, 2) 조합이 나올 경우의 수는 3이고 (6, 6, 6) 조합이 나올 경우의 수는 1이다. 그러므로 A군이 첫 번째에 2를 뽑고 두 번째에 2를 뽑고 세 번째에 10을 뽑았을 확률은 $\times 100 = 25(\%)$이다.

오답풀이
ㄷ. 우리에게 알려준 숫자가 108이면 2, 2 또는 6, 6, 6의 중복된 수를 뽑아야 하므로 A군이 '페르미온' 방에 갔을 경우의 수는 0이다.

[13~14] 다음 글을 읽고, 물음에 답하시오.

㉠ K씨는 인기 작가이며 지난달 탈고한 소설에 대해 A출판사와 출판 계약을 맺게 되었다. A출판사는 소설의 출판 및 판매권을 독점하는 대신 이에 수반되는 일체의 관련비용을 부담하고 K씨에게 판매수입의 50%를 인세로 지불한다. 현재 A출판사는 자사의 이윤을 극대화할 수 있는 가격을 책정하고 있다. K씨의 소설에 대한 수요량은 가격이 상승함에 따라 감소하고, 관련비용은 판매량이 커짐에 따라 증가한다.
㉡ K씨는 될수록 많은 인세를 받기를 원하며, 자신과 출판사에게 모두 이득이 될 수 있는, 변경 가능한 계약 조건이 있는지 찾아보고 있다.

13 ㉠에 대한 설명으로 옳지 않은 것은?

가. 가격은 '0.5×판매수입−관련비용'을 극대화하는 수준에서 결정되었다.
나. 판매수입이 커질수록 A출판사의 이윤은 더 커진다.
다. '판매수입−관련비용'을 극대화하면 가격과 이윤이 더 높아진다.
라. K씨는 현재 수준보다 판매량이 더 늘어나기를 원한다.

해설   정답 다

㉠에서 나타난 가격과 수요, 관련비용에 대한 관계를 정리하면 다음과 같다

가격	수요(≒판매량)	관련비용
↑	↓	↓
↓	↑	↑

판매수입은 가격과 판매량의 곱으로 구할 수 있고 가격과 판매량의 증감이 일정한 추세라면 일정한 지점에서 두 값을 곱한 값의 최댓값이 나타날 것이고 K씨는 판매수입이 극대화된 이 지점에서 최대한의 인세를 받을 수 있다.
하지만 A출판사는 극대화해야 하는 값이 판매수입이 아니라
'이윤=판매수입−인세−관련비용=0.5×판매수입−관련비용'이므로 관련비용을 더 낮추어 다른 지점에서 이윤의 최댓값을 얻을 수 있으며 때문에 판매수입이 극대화된 지점보다 가격을 올리고 수요를 낮춰 관련비용을 낮춘 지점에서의 가격을 책정할 것이다.
다. '판매수입−관련비용'을 극대화하면 A출판사가 '0.5×판매수입−관련비용'에서 책정한 가격보다 낮아져야 하고 이윤 또한 떨어진다.

오답풀이
나. 판매수입이 극대화된 지점이 A출판사의 최적은 아니나 이윤의 식은 '0.5×판매수입−관련비용'으로 나타나고 관련비용과 판매수익 간의 관계식이 정확히 정의된 것이 아니므로 판매수입이 커질수록 이윤이 커지는 경향이라고 볼 수 있다.
라. A출판사가 책정한 가격은 K씨의 인세가 극대화 된 지점보다 수요를 떨어뜨린 지점이다. 따라서 K씨는 현재보다 가격을 낮추어 판매량을 늘여야 인세를 극대화할 수 있다.

14 ⓒ의 밑줄 친 부분에 해당하는 것으로 적절한 것은?

가. 현재 가격에서 인세 비율을 높인다.
나. 출판·판매와 관련한 일체의 비용을 K씨가 부담한다.
다. 인세 비율과 가격을 더 높게 책정한다.
라. 인세를 '판매수입 – 관련비용'의 일정한 비율로 변경한다.

해설   정답 **라**

앞의 문제를 통해 A출판사와 K씨가 원하는 가격이 다르다는 것을 확인했다.
하지만 '이윤=판매수입-인세-관련비용'에 따라 '이윤+인세=판매수입-관련비용'이 양자의 이익의 합이라는 것은 불변이므로 '판매수입-관련비용'을 극대화하는 가격을 책정한 후에 이를 적절히 분배하면 양자 모두에게 이득이 될 수 있다. 즉, 인세를 '판매수입-관련비용'의 일정 비율로 변경하는 것은 가능한 계약 조건으로 고려할 수 있다.

오답풀이
가. A출판사가 K씨에게 인세를 더 지급해야 하므로 A출판사의 이윤이 줄게 된다.
나. A출판사가 '판매수입-인세=0.5×판매수입'을 극대화하게 되어 A출판사와 K씨의 이해관계가 바뀔 뿐 추가적인 이익은 발생하지 않게 된다.
다. 인세 비율을 올리고 현재보다 높은 가격을 책정하게 되면, '판매수입-관련비용'이 감소하므로 모두에게 이득이 되는 방안이 될 수는 없게 된다.

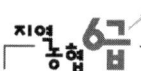

[15~16] 다음은 의류를 판매하고 있는 S물산의 3개 매장에 대한 상호 간 주고받은 재고 물품 사이즈별 입출고 내역이다. 물음에 답하시오. (단, 재고 물품의 이동은 3개 매장 간에만 이루어졌다고 가정한다.)

〈재고 물품 사이즈별 입출고 내역〉

(단위 : 개)

구 분	S		M		L		XL	
	입고	출고	입고	출고	입고	출고	입고	출고
A매장	35	30	20	15	32	35	24	28
B매장	20	28	24	28	18	21	18	10
C매장	26	23	26	27	18	12	22	26

15 다음 중 S물산의 3개 매장에 대한 재고 물품 이동 현황을 올바르게 설명한 것은?

가. A매장의 출고 대비 입고 수량은 큰 사이즈보다 작은 사이즈 물품이 더 많다.
나. 물품의 입출고 수량이 가장 많은 것은 M사이즈이다.
다. 네 사이즈 물품의 총 입고 수량은 A매장, B매장, C매장 순으로 많다.
라. 출고 수량보다 입고 수량이 더 많은 매장은 B매장과 C매장이다.

> **해설**
> 정답 가
> 가. A매장의 S와 M사이즈는 입고 수량이 출고 수량보다 더 많은 반면, L과 XL사이즈는 출고 수량이 입고 수량보다 더 많다. 따라서 출고 대비 입고 수량은 큰 사이즈보다 작은 사이즈 물품이 더 많다고 말할 수 있다.
>
> **오답풀이**
> 나. 물품의 입출고 수량이 가장 많은 것은 각각 81개인 S사이즈이다.
> 다. 네 사이즈 물품의 총 입고 수량은 A매장 111개, C매장 92개, B매장 80개 순이다.
> 라. 출고 수량보다 입고 수량이 더 많은 매장은 A매장(111개>108개)과 C매장(92>88개)이다.

16 다음은 3개 매장 재고 관리 담당자 간의 대화 내용이다. 대화 내용을 참고할 때, 재고 물품의 이동 수량을 올바르게 판단한 것은?

> A매장 담당자 : "우리 매장은 M사이즈 입고 수량을 B, C매장으로부터 절반씩 가져왔더군."
> B매장 담당자 : "아 그런가? 우리 매장은 S와 XL사이즈 재고 물품이 A, C매장으로부터 동일 수량씩 입고되었다네."
> C매장 담당자 : "우린 L사이즈 출고 수량이 모두 A매장으로 입고되었다는군."

가. B매장 → A매장의 L사이즈 이동 수량은 16개이다.
나. A매장 → B매장의 M사이즈 이동 수량은 7개이다.
다. A매장의 L사이즈 출고 수량은 C매장으로 더 많이 이동하였다.
라. S사이즈의 A매장 → C매장 이동 수량은 C매장 → A매장 이동 수량보다 더 적다.

해설   정답 **나**

나. A매장 담당자의 말을 통해 다음 사실을 확인할 수 있다.
B매장→A매장이 10개이므로, B매장의 28개 출고 수량 중 나머지 18개가 C장으로 출고된 것이다. 따라서 C매장의 나머지 입고 수량 8개는 A매장으로부터 입고된 것이며, A매장의 나머지 수량인 7개가 B매장으로 이동한 것이 됨을 알 수 있다.

오답풀이
가. C매장의 L사이즈 출고 수량이 모두 A매장으로 입고되었으므로 A매장의 입고 수량 나머지인 20개가 B매장으로부터 입고된 수량이 된다.
다. '가'에서와 같이 이동하게 되면, B매장→C매장의 L사이즈 이동 수량은 1개가 된다. 따라서 A매장의 출고 수량인 35개는 B매장으로 18개, C매장으로 17개가 이동한 것이 된다.
라. B매장 담당자의 말을 통해, S사이즈의 A매장→C장 이동 수량은 20개, C매장→A매장 이동 수량은 13개가 됨을 알 수 있다.

[17~18] 다음은 농산물우수관리인증 및 관리 절차에 관한 설명이다. 물음에 답하시오.

- 신청자격 : 개별생산농가 및 생산자단체 등
- 신청기관 : 농산물품질관리원장이 지정한 농산물우수관리인증기관에 신청
- 신청시기 : 우수관리인증을 받으려는 자는 신청대상 농산물이 인증기준에 따라 생육 중인 농림산물로 생육기간의 2/3가 경과되지 않은 경우에 신청(단, 동일 필지에서 인증기준에 따라 생육계획 중인 농업산물도 신청가능)
- 인증의 유효기간 : 2년
  - 인삼류 및 약용을 목적으로 생산·유통하는 작물로 동일 재배포장에서 2년을 초과하여 생육하며, 계속 재배한 후 수확하는 품목 : 3년
  - 위 품목과 일반 작물을 동일한 인증으로 신청한 경우의 유효기간 : 2년
- 대상품목 : 식용(食用)을 목적으로 생산·관리하는 농산물(축산물은 제외)
- 인증기준 : 농산물 우수관리의 기준에 의해 적합하게 생산·관리된 것
- 신청서 처리기간 : 신규 40일 간, 갱신 1개월(공휴일 및 일요일 제외)
- 농산물우수관리인증 및 관리절차

농업인	인증신청서 제출	첨부서류	• 우수관리인증농산물의 위해요소관리계획서 • 기본교육 이수증
인증기관	신청서 접수	검토사항	신청서류 및 첨부서류 적정여부
	상시일정 통보	심사반	• 심사계획 수립(심사원 편성, 일정확정, 심사대상 선정 등) • 일정은 사전 협의
	인증심사 (서류 및 현장)	심사사항	• 서류 및 현지심사 • 농산물우수관리기준 적정성 • 신청서 및 첨부서류 작성 적정성 등 • GAP 기본교육 이수 여부 • 농산물우수관리시설에서 처리여부 • 이력추적관리 여부 등
	심사결과 보고		심사결과 보고서
	적합 → 인증서 발급 부적불 → 부적불 통보	인증농가	• 인증농산물 생산, 출하, 표시사항 표시
인증기관, 농관원	인증농가 사후관리		

- 인증비용

항 목	신청수수료, 심사원 출장비, 토질/수질/잔류농약 분석비
비 용	신규 50,000원, 유효기간연장 30,000원, 변경신청 20,000원

17 농산물우수관리인증 및 관리 절차에 관한 옳지 않은 설명을 모두 고른 것은?

> ㉠ 우수관리인증 신청 대상 농산물이 되기 위해서는 적어도 생육기간의 절반 이상이 남아 있어야 한다.
> ㉡ 축산물을 제외하고 인삼류를 포함한 식용 목적의 농산물의 인증 유효기간은 2년이다.
> ㉢ 농산물우수관리인증 심사를 위하여 제출서류와 실제 상황이 부합되는지 여부도 심사하게 된다.
> ㉣ 기존 인증의 유효기간 연장과 일부 내용의 변경신청을 할 경우 인증비용은 30,000원이다.

가. ㉠, ㉡, ㉢   나. ㉠, ㉡, ㉣
다. ㉠, ㉢, ㉣   라. ㉡, ㉢, ㉣

정답 나

해설
㉠ 우수관리인증 신청 대상 농산물이 되기 위해서는 적어도 생육기간의 2/3가 경과하지 않아야 한다.
㉡ 인증의 유효기간은 2년이며, 인삼류 및 약용의 특수한 경우 3년으로 규정하고 있다.
㉣ 유효기간연장 비용 30,000원과 변경신청 비용 20,000원으로 총 50,000원의 비용이 발생한다.

오답풀이
㉢ 농산물우수관리인증 심사를 위한 심사사항으로 신청서 및 첨부서류 작성 적정성 등의 항목이 명시되어 있으므로 실제 농산물 관리상황이 제출서류와 부합하는지를 확인하게 된다.

18 다음 네 명의 농업인이 위의 안내에 따라 다음과 같이 농산물우수관리인증을 신청하였다. 안내 사항을 올바르게 이해하지 못한 농업인은 모두 몇 명인가?

구 분	신청 대상 품종	생육기간/생육필요기간	신청 내용	예상 인증비용
A농업인	토마토	50일/90일	유효기간연장	35,000원
B농업인	배추	75일/90일	변경신청	20,000원
C농업인	감자	70일/120일	신규 인증	50,000원
D농업인	소고기	1년/5년	신규 인증	50,000원

가. 0명   나. 1명
다. 2명   라. 3명

정답 라

해설
A농업인 : 생육기간은 2/3이 경과하지 않았으나, 유효기간연장에 따르는 인증비용은 30,000원이다.
B농업인 : 배추의 생육기간 규정이 90일의 2/3인 60일이므로 생육기간을 넘겨서 신청한 경우이다.
C농업인 : 생육기간 2/3가 경과하지 않은 상태로 신규 인증비용 50,000원을 예상하고 있으므로 안내 사항을 올바르게 이해한 경우이다.
D농업인 : 소고기는 축산물이므로 대상품목에서 제외된다.
따라서 A, B, D농업인 3명이 안내 사항을 올바르게 이해하지 못한 것을 알 수 있다.

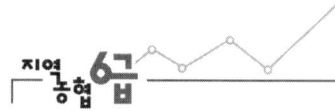

[19~20] 다음 글을 읽고, 물음에 답하시오.

> 정지윤 씨는 부품 공장의 생산 라인 담당자이다. 어느 날 오후 같은 라인에서 일하는 부하 직원 두 명이 크게 싸웠다. 당시에 같은 라인에서 근무하는 다른 두 명이 그 장면을 목격하였고 정지윤 씨는 목격한 두 명을 불러 자초지종을 물어 보았으나 네 명의 증언이 모두 조금씩 달랐다.
> 싸움이 벌어진 얼마 후 다시 작업은 진행되었으나, 정지윤 씨는 무슨 이유 때문에 싸움이 발생하였고, 누가 거짓말을 하고 있는지를 알 방법이 없었다.

19 윗글에서 정지윤 씨가 찾아내야 할 가장 핵심적인 것은?

가. 어떻게 하면 앞으로 이런 일을 방지할 수 있는가?
나. 누구의 말을 믿어야 하는가?
다. 어떻게 하면 생산 라인이 다시 잘 돌아가도록 할 수 있는가?
라. 진짜 싸움의 원인은 무엇이었는가?

> **해설** 　　　　　　　　　　　　　　　　　　　　　　　　　　　　　　　**정답 다**
> 정지윤 씨가 문제를 문제로 인식하기 위해서는 가장 핵심이 되는 근본적인 문제가 무엇인지를 알아내는 일이 제일 중요하다. 문제가 인식되면 선정된 문제를 부분화하여 해결해야 할 구체적인 문제들은 무엇인지 하부 문제들을 도출할 수 있다. 따라서 주어진 글 속의 상황에서 가장 기본적인 문제로 볼 수 있는 것은 '어떻게 하면 생산 라인이 다시 잘 돌아가도록 할 수 있는가?'일 것이며, 나머지는 모두 문제 도출과 원인 분석의 단계에서 필요한 확인사항이라고 볼 수 있다.

20 윗글의 내용을 문제 상황이라고 보았을 때, 정지윤 씨가 가장 먼저 해야 할 일은?

가. 문제 분석을 통해 근본원인을 도출해 낸다.
나. 문제를 해결할 수 있는 최적의 해결방안을 수립해 본다.
다. 문제 해결을 위한 실행 방안을 적용해 보고 그에 따른 모니터링을 실시한다.
라. 핵심 문제가 무엇인지를 파악하여 선정된 문제에 대한 목표를 명확히 설정한다.

> **해설** 　　　　　　　　　　　　　　　　　　　　　　　　　　　　　　　**정답 라**
> 문제해결 절차의 단계는 '문제 인식, 문제 도출, 원인 분석, 해결안 개발, 실행 및 평가'이다. 가장 먼저 수행해야 할 것은 문제를 문제로 인식하는 단계로, 해결해야 할 전체 문제를 파악하여 우선순위를 정하고 선정 문제에 대한 목표를 명확히 해야 한다.

자원관리능력

01 다음은 예산의 항목을 파악하는 데 효과적인 방법을 설명한 것이다. 빈칸에 들어갈 적절한 말은?

> (   )는 과제 및 활동의 계획을 수립하는 데 있어서 가장 기본적인 수단으로 활용되는 그래프로 필요한 모든 일들을 중요한 범주에 따라 체계화시켜 구분해 놓은 그래프를 말한다.

가. 과업세부도
나. 예산지침서
다. 지출내역서
라. 플로우 차트

해설
정답 가

과제 및 활동의 계획을 수립하는 데 있어서 가장 기본적인 수단으로 활용되는 그래프로 필요한 모든 일들을 중요한 범주에 따라 체계화시켜 구분해 놓은 그래프이며, 이 과업세부도는 구체성에 따라 2단계, 3단계, 4단계 등으로 구분할 수 있다

02 다음 중 자원관리에 대한 올바른 설명을 모두 고른 것은?

> ㉠ 필요한 자원의 종류와 양을 구체적으로 확인해야 한다.
> ㉡ 필요한 만큼의 자원만 확보하면 된다.
> ㉢ 자원 활용 계획을 세우는 데 우선순위를 고려한다.
> ㉣ 가능하면 계획대로 수행한다.

가. ㉠, ㉡, ㉢
나. ㉠, ㉡, ㉣
다. ㉠, ㉢, ㉣
라. ㉡, ㉢, ㉣

해설
정답 다

자원 수집 시 가능하다면 필요한 양보다 좀 더 여유 있게 확보할 필요가 있다. 실제 준비나 활동을 하는 데 있어서 계획과 차이를 보이는 경우가 빈번하기 때문에 여유 있게 확보하는 것이 안전하다.

03 인적자원관리의 목표는 인적자원의 업무수행능력과 역량을 개선시키고 기업의 운영 효율성을 높이는 동시에 조직목표달성도와 성과를 극대화하는 것이다. 다음 중 인적자원관리의 과정을 순서대로 나열한 것은?

> ㉠ 조직목표달성에 기여할 수 있는 인적자원을 모집 및 선발한다.
> ㉡ 조직구성원들이 기업을 위해 기여한 공헌과 성과를 공정하게 평가하고 그에 따라 경제적 보상 및 비경제적 보상을 제공한다.
> ㉢ 조직구성원들이 가진 능력과 잠재적인 역량을 최대한 개발하여 활용한다.
> ㉣ 전략기획활동과 전략관리활동을 통해 중장기 목표들 및 단기 성과목표들을 설정하고 이들을 달성하는 데 기여할 수 있는 인적자원들의 수요계획과 공급계획을 수립한다.

가. ㉠ - ㉣ - ㉡ - ㉢
나. ㉡ - ㉠ - ㉢ - ㉣
다. ㉢ - ㉣ - ㉠ - ㉡
라. ㉣ - ㉠ - ㉢ - ㉡

해설 정답 **라**

인적자원관리의 과정은 다음과 같다.

구 분	내 용
1단계	전략기획활동과 전략관리활동을 통해 중장기 목표들 및 단기 성과목표들을 설정하고 이들을 달성하는 데 기여할 수 있는 인적자원들의 수요계획과 공급계획을 수립한다.
2단계	조직목표달성에 기여할 수 있는 인적자원을 모집 및 선발한다.
3단계	조직구성원들이 가진 능력과 잠재적인 역량을 최대한 개발하여 활용한다.
4단계	조직구성원들이 기업을 위해 기여한 공헌과 성과를 공정하게 평가하고 그에 따라 경제적 보상 및 비경제적 보상을 제공한다.

04 ○○농협 사내에서 인재 채용 및 인적 자원 관리를 담당하고 있는 인사팀장은 평소 무엇보다 인적 자원이 중요하다는 점을 강조한다. 인사팀장이 인적 자원을 강조하는 이유로 적절하지 않은 것은?

가. 대부분의 일은 사람, 즉 개인이나 인간관계에 의해 이루어지며 따라서 자신의 인맥은 일을 수행하는 데 있어서 매우 중요한 역할을 하게 된다. 자신의 일을 수행하는데 자신의 인맥을 얼마나 활용하느냐는 개인의 능력 이상의 성과를 가져오게 할 수 있다.

나. 조직의 성과는 인적 자원, 물적 자원 등을 효과적이고 능률적으로 활용하는 데 달려 있으며, 인적 자원은 다른 자원보다 가장 먼저 갖추어져야 할 자원이다. 때문에 다른 어느 자원보다도 전략적 중요성이 강조된다.

다. 인맥 활용을 통해 자신만의 사업을 시작할 수도 있으며 이는 주변 사람들의 참신한 아이디어나 도움을 통해 효과적으로 진행될 수도 있다. '사내추천제' 또한 인맥을 활용한 사례로 볼 수 있다.

라. 인적자원은 능동적이고 반응적인 성격을 지니고 있으며 인적 자원의 행동 동기와 만족감은 경영관리에 의해 다르게 나타난다.

해설 정답 나
인적 자원의 전략적 중요성은 자원을 활용하는 것이 바로 사람, 즉 인적 자원이기 때문이며, 인적 자원이 다른 자원보다 먼저 갖추어져야 할 자원이라고 단정할 수는 없다. 예컨대, 어떤 업무나 사업을 시작하려 할 때, 예산이나 시간 등이 필요한 인원보다 먼저 요구되는 경우도 있을 수 있다.

05 다음은 자원을 효과적으로 활용하기 위해 일반적인 과정을 나열한 것이다. 순서대로 바르게 나열한 것은?

> ㉠ 확보한 자원에 대한 활용계획 수립
> ㉡ 자원 활용 계획에 따라 확보한 자원 활용
> ㉢ 필요한 자원의 종류와 양 확인
> ㉣ 실제 이용 가능한 자원 수집 및 확보

가. ㉠ → ㉡ → ㉢ → ㉣ 나. ㉠ → ㉢ → ㉡ → ㉣
다. ㉡ → ㉢ → ㉣ → ㉠ 라. ㉢ → ㉣ → ㉠ → ㉡

해설 정답 라
자원관리의 과정 4단계는 다음과 같다.
㉢ 자원 확인(필요한 자원의 종류와 양 확인) → ㉣ 자원 확보(실제 이용 가능한 자원 수집 및 확보) → ㉠ 자원 활용 계획 수립(확보한 자원에 대한 활용계획 수립) → ㉡ 자원 활용(자원 활용 계획에 따라 확보한 자원 활용)

06 직원들의 효과적인 시간관리 여부를 파악할 수 있는 설문지를 준비하고자 한다. 설문지에 포함될 질문으로 가장 적절하지 않은 것은?

가. 일과 시작 전까지 그 날 일의 순서가 머릿속에 정리되어 있는가?
나. 혼자서 언제나 할 수 있는 일과 협조 받아야 할 일을 구별하고 있는가?
다. 점심식사는 사람이 많은 곳을 피해서 빨리 해결하는가?
라. 'No'라고 해야 할 때는 'No'라고 말하는가?

정답 라
시간 관리를 위해서는 체크리스트를 만들 필요가 있으며 체크리스트에 포함할 수 있는 내용은 설문조사에 포함될 수 있을 것이다. 모두 자신의 시간을 스스로 통제하며 활용하는 사람의 특징이라 할 수 있으며, 'No'라고 말할 수 있는지의 여부는 시간 활용과는 거리가 먼 질문이다.

07 다음 글에서 팀장의 지시 내용으로 적절하지 않은 것은?

> 새로운 건물로 사옥 이전을 하게 된 ○○농협의 직원들은 이삿짐 박스를 풀어 가져 온 서류를 새롭게 정리하여 보관하고자 하며, 이를 본 팀장이 서류를 정리하는 방법을 지시하였다.

가. "보관 장소의 차이만으로도 서류의 내용과 종류가 확인될 수 있도록 구분해야 합니다."
나. "서류의 중요도에 따라 접근이 용이한 정도에 차등을 두어 보관하는 것이 좋습니다."
다. "새로 작성된 서류부터 보관 장소의 앞 쪽에 비치하여 쉽게 손에 닿을 수 있게 구분하도록 하세요."
라. "반복적으로 확인해야 하는 서류인지 장기 보관해야 하는 서류인지 기준을 정해 구분하는 것이 좋습니다."

정답 다
다. 물적자원의 관리 원칙에 따라 제대로 구분한 후, 회전대응 보관의 원칙을 준수하는 것도 중요하다. 회전대응 보관의 원칙은 '입·출하의 빈도가 높은 품목은 출입구 가까운 곳에 보관하는 것'을 말한다. 즉, 물품의 활용 빈도가 상대적으로 높은 것은 가져다 쓰기 쉬운 위치에 먼저 보관하는 것을 말한다. 따라서 새로 작성된 서류를 앞쪽에 두는 것보다 자주 찾아볼 필요가 있는 서류를 앞쪽에 보관하는 것이 알맞은 보관 방법이다.

오답풀이
가. 물품 특성에 맞는 보관 장소를 선정하는 개념으로 보관 장소의 다름만으로도 물품의 종류나 중요도 등이 확인될 수 있다.
나. 중요한 서류에는 접근이 용이하지 않도록, 혹은 상급자의 결재를 얻은 후 접근할 수 있도록 보관하는 것이 올바른 보관 방법이다.
라. 사용 물품과 보관 물품으로 구분하여 보관한다.

08 다음 중 조직의 인력이 예산이나 시간 등 다른 자원보다 중요한 이유로 적절한 설명을 모두 고른 것은?

> ㉠ 예산이나 시간 등 다른 자원을 활용하는 것이 바로 조직의 인력이다.
> ㉡ 개발될 수 있는 많은 잠재능력과 자질을 보유하고 있다.
> ㉢ 조직의 영리 추구에 부합하는 이득은 인력에서 나온다.
> ㉣ 인적자원의 행동동기와 만족감은 경영관리에 의해 조건화되어 있다.

가. ㉠, ㉡, ㉢
나. ㉠, ㉡, ㉣
다. ㉠, ㉢, ㉣
라. ㉡, ㉢, ㉣

해설 정답 **나**

인적자원(인력)은 능동성, 개발가능성, 전략적 차원이라는 특성에서 예산이나 시간, 물적자원보다 중요성이 커지고 있다. 조직의 영리 추구에 부합하는 이득은 인적자원 뿐 아니라 시간, 돈, 물적자원과의 적절한 조화를 통해서 창출된다.

---

09 다음 설명을 참고할 때, ㉠, ㉡에 들어갈 적절한 말이 순서대로 올바르게 나열된 것은?

> 시간관리란 각자가 개인생활 또는 사회생활을 해 나가는 데 있어서 각자의 습관이나 개성, (㉠)에 맞는 일정을 만들고 그에 따라 시간을 유용하게 사용하여 좋은 결과를 거두는 기술을 의미한다. 또한, 시간관리는 개인이 처해진 상황이나 목표뿐 아니라 인생관, 행복감의 크기도 각각 다르고 원하는 것도 다르기 때문에 (㉡)인 것이다.

	㉠	㉡		㉠	㉡
가.	삶의 목표	공통적	나.	대인관계	개별적
다.	대인관계	객관적	라.	삶의 목표	개별적

해설 정답 **라**

시간관리는 개개인의 다양한 삶의 목표에 맞는 일정을 수립하는 것이 중요하므로, 바람직한 관리방법이 있을 뿐, 모두에게 적용될 수 있는 하나의 관리방법이 있는 것은 아니다. 따라서 시간관리는 각자의 주어진 환경에 따라 다양하게 나타나는 개별적인 것이다. 자신이 진정 원하는 것이 무엇인지에 따라 그것을 중심으로 생활을 설계하는 것이 효율적인 시간관리를 위해 좋은 방법이 될 수 있다. 그리고 이를 위해 새로운 기술을 익히고 잘못된 습관을 바로 잡으면서 자신에게 맞는 시간관리를 찾아내는 것이다.

10 다음은 제조물책임법에 대한 규정을 설명하는 글이다. 다음 글에 근거하여, 슈퍼마켓에서 유통기한이 1개월이나 지난 제품을 구입하여 먹고 배탈이 발생한 경우를 설명하는 〈보기〉의 빈칸에 들어갈 말로 가장 적절한 것은?

> 가. 제조물 책임의 의의
> 제조물책임은 제품의 결함으로 확대손해가 발생한 경우 해당 제품의 제조업자가 피해자에게 손해를 배상하는 손해배상책임의 일종으로, 현행 민법상의 손해배상책임 요건을 완화하여, 제품 결함에 대한 제조업자의 과실 여부와 상관없이 제조업자에게 손해배상책임을 지우는 것을 말함(무과실책임의 도입)
>
> 나. 제품사고에 대한 손해배상 책임의 근거
> 제품의 결함으로 생명·신체·재산적 피해를 입은 피해자는 그 제품의 판매자 또는 제조자를 상대로 손해배상을 청구할 수 있음. 이 경우 판매자 또는 제조자가 피해자에게 손해배상을 하게 되는 근거로 약정책임, 법정책임이 있음. 약정책임으로는 소위 "품질보증" 약정에 의한 책임이 대표적이고 법정책임은 ① 과실책임, ② 무과실책임(제조물책임)으로 나눠짐
> - 보증책임 : 판매자 또는 제조자는 명시적 또는 묵시적으로 제품에 대한 품질보증책임을 짐. 따라서 제품의 결함 발생은 품질보증의 위반에 해당하면, 판매자 또는 제조자는 과실이 없어도 손해배상책임이 인정됨. 보증책임은 판매자 또는 제조자의 과실이 요구되지 않는다는 면에서 과실책임보다 피해자를 더 많이 보호함
> - 과실책임 : 제품에 결함이 있고, 또한 그 결함이 판매자 또는 제조자의 과실 때문에 생긴 경우에만 손해배상책임이 인정됨. 따라서 제품의 결함에 대해 판매자 또는 제조자에게 과실이 없는 경우에는 손해배상책임은 발생하지 않음. 과실책임은 전통적인 손해배상책임의 근거로 손해배상책임에 관한 기본법인 「민법」 제750조도 과실책임을 채택하고 있음

〈보기〉
피해자가 배탈이 난 것은 유통기한이 1개월 지난 제품을 먹었기 때문이며, 이러한 제품을 판매한 것은 슈퍼마켓의 과실 때문이므로 슈퍼마켓에 대해 과실책임을 물을 수 있다. 한편, (   )

가. 슈퍼마켓은 통상 제조물의 유통기한이 제품에 표기된 것으로 인지하고 있다고 볼 수 있으므로 보증책임을 물을 수는 없다.
나. 유통기한이 지난 제품이 판매된 경위에 관여하였다고 볼 수 있으므로 제조자와 판매자에게 모두 보증책임을 물을 수 있다.
다. 슈퍼마켓은 통상 유통기한 내에 있는 제품을 판매한다는 묵시적 보증을 하고 있다고 볼 수 있으므로 보증책임도 물을 수 있다.
라. 소비자가 유통기한을 확인할 수 있음에도 불구하고 부주의로 인해 해당 제품을 먹은 것이 원인이므로 판매자에게 보증책임을 물을 수는 없다.

해설   **정답 다**

주어진 글의 설명에 따르면, '판매자 또는 제조자는 명시적 또는 묵시적으로 제품에 대한 품질보증책임을 진다'고 규정하고 있다.
따라서 유통기한이 지난 제품을 판매하였다는 것은 판매자의 보증책임 위반 사항으로 인정되어 판매자인 슈퍼마켓에 대하여 보증책임을 물을 수 있게 되며, 그 제품을 만든 제조업자에 대해서는 손해배상책임을 물을 수 없다고 판단하는 것이 타당하다.

11 다음 표는 ○○농협 영농지도팀의 인사고과 점수의 분포도이다. ⊙와 ⓒ에 들어갈 숫자가 알맞게 짝지어진 것은?

점 수	100점	80점 이상 100점 미만	60점 이상 80점 미만	40점 이상 60점 미만	20점 이상 40점 미만	5점 이상 20점 미만	합 계
인원수 (명)	⊙	14	15	ⓒ	3	5	51
상태도수	0.078	0.275	0.294	0.196	0.059	0.098	1.000

         ⊙   ⓒ   ⊙   ⓒ
가. 2   12   나. 4   10
다. 6   8   라. 3   9

해설   **정답 나**

표의 내용으로 보아 상태도수는 인사고과 전체 인원 51명을 1로 보았을 때 각 점수 구간에 분배된 인원의 지수를 나타낸 값으로 볼 수 있다. 따라서 100점을 받은 인원수는 $51 \times 0.078 = 3.978$(명)으로 4명이 되며, 40점 이상 60점 미만인 인원수는 $51 \times 0.196 = 9.996$(명)으로 10명이 된다.

12 기업 활동을 영위하는 데 필요한 자원은 크게 시간, 예산(돈), 물적자원, 인적자원으로 구분된다. 다음 중 이러한 자원을 낭비하게 되는 원인으로 적절하지 않은 것은?

가. 자신의 편리성을 우선 추구하려는 습성
나. 계획적이지 못한 판단과 행동
다. 자원의 효과적인 활용법에 대한 무지
라. 타인에 비해 부족한 대인관계

정답 라

자원을 낭비하는 요인들은 자원의 유형이나 개인에 따라 매우 다양하다. 하지만 그 요인마다 공통적인 점을 가지고 있는데 크게 나누어 보면 4가지로 분류할 수 있으며, 비계획적 행동, 편리성 추구, 자원에 대한 인식 부재, 노하우 부족 등이 그것이다.
부족한 대인관계가 곧바로 자원의 낭비로 이어진다고 보는 것은 인과관계가 충분하지 않은 판단이다.

13 아무리 충분한 자원을 확보했다 해도 이를 적절히 관리하지 못하면 자원 확보의 이점을 활용할 수 없다. 다음 중 자원관리의 과정을 올바르게 설명하지 못한 것은?

가. 자원관리를 위해 가장 먼저 해야 할 것은 자원 활용 계획을 세우는 것이다.
나. 업무 추진에 있어 어떤 자원이 필요한지를 보다 구체적으로 나누어 보는 것은 이용 가능한 자원을 수집하기 전에 이루어져야 한다.
다. 자원을 수집할 때는 가급적 필요한 양보다 좀 더 여유 있게 확보할 필요가 있다.
라. 자원의 활용 계획은 업무나 활동의 우선순위를 고려하여 세운다.

정답 가

자원을 적절하게 관리하기 위해서는 일반적으로 다음과 같은 4단계의 자원관리 과정을 거쳐야 한다.
① 어떤 자원이 얼마나 필요한지를 확인하기 → ② 이용 가능한 자원을 수집(확보)하기 → ③ 자원 활용 계획 세우기 → ④ 계획에 따라 수행하기

오답풀이
다. 실제 준비나 활동을 하는 데 있어서 계획과 차이를 보이는 경우가 빈번하기 때문에 여유 있게 확보하는 것이 안전하다.
라. 최종적인 목적을 이루는 데 가장 핵심이 되는 것에 우선순위를 두고 계획을 세울 필요가 있다. 만약 확보한 자원이 실제 활동 추진에 비해 부족할 경우 우선순위가 높은 것에 중심을 두고 계획하는 것이 바람직하다.

14 길동이는 다음과 같이 차를 타고 회사에서 출발하여 A~E를 모두 거쳐 다시 회사로 돌아오려고 한다. 길동이가 최단 거리로 모든 지점을 방문하고 돌아온다고 할 때, 이동한 총 거리는?

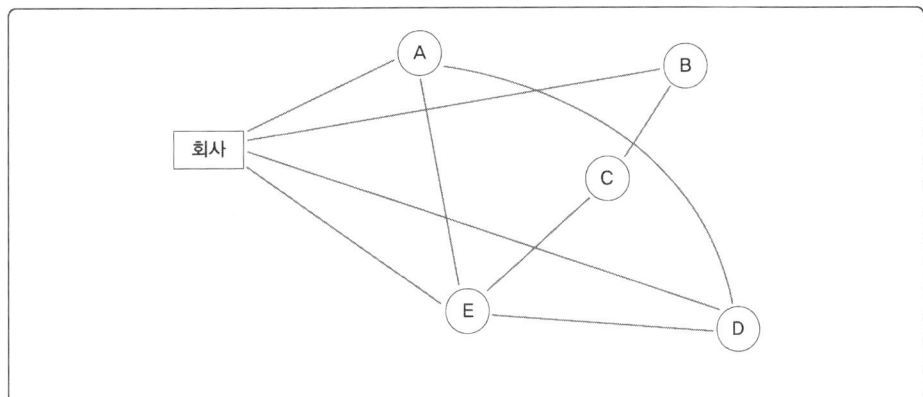

〈각 지점 간의 거리〉

(단위 : km)

구분	A	B	C	D	E
회사	15.0	17.0		17.5	16.0
A				17.2	18.7
B			10.0		
C					12.0
D					14.8

가. 85.6km
나. 85.8km
다. 86.0km
라. 86.2km

 해설

정답 라

주어진 도로를 이용하여 이동할 수 있는 경로는 다음 두 가지만 가능하게 된다.
- 회사-A-D-E-C-B-회사(반대 순서 포함) : $15.0 + 17.2 + 14.8 + 12.0 + 10.0 + 17.0 = 86.0$(km)
- 회사-B-C-E-A-D-회사(반대 순서 포함) : $17.0 + 10.0 + 12.0 + 18.7 + 17.2 + 17.5 = 92.4$(km)

따라서 최단 거리로 갈 경우 86.0km를 이동하게 된다.

[15~16] 다음은 ○○농협의 인사평가 기준과 직원 4명의 인사평가 결과이다. 물음에 답하시오.

⟨업적 평가표⟩

평가 항목	측정자료		올해 목표치	등급 평가기준					가중치
	핵심 성과	측정 방법		S	A	B	C	D	
판매 관리	매출 달성률	실적/계획 ×100	100%	110% 이상	100% 이상	90% 이상	80% 이상	80% 미만	30%
일정 준수	일정 준수	지연 일수	기한 준수	7일 이전	기준일 준수	3일 지연	5일 지연	7일 이상	20%
고객 관리	고객리스트 구축 건수	구축 건수	10건	12건 이상	10건 이상	8건 이상	6건 이상	6건 미만	25%
고객 서비스	불만 처리율	불만 처리율	95%	95% 초과	90% 초과	85% 초과	80% 초과	80% 이하	25%

※ 등급별 점수 : S 100점, A 90점, B 80점, C 70점, D 60점

⟨인사평가 결과⟩

구 분	유리	유진	혜연	정윤
직 급	계장	과장	팀장	팀원
업적평가	80점	75점	70점	( )점
역량평가	70점	75점	90점	75점

15 다음 사항을 참고할 때, 팀원인 '정윤'의 인사평가 결과란의 빈칸에 들어갈 알맞은 점수는?

평가항목	매출 달성률	일정준수	고객리스트 구축 건수	불만 처리율
결 과	84%	3일 지연	8건	96%

가. 81점
다. 83점
나. 82점
라. 84점

정답 나

매출 달성률이 80%이므로 C등급에 해당되어 70점을 얻게 되며, 일정준수 항목에서는 3일 지연이므로 B등급에 해당되어 80점을 얻게 된다. 또한 고객 관리 항목에서도 8건으로 B등급 80점, 불만 처리율 항목에서는 S등급으로 100점을 받게 된다.
이를 가중치를 적용하여 환산하면 다음과 같다.
$70 \times 0.3 = 21$(점)
$80 \times 0.2 = 16$(점)
$80 \times 0.25 = 20$(점)
$100 \times 0.25 = 25$(점)
따라서 '정윤'의 업적평가 점수는 $21+16+20+25=82$점이 된다.

16 직급에 따른 업적평가와 역량평가가 다음과 같은 비중으로 반영될 때, 유리, 유진, 혜연, 정윤 네 명이 최종 인사평가 점수가 높은 순으로 올바르게 나열된 것은? (단, 최종 인사평가 점수는 업적평가 점수와 역량평가 점수를 합산한다.)

구 분	계장	과장	팀장	팀원
업적평가	70%	60%	70%	50%
역량평가	30%	40%	30%	50%

가. 유진 - 유리 - 혜연 - 정윤   나. 혜연 - 정윤 - 유리 - 유진
다. 유리 - 정윤 - 혜연 - 유진   라. 정윤 - 유리 - 혜연 - 유진

해설

정답 라

앞 문제에서 확인한 바와 같이 네 명의 업적평가와 역량평가 점수는 다음과 같다.

구 분	유리	유진	혜연	정윤
직급	계장	과장	팀장	팀원
업적평가	80점	75점	70점	82점
역량평가	70점	75점	90점	75점

여기에 가중치를 반영하여 다음과 같은 점수를 산출할 수 있다.

구 분	유리	유진	혜연	정윤
직급	계장	과장	팀장	팀원
업적평가	80×0.7=56	75×0.6=45	70×0.7=49	82×0.5=41
역량평가	70×0.3=21	75×0.4=30	90×0.3=27	75×0.5=37.5
합계 점수	77점	75점	76점	78.5점

따라서 최종 인사평가 점수는 정윤 - 유리 - 혜연 - 유진의 순으로 높은 것을 알 수 있다.

[17~18] 다음은 ○○농협의 문화센터 운영에 대한 자료이다. 물음에 답하시오.

- 문의 및 접수 : ○○농협 본점, 회비수납은 3개월 단위임

강좌	요일	시간	수강료(원)
가요	수	10:30~12:00	15,000원(1인)
	금	10:30~12:00	20,000원(조합원과 조합원 가족 1인 동시 등록 시 합계 금액)
다이어트댄스	화, 목	9:30~10:20	35,000원
밸리댄스	월, 수	9:50~10:40	50,000원
요가	월, 수, 금	13:00~14:00	70,000원

- 수강료 할인 안내
  - 1인당 분기별 2개 강좌에 한함
  - 조합원과 조합원 가족 1인 동시 등록 시 적용되는 할인 혜택과 별도로 수강료 할인이 가능
    (예 조합원 A와 조합원 가족인 B가 강좌를 동시 등록해 1인당 10,000원이라 할 때, 각자 할인 강좌 개수에 걸리지 않는다면 A는 20% 할인받아 8,000원을 B는 15% 할인받아 8,500원을 적용받을 수 있음)

순번	할인 대상자	할인율	확인서류	관리명부상 표기
1	○○농협 조합원 당사자	20%	신분증(전산확인)	SM
2	○○농협 조합원 가족	15%	신분증(전산확인)	SMF
3	농협 하나로 고객	10%	신분증(전산확인)	SH

- 1월 회원관리 명부

회원명	분류	납부액(원)	등록 강좌	최근 출석 기록									
				1/1	1/2	1/3	1/4	1/5	1/6	1/7	1/8	1/9	1/10
갑	SM	252,000	(A)	휴무일	◎	□	◎	□			□	◎	□
을	SMF	(B)	(C)		□		□				□		□
병	SH	(D)	(E)			○	♧		○			○	○
정	SMF	153,000	(F)			♧					○		○
무	SM	120,000	밸리댄스								○		○

※ 1/1은 월요일이다. 강좌를 2개 이상 수강하는 사람은 출석기록 표시를 서로 다른 도형 모양으로 한다. 예를 들어 '요가'는 ○, '가요'는 □. 모든 회원은 자신이 듣는 강좌 수업에 100% 출석했다고 가정한다.

17 다음 중 위의 문화센터 운영현황에 대한 적절한 설명은?

> ㉠ 전 강좌에서 가족 1인 동반 시 할인 혜택이 주어진다.
> ㉡ 1인당 분기별 2개 강좌 이상은 수강하지 못한다.
> ㉢ 조합원 당사자와 조합원 가족은 동일한 할인율을 적용받는다.
> ㉣ 가장 많은 종류의 강좌가 있는 요일은 수요일이다.

가. ㉠
나. ㉡
다. ㉢
라. ㉣

정답 라

㉣ 수요일은 가요, 밸리댄스, 요가 3개 강좌가 있으므로 일주일 중 강좌의 종류가 가장 많다.

오답풀이
㉠ 가요에서만 가족 동반 할인이 주어진다.
㉡ 1인당 분기별 2개 강좌에 한하는 것은 수강 자체가 아닌 수강료 할인 대상 강좌 수를 의미한다.
㉢ 조합원 당사자는 20%, 조합원 가족은 15%로 할인율이 다르다.

18 다음 중 1월 회원관리 명부의 (A)~(F)에 대한 적절한 설명은?

가. (F)는 가요와 요가이다.
나. (C)와 (E)는 1개 강좌가 겹친다.
다. (D)의 납부액이 (B)보다 더 적다.
라. (A)는 다이어트 댄스와 밸리댄스이다.

정답 다

(A): 해당 요일이 월, 수, 금과 화, 목이며 다른 강좌이므로 다이어트 댄스와 요가이다.
(B): 요가는 월 70,000원이며 을은 조합원 가족이므로 15% 할인 적용하여 3개월분이 178,500원이 된다.
(C): 요일로 보아 요가임을 알 수 있다.
(D): 병은 농협 하나로 고객이므로 10%의 할인이 적용된다. 가요 15,000원과 밸리댄스 50,000원의 3개월분에 할인을 적용하면 175,500원이 된다.
(E): 요일로 보아 가요(금)와 밸리댄스임을 알 수 있다.
(F): 요일로 보아 가요, 밸리댄스임을 알 수 있다. 정은 조합원 가족이며 가요를 선택했으므로 가요 수강료가 10,000원(1인당), 밸리댄스 수강료가 50,000원이므로 60,000×3 = 180,000이며, 180,000×0.85 = 153,000(원)이 된다.
따라서 (D)의 납부액이 (B)보다 더 적다.

[19~20] 다음 제시된 자료를 읽고, 물음에 답하시오.

> A전자는 두 가지 품질의 스마트폰을 독점 생산, 판매하고 있다. 고품질 스마트폰은 2년 이상 사용할 수 있으며, 저품질 스마트폰은 1년 이내에 고장이 난다. 고품질과 저품질 스마트폰의 생산비용은 각각 20만 원과 5만 원이다. 소비자들은 고품질과 저품질 스마트폰에 대해 각각 최대 30만 원과 10만 원을 지불할 의사가 있다. A전자는 자사가 생산한 스마트폰의 품질을 알고 있으나, 소비자들은 겉모양만으로 이를 구별할 수 없다.
> A전자는 소비자들이 겉모양만으로 스마트폰의 품질을 구별할 수 없다는 점을 이윤극대화 과정에서 이용하게 될 것이며, 소비자들도 이를 알고 있다. 따라서 시장에서는 (㉠)의 스마트폰이 판매되며 소비자들의 지불의사금액은 (㉡)이 된다.
>
> ※ 정보가 비대칭인 상황에서의 거래 및 계약에 있어서 자신의 역할에 최선을 다하지 않는 상황을 '도덕적 해이'라고 말한다. 건강보험 가입자는 건강상의 문제가 발생하였을 경우 보험을 통해 보장을 받게 된다. 따라서 운동을 열심히 하거나 건강 유지를 위한 활동을 게을리하는 경우가 발생하는데 이러한 경우가 도덕적 해이에 해당한다.

19 위 자료의 빈칸 ㉠, ㉡에 들어갈 내용을 순서대로 올바르게 나열한 것은?

가. 고품질, 30만 원
나. 저품질, 30만 원
다. 저품질, 10만 원
라. 고품질과 저품질, 30만 원

> **해설** **정답 다**
>
> 제시된 조건을 근거로 할 때, 이윤극대화를 추구하는 A전자는 생산비용이 적은 저품질 스마트폰을 고품질 스마트폰이라고 말할 유인이 있게 되며, 소비자들도 이 점을 알고 있으므로 스마트폰을 구입하는 데에 10만 원보다 많은 금액을 지불하려 하지 않게 된다. 따라서 고품질을 생산하면 판매가격은 10만 원이고 생산비용은 20만 원이 되어 손실이 발생한다.
> 결국 A전자는 저품질만 판매하고, 스마트폰 한 대당 5만 원(=판매가격 10만 원-생산비용 5만 원)의 이윤을 얻는다고 볼 수 있다.

20 A전자는 판매 후 1년 이내에 스마트폰이 고장 나면 10만 원을 보상해 주는 계약을 제시하려고 한다. 이 경우 예상할 수 있는 결과로 올바른 것은?

가. 어떤 스마트폰에 대해서도 보상계약이 제시되지 않으며, 저품질 스마트폰만 판매될 것이다.
나. 고품질 스마트폰에 대해서만 보상계약이 제시되며, 고품질 스마트폰만 판매될 것이다.
다. 고품질 스마트폰에 대해서만 보상계약이 제시되며, 모든 스마트폰이 판매될 것이다.
라. 모든 스마트폰에 대해서 보상계약이 제시되며, 고품질 스마트폰만 판매될 것이다.

> **해설** **정답 가**
>
> 보상계약을 제시하는 경우 저품질 스마트폰의 실질적 생산비용은 15만 원(생산비용 5만 원+보상금 10만 원)이고, 이는 고품질 생산비용인 20만 원보다 낮다. 따라서 A전자는 여전히 저품질 스마트폰을 고품질 스마트폰이라고 말하며 판매하게 된다. 그 결과 고품질은 판매되지 않게 된다.

조직이해능력

01 다음은 지역 농·축협에 대한 설명이다. 옳지 않은 설명은?

> ㉠ 각 농·축협의 간판에는 은행이라는 명칭을 넣을 수 있다.
> ㉡ 각 농·축협의 급여와 복리후생은 동일하다.
> ㉢ 농협은행의 자기앞 수표를 각 농·축협에 입금하면 하루(영업일)가 지나서 오후에 출금이 가능하다.

가. ㉠
나. ㉠, ㉡
다. ㉠, ㉢
라. ㉠, ㉡, ㉢

정답 라

㉠ 축협은 '은행'이라는 글자를 간판에 사용할 수 없는 기관인 '조합'으로 지정되어 있다.
㉡ 농협은행은 어느 지역이든 급여와 복리후생 제도가 동일하나 농협조합은 지역별로 모두 다르다.
㉢ 타행 수표는 입금하면 하루(영업일)가 지나서 오후에 출금이 가능하지만, 농협은행과 농협조합 간 자기앞 수표지급은 자행 기준을 적용해 입금한 뒤 바로 현금으로 찾아 쓸 수 있다.
따라서 ㉠, ㉡, ㉢의 설명은 모두 옳지 않다.

02 기업 경영상의 의사결정방법에 대한 다음 설명 중 옳은 것은?

가. 브레인스토밍 : 여러 명이 한 가지의 문제를 놓고 다양한 비판과 토론을 하는 것이다.
나. 케이제이법 : 발상회의법 중 하나로 아이디어 정리법으로도 사용할 수 있다.
다. 스캠퍼 : 빠른 의사결정을 위하여 유용한 방법이다.
라. 시네틱스 : 상호 밀접한 연관이 있는 것들로부터 새로운 가치를 도출해내는 방법이다.

정답 나

나. 케이제이법은 창조성 함양훈련의 일종으로서 브레인스토밍과 함께 가장 많이 쓰이는 발상회의 진행법이며, 문제정리나 발견에 유효한 기법으로 아이디어를 정리하는 방법으로도 사용된다.

오답풀이
가. 브레인스토밍에서 비판은 절대 금지되어야 하는 요소이다.
다. 스캠퍼 기법은 창의력 증진기법의 일종으로 아이디어를 얻기 위해 의도적으로 시험할 수 있는 7가지 규칙을 의미한다. 즉, 다양한 시험적인 방법을 사용한다는 측면에서 빠른 의사결정을 이끌어낼 수 있는 방법으로 볼 수 없다.
라. 시네틱스는 서로 관련이 없어 보이는 것들을 조합하여 새로운 것을 도출해내는 집단 아이디어 발상법이다.

03 다음은 HMR 식품에 대한 설명이다. 이를 참고할 때, HMR 식품이 성행하게 된 배경과 그에 따른 결과를 올바르게 설명하지 못한 것은?

> HMR은 홈 밀 리플레이스먼트(Home Meal Replacement)의 머리글자로, 일종의 인스턴트식품이다. 일반적으로 가정에서 음식을 먹을 때의 과정은 식재료 구입 → 식재료 손질 → 조리 → 섭취 → 정리의 순으로 진행되는데, HMR은 이런 과정에서의 노력과 시간을 최대한 줄이려는 목적으로 만들어졌다. 음식의 재료들을 손질한 후 어느 정도 조리가 된 상태에서 가공, 포장되기 때문에 데우거나 끓이는 등의 단순한 조리 과정만 거치면 음식이 완성된다.

가. HMR식품은 기존의 냉장, 냉동식품에 비해 신선도가 높아야 한다.
나. 가정 요리를 책임지는 주부들의 입맛 수준과 요리 실력의 차이는 HMR식품의 성행을 야기시켰다.
다. 최종 조리는 가정에서 직접 할 수 있다는 것이 인스턴트식품과 다른 점이다.
라. 외식이 점차 더 유행하게 되면 HMR식품의 인기가 줄어들게 된다.

해설 **정답 라**
외식이 유행하면서 외식 관련 아이템도 부각되고 있다는 점은 HMR 브랜드의 향후 성장 가능성을 더욱 확대하는 요인이라고 할 수 있다. 이와 함께 업계 간 경쟁도 더욱 가속화될 것으로 전망할 수 있다.
HMR식품은 인스턴트식품과 달리 최종 조리 단계는 가정에서 직접 수행할 수 있다는 특징이 있으며, 삼계탕, 갈비탕 등 탕이나 국, 찌개요리 등으로 점차 분야가 확대되어 수준 높은 냉장, 냉동기술이 요구되기도 한다.

04 다음 중 농축협이 속하는 은행의 유형은?
가. 시중은행   나. 상호저축은행
다. 특수은행   라. 지방은행

해설 **정답 다**
다. 특수은행은 일반은행이 영리성만을 위주로 단기금융 및 상업금융을 주요 업무로 함으로써 소외되기 쉬운 경제부문에 자금을 배분·공급하여 국민경제의 균형적 발전을 도모할 것을 목적으로 하고 있다. 따라서 일반 민간부문으로부터 받는 수신 외에 정부출자 및 차입으로 그 재원을 구성하며 정부의 직접적인 감독·관리하에 놓여 있다.

05   다음 중 은행의 출납업무의 대한 설명으로 적절하지 않은 것을 모두 고르면?

> ㉠ 은행자금을 관리하는 업무로서, 창구에서 수납한 다량의 현금은 개인이 보유하고 있다가 마감 때 금고에 입금·처리시킨다.
> ㉡ 전반적인 은행업무와 독립적인 업무이기 때문에, 타 업무와 관련된 법률문제에는 영향을 미치지 않는다.
> ㉢ 담당자의 응대 태도뿐 아니라, 업무의 신속, 정확성 등은 고객이 은행 자체를 판단하는 잣대가 될 수 있으므로 고객서비스에 주의가 필요하다.
> ㉣ 현금계정을 관장하고 직접 처리하는 업무이기 때문에 사고 발생의 가능성이 있으므로 각별한 주의가 필요하다.
> ㉤ 고객응대 비중이 가장 큰 업무이고, 고객과의 접촉이 가장 잦은 업무이다.

가. 1개   나. 2개
다. 3개   라. 4개

해설   정답 **나**

㉠ 은행의 출납업무는 은행자금을 관리하는 업무뿐 아니라 대출 상담, 계좌 개설 등 다양한 업무를 수행한다. 또한 창구에서 다량의 현금을 수납한 경우 개인이 보유하지 않으며 수시로 약식 회계처리에 의해 관리된다.
㉡ 출납업무는 은행업무와 독립되어 있는 것이 아니며, 타 업무와도 밀접히 관련되어 있어 법률문제에서 단독적이고 독립적인 업무가 아니다.

06   은행 창구에서 고객을 대할 때 있어서 효과적인 커뮤니케이션 방법으로 적절하지 않은 설명을 모두 고른 것은?

> ㉠ 방금 한 말을 그대로 반복하여 말하기
> ㉡ 고객이 말한 용어와 같은 뜻을 가진 다른 단어를 사용하기
> ㉢ 고객과의 상담을 마친 후 내용을 요약·정리하여 확인하기
> ㉣ 가급적 전문용어를 사용하여 말하기

가. ㉠, ㉡, ㉢   나. ㉠, ㉡, ㉣
다. ㉠, ㉢, ㉣   라. ㉡, ㉢, ㉣

해설   정답 **나**

㉠·㉡ 고객과의 상담을 진행시키는 바람직한 대화법이라고 할 수 없다.
㉣ 고객의 눈높이에 맞는 쉽게 이해할 수 있는 용어를 사용하는 것이 바람직한 상담 방법이다.

오답풀이
㉢ 고객과의 상담을 진행한 후 상담 내용을 요약·정리하여 다시 한 번 확인하는 절차를 갖는 것은 은행 창구에서뿐만 아니라 고객과의 상담이 이루어지는 모든 자리에서 반드시 준수하여야 할 상담 진행방법이라고 할 수 있다.

07 다음 팀원들의 대화에서 경영활동에 필요한 구성요소 중 언급되지 않은 항목은?

> A과장 : "우리 팀이 하나의 기업체가 되어서 경영활동을 벌여 나간다면 아주 즐겁고 활기 있는 일이 되겠군. 안 그런가?"
> B대리 : "맞습니다. 회사 전체의 일을 팀 규모의 새로운 시각으로 본다면 향후 업무활동에 있어서도 바람직한 영향이 있을 것 같아요. 훌륭한 우리 팀원 각자가 분야별 담당이사가 되어보는 경험인거지요."
> C사원 : "그럼 전 우리 팀의 경비 처리를 담당하고 있으니 재무담당이사가 되는 건가요?"
> A과장 : "하하, 틀린 말은 아니군. 헌데 우리 팀이 기업체의 모습을 갖추려면 뭔가 지금의 회사와는 좀 다른 전략이 있어야 할 것도 같은데……"
> D사원 : "그 말씀은, 해외영업을 제외한 국내 판매만을 가정해서 내수시장 공략에 집중해 보자는 아이디어겠죠?"

가. 전략
나. 경영목적
다. 자금
라. 인적자원

정답 **나**

나. 경영활동의 구성요소는 경영목적, 인적자원, 자금, 경영전략이다.
인적자원은 B대리가, 자금은 C사원이, 전략은 D사원이 각각 언급하고 있으며, 나머지 하나의 경영활동 구성요소인 경영목적에 관한 언급이 없다.

08 다음은 전국 농협의 계통조직 체계도이다. 이 자료에 대한 설명으로 옳지 않은 것은?

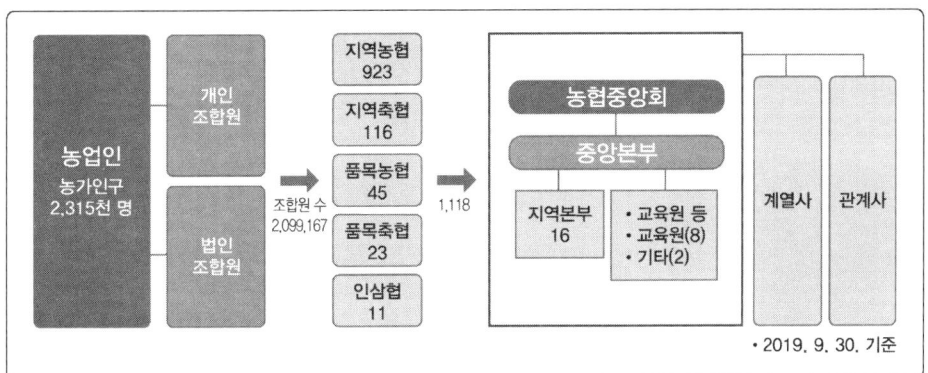

가. 전체 농업인 중 조합원으로 등록된 비율은 90%에 미치지는 못한다.
나. 조합원은 크게 개인 조합원과 법인 조합원으로 구분된다.
다. 농협 내에는 농협뿐만 아니라 축협과 인삼협도 포함되어 있으며, 이들을 모두 합하면 1,118개에 이른다.
라. 농협중앙회 산하의 중앙본부는 총 16개의 지역본부와 8개의 교육원을 거느리고 있다.

해설   정답 가

가. 전체 농업인의 수는 2,315천 명으로 조합원의 수는 2,099,167명이라고 제시되어 있다. 따라서 조합원의 수는 2,315천 명의 90%인 2,083.5천 명을 넘어서 있음을 알 수 있다.

오답풀이
나. 총 농가인구는 크게 개인과 법인 조합원으로 구분되어 있다.
다. 지역농협 923개, 지역축협 116개, 품목농협 45개, 품목축협 23개, 인삼협 11개가 포함되어 있으며 총 1,118개의 조직에 이른다.
라. 지역본부 16개와 교육원 8개, 기타 2개가 포함되어 있음을 알 수 있다.

09 다음 중 국가별 비즈니스 매너에 대한 설명으로 옳지 않은 것은?

> ㉠ 싱가포르에서는 업무적인 내용 외에 종교, 결혼 유무, 나이 등을 물어보는 게 무례한 것이 아니다.
> ㉡ 독일에서는 약속을 잡을 때 가능한 한 점심시간을 이용하는 편이 좋다. 대부분의 사람들이 저녁 시간을 가족과 같이 보내고 싶어 하기 때문이다.
> ㉢ 일본에서는 명함을 건넬 때 반드시 명함집 위에 명함을 겹쳐 놓고 정중하게 고개를 숙여서 인사를 하고 나서 준다.
> ㉣ 미국 사람과 업무상 명함을 건넬 때 바로 넣어도 무례한 행동이 아니다. 또한 악수할 때 한 손을 주머니에 넣는 것은 무시하는 행위가 아니다.

가. ㉠
나. ㉡
다. ㉢
라. ㉣

해설 **정답 가**

싱가포르 사람들은 업무와 직접 상관이 없는 사생활에 대해서 묻는 것을 꺼린다. 특히 나이, 결혼유무, 이혼문제 등 개인 사생활과 관련된 문제는 개인적인 친분이 있는 경우가 아니면 되도록 묻지 않는 것이 좋다. 싱가포르는 다민족 국가이고 영어를 공용어로 사용하므로 나이를 묻거나 지극히 개인적인 정보를 묻는 것은 실례로 여긴다.

10 다음 중 금융거래 가망고객을 발굴하는 옳은 방법을 모두 고른 것은?

> ㉠ 휴면계좌 고객을 제외하고 거래 중인 고객 관리를 통한 신규수요 발굴하기
> ㉡ 기존 거래고객으로부터 소개받은 잠재고객 중 신규고객 발굴하기
> ㉢ 내부 직원의 인적 네트워크를 활용한 가망고객 발굴하기
> ㉣ DM, TM 등의 이벤트 활동을 통해 가망고객 발굴하기

가. ㉠, ㉡, ㉢
나. ㉠, ㉡, ㉣
다. ㉠, ㉢, ㉣
라. ㉡, ㉢, ㉣

해설 **정답 라**

㉠ 휴면계좌를 가지고 있는 고객은 항상 잠재고객의 대상으로 관리하며 적극적인 안내를 통해 신규 수요로 창출해야 한다.

11 다음 중 '조직의 구분'에 대한 올바른 설명으로 볼 수 없는 것은?

가. 학교나 병원 등은 비영리조직으로 분류할 수 있다.
나. 가족 소유의 상점은 소규모 조직으로 분류할 수 있다.
다. 맥도날드와 같은 기업은 대규모 영리조직으로 분류할 수 있다.
라. 종교단체는 비공식 비영리조직으로 분류할 수 있다.

해설   정답 라

라. 종교단체는 영리를 추구하지 않으므로 비영리조직을 볼 수 있으나, 구조, 기능, 규정을 갖춘 공식조직으로 분류된다.
공식조직은 조직의 구조, 기능, 규정 등이 조직화되어 있는 조직을 의미하며, 비공식조직은 개인들의 협동과 상호작용에 따라 형성된 자발적인 집단 조직이다. 또한 영리성을 기준으로 영리조직과 비영리조직으로 구분되며, 규모에 의해 대규모 조직과 소규모 조직으로 구분할 수 있다.

12 다음 밑줄 친 (A)와 (B)에 대한 설명으로 적절하지 않은 것은?

> 조직 내에서는 (A) 개인이 단독으로 의사결정을 내리는 경우도 있지만 집단이 의사결정을 하기도 한다. 조직에서 여러 문제가 발생하면 직업인은 의사결정과정에 참여하게 된다. 이때 조직의 의사결정은 (B) 집단적으로 이루어지는 경우가 많으며, 여러 가지 제약요건이 존재하기 때문에 조직의 의사결정에 적합한 과정을 거쳐야 한다. 조직의 의사결정은 개인의 의사결정에 비해 복잡하고 불확실하다. 따라서 대부분 기존의 결정을 조금씩 수정해나가는 방향으로 이루어진다.

가. (B)의 경우가 보다 효과적인 결정을 내릴 확률이 높다.
나. (A)의 경우, 결정된 사항에 대하여 의사결정에 참여한 사람들이 해결책을 수월하게 수용하지 않을 수도 있다.
다. (B)의 경우, 다양한 시각과 견해를 가지고 의사결정에 접근할 수 있다.
라. (A)의 경우, 특정 구성원에 의해 의사결정이 독점될 가능성이 있다.

해설   정답 라

라. 집단의사결정은 한 사람이 가진 지식보다 집단이 가지고 있는 지식과 정보가 더 많아 효과적인 결정을 할 수 있다. 또한 다양한 집단구성원이 갖고 있는 능력은 각기 다르므로 각자 다른 시각으로 문제를 바라봄에 따라 다양한 견해를 가지고 접근할 수 있다. 집단의사결정을 할 경우 결정된 사항에 대하여 의사결정에 참여한 사람들이 해결책을 수월하게 수용하고, 의사소통의 기회도 향상되는 장점이 있다. 반면에 의견이 불일치하는 경우 의사결정을 내리는 데 시간이 많이 소요되며, 특정 구성원에 의해 의사결정이 독점될 가능성이 있다.

[13~14] 다음은 농협상호금융의 보험사고와 관련한 예금자보호제도를 설명하는 글이다. 물음에 답하시오.

<보험금 지급>

농·축협 예금의 지급정지 또는 농·축협 설립인가 취소, 파산선고 등으로 고객의 예금을 지급할 수 없게 된 경우를 「보험사고」라 합니다. 이와 같은 보험사고가 발생하면 예금자의 청구에 따라 보험금을 지급합니다. 다만, 예금의 지급정지로 인한 보험사고의 경우에는 기금의 의결기구인 기금관리위원회의 결정을 거쳐 예금자에게 보험금을 지급하게 됩니다.

※ 사례별 예금자보호 안내

- 예금이 지급 정지된 경우
  농·축협의 재무상황 악화 등으로 농림축산식품부장관이 예금 등의 지급정지명령을 내린 경우에는 해당 농·축협에 대한 재산실사 등을 통해 경영정상화 가능성을 판단하며, 정상화가 불가능하다고 판단될 경우 계약이전, 합병 등을 추진하게 됩니다. 하지만 이와 같은 절차도 실패하여 파산이 불가피할 경우에는 관리기관이 보험금을 지급합니다. 농·축협의 사업정지 후 기금이 보험금 지급 결정을 하기까지는 통상 보험사고일로부터 1~2개월이 소요되며, 보험금은 보험금 지급공고일 기준의 예금의 원금과 소정의 이자를 합하여 예금자 1인당 5천만 원(세전) 범위 내에서 지급됩니다.

- 설립인가 취소·해산·파산의 경우
  농·축협의 설립인가 취소, 해산의 인가 또는 파산선고의 경우 예금자의 청구에 의하여 기금이 보험금(예금대지급)을 1인당 한도 내에서 지급합니다.

- 계약이전의 경우
  계약이전이란 농림축산식품부장관의 명령 또는 당사자 간의 합의에 따라 부실 농·축협의 자산·부채를 다른 농·축협으로 이전하는 것으로, 모든 자산과 부채가 포괄 승계되는 것은 아니며 구체적인 이전계약의 내용에 따라 승계되는 자산과 부채의 범위가 달라집니다. 보통 계약이전의 경우에는 예금 원금 및 약정이자 전액을 보호받게 됩니다.

- 합병의 경우
  농·축협이 합병되는 경우에는 합병 전 농·축협의 모든 자산과 부채가 합병 후 농·축협으로 포괄 승계되므로 조합원 및 예금자는 종전과 마찬가지로 합병 후 농·축협과 정상적인 거래를 할 수 있어 보험금 지급한도에 관계없이 예금 및 약정이자 전액을 보호받게 됩니다.

<보호한도>

동일한 농·축협별로 예금자 1인이 보호받을 수 있는 한도는 5천만 원이며, 해당 농·축협에 대출이 있는 경우 대출금을 먼저 상환(상계)시키고 남은 예금을 기준으로 보호합니다.

※ 1인당 보호한도는 각 농·축협이 별도로 적용되며, 동일한 농·축협의 본점 및 지점의 예금은 합산합니다.

13 위의 설명을 참고할 때, 다음 A, B, C와 같은 경우에 보호받을 수 있는(돌려받을 수 있는) 예금액은 순서대로 각각 얼마인가?

> A. S농협에 3천만 원, G농협에 3천만 원씩 예금 보유 상태에서 S농협과 G농협 파산
> B. K농협 '갑'동 지점에 3천만 원, '을'동 지점에 4천만 원씩 예금 보유 상태에서 K농협 파산
> C. M농협에 3천만 원, W농협에 3천만 원씩 예금 보유, M농협에 5백만 원 대출 잔액 보유 상태에서 M농협과 W농협 파산

가. 6천만 원, 6천만 원, 5천만 원
나. 5천만 원, 5천만 원, 5천5백만 원
다. 6천만 원, 5천만 원, 5천5백만 원
라. 5천만 원, 6천만 원, 5천만 원

해설

정답 다

1인당 보호한도는 각 농·축협이 별도로 적용되며, 동일한 농·축협의 본점 및 지점의 예금은 합산된다고 하였으므로 각 상황별로 다음과 같이 계산된다.
A. 파산의 경우 각각 다른 농협이므로 5천만 원 한도에서 보호된다. 따라서 3천만 원+3천만 원=6천만 원이 보호된다.
B. 동일한 농협의 지점이므로 합계 5천만 원이 보호된다. 따라서 보호받는 총액은 5천만 원이 된다.
C. A와 같은 경우이나 대출금을 우선 상계처리하게 되므로 3천만 원+3천만 원-5백만 원=5천5백만 원이 된다.

14 다음 중 예금자보호제도에 대한 설명으로 올바르지 않은 것은?

가. 기금관리위원회는 예금의 지급 정지로 인한 보험사고의 경우 보험금 지급에 대한 의결을 거칠 권한이 있다.
나. 보험 사고일~보험 지급일까지의 기간은 한두 달 정도 소요된다.
다. 농협이 파산했을 경우, 기금이 보험금을 대지급하며 이 경우 보험금액 전액을 지급한다.
라. 예금자 1인의 보호한도는 대출금이 있을 경우 이를 상계처리한 후 책정한다.

해설

정답 다

다. 예금 원금 및 약정이자 전액을 보호받는 것은 계약이전의 경우와 합병의 경우에 해당된다.

오답풀이
가. 예금의 지급정지로 인한 보험사고의 경우에는 기금의 의결기구인 기금관리위원회의 결정을 거쳐 예금자에게 보험금을 지급하게 된다.
나. 농협이 사업 정지 후 보험금을 실제 지급하게 되기까지는 1~2개월이 소요된다.
라. 대출금이 있으면 이를 우선 상환 또는 상계처리 후 잔액을 기준으로 한도를 책정한다.

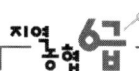

[15~16] 다음은 농협의 조직체계와 담당 사업에 관한 자료이다. 물음에 답하시오.

```
                    조합원 209만 명
```

농·축협(1,118개)				
지역농협 923개	지역축협 116개	품목농협 45개	품목축협 23개	인삼협 11개

농협중앙회	
교육지원사업(3본부, 20부)	상호금융사업(3본부, 10부)

농협경제지주	농협금융지주
• 조직 : 6본부 15부 1분사 • 자회사 : 17개	• 조직 : 4부문 10부 • 자회사 : 8개

〈담당사업〉
- 농협중앙회
  - 교육지원사업 : 영농 및 회원 육성지도, 농협 육성 및 발전 지도, 농업인 복지 증진, 농정활동 및 교육홍보, 사회공헌 및 국제교류활동
  - 상호금융사업 : 농촌지역 농업금융서비스 및 조합원 편의 제공, 서민금융 활성화 기여
- 농협경제지주
  - 농업경제사업 : 영농자재 공급, 산지유통 혁신, 도매사업, 소비자 유통 활성화, 안전농식품 공급
  - 축산경제사업 : 축산물 유통사업, 축산물 가공사업, 축산 지원사업
- **농협금융지주** : NH농협은행, NH농협생명, NH농협손해보험, NH투자증권, NH-Amundi 자산운용, NH농협캐피탈, NH저축은행, NH농협리츠운용

15 위의 농협 조직 체계도와 다음 내용에 대한 설명으로 적절하지 않은 것은?

> 농협은 사업구조 개편에 따라 협동조합의 정체성은 유지하면서 시장경쟁이 필요한 사업부문에 지주회사 체제를 도입하여 전문성과 효율성을 강화하였다. 중앙회는 농업인과 농축협 중심의 협동조합 구성체 역할을 하며 교육지원과 상호금융을 담당하고 있다. 경제부문은 경제지주 산하에 기존 경제부문 자회사를 우선 편입한 후 중앙회의 판매와 유통부문을 이관 받아 농업인에게 실익을 주는 판매농협으로 개편하였다. 또한 금융지주 산하에 은행, 보험사를 신설하고 기존 신용자회사를 편입하여 종합금융그룹체계로 재편하였다. 농업인의 소득안정과 물가안정에 기여하는 명실상부한 판매농협이 구현되는 역사적인 계기가 마련된 것이다.

가. 농협 산하의 협동조합은 천 개가 넘는다.
나. 경제지주는 농산물의 판매와 유통 등에 필요한 17개의 자회사를 운영하고 있다.
다. 은행과 보험사는 금융지주 산하 자회사이다.
라. 농협은 총 6본부 30부, 25개 자회사를 거느리고 있는 거대 조직이다.

정답 라
라. 6개 본부와 30부로 이루어진 것은 농협이 아닌 농협중앙회이며, 25개 자회사를 거느리고 있는 조직은 농협경제지주와 농협금융지주를 합한 것이다.

16 다음 중 위의 자료를 통해 알 수 있는 농협의 활동 내역으로 올바른 것은?

가. 농업활동에서 일상생활에 이르기까지 안전사고를 사전에 예방하는 선제적 안전 관리로 조합원의 행복한 영농생활을 가능하게 한다.
나. 중증장애인과 중소기업으로부터 구매사업을 확대 실시하여 지역경제 활성화와 농촌의 이미지 제고에 앞장서고 있다.
다. 농업인과 소상공인에게 모바일을 통한 e-금융서비스를 실시하고 금융권 전자서명 시스템의 도입 등 금융권 최고의 종합 금융서비스를 제공한다.
라. 금융기관의 책임 경영을 통해 근로자 생계자금, 햇살론 등 다양한 서민금융을 확대 지원하고 있다.

정답 라
'라'의 내용은 서민금융 확대 실시에 대한 설명으로 농협중앙회의 상호금융사업에서 언급한 '서민금융 활성화 기여'에 해당하는 활동 사항이 된다.
나머지는 모두 주어진 자료에서 언급되지 않은 설명이다.

[17~18] 다음은 ○○농협의 조합적금 관련 규정의 일부이다. 물음에 답하시오.

<제3편 출자와 경비부담 및 적립금>

제18조(출자)
① 출자 1좌의 금액은 5천 원으로 한다.
② 조합원은 100좌 이상의 출좌를 한다. 다만 제8조 제1항 제3조의 법인조합원은 1,900좌 이상을 출자한다.
③ 조합원 1인의 출자는 1만 좌를 초과하지 못한다. 다만, 조합 총 출자 좌수의 100분의 10 이내에서는 그러하지 아니하다.

제19조의2(출자배당금의 출자전환)
① 조합원은 제146조 제2항에 따라 배당받을 금액 중 총회에서 정하는 금액을 조합에 출자할 수 있다.
② 제1항의 경우 그 조합원은 배당받을 금액을 조합에 대한 채무와 상계할 수 없다.

제20조(회전출자)
① 조합원은 제146조 제1항에 따라 배당받을 금액 중 총회에서 정하는 금액을 회전출자금으로 조합에 출자할 수 있다.
② 제1항의 경우 그 조합원은 배당 받을 금액을 조합에 대한 채무와 상계할 수 없다.
③ 회전출자금은 출자 후 5년이 경과하면 출자금으로 전환한다.

제23조(과태금)
① 조합은 조합원이 출자금 또는 경비납입의무를 그 기한까지 이행하지 아니하는 경우에는 납입기한 다음날부터 납입완료일까지 납입할 금액에 대하여 1일에 일천 분의 0.4의 율로써 과태금을 징수할 수 있다.
② 조합원은 제1항에 따른 과태금을 조합에 대한 채권과 상계할 수 없다.

제24조(법정적립금)
조합은 매 회계연도 손실보전과 재산에 대한 감가상각에 충당하고도 남으면 자기자본의 3배가 될 때까지 매 회계연도 잉여금의 100분의 10 이상을 적립한다.

* 상계 : 채무자와 채권자가 같은 종류의 채무와 채권을 가지는 경우에, 일방적 의사 표시로 서로의 채무와 채권을 같은 액수만큼 소멸함. 또는 그런 일
* 제18조 제3항에서 조합원 1인은 개인 조합원과 법인 조합원 모두를 포함한다.

17 다음 ○○농협 조합원들의 대화 중 위의 규정에 비추어 적절한 설명을 모두 고른 것은?

> ㉠ 조합장 : 현재 개인 조합원은 1,000명이 모인 상태입니다. 현재 개인 조합원들의 최소 출자금의 합은 5,000,000원입니다.
> ㉡ A조합원 : 저는 개인 조합원으로 출자하고자 하고, 제가 출자하려는 규모는 1만 좌입니다.
> ㉢ B조합원 : 저는 개인이 아니라 법인조합원으로 가입하고자 하고 제 출자금은 4,500,000원입니다.
> ㉣ C조합원 : 저는 지급받게 될 배당금 일부를 조합 출자금으로 전환하려고 합니다.

가. ㉠, ㉡
나. ㉠, ㉣
다. ㉡, ㉢
라. ㉡, ㉣

해설

정답 라

㉡ 개인 조합원 1인의 출자는 1만 좌까지 가능하다.
㉣ 제146조 제2항에 따라 조합원은 배당받을 금액 중 총회에서 정하는 금액을 조합에 출자할 수 있다.

오답풀이

㉠ 개인 조합원의 최소 출자 좌수는 100좌이며 1좌가 5,000원이므로 1,000명인 경우 개인 조합원들의 최소 출자금의 합은 $5,000 \times 100 \times 1,000 = 500,000,000$원이 된다.
㉢ 법인 조합원은 최소 1,900좌 이상이어야 하므로 $1,900 \times 5,000 = 9,500,000$원 이상이어야 한다.

18 ○○농협의 신입사원이 조합원 문의에 답변하기 전 규정을 숙지한 내용으로 적절한 것은?

가. 조합원의 배당금이 500,000원이며 출자해야 할 금액이 800,000원인 경우, 300,000원만 출자하면 된다.
나. 조합원이 1,000,000원의 출자금을 납입기한이 5일 지난 시점에서 납입하였다면, 2,000원의 과태금이 발생한다.
다. 조합원이 배낭받을 배당금이 100,000원이며 과대금이 5,000원 발생하였을 경우, 95,000원의 배당금만 수령하게 된다.
라. 개인 조합원은 1만 좌를 초과하여 출자할 수 없으나, 법인 조합원은 1만 좌 이상 출자가 가능하다.

해설

정답 나

나. 출자금을 기한 내에 납입하지 못하였을 경우, 납입할 금액에 대하여 1일에 일천 분의 0.4의 과태금이 징수되므로 1,000,000원의 일천 분의 0.4, 즉 일만 분의 4가 매일 발생한다. 따라서 5일치의 과태금은 $1,000,000 \times 4/10,000 \times 5 = 2,000$원의 과태금이 발생한다.

오답풀이

가. 배당받을 금액과 출자금은 상계처리되지 않는다.
다. 배당받을 금액(조합원의 채권)과 과태금은 상계처리되지 않는다.
라. 조합원 1인의 출자는 1만 좌를 초과하지 못하며, 조합원 1인은 개인 조합원과 법인 조합원 모두를 포함하므로 법인 조합원도 1만 좌 이상의 출자를 할 수 없다.

[19~20] 다음은 ○○농협에서 조합원에게 제공하는 농산물 매매 계약 시의 유의사항이다. 물음에 답하시오.

<농산물 매매 계약 시 유의사항>

• 농작물 포전매매
농작물 포전매매는 농작물이 완전히 성숙하기 이전에 밭에 식재된 상태에서 일괄하여 매도하는 거래의 유형으로 농작물이 성숙할 때까지 매도인(농업인)이 농작물을 관리하다가 약정된 기일에 매수인(수집상)에게 양도하는 계약을 말한다. 포전매매에서는 계약 시기와 농작물의 수확기 사이의 기간이 다소 길고, 일기변화와 농작물의 관리에 의하여 수확량이 좌우되며, 농산물의 수급상황에 따라 가격의 변동폭이 크기 때문에 계약 당시 당사자가 인식했던 계약과는 다른 결과가 발생할 가능성이 많다. 매수인은 계약에 앞서 농작물의 파종상태 및 예상수확량을 파악하고 농업인이 농작물을 성실히 관리하고 있는가를 확인하여야 한다. 또한 계약서에 기재된 재배면적과 실제 면적과의 차이가 있는가, 계약자가 진정한 농작물의 처분권한이 있는 자인가를 확인해야 한다. 그에 비해 매도인의 경우 관리 부실(병충해 방제의 미흡, 시비의 미흡)의 문제, 매매대금의 감액요구, 매수인이 농작물을 수거하지 않는 경우, 수거비용의 부담 문제, 매매대금의 지급 없이 연락이 두절되는 상황 등을 유의해야 한다.

• 농작물 계약재배
계약재배는 농작물의 파종기에 앞서 당사자가 농작물의 품목, 출하량, 규격, 단가, 대금정산 방법 등을 미리 계약으로 정하고 이를 농업인이 관리, 경작하여 상대방에게 출하하는 유형의 계약이다. 대리권 없는 자와의 계약 시 소유자로부터 계약무효, 무단점유로 인한 부동산의 인도 청구 등을 받을 수 있으며 보증금 반환 시에도 곤란을 겪을 수 있다. 임차부동산이 공유로 되어 있을 경우에는 공유지분 과반수 이상을 가진 자와 계약을 해야 한다. 계약재배 대상을 기준으로 분류하면 일반 농작물 계약재배와 특수 작물 계약재배로 나눌 수 있다. 일반 농작물 계약재배는 과·채류와 같은 일반 농작물을 대상으로 하는 경우로서 채소의 수급 및 가격 안정을 위해 정부와 농협에서 실시하고 있는 농산물 '수급안정사업'과 농업인과 상인의 자유계약에 의한 경우가 있다. 또한 일반 농작물에 관한 계약재배에서는 매수인이 농작물의 품목 등을 정하고 농업인이 스스로 종자를 구입하여 파종하는 경우가 대부분이다. 특수 작물 계약재배는 경작 방법 및 수급량 등이 일반인에게 알려지지 않은 특수한 작물을 대상으로 하는 경우로서, 종자 등을 매수자가 공급하고 농업인이 이를 구성, 농작물을 재배한 후 이를 매수할 것을 조건으로 하는 경우가 많은데, 일반 작물과는 달리 특수한 작물은 재배의 조건(토질, 기후 등)과 기술지도 상황에 따라 재배 결과가 많이 달라지므로 농업인의 입장에서는 특히 주의를 요한다.

19 윗글을 참고할 때, 다음 상황에 대한 적절한 판단을 모두 고른 것은?

생과일주스 사업을 하는 김 씨는 최근 매출이 늘어나는 것을 보면서 앞으로도 매출이 상승할 것으로 기대했다. 김 씨는 과일을 좀 더 저렴하고 신선하게 얻을 궁리를 하다 농업인과 직접 거래하기로 했다. 김 씨는 알고 지내던 농업인 박 씨가 딸기, 토마토를 심어 얼마 전부터 재배를 시작했다는 말을 들었고, 박 씨가 농작물을 잘 관리해 수확하면 양도 받기로 계약했다. 박 씨는 몇 개월 간 공들여 농작물을 관리했고, 양도할 시기가 됐으나 김 씨와 연락이 잘 되지 않았다. 알고 보니 김 씨가 하던 생과일주스 사업은 그 이후로 매출이 크게 줄었고 김 씨는 양도를 받을 때 최종적으로 지불해야 하는 매매 대금을 지불할 능력이 없었기 때문이었다.

㉠ 위 상황은 농작물 포전매매의 사례이다.
㉡ 위 상황은 농작물 계약재배의 사례로 볼 수도 있고, 그중 일반 농작물 계약재배의 사례라고 볼 수 있다.
㉢ 김 씨와 박 씨는 계약을 체결할 때 매매대금을 결정하였을 것이다.
㉣ 농작물 재배시기에 박 씨는 김 씨의 매매대금 이행능력을, 김 씨는 박 씨의 농작물 관리 상황을 점검해야 할 필요가 있다.

가. ㉠, ㉡, ㉢   나. ㉠, ㉡, ㉣
다. ㉠, ㉢, ㉣   라. ㉡, ㉢, ㉣

해설 **정답 다**

제시된 상황은 박 씨가 이미 딸기와 토마토를 재배하고 있는 상황에서 체결된 계약이므로 파종기에 앞서 계약을 하게 되는 농작물 계약재배에 해당되지 않으며, 전형적인 농작물 포전매매에 해당된다.
㉢, ㉣ 농작물 포전매매에 있어서는 계약 당시 매매대금을 결정하고 그에 따라 매도인과 매수인이 계약에 따른 의무를 충실히 수행해 나가는지를 확인하게 된다.

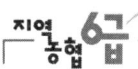

20 윗글을 참고로 ○○농협 담당자가 조합원 고객의 질문에 대답한 것으로 적절한 것은?

가. 조합원 : 농업인이 상인과 직접 자유계약을 통해 농산물 계약재배를 할 수 있나요?
　　담당자 : 네, 할 수 있습니다. 일반 농작물 자유계약재배에 해당됩니다.
나. 조합원 : 정부와 농협에서 실시하는 수급안정사업은 포전매매 형태인가요, 계약재배 형태인가요?
　　담당자 : 포전매매의 형태입니다.
다. 조합원 : 특수 작물 계약재배는 일반 작물 계약재배와 무엇이 다른가요?
　　담당자 : 특수 작물 계약재배는 매도를 하는 농업인이 종자를 구입하고 파종을 한다는 것이 일반 작물 계약재배와의 차이점이라고 할 수 있습니다.
라. 조합원 : 포전매매에서 매수인이 주의해야 할 점은 무엇인가요?
　　담당자 : 농작물의 종자를 얼마나 잘 구입해서 공급하느냐가 가장 중요합니다.

해설　　　　　　　　　　　　　　　　　　　　　　　　　　　　　　　　　　　**정답 가**

가. 일반 농작물 계약재배는 채소의 수급 및 가격 안정을 위해 정부와 농협에서 실시하고 있는 농산물 '수급안정사업'과 농업인과 상인의 자유계약으로 나눌 수 있다.

오답풀이

나. 정부와 농협이 실시하고 있는 '수급안정사업'은 농작물 계약재배에 해당한다.
다. 특수 작물 계약재배는 종자를 매수인지 구입하여 공급하는 데 반해, 일반 작물 계약재배는 내수인이 농작물의 품목만 결정하고 농업인 스스로가 종자를 구입하여 파종한다.
라. 포전매매는 매수인이 종자를 구입하는 것이 아니며, 이미 농작물이 밭에 식재된 상태에서 거래가 이루어지게 되는 형태이다. 따라서 매수인은 농작물의 파종상태 및 예상수확량을 파악하고 농업인이 농작물을 성실히 관리하는가를 확인하는 일에 주의를 기울여야 한다.

최신기출문제

2019년 상반기

기출문제 70문제형

[1~5] 다음 빈칸에 들어갈 적절한 말을 고르시오.

01

> 백두산은 압록강의 (　)이다.

① 발상지　　② 발원지　　③ 생산지
④ 원산지　　⑤ 시발점

해설　　　　　　　　　　　　　　　　　　　　　　　　정답 ②

우리나라에서 제일 긴 압록강은 백두산 천지에 시원을 두고 흐르는 강이다. 즉, 압록강의 물줄기가 백두산에서 처음 시작된 곳을 뜻하므로, 빈칸에 들어갈 단어로는 '발원지'가 적절하다.
② 발원지(發源地) : 흐르는 물줄기가 처음 시작한 곳 또는 어떤 현상의 최초의 발생 근원이 되는 곳

오답풀이
① 발상지(發祥地) : 역사적으로 큰 가치가 있는 어떤 일이나 사물이 처음 나타난 곳
③ 생산지(生産地) : 어떤 물품을 만들어 내는 곳. 또는 그 물품이 저절로 생겨나는 곳
④ 원산지(原産地) : 물건의 생산지
⑤ 시발점(始發點) : 첫 출발을 하는 지점 또는 일이 처음 시작되는 계기

02

> 상대방 의견은 (　)의 가치도 없다.

① 일고　　② 일각　　③ 일람
④ 일말　　⑤ 일체

해설　　　　　　　　　　　　　　　　　　　　　　　　정답 ①

'일고'는 '한번 고려해본다'는 말로, 상대방의 주장이나 의견을 송두리째 부정할 때 '일고의 가치도 없다'와 같이 부정적인 맥락에서 자주 쓰인다.
① 일고(一考) : 한 번 생각해 봄

오답풀이
② 일각(一刻) : 아주 짧은 시간
③ 일람(一覽) : 한 번 봄. 또는 한 번 죽 훑어봄
④ 일말(一抹) : 한 번 칠한다는 뜻으로, '약간'을 이르는 말
⑤ 일체(一切) : 전부 또는 완전히

03

> 이번 토론회에서 세 명의 발표자가 (　)를 맡았다.

① 건의　　② 기각　　③ 발제
④ 발췌　　⑤ 기소

> **[해설]** 정답 ③
> 토론회의 발표와 관련된 내용이므로, '토론회나 연구회 따위에서 어떤 주제를 맡아 조사하고 발표함'의 의미인 ③ '발제(發題)'가 적절하다.
> **오답풀이**
> ① 건의(建議) : 개인이나 단체가 의견이나 희망을 내놓음. 또는 그 의견이나 희망
> ② 기각(棄却) : 소송을 수리한 법원이 소나 상소가 형식적인 요건은 갖추었으나, 그 내용이 실체적으로 이유가 없다고 판단하여 소송을 종료하는 일
> ④ 발췌(拔萃) : 책, 글 따위에서 필요하거나 중요한 부분을 가려 뽑아냄. 또는 그런 내용
> ⑤ 기소(起訴) : 검사가 특정한 형사 사건에 대하여 법원에 심판을 요구하는 일

04

사장은 사원들의 사기 (　　)를 위하여 노력하였다.

① 고심　　② 절충　　③ 향상
④ 고취　　⑤ 진력

> **[해설]** 정답 ④
> 사원들의 의욕이나 자신감을 높여준다는 내용이므로, '힘을 내도록 격려하여 용기를 북돋움'의 의미인 ④ '고취'가 적절하다.
> **오답풀이**
> ① 고심(苦心) : 몹시 애를 태우며 마음을 씀
> ② 절충(折衷) : 서로 다른 사물이나 의견, 관점 따위를 알맞게 조절하여 서로 잘 어울리게 함
> ③ 향상(向上) : 실력, 수준, 기술 따위가 나아짐
> ⑤ 진력(盡力) : 있는 힘을 다함

05

두 기관은 프로그램 운영 확대 관련 업무협약을 체결하고 상호 (　　) 협력하기로 하였다.

① 유유히　　② 긴밀히　　③ 부단히
④ 면면히　　⑤ 긍휼히

> **[해설]** 정답 ②
> 두 기관 간의 협약과 관련된 일이므로, '서로의 관계가 매우 가까워 빈틈이 없이'의 의미인 ② '긴밀히'가 적절하다.
> **오답풀이**
> ① 유유히 : 움직임이 한가하고 여유가 있고 느리게
> ③ 부단히 : 꾸준하게 잇대어 끊임이 없이
> ④ 면면히 : 끊어지지 않고 죽 잇따라
> ⑤ 긍휼히 : 불쌍하고 가엾게

[6~10] 제시된 단어를 보고 연상되는 것을 고르시오.

06

> 노란색, 시다, 동그랗다

① 개나리　　② 피자　　③ 병아리
④ 레몬　　　⑤ 사과

해설　　　　　　　　　　　　　　　　　　　　　　　　　정답 ④
제시된 단어 중 '노란색'에서는 '개나리, 병아리, 레몬'을, '시다'에서는 '레몬'을, '동그랗다'에서는 '피자, 레몬, 사과'를 각각 연상할 수 있다.
제시된 세 단어에서 연상되는 것은 ④ '레몬'이다.

07

> 누른다, 열린다, 위아래로

① 엘리베이터　　② 계단　　③ 초인종
④ 자동문　　　　⑤ 에스컬레이터

해설　　　　　　　　　　　　　　　　　　　　　　　　　정답 ①
제시된 '누른다, 열린다, 위아래로'에서 연상되는 것은 ① '엘리베이터'이다.
②·⑤의 '계단'과 '에스컬레이터'에서 '위아래로'를, ③의 '초인종'에서 '누른다'를, ④의 '자동문'에서 '열린다'를 연상할 수 있다.

08

> 거대하다, 연속되다, 높다

① 63빌딩　　② 고인돌　　③ 석굴암
④ 왕　　　　⑤ 산맥

해설　　　　　　　　　　　　　　　　　　　　　　　　　정답 ⑤
제시된 '거대하다, 연속되다, 높다'에서 연상되는 것은 ⑤ '산맥'이다.
산맥은 높은 산들이 연속되어 나타나는 지형을 말하므로, 거대하다는 것을 알 수 있다.

09

> 농협, 핵심가치, 함께하는 국민

① 정직　　② 행복　　③ 최고
④ 공감　　⑤ 소통

　　　　　　　　　　　　　　　　　　　　정답 ④

제시된 '농협, 핵심가치, 함께하는 우리'에서 연상되는 것은 ④ '공감(共感)'이다.
농협의 핵심가치는 '깨어있는 농협인(農心), 활짝웃는 농업인(現場), 함께하는 국민(共感)'이다.

10

> 이름, 찍다, 새기다

① 발등　　② 도장　　③ 바위
④ 값어치　⑤ 사진

　　　　　　　　　　　　　　　　　　　　정답 ②

제시된 '이름, 찍다, 새기다'에서 연상되는 것은 ② '도장'이다. '도장'은 일정한 표적으로 삼기 위하여 개인, 단체, 관직 따위의 이름을 새겨 문서에 찍도록 만든 물건이다.

11 다음 중 맞춤법 표기가 옳은 것은?

- 친구가 일이 생겨서 오늘 저녁 약속이 <u>파토/파투</u>났어.
- 그는 김 선생에게서 창을 <u>사사하고/사사받고/사사되고</u> 있다.

① 파투, 사사받고　　② 파투, 사사하고　　③ 파토, 사사되고
④ 파토, 사사하고　　⑤ 파토, 사사받고

정답 ②

- 파투(破鬪) : 일이 잘못되어 흐지부지됨을 비유적으로 이르는 말로, '파토'는 '파투'의 잘못된 표현이다.
- 사사하다 : 스승으로 섬기다. 또는 스승으로 삼고 가르침을 받다. 흔히 '사사받다'로 잘못 쓰이고 있지만, '사사'에 '스승에게 가르침을 받다'란 의미가 포함되어 있으므로 '사사하다'가 바른 말이다.

[12~13] 다음 제시된 단어의 관계와 같도록 빈칸에 들어갈 알맞은 것을 고르시오.

12

고래 : 포유류 = 개구리 : ( )

① 영장류　　② 양서류　　③ 포유류
④ 어류　　　⑤ 파충류

해설　　　　　　　　　　　　　　　　　　　　　　　　**정답 ②**
제시된 단어 간의 관계는 상하 관계이다.
고래는 포유류에 속하고, 개구리는 양서류에 속한다.

13

바리스타 : 커피콩 = 목수 : ( )

① 나무　　　② 망치　　　③ 로스팅
④ 못　　　　⑤ 열매

해설　　　　　　　　　　　　　　　　　　　　　　　　**정답 ①**
제시된 단어의 관계는 '만드는 사람'과 '재료'의 관계이다.
바리스타는 커피콩을 재료로 하고, 목수는 나무를 재료로 한다.

14　다음 중 그 낱말의 뜻이 다른 하나는?

① 도로　　　② 노상　　　③ 가두
④ 고지　　　⑤ 가로

해설　　　　　　　　　　　　　　　　　　　　　　　　**정답 ④**
④ '고지(高地)'는 '지대가 높은 땅'을 의미하는 단어이고, 나머지는 '길'을 의미한다.
오답풀이
① 도로(道路) : 사람, 차 따위가 잘 다닐 수 있도록 만들어 놓은 비교적 넓은 길
② 노상(路上) : 길거리나 길의 위
③ 가두(街頭) : 도시의 길거리
⑤ 가로(街路) : 시가지의 넓은 도로

15 다음 뜻에 가장 부합하는 한자성어는?

> 남의 세력(勢力)을 빌어 위세(威勢)를 부림

① 간담상조(肝膽相照)   ② 곡학아세(曲學阿世)   ③ 호가호위(狐假虎威)
④ 양두구육(羊頭狗肉)   ⑤ 권모술수(權謀術數)

정답 ③

제시된 '남의 세력(勢力)을 빌어 위세(威勢)를 부림'에 가장 부합하는 한자성어는 '여우(狐)가 호랑이(虎)의 위세를 빌려 호기를 부린다.'는 뜻의 '호가호위(狐假虎威)'이다.

오답풀이
① 간담상조(肝膽相照) : 서로 속마음을 털어놓고 친하게 사귐
② 곡학아세(曲學阿世) : 바른 길에서 벗어난 학문으로 세상 사람에게 아첨함
④ 양두구육(羊頭狗肉) : 양의 머리를 걸어 놓고 개고기를 판다는 뜻으로, 겉보기만 그럴듯하게 보이고 속은 변변하지 아니함을 이르는 말
⑤ 권모술수(權謀術數) : 목적 달성을 위하여 수단과 방법을 가리지 아니하는 온갖 모략이나 술책

[16~18] 다음 제시된 단어와 의미가 비슷한 것을 고르시오.

16
> 이력

① 노력   ② 경력   ③ 유력
④ 전과   ⑤ 전적

정답 ②

제시된 '이력(履歷)'은 '지금까지 거쳐 온 학업, 직업, 경험 등의 내력'을 뜻하므로, 이와 의미가 비슷한 단어는 '겪어 지내온 여러 가지 일'을 뜻하는 ② 경력(經歷)이다.

오답풀이
① 노력(努力) : 목적을 이루기 위하여 몸과 마음을 다하여 애를 씀
③ 유력(有力) : 세력이 강하거나 재산이 많음 예 유력인사
④ 전과(前科) : 이전에 죄를 범하여 재판에 의해 확정된 형벌의 전력 예 전과 2범
⑤ 전적(前績) : 이전에 이루어놓은 업적

17

| 타결 |

① 결렬　　② 협력　　③ 타파
④ 대립　　⑤ 해결

> **해설**　　　　　　　　　　　　　　　　　　　　　　　　　정답 ⑤
> 제시된 '타결(妥結)'은 '의견이 대립된 양편에서 서로 양보하여 일을 마무름'의 뜻으로, 이와 의미가 비슷한 단어는 '제기된 문제를 해명하거나 얽힌 일을 잘 처리함'을 뜻하는 ⑤ 해결(解決)이다.
>
> **오답풀이**
> ① 결렬(決裂) : 교섭이나 회의 따위에서 의견이 합쳐지지 않아 각각 갈라서게 됨
> ② 협력(協力) : 힘을 합하여 서로 도움
> ③ 타파(打破) : 부정적인 규정, 관습, 제도 따위를 깨뜨려 버림
> ④ 대립(對立) : 의견이나 처지, 속성 따위가 서로 반대되거나 모순됨. 또는 그런 관계

18

| 白眉 |

① 平凡　　② 希望　　③ 出衆
④ 暗示　　⑤ 未決

> **해설**　　　　　　　　　　　　　　　　　　　　　　　　　정답 ③
> 제시된 한자어 '白眉(백미)'는 흰 눈썹이라는 뜻으로, 여럿 가운데에서 가장 뛰어난 사람이나 훌륭한 물건을 비유적으로 이르는 말이다. 이와 의미가 비슷한 한자어는 '여러 사람 가운데서 특별히 두드러짐'을 뜻하는 ③ 出衆(출중)이다.
>
> **오답풀이**
> ① 平凡(평범) : 뛰어나거나 색다른 점이 없이 보통임
> ② 希望(희망) : 어떤 일을 이루거나 하기를 바람
> ④ 暗示(암시) : 넌지시 알림
> ⑤ 未決(미결) : 아직 결정하거나 해결하지 아니함

19　다음 중 띄어쓰기가 옳지 않은 것은?

① 거기에 젊은 날의 내가 더러 남아 있을 듯하다.
② 어디 한 번 네 양껏 실컷 마셔라.
③ 네가 원하는 대로 해라.
④ 공부 시간에 딴 생각을 하면 안 된다.
⑤ 아무 말 없이 앉아 있다.

> **해설**　　　　　　　　　　　　　　　　　　　　　　　　　정답 ④
> '딴'은 관형사로 홀로 쓰이기도 하지만, 일부 단어와 결합하여 의미가 굳어지면 한 단어로 쓰기도 한다. ④는 '딴'과 '생각'이 결합하여 한 단어로 의미가 굳어진 말이므로 붙여 쓴다.

[20~21] 다음 〈보기〉의 밑줄 친 표현과 어법상 비슷하게 쓰인 것을 모두 고르시오.

20

〈보기〉
옥수수의 키가 어른의 키를 넘었다.

㉠ 그의 노래 실력은 아마추어 수준을 넘지 못한다.
㉡ 우리 가족은 삼팔선을 넘어 남으로 내려왔다.
㉢ 그런 말은 빈정거림을 넘어 시비를 거는 것에 가깝다.
㉣ 그 일은 일주일이 넘게 걸렸다.
㉤ 이 시기만 무사히 넘으면 재도약할 수 있을 것이다.

① ㉠, ㉢   ② ㉡, ㉣   ③ ㉢, ㉤
④ ㉠, ㉣   ⑤ ㉡, ㉤

해설   정답 ①

〈보기〉의 '넘다'는 '일정한 기준이나 한계 따위를 벗어나 지나다.'의 의미로, ㉠·㉢의 '넘다'와 비슷하게 쓰였다.

오답풀이
㉡ 경계를 건너 지나다.
㉣ 일정한 시간, 시기, 범위 따위에서 벗어나 지나다.
㉤ 어려움이나 고비 따위를 겪어 지나다.

21

〈보기〉
그에게는 동정을 보낼 필요조차 없다.

㉠ 유리는 친구와 보내는 시간이 즐겁다.
㉡ 그는 아들을 미국으로 유학 보내기 위해서 열심히 일했다.
㉢ 관객은 연주자에게 기립 박수를 보냈다.
㉣ 맏아들을 군대에 보내는 어머니의 마음은 착잡했다.
㉤ 그는 그녀에게 추파를 보냈다.

① ㉠, ㉢   ② ㉡, ㉣   ③ ㉢, ㉤
④ ㉠, ㉣   ⑤ ㉡, ㉤

해설   정답 ③

〈보기〉의 '보내다'는 '상대편에게 자신의 마음가짐을 느끼어 알도록 표현하다.'의 의미로, ㉢·㉤의 '보내다'와 비슷하게 쓰였다.

오답풀이
㉠ 시간이나 세월을 지나가게 하다.
㉡ 일정한 임무나 목적으로 가게 하다.
㉣ 사람을 일정한 곳에 소속되게 하다.

22 다음 글을 참고할 때, 툰드라기후 지역에 대한 설명으로 적절하지 않은 것은?

> 툰드라기후는 적도기후와 대별되는 극기후다. '툰드라'란 용어는 핀란드어로 '수목이 없다'는 뜻이다. 또는 고위도나 해발고도가 높은 지역의 땅바닥에 붙어서 자라는 식생을 의미하기도 한다. 툰드라기후의 범위는 최난월 평균기온 0~10℃의 지역으로 구분된다.
> 툰드라기후의 저위도 쪽 한계는 최난월 평균기온 10℃ 선이다. 나무가 자랄 수 있는 수목한계선과 일치한다. 툰드라기후의 극쪽 한계는 최난월 평균기온 0℃ 선이다. 빙설기후와의 경계이며 지표면에 식물이 자랄 수 있는 한계다. 낮은 언덕 내부는 영구동토. 표층만이 짧은 여름 동안에 녹아서 이끼 종류가 무성하고 낮은 관목이 섞여서 자란다. 긴 겨울 동안에는 빙설로 덮여 있다. 동토기후라고 부르는 이유다.
> 툰드라기후는 남북위 60~75° 사이의 위도대에 위치하지만 대부분 북반구에 분포한다. 북극해를 둘러싸고 있는 유라시아 대륙 북부와 알래스카의 북쪽 사면과 허드슨 만 등 북아메리카 북부, 그린란드 주변의 해안과 북극해의 여러 섬, 아이슬란드 북부 등에 툰드라기후가 나타난다.
> 그린란드 섬의 북쪽에서는 해류의 영향으로 북위 80°를 넘어서도 툰드라기후가 분포한다. 높은 산맥의 일부에서도 볼 수 있다. 남반구에서는 남아메리카의 남서단과 남극반도 북부, 세종과학기지가 있는 킹조지 섬 등이 툰드라기후를 보인다.
> 툰드라기후는 겨울이 길고 추우며, 여름은 짧고 냉량하다. 겨울에는 혹한이 지속되며 −45℃ 이하가 되는 날도 있다. 해안에 위치한 곳은 그보다 온화하다. 툰드라기후도 빙설기후처럼 겨울철에는 심한 혹한이 발생한다. 그러나 툰드라기후는 대부분 해양의 영향을 받고 있어 빙설기후보다는 덜 춥다. 극야(極夜)와 해양의 영향으로 최한월은 주로 2월에, 최난월은 7월에 나타난다.
> 기온의 연교차는 매우 크다. 그러나 일교차는 밤과 낮 동안의 일사량 차이가 크지 않아 적게 나타난다. 많은 툰드라기후 지역이 해양을 접하고 있음에도 수증기량이 적다. 기온이 낮아 대기 중에 수증기를 많이 함유할 수 없기 때문이다. 연평균 강수량은 250㎜ 이하가 대부분이다. 따뜻한 여름철에 비가 더 많이 내리지만 월별 강수량의 차이는 크지 않다. 눈은 아주 작은 알갱이로 내리는 경우가 많다. 건조하고 추운 기상 특성 때문이다. 그러나 내린 눈이 연중 쌓여 있어 바람에 날리는 경우가 많다. 그러다 보니 눈 내리는 풍경을 실제 강설보다 더 많이 보게 된다.

① 툰드라기후는 남반구와 북반구 모두에서 나타난다.
② '툰드라'는 수목이 없다는 뜻이지만 툰드라 지역에 전혀 수목이 없는 것은 아니다.
③ 툰드라 지역을 넘어선 빙설기후 지역에서도 지표면에 식물이 자랄 수 있다.
④ 툰드라 지역이 빙설기후보다 높은 온도를 유지하는 것은 해양의 영향 때문이다.
⑤ 툰드라 지역은 해양이 접하고 있으나 건조한 대기 탓에 수증기가 많지 않다.

해설

정답 ③

③ 툰드라의 극쪽 한계는 빙설기후와의 경계선이며, 이 경계선은 곧 지표면에 식물이 자랄 수 있는 한계가 된다고 설명되어 있다. 따라서 이 경계를 넘어선 빙설기후에서는 지표면에 식물이 자랄 수 없다는 결론을 내릴 수 있다.

오답풀이

① 대부분 북반구에 위치하지만 남북위 60~75° 사이의 위도대에 위치한 곳을 툰드라기후 지역이라고 하며, 남반구에도 세종과학기지 등 이러한 기후 지역이 있다고 설명되어 있다.
② 표층에서는 여름 동안에 낮은 관목이 자란다고 설명되어 있다.
④ 해양의 영향으로 빙설기후보다 덜 춥다고 설명되어 있다.
⑤ 건조하고 낮은 기온으로 대기가 수증기를 함유하지 못해 수증기가 많지 않다고 설명하고 있다.

23 다음 중 주어진 글에서 언급한 근무개선을 위한 구체적인 행동지침은 몇 가지인가?

바쁜 현대인들에게는 업무의 신속성과 조직관리에 도움이 되는 효율적 업무를 위한 근무 개선 요령이 필요하다. 직장에서건 가정에서건 일을 열심히 하는 것도 좋지만 어떤 방법으로 효율적 업무를 할 것인지가 더욱 중요하다. 특히 조직체인 직장생활에서는 모든 것이 경쟁구도인데, 조직관리를 하다 보면 사람마다 성격이 다르듯이 업무 처리 능력이나 속도 면에서 저마다 다른 결과가 나타나는 것을 쉽게 볼 수 있다. 일이나 업무에서 가장 중요한 것은 업무의 목적과 그 업무를 수행함에 있어서 나타나는 결과인데, 그 결과를 위한 업무 프로세스가 효율적 업무 처리에 방해가 된다면 결국 근무 개선이 필요한 결정적 원인이 된다. 효율적 업무를 위해 일을 잘 하고 싶다면 현재 자신이 습관처럼 하고 있는 업무 처리의 방법들에 대해 마치 대청소를 하듯이 전반적으로 되돌아 볼 필요가 있다.

조직 생활에서 효율적 업무를 위한 방법에는 여러 종류가 있겠지만, 가장 사소한 것 같으면서도 조각시간들을 잡아먹는 개인 주변의 효율적 업무 방해요인과 그에 대한 근무 개선요령은 다음과 같은 것들이 있다. 우선, 필요 이상의 긴 통화와 일정에 없는 방문객 상담을 들 수 있다. 이것은 스스로가 조절하기 다소 어려운 경우도 있어 효율적 업무를 방해하는 가장 큰 요인이 된다고 할 수 있다. 뚜렷한 목적 없이 타 부서를 배회하는 것 역시 흔하게 발견할 수 있는 요인인데, 이것은 업무 시간을 느슨하게 유지하고자 하는 본인의 의지가 반영된 것으로 얼마든지 조절이 가능한 요인이다. 또한, 잦은 화장실 출입이나 채팅 등으로 시간을 보내며 자신의 다음 업무를 기다리는 행위 등도 포함시킬 수 있다.

업무에 방해가 되는 요인은 주로 시간을 낭비시키는 형태로 발생하는데, 업무의 우선순위나 계획이 없이 닥치는 대로 일을 한다거나, 메모나 전화번호를 찾는 등 하찮은 일에 많은 시간을 소비하는 일, 메신저, 인터넷, 통화, 잡담 등이 모여 의외로 긴 시간을 흘려보내는 경우 등이 대표적인 시간 낭비의 형태라고 볼 수 있다.

이러한 효율적 업무 방해 요인들에 대한 근무 개선요령을 위해서는 우선 조직관리자들이 솔선수범하는 자세와 구체적인 행동지침이 필요할 것이다. 특히 효율적 업무 추진을 위해서는 업무를 방해하고 시간을 앗아가는 주변 정리, 그중에서도 책상 정리는 매우 중요하다고 할 수 있다. 물론 개인의 성격에 따라 뒤죽박죽 해놓은 상태에서도 신기하게 필요한 서류를 잘 찾아내서 업무를 보는 스타일도 있지만, 그것은 분명 지름길을 두고도 돌아가는 형국으로 시간을 축내는 요인이 될 것이다. 서랍을 정리하는 일 역시 시간을 절약하는 효과적인 방법이 된다. 칸을 나누고 보관해야 할 종류별로 명확히 구분해 두는 것은 물건을 찾는 데 들이는 불필요한 시간을 훨씬 줄어들게 해 준다는 사실을 명심할 필요가 있다. 또한, 서류나 파일을 찾기 편하게 정리해 두어야 한다. 문서별로 정리하여 보관해 두는 것은 시간이 지나도 허둥대지 않고 곧바로 사용할 수 있는 지름길이 된다. 어디에 서류를 두었는지 기억이 나지 않아 상사가 찾을 때나 보고 시 신속하게 대응할 수 없다면 근무 평점을 받는 데 불리할 수도 있음을 명심해야 한다.

① 1가지 ② 2가지 ③ 3가지
④ 4가지 ⑤ 5가지

정답 ③

주어진 글에서는 크게 효율적 업무 방해요인, 시간 낭비의 형태, 근무 개선을 위한 구체적인 행동지침에 대해 이야기하고 있으며, 근무 개선을 위한 구체적인 행동지침으로 '책상 정리, 서랍 정리, 서류 정리'의 3가지를 강조하고 있다.

24 다음 글의 내용과 일치하지 않는 설명은?

> 기후를 구분하여 설명할 때 흔히 언급되는 것이 '쾨펜 기후구분'이다. 이것은 독일의 생물기후학자인 쾨펜이 고안한 식생에 기초한 기후구분법이다. 기후는 보통 30년 동안 어느 지역에 우세하게 나타나는 일기 조건으로, 기온·기압·습도·강수형태·강수량·풍향·풍속·일조·구름형태·운량·서리·안개·뇌우현상 등이 포함된 기후인자의 평균과 변화량을 모두 포함하므로 매우 복잡하며, 지역에 따라 모두 다르게 나타난다.
>
> 기후구분은 전 세계 관측소에서 관측한 엄청난 자료로부터 기후적인 유사성을 찾아내고 조직화하며 단순 명료하게 할 뿐만 아니라, 기후에 대한 과학적 이해를 돕기 위해 기후과정들 사이의 장기적인 영향을 구조화하는 과정이다. 기후구분의 방법에는 여러 가지가 있으나 크게 기원적 기후구분법과 경험적 기후구분법으로 나뉜다.
>
> 경험적 방법은 기온·습도·강수량 등의 관측된 기후자료를 직접 이용하는 방법이고, 기원적 방법은 기단·순환계·전선·제트류 등과 같이 기후자료의 시간적·공간적 형태를 결정하는 모든 인자들의 요소·활동력·특성 등에 기초를 둔 방법이다. 기원적 방법이 과학적으로 더 바람직하지만 관측 자료를 직접 이용하는 경험적 방법이 더 보편화되었다. 대부분의 경험적 방법은 기후에 종속된 인자의 현상에 따라 기후구분을 하며 종속인자로서 식생(植生)을 가장 중요시한다.
>
> 쾨펜의 기후구분법은 1900년에 처음 발표된 이래 1940년 그가 죽을 때까지 계속 보완되었으며, 그 이후에도 많은 기후학자들에 의해 보완되었다. 그는 세계 기후를 A, B, C, D, E로 구분했으며, B를 제외한 다른 기후형은 기온에 따라 구분했다. B형은 건조도에 의해 구분되었는데, 건조도는 식생에 수분을 공급하는 강수량과 증발에 의한 손실량에 의해 결정된다. 증발량은 관측이 어려우므로 기온-강수량 지표에 의해 건조(BW)와 반건조(BS) 기후로 세분되었으며, 다시 온난·한랭의 정도에 따라 h와 k로 세분되었다.
>
> A, C, D형 기후는 연중 강수량 분포에 따라 다시 세분되었으며, 온난·한랭 정도에 의해서도 세분되었다. E형 기후는 식생이 자랄 수 있는지에 따라 툰드라(ET)와 빙설(EF) 기후로 구분되었다.
>
> 그러나 주기적인 가뭄과 한파와 같은 극단적인 기상현상들이 식생에 큰 영향을 미칠 뿐만 아니라 일조·풍속과 같이 식물 성장에 중요한 기상요소들이 쾨펜의 분류방법에서는 제외되었고, 기후에 대한 식생의 적응도가 매우 느려 현재의 식생은 과거 기후의 소산물일 수도 있기 때문에 쾨펜의 기후구분법에 대한 논란이 있었다. 이에 따라 미국의 지질기후학자인 돈웨이트와 같은 많은 사람들에 의해 쾨펜 기후법이 개정되기도 하였다.

① 쾨펜 기후구분법은 식물의 생태 현황이 가장 중요한 기준자료가 된다.
② 오호츠크해 기단, 양쯔강 기단 등은 기원적 기후구분을 위한 자료가 된다.
③ BWh 기후지역은 한랭건조, BWk 기후지역은 고온건조로 구분된다.
④ A, C, D, E형 기후는 기온에 의한 구분이며, E형 기후지역이 가장 춥다.
⑤ 지구촌에서 발생하는 기상이변 현상은 쾨펜의 기후구분에 대한 보완 필요성을 발생시킨다.

| 해설 | 정답 ③ |

③ BW는 건조 지역이며, h는 온난, k는 한랭을 나타낸다고 설명하고 있으므로, BWh는 고온건조(온난건조), BWk는 한랭건조 기후지역이 된다.

오답풀이
① 식생에 기초한 구분법이라는 것은 결국 특정 기후지역 내에서 서식하는 식물의 종과 서식 특성에 의한 구분기준이 중요하게 작용한 것으로 볼 수 있다.
② 기단·순환계·전선·제트류 등은 실제 경험되어 관측된 자료가 아니므로 기원적 기후구분의 자료가 된다.
④ B를 제외한 A, C, D, E형 기후는 기온에 의한 구분이며, 툰드라와 빙설 지역이 E형인 것으로 보아 E형 기후지역이 가장 추운 지역으로 판단할 수 있다.
⑤ 기상이변에 따라 식생을 일정하게 파악하는 기준이 달라지게 되므로 이를 보완해야 하는 문제가 발생하게 된 것이다.

25 다음 문장을 문맥에 맞게 순서대로 배열한 것은?

㉠ 소비자는 무조건 시간효율을 추구하는 것이 아니라, 오히려 속도를 줄이거나 정지, 때로는 과거로 회귀하는 데서 즐거움을 느끼고 있다.

㉡ 이와 아울러 편의성을 쫓는 과정에서 소홀히 했던 건강을 돌보고 궁극적으로 건강에 도움이 되는 생활방식을 실천하고자 한다.

㉢ 또한 변화 속도가 빠른 도심 공간을 벗어나 자연친화적 공간에서 생활함으로써 여유를 찾고 있으며 경쟁에 지친 자신의 마음을 돌아보는 것은 물론, 우열의 비교대상으로 여기던 타인의 마음까지 돌아보려는 경향이 있다.

㉣ 이러한 슬로 트렌드의 부상은 기업에 있어 새로운 비즈니스의 기회인 동시에 기존 경영 관행에 변화를 요구하는 위험 요인으로 작용한다. 따라서 느림의 가치를 기존산업과 비즈니스에 접목해 新사업 기회를 탐색해야 한다.

㉤ 세상이 빠르게 변화하고 있지만 역설적으로 느림과 여유도 중요한 가치로 부상하며 '속도의 경제'와 '느림의 미학'이 공존하고 있다.

① ㉠-㉡-㉤-㉢-㉣
② ㉠-㉢-㉡-㉣-㉤
③ ㉠-㉣-㉡-㉤-㉢
④ ㉤-㉠-㉡-㉢-㉣
⑤ ㉤-㉠-㉢-㉡-㉣

| 해설 | 정답 ⑤ |

㉤은 소주제문으로 세상에는 '속도의 경제'와 '느림의 미학'이 공존하고 있음을 제시하고, 이에 따라 ㉠, ㉢, ㉡에서 소비자의 행태를 분석함으로써 ㉣에서 새로운 비즈니스를 통한 신사업의 기회를 탐색해야 함을 역설하고 있다. (속도의 경제+느림의 미학 ⇒ 소비자의 행태 분석 ⇒ 새로운 비즈니스를 접목한 신사업 기회 탐색)

[26~30] 다음 숫자 또는 문자의 배열 규칙을 찾아 빈칸에 들어갈 알맞은 것을 고르시오.

26

1-4-13-40-( )

① 81 ② 91 ③ 101
④ 111 ⑤ 121

해설 정답 ⑤

주어진 규칙은 앞의 수를 3배한 후 1을 더한 것이다.

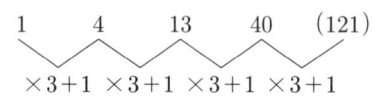

따라서 빈칸에 들어갈 숫자는 $40 \times 3 + 1 = 121$이다.

27

A-D-G-J-( )

① K ② L ③ M
④ N ⑤ O

해설 정답 ③

주어진 규칙은 알파벳에서 두 글자씩 건너뛴 규칙이다.
따라서 빈칸에 들어갈 글자는 'M'이다.

28

각-냐-덤-렷-( )

① 몽 ② 몽 ③ 못
④ 봉 ⑤ 봉

해설 정답 ③

주어진 규칙은 초성은 ㄱ-ㄴ-ㄷ-…, 중성은 ㅏ-ㅑ-ㅓ-ㅕ-…, 종성은 ㄱ-ㄷ-ㅁ-… 인 규칙으로 배열되고 있다. 따라서 빈칸에 들어갈 글자는 '못'이다.

29

$$2.3 - 5.8 - 10.5 - 16.4 - 23.5 - (\quad)$$

① 28.6　　② 31.8　　③ 33.5
④ 35.9　　⑤ 37.2

해설　　정답 ②

주어진 규칙은 계차수열의 첫째항이 3.5, 공차가 1.2이다.

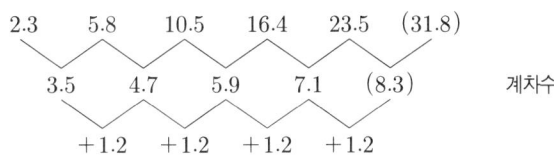

계차수열

30

$$1 - 3 - 9 - 11 - 33 - 35 - (\quad)$$

① 48　　② 73　　③ 86
④ 105　　⑤ 119

해설　　정답 ④

주어진 규칙은 '+2'와 '×3'이 번갈아가며 나타난다.

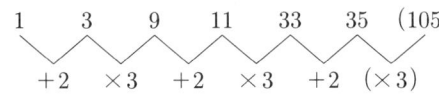

31

어떤 일을 끝내는 데 A과장은 4일, B사원은 12일이 걸린다고 한다. 두 사람이 같이 한다면 며칠 만에 끝내겠는가?

① 3일　　② 4일　　③ 5일
④ 6일　　⑤ 8일

해설　　정답 ①

전체 일의 양을 1이라 하면 A과장과 B사원이 하루에 할 수 있는 양은 각각 $\frac{1}{4}$, $\frac{1}{12}$이다.

두 사람이 같이 한다면 하루에 할 수 있는 일의 양은 $\frac{1}{4} + \frac{1}{12} = \frac{1}{3}$이므로

$\frac{1}{3}x = 1$　　∴ $x = 3$(일)

32 A학교의 2018년 학생 수는 2017년에 비해 25% 증가하여 450명이 되었다. 2017년 A학교의 학생 수는?

① 240명 ② 270명 ③ 300명
④ 330명 ⑤ 360명

정답 ⑤

A학교 2017년 학생 수를 x라 하면 2018년에 25% 증가하여 450명이 되었으므로
$x \times (1+0.25) = 450$, $1.25x = 450$
∴ $x = 360$(명)

33 '갑' 광역시에 등록된 농장의 면적은 20ha이다. 2018년 쌀을 78톤 수확했다면 100m^2에서 몇 kg을 수확하였는가?

① 3.9kg ② 39kg ③ 390kg
④ 78kg ⑤ 780kg

정답 ②

1ha $= 10,000\text{m}^2$이므로 20ha $= 200,000\text{m}^2$이다. $\frac{200,000}{100} = 2,000$이고,

이 농장에서 쌀을 78톤($= 78,000$kg) 수확했으므로 100m^2에서 수확한 쌀의 양은 $\frac{78,000}{2,000} = 39$(kg)이다.

34 어느 경기장의 운동장이 다음과 같을 때, 이 운동장의 둘레의 길이는? (단, 원주율은 3으로 계산한다.)

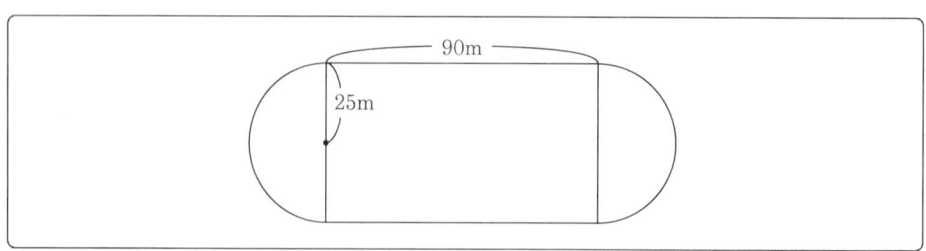

① 270m ② 300m ③ 330m
④ 360m ⑤ 390m

정답 ③

주어진 운동장의 둘레의 길이는
$90 \times 2 + 25 \times 2 \times 3 = 180 + 150 = 330$(m)

35 농협 임직원들이 1박 2일로 야유회를 가서 방을 예약하였다. 한 방에 6명씩 자면 12명이 남고, 7명씩 자면 방이 2개 남고, 마지막 방에 6명이 잘 때, 방의 개수를 구하면?

① 24개　　　　　② 25개　　　　　③ 26개
④ 27개　　　　　⑤ 28개

해설

정답 ④

방의 개수를 x라 하자.
한 방에 6명씩 자면 12명이 남으므로 임직원 수는 $6x+12$(명)이다.
또, 한 방에 7명씩 자면 방이 2개 남고, 마지막 방에 6명이 들어가게 되므로
임직원 수는 $7(x-3)+6=7x-15$(명)
따라서 $6x+12=7x-15$이므로
$x=27$(개)

36 상품 A와 B의 개당 원가는 각각 600원, 300원이다. A상품은 원가의 6할, B상품은 원가의 2할의 이익을 붙여 팔았다. A와 B 상품을 합하여 82개를 팔았더니, 16,020원의 이익이 생겼다고 할 때, A상품을 몇 개 팔았는가?

① 37개　　　　　② 39개　　　　　③ 41개
④ 43개　　　　　⑤ 45개

해설

정답 ①

A상품과 B상품의 팔린 개수를 각각 x개, y개라 하면,
모두 합해서 82개를 팔았으므로 $x+y=82$ …… ㉠
이익이 16,020원이므로 $(600\times 0.6)x+(300\times 0.2)y=16,020$
$6x+y=267$ …… ㉡
㉠과 ㉡을 연립하여 풀면 $x=37$(개), $y=45$(개)

37 강당에 5인용 의자와 3인용 의자가 놓여 있다. 의자는 모두 80개이고, 320명이 빈자리 없이 채워 앉았더니 마지막 남은 5인용 의자 한 개에는 3명만 앉게 되었다. 5인용 의자는 몇 개인지 구하면?

① 36개　　　　　② 39개　　　　　③ 41개
④ 44개　　　　　⑤ 47개

해설

정답 ③

5인용 의자 수를 x개라 하면 3인용 의자 수는 $(80-x)$개이다.
마지막 남은 5인용 의자 한 개에는 3명만 앉게 되었으므로 $x-1$개의 의자에만 5명이 앉아있다.
이를 식으로 나타내면 $5(x-1)+3+3(80-x)=320$
$2x=82$　　∴ $x=41$

38 A, B 두 물건의 100g당 정가의 비는 13 : 6이다. 민수가 각각 100g당 정가보다 8원 싼 가격으로 A와 B의 무게의 비가 16 : 27이 되도록 구입하였다. A와 B를 구입하는 데 사용한 비용이 4 : 3이었을 때, 100g당 A의 정가는?

① 120원 ② 150원 ③ 200원
④ 260원 ⑤ 280원

> **해설**   정답 ④
> A, B 두 물건의 100g당 정가를 각각 $13X$, $6X$라 하고, A와 B의 무게를 각각 $16Y$, $27Y$라 하면, 구입한 비용의 비가 4 : 3이므로 $(13X-8) \times 16Y : (6X-8) \times 27Y = 4 : 3$
> $3 \times (13X-8) \times 16Y = 4 \times (6X-8) \times 27Y$
> $52X - 32 = 54X - 72$, $2X = 40$
> ∴ $X = 20$
> 따라서 A 물건의 100g당 정가는 $13X = 260$(원)

39 유진이는 농협은행 정기예금 상품에 1,500만 원을 저축할 계획이다. 다음 조건에 따라 기본금리와 우대금리가 적용되며, 이를 참고하여 만기 시 수익이 290만 원 이상 되려면 최소 얼마 동안 가입하여야 하는가? (단, 단리법으로 계산한다.)

금리구분(연이율)	계약기간 1년	계약기간 2년	계약기간 3년	계약기간 4년	계약기간 5년
기본금리(%)	2%				
우대금리(%)	1.5%	2.5%	3.5%	4.5%	5.5%

① 1년 ② 2년 ③ 3년
④ 4년 ⑤ 5년

> **해설**   정답 ④
> 계약 기간 1년일 때 수익은 $1,500 \times (2+1.5)\% = 1,500 \times 0.035 = 52.5$(만 원)
> 계약 기간 2년일 때 수익은 $1,500 \times (2+2.5)\% \times 2 = 1,500 \times 0.045 \times 2 = 135$(만 원)
> 계약 기간 3년일 때 수익은 $1,500 \times (2+3.5)\% \times 3 = 1,500 \times 0.055 \times 3 = 247.5$(만 원)
> 계약 기간 4년일 때 수익은 $1,500 \times (2+4.5)\% \times 4 = 1,500 \times 0.065 \times 4 = 390$(만 원)
> 계약 기간 5년일 때 수익은 $1,500 \times (2+5.5)\% \times 5 = 1,500 \times 0.075 \times 5 = 562.5$(만 원)
> 따라서 최소 4년 동안 가입해야 수익이 290만 원 이상이 된다.

40 다음 자료를 보고 파악한 〈보기〉의 내용 중 옳은 설명만으로 짝지어진 것은?

〈주요국의 교육수준에 따른 이민율 현황〉
(단위 : %)

국가	1980년도 이민율			1990년도 이민율			2000년도 이민율		
	저학력	중학력	고학력	저학력	중학력	고학력	저학력	중학력	고학력
A국	4.7	6.6	4.9	3.4	4.3	4.7	2.6	3.1	4.4
B국	0.1	0.3	0.9	0.1	0.3	1.2	0.1	0.2	1.1
C국	0.2	0.7	4.2	0.6	0.8	5.3	0.6	1.0	4.3
D국	0.1	0.2	3.2	0.1	0.3	2.8	0.1	0.3	4.2
E국	2.2	2.6	7.5	1.6	3.0	8.1	1.0	3.0	7.4

* 이민율 = 교육수준별 이민자 수 ÷ 교육수준별 인구 수 × 100

〈주요국의 교육수준별 인구 수〉
(단위 : 만 명)

국가	저학력	중학력	고학력	총 인구
A국	600	1,500	900	3,000
B국	4,800	4,800	2,400	12,000
C국	1,000	2,500	1,500	5,000
D국	48,000	60,000	12,000	120,000
E국	300	400	300	1,000

* 교육수준별 인구 변화는 없다고 가정함

보기

(가) 저, 중, 고학력자의 이민율이 연도별로 모두 지속적으로 감소한 나라는 A국뿐이다.
(나) B국의 총 인구 대비 저학력 인구의 비율은 A국의 총 인구 대비 고학력 인구의 비율보다 높다.
(다) 고학력자의 이민율 순위는 3개 비교연도에 모두 동일하다.
(라) 2000년도 중학력 인구의 이민자 수는 D국 - A국 - C국 - E국 - B국 순으로 많다.

① (나), (다), (라)   ② (가), (나), (라)   ③ (가), (다), (라)
④ (가), (나), (다)   ⑤ (가), (나), (다), (라)

해설
정답 ②

(가) 3개 비교년도에 A국만 유일하게 모든 학력층의 이민율이 감소하였음을 알 수 있다.

(나) B국의 총 인구 대비 저학력 인구의 비율은 $\frac{4,800}{12,000} \times 100 = 40(\%)$로,

A국의 총 인구 대비 고학력 인구의 비율 $\frac{900}{3,000} \times 100 = 30(\%)$보다 높다.

(라) '이민율=교육수준별 이민자 수÷교육수준별 인구 수×100' 공식을 변형하면,
교육수준별 이민자 수=이민율×교육수준별 인구 수÷100이 된다.
따라서 순위는 다음과 같이 구할 수 있다.
A국 : 1,500×3.1÷100=46.5(만 명)   B국 : 4,800×0.2÷100=9.6(만 명)
C국 : 2,500×1.0÷100=25(만 명)   D국 : 60,000×0.3÷100=180(만 명)
E국 : 400×3.0÷100=12(만 명)
따라서 2000년도 중학력 인구의 이민자 수는 D국-A국-C국-E국-B국 순으로 많음을 알 수 있다.

(다) 고학력자의 이민율 순위는 1980년도와 2000년도에 E국-A국-C국-D국-B국 순이며,
1990년도에는 E국-C국-A국-D국-B국 순이므로 3개 비교연도 모두 동일하지는 않다.

41 다음 〈표〉는 농협은행의 고객 신용등급 변화 확률 자료이다. 이에 대한 〈보기〉의 설명 중 옳지 않은 것을 모두 고르면?

〈표〉 고객 신용등급 변화 확률

구분		t+1년			
		A	B	C	D
t년	A	0.70	0.20	0.08	0.02
	B	0.14	0.65	0.16	0.05
	C	0.05	0.15	0.55	0.25

※ 1) 고객 신용등급은 매년 1월 1일 0시에 연 1회 산정되며, A등급이 가장 높고 B, C, D순임
2) 한 번 D등급이 되면 고객 신용등급은 5년 동안 D등급을 유지함
3) 고객 신용등급 변화 확률은 매년 동일함

─ 보기 ─
ㄱ. 2010년에 B등급 고객이 2012년까지 D등급이 될 확률은 0.08 이상이다.
ㄴ. 2010년에 C등급 고객의 신용등급이 2013년까지 변화할 수 있는 경로는 모두 40가지 이다.
ㄷ. B등급 고객의 신용등급이 1년 뒤에 하락할 확률은 C등급 고객의 신용등급이 1년 뒤에 상승할 확률보다 낮다.

① ㄱ   ② ㄴ   ③ ㄷ
④ ㄱ, ㄴ   ⑤ ㄴ, ㄷ

해설 정답 ③

ㄷ. B등급 고객의 신용등급이 1년 뒤에 하락할 확률은 0.16+0.05=0.21로 C등급 고객의 신용등급이 1년 뒤에 상승할 확률 0.05+0.15=0.20보다 높다.

오답풀이

ㄱ. 2010년에 B등급 고객이 2012년까지 D등급이 될 확률은 다음과 같다.
 • B→A→D : 0.14×0.02=0.0028
 • B→B→D : 0.65×0.05=0.0325
 • B→C→D : 0.16×0.25=0.04
 • B→D→D : 0.05
 • 합계 : 0.0028+0.0325+0.04+0.05=0.1253

ㄴ. 2010년에 C등급 고객의 신용등급은 2011년 4가지로 변할 수 있고 여기서 D등급을 받으면 주어진 조건에 따라 앞으로 5년간 변동이 없다. 2011년에 받은 나머지 3가지 등급은 2012년 각각 4가지로 변하고, 다시 여기서 D등급 3가지 경로를 제외한 9가지 경로는 2013년 4가지로 변할 수 있다. 여기에 그동안 제외했던 D등급 경로 4가지를 추가하면 총 9×4+4=40(가지) 경로가 가능하다.

42 다음은 우리나라 특정 두 지역의 인구 피라미드이다. (가)에 대한 (나)의 상대적 특징으로 옳은 설명을 〈보기〉에서 모두 고른 것은? (단, (가), (나)는 시, 군 중 하나이다.)

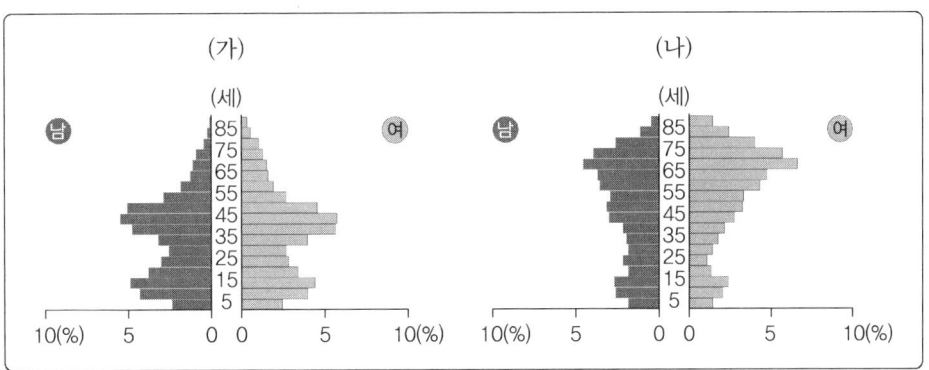

〈보기〉
ㄱ. 청장년층의 전출로 노령화 지수가 높다.
ㄴ. 초등학교당 학급 수와 학급당 학생 수가 많다.
ㄷ. 인구 1,000명당 출생아 수는 많고 사망자 수는 적다.
ㄹ. 결혼 적령기의 남성은 거주지 주변에서 배우자를 구하기 어렵다.

① ㄱ, ㄴ   ② ㄱ, ㄹ   ③ ㄴ, ㄷ
④ ㄴ, ㄹ   ⑤ ㄷ, ㄹ

해설   정답 ②

(가)는 청장년층 인구 비율이 높은 것으로 보아 도시, (나)는 노년층 인구 비율이 높은 것으로 보아 촌락이 넓게 나타나는 지역의 인구 구조이다. 촌락은 청장년층의 전출로 인해 노년층 비율이 높고 도시에 비해 노령화 지수가 높다. (ㄱ) 노령화 지수는 '(노년층÷유소년층)×100'의 산식으로 구할 수 있다. 촌락 지역에서의 인구 유출은 남성보다 여성이 많기 때문에 성비 불균형이 심각하다. 따라서 촌락 지역의 결혼 적령기 남성은 거주지 주변에서 배우자를 구하기 어렵다.(ㄹ)

43 다음 주어진 자료를 통해 작성할 수 있는 하위 자료로 적절하지 않은 것은?

〈A지역의 업종별·연도별 기업 수〉   (단위 : 개)

산업 대분류	기업 수		
	2015년	2016년	2017년
전 산업	12,460	12,471	12,579
농림어업	24	26	26
광업제조업	5,844	6,046	6,119
전기가스업	56	57	59
건설업	531	532	543
도소매업	1,433	1,383	1,401
운수, 창고업	705	696	715
숙박 및 음식점업	342	323	323
정보통신업	1,077	1,041	1,047
부동산업	272	250	246
기타서비스업	1,838	1,776	1,773
금융보험업	338	341	327

① 〈2017년의 전년대비 기업 수 증가율 상위 3개 업종, 단위 : %〉

	전기가스업	운수, 창고업	건설업
증가율	3.51	2.73	2.07

② 〈2016년의 전년대비 감소 기업 수 상위 5개 업종, 단위 : 개〉

	기타서비스업	도소매업	정보통신업	부동산업	숙박음식점업
감소 수	62	50	36	22	19

③ 〈연도별 업종별 평균 기업 수, 단위 : 개〉

	2015년	2016년	2017년
기업 수	1,133	1,134	1,144

④ 〈2017년의 업종별 기업 수 구성비, 단위: %〉

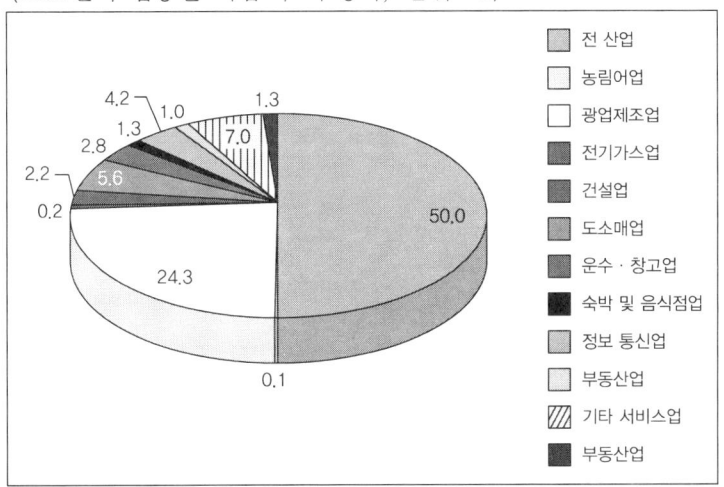

⑤ 〈2017년의 전년대비 기업 수 증가 상위 5개 업종, 단위: 개〉

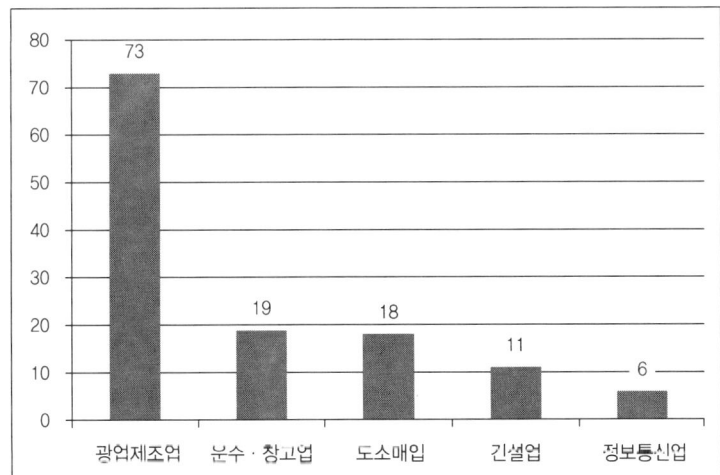

해설

정답 ④

④ 주어진 원형그래프는 전 업종의 합산 수치인 '전 산업'까지 개별 항목으로 포함시킨 그래프이므로 옳지 않다.
따라서 '전 산업'을 제외한 다음과 같은 그래프가 적절한 기업 수의 구성비를 나타낸다.

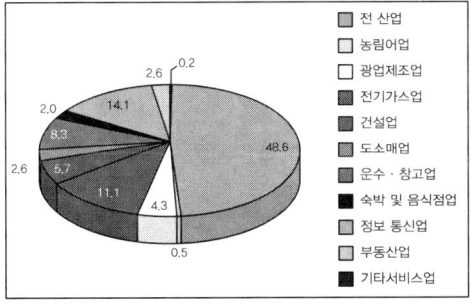

[44~45] 다음은 농협이 발급하는 '올바른 Travel카드'에 대한 서비스 안내 사항이다. 다음을 읽고 물음에 답하시오.

〈특별 할인 서비스〉
- 중국 비자 발급센터에서 비자 발급 수수료 결제 시 50% 청구 할인
- 연 1회 / 최대 3만 원까지 할인
  * 전월 이용실적 30만 원 이상 시 제공
  * 본 서비스는 카드 사용 등록하신 달에는 제공되지 않으며, 그 다음 달부터 서비스 조건 충족 시 제공됩니다.

〈여행 편의 서비스〉
인천공항 제1여객터미널(T1) 및 제2여객터미널(T2)에 지정된 N BOOKS(엔북스) 매장에서 NH농협카드 올바른 TRAVEL카드를 제시하시면, 서비스 이용 가능 여부 확인 후 아래 이용권 중 희망하시는 이용권을 제공해 드립니다.

구 분	세부내용
인천공항 고속도로 무료 이용	소형차(경차, 승용차, 12인승 승합차)에 한하여 인천공항 고속도로 톨게이트(신공항 톨게이트/북인천 톨게이트)에 무료 이용권 제출 시, 통행료 무료 혜택이 제공됩니다. 단, 소형차에 한하며, 중형/대형 차량의 경우는 적용이 불가합니다.
인천공항 리무진버스 무료 이용 (1만 원 권)	▶ 제 1여객터미널 인천공항 1층 입국장 7번 승차장 앞 리무진 버스 옥외 통합매표소에서 무료 이용권 제출 시, 리무진버스 승차권으로 교환됩니다. 단, 1만 원 이하 승차에 한하며 1만 원 초과 시 차액은 회원별도 부담입니다. 또한 1만 원 미만 승차권 교환 시 잔액은 환불되지 않습니다.
코레일공항철도 직통열차 무료 이용	공항철도 인천국제공항역 직통열차 안내데스크에서 무료 이용권 제출 시 직통열차 승차권으로 교환됩니다.

* 단, 1일 1회 적용된다.

〈해외이용 안내〉
해외이용금액은 국제브랜드사가 부과하는 수수료(UnionPay 0.6%)를 포함하여 매출표 접수일의 NH농협은행 고시 1회 차 전신환매도율 적용 후, NH농협카드가 부과하는 해외서비스수수료(0.25%)가 포함된 금액이 청구되며, 올바른 Travel카드 이용 시 UnionPay 수수료 0.03%p, 당사 해외서비스수수료의 0.1%p 할인 혜택이 주어집니다.

※ 해외이용 시 기본 청구금액 = a + b + c
해외이용대금(a) : 해외이용금액(미화) × 농협은행 고시 1회 차 전신환매도율
국제브랜드수수료(b) : 해외이용금액(미화) × (UnionPay 0.6%) × 농협은행 고시 1회 차 전신환매도율
해외서비스수수료(c) : 해외이용금액(미화) × 0.25% × 농협은행 고시 1회 차 전신환매도율

* 제3국 통화(KRW 거래 포함)는 미국 달러로 환산되어 제공됩니다.
* 해외에서 원화통화로 대금 결제 시, 해외가맹점이 부과하는 DCC수수료(환전수수료)가 포함되므로 현지통화 결제 시 보다 많은 금액이 청구될 수 있음을 주의 바랍니다.

44 다음 중 위 카드 상품에 대한 안내 사항을 올바르게 이해한 것은?

① "올 여름 북경 방문 시 올바른 Travel카드 덕분에 비자 수수료 비용을 절반만 지불했으니 겨울 상해 출장 시에도 올바른 Travel카드를 이용해야겠다."
② "제공받은 인천공항 리무진버스 무료 이용권으로 집까지 오는 리무진을 공짜로 이용할 수 있겠군. 지난번엔 집까지 9,500원의 요금이 나오던데 500원을 돌려받을 수도 있네."
③ "공항 리무진버스 요금이 난 12,000원이고 아들 녀석은 8,000원이니까 함께 이용하게 되면 인천공항 리무진버스 무료 이용권이 1장 있어도 추가로 1만 원을 더 내야 하는구나."
④ "N BOOKS에서 책을 두 권 이상 사면 서비스 이용권을 2장 받게 되는군. 어차피 볼 책인데 다양한 혜택을 보면 좋을 테니 기왕이면 3권을 사서 종류별 이용권을 다 받아봐야겠다."
⑤ "이달 말에 청도에 있는 친구 집에 놀러 가려 하는데 올바른 Travel카드를 신청해서 비자 발급 수수료 혜택을 봐야겠네. 약 1주일 정도면 비자가 나온다니 시간도 충분하겠군."

해설   **정답 ③**

③ 12,000원의 요금에 무료 이용권을 사용하면 차액 2,000원을 지불해야 하므로 아들의 8,000원과 함께 1만 원의 추가 요금을 지불해야 한다.

오답풀이
① 올바른 Travel카드로 중국 비자 수수료 청구 할인을 받을 수 있는 것은 연 1회로 제한되어 있다.
② 1만 원 미만 승차권 교환 시 잔액은 환불되지 않는다.
④ 구매한 책의 권수에 대한 내용은 언급되지 않았고, 1일 1회만 적용받으므로 구매한 책의 권수에 따라 이용권을 많이 제공받는 것은 아니다.
⑤ 카드 등록 해당 월에는 중국 비자 수수료 할인 서비스가 제공되지 않으며 등록 익월부터 적용된다.

45 유리는 미국 여행 시 올바른 Travel카드를 이용하여 US$500짜리의 물건을 구매하였다. 구매 당일의 농협은행 전신환매도 환율이 1US$=1,080원이라면, 유리가 올바른 Travel카드를 이용함으로 인해 얻는 할인 혜택 금액을 원화로 환산하면 얼마인가?

① 1,030원   ② 980원   ③ 883원
④ 702원   ⑤ 682원

해설   **정답 ④**

해외이용 시 청구금액 산정 방법에 따라 혜택 전 원화환산 청구금액은 다음과 같다.
$a : 500 \times 1,080 = 540,000$(원)
$b : 500 \times 1,080 \times 0.006 = 3,240$(원)
$c : 500 \times 1,080 \times 0.0025 = 1,350$(원)
$a+b+c = 544,590$(원)
올바른 Travel카드 이용 시, b와 c 금액에서 할인 혜택이 주어져
각각 $500 \times 1,080 \times 0.0057 = 3,078$(원)과 $500 \times 1,080 \times 0.0015 = 810$(원)이 된다.
따라서 혜택받은 금액은 $(3,240-3,078) + (1,350-810) = 162 + 540 = 702$(원)이 된다.
혜택이 적용되는 할인율인 0.03%와 0.1%를 더하여 $500 \times 1,080 \times 0.0013 = 702$(원)으로 간단하게 계산할 수도 있다.

[46~47] 어떤 온라인 게임을 하려면 사용자는 타임쿠폰제와 정액제 중 하나를 선택하여 요금을 지불하여야 한다. 다음 물음에 답하시오. (단, 이 온라인 게임의 요금체계는 다음과 같고, 타임쿠폰의 경우 세 종류를 원하는 대로 구입할 수 있지만, 잔액이 남더라도 다음 달로 이월되지 않는다.)

[온라인게임 요금체계]

종류	타임쿠폰제			정액제(1개월)
	3시간	5시간	10시간	
요금	3,000원	5,000원	8,000원	29,700원

46 충재는 현재 가장 적은 비용으로 매달 22시간씩 게임을 즐기고 있다. 다음 달부터는 게임 시간을 25시간으로 늘리고, 가장 적은 비용으로 게임을 하려고 할 때 충재가 추가로 지불해야 하는 금액은?

① 2,000원　　② 3,000원　　③ 4,000원
④ 5,000원　　⑤ 6,000원

정답 ①

가장 적은 비용으로 22시간을 즐기는 경우 :
$8,000 \times 2 + 3,000 = 19,000$(원)
가장 적은 비용으로 25시간을 즐기는 경우 :
$8,000 \times 2 + 5,000 = 21,000$(원)
따라서 충재가 추가로 지불해야 하는 금액은 2,000원이다.

47 지은이가 정액제를 구입하여 게임을 즐기려고 할 때, 1개월 동안 최소 몇 시간 이상 게임을 해야 정액제를 구입하는 것이 타임쿠폰제를 구입하는 것보다 유리한가?

① 34시간　　② 35시간　　③ 36시간
④ 37시간　　⑤ 38시간

정답 ③

타임쿠폰제만으로 29,700원보다 크지 않도록 최저 요금을 계산하면
$8,000 \times 3 + 5,000 \times 1 = 29,000$(원)
이때, 사용 시간은 $10 \times 3 + 5 = 35$(시간)이다.
사용 시간이 36시간이 되는 경우는 5시간 쿠폰 1장 대신 3시간 쿠폰을 2번 구입하면 되고, 이때의 요금은 $8,000 \times 3 + 3,000 \times 2 = 30,000$(원)으로 29,700원을 초과한다.
따라서 36시간 이상 게임을 해야 정액제를 구입하는 것이 유리하다.

48 다음 〈보기〉와 같은 상황에서 발생할 수 있는 일을 적절하게 설명한 것은?

> **보기**
> 중앙정부가 어느 도시에 100억 원을 지원하였다. 이 시에는 A구, B구, C구를 각각의 지역구로 하는 세 명의 시의원이 있으며, 이들은 자기 지역구에 더 많은 지원금이 배정되기를 바란다. 각 구에 대한 지원금 배정계획을 [A구 배정액, B구 배정액, C구 배정액]과 같이 표시한다. 예를 들면, [50,30,20]은 A구에 50억 원, B구에 30억 원, C구에 20억 원을 배정하는 계획을 의미한다.
> 이 도시의 시장은 A구와 C구의 사업 필요성을 주장하면서 [50,0,50]의 배정계획을 제안하였다.
> ⇒ 시의회는 시장의 배정계획에 대하여 시의원들이 심의 과정에서 대안으로 다른 배정계획을 제시할 수 있도록 하고, 대안이 제시될 경우 시장의 안과 대안에 대해 시의원들이 다수결 투표를 실시하여 최종안을 채택하기로 했다.

① 시의원들이 다른 대안을 제시하지 않고, 시장의 안이 채택된다.
② A구와 B구 시의원이 연합하여 [30,30,40]의 대안을 제시하고, 이 대안이 채택된다.
③ A구와 C구 시의원이 연합하여 [30,0,70]의 대안을 제시하고, 이 대안이 채택된다.
④ B구와 C구 시의원이 연합하여 [0,1,99]의 대안을 제시하고, 이 대안이 채택된다.
⑤ B구와 C구 시의원이 연합하여 [0,51,49]의 대안을 제시하고, 이 대안이 채택된다.

해설   **정답 ④**

②·③의 경우에는 A구의 배정액이 줄어들게 되므로, A구 시의원이 이러한 제안을 할 타당한 이유가 없게 된다.
⑤의 경우에도 C구의 배정액이 줄어들게 되므로, C구 시의원이 이러한 제안을 할 타당한 이유가 없게 된다.
④의 경우 B구와 C구 시의원이 시장의 제안보다 대안을 더 선호하기 때문에 대안이 채택될 것으로 볼 수 있다.
또한 ④와 같은 경우가 존재할 수 있으므로 ①의 경우와 같은 일은 일어날 수 없다.

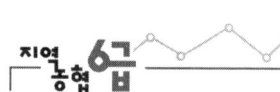

49 농협에 근무하는 직원 5명(갑, 을, 병, 정, 무)은 오늘 아침 다음과 같은 순서로 출근하였다. 다음 중 출근 순서에 대한 옳은 설명은?

- 갑은 정과 같은 시간에 출근하였다.
- 을은 정보다 늦게 출근하였다.
- 무는 병보다 먼저 출근하지 않았다.
- 갑은 병보다 늦게 출근하였다.

① 무가 정과 함께 출근하였다면 가장 늦게 출근한 사람은 을이다.
② 갑은 어떤 경우에도 두 번째로 출근한 사람이 된다.
③ 무가 정 다음에 출근하였다면 을과 함께 출근한 것이다.
④ 을은 어떠한 경우에도 가장 늦게 출근한 사람이다.
⑤ 동시에 세 사람이 함께 출근하지는 않았다.

해설 정답 ①

주어진 조건을 토대로 확실히 알 수 있는 사실은 '병 → 갑/정 → 을'의 순서로 출근하였다는 것이며, 무는 가장 먼저 출근한 병보다 먼저 출근하지 않았다는 것이다. 따라서 무는 병과 함께 가장 먼저 출근하였거나 그 이후 어느 순서인가에 출근하였다는 것을 알 수 있다.
①의 경우 을이 가장 늦게 출근한 사람이 된다.

오답풀이
② 무가 병과 함께 또는 병 바로 다음에 출근하였다면 갑은 세 번째로 출근한 것이 된다.
③ 무가 을과 함께 출근한 것인지 아닌지를 판단할 근거는 없다.
④ 무가 을보다 더 늦게 출근한 사람이 될 수도 있다.
⑤ 갑, 정, 무가 동시에 출근하였을 수도 있다.

50 A슈퍼마켓에서는 대한빌라 1층부터 5층까지 모든 층에 과일주스를 배달하였다. 다음 조건을 참고할 때, 항상 옳은 설명은?

- A슈퍼마켓에서 배달한 과일주스는 모두 20병이다.
- 가장 많은 수량을 배달한 층은 5층이며, 층별 두 번째로 많은 배달수량은 5병이다.
- 동일한 수량을 배달한 층은 2개 층이다.
- 3층에는 4병을 배달하였다.
- 모든 층에 적어도 2병 이상은 배달하였다.

① 두 번째로 많은 수량을 배달한 층은 4층이다.
② 동일한 수량을 배달한 층은 1층과 2층이다.
③ 2병을 배달한 층이 2개 층 있다.
④ 가장 많은 층별 배달 수량은 6병이다.
⑤ 1층에는 3병을 배달하였다.

해설

정답 ③

3층에 4병을 주문하였으며, 두 번째로 많은 층별 배달 수량이 5병이다. 따라서 20병 중 9병을 4병과 5병으로 나누어 2개 층에 배달한 것임을 알 수 있다. 나머지 11병이 3개 층으로 나누어 배달되었는데, 적어도 2병 이상씩 배달되었다는 점으로 보아 가장 많이 배달된 층에는 7병 이하 수량이 배달된 것이 된다. 그런데 5병은 두 번째로 많은 층별 배달 수량이므로 동일한 수량이 배달된 층이 있음을 감안할 때, 6병이 배달된 층은 없게 되며, 7병을 배달한 층 1개 층과 2병씩을 배달한 층 2개 층이 있게 된다.
따라서 5개 층에 각각 2병, 2병, 4병, 5병, 7병으로 총 20병을 배달한 것이 되며, 2병을 배달한 층이 2개 층임을 알 수 있다.

오답풀이

① 4층에 몇 병을 배달했는지 알 수 없다.
② 2병씩을 배달한 층이 몇 층인지 알 수 없다.
④ 7병이 가장 많은 층별 배달 수량이다.
⑤ 1층에 몇 병을 배달했는지 알 수 없다.

51 〈제시문1〉의 내용을 따를 때, 〈제시문2〉의 참·거짓을 판별하면?

제시문 1
가. 흡연자가 증가하면, 담배 판매량이 증가한다.
나. 담배 세율이 증가하면, 흡연자가 증가한다.
다. 담배 판매량이 증가하지 않으면, 폐암 환자가 감소한다.

제시문 2
㉠ 담배 세율이 증가하면, 담배 판매량이 증가한다.
㉡ 흡연자가 증가하면, 폐암 환자가 감소하지 않는다.

① ㉠ 참, ㉡ 참
② ㉠ 거짓, ㉡ 거짓
③ ㉠ 참, ㉡ 거짓
④ ㉠ 거짓, ㉡ 참
⑤ ㉠ 참, ㉡ 알 수 없음

해설

정답 ⑤

먼저 주어진 〈제시문1〉의 명제를 다음과 같이 기호화하자.

가. $P \Rightarrow Q$ 나. $R \Rightarrow P$ 다. $\sim Q \Rightarrow S$

(나)와 (가)를 합치면 $R \Rightarrow P \Rightarrow Q$이므로 $R \Rightarrow Q$이다.
㉠은 $R \Rightarrow Q$를 뜻한다. $R \Rightarrow Q$는 참이다.
㉡은 $P \Rightarrow \sim S$를 뜻한다. 제시문1의 명제들로 알아낼 수 없다.

52
A, B, C, D 4형제는 부모와 함께 원탁에서 다음과 같이 식사를 한다. 이에 대한 옳은 설명은?

- D의 좌우측에는 부모가 앉지 않았다.
- C는 아빠와 마주보고 앉아 있다.
- 엄마의 한쪽 옆에는 A가 앉아 있다.
- 엄마와 아빠는 옆자리에 앉지 않았다.

① D는 엄마와 마주보고 앉아 있다.
② B는 엄마와 마주보고 앉아 있다.
③ A와 B는 마주보고 앉아 있다.
④ 엄마와 D 사이 한 자리에는 A가 앉아 있다.
⑤ 아빠와 엄마 사이 한 자리에는 B가 앉아 있다.

해설   정답 ②

6명이 원탁에 앉아 있는 것이므로 다음과 같이 원탁에 임의의 번호를 붙여 설명할 수 있다.

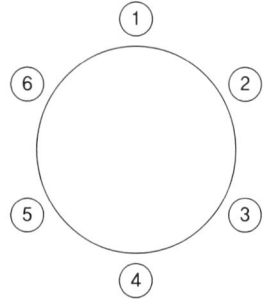

C와 아빠가 마주보고 있다고 하였으므로, C가 1의 자리에 앉았다고 할 경우, 아빠는 4의 자리에 앉은 것이 된다. 이때 엄마와 아빠가 나란히 옆자리에 앉지 않았으므로, 엄마의 자리는 2 또는 6이 된다. 또한 D의 옆자리에 엄마와 아빠가 모두 앉지 않았으므로, D의 자리는 6 또는 2가 되어 2와 6은 엄마와 D, 또는 D와 엄마의 자리가 된다. 또한 엄마의 한쪽 옆에 A가 앉았으므로, A는 3 또는 5의 자리가 된다.

이를 종합하면, 다음 그림과 같이 1과 4는 고정된 상태에서 2, 3, 5, 6의 자리가 D, B, A, 엄마인 경우와 엄마, A, B, D인 두 가지의 경우가 가능한 배치임을 알 수 있다.

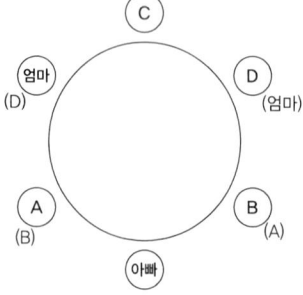

따라서 어느 경우든 B와 엄마는 마주보고 앉아 있게 된다는 것을 확인할 수 있다.

53 다음은 농협의 직원 사이에서 뽑힌 5개의 제안 사항에 대하여 전 직원에게 최우수 제안으로 선택하고 싶은 것이 무엇인지를 물은 결과표이다. 옳은 설명이 아닌 것은?

제 안	영업부서(명)			관리부서(명)		
	남직원	여직원	소 계	남직원	여직원	소 계
A	13	20	33	9	4	13
B	7	10	17	5	9	14
C	5	7	12	5	6	11
D	15	12	27	7	5	12
E	18	14	32	3	6	9

① 영업부서와 관리부서는 가장 선호하는 제안이 다르다.
② 영업부서와 관리부서 모두 C안건에 대한 남녀 선호 인원의 차이가 가장 적다.
③ 남직원보다 여직원이 더 선호하는 제안은 A안건과 B안건이다.
④ 영업부서와 관리부서 여직원들의 선호 안건 순위는 서로 다르다.
⑤ 남직원과 여직원, 영업부서와 관리부서에서 각각 가장 적은 선호 인원수를 보이는 안건은 모두 동일하지 않다.

해설   정답 ③

③ 남직원보다 여직원이 더 선호하는 제안은 A안건, B안건, C안건이다.
A는 남직원이 22명, 여직원이 24명, B는 남직원이 12명, 여직원이 19명, C는 남직원이 10명, 여직원이 13명이다.

오답풀이
① 영업부서는 A안건인 반면, 관리부서는 B안건이다.
② 영업부서는 2명, 관리부서는 1명의 차이를 보이고 있다.
④ 영업부서는 AEDBC의 순이며, 관리부서는 BCEDA 또는 BECDA의 순이다.
⑤ 남직원, 여직원, 영업부서는 모두 C안건을 가장 덜 선호하고 있으나, 관리부서는 E안건을 가장 덜 선호하고 있다.

54 S호텔의 숙박료와 룸 예약 현황이 다음과 같을 때, 5월 중 출장을 가야 하는 신 대리와 일행이 예약할 수 있는 가장 적절한 룸과 해당 날짜는 어느 것인가? (단, 출장일과 복귀일은 모두 주말이 포함되지 않은 5월 중으로 한다.)

[숙박료 현황]

층	숙박료(원)			
	1호실	2호실	3호실	4호실
5층	45,000	55,000	55,000	45,000
6층	60,000	65,000	65,000	60,000
7층	60,000	65,000	65,000	60,000
8층	75,000	80,000	80,000	75,000

※ 조식 1인당 10,000원 별도 추가, 1개 룸에 2인 이상 투숙 시 침장류 1세트 10,000원 별도 추가
※ 체크인은 예약 당일 오전에 하며, 체크아웃은 예약 당일 오후에 한다.
※ VAT 10% 미포함 금액

[5월 예약 현황]

일	월	화	수	목	금	토
		1 602, 604	2	3 701~704	4	5
6	7	8 601~604 801~804	9 701, 704	10 502, 503	11	12
13	14	15	16	17	18	19
			내부 수리로 인한 영업 일시 불가			
20	21	22 502, 704	23 601, 602	24 604, 703	25	26
27	28 601, 701, 803	29	30 702, 704	31 503, 603		

〈신 대리 일행의 예약 조건〉

- 신 대리 일행은 모두 4명으로 같은 층에 있는 3개의 방에 2박 3일간 투숙을 원한다.
- 4명 중 3명은 2일간 아침 식사를 해야 하며, 총비용은 VAT를 포함하여 45만 원 이상~55만 원 이하를 원한다.

① 28~30일, 602/603/604호
② 28~30일, 501/502/503호
③ 29~31일, 501/502/503호
④ 21~23일, 702/703/704호
⑤ 7~9일, 601/602/603호

해설

정답 ①

- 한 개 층에 룸이 3개가 있어야 하므로 달력에서 살펴보면 보기에서 가능한 날짜는 28~30일밖에 없음을 알 수 있다.
- 601호가 28일에 예약되어 있으므로 28~30일은 6층 602~604호 또는 5층 어느 방이나 예약할 수 있다.
- 3인 조식 비용이 30,000원, 1인 침장류가 1세트가 추가되어야 하므로 두 경우의 총비용을 계산해 보면 다음과 같다.
- 5층의 경우, $(45,000+55,000+55,000+30,000+10,000) \times 2 \times 1.1 = 429,000$(원)이 되어 비용 계획에 맞지 않는다.
- 6층의 경우, $(65,000+65,000+60,000+30,000+10,000) \times 2 \times 1.1 = 506,000$(원)이 되어 비용 계획에 적절한 선택이 된다.

따라서 28~30일에 602/603/604호를 예약하는 것이 가장 적절하다.

55

기숙사에 거주하는 갑, 을, 병, 정, 무, 기, 경의 거주 층이 다음과 같다. 각 인원의 거주 층에 대한 옳은 설명은?

- 7명은 모두 1층~7층에 층별 1명씩 거주한다.
- 경은 4층에 거주한다.
- 갑과 을 사이에는 경을 포함한 2명의 거주 층이 있다.
- 병은 기의 바로 위층에 거주하며, 기는 을과 정보다 높은 층에 거주한다.
- 무는 정보다 높은 층에 거주하며, 갑은 무와 정보다 높은 층에 거주한다.

① 기와 경 사이에는 2명의 거주 층이 있다.
② 경과 연이은 층에 거주하는 두 사람은 갑과 정이다.
③ 무와 기의 사이에는 1명의 거주 층이 있다.
④ 7명의 거주 층 모두를 알 수는 없다.
⑤ 무와 을은 연이은 층에 거주한다.

해설

정답 ⑤

경이 가운데인 4층에 거주하므로 위와 아래층에 각각 3명씩 거주하는 것을 알 수 있다. 또한 갑과 을 사이에 경과 다른 1명의 거주 층이 있는 것이므로 이를 통해 갑은 2, 3, 5, 6층 중 한 층에 거주한다는 것을 알 수 있다. 그런데 병과 기는 연이은 층에 거주하며, 기보다 낮은 층에는 을과 정이 거주하므로 병과 기가 거주할 수 있는 연이은 층은 5, 6, 7층 중 2개 층이어야 한다. 만일, 병과 기가 6층과 5층에 거주한다면 갑이 2층 또는 3층에 거주해야 하는데 이 경우 을과 정 또한 기보다 낮은 1~3층에 거주해야 한다. 이처럼 을, 정, 갑이 모두 1~3층에 나누어 거주한다면, 갑과 을 사이에 경이 있어야 한다는 조건에 모순되므로 결국 병과 기는 각각 7층과 6층에 거주할 수밖에 없다는 것을 알 수 있다. 또한 이 경우, 갑과 을은 남은 2층과 5층 중 각각 한 층에 거주하는데, 2층일 경우 무와 정보다 높아야 한다는 조건에 위배되므로 갑이 5층, 을이 2층이 된다. 또한 남은 1층과 3층 중 무가 3층, 정이 1층이 된다.

결국 1층부터 순서대로 정-을-무-경-갑-기-병의 순으로 거주함을 알 수 있다.
따라서 ⑤의 설명만이 옳은 것이 된다.

56　조광용 씨는 가격이 1,000만 원인 자동차 구매를 위해 A, B, C 세 은행에서 상담을 받았다. 다음 상담 내용에 따를 때, 〈보기〉에서 옳은 것을 모두 고르면? (단, 총비용으로는 은행에 내야 하는 금액과 수리비만을 고려하고, 등록비용 등 기타 비용은 고려하지 않는다.)

- A은행 : 고객님이 자동차를 구입하여 소유권을 취득하실 때, 저희 은행이 자동차 판매자에게 즉시 구입금액 1,000만 원을 지불해 드립니다. 그리고 그날부터 매월 1,000만 원의 1%를 이자로 내시고, 1년이 되는 시점에 1,000만 원을 상환하시면 됩니다.
- B은행 : 저희는 고객님이 원하시는 자동차를 구매하여 고객님께 전달해 드리고, 고객님께서는 1년 후에 자동차 가격에 이자를 추가하여 총 1,200만 원을 상환하시면 됩니다. 자동차의 소유권은 고객님께서 1,200만 원을 상환하시는 시점에 고객님께 이전되며, 그때까지 발생하는 모든 수리비는 저희가 부담합니다.
- C은행 : 저희는 고객님이 원하시는 자동차를 구매하여 고객님께 임대해 드립니다. 1년 동안 매월 90만 원의 임대료를 내시면 1년 후에 그 자동차는 고객님의 소유가 되며, 임대 기간에 발생하는 모든 수리비는 저희가 부담합니다.

〈보기〉
ㄱ. 자동차 소유권을 얻기까지 은행에 내야 하는 총금액은 A은행의 경우가 가장 적다.
ㄴ. 1년 이내에 사고가 발생해 50만 원의 수리비가 소요될 것으로 예상한다면 총비용 측면에서 A은행보다 B 또는 C은행을 선택하는 것이 유리하다.
ㄷ. 최대한 빨리 자동차 소유권을 얻고 싶다면 A은행을 선택하는 것이 가장 유리하다.
ㄹ. 사고 여부와 관계없이 자동차 소유권 취득 시까지의 총비용 측면에서 B은행보다 C은행을 선택하는 것이 유리하다.

① ㄱ, ㄴ　　　　② ㄴ, ㄷ　　　　③ ㄷ, ㄹ
④ ㄱ, ㄴ, ㄹ　　　⑤ ㄱ, ㄷ, ㄹ

해설

　정답 ⑤

ㄱ. (○) A은행의 경우 은행 측에서 고객에게 즉시 자동차 구입비를 지급하므로 0원, B은행의 경우 1,200만 원, C은행의 경우 1,080만 원(90×12＝1,080)을 각각 지불해야 자동차 소유권을 얻을 수 있다.
ㄷ. (○) 최대한 빨리 자동차 소유권을 얻고 싶다면 은행 측에서 자동차 구입비를 지급하여 바로 자동차를 살 수 있는 A은행을 선택하는 것이 가장 유리하다.
ㄹ. (○) B, C은행은 수리비를 은행에서 부담하므로 배제하고 자동차 구입비인 1,200만 원과 1,080만 원이 각각 필요하다. B은행보다 C은행을 선택하는 것이 유리하다.

오답풀이

ㄴ. (×) 1년 이내에 사고가 발생해 50만 원의 수리비가 소요된다면
A은행은 1,170만 원(1,000×0.01×12＋1,000＋50＝1,170), B, C은행은 수리비를 지급할 필요가 없으므로 자동차 구입비인 1,200만 원과 1,080만 원이 각각 필요하다. 이때, A은행보다 B은행을 선택하는 것은 불리하다.

57 농협 홍보팀에 근무하는 박유진 사원은 □□카드 개설 고객들에게 증정할 사은품을 제작하려고 한다. 다음 내용을 바탕으로 박유진 사원이 주문할 제품들을 모두 고르면?

〈사내 메신저 내용〉

보낸 사람 : 조광용 과장
받는 사람 : 박유진 사원
보낸 날짜 : 20××.07.03

박유진 씨, 이번에 □□카드 개설 고객 10,000명 돌파 기념으로 신규 개설 고객들에게 사은품을 증정하려고 계획 중이야. 고객들이 직접 두 사은품 중 한 가지를 고를 수 있도록 할 건데 전에 내가 보낸 행사 내용을 참고해서 늦어도 오늘 오후까지는 주문을 해주게.

〈행사 내용〉

① 대상 : □□카드 신규 개설 고객
② 배부기간 : 20××.07.14 ~ (사은품 소진 시)
③ 사은품의 가격 및 수량 : 원가 개당 800원 이하의 제품으로 2가지를 고르되 각각 250개씩 주문
④ 기타 : 사은품 포장 및 전국 영업점 배부 작업 3일이 소요됨을 고려해야 함

〈사은품 제작 회사 조사 내용〉

품 목	단 위	단위당 제작 기간	단위당 가격	기 타
허브 화분	50개	1일	32,500원	주말 휴무
카드지갑	100개	2일	45,000원	토 휴무
볼펜 세트	50개	1일	36,500원	주말 휴무
손톱깎이	100개	1일	60,000원	주말 휴무
수첩	50개	2일	24,000원	휴무일 없음

※ 모든 사은품 제작 회사는 주문을 받은 다음 날부터 제작에 들어간다.

① 허브 화분, 볼펜 세트
② 카드지갑, 볼펜 세트
③ 볼펜 세트, 손톱깎이
④ 손톱깎이, 수첩
⑤ 수첩, 허브 화분

해설   정답 ①

우선 250개가 필요하므로 100개 단위로 제작되는 상품은 제외해야 한다. 50개 단위로 제작되는 사은품의 개당 원가를 구해보면 허브 화분은 650원(32,500/50), 볼펜 세트는 730원(36,500/50), 수첩은 480원이다. 3가지 모두 개당 800원 이하이므로 주문 가능하다.
이제 기간을 고려해보면 허브 화분과 볼펜 세트는 주말에는 제작하지 않으며 250개 제작에 5일 걸리고 사은품 포장 및 전국 영업점 배부 작업 3일을 고려하면 제작기간 8일 사이에는 주말 2일이 끼어 있으므로 14일부터 배부가능하다. 수첩은 13일에 제작이 끝나므로 14일부터 배부가 불가능하다.

58 다음은 무배당 연금보험의 상품 설명서이다. 이에 대해 올바르지 않은 설명은?

> 이 계약의 세제와 관련한 사항은 다음과 같습니다.
> 1항. 계약자가 이 계약에서 인출(연금지급 등)할 경우 관련세법에서 정하는 연금수령에 해당하는 금액은 연금소득세를, 연금수령에 해당하지 않는 금액은 기타소득세(16.5%, 지방소득세 포함)를 납입하여야 합니다. 단, 계약자의 특별한 의사 표시가 없는 경우 매년 지급하는 연금액은 관련 세법에서 정한 바에 따라 연금소득으로 인정받을 수 있는 범위 이내로 합니다.
>
> **연금수령요건 및 연금수령한도**
>
> 연금수령
> 연금수령요건을 만족하거나, 부득이한 사유(3항 각 호)에 해당하는 인출
>
> 연금수령요건
> ① 가입일 이후 5년 이후 수령
> ② 만 55세 이후 수령
> ③ 연금수령한도 이내 수령
>
> 연금수령한도
>
> $$\text{연금한도액} = \frac{\text{과세기간개시일 주}^{1)} \text{ 현재 연금재원평가총액}}{(11 - \text{연금수령연차 주}^{2)})} \times 1.2$$
>
> 주1) 연금수령개시 신청일이 속하는 과세기간에는 연금수령개시 신청일을 과세기간 개시일로 합니다.
> 주2) 최초로 연금을 수령할 수 있는 날이 속하는 과세연도를 1년차로 보며, 연금수령연차가 11년 이상인 경우 한도 미적용
>
> **〈연금지급기간〉**
> ① 50세 이전 연금저축 계약체결
>
> | 연금저축
계약체결 시기 | 연금지급 개시시점 | | | | | | | | | | |
> |---|---|---|---|---|---|---|---|---|---|---|
> | 50세
이전 | 55세 | 56세 | 57세 | 58세 | 59세 | 60세 | 61세 | 62세 | 63세 | 64세 | 65세
이후 |
> | 최소연금
지급기간 | 10년
이상 | 9년
이상 | 8년
이상 | 7년
이상 | 6년
이상 | 5년
이상 | 4년
이상 | 3년
이상 | 2년
이상 | 1년
이상 | 요건
없음 |
>
> 주) 균등수령방식 기준, 만 나이 기준
>
> ② 50세 이후 연금저축 계약체결
>
> | 연금저축
계약체결 시기 | 연금지급 개시시점 | | | | | | | | | | |
> |---|---|---|---|---|---|---|---|---|---|---|
> | 50세
이후 | 가입 후
5년 | 6년 | 7년 | 8년 | 9년 | 10년 | 11년 | 12년 | 13년 | 14년 | 15년
이후 |
> | 최소연금
지급기간 | 10년
이상 | 9년
이상 | 8년
이상 | 7년
이상 | 6년
이상 | 5년
이상 | 4년
이상 | 3년
이상 | 2년
이상 | 1년
이상 | 요건
없음 |
>
> 주) 균등수령방식 기준, 만 나이 기준

> 2항. 제1항과 관련하여 이 계약 및 다른 연금계좌에서 수령한 소득세 과세대상 연금소득(공적연금소득 제외)의 합계가 연간 1,200만 원을 초과하는 경우 계약자의 다른 소득과 합산하여 종합 과세되며, 소득세 과세대상 연금소득의 합계가 연간 1,200만 원 이하인 경우 분리과세(적용세율 : 5.5%~3.3%, 지방소득세 포함)로 납세의무를 종결(다만, 계약자가 종합소득 과세표준을 계산할 때 이를 합산하려는 경우는 종합과세 가능)할 수 있습니다.
>
> 3항. 제1항에도 불구하고 다음 각 호 중 한 가지에 해당하는 사유로 이 계약을 해지하거나 연금 외의 형태로 지급받는 경우에는 종합과세 대상에 포함되지 않으며, 연금소득세(적용세율 : 5.5%~3.3%, 지방소득세 포함)로 분리과세합니다.
>
> 1. 계약자의 사망
> 2. 천재·지변
> 3. 계약자 또는 그 부양가족[소득세법상 기본공제 대상자(소득의 제한은 받지 않음)에 한함]의 질병·부상에 따라 3개월 이상의 요양이 필요한 경우. 다만, 이 경우 연금소득세로 분리과세하는 금액의 범위는 다음 각 호에서 정한 금액의 합계액으로 제한됩니다.

① 55세에 연금저축 계약을 체결한 A씨가 가입 후 8년 후부터 연금을 받는다고 하면 최소연금 지급기간은 7년 이상이다.
② 3가지의 부득이한 사유에 해당하는 경우 가입일 이후 5년이 지나지 않았어도 연금액의 인출이 가능하다.
③ 과세기간개시일 현재 연금재원평가총액이 5,000만 원이고 연금수령연차가 5년차인 경우 연금한도액은 1,000만 원 미만이다.
④ 45세에 연금저축 계약을 체결한 B씨가 가입 후 10년 후부터 연금을 받는다고 하면 최소연금 지급기간은 10년 이상이다.
⑤ 소득세 과세대상 연금소득의 합계가 연간 1,000만 원인 경우 5.5%~3.3%의 적용세율로 납세하면 되고 이는 지방소득세 포함된 납세다.

해설 정답 ③

$[5,000/(11-5)] \times 1.2 = 1,000$(만 원)이므로 1,000만 원 미만이 아니다.
미만은 해당 값을 포함하지 않는 표현이다.

59 농협 기획팀에 근무하는 이유리 사원은 부서를 대표해서 행사장소를 정하려고 한다. 다음 정보를 보고 이유리 사원이 할 말로 적절하지 않은 것은?

• 8월 예약 일정

월	화	수	목	금	토	일
21	22	23	24	25	26	27
사랑홀(14)	우정홀(15) 사랑홀(10)	가족홀(11) 홀A(15)		홀B(10) 우정홀(12)	홀A(11)	홀B(16)
28	29	30	31			
아이홀(10)	가족홀(11) 비즈홀(16)	홀A(10) 홀B(13)	홀B(7)			

※ 날짜 밑에는 이미 예약된 행사장이름(예약된 시간)을 표기한 것이다.

• 행사장 현황

행사장 구분	수용 가능 인원	최소 투입 인력	행사장 이용시간
홀A	100명	20명	4시간
홀B	100명	30명	3시간
사랑홀	300명	25명	3시간
우정홀	300명	25명	3시간
가족홀	200명	30명	2시간
아이홀	250명	20명	4시간
비즈홀	300명	20명	4시간

※ 오후 11시에 모든 업무를 종료함
※ 행사장의 동 시간대 투입 인력은 총 60명을 넘을 수 없음(투입 인력이란 행사 진행 요원을 의미함)
※ 행사 시작 전후 1시간씩 투입 인력이 행사장 세팅 및 정리를 해야 함

이유리 사원은 이병철 부장으로부터 다음과 같은 지시를 받았다.
"8월 넷째 주 또는 마지막 주에 행사를 하려고 하며, 행사장에 진행요원으로 동 시간대 투입하려는 인력은 20명입니다. 행사는 총 3시간이 걸릴 것 같고 저녁 7시 전에만 행사가 종료되면 시작 시간은 상관이 없습니다. 행사 예상 참가 인원은 총 200명이지만 당일 참가자가 추가될 수 있으니 250명 수용 가능한 홀을 빌려주세요. 그리고 수요일, 일요일은 피하는 게 좋겠습니다."

① 혹시 진행요원으로 동 시간대 투입하려는 인력을 늘려주실 수 있는지 문의해야겠어. 25명만 되더라도 사랑홀, 우정홀을 빌려볼 수도 있을 테니 말이야.
② 홀A, 홀B는 수용 가능 인원이 너무 적어서 빌릴 수 없겠다.
③ 12시나 13시에 행사장을 빌리게 되면 점심식사를 제공해야 하는지 물어봐야겠군.
④ 주어진 조건을 고려하면 가족홀을 28일이나 29일에 대여해야겠어.
⑤ 당일 참가자가 혹시 50명 이상 추가될 가능성은 없는지 상사분께 여쭤봐야겠다.

정답 ④

④ 가족홀의 이용시간은 2시간이므로 3시간의 행사에 적합하지 않다.

60 제품을 물리적으로 보전 및 관리하는 기술을 보관이라고 한다. 보관의 원칙들은 상호 연관성이 있다. 아래에 제시된 보관의 원칙에 대한 설명 중 올바르지 않은 것은?

① 제품 식별에 혼동을 주지 않도록 관련성이 있는 제품은 서로 다른 장소에 보관한다.
② 먼저 보관한 물품을 먼저 꺼낸다. 제품의 라이프사이클이 짧을 때 주로 사용한다.
③ 제품 형상의 특성에 따라서 보관방법을 결정한다.
④ 중량물은 보관랙의 하단에 경량물은 랙의 상단에 보관해야 한다.
⑤ 시각적으로 제품을 식별하기 용이하도록 보관한다

해설

정답 ①

① 네트워크 보관의 원칙 : 연관 품목을 한 장소에 보관하여 피킹 작업을 용이하게 하고 피킹 효율을 극대화시키기 위한 원칙이다.
② 선입선출의 원칙(FIFO ; First In First Out) : 유통기한이 중요한 식품류에서 필수적이다.
③ 형상특성의 원칙 : 보관랙 및 보관박스의 선정을 제품특성에 맞게 선정한다.
④ 중량특성의 원칙 : 제품의 중량에 따라서 보관 장소를 결정해야 한다.
⑤ 명료성의 원칙 : 눈으로 쉽게 보고 파악할 수 있는 물류를 지향해야 한다.

참고

이외에도 다음과 같은 보관의 원칙이 있다.
- 높이 쌓기의 원칙 : 공간효율을 향상시키기 위해 지게차 등을 이용하여 제품을 고층으로 다단 적재한다.
- 회전대응의 원칙 : 입·출하빈도에 따라서 보관 장소를 결정한다. 제품의 출하량 관련 ABC분석에 따른 제품의 차등 관리를 하는 것이다.
- 통로대면의 원칙 : 물류센터 레이아웃 기본원칙, 제품 피킹을 용이하게 하기 위해 통로보관
- 동일성 및 유사성의 원칙 : 입고 및 재고관리를 편리하게 한다.
- 위치표시의 원칙 : 로케이션코드에 대한 지식과 방법론을 잘 인식해야 한다.

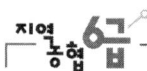

61 농협 영업팀에 근무하는 문혜연 사원은 내년 상반기 프로젝트를 위한 자료수집을 위해 송은정 과장과 5박 6일간 호주로 출장을 가게 되었다. 출장 일정표와 사내 출장비 규정을 참고할 때, 회사에서 지원되는 출장비는?

⟨출장 일정표⟩

날 짜	장 소	교통편	시 간	일 정
9/11(월)	회사	회사차	07시 30분	김포공항으로 이동
	서울	AS1514	10시 30분	김포공항에서 이륙
	시드니	렌트카	19시 00분	시드니공항 착륙/호텔 이동
	시드니	렌트카	21시 30분	저녁식사 겸 미팅
	A회사	렌트카	22시	호텔 투숙 및 휴식
9/12(화)	시드니 B회사	버스	09시 00분	프로젝트 아이디어 회의
		크루즈	19시	자유시간(크루즈 관광)
			21시 30분	호텔 투숙 및 휴식
9/13(수)	시드니	SM1357	10시 30분	멜버른 행 비행기 탑승
	멜버른		14시	점심식사 겸 ㅁㅁ회사 공장 견학
9/14(목)	멜버른	기차	09시 30분	H컨설팅 행사 참관 및 질의응답
			18시	자유시간(카지노 관광)
9/15(금)	멜버른	MB3870	10시	브리즈번 행 비행기 탑승
	브리즈번		16시	브리즈번 내 자회사 방문 및 회의
9/16(토)	브리즈번	렌트카	09시 00분	T회사 지사와의 미팅
		BK5322	21시	브리즈번공항 출발

⟨사내 출장비 규정⟩

구 분	항공($)	교통비($, 원)	호텔($)	체재비($), 1일		식비($), 1일		비 고
				갑지	을지	갑지	을지	
사장 이상	갑지 (2000)	실비	실비	200	150	120	70	*갑지 (미국, 호주, 유럽, 캐나다) *을지 (아프리카, 베트남, 홍콩, 인도네시아, 말레이시아)
임 원				180	140	100	60	
과장~부장				160	130	80	50	
팀장~대리				140	120	70	40	
사 원				120	110	50	40	

※ 항공비는 왕복 기준이며 을지의 경우 갑지의 50%를 지원한다.
※ 실비는 제외하고 계산한다.
※ 식비는 현지에서 6:30～21:00 안에 식사한 것만 인정한다.
※ 출장일수는 출국일부터 입국까지로 규정한다. 단, 입국일이 오후 2시 이전인 경우 체재비와 식비는 지원하지 않는다.
※ 식비는 식당 등급과 관계없이 직급별로 규정된 식비가 지급된다.

① 문혜연 사원 : $2,970, 송은정 과장 : $3,360
② 문혜연 사원 : $3,070, 송은정 과장 : $3,360
③ 문혜연 사원 : $3,170, 송은정 과장 : $3,560
④ 문혜연 사원 : $3,270, 송은정 과장 : $3,560
⑤ 문혜연 사원 : $3,370, 송은정 과장 : $3,760

해설　　　　　　　　　　　　　　　　　　　　　　　　　　　　　　　　**정답 ①**

문혜연 사원 : $(120 \times 6) + (50 \times 5) + 2,000 = 2,970$
송은정 과장 : $(160 \times 6) + (80 \times 5) + 2,000 = 3,360$

62　다음 중 농협의 마스코트인 '아리' 캐릭터는?

해설　　　　　　　　　　　　　　　　　　　　　　　　　　　　　　　　**정답 ②**

② 농협의 캐릭터는 씨앗의 '아리'이다. '아리'는 농업의 근원인 씨앗을 모티브로 하여 쌀알, 밀알, 콩알에서의 '알'을 따와서 이름을 지었다. 우리의 전통 음률 아리랑을 연상케 하여 흥, 어깨춤 등 동적인 이미지를 지님과 동시에 곡식을 담는 항아리도 연상케 하여 풍요와 결실의 의미도 함께 지닌다.

오답풀이
① 웃맨 : OK저축은행의 캐릭터이다.
③ 기은센 : IBK기업은행의 캐릭터이다.
④ 위비 : 우리은행의 캐릭터이다.
⑤ 신이와 한이 : 신한은행의 캐릭터이다.

63 다음 중 농협의 미션은?

① 함께하는 국민 ② 농업인이 행복한 국민의 농협
③ 활짝 웃는 농업인 ④ 깨어 있는 농업인
⑤ 협동과 혁신으로 농업인에게 풍요로운 미래를

해설 정답 ⑤

오답풀이
①·③·④는 농협의 핵심가치이다.
②는 농협이 추구하고 나아가야 할 미래상인 비전이다.

64 다음 중 농협의 신용사업의 목적으로 옳지 않은 것은?

① 순수 민족자본 은행 ② 농업전문 금융기관
③ 금융업 선도은행 ④ 사회책임 금융 실천은행
⑤ 농업인 권익 대변

해설 정답 ⑤

⑤ 농협의 신용사업은 농협 본연의 활동에 필요한 자금과 수익을 확보하고 차별화된 농업금융 서비스 제공을 목적으로 하고 있으며, 순수 민족자본 은행, 편리한 지역 금융기관, 농업전문 금융기관, 나라 살림은행, 금융업 선도은행, 사회책임 금융 실천은행 등 다양한 신용사업을 하고 있다. 농업인 권익 대변을 위해서는 도농 교류, 농업인 복지, 사회공헌 활동, 문화 활동 등 다양한 교육지원사업을 하고 있다.

65 다음 빈칸에 들어갈 경영전략의 추진과정은?

전략목표 설정 → 환경 분석 → 경영전략 도출 → 경영전략 실행 → ☐

① 평가 및 피드백 ② 경영목적 달성 ③ 내부 환경 분석
④ 비전 설정 ⑤ 경영전략 결과 평가

해설 정답 ①

경영전략은 조직이 변화하는 환경에 적응하기 위하여 경영활동을 체계화하는 것으로 목표달성을 위한 수단이다. 경영전략의 추진과정은 아래와 같다.

전략목표 설정	환경분석	경영전략 도출	경영전략 실행	평가 및 피드백
• 비전 설정 • 미션 설정	• 내부환경 분석 • 외부환경 분석 (SWOT 분석기법)	• 조직전략 • 사업전략 • 부문전략	경영목적 달성	• 경영전략 결과 평가 • 전략목표 및 경영전략 재조정

66 다음 글의 내용을 참고할 때, ㉠에 들어갈 가장 적절한 말은?

> 리더십의 핵심 개념 중 하나는 (㉠)(이)라고 할 수 있다. 이것은 '조직 구성원들을 신뢰하고 그들의 잠재력을 믿으며, 그 잠재력의 개발을 통해 고(高)성과 조직이 되도록 하는 일련의 행위'로 정의할 수 있다. 직원들에게 일정 책임과 권리를 줌으로써 훨씬 수월하게 성공의 목표를 이룰 수 있을 뿐더러 존경받는 리더로 거듭날 수 있다. 자신의 능력을 인정받아 책임과 권리를 부여 받았다고 인식하는 순간부터 직원들의 업무효율성은 높아지게 마련이지만, 안타까운 점은 많은 리더들이 직원들에게 이러한 방법을 쓰지 않는다는 것이다.

① 업무배분 ② 성과평가 ③ 보직순환
④ 권리보장 ⑤ 권한위임

정답 ⑤

⑤ 임파워먼트(권한위임)의 개념을 설명하고 있다. 성공적인 리더들은 단순한 임파워먼트를 시행하지 않는다. 대신 그들은 임파워먼트가 성장할 수 있는 여건을 조성한다. 리더와 그를 따르는 사람들 모두에 의해 임파워먼트가 일어날 수 있는 문화가 조성되면, 임파워먼트는 조직의 모든 사람으로부터 시너지와 창조적인 에너지를 끌어낸다. 임파워먼트를 하면 생산성이 향상되고 직원들로 하여금 좋은 기회에 대한 큰 기대를 갖게 하며 진보적이고 성공적인 조직을 만들 수 있게 된다.

67 다음 중 어떤 직원이 여러 분야를 융합하는 능력을 요하는 직무에 가장 적합한가?

> 직원 J : 나는 새로운 것을 생각하는 업무는 별로 좋아하지 않는 편이야. 그런 일보다는 주어진 가이드라인 내에서 응용하는 업무가 좋아.
> 직원 S : 직원 J는 책임감이 정말 강한 사람이야. J는 맡은 일을 늘 기한 내에 끝내서 동료들에게 신임을 얻고 있지.
> 직원 K : 직원 S는 사고력이 뛰어나지. 박학다식한 편인데다가 다양한 분야에 호기심이 많아서 늘 배우는 태도를 갖고 있어. 관련 없는 내용도 연결 지어 생각을 살 하는 편이야.
> 직원 D : 나는 사람을 대하는 일이 좋아. 물론 서비스 업무는 가끔 힘들 때도 있지만 여러 분야의 사람들과 의사소통하고 그들이 원하는 바를 제공하는 것은 보람찬 일이야.
> 직원 H : 직원 K는 글을 잘 써. 어떤 분야의 내용을 주더라도 항상 잘 정리해서 보고서로 제출하는 편이지.

① 직원 J ② 직원 S ③ 직원 K
④ 직원 D ⑤ 직원 H

정답 ②

② 다양한 분야에 호기심이 많고 관련없는 내용도 연결지어 사고할 줄 아는 직원 S가 융합능력을 요구하는 직무에 가장 적합하다.

68 다음 중 농협의 인재상이 아닌 것은?

① 시너지 창출가   ② 행복의 파트너   ③ 최고의 전문가
④ 진취적 도전가   ⑤ 최고의 시스템

> **해설**
> NH농협의 인재상은 다음과 같다.
>
>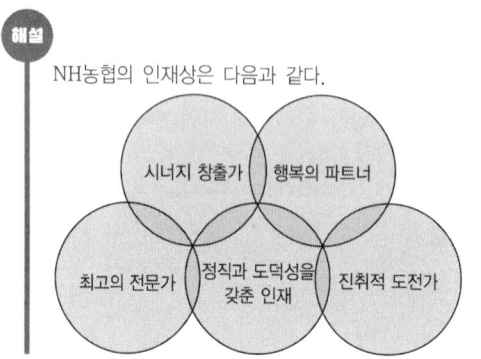
>
> 정답 ⑤

69 농협경제지주사의 다음과 같은 조직도를 옳게 설명하지 못한 것은?

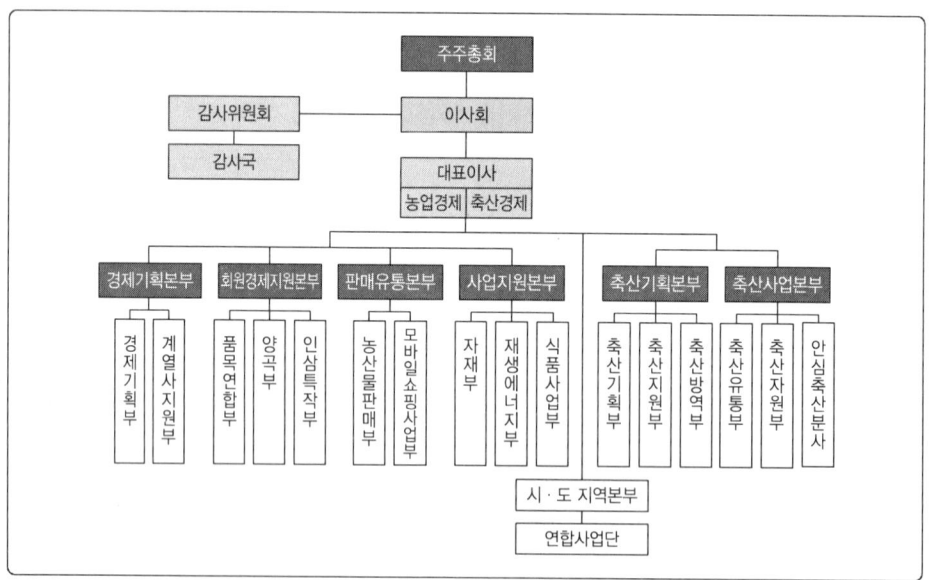

① 6본부 16개 부서로 구성되어 있다.
② 농산물의 판매와 축산물의 유통은 담당하는 본부가 각기 다르다.
③ 대표이사가 농업부문 경제와 축산부문 경제의 2개 파트 업무를 관장한다.
④ 이사회 직속 산하조직으로 감사위원회를 두고 있다.
⑤ 모바일 쇼핑 사업부서에서는 축산물을 제외한 농산물만 취급한다.

해설 정답 ⑤

⑤ 모바일쇼핑사업부는 판매유통본부 산하 조직으로 편성되어 있으나, 농업경제 분야에만 국한된 업무를 담당하는지는 조직도 상으로 명확히 구분할 수 없으므로 축산물을 제외한 농산물만 취급한다고 단정할 수는 없다.

오답풀이
① 6개 본부 산하 부서의 수는 모두 16개이다.
② 농산물의 판매는 농산물판매부에서, 축산물의 유통은 축산유통부에서 담당하는 것으로 판단할 수 있다.
③ 농업경제와 축산경제의 2개 파트로 구분되어 있다.
④ 감사위원회와 감사국이 직속 산하조직으로 구성되어 있다.

70 다음은 농협의 계통조직 체계이다. □ 안에 들어갈 것으로 옳지 않은 것은?

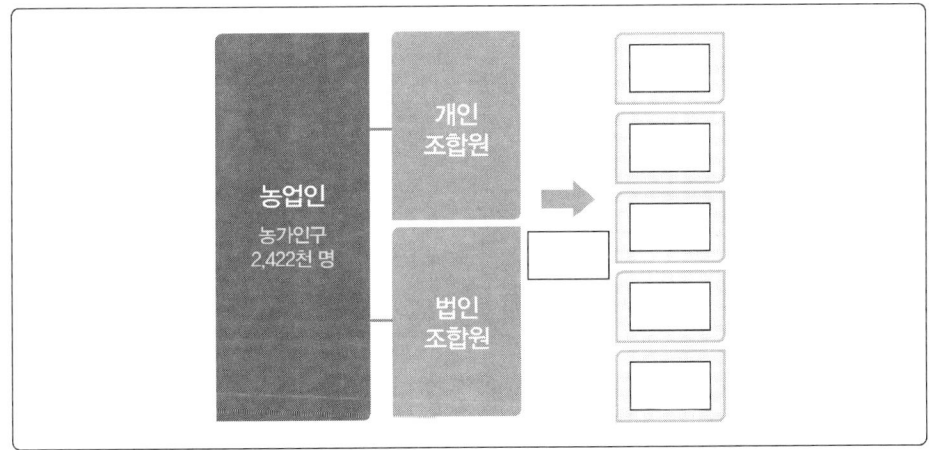

① 단위농협　　　② 지역농협　　　③ 지역축협
④ 품목축협　　　⑤ 인삼협

해설 정답 ①

농협의 계통조직 체계 조직도 중 '지역농협, 지역축협, 품목농협, 품목축협, 인삼협'에 해당한다.
① 단위농협은 해당 지역에서 운영을 하는 농협이다.

기출문제 100문제형

의사소통능력

01 밑줄 친 말이 어법에 맞는 것은?

가. 바닷물이 <u>퍼레서</u> 무서운 느낌이 든다.
나. <u>또아리</u> 튼 뱀은 쳐다보지 마라.
다. <u>머릿말</u>에 쓸 내용을 생각해 둬라.
라. 문을 잘 <u>잠궈야</u> 한다.

해설 정답 가

가. '퍼렇다'는 'ㅎ'불규칙 용언으로 '-아, -어'가 결합될 경우 'ㅎ'이 탈락하고 각각 '-애, -에'로 나타난다. 따라서 '퍼레서'로 표기하는 것이 옳다.

오답풀이
나. '둥글게 빙빙 틀어 놓은 것', '짐을 머리에 일 때 머리에 받치는 고리 모양의 물건'을 의미하는 말로 '똬리'가 옳다.
다. '머리말'은 순우리말 '머리'와 '말'의 합성어로, 표기 그대로 발음되므로 사이시옷을 적지 않는다.
라. '여닫는 물건을 열지 못하도록 자물쇠를 채우거나 빗장을 걸거나 하다.'라는 의미의 '잠그다'는 '잠가라, 잠그고, 잠가서, 잠가야'로 활용한다.

02 다음 주어진 문장의 밑줄 친 부분과 같은 의미로 쓰인 것은?

> 국이 <u>매워서</u> 많이 먹지 못했다.

가. 겨울바람이 <u>맵고</u> 싸늘하게 불었다.
나. 어머니는 <u>매운</u> 시집살이를 하셨다.
다. 점심을 <u>맵고</u> 짠 국수나 비빔밥으로 때웠다.
라. 휴게실은 <u>매운</u> 담배 연기로 가득했다.

해설 정답 다

제시문의 '맵다'는 '고추나 겨자와 같이 맛이 알알하다'는 뜻으로, '다'의 '맵다'와 같은 의미로 쓰였다.

오답풀이
가. 날씨가 몹시 춥다.
나. 성미가 사납고 독하다.
라. 연기 따위가 눈이나 코를 아리게 하다.

2019년 상반기 최신기출문제

03 다음 밑줄 친 한자성어의 쓰임이 옳지 않은 것은?

가. 황제는 <u>논공행상(論功行賞)</u>을 통해 그의 신하를 벌하였다.
나. 그들은 산야를 떠돌며 <u>초근목피(草根木皮)</u>로 목숨을 이어 나갔다.
다. 부모를 <u>반포지효(反哺之孝)</u>로 모시는 것은 자식의 마땅한 도리이다.
라. 오늘의 영광은 <u>각고면려(刻苦勉勵)</u>의 결과이다.

해설 　　　　　　　　　　　　　　　　　　　　　　　　　　　　　　**정답 가**

가. 논공행상(論功行賞)은 한자어 그대로 '공적의 크고 작음 따위를 논의하여 그에 알맞은 상을 줌'을 의미하므로 예문의 '신하를 벌하다'와는 어울리지 않는다. 이때에는 공이 있는 자에게는 반드시 상을 주고, 죄가 있는 사람에게는 반드시 벌을 준다는 뜻으로, 상과 벌을 공정하고 엄중하게 하는 일을 이르는 말인 신상필벌(信賞必罰)을 사용하는 것이 올바르다.

오답풀이
나. 초근목피(草根木皮) : 풀뿌리와 나무껍질이라는 뜻으로, 맛이나 영양 가치가 없는 거친 음식을 비유적으로 이르는 말
다. 반포지효(反哺之孝) : 까마귀 새끼가 자라서 늙은 어미에게 먹이를 물어다 주는 효(孝)라는 뜻으로, 자식이 자란 후에 어버이의 은혜를 갚는 효성을 이르는 말
라. 각고면려(刻苦勉勵) : 어떤 일에 고생을 무릅쓰고 몸과 마음을 다하여, 무척 애를 쓰면서 부지런히 노력함

04 다음 중 띄어쓰기가 옳은 것을 모두 고르면?

㉠ 이번 일은 직접 나설수 밖에 없다.
㉡ 그가 보고 싶던 차에 잘 왔다.
㉢ 친구와 헤어진 후 10년만에 만났다.
㉣ 지금 그가 가는 데가 어디지?
㉤ 나도 너 만큼 할 수 있다.

가. ㉠, ㉢　　　　　　　　　　나. ㉡, ㉣
다. ㉢, ㉤　　　　　　　　　　라. ㉠, ㉤

해설 　　　　　　　　　　　　　　　　　　　　　　　　　　　　　　**정답 나**

㉡ 싶던 차에 : '차'는 의존명사이므로 띄어 쓴다.
㉣ 가는 데가 : '데'는 의존명사이므로 띄어 쓴다.

오답풀이
㉠ 나설수 밖에 → 나설 수밖에 : '수'는 의존명사이므로 앞의 어미와 띄어 써야 한다.
㉢ 10년만에 → 10년 만에 : '년'은 단위성 의존명사이고, '만'도 의존명사이므로 띄어 써야 한다.
㉤ 너 만큼 → 너만큼 : 이 문장에서 '만큼'은 조사로 쓰였으므로, 앞의 명사와 붙여 써야 한다.

05 다음 중 문장의 표현이 자연스러운 것은?

가. 철수의 장점은 사람들을 배려하고 도와주고 어떤 일이든 최선을 다한다.
나. 선생님은 학생들의 애환을 친절하게 들어주고 위로해 주시려고 노력하셨다.
다. 지금으로써는 그 문제를 해결할 방법이 없어.
라. 가세가 기운 뒤로는 그토록 인심이 후하던 그녀도 점차 야박해져 갔다.

정답 **라**

오답풀이
가. '철수의 장점은 사람들을 배려하고 도와주고 어떤 일이든 최선을 다한다는 것이다.'라고 수정하는 것이 적절하다.
나. '애환'은 슬픔과 기쁨을 아울러 이르는 말로, 기쁨을 위로해 주는 것은 의미상 적절하지 않다.
다. '지금'과 같은 시간 명사에 붙어 '~을 기준으로 해서 말하면'이라는 뜻을 나타낼 때는 '-로서'와 결합하여 쓰는 것이 옳다.

06 다음 글의 ㉠~㉢에 들어갈 접속부사로 가장 적절한 것은?

> 공장에서 식품을 생산하여 가능한 한 많은 먹을거리를 안정적으로 공급받기 위해 사람들이 기울여 온 노력은 지구촌에 자본주의 시대가 열린 이후 지속적으로 이어져 온 지상 과제 중 하나이다. (㉠) 오늘날 사람들은 '우주 시대에 어떻게 먹을거리를 해결할 것인가'라는 문제에 대해 더욱 많은 관심을 보이기도 한다. (㉡) 21세기는 먹을거리에 관한 한 '풍요의 시대'가 될 것이라는 낙관적 입장이 주류를 이루는 듯하다. (㉢) 오늘날 우리의 현실은 풍요의 시대가 '약속된 하느님의 뜻'인 것 같지 않다. 일부에서는 유전자 조작에 의해 생산된 콩이나 돼지고기를 먹은 우리가 과연 온전할 것인가에 대한 의구심이 유전자 조작 식품에 대한 반발로 이어지고 있다.

가. 그래서 – 그러나 – 그렇지만
나. 그런데 – 그리고 – 심지어
다. 그러나 – 심지어 – 그리고
라. 심지어 – 그래서 – 하지만

정답 **라**

제시된 글의 첫 문장은 먹을거리의 안정적 공급이 자본주의 시대의 과제 중 하였다는 내용이며 ㉠ 다음의 내용은 사람들이 우주 시대에 관련한 먹을거리에 관심을 보인다는 내용이다. 따라서 '더욱 심하다 못하여 나중에는'이라는 의미를 가진 '심지어'가 적절하다.
이어지는 내용은 먹을거리에 대한 사람들의 관심이 높아 21세기는 풍요의 시대가 될 것이라는 내용이므로 '그래서'로 연결하는 것이 적절하다.
㉢ 다음의 내용은 앞의 내용과 달리 먹을거리에 대한 의구심에 관한 내용이므로 역접의 접속 부사인 '하지만'을 사용하는 것이 적절하다.

07 다음 중 주어진 단어의 한자 표기가 옳지 않은 것은?

가. 다문화가정(多文化家庭) 나. 사기계좌(詐欺計座)
다. 봉사활동(奉事活動) 라. 지역사회(地域社會)

정답 다
다. 봉사활동의 한자는 '奉仕活動'이다.

08 다음 글의 전개 순서로 가장 자연스러운 것은?

㉠ 상품 생산자, 즉 판매자는 화폐를 얻기 위해 자신의 상품을 시장에 내놓는다. 하지만 생산자가 만들어 낸 상품이 시장에 들어서서 다른 상품이나 화폐와 관계를 맺게 되면, 이제 그 상품은 주인에게 복종하기를 멈추고 자립적인 삶을 살아가게 된다.
㉡ 이처럼 상품이나 시장 법칙은 인간에 의해 산출된 것이지만, 이제 거꾸로 상품이나 시장 법칙이 인간을 지배하게 된다. 이때 인간 및 인간들 간의 관계가 소외되는 현상이 나타난다.
㉢ 상품은 그것을 만들어 낸 생산자의 분신이지만, 시장 안에서는 상품이 곧 독자적인 인격체가 된다. 즉, 사람이 주체가 아니라 상품이 주체가 된다.
㉣ 또한 사람들이 상품들을 생산하여 교환하는 과정에서 시장의 경제 법칙을 만들어 냈지만, 이제 거꾸로 상품들은 인간의 손을 떠나 시장 법칙에 따라 교환된다. 이런 시장 법칙의 지배 아래에서는 사람과 사람 간의 관계가 상품과 상품, 상품과 화폐 등 사물과 사물 간의 관계에 가려 보이지 않게 된다.

가. ㉠-㉡-㉣-㉢ 나. ㉠-㉢-㉣-㉡
다. ㉢-㉣-㉠-㉡ 라. ㉢-㉠-㉡-㉣

정답 나
㉠의 핵심 내용은 '상품이 시장에 들어서서 다른 상품이나 화폐와 관계를 맺게 되면, 이제 그 상품은 주인에게 복종하기를 멈추고 자립적인 삶을 살아가게 된다.'이다. ㉢은 ㉠의 내용을 이어, '상품은 그것을 만들어 낸 생산자의 분신이지만, 시장 안에서는 상품이 곧 독자적인 인격체가 된다.'라고 했다. ㉣에서는 '독자적인 인격체'는 '교환'하는 과정에서 '시장 법칙'에 따라 이루어지게 된다고 했다. ㉡에서 이러한 시장 법칙은 '인간에 의해 산출'되지만 이로 인해 인간이 '소외'된다고 하고 있다.
따라서 ㉠-㉢-㉣-㉡의 순서가 적절하다.

09 다음 규칙에 대한 내용을 토대로 판단해 볼 때, 훈련과정의 인정요건과 다른 것을 〈보기〉에서 모두 고르면?

> 제8조(지원금 지급을 위한 수료기준 등) ① 제7조제1항제1호에 따라 신고된 훈련생에 대한 지원금 지급을 위한 수료기준은 다음 각 호와 같다. 다만, 기업대학의 훈련과정의 수료기준은 제4조의2에 따른 심사에서 확정된 수료기준으로 한다.
> 1. 집체훈련과정 및 현장훈련과정은 해당 훈련과정의 인정받은 훈련일수의 100분의 80 이상(훈련시간이 30시간 미만인 경우에는 인정받은 훈련시간의 100분의 80 이상)을 출석하고 해당 훈련과정을 이수하였을 것. 이 경우 훈련생의 출결관리기준은 다음 각 목과 같다.
>   가. 지각, 조퇴 또는 외출 3회는 1일 결석한 것으로 처리할 것. 다만, 지각, 조퇴 또는 외출로 실 훈련시간이 1일 목표 훈련시간의 100분의 50 미만인 경우에는 그 날 훈련은 결석한 것으로 본다(훈련시간이 30시간 이상인 훈련과정에 한정한다).
>   나. 훈련기간이 30일 이상이고 훈련시간이 60시간 이상인 훈련과정의 훈련생이 예비군훈련, 민방위훈련 등으로 훈련을 받지 못한 경우에는 「직업능력개발계좌제 실시규정」별표 1의 출석인정일수를 준용하여 훈련을 받은 것으로 처리할 것.
> 2. 인터넷원격훈련과정은 다음 각 목의 요건을 모두 갖출 것
>   가. 평가성적이 60점(100점 만점 기준)이상일 것. 이 경우 평가는 훈련기간 중에 실시되어야 한다. 다만, 한국산업인력공단 분사무소로부터 인정을 받은 경우에는 훈련기간이 종료된 이후에도 평가를 실시할 수 있다.
>   나. 학습진도율이 100분의 80 이상일 것. 다만, 1일 학습시간은 6시간(6차시)을 초과할 수 없다.
>   다. 가목 및 나목 이외에 훈련실시자가 수립한 수료기준에 도달할 것
>   라. 2개 이상의 훈련과정으로 구성될 경우에는 가목부터 다목까지의 수료기준에 각각 도달 할 것
> 3. 우편원격훈련과정은 다음 각 목의 요건을 모두 갖출 것
>   가. 평가성적이 60점(100점 만점 기준)일 경우 평가는 훈련기간 중에 실시되어야 한다. 다만, 한국산업인력공단 분사무소로부터 인정을 받은 경우에는 훈련기간이 지난 이후도 평가를 실시할 수 있다.
>   나. 가목에 따른 평가 이외에 주 1회 이상 훈련생학습관리시스템을 이용하여 학습과제 작성 등 훈련실시기관에서 부여한 학습활동 참여율이 100분의 80이상일 것. 이 경우 참여율은 학습활동에 참여한 주의 수를 전체 훈련 주수로 나눈 값(소수점 둘째 자리에서 반올림한다)을, 전체 훈련 주수는 훈련개시일부터 훈련종료일까지의 전체 일수를 1주일 단위로 나눈 값(소수점 이하는 버린다)을 말한다.
>   다. 가목 및 나목 이외에 훈련실시자가 수립한 수료기준에 도달할 것
> 4. 혼합훈련과정은 제1호부터 제3호까지의 해당 훈련방법에 따른 지원금 지급을 위한 수료기준에 각각 도달하여야 한다.

> **〈보기〉**
> ㉠ 인터넷을 활용한 교육일 경우에는 하루에 최대 학습시간이 정해져 있지 않다.
> ㉡ 집체훈련과정, 인터넷원격훈련과정, 우편원격훈련과정 모두 평가 성적이 60점 이상(100점 만점 기준)이어야 수료기준을 충족한다고 본다.
> ㉢ 2015년 1월 10일부터 2월 9일까지의 우편원격훈련과정 중 3주간 훈련을 받은 사람은 수료기준을 충족시키지 못한다.

가. ㉠
나. ㉢
다. ㉠, ㉡
라. ㉡, ㉢

해설 **정답 다**

㉠ 학습시간이 정해져 있음(6시간을 초과할 수 없다.)
㉡ 집체훈련과정은 해당되지 않는다.

오답풀이
㉢ 우편원격과정은 학습참여율이 80%가 넘어야 수료가 가능한데, ㉢의 경우는 75% 정도밖에 되지 않아 수료기준을 충족시키지 못한다.

10 다음 글의 중심 내용으로 가장 적절한 것은?

> 한 번에 두 가지 이상의 일을 할 때 당신은 마음에게 흩어지라고 지시하는 것입니다. 그것은 모든 분야에서 좋은 성과를 내는 데 필수적인 요소가 되는 집중과는 정반대입니다. 당신은 자신의 마음이 분열되는 상황에 처하도록 하는 경우도 많습니다. 마음이 흔들리도록, 과거나 미래에 사로잡히도록, 문제들을 안고 끙끙거리도록, 강박이나 충동에 따라 행동하는 때가 그런 경우입니다. 예를 들어, 읽으면서 동시에 먹을 때 마음의 일부는 읽는 데 가 있고, 일부는 먹는 데 가 있습니다. 이런 때는 어느 활동에서도 최상의 것을 얻지 못합니다. 다음과 같은 부처의 가르침을 명심하세요. '걷고 있을 때는 걸어라. 앉아 있을 때는 앉아 있어라. 갈팡질팡하지 마라.' 당신이 하는 모든 일은 당신의 온전한 주의를 받을 가치가 있는 것이어야 합니다. 단지 부분적인 주의를 빌 가치밖에 없다고 생각하면, 그것이 진정으로 할 가치가 있는지 자문하세요. 어떤 활동이 사소해 보이더라도, 당신은 마음을 훈련하고 있다는 사실을 명심하세요.

가. 일을 시작하기 전에 먼저 사소한 일과 중요한 일을 구분하는 습관을 길러라.
나. 한 번에 두 가지 이상의 일을 성공적으로 수행할 수 있도록 훈련하라.
다. 자신이 하는 일에 전적으로 주의를 집중하라.
라. 과거나 미래가 주는 교훈에 귀를 기울이라.

해설 **정답 다**

다. 글의 중심 문장은 단락의 어디에든 위치할 수 있지만, 그 글의 중심 화제는 글의 앞에 반드시 제시된다. 따라서 글을 읽을 때에는 글의 맨 앞에 주의를 기울여 무엇을 화제로 삼고 있는지 파악하는 것이 중요하다. 이 글도 글의 맨 앞에서 '모든 분야에서 좋은 성과를 내는 데 필수적인 요소가 되는 집중과는 정반대인 마음의 흩어짐'에 대해 이야기하고 있다. '부처의 가르침'을 명심하라면서, '당신이 하는 모든 일은 당신의 온전한 주의를 받을 가치가 있는 것이어야 한다.'라고 주제를 드러내고 있다.

11 다음 글의 중심내용을 고르면?

자연을 살아있는 전체로서 인식하고 자연의 고유 가치와 내재적 목적을 강조하는 심층 생태학적 입장에서 볼 때 서양의 자연관은 많은 문제가 있다. 근대 서구에서 '기계'라는 메타포로 이해된 자연은 죽은 것, 결정론적으로 운명 지워진 것, 정적인 폐쇄 체계이다. 하지만 현대 물리학과 생물학의 발전에 힘입은 새로운 이해에 따르면 자연은 더 이상 기계라는 메타포로 설명될 수 없다. 오늘날 대부분의 자연 과학자들은 자연을 유기체적·전체적·방적·역동적 시스템으로 이해한다. 그리고 이러한 이해는 서양 사상보다는 동양 사상의 자연관에 더 가깝다. 그리고 사회 생태학자들의 주장대로 현대 환경 문제는 철학적 접근만으로는 해결할 수 없을 만큼 복잡한 사회 구조 문제다. 따라서 환경 문제를 해결하기 위해서는 가치관의 변화만이 아니라 개인의 소비 생활 방식, 과학 기술, 정치, 경제, 그리고 지구적 차원의 환경 정책이 필요하다. 그런 배경에서 볼 때 농업 사회에 기초한 동양의 자연관은 한계가 있다. 힌두교나 불교에서 보게 되는 신화적·신비적·형이상학적 자연 이해로부터 정치 경제 구조와 관련된 사회 윤리적 내용들을 찾기가 쉽지 않다. 인간이 자연 속에 함몰되어 버릴 때 자연에 대한 인간의 적극적인 윤리적 책임을 논할 수 없게 된다. 그 외에도 힌두교의 요가나 불교의 수행이 관심을 두는 것은 여전히 개인들과 개인의 내면세계다. 그리고 금욕과 무소유의 실천이 평범한 일상을 살아가는 보통 사람들에게는 도달하기 어려운 높은 경지처럼 보일 수도 있다.

가. 자연 과학자들은 자연을 유기체적·전체적·개방적·역동적 시스템으로 이해하려 한다.
나. 인간이 자연 속에 함몰되어 버릴 때 자연에 대한 인간의 윤리적 책임을 논할 수 없다.
다. 환경 문제의 해결은 가치관의 변화, 개인의 소비 생활 방식, 과학 기술, 정치, 경제, 및 지구적 차원의 환경 정책이 필요하다.
라. 서양의 자연관은 자연의 고유 가치와 내재적 목적의 생태학적 입장에서 문제가 심각하다.

해설

정답 다

다. 자연을 살아있는 전체로서 인식하고 자연의 고유 가치와 내재적 목적을 강조하는 심층 생태학적 입장에서 볼 때 서양의 자연관은 많은 문제가 있으며, 농업 사회에 기초한 동양의 자연관에도 한계가 있다.

12
다음 글을 참고할 때, 선진국 기업이 개발도상국으로 생산 공장을 이전할 때의 선진국과 개발도상국에 미치는 영향으로 올바른 설명을 〈보기〉에서 모두 고른 것은?

> 다국적 기업은 세계의 여러 국가에서 활동하고 있지만, 생산 공장은 주로 저임금 노동력이 풍부하여 생산 비용 절감에 유리한 개발도상국에 집중한다. 다국적 기업은 해외 직접 투자를 통하여 생산 활동을 함으로써 투자 유치국인 개발도상국에 고용 창출, 경제 발전에 필요한 자본 및 기술 등을 제공하고, 투자국인 선진국에는 새로운 시장 개척, 자본 유입 등을 제공함으로써 상호 긍정적인 영향을 끼친다. 그러나 다국적 기업의 활동은 선진국과 개발도상국 간의 갈등을 유발하기도 한다.
>
> 다국적 기업은 개발도상국의 동종 업체보다 기술, 자본, 경영 방식 등이 발달하였기 때문에 투자를 유치한 개발도상국의 산업 경쟁력을 약화시킨다. 더 나아가 개발도상국에 외국인 직접 투자가 늘어나면 본사가 위치한 선진국에 대한 경제적 의존도가 더욱 심화되어 사회적·지역적 불평등이 가속화될 수 있다.
>
> 한편, 다국적 기업의 본사가 입지한 선진국은 모국의 생산 시설과 일자리가 국외로 유출되면서 실업이 증가하고 국내 경제가 침체될 수 있다. 특히, 비숙련 노동자들의 실업 문제가 심화되며, 생산 시설이 폐쇄된 지역에서는 산업 공동화와 사회적 불평등이 커질 수 있다.

― 보기 ―
(가) 선진국은 투자가 위축되어 이익이 감소한다.
(나) 선진국의 실업률 증가와 산업 공동화 현상이 일어날 수 있다.
(다) 개발도상국은 기술 및 경영 기법을 습득할 수 있다.
(라) 경제 악화 시 공장 지역 경제가 침체될 수 있다.

가. (가), (나), (라)
나. (가), (다), (라)
다. (나), (다), (라)
라. (가), (나), (다)

해설   정답 **다**

선진국에서는 국외에서 얻은 수익으로 본국에 또 다른 투자가 유발되어 추가적인 이익의 창출이 가능하고, 본사의 관리 기능과 연구 기능이 발달할 수도 있다. 그러나 생산 공장의 이전으로 실업률이 증가하여 산업 공동화 현상이 나타날 수 있다.

개발도상국에서는 생산 공장의 이전으로 고용이 창출되어 경제가 활성화될 수 있으며, 기술 및 경영 기법을 습득할 수 있다. 그러나 자본 규모와 기술 수준이 낮은 자국 내 기업의 경쟁력이 약화되며, 경제 상황에 따른 공장 폐쇄 시 지역 경제가 침체될 수도 있다.

따라서 (나), (다), (라)만 올바른 설명이 된다.

13 다음 글의 전개 순서로 가장 자연스러운 것은?

> ㉠ 최근에는 왼손을 많이 사용하면 창의성, 예술성 등 두뇌 발달에 도움이 된다는 연구 결과가 나오기도 했지만 과거엔 전 세계적으로 왼손잡이에 대한 부정적인 인식이 만연했다. 우리나라에서도 왼쪽은 '그르다'라는 말과 동의어로 쓰였는가 하면, 왼손으로 밥을 먹으면 '재수가 없다'는 속설도 있었다. 영어로 왼손잡이를 뜻하는 'left-handed'에는 '서투른, 신분에 맞지 않는' 등의 부정적인 의미가 내포돼 있으며, 프랑스어로 왼쪽을 의미하는 'gauche'에도 '비뚤어진, 어색한'이라는 뜻이, 독일어 'link' 역시 '의심스러운, 열등한'이란 뜻이 포함되어 있다. 단어 자체의 부정적인 의미는 사람들의 인식에까지 영향을 끼쳐 왼손을 쓰는 아이는 때려가면서까지 고치게 하는, 웃지 못할 해프닝이 빈번하게 일어났다.
> ㉡ '세계 왼손잡이의 날'의 슬로건은 독특하다. 전세계의 왼손잡이들에게 모든 것을 왼손으로 다루기 위해서 '개인공간을 왼손잡이만의 공간으로 만들라'고 말한다. 오른손잡이인 친구나 동료, 가족들 속에서 왼손잡이인 자신을 찾을 수 있는 기회를 가져야 한다는 것이다. 그동안 왼손을 쓴다는 이유만으로 차별이나 불편함 속에 고통받아 왔다는 의미이다.
> ㉢ 왼손잡이에 대한 인식은 긍정적인 연구 결과나 '왼손잡이는 머리가 좋다'와 같은 속설로 꾸준히 변해 왔지만, 아직 왼손잡이들이 살아가기에는 불편한 점들이 많다. 가위, 카메라 셔터, 컴퓨터 마우스, 자동차 기어, 지하철 개찰구 등 주변에서 흔히 보는 물건 대부분이 여전히 오른손잡이 친화적으로 설계되고 있다.
> ㉣ 왼손잡이들을 위한 특별한 날을 아는가? 매년 8월 13일은 '세계 왼손잡이의 날'이다. 올해로 벌써 24년째를 맞은, 제법 오래된 기념일인 셈이다. 왼손잡이의 날은 1992년부터 세계 왼손잡이들이 의기투합해 왼손잡이들의 불편을 개선하고 고충을 알리기 위해 기념하기 시작했다.

가. ㉠-㉢-㉡-㉣
나. ㉡-㉠-㉢-㉣
다. ㉢-㉣-㉡-㉠
라. ㉣-㉡-㉠-㉢

정답 라

가장 첫 문단은 의문문을 사용해 세계 왼손잡이의 날에 대한 화제를 제시하는 ㉣이 적절하다. 그 다음 세계 왼손잡이의 날에 대해 자세히 설명하는 ㉡이 이어지고 다음은 왼손잡이에 대한 부정적 인식을 말하는 ㉠이 이어지는 것이 적절하다. 마지막에는 앞서 말한 왼손잡이에 대한 부정적 인식으로 인해 왼손잡이로 살아가는 것이 불편하다는 내용의 ㉢이 와야 한다.

14 다음 글을 통해서 답을 찾을 수 없는 질문은?

해안에서 밀물에 의해 해수가 해안선에 제일 높게 들어온 곳과 썰물에 의해 제일 낮게 빠진 곳의 사이에 해당하는 부분을 조간대라고 한다. 지구상에서 생물이 살기에 가장 열악한 환경 중 한 곳이 바로 이 조간대이다. 이곳의 생물들은 물에 잠겨 있을 때와 공기 중에 노출될 때라는 상반된 환경에 삶을 맞춰야 한다. 또한 갯바위에 부서지는 파도의 파괴력도 견뎌내야 한다. 또한 빗물이라도 고이면 민물이라는 환경에도 적응해야 하며, 강한 햇볕으로 바닷물이 증발하고 난 다음에는 염분으로 범벅된 몸을 추슬러야 한다. 이러한 극단적이고 변화무쌍한 환경에 적응할 수 있는 생물만이 조간대에서 살 수 있다.

조간대는 높이에 따라 상부, 중부, 하부로 나뉜다. 바다로부터 가장 높은 곳인 상부는 파도가 강해야만 물이 겨우 닿는 곳이다. 그래서 조간대 상부에 사는 생명체는 뜨거운 태양열을 견뎌내야 한다. 중부는 만조 때에는 물에 잠기지만 간조 때에는 공기 중에 노출되는 곳이다. 그런데 물이 빠져 공기 중에 노출되었다 해도 파도에 의해 어느 정도의 수분은 공급된다. 가장 아래에 위치한 하부는 간조시를 제외하고는 항상 물에 잠겨 있다. 땅 위 환경의 영향을 적게 받는다는 점에선 다소 안정적이긴 해도 파도의 파괴력을 이겨내기 위해 강한 부착력을 지녀야 한다는 점에서 생존이 쉽지 않은 곳이다.

조간대에 사는 생물의 종은 불안정하고 척박한 바다 환경에 적응하기 위해 높이에 따라 수직으로 분포한다. 조간대를 찾았을 때 총알고둥류와 따개비들을 발견했다면 그곳이 조간대에서 물이 가장 높이 올라오는 지점인 것이다. 이들은 상당 시간 물 밖에 노출되어도 수분 손실을 막기 위해 패각과 덮개 판을 꼭 닫은 채 물이 밀려올 때까지 버텨낼 수 있다.

가. 조간대에서 총알고둥류가 사는 곳은 어느 지점인가?
나. 조간대의 중부에 사는 생물에는 어떠한 것이 있는가?
다. 조간대에서 높이에 따라 생물의 종이 수직으로 분포하는 이유는 무엇인가?
라. 조간대에 사는 생물들이 견뎌야 하는 환경적 조건에는 어떠한 것이 있는가?

해설

정답 **나**

나. 조간대의 중부가 만조 때에는 물에 잠기지만 간조 때에는 공기 중에 노출되는 곳이라는 정보는 알 수 있으나 서식하는 생물에 대한 내용은 알 수 없다.

오답풀이

가. 마지막 문단을 통해 총알고둥류는 조간대에서 물이 가장 높이 올라오는 지점에 서식하는 생물임을 알 수 있다. 따라서 바다로부터 가장 높아 파도가 강해야만 물이 겨우 닿는 곳인 조간대의 상부에 서식한다.
다. 마지막 문단을 통해 조간대에 사는 생물의 종은 불안정하고 척박한 바다 환경에 적응하기 위해 높이에 따라 수직으로 분포한다는 내용을 알 수 있다.
라. 첫 번째 문단을 통해 생물이 조간대에서 살기 위해서는 물에 잠기고 공기에 노출되는 상반된 환경에 적응해야 하며 파도, 민물, 염분 등 변화무쌍한 환경에 적응해야 한다는 내용을 알 수 있다.

[15~16] 다음 제시 상황을 보고 물음에 답하시오.

상황

농협 인사팀에 근무하고 있는 박유진 씨는 신입사원들을 대상으로 한 이러닝 학습 관련 설문조사를 바탕으로 직원들의 역량개발을 지원하는 업무를 맡고 있다.

전체 신입사원의 68.4%는 이러닝 학습을 해 본 경험이 있었으며, 향후 이러닝 학습을 통한 자기개발 투자 의향도 82.8%에 달했다. 바쁜 시간을 쪼개서라도 자기개발에 투자하려는 신입사원들의 의지를 엿볼 수 있는 대목이다. 수강경험이 있는 강좌는 외국어 강좌(62.6%, 중복응답)와 직무 및 실무 관련 강좌(42.3%), 자격증 강좌(40.6%)의 순서였다. 향후 학습 희망 분야는 외국어 강좌(48.5%)의 수요가 단연 높았으며, 이러닝 학습에 투자할 비용은 대체로 월 5~10만 원 미만(45%) 선인 것으로 조사되었다. 이러닝 학습 시 가장 많이 사용하는 디지털 기기는 노트북(66.5%)이었다. 넷북(7.2%), mp3(5.4%), pmp(4.1%) 등을 이용한 학습은 아직 낮은 수준이었다. 그러나 다양한 휴대용 디지털기기를 이용한 학습이 이뤄지는 것으로 나타나 출퇴근 및 이동시간을 통한 학습이 점차 보편화되고 있음을 미뤄 짐작해 볼 수 있다. 일주일 평균 이러닝 학습 시간은 평균 1~2시간 미만(36.8%)이었다.

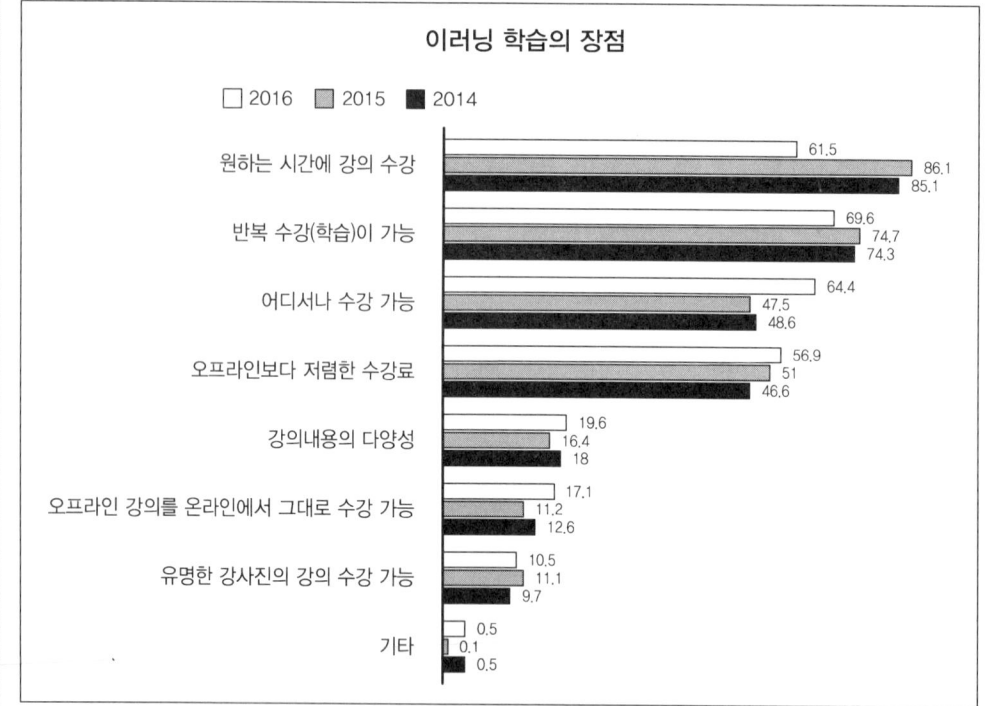

한편 설문에 참여한 신입사원들은 이러닝 학습의 장점으로 위와 같은 사항들을 꼽았지만 현장감 부족으로 인한 집중력 저하(78.8%)는 이러닝 학습의 가장 큰 걸림돌이 되는 문제로 나타난 가운데 충분한 질문 및 토론의 어려움(66.5%)과 강제성 부족으로 야기되는 불성실한 학습태도(60.3%)도 문제점으로 지적되었다. 이러닝 학습이 시간과 이용 방법에서 쌍방향 소통의 오프라인 교육보다 더 편리하지만, 교육 태도 및 소통 문제에서는 어려운 면을 보이는 것이다. 이러닝 학습이 더 활성화되기 위해서는 이런 부분들에 대한 충분한 개선이 선행되어야 할 것으로 보인다.

15 박유진 씨가 '이러닝 학습의 장점'을 분석한 것으로 잘못된 내용은?

가. 3년간 오프라인보다 저렴한 수강료를 이러닝 학습의 장점으로 생각하는 비율이 증가했다.

나. 2016년에는 '원하는 시간에 수강할 수 있다는 점'이 이러닝 학습의 가장 큰 장점으로 조사되었다.

다. 유명한 강사진의 강의를 수강한다는 점도 이러닝 학습의 장점으로 인지되었다.

라. 대략적으로 매년 이러닝 학습을 수강하는 신입사원 4명 중 3명은 이러닝 학습의 장점으로 반복 수강이 가능하다는 점을 꼽았다.

정답 나

나. 2016년도에는 반복수강(학습)이 가능하다는 점(69.6%)이 가장 큰 장점으로 조사되었다.

16 박유진 씨는 설문조사 결과 중 이러닝 학습의 걸림돌이 되는 부분들을 검토해 보고 차후 개선방안을 모색하려고 한다. 개선방안으로 가장 알맞지 않은 것은?

가. 같은 수업을 수강하는 사원 간 토론을 할 수 있는 시간과 공간을 마련한다.

나. 수업 내용에 대해 질문할 수 있는 전문 강사를 섭외하여 자유롭게 질문할 수 있도록 한다.

다. 강제성 확보를 위해 출퇴근 시간이 아니라 나른 시간에 이러닝 학습을 할 수 있도록 독려한다.

라. 강사와 바로 연결되는 메신저와 같은 공간을 개설하여 즉문즉답이 가능하게 함으로써 소통을 원활하게 한다.

정답 다

다. 원하는 시간에 수강할 수 있다는 장점을 퇴색시킬 수 있다.

오답풀이
가. 토론기회 확대를 꾀할 수 있다.
나. 현장감 증대 및 질문기회 확대를 꾀할 수 있다.
라. 질문 및 토론의 어려움 해결을 꾀할 수 있다.

[17~18] 다음 글을 읽고 물음에 답하시오.

> 지금까지 우리나라는 WTO나 FTA를 통한 농산물 시장개방이라는 세계적인 무역자유화 움직임 속에서 국내 농업의 피해를 최소화한다는 명분 아래 수세적이고 소극적이며, 방어적인 농업통상 정책을 추진해 왔다. 하지만 앞으로는 보다 적극적이고 공세적인 농업통상과 국제농업협력이라는 넓은 틀로 지평을 확장하고, 한국 농식품 산업의 해외진출 활성화를 위해 농업통상 전문 인력의 육성과 국제농업협력의 강화가 필요하며, WTO나 FTA 등 대외 통상협상에서 효과적인 농업부문의 협상전략을 마련하고, 우리의 농업통상 이익을 최대한 성취할 수 있는 농업통상 전문 인력을 양성해야 한다.
>
> 또한, 개발도상국들에 대한 농업개발협력을 강화하고, 이를 위한 관련 정책 및 전략을 적극적으로 개발하고 추진해야 할 것이다. 국제사회에서 우리나라의 경제·정치적 입장을 관철하기 위해서는 다른 국가의 신뢰와 지지를 확보해 나가야 한다. 이런 측면에서 우리의 선진화된 농업기술과 성공적인 농촌개발 경험은 많은 개발도상국들이 배우고자 하는 성공사례로서 다른 어떤 분야보다도 국제협력이 활발히 이루어 질 수 있을 뿐만 아니라 성공가능성도 큰 분야이다. 우리나라도 국제기구를 통한 농업협력뿐만 아니라, 우리나라의 위상에 걸맞은 공적개발원조(ODA) 자금 확대와 대 개도국 농업협력강화에 적극 참여함으로써 우리의 위상에 걸맞은 역할을 수행하고 국제사회의 신뢰와 지지를 확보해 나가야 할 것이다. 국제농업협력 사업의 확충을 통한 수혜국과의 우호 및 협력 관계 증진은 중장기적으로 우리 농식품 기업의 해외진출 활성화에 기여하는 중요한 발판이 될 것으로 기대된다.

17 다음 중 윗글의 내용을 가장 적절하게 요약한 것은?

가. 통상정책과 국내대책의 조화로운 추진
나. 농식품 수출 대상국 및 범위의 다양화
다. 농업통상 전문 인력의 육성과 국제농업협력의 강화
라. FTA 확산에 따른 대비책 마련의 중요성

> **해설**
> **정답 다**
> 주어진 글은 두 개의 단락으로 구성되어 있다. 첫 번째 단락에서는 FTA 시대를 맞아 농업통상 관련 전문 인력 양성의 필요성을 강조하고 있으며, 두 번째 단락에서는 개도국과의 협력 강화를 통한 신뢰와 지지 확보를 언급하고 있다.
> 따라서 이러한 두 개의 내용을 포괄할 수 있는 '농업통상 전문 인력의 육성과 국제농업협력의 강화'가 가장 적절한 요약문이 될 것이다.

18 다음 중 윗글에서 필자가 주장하는 바에 부합하지 않는 설명은?

가. 분야별 국제 협상에 효과적으로 대응하기 위해서는 전문적이고 기술적인 인력이 필요하다.
나. 지속적인 농업통상문제에 대한 관심과 전문가의 효과적 활용방안에 대한 고민이 필요하다.
다. 개도국에 대한 농업 지원은 결국 국제사회의 지지를 얻는 데 효과적인 방법이 될 수 있다.
라. 대외 무역협상에서 우리나라의 입장을 과도하게 견지하는 것은 개도국에 대한 지원 확대에 걸림돌이 될 수 있다.

정답 라

해설
주어진 글에서는 농업통상 전문 인력의 양성을 주장하고 있으므로, WTO 혹은 FTA 등 대외무역협상에서 협상결과를 우리에게 최대한 유리한 방향으로 도출하는 것은 전문 인력 양성의 목적이 될 것이며, 막대한 정부재정이 투입되는 어떠한 국내정책보다 중요하다고 판단할 수 있다.

오답풀이
가~다에 제시된 내용들은 이러한 전문 인력 양성과 개도국과의 협력 강화를 위한 필자의 주장과 부합하는 내용으로 볼 수 있다.

[19~20] 다음 글을 읽고 물음에 답하시오.

　미국 콜럼비아대 찰스 주커 교수와 미 국립치과·두개안면연구소 니콜라스 리바 박사는 기본 맛 다섯 가지의 수용체를 모두 밝혀냈다. 즉 2000년 쓴맛 수용체를 시작으로 2001년 단맛 수용체, 2002년 감칠맛 수용체, 2006년 신맛 수용체, 2010년 짠맛 수용체를 규명했다.
　이들에 따르면, 맛의 정보가 처리되는 뇌의 미각 피질은 기본 맛에 따라 영역이 나뉘어 있다. 예를 들어 사탕을 먹으면 설탕 분자가 혀의 미뢰에 있는 단맛 수용체에 달라붙으면서 신호가 발생해 미각 피질의 단맛 담당 뉴런으로 전달되는데, 이 뉴런들이 한 곳에 몰려있다는 말이다. 이들은 2015년 학술지에, 맛 가운데 '영양'이라는 정보로 좋은 맛인 단맛과 '독'이란 정보로 싫은 맛인 쓴맛을 담당하는 뉴런에 빛을 쪼이면 생쥐가 정말 그런 것을 먹을 때처럼 행동한다는 내용의 연구결과를 발표했다.
　연구자들은 광유전학기술을 써서 뉴런이 빛의 신호를 미각 수용체에서 온 신호로 착각하게 만들었다. 그리고 미각 피질의 단맛 뉴런을 자극하자 단위시간(5초) 당 생쥐가 맹물을 핥는 횟수가 설탕물을 핥을 때 수준으로 크게 늘었다. 반면 쓴맛 뉴런을 자극하면 맹물을 핥는 횟수가 맛이 쓴 물을 핥을 때 수준으로 뚝 떨어졌다. 즉 혀에서 오는 신호가 없더라도 맛을 지각하는 뇌를 조작하면 '맛을 느낄 수 있다'는 말이다.
　한편 미각 피질의 뉴런이 활성화되면 뇌의 다른 부분으로 맛 정보가 전달되고 동물은 그에 따라 적절한 반응(행동)을 한다. 그 가운데 하나가 맛에 대한 가치판단이다. 즉 단맛에 대해서는 계속 추구하는 행동을 할 것이고 쓴맛이 나는 건 피할 것이다. 그렇다면 뇌의 어느 부분이 이런 결정을 하는 것일까? 역시 두 사람은 미각 피질 뉴런이 뻗어 나가는 배선(축삭)을 조사한 결과 편도체에 연결된다는 사실을 확인하고, 맛의 정체성을 판단하는 것은 미각 피질이지만 그 가치를 판단하는 것은 편도체라는 연구결과를 발표하였다.
　편도체는 뇌의 측두엽 안쪽 깊숙이 한 쌍 존재하는 구조로 정서적인 정보를 처리하는데 핵심적인 역할을 한다. 대표적인 예가 공포반응으로, 편도체를 없앤 생쥐는 고양이 앞에서도 겁이 없다. 미각 피질의 뉴런이 편도체에 연결된다는 것은 맛에 대한 정서적인 반응과 관련될 가능성이 높다.
　흥미롭게도 맛에 따라 뉴런 말단이 도달하는 편도체 부위가 달랐다. 즉 미각 피질에서 단맛에 반응하는 뉴런은 기저측 편도체(BLA)에 연결됐다. 단 것을 먹으면 혀를 통해 미각 피질로 정보가 전달되고 BLA도 반응한다는 뜻이다.
　한편 미각 피질에서 쓴맛에 반응하는 뉴런은 중앙 편도체(CEA)에 연결됐다. 연구자들은 광유전학 기술을 써서 이를 확인해보기로 했다. 먼저 BLA에 뻗어있는 단맛 뉴런 말단에 빛을 쪼여줘 뉴런 말단이 신호를 일으키게 했다. 그러자 생쥐는 맹물임에도 마치 설탕물을 먹을 때처럼 단위시간(5초) 당 핥는 횟수가 크게 늘었다. 반면 CEA에 뻗어있는 쓴맛 뉴런 말단에 빛을 쪼이면 맹물을 핥는 횟수가 크게 줄었다. 이는 2015년의 실험과 같은 결과이지만 하나가 다르다. 즉 당시는 미각 피질에 있는 뉴런을 자극한 것이고 이번에는 편도체에 있는 뉴런 말단을 자극한 것이다. 즉 설탕물이 맛있다고 판단하고 쓴 물은 맛이 고약하다고 판단하는 것은 미각 피질이 아니라 편도체라는 말이다. 그렇다면 편도체에 연결된 뉴런이 작동하지 않으면 단맛과 쓴맛에 대한 선호도가 사라질까?
　연구자들은 먼저 BLA에 뉴런을 마비시키는 약물을 주사한 뒤 설탕물을 줬다. 그러자 5초 동안 핥는 횟수가 맹물일 때와 차이가 없었다. 다음으로 CEA에 약물을 투입한 뒤 맛이 쓴 물을 주자 역시 5초 동안 핥는 횟수가 맹물일 때와 차이가 없었다. 물의 맛에 대한 정서적 가치판단, 즉 선호도가 사라졌다는 뜻이다. 그런데 이것이 혹시 맛 자체를 인식하지 못한 결과는 아닐까?
　연구자들은 이 가능성을 확인하기 위한 실험을 설계했다. 먼저 공간 한쪽에는 설탕물을 담은 통이, 다른 쪽에는 맛이 쓴 물을 담은 통이 있다는 걸 알게 한다. 한동안 물을 주지 않아 목마른 생쥐에게 설탕물 또는 맛이 쓴 물을 맛보게 하고 같은 맛이 나는 통 쪽으로 갔을 때만 상으로 맹물을 준다. 며칠 동안 학습시킨 뒤, 이 생쥐들의 편도체에 약물을 주입해 연결된 뉴런을 마비시키고 테스트를 한 결과 설탕물을 맛보았을 때는 설탕물 통 앞으로, 맛이 쓴 물을 핥았을 때는 맛이 쓴 물이 담긴 통 앞으로 갔다.
　즉 (　　　　　　　　　　　　　　　　　　　　　　　　　　　　　　　　　　　)

19 다음 중 윗글의 빈칸에 들어갈 말로 가장 적절한 것은?

가. 맛의 정체성은 지각하고 있지만 편도체가 맛의 정보를 얻지 못해 관심이 없다는 말이다.
나. 맛의 정체성과 가치판단에 대한 구분이 전혀 기능하지 못하고 있다는 말이다.
다. 맛의 가치판단은 기능하고 있지만 맛의 정체성을 구분하는 기능은 상실했다는 말이다.
라. 맛의 정체성과 가치판단에 관계없이 습관적이고 동일한 행동을 반복하고 있다는 말이다.

> **해설**
> **정답 가**
> 글의 후반부에 소개된 또 다른 실험은, 편도체와 연결된 뉴런이 마비되어 단맛과 쓴맛에 반응하는 방식이 마비 전과 달라진 이유가 맛의 가치 판단을 결정하는 편도체만 마비된 결과인지 혹은 맛 자체를 구분하는 수용체까지 기능을 상실한 것인지를 알아보기 위한 것이다. 따라서 생쥐들이 여전히 단맛과 쓴맛을 구분하는 기능은 가지고 있음이 판명된 실험이므로 적절한 결론은 '맛의 정체성은 지각하고 있지만 편도체가 맛의 정보를 얻지 못해 관심이 없다는 말이다.'가 되어야 한다(실험에 앞서 실험의 전제가 되는 편도체 마비가 실시되었으므로 맛의 가치판단은 제대로 작동하지 않는 상태인 것이다).

20 다음 중 윗글의 내용을 근거로 타당하게 주장할 수 있는 내용은?

가. 맛의 전달 경로는 뉴런 → 수용체 → 편도체이므로 수용체가 손상되어도 뉴런만 정상 기능을 하면 맛 자체의 구분은 가능하다.
나. 외부에서 느낀 정서적인 반응이 뇌로 전달되어 뇌에서 우리의 행동을 일으키는 가장 핵심적인 물질은 BLA와 CEA 편도체이다.
다. 뇌에서 행동을 일으키는 편도체는 반드시 외부의 자극에 대한 정서적인 반응을 경험한 후에 기능을 실현하게 된다.
라. 생쥐의 편도체에 연결된 뉴런이 작동하지 않게 되면, 마치 거세된 남성이 여성의 아름다움은 느끼지만 끌리지는 않게 되는 것과 매우 유사하다고 할 수 있다.

> **해설**
> **정답 라**
> 생쥐의 편도체에 연결된 뉴런이 작동하지 않게 되면 맛 자체의 정체성은 여전히 알 수 있으나 그에 대한 가치판단에 따른 지속 추구의 행동이 멈춘다는 것은 거세된 남성의 경우에 일어나는 현상에 비유할 수 있다.
>
> **오답풀이**
> 가. 맛의 전달 경로는 수용체 → 뉴런 → 편도체이므로 수용체가 손상되면 맛 자체의 구분이 불가능하다고 판단할 수 있다.
> 나. BLA는 단맛에 반응하는 편도체이며 CEA는 쓴맛에 반응하는 편도체이므로, 뇌에서 우리의 행동을 일으키는 가장 핵심적인 물질인 것은 아니다.
> 다. 수용체가 단맛이나 쓴맛에 자극받지 않고 바로 편도체에 연결된 뉴런이 빛의 반응으로 행동을 일으켰다는 실험 결과를 통해, 뇌에서 행동을 일으키는 편도체는 외부의 자극에 대한 정서적인 반응을 경험하지 않고도 기능을 실현할 수 있음을 알 수 있다.

수리능력

01 3%, 10%의 소금물을 섞어 5%의 소금물 700g을 만들려고 한다. 각각 얼마씩 섞어야 하는가?

가. 3% : 400g, 10% : 300g 나. 3% : 200g, 10% : 500g
다. 3% : 500g, 10% : 200g 라. 3% : 300g, 10% : 400g

정답 다

3%의 소금물의 양을 xg이라 하면 10%의 소금물의 양은 $(700-x)$g이다.
두 소금물을 섞어 5%의 소금물이 되어야 하므로
$$\frac{\frac{3}{100}x+\frac{10}{100}(700-x)}{700}\times 100=5, \ 3x+7{,}000-10x=3{,}500$$
$7x=3{,}500 \quad \therefore \ x=500(\text{g})$
따라서 3%의 소금물 500g, 10%의 소금물 200g을 섞어야 한다.

02 사과 1.2kg의 가격은 15,000원이다. 배의 가격은 사과의 2배이고, 귤의 가격은 사과의 $\frac{1}{2}$배이다. 배는 사과의 0.6배만큼 사고, 귤은 사과의 2.8배만큼 샀다. 모두 90,000원어치 샀을 때 사과, 배, 귤은 각각 몇 kg씩 샀는가?

가. 1.5kg, 0.9kg, 4.2kg 나. 2kg, 1.2kg, 5.6kg
다. 2.5kg, 1.5kg, 7kg   라. 3kg, 1.8kg, 8.4kg

정답 나

사과 1.2kg의 가격이 15,000원이므로 사과 1kg의 가격은 $\frac{15{,}000}{1.2}=12{,}500$(원)이다.
배의 가격은 사과의 2배이므로 배 1kg의 가격은 $12{,}500\times 2=25{,}000$(원),
귤의 가격은 사과의 $\frac{1}{2}$배이므로 귤 1kg의 가격은 $12{,}500\times\frac{1}{2}=6{,}250$(원)이다.
배를 사과의 0.6배만큼, 귤을 사과의 2.8배만큼 사고, 모두 90,000원어치 샀으므로
구매한 사과의 양을 $x$kg라 하면
$x\times 12{,}500+0.6x\times 25{,}000+2.8x\times 6{,}250=90{,}000$
$45{,}000x=90{,}000 \quad \therefore \ x=2(\text{kg})$
따라서 사과는 2kg, 배는 $2\times 0.6=1.2$(kg), 귤은 $2\times 2.8=5.6$(kg)만큼 샀다.

03 $\dfrac{b}{a}>0$, $\dfrac{b}{c}>0$, $b>0$일 때, 다음 중 옳은 것은?

가. $a>0$, $c>0$ 나. $a>0$, $c<0$
다. $a<0$, $c>0$ 라. $a<0$, $c<0$

해설

정답 가

같은 부호끼리의 나눗셈은 양수, 다른 부호끼리의 나눗셈은 음수이다.
$b>0$이고, $\dfrac{b}{a}$, $\dfrac{b}{c}$가 모두 양수이므로 $a>0$, $c>0$

04 로희는 농협은행에 연 3%의 연복리예금으로 4천만 원을 예금하였다. 몇 년 뒤에 원금의 2배 이상이 되겠는가? (단, $1.03^{20}=1.81$, $1.03^{26}=2.16$으로 계산한다.)

가. 22년   나. 23년
다. 24년   라. 25년

해설

정답 다

20년 후의 원금은 $4{,}000\times(1+0.03)^{20}=4{,}000\times1.81$(원),
26년 후의 원금은 $4{,}000\times(1+0.03)^{26}=4{,}000\times2.16$(원)이다.
이때, $2.16\div1.03\fallingdotseq2.10$, $2.10\div1.03\fallingdotseq2.04$, $2.04\div1.03\fallingdotseq1.98$이므로
원금의 2배 이상이 되는 해는 24년 후이다.

05 다음 규칙에 의해 빈칸에 들어갈 알맞은 수는?

| 3 | 8 | 25 | | 4 | 5 | 22 | | 5 | 6 | ? |

가. 31   나. 33
다. 35   라. 37

해설

정답 나

주어진 규칙은 다음과 같다.
$3\times8+1=25$
$4\times5+2=22$
따라서 빈칸에 들어갈 수는 $5\times6+3=33$이다.

06 다음 중 계산한 결과가 가장 큰 것은?

가. $375-273+489$ 나. $941-187-169$
다. $136+638-201$ 라. $254+147+192$

정답 라

해설
가. $375-273+489=591$ 나. $941-187-169=585$
다. $136+638-201=573$ 라. $254+147+192=593$

07 다음 중 방정식 $3.2x-3.1=2.5x+4.6$의 해를 대입했을 때 참이 되는 부등식은?

가. $4x-5<0$ 나. $x+10>30$
다. $x^2-3x-28>0$ 라. $x^2-11x-12>0$

정답 다

해설
방정식 $3.2x-3.1=2.5x+4.6$의 해를 구하면
$0.7x=7.7$ ∴ $x=11$
가. $4\times11-5=39>0$(거짓)
나. $11+10=21<30$(거짓)
다. $11^2-3\times11-28=60>0$(참)
라. $11^2-11\times11-12=-12<0$(거짓)

08 배를 타고 12km의 강을 거슬러 올라갈 때는 2시간, 내려올 때는 1시간이 걸렸다. 이 배의 속력은?

가. 6km/시 나. 7km/시
다. 8km/시 라. 9km/시

정답 라

해설
배의 속력을 x(km/시), 강물의 속력을 y(km/시)라 하면
12km의 강을 거슬러 올라갈 때의 배의 속력은 $x-y$, 내려올 때의 배의 속력은 $x+y$이므로
$\dfrac{12}{x-y}=2$, $\dfrac{12}{x+y}=1$
$x-y=6$, $x+y=12$
두 식을 연립하여 풀면 $x=9$, $y=3$
따라서 배의 속력은 9(km/시)이다.

09 농협은행의 적금 상품은 4년 만기, 연리 2.5% 조건이다. 200만 원의 예치금으로 이 예금 상품에 가입한다면, 만기 시점에 받게 될 원리금을 단리와 복리로 계산하였을 경우의 **차액은?** (단, 반올림하여 원 단위까지 표시한다.)

가. 7,626원
나. 7,950원
다. 8,235원
라. 8,728원

> **해설**
> **정답 가**
> 단리는 원금에 대한 이자만 계산하는 방식이며, 복리는 추가된 이자까지 합하여 이자를 계산하는 방식이다. 따라서 다음과 같이 계산할 수 있다.
> 단리 : $2,000,000 + (2,000,000 \times 0.025 \times 4) \rightarrow 2,200,000$원
> 복리 : $2,000,000 \times 1.025^4 = 2,207,626$(원)
> 따라서 단리와 복리의 원리금 차액은 $2,207,626 - 2,200,000 = 7,626$(원)이 된다.

10 농협 고객인 S씨는 작년에 300만 원을 투자하여 3년 만기, 연리 2.3% 적금 상품(비과세, 단리 이율)에 가입하였다. 올해 추가로 여유 자금이 생긴 S씨는 200만 원을 투자하여 신규 적금 상품에 가입하려 한다. 신규 적금 상품은 복리가 적용되는 이율 방식이며, 2년 만기라 기존 적금 상품과 동시에 만기가 도래하게 된다. 만기 시 두 적금 상품의 원리금의 총 합계가 530만 원 이상이 되기 위해서는 올해 추가로 가입하는 복리 적금 상품의 연리가 **적어도 몇 %여야 하는가?** (단, 모든 금액은 절삭하여 원 단위로 표시하며, 이자율은 소수 첫째 자리까지만 계산한다.)

가. 2.2%
나. 2.3%
다. 2.4%
라. 2.5%

> **해설**
> **정답 나**
> 단리 이율 계산 방식은 원금에만 이자가 붙는 방식으로 원금은 변동이 없으므로 매년 이자액이 동일하다. 반면, 복리 이율 방식은 '원금+이자'에 이자가 붙는 방식으로 매년 이자가 붙어야 할 금액이 불어나 갈수록 원리금이 커지게 된다.
> 작년에 가입한 상품의 만기 시 원리금은
> $3,000,000 + (3,000,000 \times 0.023 \times 3) = 3,000,000 + 207,000 = 3,207,000$(원)이 된다.
> 따라서 올해 추가로 가입하는 적금 상품의 만기 시 원리금이 2,093,000원 이상이어야 한다. 이것은 곧 다음과 같은 공식이 성립하게 됨을 알 수 있다.
> 추가 적금 상품의 이율을 A%, 이를 100으로 나눈 값을 x라 하면,
> $2,000,000 \times (1+x)^2 \geq 2,093,000$이 된다.
> 주어진 보기의 값을 대입해 보면, 이자율이 2.3%일 때 x가 0.023이 되어
> $2,000,000 \times 1.023 \times 1.023 = 2,093,058$이 된다.
> 따라서 올해 추가로 가입하는 적금 상품의 이자율(연리)은 적어도 2.3%가 되어야 만기 시 두 상품의 원리금 합계가 530만 원 이상이 될 수 있다.

11. 이자 계산법은 크게 단리와 복리로 구분할 수 있는데, 단리는 원금에 대해서만 약정된 이자율과 기간을 곱해서 이자를 계산하는 방법이다. 반면 복리는 일정기간 마다 이자를 원금에 합쳐 그 합계금액에 대한 이자를 다시 계산하는 방법이다. 1,000만 원 짜리 3년 만기 정기예금을 연리 10%에 가입했을 경우, 단리와 복리로 계산하여 받을 수 있는 총 원리금의 차액은?

   가. 110만 원
   나. 55만 원
   다. 31만 원
   라. 30만 원

    정답 다

   단리로 계산할 경우에는, 1,000만 원 + (1,000만 원 × 10% × 3년) = 1,300(만 원)이 된다.
   복리로 계산할 경우에는, 1,000만 원 × 1.1^3 = 1,331(만 원)이 된다.
   따라서 원리금의 차액은 31만 원이 된다.
   복리는 원금에 그때까지의 이자를 합한 값에 대한 이자가 지급되는 것이기 때문에 기간이 길수록 급격히 늘어나는 금액의 차이를 느낄 수 있는 계산법이다.

12. 다음 농협의 경영 자료를 참고할 때, 적절한 설명으로 볼 수 없는 것은?

   (단위 : %)

구 분	Y년	Y+1년	Y+2년	Y+3년
부채비율	341.6	317.6	227.6	112.6
자기자본비율	23.0	24.1	31.1	47.3
차입금의존도	43.9	47.1	43.6	25.9

   * 부채비율 = (유동부채+고정부채) ÷ 자기자본 × 100
   * 자기자본비율 = 자기자본 ÷ 총자본 × 100
   * 차입금의존도 = (장단기차입금+회사채) ÷ 총자본 × 100

   가. Y+2년은 전년보다 자기자본과 차입금+회사채 모두가 증가하였다.
   나. 자기자본이 매년 동일하다면 갈수록 총자본은 감소하였다.
   다. 총자본이 매년 동일하다면 갈수록 자기자본은 증가하였다.
   라. 총자본이 매년 증가하였다면 자기자본 증가율은 매년 총자본 증가율보다 더 컸다.

    정답 가

   가. 주어진 자료만으로는 두 지표 모두 증감을 파악할 수 없다. 총자본의 감소가 자기자본비율 증가의 원인이 될 수도 있으며, 반면 총자본의 증가로 인해 차입금의존도가 낮아질 수도 있다.

   오답풀이
   라. 자기자본비율이 매년 증가하였다는 것은 자기자본만 증가한 경우, 총자본만 감소한 경우, 자기자본 증가율이 총자본 증가율보다 더 큰 경우 중 어느 하나에 해당한다. 따라서 총자본이 증가하였다면, 자기자본 증가율이 총자본 증가율보다 더 커야 한다.

2019년 상반기 최신기출문제

13 다음 자료를 참고할 때, A, B 두 사업부의 경영 상황에 대한 올바른 설명이 아닌 것은?

〈A, B 사업부의 경영 실적〉

(단위: 억 원)

구 분	A사업부	B사업부
매출액	25	30
매출원가	20	26
판관비	2.5	2.2
이자비용	1.5	1.8

* 매출총이익 = 매출액 − 매출원가
* 영업이익 = 매출총이익 − 판관비
* 금융비용부담률 = 이자비용 ÷ 매출액 × 100
* 이자보상비율 = 영업이익 ÷ 이자비용 × 100

가. 매출총이익과 영업이익은 A사업부가 B사업부보다 더 많다.
나. 금융비용부담률은 두 사업부가 동일하다.
다. 매출원가의 변동은 금융비용부담률에 영향을 미치지 않는다.
라. B사업부의 이자비용이 A사업부와 동일해진다면 B사업부의 금융비용부담률과 이자보상비율은 모두 더 낮아진다.

해설

정답 라

라. 이자비용은 금융비용부담률과 이자보상비율의 산식에서 각각 분자와 분모가 되므로 이자비용의 변동으로 금융비용부담률과 이자보상비율이 동일하게 변동될 수 없다.

오답풀이
가. 두 가지 지표는 모두 A사업부가 5억 원과 2.5억 원으로 4억 원과 1.8억 원인 B사업부보다 높다.
나. 산식에 의해 두 사업부 모두 6.0%로 동일하다.
다. 금융비용부담률은 이자비용과 매출액에 의해 정해지게 되므로 매출원가의 변동은 영향을 미치지 않는다.

14 다음은 종합부동산세의 '세부담 상한액'에 대한 규정이다. 다음을 참고할 때, A씨가 올해 납부할 종합부동산세는?

〈세부담 상한액〉

- 각 과세대상 유형별로 해당연도에 부과된 재산세액과 부담상한액 적용 전 종합부동산세 상당액의 합계액이 전년도의 경우와 비교하여 150%~300%를 초과하는 경우 그 초과액은 종합부동산세액에서 공제하여 계산한다.
  - 1세대 1주택자 등 150%(종합합산토지, 별도합산토지 포함), 조정대상지역 2주택 200%, 3주택 이상 300%

당해 연도 총세액상당액		전년도 총세액상당액×한도비율
재산세+종합부동산세	≤	(재산세+종합부동산세)×150%~300%

⇒ A씨는 전년도(2018년) 주택분 재산세 상당액이 250만 원, 주택분 종합부동산세 상당액이 150만 원이며, 올해(2019년)의 주택분 재산세가 400만 원, 종합부동산세(세부담 상한 적용 전)가 300만 원이다.

가. 300만 원 　　　　　　　　　나. 250만 원
다. 200만 원 　　　　　　　　　라. 150만 원

해설 　　　　　　　　　　　　　　　　　　　　　　　　　　　　　　　　정답 **다**

다음과 같이 계산될 수 있다.
- 세부담 상한액 600만 원
  → (재산세 상당액 250만 원 + 종합부동산세 상당액 150만 원)×150%
- 세부담 상한액 초과금액 100만 원
  → 2019년 총 세액 상당액 700만 원 - 세부담 상한액 600만 원
- 올해 납부할 종합부동산세 200만 원
  → 세부담 상한 전 종합부동산세 300만 원 - 세부담 상한액 초과금액 100만 원

[15~16] 직장인 이유리 씨는 연이율 4.0%, 월납입금 40만 원인 농협은행의 직장인적금에 가입했다. 이 적금은 2년 만기이고, 이유리 씨는 0.2%의 우대금리를 추가로 받았다. 물음에 답하시오.

15 해당 적금의 만기일에 당신이 받을 세전 이자금액은 약 얼마인가? (단, 이 적금은 단리로 이율이 적용되며 이자 지급 방식은 만기일시지급이다.)

가. 41만 원 나. 42만 원
다. 43만 원 라. 44만 원

정답 나

연이율이 4.2%이므로 월이율은 $\frac{4.2}{12}=0.35(\%)$이다.

2년 동안 납입한 금액은 $40\times24=960$(만 원)이다.

만기금액은 $40\times\frac{24\times25}{2}\times0.0035+40\times24=1{,}002$(만 원)이다.

따라서 세전 이자금액은 약 42만 원이다.

16 해당 적금 만기일의 실이자율은 약 얼마인가? (단, 이자소득세율은 15.4%이다.)

가. 3.40% 나. 3.50%
다. 3.60% 라. 3.70%

정답 라

실이자율은 $\frac{세후이자}{원금}\times100\%$이다.

이자소득세율이 15.4%이므로 세후 이자금액은 $42\times0.846=35.532$(만 원)이고,

실이자율은 $\frac{35.532}{960}\times100(\%)\fallingdotseq3.70(\%)$이다.

[17~18] 다음 자료를 보고 물음에 답하시오.

〈우리나라의 20xx년 시도별 의사 수〉

(단위 : 명)

구 분	의사 수				인구 천 명당 의사 수			
	전 체	전문의	일반의	인턴/레지던트	전 체	전문의	일반의	인턴/레지던트
전국	97,713	78,282	5,061	14,370	1.9	1.5	0.1	0.3
서울	28,189	21,040	938	6,211	2.8	2.1	0.1	0.6
부산	7,637	6,196	372	1,069	2.2	1.8	0.1	0.3
대구	5,495	4,350	159	986	2.2	1.8	0.1	0.4
A	4,469	3,686	207	576	1.5	1.3	0.1	0.2
B	3,434	2,785	152	497	2.3	1.9	0.1	0.3
대전	3,455	2,731	161	563	2.3	1.8	0.1	0.4
울산	1,702	1,442	113	147	1.5	1.2	0.1	0.1
세종	180	164	16	0	0.7	0.7	0.1	−
경기	18,846	15,713	818	2,315	1.5	1.2	0.1	0.2
강원	2,575	1,978	216	381	1.7	1.3	0.1	0.2
충북	2,389	1,998	177	214	1.5	1.3	0.1	0.1
충남	2,995	2,436	265	294	1.4	1.2	0.1	0.1
전북	3,522	2,825	271	426	1.9	1.5	0.1	0.2
전남	3,042	2,546	372	124	1.6	1.3	0.2	0.1
경북	3,515	3,125	328	62	1.3	1.2	0.1	0.0
경남	5,221	4,362	433	426	1.5	1.3	0.1	0.1
제주	1,047	905	63	79	1.6	1.4	0.1	0.1

17 인구 천 명당 전체 의사수를 기준으로 할 때, A와 B 지역의 인구수를 올바르게 나열한 것은? (단, 반올림하여 정수로 표시한다.)

가. 2,979,020명, 1,552,022명 나. 2,979,020명, 1,493,043명
다. 2,979,333명, 1,493,043명 라. 2,979,549명, 1,488,585명

해설

정답 다

A, B 지역의 인구수를 각각 x, y라 할 때, 비례식에 의해서 다음과 같이 계산할 수 있다.
A 지역 : $1,000 : 1.5 = x : 4,469$
$1.5x = 1,000 \times 4,469$ ∴ $x = 2,979,333$(명)
B 지역 : $1,000 : 2.3 = y : 3,434$
$2.3y = 1,000 \times 3,434$ ∴ $x = 1,493,043$(명)

18 다음 중 위 자료에 대한 올바른 해석이 아닌 것은?

가. 경기는 강원보다 지역별 전체 의사 수에서 차지하는 전문의 비율과 일반의의 비율이 모두 더 높다.
나. 제주는 서울보다 전체 의사 수는 적지만 전문의 비율은 더 높다.
다. 일반의의 수가 17개 지역 평균보다 더 많은 지역은 모두 6개 지역이다.
라. 지역별 전체 의사수가 많은 상위 3개 지역의 의사 수는 전국의 절반 이상을 차지한다.

해설 **정답 가**

가. 전문의의 비율은 경기가 83.4%로 76.8%인 강원보다 더 높지만, 일반의의 비율은 경기가 4.3%로 8.4%인 강원보다 더 낮다.

오답풀이
나. 전문의의 비율은 서울과 제주가 각각 74.6%, 86.4%이다.
다. 일반의의 17개 지역 평균수는 5,061÷17≒297.7(명)이므로 이보다 많은 지역은 서울, 부산, 경기, 전남, 경북, 경남의 6개 지역이다.
라. 상위 3개 지역은 서울, 부산, 경기이며 이 지역 의사의 비율은 전국의 56%로 절반 이상이다.

[19~20] 다음 자료를 보고 물음에 답하시오.

〈단기 계약(1년 이내)〉		
구 분		내 용
계약기간		1년 이내, 계약량 변경(6회/년) 가능
요 금		기본요금+사용요금
계산 방법	기본요금	계약량×기본요금단가 * 사용량이 계약량을 초과하는 경우 기본요금은 월간 사용량의 120% 한도액으로 적용
	사용요금	사용량×사용요금단가 * 월간 계약량의 120%를 초과하여 사용한 경우 다음을 가산 − 사용요금단가×월간 계약량의 120%를 초과사용한 양

〈장기 계약(2~5년)〉		
구 분		내 용
계약기간		2~5년, 매년 계약량 재산정
요 금		기본요금+사용요금
계산 방법	기본요금	계약량×기본요금단가
	사용요금	사용량×사용요금단가

* 장기 계약량 : 75m³/일
* 해당 월의 일수 : 31일
* 장·단기 공시 기본요금 단가는 70.0원, 사용요금 단가는 163.7원 적용

19 C기관은 수도요금 절감을 위하여 A, B씨와 같은 조건으로 단기 계약을 체결하고 음용수로는 먹는 샘물을 사서 마시기로 하였다. 먹는 샘물 이외의 수도 월간 사용량이 $115m^3$이며, 먹는 샘물의 한 통 가격이 800원/2L일 경우, 한 달간 C기관에서 사용하는 먹는 샘물의 양이 최대 몇 L 이하여야 이전보다 물 관련 비용을 100,000원 이상 절약할 수 있는가?

가. 950L
나. 980L
다. 1,000L
라. 1,030L

정답 라

C기관이 변경 전 지불하던 수도요금은 539,260원이며, 변경 후 물 관련 비용은 439,260원보다 작아야 한다. 우선, 변경 후 수도요금은 다음과 같다.
기본요금 : $70.0원/m^3 \times 100m^3 = 7,000(원)$
사용요금 : $163.7원/m^3 \times 115m^3 = 18,826(원)$
요금 계 : $7,000+18,826=25,826(원)$
$439,260-25,826=413,434(원)$이므로 먹는 샘물의 지출 비용은 최대 413,434원이어야 한다.
이때 $413,434÷800=516.7925$이므로 516통이 먹는 샘물의 최대 구입량이 된다. 한 통당 2L이므로 결국, 먹는 샘물의 소비량이 1,032L 이하이어야 물 관련 비용을 100,000원 이상 절약할 수 있다.

20 위의 자료는 우리가 매일 사용하는 수돗물 요금의 장·단기 계약에 따른 계산 방법이다. 위 계산 방법을 근거로 〈보기〉와 같이 A씨, B씨, C기관이 수돗물을 사용하였을 경우, 월간 수도 사용요금은 순서대로 각각 얼마인가?

---보기---
A씨 – 단기 계약, 월간 계약량은 $100m^3$, 월간 사용량은 $95m^3$
B씨 – 단기 계약, 월간 계약량은 $100m^3$, 월간 사용량은 $125m^3$
C기관 – 장기 계약, 1개월 $2,300m^3$ 사용

가. 26,876원, 22,552원, 604,740원 나. 22,552원, 29,681원, 604,740원
다. 26,876원, 22,552원, 539,260원 라. 22,552원, 29,681원, 539,260원

해설

정답 라

계산 방법은 다음과 같다.
〈A씨〉
기본요금 : $70.0원/m^3 \times 100m^3 = 7,000$(원)
사용요금 : $163.7원/m^3 \times 95m^3 = 15,552$(원)
요금 계 : $7,000 + 15,552 = 22,552$(원)

〈B씨〉
기본요금 : $70.0원/m^3 \times 100m^3 \times 1.2 = 8,400$(원)
 (사용량이 계약량을 초과하였으나, 기본요금은 월간사용량의 120% 한도액으로 적용)
사용요금 : $163.7원/m^3 \times 125m^3 + 163.7원/m^3 \times 5m^3 = 21,281$원
 (사용요금단가×월간 계약량의 120%를 초과하는 부분의 사용량이 가산됨)
요금 계 : $8,400 + 21,281 = 29,681$(원)

〈C 기관〉
기본요금 : $70.0원/m^3 \times 75m^3/일 \times 31일 = 162,750$(원)
사용요금 : $163.7원/m^3 \times 2,300m^3 = 376,510$(원)
요금 계 : $162,750 + 376,510 = 539,260$(원)

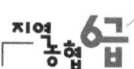

문제해결능력

01 재적의원이 210명인 ○○국 의회에서 다음과 같은 〈규칙〉에 따라 안건 통과 여부를 결정한다고 할 때, 〈보기〉에서 옳은 것만을 모두 고르면?

― 규칙 ―
- 안건이 상정된 회의에서 기권표가 전체의 3분의 1 이상이면 안건은 부결된다.
- 기권표를 제외하고, 찬성 또는 반대의견을 던진 표 중에서 찬성표가 50%를 초과해야 안건이 가결된다.

※ 재적의원 전원이 참석하여 1인 1표를 행사하였고, 무효표는 없다.

― 보기 ―
ㄱ. 70명이 기권하여도 71명이 찬성하면 안건이 가결된다.
ㄴ. 104명이 반대하면 기권표와 관계없이 안건이 부결된다.
ㄷ. 141명이 찬성하면 기권표와 관계없이 안건이 가결된다.
ㄹ. 안건이 가결될 수 있는 최소 찬성표는 71표이다.

가. ㄱ, ㄴ
나. ㄴ, ㄷ
다. ㄷ, ㄹ
라. ㄱ, ㄹ

정답 다

ㄷ. 옳음. 141명이 찬성하면 최대 기권표가 전체의 3분의 1 이하이므로 기권표와 관계없이 안건이 가결된다.
ㄹ. 옳음. 안건이 가결될 수 있는 최소 찬성표는 71표이다.

오답풀이
ㄱ. 틀림. 안건이 상정된 회의에서 기권표가 전체의 3분의 1 이상이면 안건은 부결된다.
ㄴ. 틀림. 104명이 반대하면 50% 미만이므로 나머지가 찬성했다면 가결될 수 있다.

02 농협의 휴게실에는 2대의 자판기가 있는데 그중 1대가 고장 나서 나머지 1대의 자판기 앞에 많은 사람이 줄을 서 있다. A~H까지 8명이 다음과 같은 조건으로 줄을 서 있을 경우에 대한 설명으로 올바르지 않은 것은?

- F는 D보다 앞에 서 있다.
- B는 H보다 앞에 서 있다.
- C는 A보다 앞에 서 있다.
- A는 F보다 앞에 서 있으며 두 사람의 사이에는 H만 서 있다.

가. C가 B보다 뒤에 서 있을 수도 있다.
나. E, D, G 중 한 사람은 맨 끝에 서 있다.
다. A는 두 번째에 서 있을 수 없다.
라. E가 두 번째에 서 있다면, G는 맨 뒤에 서 있다.

해설

정답 라

주어진 조건으로 순서를 정해 보면 다음과 같다.
F>D, B>H, C>A, A>H>F
따라서 A의 앞에는 최소한 B와 C가 서 있고, F의 뒤에는 D가 서 있다.
이를 토대로 각 선택지의 설명을 살펴보면,
라. E가 두 번째에 서 있다는 것이 맨 끝의 순위를 결정하는 조건이 될 수 없으므로 올바른 설명이 아니다.

오답풀이

가. B와 C는 모두 A의 앞에 있기만 하면 되므로 둘 중 누구도 앞에 있을 수 있다.
나. F의 뒤에는 D가 반드시 있으며 E, G 중 누구도 F의 뒤에 있을 수 있다.
다. A의 앞에는 최소한 B와 C가 있으므로 A는 두 번째 위치가 될 수 없다.

03 기획팀은 오늘 행사가 있어 5명의 팀원(박 부장, 박 차장, 박 과장, 박 대리, 박 사원)이 대강당에 모였다. 한 줄에 연이어 앉아 있는 기획팀 직원들의 특징이 다음과 같을 때, 왼쪽부터 직원들의 앉은 순서에 대한 올바른 설명은?

- 5명의 넥타이 색깔은 빨간색 2명, 파란색, 노란색, 초록색이 각각 1명씩이다.
- 노란색 넥타이를 맨 박 사원은 양 끝에 앉지 않았고, 빨간색 넥타이를 맨 2명의 사이에는 2명이 앉아 있다.
- 박 부장은 파란색 넥타이를 매고 가운데에 앉아 있다.
- 박 과장은 맨 오른쪽에 박 대리와 연이어 앉아 있다.

가. 박 부장의 좌우측에는 박 차장이 앉아 있다.
나. 초록색 넥타이를 맨 사람은 양 끝에 앉아 있지 않다.
다. 박 사원과 박 과장의 사이에는 3명이 앉아 있다.
라. 박 차장은 빨간색 넥타이를 매고 있다.

해설

정답 라

주어진 조건을 통해 5명의 위치와 넥타이 색깔을 모두 확인할 수 있다.
각자의 위치부터 알아보면, 가운데는 박 부장이다. 또한 왼쪽부터 네 번째 자리가 박 대리, 맨 오른쪽이 박 과장이 된다. 또한 박 사원이 양 끝이 아니라고 하였으므로 박 사원은 왼쪽에서 두 번째에 앉아 있게 된다. 따라서 왼쪽부터 박 차장, 박 사원, 박 부장, 박 대리, 박 과장이 된다.
넥타이 색깔은 우선, 두 번째가 노란색이며, 가운데가 파란색이다. 또한 빨간색 넥타이를 맨 사람의 사이에 2명이 있다고 하였으므로 맨 왼쪽과 네 번째 위치가 모두 빨간색 넥타이를 맨 사람이 앉을 수밖에 없다. 따라서 왼쪽부터 빨간색, 노란색, 파란색, 빨간색, 초록색의 순이 된다.
정리하면 왼쪽부터 박 차장(빨간색), 박 사원(노란색), 박 부장(파란색), 박 대리(빨간색), 박 과장(초록색)의 순이 된다.

04 농협 정보시스템 직원 7명(김 부장, 이 차장, 오 과장, 백 대리, 민 대리, 곽 사원, 현 사원)은 여름휴가 계획서를 작성하려고 한다. 다음의 조건을 참고할 때, 휴가 순서에 대한 올바른 설명은? (단, 한 번에 한 명씩만 휴가를 간다.)

- 백 대리는 현 사원보다 먼저 휴가를 간다.
- 이 차장은 오 과장보다 늦게, 민 대리나 김 부장보다는 먼저 휴가를 간다.
- 현 사원은 이 차장의 바로 앞 순서로 휴가를 간다.
- 곽 사원은 가장 늦게 휴가를 간다.

가. 현 사원은 오 과장보다 먼저 휴가를 간다.
나. 민 대리는 현 사원보다 먼저 휴가를 간다.
다. 김 부장은 민 대리보다 휴가를 늦게 간다.
라. 백 대리와 오 과장의 휴가 순서는 알 수 없다.

정답 라

주어진 조건에 의하면 백 대리-현 사원의 순서, 현 사원-이 차장의 순서, 곽 사원의 순서, 오 과장-이 차장의 순서, 이 차장-민 대리와 김 부장의 순서 등을 알 수 있다. 따라서 이를 표로 나타내면 다음과 같다.

백 대리 오 과장	현 사원	이 차장	민 대리 김 부장	곽 사원

따라서 '백 대리와 오 과장의 휴가 순서는 알 수 없다.'가 올바른 설명이 된다.

05 영업팀 직원 A~D 중 1명은 지난 주말에 출근하여 특근을 하게 되었다. 4명의 다음과 같은 진술 중 1명만 진실을 말하고 있다면, 지난 주말에 출근하여 특근을 한 사람은?

A : 특근을 한 사람은 C이다.   B : 아니야, A가 특근을 했어.
C : A가 한 말은 거짓말이야.   D : 난 특근을 하지 않았어.

가. A
나. B
다. C
라. D

정답 라

4명의 말을 살펴보면 A와 C가 서로 상반되는 진술을 하고 있음을 알 수 있다. C가 특근을 했다는 말과 그렇게 말한 A의 말이 거짓이라는 상반된 주장이다. 따라서 A와 C 중 한 명은 거짓을 말하고 나머지 한 명은 진실을 말하고 있다는 것이 증명된다.
이 경우 나머지 3명은 모두 거짓을 말하는 것이 된다. 그렇다면 D의 말도 거짓이므로 결국 D가 특근을 한 것이 된다.
따라서 진실을 말하고 있는 직원은 A와 C 중 C가 된다.

06 농협에 근무하는 갑, 을, 병, 정, 무는 다음과 같은 위치에서 근무한다. 다음 조건을 만족할 때, 참인 것은?

- 각 층에는 한 사람만 근무한다.
- 을은 갑의 바로 위층에서 근무한다.
- 병은 4층에서 근무한다.
- 정과 무는 서로 연이은 층에서 근무하지 않는다.

가. 갑은 1층에서 근무할 수 없다.
나. 정이 1층에서 근무한다면 을은 3층에서 근무한다.
다. 5층에는 을, 정, 무 어느 누구도 근무할 수 있다.
라. 갑이 2층에서 근무한다면 정은 반드시 1층에서 근무한다.

해설

정답 **나**

다음과 같이 그림을 그려 경우의 수를 따져볼 수 있다.

1층	2층	3층	4층	5층
갑	을		병	
	갑	을		

갑과 을이 연이은 층에 있어야 하므로 1, 2층이 각각 갑과 을이거나, 2, 3층이 각각 갑과 을이어야 한다. 두 경우에 모두 정과 무는 연이은 층에서 근무하지 않는다는 조건을 만족하게 된다. 따라서 '정이 1층에서 근무한다면 을은 3층에서 근무한다.'가 정답이 됨을 알 수 있다.

오답풀이

가. 2, 3층이 각각 갑과 을이라면 정은 1층에서 근무할 수 있다.
다. 5층에는 을, 정, 무가 아닌 정, 무 중 어느 누구도 근무할 수 있다.
라. 갑이 2층에서 근무한다면 정은 1층 또는 5층에서 근무할 수 있다.

07 중요한 프로젝트를 처리하기 위하여 영업팀 직원 A, B, C, D, E 5명은 다음과 같은 조건으로 야근을 실시하고자 한다. 각 직원들의 상황을 고려할 때, 요일별 야근이 가능한 직원에 대한 설명으로 올바른 것은? (단, 야근일은 월요일~금요일이며, 매일 두 명씩 야근을 실시한다.)

> - 각 직원은 야근을 이틀만 한다.
> - A는 월요일, 수요일, 금요일에 야근을 할 수 있다.
> - B는 월요일, 화요일, 수요일에 야근을 할 수 있고, 이틀 연속 하길 원한다.
> - C는 화요일, 금요일에 야근을 할 수 있다.
> - D는 수요일을 제외하고 언제든지 야근을 할 수 있다.
> - E는 목요일, 금요일에 야근을 할 수 있다.

가. C는 화요일과 금요일에 동일한 직원과 야근을 하지 않는다.
나. A는 주 중 두 번의 야근을 모두 동일한 직원과 한다.
다. 목요일에는 B와 E가 함께 야근을 한다.
라. 수요일과 목요일에 연속 야근을 실시하는 직원이 있다.

해설

정답 가

주어진 조건을 근거로 표를 만들어 정리해 보면 다음과 같다.

구 분	월요일	화요일	수요일	목요일	금요일
A			○		○
B	○	○	○		
C		○			○
D	○	○		○	○
E				○	○

표에서와 같이, 하루에 두 명씩 일주일에 5명 모두가 이틀씩 일을 하게 되는 조건이므로 일주일에 이틀 밖에 시간이 되지 않는 C와 E는 본인들이 원하는 날짜에 배치한다. 또한, 수요일에 가능한 인원은 A와 B뿐이므로 수요일도 확정이 된다. 따라서 B의 근무일은 화요일과 수요일이 되며 월요일과 금요일의 근무자도 결정된다.
따라서 '가'의 내용이 적절한 설명이 된다.

08 다음 〈조건〉에 따라 A팀과 B팀이 왼손 팔씨름 시합을 한다. 첫 번째 경기 시작 전에 B팀에서는 A팀이 첫 번째 경기에 장사를 출전시킨다는 확실한 정보를 입수했다고 할 때, 옳은 것을 〈보기〉에서 모두 고르면?

─ 조건 ─
- A팀과 B팀은 각각 장사 1명, 왼손잡이 1명, 오른손잡이 2명(총 4명)으로 구성되어 있다.
- 한 사람당 한 경기에만 출전할 수 있으며, 총 네 번의 경기를 치러 승점의 합이 많은 팀이 우승을 차지한다. 이때 이길 경우 3점, 비길 경우 1점, 질 경우는 0점의 승점이 주어진다.
- 양 팀은 첫 번째 경기 시작 전에 경기별 출전선수 명단을 심판에게 제출해야 하며, 제출한 선수명단은 바꿀 수 없다.
- 각 팀에 속하는 팀원의 특징은 아래와 같다.
  - 장사 : 왼손잡이, 오른손잡이 모두를 이긴다.
  - 왼손잡이 : 장사에게는 지고 오른손잡이에게는 이긴다.
  - 오른손잡이 : 장사, 왼손잡이 모두에게 진다.
- 누구든 같은 특징의 상대를 만나면 비긴다.

─ 보기 ─
ㄱ. A팀과 B팀이 첫 번째 경기에 장사를 출전시키면 최대 승점 5점을 얻을 수 있다.
ㄴ. B팀이 첫 번째 경기에 왼손잡이를 출전시키면 최대 승점 4점을 얻을 수 있다.
ㄷ. B팀이 첫 번째 경기에 오른손잡이를 출전시키면 최대 승점 7점을 얻을 수 있다.
ㄹ. A팀이 첫 번째 경기에 장사를 출전시키고 두 번째 경기에 왼손잡이를 출전시킨다는 확실한 정보를 B팀이 입수한다면, B팀은 우승할 수 있으며 이때의 승점은 7점이다.

가. ㄱ, ㄷ
나. ㄴ, ㄷ
다. ㄱ, ㄴ, ㄹ
라. ㄱ, ㄷ, ㄹ

해설

정답 라

ㄱ. B팀의 최대 승점은 다음과 같다.

경기	1회	2회	3회	4회	총점
A팀	장사(1점)	오른손잡이(0점)	왼손잡이(3점)	오른손잡이(1점)	5점
B팀	장사(1점)	왼손잡이(3점)	오른손잡이(0점)	오른손잡이(1점)	5점

ㄷ, ㄹ. B팀의 최대 승점은 다음과 같다.

경기	1회	2회	3회	4회	총점
A팀	장사(3점)	왼손잡이(0점)	오른손잡이(0점)	오른손잡이(1점)	4점
B팀	오른손잡이(0점)	장사(3점)	왼손잡이(3점)	오른손잡이(1점)	7점

오답풀이

ㄴ. B팀의 최대 승점은 다음과 같다.

경기	1회	2회	3회	4회	총점
A팀	장사(3점)	왼손잡이(0점)	오른손잡이(1점)	오른손잡이(1점)	5점
B팀	왼손잡이(0점)	장사(3점)	오른손잡이(1점)	오른손잡이(1점)	5점

09 다음 제시된 〈조건〉을 읽고 D가족이 몇 호에 살고 있을지 고르면?

> ─ 조건 ─
> ㉠ 아파트의 구조는 아래 그림처럼 한 층에 6개의 서로 마주 보는 세대로 구성되어 있다.
>
> | 201호 | 202호 | 203호 | |
> |---|---|---|---|
> | 204호 | 205호 | 206호 | E/V |
> | | | | |
>
> ㉡ 아파트의 2층에는 A~F의 6가족이 살고 있다.
> ㉢ A가족과 B가족은 서로 마주 보고 있다.
> ㉣ 201호에는 C가족이나 D가족이 살고 있다.
> ㉤ B가족은 C가족 옆에 살고 있다.
> ㉥ F가족은 C가족과 서로 마주 보고 있다.
> ㉦ C가족과 B가족은 E/V 바로 옆 라인에 살고 있지 않다.

가. 201호
나. 202호
다. 205호
라. 206호

해설
정답 라

다음 그림은 주어진 조건을 아파트의 빈 호수에 대입한 그림이다.
A, B는 마주 봐야 하고 C, F는 마주 봐야 하므로 E는 D와 마주 봐야 한다.
201호에 D가 거주하면 204호에는 E가족이 거주하게 된다. B가족은 E/V 옆에 살지 않으므로 202호나 205호에 거주해야 한다. 이 경우 C가족이 E/V 바로 옆 라인에 살게 되므로 D가 201호에 거주한다는 가정은 옳지 않다.

D	B	C(×)	
201호	202호	203호	E/V
204호	205호	206호	
E	A	F	

다음 그림과 같은 경우가 옳다. 이때 B는 C 옆에 살아야 하므로 202호에 거주한다. E와 D는 203호나 206호 중 한 군데에 거주하기만 하면 된다.

C	B	D 혹은 E	
201호	202호	203호	E/V
204호	205호	206호	
F	A	E 혹은 D	

10 다음 자료를 읽고 가장 빨리 퇴근하는 사원부터 가장 늦게 퇴근하는 사원을 순서대로 나열하면?

〈A회사의 근무시간 규정〉

- 유연근무제를 원칙으로 하되, 주 40시간의 법정근로시간을 준수해야 하며 하루에 최소 6시간, 최대 10시간의 범위에서만 근무할 수 있다. 이 범위를 넘어서는 업무는 다음 날 혹은 다음 주에 해결하는 것이 원칙이다.
- 초과근로는 반드시 필요한 경우에만 주 12시간 이내에서만 해야 하며, 초과근로를 하는 경우에도 22시 이후로는 무조건 퇴근하는 것을 원칙으로 한다.
- 주어진 근무시간에서는 우선순위가 높은 업무부터 먼저 처리한다.
- 점심시간은 11:00~14:00, 저녁시간은 17:00~20:00 중에서 30분 단위로 자유롭게 선택한다. 식사시간은 1시간이 원칙이나 식사시간을 적게 선택하고 근무하는 경우 근무시간으로 인정된다.
- 식사시간 이외에 근로자가 희망하는 경우 원하는 때에 30분 휴게시간을 가질 수 있다.
- 출근시간은 오전 6시 이후 자유롭게 선택 가능하다.
- 외근장소까지 이동하는 시간도 근무시간에 포함된다.

〈20××.11.23(금) 경영전략팀 사원들의 근무일정〉

구분	A사원	B사원	C사원	D사원
출근시간	13:00	07:00	11:00	08:00
점심시간	13:30부터 30분	11:30부터 1시간	선택×	12:30부터 30분
휴게시간	선택×	오후 3시부터 30분	15:30부터 30분	선택×
저녁시간	선택×	선택×	오후 6시 반부터 1시간	선택×
비고	외근으로 인해 초과 1시간 근무 필요	급한 회의가 생겨서 1시간의 초과근무 필요	거래처로 인해 초과 1시간 근무 필요	–
월~목 누적근무시간	35	30	32	33

가. B사원－D사원－A사원－C사원   나. B사원－A사원－D사원－C사원
다. D사원－B사원－A사원－C사원   라. D사원－A사원－B사원－C사원

해설　　　　　　　　　　　　　　　　　　　　정답 다

- A사원 : 13:00~13:30(0.5hr)+14:00~19:30(5.5hr)=6hr
- B사원 : 07:00~11:30(4.5hr)+12:30~15:00(2.5hr)+15:30~18:30(3hr)=10hr
  초과근무 1시간이 필요하지만 10시간 이상 근무할 수 없으므로 필요한 초과근무시간은 다음 주로 넘어가는 것이 원칙이다.
- C사원 : 11:00~15:30(4.5hr)+16:00~18:30(2.5hr)+19:30~21:30(2hr)=9hr
- D사원 : 08:00~12:30(4.5hr)+13:00~15:30(2.5hr)=7hr

∴ 가장 빨리 퇴근하는 사원의 순서는 'D사원－B사원－A사원－C사원'이다.

11 다음은 일반 가구의 대출 관련 안내 사항이다. 다음 안내 사항을 참고할 때, 대출이 가능한 경우가 아닌 것은? (단, 언급되지 않은 사항은 모두 충족된다고 가정한다.)

〈대출자격〉
- 세대주로서 대출 대상 주택 임차보증금 2억 원 이하(단, 수도권(서울, 인천, 경기)은 전용면적 85m² 이하), 수도권을 제외한 도시지역이 아닌 읍, 또는 면 지역은 100m² 이하에 임대차계약을 체결하고 임차보증금의 5% 이상을 지불한 자
- 대출 신청일 현재 세대주로서 세대주를 포함한 세대원 전원이 무주택인 자
- 대출 신청인과 배우자의 연소득 합산 6천만 원 이하인 자
- 신혼가구 : 혼인관계증명서 상 혼인기간이 5년 이내인 가구 또는 결혼 예정자와 배우자로 구성된 가구

〈대출금리〉
부부합산 연소득에 따른 보증금 별 차등 이율 적용(보증금 별 세부 이율 별첨 참조)
- 2천만 원 이하 : 연 1.2%~1.5%
- 2천만 원 초과~4천만 원 이하 : 연 1.5%~1.8%
- 4천만 원 초과~6천만 원 이하 : 연 1.8%~2.1%

〈대출한도〉
전(월)세 계약서 상 임차보증금의 80% 이상
- 수도권(서울, 경기, 인천) 1.7억 원 한도
- 수도권 이외 지역 1.3억 원 한도

가. 수도권 이외 면 지역에 90m²의 임대차계약을 체결하고 임차보증금 2억 원 중 2천만 원을 지불한 세대주 A씨

나. 5인 가족의 구성원 전원이 무주택자인 가구의 세대주 B씨

다. 연 소득 5천만 원으로 연리 2.0% 이하의 주택 임차보증금을 대출받으려는 C씨

라. 사실혼 관계로 혼인 신고 없이 2년 간 살다가 6년 전에 혼인 신고를 한 무주택 세대주인 D씨

해설   **정답 라**

라. 혼인관계증명서 상에 혼인기간이 5년 이내여야 한다고 규정되어 있으므로 사실혼 기간과 관계없이 6년 전에 혼인 신고를 한 경우에는 자격 미달로 볼 수 있다.

오답풀이

가. 수도권 이외의 면 지역이며 규정 면적에도 해당되고, 임차보증금 2억 원의 10%를 지불하였으므로 자격요건을 충족한다.

나. 세대원 전원이 무주택자이므로 자격요건을 충족한다.

다. 연소득 5천만 원인 경우에는 연 1.8%~2.1%의 이자율이 적용되므로, 해당 보증금에 맞출 경우 2.0% 이하가 적용될 수 있다.

12

유진 씨는 크리스마스를 맞아 그간 카드 사용 실적에 따라 적립해 온 마일리지를 이용해 국내 여행(편도)을 가려고 한다. 유진 씨의 카드 사용 실적과 마일리지 관련 내역이 다음과 같을 때, 유진 씨의 상황에 대한 올바른 설명은?

〈카드 적립 혜택〉
- 연간 결제금액이 300만 원 이하 : 10,000원 당 30마일리지
- 연간 결제금액이 600만 원 이하 : 10,000원 당 40마일리지
- 연간 결제금액이 800만 원 이하 : 10,000원 당 50마일리지
- 연간 결제금액이 1,000만 원 이하 : 10,000원 당 70마일리지
* 마일리지 사용 시점으로부터 3년 전까지의 카드 실적을 기준으로 함.

〈카드 사용 내역〉
- 재작년 결제 금액 : 월 평균 45만 원
- 작년 결제 금액 : 월 평균 65만 원

〈마일리지 이용 가능 구간〉

목적지	일반석	프레스티지석	일등석
울산	70,000	90,000	95,000
광주	80,000	100,000	120,000
부산	85,000	110,000	125,000
제주	90,000	115,000	130,000

가. 올해 카드 결제 금액이 월 평균 80만 원이라면, 일등석을 이용하여 제주로 갈 수 있다.

나. 올해 카드 결제 금액이 월 평균 60만 원이라면, 일등석을 이용하여 광주로 갈 수 없다.

다. 올해 카드 결제 금액이 월 평균 70만 원이라면 프레스티지석을 이용하여 제주로 갈 수 없다.

라. 올해 카드 결제 금액이 월 평균 30만 원이라면, 프레스티지석을 이용하여 울산으로 갈 수 있다.

해설 정답 **나**

재작년과 작년에 적립된 마일리지를 구하면 다음과 같다.
재작년 : $45 \times 12 = 540$, $540 \times 40 = 21,600$
작년 : $65 \times 12 = 780$, $780 \times 50 = 39,000$
총 60,600마일리지
따라서 올해의 카드 결제 금액이 월 평균 60만 원이라면, $60 \times 12 = 720$, $720 \times 50 = 36,000$이 되어 총 96,600마일리지가 되므로 120,000마일리지가 필요한 광주 일등석을 이용할 수 없다.

오답풀이
가. $80 \times 12 = 960$, $960 \times 70 = 67,200$(마일리지)로 총 127,800마일리지가 되어 제주 일등석을 이용할 수 없다.
다. $70 \times 12 = 840$, $840 \times 70 = 58,800$(마일리지)로 총 119,400마일리지가 되어 제주 프레스티지석 이용이 가능하다.
라. $30 \times 12 = 360$, $360 \times 40 = 14,400$(마일리지)로 총 75,000마일리지가 되어 울산 프레스티지석을 이용할 수 없다.

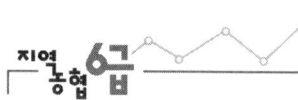

[13~14] 다음은 B시의 지역방송 채널 편성정보이다. 다음을 보고 물음에 답하시오.

〈편성규칙〉
- 지역방송 시청이 가능한 채널은 채널1, 채널2, 채널3, 채널4 네 개이다.
- 오후 7시부터 12시까지는 다음을 제외한 모든 프로그램은 1시간 단위로만 방송된다.
  스포츠 경기 : 정해진 시간은 없으며 최소 2시간 이상 방송된다.
  다큐멘터리 : 1시간 30분
  드라마 : 40분
  교육 프로그램 : 30분
  역사 스페셜 광고 : 20분
- 모든 채널은 오후 7시부터 12시까지 뉴스 프로그램이 반드시 포함되어 있다.

〈오후 7시~12시 편성내용〉
- 채널1은 3개 프로그램이 방송되었으며, 9시 30분부터 스포츠 경기를 방송하였다.
- 채널2는 스포츠 경기와 역사 스페셜 광고 방송이 없었으며, 다큐멘터리, 드라마, 교육 프로그램이 방송되었다.
- 채널3은 6시부터 시작한 야구 경기 중계방송이 9시에 끝나서 바로 뉴스가 방송되었으며 다큐멘터리도 방송되었다.
- 채널4에서는 종영하는 드라마의 마지막 2회분이 연이어 편성되었고, 4종류의 프로그램이 방송되었다.

13 다음 중 4개 채널이 모두 정확히 12시에 방송하던 프로그램을 마치기 위한 설명으로 올바르지 않은 것은? (단, 프로그램의 중간에 광고방송 시간은 고려하지 않는다.)

가. 채널1의 스포츠 경기를 2시간 반만 방송한다.
나. 채널2에서 역사 스페셜 광고를 추가한다.
다. 채널4에서 스포츠 경기를 적어도 11시 반까지는 방송한다.
라. 채널2에서 교육 프로그램 편성을 취소한다.

해설   정답 라

라. 채널2에서 교육 프로그램 편성을 취소하면 1시간 50분의 방송 소요시간이 남게 되므로 정확히 12시에 프로그램이 종료되지 않는다.

오답풀이

가. 다큐멘터리 1시간 반+뉴스 1시간+스포츠 경기 2시간 반=5(시간)이 된다.
나. 뉴스 1시간+다큐멘터리 1시간 반+드라마 40분+교육 프로그램 30분+역사 스페셜 광고 20분=4(시간)이므로 1시간짜리 다른 방송을 추가하면 12시에 프로그램이 종료된다.
다. 드라마 1시간 20분+뉴스 1시간=2시간 20분이므로 스포츠 경기가 2시간 이상 방송 후 11시 30분 또는 11시 40분까지만 방송한다면, 교육 프로그램이나 역사 스페셜 광고를 추가하여 모두 4종류의 프로그램을 12시에 종료할 수 있다.

14 다음 중 위의 자료를 참고할 때, 오후 7시~12시까지의 방송 프로그램에 대하여 올바르게 설명한 것이 아닌 것은? (단, 프로그램의 중간에 광고방송 시간은 고려하지 않는다.)

가. 채널1에서 다큐멘터리가 방송되었다면, 드라마는 방송되지 않았다.
나. 채널2는 정확히 12시에 끝나고 새로 시작되는 프로그램이 있을 수 없다.
다. 채널3에서 교육 프로그램이 방송되었다면, 정확히 12시에 어떤 프로그램이 끝나게 된다.
라. 채널4에서 드라마가 연이어 방송되기 위해서는 반드시 뉴스보다 먼저 방송되어야 한다.

해설

정답 라

라. 드라마의 총 소요시간은 1시간 20분이며 1시간짜리 뉴스와의 방송 순서는 총 방송 편성시간에 아무런 영향을 주지 않는다.

오답풀이

가. 스포츠 경기는 최소 2시간 이상이므로 뉴스 1시간과 다큐멘터리 1시간 반, 스포츠 경기 2시간을 합하면 4시간 반이 되어 12시까지는 30분만 남게 된다. 따라서 40분짜리 드라마가 방송될 수 없다.
나. 언급된 모든 프로그램과 뉴스 1시간을 포함하면 총 3시간 40분이 소요되어 10시 40분이 된다. 역사 스페셜 광고가 방송되지 않는다면, 나머지 모든 프로그램의 방송시간은 1시간이므로 12시에 끝날 수 있는 편성 방법은 없게 된다.
다. 9시부터 뉴스 1시간과 다큐멘터리, 교육 프로그램으로 2시간, 총 3시간이 소요되므로 정확히 12시에 다큐멘터리 혹은 교육 프로그램이 끝나게 된다.

[15~16] 다음 수족관 매표소에 게시된 안내문을 보고 물음에 답하시오.

〈이용시간 안내〉

개장 시간	10월~2월(동절기)	3월~9월(하절기)
해양엑스포공원	08:00~18:00 (수족관 관련 구역 19:00까지)	08:00~19:30 (수족관 관련 구역 20:30까지)
N수족관	08:30~18:30(입장 마감 17:30)	08:30~20:00(입장 마감 19:00)
수족관 이외의 시설	08:30~17:30(입장 마감 17:00)	08:30~19:00(입장 마감 18:30)

* 휴관일 : 매월 첫째 주 수요일, 목요일

〈입장요금 안내〉

입장요금	입장시간		16:00 입장 마감 (오후 4시 이후 입장권)	연간 자유이용권
	08:30~16:00(보통요금)			
	일 반	단체(20명 이상)		
대 인	18,500원	14,800원	12,900원	37,000원
고등학생	12,300원	9,800원	8,600원	24,600원
초중학생	6,100원	4,900원	4,300원	12,200원
6세 미만	무 료			-

〈유의 사항〉

1. 수족관 매표소에서 입장권 구입 시 신분증(면허증, 학생증 등) 제시 요청을 받을 수 있습니다.
2. 장애인 수첩, 보건복지 수첩을 교부받은 분과 동반자 1인은 무료입니다.(수족관 매표소에서 수첩을 제시해 주시기 바랍니다.)
3. 단체 요금은 일괄 구매하시는 경우에만 적용이 가능합니다.
4. 학교 할인 : 20명 미만의 초중고교 행사일 경우, 사전에 신청하면 학교 할인이 적용됩니다.
5. 오후 4시 이후 입장권 : 16시 이후 입장하시는 고객님으로 이미 외부 판매 입장권을 소지하신 분은 수족관 매표소에서 4시 이후 입장권과 교환 가능하며 차액을 환불해 드립니다.
6. 수족관 내부로 음식을 반입할 수 없으며, 수족관 내 전 구역은 금연입니다.
7. 시각장애인 안내견, 호스피스견, 청각도우미견을 제외한 애완동물 반입은 사양합니다.
8. 동물 관리법 개정으로 인해 수족관에 애완동물을 임시로 맡기실 수 없습니다.

15 다음 중 위의 수족관 안내문을 올바르게 이해하지 못한 설명은?

가. "하절기에는 동절기보다 이용 시간이 더 길군."

나. "20명 이상이라도 입장권을 나누어서 구매하면 단체 적용이 안 되니 한 번에 구매해야겠구나."

다. "애완동물은 맡길 생각도 하지 말고 아예 집에 두고 가는 게 낫겠군."

라. "우린 자유이용권이 있으니 오후 5시쯤 입장해도 모든 시설을 2~3시간 정도 이용할 수 있겠어요."

해설 　　　　　　　　　　　　　　　　　　　　　　　　　　　　　　정답 라

라. 자유이용권이 있어도 이용 마감 시간이 정해져 있으므로 입장 시간과 이용 시설에 따라 이용 시간이 제한될 수 있다. 오후 5시에 입장할 경우, 최대 이용 가능한 시설과 시간은 하절기 해양엑스포공원으로 2시간 30분이며, 동절기 수족관 이외의 시설은 30분밖에 이용할 수 없다.

오답풀이

가. 모든 이용 시설의 하절기 이용 시간이 동절기보다 더 길다.
나. 단체 요금은 일괄 구매하여야 적용이 가능하다고 명시되어 있다.
다. 애완동물은 임시로 맡길 수도 없으므로 집에 두고 가는 것이 적절한 판단이다.

16 다음 중 입장요금이 가장 비싼 입장객은 누구인가?

가. 오후 3시에 입장한 초등학교 5학년 일반 고객 A군

나. 오후 2시에 입장한 고등학생 단체 25명 중 일행 B군

다. 오후 4시 입장한 성인 C씨와 초등학생 어린이 1명

라. 오후 3시 반에 입장한 고등학생 E군과 오후 4시에 입장한 친구 F군

해설 　　　　　　　　　　　　　　　　　　　　　　　　　　　　　　정답 라

제시된 사람들의 입장요금은 다음과 같다.

가. 오후 3시에 입장한 초등학교 5학년 일반 고객 A군 → 6,100원
나. 오후 2시에 입장한 고등학생 단체 25명 중 일행 B군 → 9,800원
다. 오후 4시 입장한 성인 C씨와 초등학생 어린이 1명 → 12,900+4,300=17,200(원)
라. 오후 3시 반에 입장한 고등학생 E군과 오후 4시에 입장한 친구 F군 → 12,300+8,600=20,900(원)
따라서 라의 일행이 가장 높은 입장요금을 지불하게 된다.

[17~18] 다음 국민임대 분양가이드를 보고 이어지는 물음에 답하시오.

[입주자 선정순위]

구 분	소유기준
전용면적 50m² 미만	- 제1순위 : 당해 주택이 건설되는 시군자치구에 거주하는 자 - 제2순위 : 당해 주택이 건설되는 시군자치구의 연접 시군자치구 중 사업주체가 지정하는 시군자치구에 거주하는 자 - 제3순위 : 제1, 2순위 이외의 자 ※ 최초 입주자모집 시에는 가구원수별 가구당 월평균소득의 50% 이하인 세대에게 먼저 공급, 남은 주택이 있을 경우 가구원수별 가구당 월평균소득의 50%초과 70%이하인 세대에게 공급
전용면적 50m² 이상~ 60m² 이하	- 제1순위 : 청약저축에 가입하여 24회(24개월) 이상 납입한 자 - 제2순위 : 청약저축에 가입하여 6회(6개월) 이상 납입한 자 - 제3순위 : 제1, 2순위 이외의 자 ※ 동일순위에서는 당해주택이 건설되는 시군자치구 거주자에게 우선공급 가능
신혼부부	- 제1순위 : 혼인기간 3년 이내 - 제2순위 : 혼인기간 3년 초과 5년 이내 ※ 1, 2순위 내 경쟁 시, 아래 순서대로 입주자 선정 ① 해당 주택 건설지역의 거주자 ② 자녀수가 많은 자(재혼 시 공급신청자의 전혼 자녀 포함) ③ 자녀수도 동일할 경우 추첨으로 입주자 선정 ※ 전용면적 50m² 이상 주택의 경우 청약저축(또는 주택청약종합저축)에 가입하여 6개월이 경과되고 매월 약정납입일에 월납입금을 6회 이상 납부한 자만 신청 가능

[동일순위 경쟁 시 입주자 선정기준]

구 분	소유기준(배점)
① 세대주(신청인) 나이	50세 이상(3점) 40세 이상(2점) 30세 이상(1점)
② 부양가족수 (공급신청자 제외, 태아 포함)	3인 이상(3점) 2인(2점) 1인(1점)
③ 당해 주택건설지역 거주기간	5년 이상(3점) 3년 이상 5년 미만(2점) 1년 이상 3년 미만(1점)
④ 만 65세 이상 직계존속(배우자의 직계존속 포함) 1년 이상 부양자	(3점)
⑤ 미성년 자녀수 (태아를 포함한 만 19세 미만 자녀의 수)	3자녀 이상(3점) 2자녀(2점)
⑥ 청약저축 납입횟수	60회 이상(3점) 48회 이상 60회 미만(2점) 36회 이상 48회 미만(1점)

17 위의 분양가이드를 올바르게 이해하지 못한 의견은?

가. 청약저축 가입기간은 전용면적 $50m^2$ 미만 가구에는 해당되지 않는다.

나. 청약저축 가입기간이 2년 이상이면 모두 1순위가 된다.

다. 신청 가구의 면적과 신혼부부 여부 등의 조건에 있어 해당 지역 거주자는 비거주자보다 더 분양받을 확률이 높다.

라. 전용면적 $50m^2$ 신청의 경우, 청약저축 가입기간이 6개월인 2년차 신혼부부는 12개월인 4년차 신혼부부보다 선순위이다.

> **해설**   정답 **나**
> 나. $50m^2$ 미만의 경우 청약에 제한받지 않는다.
>
> **오답풀이**
> 가. 청약저축 가입기간은 전용면적 $50m^2$ 이상~$60m^2$ 이하인 경우에만 해당된다.
> 다. 모두 해당지역 거주자 우선순위 조항을 명시하고 있다.
> 라. 신혼부부가 전용면적 $50m^2$ 이상의 주택을 신청한 경우에는 청약저축 가입기간이 6개월이 넘어야 신청자격이 주어지며, 신청 자격이 주어진 대상자들은 신혼기간으로 우선순위를 가리게 되므로 신혼 2년차 부부가 4년차 부부보다 우선순위가 된다.

18 다음 중 우선순위 입주자 선정기준에 따라 우선순위 입주자를 올바르게 구분한 것은?
(단, 언급되지 않은 사항은 모두 동일하다고 가정한다.)

가. 전용면적 $50m^2$ 미만 : 해당 지역 비거주자 청약 5회(선순위) / 거주자 청약 12회(후순위)

나. 전용면적 $50m^2$ 미만 : 해당지역 거주 5년, 40세(선순위) / 해당지역 거주 2년, 55세(후순위)

다. 해당지역 거주 신혼 1년차 부부 : 무자녀 청약 15회(선순위) / 무자녀 청약 6회(후순위)

라. 전용면적 $50m^2$ 미만 : 가구당 월평균소득의 60% 60세 세대주(선순위) / 가구당 월평균소득의 40% 42세 세대주(후순위)

> **해설**   정답 **나**
> 나. 언급되지 않은 사항이 동일하다면 해당지역 거주 5년, 40세인 신청자는 $3+2=5$(점)이 되며, 해당지역 거주 2년, 55세인 신청자는 $1+3=4$(점)이 되어 해당지역 거주 5년, 40세인 신청자가 입주자로 선정된다.
>
> **오답풀이**
> 가. 전용면적 $50m^2$ 미만이므로 청약기간과는 무관하며 해당 지역 거주자 우선 원칙이 적용된다.
> 다. 모두 청약기간이 6회 이상이므로 신혼부부 우선순위 규정에 따라 추첨에 의해 우선순위를 가리게 된다.
> 라. 세대주의 연령에 우선하여 가구원수별 가구당 월평균소득 기준이 먼저 적용된다.

[19~20] 다음은 L사 전자제품의 제품보증서 내용의 일부이다. 자료를 보고 물음에 답하시오.

<소비자 분쟁해결 기준 안내>

소비자 피해 유형		보상내역	
		보증 기간 이내	보증 기간 경과 후
구입 후 10일 이내에 정상적인 사용 상태에서 발생한 성능 또는 기능상의 하자로 중요한 수리를 요할 때		제품 교환 또는 구입가 환급	유상수리
구입 후 1개월 이내에 정상적인 사용 상태에서 발생한 성능 또는 기능상의 하자로 중요한 수리를 요할 때		제품 교환 또는 무상수리	
품질 보증 기간 이내에 정상적인 사용 상태에서 발생한 성능 또는 기능상의 하자	하자 발생 시	무상수리	
	수리 불가능 시	제품 교환 또는 구입가 환급	
	교환 불가능 시	구입가 환급	
	교환된 제품이 1개월 이내에 중요한 수리를 요할 때	구입가 환급	
※ 품질 보증 기간 이내에 동일 하자에 대해 2회까지 수리하였으나 하자가 재발하는 경우 또는 여러 부위 하자에 대해 4회까지 수리하였으나 하자가 재발하는 경우는 수리 불가능한 것으로 봄.			
소비자가 수리 의뢰한 제품을 사업자가 분실한 경우		제품 교환 또는 구입가 환급	정액 감가상각한 금액에 10%를 가산하여 환급 (최고한도 : 구입가격)
부품 보유 기간 이내에 수리용 부품을 보유하고 있지 않아 발생한 피해	정상적인 사용 상태에서 성능 또는 기능상의 하자로 인해 발생된 경우	제품 교환 또는 구입가 환급	정액 감가상각한 잔여 금액에 구입가의 5%를 가산하여 환급
	소비자의 고의 또는 과실로 인한 고장인 경우	유상수리에 해당하는 금액 징수 후 제품 교환	

<안내 사항>
1. 무상 보증기간은 제품 구입일로부터 1년으로 합니다.
2. 본 제품에 대한 품질 보증은 보증서에 기재된 내용으로 보증 혜택을 받습니다.
3. 무상 품질 보증 기간은 구입일로부터 산정되므로 구입일자를 기재 받으십시오.
   (구입일자 확인이 안 될 경우 제조연월일 또는 수입 통관일로부터 3개월이 경과한 날로부터 품질 보증 기간을 기산합니다.)
4. 가정용 제품을 영업을 위한 목적 또는 수단으로 사용하거나 비정상적인 환경에서 사용할 경우에는 무상 품질 보증 기간을 50% 단축하여 적용합니다.
5. 이 보증서는 재발행 되지 않습니다.
6. 별도 계약에 의한 공급(조달, HOST, 단일용품 등)일 경우에는 주계약에 따라 보증 내용을 적용합니다.

19 다음 중 위의 자료를 올바르게 이해하지 못한 설명은?

가. 제품의 보증기간은 제품 생산일이 아닌 구입일로부터 산정된다.
나. 제품 구매 시, 제품의 용도(영업용, 업소용 등)를 확인하여야 무상 품질 보증 기간에 지장이 발생하지 않는다.
다. 구입 후 7개월이 지난 가정용 제품을 남편이 운영하는 목욕탕에서 사용하던 중 하자가 발생하게 되면 제품 교환은 불가하며 무상수리를 의뢰하여야 한다.
라. 제품 구입일자가 확인되지 않는 3월 초에 제조된 국산 제품의 경우, 보증기간의 만료일은 다음 해의 6월 초이다.

해설
정답 다
다. 가정용 제품을 업소용 등으로 사용한 경우에 해당하므로 보증기간이 50%로 줄어들게 된다. 따라서 6개월의 보증기간이 지난 상태가 되므로 유상수리로 처리될 수밖에 없는 경우가 된다.

오답풀이
가. 안내 사항의 첫 번째 설명에 명시되어 있다.
나. 가정용 제품을 영업을 위한 목적 또는 수단으로 사용하거나 비정상적인 환경에서 사용할 경우에는 무상 품질 보증 기간을 50% 단축하여 적용한다고 명기되어 있다.
라. 이 경우, 보증기간의 기산일은 제조일로부터 3개월이 지난 6월 초가 되므로 1년간의 보증기간이 끝나는 시점은 다음 해의 6월 초가 된다.

20 다음 중 L사 전자제품을 구입한 고객들의 서비스센터 직원과의 대화 사례이다. 위의 보증서 내용을 참고할 때 적절한 응답내용으로 볼 수 없는 것은?

가. 직원 : "수리를 의뢰하신 제품이 저희 수리 기사의 과실로 인하여 분실되었으니 저희가 100% 책임이 있는 것을 인정합니다. 다만, 고객님께서 구입 당시 지불하셨던 금액까지만 환급해 드릴 수 있음을 이해해주시기 바랍니다."
나. 고객 : "수리용 부품이 처음부터 들어있지 않았다고요. 구입한 지 2달밖에 안 되었고, 보시다시피 기능상의 하자로 인한 문제가 발생한 거니까 구입가 환급을 해 주셔야겠어요."
다. 직원 : "고객님이 맡기신 제품을 분실하게 되어 죄송합니다. 아직 보증기간이 지나지 않았으니 새로운 제품으로 교환해 드리거나 원하실 경우 구입가 환급도 해 드릴 수 있습니다."
라. 고객 : "아니, 이봐요. 품질 보증 기간 이내에 동일 하자가 벌써 3번째 발생한 건데, 구입가격만 환급해 주는 건 아니죠. 교통비에 사용한 기간 동안의 위로금까지 추가해 줘야 맞는 거 아닌가요? 규정을 한 번 찾아봐요, 제 말이 맞을 테니."

해설
정답 라
품질 보증 기간 이내에 동일 하자에 대해 3회의 하자가 발생하였다면, 수리가 불가능한 것으로 간주되며 수리 불가능 시에는 제품 교환 또는 구입가 환급이 가능하다고 명기되어 있다. 다만, 구입가 이상의 금액에 대해서는 고객에게 지급한다고 규정되어 있지 않다.

자원관리능력

01   다음은 농협의 출장비 지급기준에 관한 규정이다. 다음 규정을 참고할 때, 5월에 계획된 출장에 대하여 정 대리에게 지급될 출장여비의 총액은?

〈출장비 계산기준〉
- 출장여비는 출장수당과 교통비의 합으로 계산된다.
- 출장수당은 업무추진비 사용 시 2만 원이 차감되며, 교통비는 관용차량 사용 시 1만 원이 차감된다.

〈출장지별 출장여비〉

출장지	출장수당	교통비
A시	20,000원	40,000원
A시 이외	40,000원	60,000원

*A시 이외의 지역으로 출장 시, 13시 이후 출장 시작 또는 15시 이전 출장 종료 시에는 출장수당에서 1.5만 원 차감함

〈정 대리의 5월 출장계획 내역〉

출장일	출장지	출장 시각	기 타
5/3일	A시	14시~16시	관용차량 사용
5/13일	B시	14시~18시	–
5/22일	C시	09시~16시	업무추진비 사용

가. 200,000원
나. 205,000원
다. 210,000원
라. 215,000원

해설   정답 라

출장일별 비용을 계산해 보면 다음과 같다.
- 5/3일 : A시가 출장지이므로 출장수당은 20,000원, 교통비는 40,000원이 되나, 관용차량 사용으로 인해 1만 원이 차감된다. 따라서 20,000 + 40,000 − 10,000 = 50,000(원)이 된다.
- 5/13일 : A시 이외의 지역이 출장지이므로 출장수당은 40,000원, 교통비는 60,000원이 되나, 출장시각이 14시이므로 1.5만 원이 차감된다. 따라서 40,000 + 60,000 − 15,000 = 85,000(원)이 된다.
- 5/22일 : 역시 A시 이외의 지역이 출장지이므로 출장수당은 40,000원, 교통비는 60,000원이 되나, 업무추진비를 사용하였으므로 2만 원이 차감된다. 따라서 40,000 + 60,000 − 20,000 = 80,000(원)이 된다.

따라서 5월 정 대리의 출장여비 총 지급액은 50,000 + 85,000 + 80,000 = 215,000(원)이 된다.

2019년 상반기 최신기출문제

02 다음에 제시된 손익계산서 상의 판매비와 관리비 항목을 참고할 때, 사무용품비가 간접비용에서 차지하는 비중이 1% 선을 넘지 않기 위하여 했어야 하는 조치 사항으로 적절한 것은?

과 목	금액(원)
직원급여	212,851,967
상여금	8,780,000
퇴직급여	21,796,463
여비교통비	10,862,360
통신비	4,640
수도광열비	7,820
세금과 공과금	1,585,093
보험료	1,992,772
사무용품비	100,000
소모품비	1,044,180
광고선전비	530,000

가. 퇴직급여 지출이 5%만 줄었어도 가능했었다.
나. 여비교통비를 절반 이하로 절약했어야 했다.
다. 사무용품비를 약 50% 정도 덜 썼어야 했다.
라. 소모품의 비용이 2배가 넘었으면 사무용품비의 비중이 간접비용의 1% 이하로 내려왔을 것이다.

해설 정답 다

손익계산서 상에서 간접비는 통신비, 수도광열비, 세금과 공과금, 보험료, 사무용품비, 소모품비, 광고선전비이며, 나머지는 모두 직접비이다. 따라서 간접비 총액은 약 520여만 원임을 알 수 있다.
간섭비용의 1% 선은 약 5만 2천 원이므로 사무용품비를 50% 덜 지출했다면 사무용품비가 간접비용에서 차지하는 비중이 1% 선을 넘지 않을 수 있었다.

03 출장 업무에 차량을 사용하기 위해 차량 대여 업체를 통해 다음과 같이 견적을 받게 되었다. 견적의 내용이 아래와 같을 때 가장 저렴하게 이용할 수 있는 업체와 대여 비용을 알맞게 짝지은 것은?

〈차량 대여 비용〉

차 종	업 체	비 용	비 고
중형	A-max	90,000원/1일	주유비 별도
중형	K line 온라인	50,000원/1일	1km당 300원

※ A-max 중형차 연비 : 10km/L / 유류비 : 1,500원/L
※ 출장거리 : 서울–광주 300km(편도) (단, 차량은 서울과 광주를 왕복 이동할 때만 사용한다.)

가. A-max 이용, 대여료 33만 원 나. A-max 이용, 대여료 18만 원
다. K line 이용, 대여료 18만 원 라. K line 이용, 대여료 23만 원

해설 정답 나

A-max의 경우 90,000원의 비용과 600km 이동에 소요되는 60L의 주유비 60×1,500=90,000(원)이 소요되므로 총 180,000원이 발생한다.
K line의 경우 50,000원의 비용과 600km의 주유비 600×300=180,000(원)이 소요되어 총 230,000원이 발생한다. 따라서 A-max를 이용한 180,000원의 비용이 더 저렴하게 된다.

04 다음 중 밑줄 친 부분에 해당하는 것이 아닌 것은?

직접비의 일반적 성질은 비례원가적 형태를 가진다는 것이고 이에 따라 보통 직접비와 간접비의 구별을 추적가능성에서 구한다. 즉 특정제품에 기여한 것으로 추적 가능한 것은 직접비로 하고 그렇지 아니한 것은 간접비로 한다.

가. 인건비 나. 재료비
다. 광고비 라. 시설비

해설 정답 다

다. 직접비는 직접적으로 추적하여 배분할 수 있는 비용을 말하며, 인건비, 재료비, 시설비, 출장비, 장비대여료 등이 있다. 이에 반해 간접비는 직접적인 인과관계를 찾기가 어려워, 합리적인 기준에 의해 배부하는 비용을 말하며, 광고비, 차량유지비, 통신비, 인쇄비, 보험료, 각종 공과금 등이 있다.

05 농협 재무팀에 근무하는 송은정 과장은 다음과 같은 문서를 보았다. 다음 중 직접비와 간접비의 차이는?

- 통신비 : 50,000원
- 건물관리비 : 1,500,000원
- 광고비 : 500,000원
- 비품비 : 100,000원
- 보험료 : 200,000원
- 출장비 : 2,500,000원
- 아르바이트 인건비 : 500,000원
- 장비임대료 : 200,000원

가. 520,000원 나. 680,000원
다. 750,000원 라. 850,000원

정답 라

문제에서 직접비와 간접비를 분류하면, 다음과 같다.
- 직접비 : 출장비(2,500,000)+아르바이트 인건비(500,000)+장비임대료(200,000)=3,200,000(원)
- 간접비 : 통신비(50,000)+보험료(200,000)+건물관리비(1,500,000)+광고비(500,000)+비품비(100,000)=2,350,000(원)

따라서 직접비−간접비는 3,200,000−2,350,000=850,000(원)이 된다.

06 다음 중 자원의 특성이 아닌 것은?

가. 편재성 나. 유한성
다. 창의성 라. 가변성

정답 다

자원의 특성
- 편재성 : 자원은 지구상에 고르게 분포하지 않고 일부 지역에 편재되어 분포한다. 이에 자원이 많은 곳과 부족한 곳이 발생하고 자원의 생산지와 소비지가 일치하지 않는 경우가 많다.
- 유한성 : 대부분의 자원은 매장량이 한정되어 있어 사용할 수 있는 양에 한계가 있고, 재생이 불가능하다. 어떤 자원의 확인된 매장량을 현재와 같은 수준으로 사용할 경우 앞으로 몇 년이나 더 사용할 수 있는가는 가채 연수를 통해 확인할 수 있다.
- 가변성 : 자원의 가치는 고정된 것이 아니라 시대와 장소, 과학 기술 발달, 산업화, 사회적·경제적 수준, 문화적 배경 등에 따라 달라진다.

07 다음 중 자원 낭비요인으로 옳지 않은 것은?

가. 편리성 추구
나. 계획적 행동
다. 노하우 부족
라. 자원에 대한 인식 부재

정답 **나**

자원의 낭비요인
- 비계획적 행동 : 계획 없이 충동적이고 즉흥적으로 행동하기 때문에 자신이 활용할 수 있는 자원들을 낭비하게 되는 현상
- 편리성 추구 : 자원을 활용하는 데 자신의 편리함을 최우선적으로 추구하기 때문에 나타나는 현상
- 자원에 대한 인식 부재 : 자신이 가지고 있는 중요한 자원을 인식하지 못하는 데에서 오는 현상
- 노하우 부족 : 자원의 중요성을 인식하면서도 효과적인 방법을 활용할 줄 몰라 자원에 대한 경험이나 노하우가 부족한 현상

08 농협에서는 통근버스를 다음과 같이 운영하고 있다. 매일 1대당 통근버스 이용 인원을 200명에서 240명으로 늘리고 전체 통근버스 운행횟수를 줄여 경비를 줄이고자 한다면, 농협이 얻을 수 있는 월 운행 절감액은? (단, 모든 운행 시의 이용 직원 수는 동일하다고 가정한다.)

- 운행 중인 통근버스 대수 : 4대
- 월 운행일수 : 25일
- 1대당 출퇴근 및 업무상 직원 수송용도 평균 1일 운행횟수 : 3회
- 1대당 1회 운행 시의 운행비용 : 120,000원

가. 5,000,000원
나. 5,400,000원
다. 5,800,000원
라. 6,000,000원

정답 **라**

기존 통근버스는 하루에 12회 운행하였으며 이용 인원이 $12 \times 200 = 2,400$(명)이다. 1회당 이용 인원을 240명으로 늘리면 2,400명을 총 10회 운행으로 충당할 수 있게 된다.
따라서 현재의 운행 시의 월 운행비용은 25일 × 12회 × 120,000원 = 36,000,000(원)이 되며, 변경된 월 운행비용은 25일 × 10회 × 120,000원 = 30,000,000(원)이 된다.
따라서 절감액은 6,000,000원이 된다.

09 차를 몰고 회사를 출발하여 갑~무 5개 거래처를 모두 방문하고 다시 회사로 복귀하여야 하는 A과장은 연료비가 가장 적게 드는 방법으로 이동 경로를 정하려 한다. 이 경우 A과장이 사용한 연료비는?

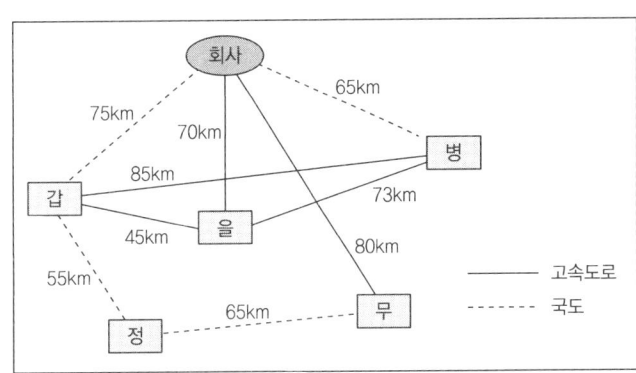

- 연비 : 18km/L(고속도로), 15km/L(국도)
- 휘발유 가격 1,500원/1L
- 표기된 도로로만 이동할 수 있다고 가정함
- 거래처는 한 번만 방문한다.

가. 31,550원
나. 32,900원
다. 33,450원
라. 35,000원

해설
정답 라

회사를 출발하여 모든 거래처를 거쳐 다시 회사로 복귀하는 경로는 다음과 같은 4가지 경우의 수로 나눌 수 있다.
첫째, 회사-병-을-갑-정-무-회사
둘째, 회사 무-정-갑-을-병-회사
셋째, 회사-을-병-갑-정-무-회사
넷째, 회사-무-정-갑-병-을-회사
그런데 첫째와 둘째는 순서가 거꾸로 된 같은 경로이며, 셋째와 넷째도 마찬가지이므로 결국 두 가지 경로로 압축될 수 있다. 따라서 이 두 가지 경우의 연료비를 구해 보면 다음과 같다.
첫 번째의 경우,
- 고속도로 : 병-을-갑(118km), 무-회사(80km) → 총 198km
- 국도 : 회사-병(65km), 갑-정-무(120km) → 총 185km

따라서 고속도로에서 소비한 휘발유 사용 금액은 $198 \div 18 \times 1,500 = 16,500$(원)이며, 국도에서 소비한 휘발유의 사용 금액은 $185 \div 15 \times 1,500 = 18,500$(원)이 된다.
결국 총 휘발유 사용 금액은 $16,500 + 18,500 = 35,000$(원)이다.
두 번째의 경우,
- 고속도로 : 회사-을-병-갑(228km), 무-회사(80km) → 총 308km
- 국도 : 갑-정-무(120km) → 총 120km

따라서 고속도로에서 소비한 휘발유 사용 금액은 $308 \div 18 \times 1,500 = 25,666$(원)이며, 국도에서 소비한 휘발유의 사용 금액은 $120 \div 15 \times 1,500 = 12,000$(원)이 된다.
결국 총 휘발유 사용 금액은 $25,666 + 12,000 = 37,666$(원)이다.
따라서 A과장이 사용한 연료비는 35,000원이다.

10 A센터 회의실 이용과 관련해 팀장은 박 대리에게 〈보기〉와 같은 지시를 하였다. 다음 회의실 이용 안내문을 참고할 때, 박 대리가 조치해야 할 사항으로 적절한 설명이 아닌 것은?

■ 이용안내

임대시간	기본 2시간, 1시간 단위로 연장
요금결제	이용일 7일 전까지 결제(7일 이내 예약 시에는 예약 당일 결제)
취소 수수료	- 결제완료 후 계약을 취소 시 취소수수료 발생 - 이용일 기준 7일 이전 : 전액 환불 - 이용일 기준 6일~3일 이전 : 납부금액의 10% - 이용일 기준 2일~1일 이전 : 납부금액의 50% - 이용일 당일 : 환불 없음
회의실/ 일자 변경	- 사용가능한 회의실이 있는 경우, 사용일 1일 전까지 가능 (담당자 전화 신청 필수) - 단, 회의실 임대일 변경, 사용시간 단축은 취소수수료 기준 동일 적용
세금계산서	- 세금계산서 발행을 원하실 경우 반드시 법인 명의로 예약하여 사업자등록번호 입력 - 현금영수증 발행 후에는 세금계산서 변경발행 불가

■ 회의실 이용 시 준수사항
- 회의실 사용자는 센터의 사전 승인 없이 다음 행위를 할 수 없습니다.
1. 공중에 대하여 불쾌감을 주거나 또는 통로, 기타 공용시설에 간판, 광고물의 설치, 게시, 부착 또는 각종기기의 설치 행위
2. 폭발물, 위험성 있는 물체 또는 인체에 유해하고 불쾌감을 줄 우려가 있는 물품 반입 및 보관행위
4. 센터의 동의 없이 시설물의 이동, 변경 배치행위
5. 센터의 동의 없이 장비, 중량물을 반입하는 등 제반 금지행위
6. 공공질서 및 미풍양식을 위해하는 행위
7. 알콜성 음료의 판매 및 식음행위
8. 흡연행위 및 음식물 등 반입행위
9. 임대의 위임 또는 재임대

─ 보기 ─
"박 대리, 다음 주 화요일 회의 시 사용하기로 한 A센터 회의실 예약 일정을 다음 주 금요일로 좀 바꿔야겠어. 예약한 회의실을 취소하고 다른 크기의 회의실이 필요하게 되었네. 오늘이 수요일이니까 가능할거야. 그리고 지난번에 예약자를 박 대리 명의로 했다고 했던가? 회사 경비로 처리해야 하니까 그것도 회사 명의로 바꿔서 처리해 주고, 회의실에 대형 스크린을 좀 설치해야 할 것 같으니 미리 필요한 사항 확인해서 조치해 두도록 하게."

가. 역 담당자에게 반드시 전화 신청을 해야 한다.
나. 오늘 중 반드시 신규 예약할 회의실 이용 요금을 결제하여야 한다.
다. 회사의 사업자등록번호를 확인해 두어야 한다.
라. 장비 반입과 관련하여 A센터의 사전 승인을 얻어야 한다.

해설

정답 나

나. 이용일 7일 전까지 결제하여야 한다고 규정되어 있으므로 다음 주 금요일이 사용일일 경우 수요일인 오늘은 반드시 결제하지 않아도 된다.

오답풀이

가. 해당 역 담당자 전화 신청은 필수 사항이다.
다. 세금계산서 발행을 위해서는 회사의 사업자등록번호를 입력해야 하므로 미리 확인해 둘 필요가 있다.
라. 대형 스크린이 반입되어야 하므로 이는 A센터의 사전 동의를 얻어야 하는 사항에 해당된다.

11 다음의 글에서 1년 동안 자동차를 사용한 것에 대한 최 과장의 기회비용은?

> 최 과장은 연초에 2,000만 원을 일시불로 주고 승용차를 구입하여 1년간 타고 다니다가 연말에 이 차를 1,200만 원을 받고 팔았다. 최 과장이 만일 자동차를 사지 않았더라면 이 돈을 은행에 연리 5%로 예금했을 것이다.

* 자동차의 운행에 따르는 연료비나 각종 세금, 그리고 승용차를 구입하지 않았을 때의 교통비 등은 고려하지 않는다.

가. 2,100만 원
나. 2,040만 원
다. 900만 원
라. 840만 원

해설

정답 다

다. 기회비용은 어떤 선택에 따른 비용과 그 선택으로 인해 포기된 차선의 선택이 가지는 가치를 합한 것이다. 최 과장이 1년 동안 자동차를 구입하는 데 들어간 비용은 800만 원이다. 하지만 자동차 구입을 하지 않았다면 2,000만 원을 은행에 넣어 100만 원의 이자 수입을 얻을 수 있을 것이므로 기회비용은 900만 원이 된다.

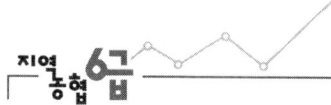

[12~13] 농협 홍보팀에 근무하는 조광용 과장은 조합창립기념일을 맞아 홍보 카탈로그 제작사를 조사하고 있다. 다음은 서울과 경기도 소재 A, B, C, D 회사가 제출한 홍보 카탈로그 제작비용과 기간을 정리한 것이다. 물음에 답하시오.

[제작 비용]

- 페이지 수 : 8페이지
- 부수 : 1,000부
- 제작비용 계산방식＝종이＋CTP＋인쇄＋제본

구 분	A회사	B회사	C회사	D회사
종이	100,000원	100,000원	120,000원	120,000원
CTP	80,000원	70,000원	80,000원	70,000원
인쇄	80,000원	70,000원	60,000원	50,000원
제본	240,000원	200,000원	240,000원	200,000원

[제작 기간]

구 분	기 간
A회사	3일
B회사	4일
C회사	3일
D회사	4일

- 공휴일, 휴무일을 포함하지 않은 실 제작기간
- A, B 회사 : 일요일만 휴무
- C, D 회사 : 수요일만 휴무

[제작 비용 변동률]

페이지가 8페이지에서 16페이지로 증가할 경우	부수가 1,000부에서 2,000부로 증가할 경우
－ 종이, CTP, 인쇄, 제본 단가 : 각 100% 상승	－ 종이 단가 : 80% 상승 － CTP 단가 : 변동 없음 － 인쇄 단가 : 90% 상승 － 제본 단가 : 100% 상승

12

조광용 과장은 8페이지 분량의 카탈로그를 1,000부 제작 의뢰하려고 한다. 금요일부터 제작에 착수할 경우, 비용이 가장 저렴하면서 제작 완료일이 보다 빠른 회사와 비용이 가장 비싸면서 제작 완료일이 더 느린 회사가 순서대로 각각 올바르게 짝지어진 것은?

가. D회사, A회사
나. D회사, B회사
다. D회사, C회사
라. B회사, D회사

해설   정답 가

주어진 조건에 따라 업체별 가격을 비교하여 표로 정리하면 다음과 같다.

구 분	A회사	B회사	C회사	D회사
종이	100,000원	100,000원	120,000원	120,000원
CTP	80,000원	70,000원	80,000원	70,000원
인쇄	80,000원	70,000원	60,000원	50,000원
제본	240,000원	200,000원	240,000원	200,000원
비용 계	500,000원	440,000원	500,000원	440,000원
완료일	월요일	화요일	일요일	월요일

따라서 D회사에 의뢰하는 것이 가장 저렴하고 더 빠르며, A회사가 가장 비싸면서 제작 완료일이 더 느린 업체인 것을 확인할 수 있다.

13

조광용 과장은 아래와 같이 B회사와 D회사에 카탈로그 제작을 의뢰했다. 이 두 회사의 견적은 각각 얼마인가?

- B회사 – 16page, 1,000부
- D회사 – 8page, 2,000부

	B회사	D회사
가.	870,000원	775,000원
나.	875,000원	780,000원
다.	880,000원	781,000원
라.	885,000원	790,000원

해설   정답 다

원래의 견적에서 B회사는 페이지 수가 증가하였고, D회사는 부수가 증가하였으므로 다음과 같이 계산한다.
- B회사 : 네 가지 공정비용이 모두 100% 상승되므로 총 비용은 880,000원이 된다.
- D회사 : 종이 80%, 인쇄 90%, 제본 100% 상승되므로
  총 비용은 $(120,000 \times 1.8) + 70,000 + (50,000 \times 1.9) + (200,000 \times 2) = 781,000$(원)이 된다.

[14~15] 다음은 농협의 사내 휴양콘도 이용에 대한 안내문이다. 이를 보고 이어지는 물음에 답하시오.

▲ 휴양콘도 이용대상
 - 주말, 성수기 : 월평균소득이 243만 원 이하 근로자
 - 평일 : 모든 근로자(월평균소득이 243만 원 초과자 포함), 특수형태근로종사자

▲ 휴양콘도 신청절차
 ① 농협 홈페이지에서 회원가입 후 공인인증서 로그인
 ② 로그인후 상단의 「서비스 신청 〉 휴양콘도지원신청」 메뉴 클릭
 ③ 근로자 고용정보의 임금자료 등 이용적격 여부 확인 → 확인 문자 전송
   ※ 임금자료 확인불가 시 자료요청 문자 전송되며, 임금자료를 팩스 전송 하여야 함
 ④ 고용·산재보험 사업장의 사업주(워크숍·교육 등)는 신청 후 담당자에게 전화 바람
 ⑤ 기타사항
   - 이용희망일 2개월 전부터 신청 가능
   - 이용희망일이 주말, 성수기인 경우 최초 선정일 전날 23시 59분까지 접수 요망. 이후에 접수할 경우 잔여객실 선정일정에 따라 처리

▲ 휴양콘도 이용우선순위
 ① 주말, 성수기
   - 주말·성수기 선정박수가 적은 근로자
   - 이용가능 점수가 높은 근로자
   - 월평균소득이 낮은 근로자
   ※ 위 기준 순서대로 적용되며, 근로자 신혼여행의 경우 최우선 선정
 ② 평일 : 선착순

▲ 이용·변경·신청취소
 - 선정결과 및 이용대상자 콘도 이용권 등은 홈페이지로만 확인 가능
 - 이용대상자로 선정된 후에는 변경 불가 → 변경을 원할 경우 신청 취소 후 재신청
 - 신청취소는 「복지서비스 〉 신청결과확인」 메뉴에서 이용일 10일 전까지 취소
   ※ 9일전~1일전 취소는 이용점수가 차감되며, 이용당일 취소 또는 취소 신청 없이 이용하지 않는 경우(No-Show) 1년 동안 이용 불가
 - 선정 후 취소 시 선정박수에는 포함되므로 이용우선순위에 유의(평일 제외)
   ※ 기준년도 내 선정박수가 적은 근로자 우선으로 자동선발하고, 차순위로 점수가 높은 근로자 순으로 선발하므로 선정 후 취소 시 차후 이용우선순위에 영향을 미치니 유의하여야 함.
 - 이용대상자로 선정된 후 타인에게 양도 등 부정사용 시 5년간 이용 제한

▲ 기본점수 부여 및 차감방법 안내
☞ 매년(년1회) 연령에 따른 기본점수 부여

[월평균소득 243만 원 이하 근로자]

연령대	50세 이상	40~49세	30~39세	20~29세	19세 이하
점수	100점	90점	80점	70점	60점

※ 월평균소득 243만 원 초과 근로자, 특수형태근로종사자 : 0점

☞ 기 부여된 점수에서 연중 이용점수 및 벌점에 따라 점수 차감

구 분	이용점수(1박당)			벌 점	
	성수기	주말	평일	이용취소 (9~1일전 취소)	No-show (당일취소, 미이용)
차감점수	20점	10점	0점	50점	1년 사용제한

※ 이용취소 및 No-show에 따른 규제를 잘 숙지하여 콘도 신청 시 이용일자에 대한 실제 이용 여부를 신중하게 판단하여야 함.

▲ 벌점(이용취소, No-show)부과 예외
- 이용자의 배우자·직계존비속 또는 배우자의 직계존비속이 사망한 경우
- 이용자 본인·배우자·직계존비속 또는 배우자의 직계존비속이 신체 이상으로 3일 이상 의료기관에 입원하여 콘도 이용이 곤란한 경우
- 운송기관의 파업·휴업·결항 등에 의한 운송수단 문제로 콘도 이용이 곤란한 경우
※ 벌점부과 예외 사유에 의한 취소 시에도 선정박수에는 포함되므로 이용우선순위에 유의하여야 함

14 다음 중 위의 휴양콘도 이용 안내문을 제대로 이해하지 못한 설명은?

가. 특수형태근로종사자는 월평균소득 243만 원 초과 근로자와 동일한 대우를 받는다.
나. 휴양콘도를 신청하려면 회원가입, 공인인증서 로그인, 임금자료 확인 등의 절차를 거쳐야 한다.
다. 이용대상자 선정결과는 근로복지공단 담당자의 전화 통보로 공지되므로, 정확한 전화번호 기재가 요구된다.
라. 3박 4일 이용이 선정되었다가 규정된 정당한 사유로 인해 취소가 필요한 경우, 벌점 부과 없이 취소가 가능하나 3박 이용은 한 것으로 간주된다.

해설 　　　　　　　　　　　　　　　　　　　　　　　　　　　　　　　　　　　**정답 다**

이용대상자 선정결과 및 이용대상자 콘도 이용권 관련 사항은 홈페이지로만 확인이 가능하므로, 담당자의 유선 통보는 없는 것으로 이해할 수 있다.

오답풀이
가. 평일만 이용이 가능하다는 점과 기본점수 부여에 있어 동일한 대우를 받는다.
나. 공단 홈페이지에서 세 단계를 모두 거쳐야 신청이 가능한 것으로 설명되어 있다.
라. 벌점 부과 예외에 해당되어도, 선정박수는 포함되므로 그에 따른 차감점수로 인한 추후 이용우선순위 산정에는 영향이 있다.

15 다음 〈보기〉의 휴양콘도 주말 이용 예정자 중, 이용우선순위에 따라 가장 먼저 이용이 가능한 사람부터 순서대로 올바르게 나열한 것은?

- 월 300만 원의 소득이 있으며, 주말에 첫 휴양콘도 이용을 계획 중인 55세 조광용 씨
- 다음 주 공단의 휴양콘도로 미뤄왔던 신혼여행을 떠나려 하는 송은정 씨
- 작년 선정 후 이용 이틀 전 취소 경험이 있는 월 소득 230만 원의 53세 박유진 씨
- 올 초 성수기와 주말에 각각 1박씩 사용 경험이 있고, 월 소득 200만 원의 27세 이유리 씨

가. 송은정 씨 - 박유진 씨 - 이유리 씨 - 조광용 씨
나. 박유진 씨 - 송은정 씨 - 이유리 씨 - 조광용 씨
다. 송은정 씨 - 박유진 씨 - 조광용 씨 - 이유리 씨
라. 송은정 씨 - 이유리 씨 - 박유진 씨 - 조광용 씨

해설 　　　　　　　　　　　　　　　　　　　　　　　　　　　　　　　　　　　**정답 가**

- 조광용 씨 : 월 소득 243만 원을 초과하므로 주말 이용은 불가하다.
- 송은정 씨 : 신혼여행이므로 최우선 순위이다.
- 박유진 씨 : 53세이므로 기본점수 100점, 이틀 전 취소 경험이 있으므로 50점 차감을 하면 50점의 이용가능 점수이며 이유리 씨보다 월 소득이 많으나 그보다 상위 조건인 이용가능 점수가 높기 때문에 이유리 씨보다 우선순위이다.
- 이유리 씨 : 27세이므로 기본점수 70점, 성수기 20점과 주말 10점의 차감을 하면 40점의 이용가능 점수이며 박유진씨보다 월 소득이 적으나 그보다 상위 조건인 이용가능 점수가 낮기 때문에 박유진씨보다 후순위이다.
따라서 '송은정 씨 - 박유진 씨 - 이유리 씨 - 조광용 씨'의 순이 이용 우선순위가 됨을 알 수 있다.

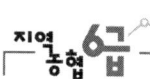

[16~17] 다음 자료를 읽고 물음에 답하시오.

[등급별 성과급 지급액]

성과평가 종합점수	성과 등급	등급별 성과급
95점 이상	S	기본급의 30%
90점 이상~95점 미만	A	기본급의 25%
85점 이상~90점 미만	B	기본급의 20%
80점 이상~85점 미만	C	기본급의 15%
75점 이상~80점 미만	D	기본급의 10%

[항목별 평가 점수]

구 분	영업 1팀	영업 2팀	영업 3팀	영업 4팀	영업 5팀
수익 달성률	90	93	72	85	83
매출 실적	92	78	90	88	87
근태 및 부서평가	90	89	82	77	93

• 항목별 평가 종합점수는 매출 달성률 40%, 수익성 40%, 팀 평가점수 20%의 가중치로 합산함

[팀별 직원의 기본급]

직 원	기본급
곽 대리(영업 1팀)	210만 원
엄 과장(영업 2팀)	260만 원
신 차장(영업 3팀)	320만 원
남 사원(영업 4팀)	180만 원
권 대리(영업 5팀)	220만 원

• 팀별 성과급은 해당 팀의 모든 직원에게 적용된다.

16 영업 1팀의 곽 대리와 영업 3팀의 신 차장이 받게 될 성과급은 각각 얼마인가?

가. 52만 5천 원, 44만 원
나. 54만 2천 원, 46만 원
다. 52만 5천 원, 48만 원
라. 51만 8천 원, 49만 원

정답 다

영업 1팀과 영업 3팀은 항목별 평가 종합점수(90.8점, 81.2점)에 의해 성과 등급이 각각 A등급과 C등급이 된다. 따라서 곽 대리는 210만 원의 25%, 신 차장은 320만 원의 15%를 각각 성과급으로 지급받게 된다.
이를 계산하면 곽 대리는 52만 5천 원, 신 차장은 48만 원이 된다.

17 위의 자료를 참고할 때, 항목별 평가 종합점수 순위가 두 번째와 세 번째인 팀을 순서대로 짝지은 것은?

가. 영업 2팀, 영업 3팀
나. 영업 3팀, 영업 4팀
다. 영업 5팀, 영업 2팀
라. 영업 3팀, 영업 2팀

정답 **다**

주어진 규정에 의해 항목별 평가 종합점수를 계산해 보면 다음과 같다.

구 분	영업 1팀	영업 2팀	영업 3팀	영업 4팀	영업 5팀
수익 달성률	90 × 0.4 = 36.0	93 × 0.4 = 37.2	72 × 0.4 = 28.8	85 × 0.4 = 34	83 × 0.4 = 33.2
매출 실적	92 × 0.4 = 36.8	78 × 0.4 = 31.2	90 × 0.4 = 36	88 × 0.4 = 35.2	87 × 0.4 = 34.8
근태 및 부서평가	90 × 0.2 = 18	89 × 0.2 = 17.8	82 × 0.2 = 16.4	77 × 0.2 = 15.4	93 × 0.2 = 18.6
종합점수	90.8	86.2	81.2	84.6	86.6

따라서 항목별 평가 종합점수가 두 번째로 높은 팀은 영업 5팀, 세 번째로 높은 팀은 영업 2팀이 된다.

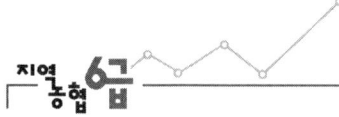

[18~20] 농협에서 전시회를 열기로 하였다. 다음은 작품 전시회를 준비하는 데 필요한 작업, 각 작업에 걸리는 시간, 작업의 순서 관계를 나타낸 표이다. 제시된 표를 바탕으로 물음에 답하시오.

구분	작업	작업시간(단위 : 일)	먼저 행해져야 할 작업
A	전시회 기본 계획 수립	2	없음
B	작품 모집	5	A
C	전시회 장소 선정	3	A
D	현수막 제작	2	C
E	초대장 제작	3	C
F	전시회 작품 선정	1	B
G	전시회장 준비	2	C, F

18 전시회 작품 선정을 끝마치는 데 필요한 최소의 시간은?

가. 6일 나. 7일
다. 8일 라. 9일

해설   **정답 다**

다. 전시회 작품 선정은 먼저 행해져야 할 작업이 A와 B이므로 작업 순서를 고려한 작업에 걸리는 시간에 대한 수형도는 다음과 같다(해당 작업 걸리는 시간, 총 작업 걸리는 시간).

(2,2)   (5,7)   (1,8)
A ⟶ B ⟶ F

19 현수막 제작을 끝마치는 데 필요한 최소의 시간은?

가. 6일　　　　　　　　　　나. 7일
다. 8일　　　　　　　　　　라. 9일

해설　　　　　　　　　　　　　　　　　　　　　　　　　　　　　　　정답

나. 현수막 제작은 먼저 행해져야 할 작업이 A와 C이므로 작업 순서를 고려한 작업에 걸리는 시간에 대한 수형도는 다음과 같다. 따라서 D(2,7)이므로 걸리는 시간은 **7**일이다.

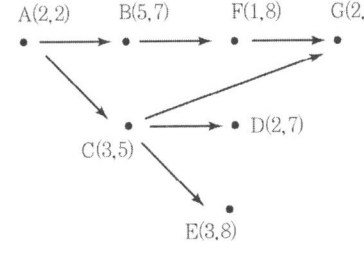

20 작품 전시회 준비를 끝마치는 데 필요한 최소의 시간은?

가. 10일　　　　　　　　　　나. 12일
다. 15일　　　　　　　　　　라. 17일

해설　　　　　　　　　　　　　　　　　　　　　　　　　　　　　　　정답

가. 위 문제 해설의 수형도에 의해 동시에 작업이 가능하므로 10일이다.

조직이해능력

01 영업팀 오 대리는 해외 출장지에서 식당을 예약하고자 한다. 오 대리와 식당 종업원과의 다음 대화에서 빈칸에 들어갈 가장 적절한 말은?

> 오 대리 : I'd like to make a reservation for three at six tonight.
> 종 업 원 : I'm sorry. We are fully booked then.
> 오 대 리 : (   )
> 종 업 원 : We have a table at seven.

가. How many people can you have here?
나. What is the main menu of this restaurant?
다. How many tables do you have?
라. Do you have any other spots open?

해설 정답 라

주어진 지문의 내용은 다음과 같다.
「오 대리 : 오늘밤 6시에 세 자리 예약을 하고 싶습니다.
 종 업 원 : 죄송합니다. 그 시간에 예약이 다 찼습니다.
 오 대 리 : 그럼 다른 빈 시간은 없을까요?
 종 업 원 : 7시에 가능합니다.」
따라서 'Do you have any other spots open?'이 적절하다.

02 다음 중 경영의 3C에 해당하지 않는 것은?

가. Company
나. Consumer
다. Customer
라. Competitor

해설 정답 나

경영의 3C는 Customer(고객), Company(회사), Competitor(경쟁자)이다.
나. Consumer는 소비자를 뜻한다.

03 다음 중 농협의 NH가 의미하는 바가 아닌 것은?

가. New Heaven
나. New Hope
다. New Happiness
라. Nong Hyup

> **해설**
> 정답 가
>
> NH는 고객과의 커뮤니케이션을 위해 농협의 이름과는 별도로 사용되는 영문 브랜드로 미래지향적이고 글로벌한 농협의 이미지를 표현하고 있다.
> 나. New Hope : 새로운 희망과 행복을 상징적으로 표현한다.
> 다. New Happiness : 고객만족을 최우선 가치로 삼는 고객행복경영의 실현을 의미한다.
> 라. Nong Hyup : 농협 영문자(Nong Hyup)의 머리글자이다.

04 다음 중 통장표제부에 적혀 있지 않은 것은?

가. 계좌번호 나. 통장발급번호
다. 최초발행지점 라. 재발행날짜

> **해설**
> 정답 라
>
> 라. 농협 통장표제부를 보면, 계좌번호, 통장발급번호, 최초발행지점이 나와 있으나, 재발행날짜는 나와 있지 않다.

05 다음 중 타인의 통장과 도장을 들고 와서 해지할 때, 추가적으로 필요한 것은?

가. 주민등록등본 나. 사업자등록증
다. 위임장 라. 등기부등본

> **해설**
> 정답 다
>
> 통장 해지 시 필요한 서류
>
> | 본인이 직접 갈 때 | 가족이 갈 때 | 제3자가 갈 때 |
> |---|---|---|
> | • 통장
• 도장
• 주민등록증 | • 통장
• 도장
• 가족확인서류
• 대리인의 신분증
• 인감도장이 날인된 위임장 | • 통장
• 도장
• 본인의 실명확인증표
• 본인의 인감증명서
• 대리인의 실명확인증표
• 인감도장이 날인된 위임장 |

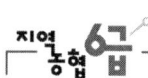

06 다음 글에서 알 수 있는 경제 현상과 비슷한 것으로 판단할 수 있는 현상은?

> 어느 작은 마을에서 어린 자녀를 둔 부부들이 외출할 때 다른 집에 아이를 맡길 수 있도록 탁아 조합을 만들었다. 마을의 여건상 서로 아이를 돌봐주는 방법 이외에는 대안이 없었기 때문이다. 조합원들은 탁아 쿠폰을 3장씩 나눠 갖고 아이를 다른 조합원 집에 맡길 때 시간당 쿠폰 1장을 주기로 했다. 물론 다른 조합원의 아이를 맡을 때에는 그 시간만큼의 쿠폰을 받는다.
> 그런데 대부분의 부부들은 각자 갖고 있는 쿠폰이 장시간 외출이나 갑작스러운 경우에 대비하기에는 너무 부족하다고 생각했다. 따라서 쿠폰을 모으기 위해 외출을 자제하고, 다른 집에서 아이를 맡기기만을 기다리게 되었다. 결국 쿠폰은 거의 유통되지 않고 각 조합원의 장롱 서랍에 보관되고 말았다.

가. 최저임금제로 인해 실업률이 상승한 경우
나. 저축률 하락으로 인해 투자가 부진한 경우
다. 통화량 부족으로 인해 경기가 침체된 경우
라. 세수 부족으로 인해 정부 지출이 감소한 경우

해설 **정답 다**

다. 쿠폰은 조합원 간에 탁아 서비스를 교환하기 위한 수단이다. 이는 경제 주체들이 재화나 서비스를 교환하기 위해 화폐를 사용하는 것과 유사하다. 따라서 각자 가지고 있는 쿠폰의 수가 절대적으로 부족하기 때문에 발생하는 탁아조합의 침체는 통화량 부족으로 인해 경제 활동이 위축되는 현상으로 해석할 수 있다(총수요 부족으로 인한 디플레이션). 따라서 만약 전체 쿠폰 수를 늘려 각 가정이 장시간 외출이나 긴급한 경우에 대비하기에 충분한 수의 쿠폰을 보유하게 되면, 서로 다른 집에 아이를 맡기게 될 것으로 판단할 수 있다.

07 다음 중 농협에 대한 설명으로 옳지 않은 것은?

가. 농촌에 생산자금을 공급하고 있다.
나. 신용등급이 국가신용도보다 높다.
다. 농민의 지위향상을 도모하는 경제단체이다.
라. 지역농협은 독립채산제 경영방식이다.

해설 **정답 나**

가. 농협은 농촌지역은 물론, 도시의 유휴자금을 동원하여 이것을 농촌에 생산자금으로 공급하고 있다.
다. 농업협동조합은 농업경영자인 농민들의 일정한 경제활동을 공동으로 영위하여 농업경영을 발전시키고 농민들의 지위향상을 도모하는 경제단체로서, 현재 우리나라의 협동조합 가운데 가장 큰 조직기반과 사업규모를 가지고 있다.
라. 지역농협은 농협중앙회와 달리 독립채산제 경영방식을 채택하고 있다.

08 다음 글을 참고할 때, '유동비율'에 대한 올바른 설명은?

> 유동성 분석(liquidity analysis)이란, 유동부채를 갚기 위해 유동자산을 적정하게 확보하고 있는가에 대한 1년 이내의 단기채무 지급능력을 판단하기 위하여 행하는 재무 비율분석을 말한다. 유동성 분석은 주로 유동부채에 대한 유동자산의 비율인 유동비율과, 유동부채에 대한 당좌자산의 비율인 당좌비율을 통하여 행하며 세부 분석으로 현금비율, 순운전자본비율, 영업비용감당기간 및 경상운영비감당기간 등이 활용된다. 유동성비율이 단기 채무의 상환 능력에 대한 유익한 진단 자료가 되기 위해서는 다음과 같은 점을 유의하여야 한다.
> 첫째, 유동자산을 구성하는 각 계정과목은 현금화되는 속도가 서로 다르다는 것을 유념하여야 한다. 둘째, 현금이 영업활동 기간 중에 각 유동자산에 묶여 있는 기간을 파악하는 것이 중요하다. 따라서 유동성 분석은 활동성 분석을 병행하여 이를 보완할 필요가 있다. 셋째, 유동성이 크다고 반드시 지급능력이 높은 것은 아니다. 단기채무의 상환에 쓰이는 것은 현금이지 유동자산이 아니기 때문이다. 그러므로 부채차입능력이나 현금흐름과 같은 보완적인 분석이 추가되어야 한다.
> 유동비율(current ratio)은 유동부채에 대한 유동자산의 비율로서 유동자산을 유동부채로 나누어 계산된다. 이 비율은 단기 채무에 충당할 수 있는 자산이 얼마나 되는가를 나타내며 여신자 입장에서 수신자의 단기지급 능력을 판단하는 대표적인 지표로 이용되어 왔기 때문에 은행가비율(banker's ratio)이라고도 한다. 이 비율이 높을수록 회사의 단기지급능력은 양호하다고 판단할 수 있다. 과거에는 전통적으로 투투원룰(two to one rule)이라 하여 200% 이상이면 건전한 상태로 보아 왔으나 근래에는 그 의미의 중요성이 점점 퇴색되고 있으며 회사의 형태, 규모 및 상품의 종류와 분석자의 목적에 따라 상대적으로 평가할 문제로 보는 시각이 대부분이다.

가. 유동비율이 크면 당좌비율도 크다고 볼 수 있다.
나. 유동비율이 200%가 넘어도 채무지급능력이 우수하다고 판단할 수는 없다.
다. 현금이 많을수록 유동비율이 높은 것은 아니다.
라. 당좌비율은 유동부채를 당좌자산으로 나눈 값을 백분율로 나타낸 자료이다.

해설 정답 나

나. '유동성이 크다고 반드시 지급능력이 높은 것은 아니다'라고 언급되어 있으며, 이는 단기채무 상환을 위해서는 유동자산이 아닌 현금이 필요하기 때문이다. 따라서 현금흐름이 우수할 경우 지급능력이 우수하다고 판단하게 된다.

오답풀이
가. 당좌비율은 당좌자산에 의해 달라질 것이므로 유동비율이 크다고 당좌비율도 큰 것은 아니다.
다. 현금은 유동자산의 가장 중요한 요소이므로 현금이 많을수록 유동비율이 높다고 말할 수 있다.
라. 당좌비율은 '유동부채에 대한 당좌자산의 비율'이므로 당좌자산을 유동부채로 나눈 값의 백분율이다.

09 다음 중 초면에 인사를 나누었을 때 명함에 메모하지 않아도 되는 것은?

가. 인상착의　　　　　　　　　나. 구두색
다. 만난 일시　　　　　　　　　라. 화제 중의 특징

> **해설**　　　　　　　　　　　　　　　　　　　　　　　　　　　　　　　　　　　　**정답 나**
> 초면에 인사를 나누었을 때에는 만난 일시, 용건, 소개자, 화제 중의 특징, 인상착의 등을 명함 뒷면에 메모하여 다음 만남 기회에 활용하도록 한다.

10 매킨지의 7s 모델에 근거하여 7가지 항목별로 조직의 활동을 다음과 같이 진단하였다. 진단 내용이 해당 항목에 알맞게 제시되지 않은 것은?

7s 항목	진단 내용
전 략	- 전략이 조직의 환경에 적합한지? - 전략에 대하여 조직원들 간에 합의가 이루어졌는지? → ㉠
구 조	- 환경에 대응할 수 있는 기능적 구조를 이루고 있는지? - 의사결정이 신속히 이루어지는지? → ㉡
운영체제	- 조직의 규정에 맞게 업무가 진행되는지? - 책임의 소재가 명확한지? → ㉢
인 재	- 너무 순종적인 조직원들로 구성되어 있는 것은 아닌지? - 부서에 적절한 인재가 배치되어 있는지?
기 술	- 새로운 기술 도입이 잘 되고 있는지? - 새로운 기술의 경험자가 많이 있는지?
조직 풍토	- 상하 관계가 너무 경직되어 있는지? - 불평등이 만연해 있는지?
기업 이념	- 위험 부담이 있는 일은 무조건 피하는 것이 아닌지? → ㉣ - 작은 것에 너무 승부를 거는 것이 아닌지?

가. ㉠　　　　　　　　　　　　나. ㉡
다. ㉢　　　　　　　　　　　　라. ㉣

> **해설**　　　　　　　　　　　　　　　　　　　　　　　　　　　　　　　　　　　　**정답 나**
> 나. 조직의 의사결정이 신속하고 원활하게 이루어지는지를 확인하는 것은 조직의 목표에 맞게 업무가 진행되는지를 파악하는 기준이 되므로 조직의 운영체제를 진단할 수 있는 내용으로 볼 수 있다.
>
> **오답풀이**
> 가. 조직의 전략은 모든 조직원들이 공유해야 할 요소이다.
> 다. 책임 소재를 명확히 구분하는 것 역시 주어진 업무의 경계를 올바르게 파악할 수 있는 일이 되므로 운영체제를 점검할 수 있는 진단 내용이 된다.
> 라. 리스크를 회피할 것인가, 적극적으로 대응하여 극복할 것인가를 결정하는 것은 경영상의 이념과 연관된 것으로 기업의 이념을 확인할 수 있는 진단 내용이다.

11

조직의 목표를 달성하기 위해서는 건전한 조직문화가 조성되어 있어야 할 것이다. 조직문화를 크게 지향점과 협력방식에 따라 집단주의 문화, 발전주의 문화, 위계주의 문화, 합리주의 문화로 구분할 때, 각 문화에 대한 적절한 설명은?

가. 조직의 내부보다 외적인 발전을 지향하는 조직문화는 발전주의, 위계주의 문화이다.
나. 위계주의 문화는 개인의 진취성과 변혁성, 자유를 중요시 하는 문화이다.
다. 발전주의 문화는 근시안적인 목표와 지나친 목표지향성 완화, 최고에 대한 집착 줄이기 등을 관리의 중점 요소로 삼아야 한다.
라. 집단주의 문화는 협력과 협동을 강조하는 조직문화로 전통과 충성에 의해 운영되는 특징을 보인다.

해설 정답 **라**

라. 집단주의 문화는 내부지향적인 성향을 보이는 조직문화로, 구성원 간의 팀워크와 참여, 합의, 열린 커뮤니케이션 등이 강조된다. 동사무소와 같은 곳을 사례로 들 수 있다.

오답풀이
가. 발전주의, 합리주의 문화가 이에 해당한다.
나. 개인의 진취성과 변혁성, 자유를 중요시 하는 문화는 발전주의 문화의 특징이다.
다. 합리주의 문화의 특징을 설명한 것으로, 합리주의 문화는 조직의 수익성과 생산성 향상에 높은 비중을 부여하며, 구성원들은 직장을 평가 받는 곳으로 인식하게 된다. 구성원들은 경쟁지향적이고 목표지향적 특성을 지니며, 리더는 구성원들의 경쟁력을 관리하고 격려하며 고객서비스를 관리하는 역할을 수행한다.

12

다음과 같은 A, B 두 유형의 하위 조직이 있다. 다음 설명 중 적절하지 않은 것은?

> A 조직은 다양한 사외 기관이나 기구, 단체들과의 상호 교류나 지원사업 등의 업무가 수시로 발생하기 때문에 상설 TF팀을 준비해 두고 있다. 매 상황별 특성에 맞게 일부 인원을 조정하지만 기본적으로 각 분야별 담당자들로 구성되어 있어 상설 조직으로의 역할을 문제없이 수행하고 있다.
> 직원 7명으로 구성된 B 조직은 일주일에 두 번 장애인들을 찾아 봉사활동을 하고 있다. 정해진 규정이나 따라야 할 규칙은 없으며 자신의 시간을 할애해 봉사활동을 하고자 하는 직원은 누구나 참여가 가능하다. 3년째 이어져 온 이 조직은 누구의 지시도 관리도 받지 않는다.

가. A는 의도적으로 만들어진 조직이다.
나. A의 임무는 보통 명확하지 않고 즉흥적인 성격을 띤다.
다. B는 공식적인 임무 이외에도 다양한 요구들에 의해 구성되는 경우가 많다.
라. B의 활동은 자발적이며 행위에 대한 보상은 '보람'이다.

해설 정답 **나**

나. A는 공식적, B는 비공식적 조직(집단)이다. 공식적인 집단은 조직의 공식적인 목표를 추구하기 위해 상위 조직에서 의도적으로 만든 집단이다. 따라서 공식적인 집단의 목표나 임무는 비교적 명확하게 규정되어 있으며, 여기에 참여하는 구성원들도 인위적으로 결정되는 경우가 대부분이다.

13 다음과 같은 조직의 구분 기준을 참고할 때, 조직의 사례를 올바르게 적용한 것은?

> 조직은 공식화 정도에 따라 공식조직과 비공식조직으로 구분할 수 있다. 공식조직은 조직의 구조, 기능, 규정 등이 조직화되어 있는 조직을 의미하며, 비공식조직은 개인들의 협동과 상호작용에 따라 형성된 자발적인 집단 조직이다. 즉, 비공식조직은 인간관계에 따라 형성된 것으로, 조직이 발달해 온 역사를 보면 비공식조직으로부터 공식화가 진행되어 공식조직으로 발전해 왔다. 조직의 규모가 커지면서 점차 조직 구성원들의 행동을 통제할 장치를 마련하게 되었고 이는 공식화되게 된다. 그러나 공식조직 내에서 인간관계를 지향하면서 비공식조직이 새롭게 생성되기도 한다. 비공식조직 속에서 구성원들은 자연스러운 인간관계를 통해 일체감을 느끼고, 바람직한 가치체계나 행동유형 등을 공유한다. 이렇듯 비공식 조직은 하나의 조직문화가 되어 공식조직의 기능을 보완해주기도 한다.
> 또한 조직은 영리성을 기준으로 영리조직과 비영리조직으로 구분할 수 있다. 영리조직은 이윤을 목적으로 하는 조직이며, 비영리조직은 공익을 추구하는 조직이다.
> 한편, 규모를 기준으로는 소규모 조직과 대규모 조직으로 나눌 수 있다.

가. 대기업은 비공식 조직이다.
나. 기업 내 축구 동호회는 공식조직과 비공식조직의 모습을 모두 갖추고 있다.
다. 병원과 대학은 비영리조직이 아니다.
라. 가족이 소유하는 소규모 상점은 소규모 비영리 조직이다.

해설 **정답 나**

나. 축구 동호회는 자발적인 참여로 이루어진 집단이며 인간관계에 의해 구성되었다는 면에서 비공식조직으로 볼 수도 있으나, 규모도 방대하고 일정한 기능이나 영향력 등을 갖추고 규정에 의해 활동이 이루어질 경우 공식적인 조직으로 인정될 수도 있으므로 두 가지 성격을 모두 갖추고 있다고 볼 수 있다.

오답풀이
가. 대기업은 공식적인 조직으로 분류된다.
다. 병원과 대학, 시민단체 등은 이윤이 생기는 면도 있으나, 설립 취지가 영리 추구는 아니므로 비영리 조직으로 분류된다.
라. 가족 소유 상점은 일반적으로 소규모 조직으로 볼 수 있으나, 영리를 추구하고 있으므로 영리조직이 된다.

14 다음 중 농협의 미션으로 옳지 않은 것은?

가. 농업인의 풍요로운 미래
나. 국가와 지역사회 발전에 공헌
다. 희생과 존중
라. 고객에게 최고의 가치

해설 **정답 다**

농협의 미션은 '협동과 혁신으로 농업인에게 풍요로운 미래를, 고객에게는 최고의 가치를 제공하여 국가와 지역사회 발전에 공헌한다.'이다.
• 농업인의 풍요로운 미래
• 국가와 지역사회 발전에 공헌
• 고객에게 최고의 가치
• 협동과 혁신

15. 다음 중 스캠퍼(SCAMPER) 기법에서 C가 의미하는 것은?

가. Commit
나. Comfort
다. Commerce
라. Combine

정답 라

SCAMPER 기법

간단한 질문들의 체크리스트로 이루어졌으며, 사고의 출발점이나 문제해결의 착안점을 7가지 질문의 형태로 미리 정해 놓고 그에 따라 다각적인 사고를 전개하기 때문에 브레인스토밍보다 좀 더 구체적이고 실행 가능한 대안을 도출할 수 있다.

SCAMPER의 의미는 다음과 같다.
- S=Substitute(기존의 것을 다른 것으로 대체해 보라)
- C=Combine(A와 B를 합쳐 보라)
- A=Adapt(다른 데 적용해 보라)
- M=Modify, Minify, Magnify(변경, 축소, 확대해 보라)
- P=Put to other uses(다른 용도로 써 보라)
- E=Eliminate(제거해 보라)
- R=Reverse, Rearrange(거꾸로 또는 재배치해 보라)

16. 다음 중 우리나라 농업의 특징으로 옳은 것은?

가. 농산물의 상품성이 약화되고 있다.
나. 농업생산기반이 강화되고 있다.
다. 도시와 농촌의 불균형이 감소하고 있다.
라. 식품소비구조가 크게 변화되어 왔다.

정답 라

라. 식품소비구조가 크게 변화되어 왔다. 곡물의 직접소비량은 계속 줄어 왔고 앞으로도 더욱 감소될 추세이며, 보리·서류 및 옥수수를 제외한 잡곡 등의 소비량도 계속 감소되어 왔으나 곡물 전체의 수요량은 계속 증대되고 있다.

오답풀이

가. 농산물의 상품성이 증대되고 있다. 종래의 자급 위주에서 시장지향적 상품화로 바뀌고 있으며 특히 국제경쟁의 시대에 접어들면서 시장은 타국 농산품보다 품질 및 가격 경쟁력이 있는 농·축산물의 유통을 요구하고 있다. 그에 발맞춰 상품성 강화에 목적을 둔 상품개발이 이루어지고 있다.

나. 농업생산기반이 약화되고 있다. 농업생산의 기본요소인 토지와 노동력이 감소되는 한편 노임은 상승하고 생산비도 높다. 1970~1990년까지 매년평균 농경지면적은 1만 125ha씩, 농경지 이용률은 1.35%씩 감소되어 왔다. 이와 같은 농업기반의 약화현상은 앞으로도 더욱 가속화할 전망이다.

다. 도시와 농촌의 불균형이 심화되고 있다. 농가구당 평균소득과 도시근로자 가구당 평균소득 간의 차이는 계속 감소되어 1990년에는 농가구당 평균소득이 97.4%로 그 차이가 매우 미미하였으나, 최근에는 그 격차가 점차 증대하여 1993년에는 95.4%로 감소되었을 뿐만 아니라 농가부채도 계속 늘어나고 있다.

[17~18] 다음은 농협의 결재규정이다. 다음을 참고하여 물음에 답하시오.

〈결재규정〉
- 결재를 받으려면 업무에 대해서는 최고결정권자(조합장)을 포함한 이하 직책자의 결재를 받아야 한다.
- 전결이라 함은 조합의 경영활동이나 관리활동을 수행함에 있어 의사결정이나 판단을 요하는 일에 대하여 최고결재권자의 결재를 생략하고, 자신의 책임 하에 최종적으로 의사결정이나, 판단을 하는 행위를 말한다.
- 전결사항에 대해서도 취임 받은 자를 포함한 이하 직책자의 결재를 받아야 한다.
- 표시내용 : 결재를 올리는 자는 최고결재권자로부터 전결사항을 위임 받은 자가 있는 경우 전결이라고 표시하고 최종 결재권자에 위임 받은 자를 표시한다. 다만, 결재가 불필요한 직책자의 결재란은 상향대각선으로 표시한다.
- 최고 결재권자의 결재사항 및 최고결재권자로부터 위임된 전결사항은 다음의 표에 따른다.

구 분	내 용	금액기준	결재서류	팀장	전무이사	조합장
접대비	거래처 식대, 경조사비	40만 원 이하	접대비지출품의서 지출신청서	○◇		
		50만 원 이하			○◇	
		50만 원 초과				○◇
교통비	국내 출장비	50만 원 이하	출장계획서, 출장비신청서	○◇		
		70만 원 이하		○	◇	
		70만 원 초과		○		◇
	해외출장비			○		◇
소모품비	사무용품비		지출결의서	◇		
	문서, 전산소모품					◇
	기타 소모품	30만 원 이하		◇		
		40만 원 이하			◇	
		40만 원 초과				◇
영업카드	법인카드 사용	50만 원 이하	법인카드 사용신청서	◇		
		100만 원 이하			◇	
		100만 원 초과				◇

○ : 기안서, 출장계획서, 접대비지출품의서
◇ : 세금계산서, 발행요청서, 각종신청서

17 영업팀 신 대리는 국내출장비 60만 원에 대한 지급 신청서를 작성하고자 한다. 신 대리가 작성해야 할 서류의 양식으로 올바른 것은?

가.

출장비신청서				
결재	담당	팀장	전무이사	조합장
	신 대리	전결	/	전무이사

나.

출장계획서				
결재	담당	팀장	전무이사	조합장
	신 대리	/	전결	전무이사

다.

출장비신청서				
결재	담당	팀장	전무이사	조합장
	신 대리	전결		전무이사

라.

출장비신청서				
결재	담당	팀장	전무이사	조합장
	신 대리		전결	전무이사

해설 정답 **라**

라. 70만 원 이하의 출장비신청서를 작성해야 할 것이므로 전무이사의 전결 사항이 된다. 따라서 전무이사 결재란에 '전결'을 표시하며, 최종결재자 란에 전결권자인 '전무이사'를 표기하는 것이 올바른 서류 작성이 된다. 팀장의 결재를 거쳐야 하므로 상향대각선이 필요한 란은 없다.

18 홍보팀 오 대리는 70만 원이 소요되는 접대비를 사용하기 위하여 지출에 관한 품의를 받으려 한다. 오 대리가 작성해야 할 서류의 양식으로 올바른 것은?

가.

접대비지출품의서				
결재	담당	팀장	전무이사	조합장
	오 대리		전결	

나.

접대비지출품의서				
결재	담당	팀장	전무이사	조합장
	오 대리	/	/	전결

다.

접대비지출신청서				
결재	담당	팀장	전무이사	조합장
	오 대리			전결

라.

접대비지출품의서				
결재	담당	팀장	전무이사	조합장
	오 대리			

해설 정답 **라**

라. 접대비 금액이 50만 원을 초과하며, 접대를 위한 재가를 얻어야 하는 상황이므로 품의서가 필요하다. 따라서 조합장이 최종결재권자가 되는 접대비지출품의서를 작성해야 한다. 모든 결재라인을 거쳐야 하는 서류이므로 별도의 상향대각선이나 전결권자 표기는 없는 것이 올바른 서류 양식이 된다.

[19~20] 다음 설명을 참고할 때, 제시된 SWOT 환경 분석 사례에 대응하는 가장 적절한 전략을 고르시오.

SWOT란, 강점(Strength), 약점(Weakness), 기회(Opportunity), 위협(Threat)의 머리글자를 모아 만든 단어로 경영 전략을 수립하기 위한 분석 도구이다. SWOT분석을 통해 도출된 조직의 외부/내부 환경을 분석 결과를 통해 각각에 대응하는 전략을 도출하게 된다.
　SO 전략이란 기회를 활용하면서 강점을 더욱 강화하는 공격적인 전략이고, WO 전략이란 외부환경의 기회를 활용하면서 자신의 약점을 보완하는 전략으로 이를 통해 기업이 처한 국면의 전환을 가능하게 할 수 있다. ST 전략은 외부환경의 위험요소를 회피하면서 강점을 활용하는 전략이며, WT 전략이란 외부환경의 위협요인을 회피하고 자사의 약점을 보완하는 전략으로 방어적 성격을 갖는다.

내부환경 외부환경	강점(Strength)	약점(Weakness)
기회(Opportunity)	SO 전략(강점-기회 전략)	WO 전략(약점-기회 전략)
위협(Threat)	ST 전략(강점-위협 전략)	WT 전략(약점-위협 전략)

19 아래 환경 분석결과에 대응하는 적절한 전략은?

강점(Strength)	• 자사의 제약 분야 전문인력과 기술력 보유 • 주가 상승으로 대규모 해외투자 유치 가능성 증가
약점(Weakness)	• 막대한 신약 개발비용 및 장기 자금회수 기간 필요 • 열악한 임상실험 여건에 따른 돌발변수 발생 가능성
기회(Opportunity)	• 상당수 블록버스터 신약의 특허 만료에 따라 새로운 제네릭 시장 창출 전망 • 신약 연구개발에 대한 정부의 재정 지원 및 제도 개선
위협(Threat)	• 국제적 특허 및 안전 인증 획득이 까다로움 • 자금력을 앞세운 대기업 시장 진출로 경쟁 업체 난립

내부환경 외부환경	강점(Strength)	약점(Weakness)
기회 (Opportunity)	가. 오랜 경험을 바탕으로 한 인력과 기술력으로 국제 특허 획득 및 실용화 방안 적극 모색	나. 해외투자 자금을 활용하여 신규 제네릭 시장 선점 기회 마련
위협 (Threat)	다. 해외투자 유치 성공을 통한 대기업 자금력에 대한 대응력 확보	라. 국가적 재정 지원을 통해 막대한 초기 투자자금에 따른 자금력 약화 해소 기대

해설

정답 다

다. 해외투자 유치 성공(S)을 통해 자금력을 앞세운 대기업과의 경쟁에서 효과적인 대응(T)을 할 수 있는 발판을 마련하고자 하는 것은 적절한 ST 전략이라고 할 수 있다.

오답풀이
가. 오랜 경험을 바탕으로 한 인력과 기술력(S)으로 국제 특허 획득(T) 및 실용화 방안 적극 모색
나. 해외투자 자금을 활용(S)하여 신규 제네릭 시장 선점(O) 기회 마련
라. 국가적 재정 지원(O)을 통해 막대한 초기 투자자금에 따른 자금력 약화(W) 해소 기대

20 아래 환경 분석결과에 대응하는 적절한 전략은?

강점(Strength)	• 자사 경영진의 오랜 의료 업계 경험과 노하우 축적 • 신기술을 이용한 특허 의료기기 다수 보유 • 공단 지정 보장구 대여업체 등록을 통한 브랜드 이미지 제고
약점(Weakness)	• 수익성 저하로 자금력 부족 현상 지속 • 영업 인력 수급 문제 및 의료사고 리스크 대응력 약화
기회(Opportunity)	• 세계 의료기기 시장의 지속적 성장 전망 • 고령화와 웰빙 및 건강에 대한 관심 고조
위협(Threat)	• 보수적이고 고착화된 시장 환경으로 영업실적 향상 기대난망 • 정부의 의료정책 및 관리제도에 대한 영향도가 높고 수요가 한정적

내부환경 외부환경	강점(Strength)	약점(Weakness)
기회(Opportunity)	가. 사회적인 관심 고조에 힘입어 특허 의료기기 적극 홍보를 통한 매출 확대 도모	나. 보장구 대여 지정업체 홍보를 통한 신규수요 창출로 영업력 제고
위협(Threat)	다. CEO의 경험을 바탕으로 의료사고 리스크 대응능력 향상 노력	라. 신기술 의료기기 홍보를 통한 금융권 신뢰회복으로 자금 문제 해결에 노력

해설　　　　　　　　　　　　　　　　　　　　　　　　　　　　**정답 가**

가. 사회적인 관심 고조(O)에 힘입어 특허 의료기기 적극 홍보(S)를 통한 매출 확대를 도모하는 적절한 SO 전략이라고 할 수 있다.

오답풀이
나. 보장구 대여 지정업체 홍보(S)를 통한 신규수요 창출로 영업력 제고(T)
다. CEO의 경험(S)을 바탕으로 의료사고 리스크 대응능력 향상 노력(W)
라. 신기술 의료기기 홍보(S)를 통한 금융권 신뢰회복으로 자금 문제(W) 해결에 노력

MEMO